U0358422

京师大学堂校门匾额（校门为
原马神庙公主府宫门）

京师大学堂校舍正门（原为马神庙公主府正院的垂花门）

京师大学堂藏书楼（1899 年设立，1905 年改称图书馆）。图为大学堂中外教职员在藏书楼前合影

北京大学一院，也是北大校本部的校门

北京大学一院红楼（1918 年建成后，校本部、图书馆和文科从马神庙校舍迁入。红楼校区称一院，是 1918—1952 年间的校本部）

北京大学一院民主广场和灰楼

1935 年在一院松公府旧址新建的图书馆

北京大学二院大门（民国初年在京师大学堂校址新建的校门）

北京大学二院大讲堂和南北楼（左边大讲堂是原公主府正殿，中间北楼和右边南楼是京师大学堂时期和民国初年新建的教学楼）

北京大学三院大门

北京大学复员北平后的四院院门（位于宣武门内国会街）

北京大学复员北平后的医学院大楼
（位于西什库后库）

北京大学复员北平后的农学院校舍
（位于复兴门外罗道庄）

北京大学复员北平后的工学院院门（位
于西城端王府夹道）

国立西南联合大学校门

西南联合大学 1939 年新建校舍鸟瞰图

北京大学西校门（1952年迁校前为燕京大学校友门）

北京大学南校门

燕园鸟瞰图

未名湖、博雅塔

自左至右依次为 20 世纪 50 年代新建的生物楼、文史楼、地学楼和化学楼

1975 年新建的图书馆

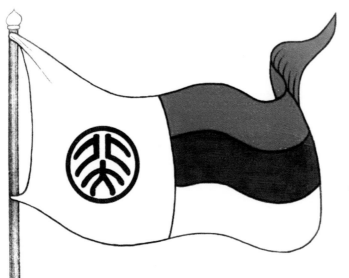

1920 年蔡元培校长设计的校旗
（此校旗使用到 1949 年）

1917 年蔡元培请鲁迅为北大设计的校
徽（此校徽图案至今还在使用）

西南联合大学校徽

复员北平后的北京大学校徽

1950 年 3 月，毛泽东主席为北大新校徽题写"北京大学"四个字。

1950 年校务委员会决定，用毛泽东主席为北大题写的"北京大学"四个字，制作成三种长方型校徽，分别给本专科生、研究生和教工佩戴。

本专科生佩戴

研究生佩戴

教工佩戴

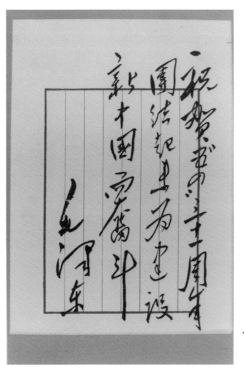

1950年"五四"前夕，毛泽东主席给北大题词庆祝
"五四"三十一周年。

1957年2月14日，毛泽东主席接见全国学联主席、北大学生代表胡启立。

1957年11月6日，周恩来总理在校长马寅初和校党委书记江隆基陪同下视察北大，并给师生做报告。

1957年5月5日，邓小平总书记陪同苏联最高苏维埃主席团主席伏罗希洛夫参观北大。

1958 年 10 月 14 日，中共中央副主席朱德来校视察，听取陆平校长工作汇报。

1992 年 5 月 14 日，党和国家领导人江泽民、李鹏、乔石、李瑞环、李岚清莅临北大方正集团视察。

孙家鼐
（1898.7–1899.12 大学堂
首任管学大臣）

许景澄
（1899.7–1900.7 暂行
署理管学大臣）

张百熙
（1902.1–1904.1 管学大臣）

张亨嘉
（1904.2–1906.1 大学堂总
监督）

李家驹
（1906.2–1907.7 总监督）

朱益藩
（1907.7–1907.12 总监督）

刘廷琛
（1907.12–1911.11 总监督）

柯劭忞
（1910.9–1910.10 暂行署理
总监督）

劳乃宣
（1911.11–1912.2 总监督）

严　复

（1912.2-1912.5 大学堂总
监督；1912.5-1912.10 北京
大学校长）

马　良

（1912.10 任命章士钊为
北京大学校长，未到任；
1912.10-1912.12 马良代理
北大校长）

何燏时

（1912.12-1913.11 北大校长）

胡仁源

（1913.11-1914.1 代理北大
校长；1914.1-1916.12 北大
校长）

蔡元培

（1916.12-1927.7 北大校长；
1929.9-1930.9 任命北大校长，
未到任）

陈大齐

（1929.1-1929.9 国立北平
大学北大学院院长；1929.9-
1930.12 代理北大校长）

蒋梦麟

（1930.12-1945.9 北大校长）

傅斯年

（1945.9-1946.7 代理北大校长）

胡　适

（1945.9-1948.12 北大校长）

汤用彤

（1949.5-1951.6 校务委员
会主席）

马寅初

（1951.6-1960.3 校长）

陆　平

（1960.3-1966.5 校长）

周培源

（1978.7-1981.3 校长）

张龙翔

（1981.5-1984.3 校长）

丁石孙

（1984.3-1989.8 校长）

吴树青

（1989.8-1996.7 校长）

陈佳洱

（1996.7- 校长）

林乃燊

（1949.3-1949.6 中共北京
大学党总支书记）

叶向忠

（1949.6-1951.2 中共北京大学党总支书记；1951.2-1951.10 中共北京大学委员会书记）

张群玉

（1951.10-1952.10 中共北京大学委员会书记）

李　瑚

（1952.10-1954.12 中共北京大学委员会书记）

史梦兰

（1954.12-1956.12 中共北京大学委员会书记）

江隆基

（1956.6-1957.10 北大党委第一书记）

陆　平

（1957.10-1966.5 党委书记）

周　林

（1977.9-1979.12 党委书记）

韩天石

（1979.12-1982.9 党委书记）

项子明

（1982.9-1984.3 代理党委书记）

王学珍
（1984.3-1991.1党委书记）

汪家镠
（1991.1-1994.7党委书记）

任彦申
（1994.7- 党委书记）

1903年大学堂中外教师合影

大学堂1903年暑期仕学、师范两馆学生合影

19

1913 年北京大学文科毕业生与教职员合影

1916 年北京大学第一届理科毕业生与教师合影

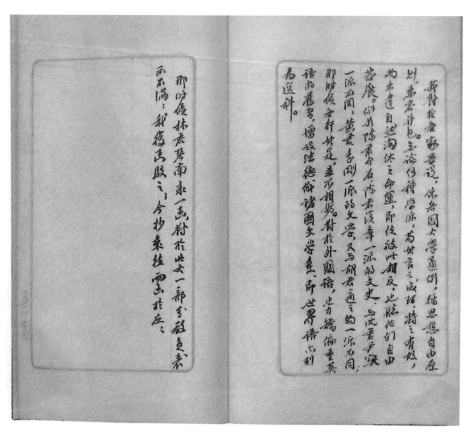

蔡元培"自写年谱"手迹，阐述"思想自由、兼容并包"的办学方针

1920 年 3 月 14 日，总务长蒋梦麟（左一）、校长蔡元培（左二）、英文系主任胡适（左三）、图书馆主任李大钊（左四）于北京西山卧佛寺合影

1918 年文科哲学门第二届毕业摄影

前排左起：康宝忠、崔适、陈映璜、马叙伦、蔡元培、陈独秀、梁漱溟、陈汉章；中排左四冯友兰，左七胡鸣盛；后排左二黄文弼，左五孙本文。

1920 年 2 月，北大接收查晓园（左）、奚浈（中）、王兰（右）三位女生进入文科旁听。暑期正式录取 9 名本科女生，开中国大学男女同校之先河。

1922 年 1 月成立研究所国学门，图为 1924 年 9 月研究所国学门同仁在三院合影。前排左起：董作宾、陈垣、朱希祖、蒋梦麟、黄文弼；二排左起：孙伏园、顾颉刚、马衡、沈兼士、胡鸣盛；三排左起：常惠、胡适、徐炳昶、李玄伯、王光玮、夏鼐。

1927 年，北大研究所国学门发起组织"中国学术团体协会"，阻止外国人以探险、调查为名窃取我国文物和珍贵资料，迫使瑞典探险家斯文·赫定和中方合组"中国西北科学考察团"，中方团长是北大教授徐炳昶，团员 10 人主要是北大师生。图为欢送中方团员从北大国学门研究所出发。左八为徐炳昶，左十一为欢送者刘半农。

1917年初，陈独秀受聘北大文科学长，《新青年》随迁北京，李大钊、胡适、鲁迅、钱玄同、刘半农等参加《新青年》编辑，以《新青年》编者为核心的革新营垒，推动新文化运动迅猛发展，北大成为新文化运动中心。图为陈独秀和《新青年》第二卷第一号封面。

文學改良芻議

胡適

今之談文學改良者衆矣記者未學不文何足以言此然年來頗於此事再四研思輔以友朋辨論其結果所得頗不無討論之價值因綜括所懷見解列爲八事分別言之以與當世之留意文學改良者一研究之

吾以爲今日而言文學改良須從八事入手八事者何

一曰須言之有物

二曰不摹倣古人

三曰須講求文法

四曰不作無病之呻吟

五曰務去爛調套語

六曰不用典

七曰不講對仗

八曰不避俗字俗語

吾國近世文學之大病在於言之無物今人徒知『言之無文行之不遠』而不知言之無物又何用文爲乎吾所謂『物』非古人所謂『文以載道』之說也吾所謂『物』約有二事

一曰情感 『詩序』曰『情動於

1917年1月，胡适在《新青年》发表《文学改良刍议》，提倡白话文，反对文言文，提倡新文学，反对旧文学，揭开新文学运动序幕。

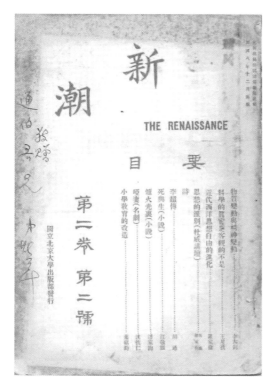

1918 年 11 月，北大学生傅斯年、罗家伦等发起组织新潮社，创办《新潮》杂志，以"批评的精神、科学的主义、革新的文词"为宗旨。图为《新潮》第二卷第二号封面。

1918 年 10 月，以北大学生为主体的国民社成立，创办《国民》杂志，图为徐悲鸿设计的《国民》杂志封面。

1920 年 3 月，在李大钊指导下秘密成立了"北京大学马克思学说研究会"，1921 年 11 月研究会公开活动，1922 年会员发展到 150 余人，一批骨干陆续加入中国共产党。图为 1921 年部分会员合影。前排左二范鸿劼，左五何孟雄，左六黄日葵；后排左六邓中夏。

報 晨 平 北　　十年七月十九日

北大與中基會

設立合作研究特欵

改進我國高等教育獎勵學術研究

規定辦法九項蔣夢麟等七人為顧問

一九學術考察團

終將繼續西進!?

1931 年 7 月，北京大学与中华教育文化基金会董事会设立合作研究特款，从 1931 年至 1935 年间每年向北大提供 20 万元，用以开展学术研究。图为《北平晨报》的相关报道。

1930 年 12 月 23 日，北大地质学会在二院欢迎李四光回校任教。李四光于 1920 年至 1927 年任北大地质系教授。20 世纪 30 年代任地质系主任，主持修建了地质馆，对地质系的教学和研究有突出贡献。

1937 年 5 月，北大欢迎在量子力学领域作出开创性贡献的丹麦物理学家尼尔斯·玻尔来校讲学。前排左四起：曾昭抡、蒋梦麟、玻尔夫人、玻尔之子、玻尔。前排右起：樊际昌、夏元瑮、郑华炽、吴大猷。二排右二、三为赵忠尧、叶企孙。三排右三、四为饶毓泰、吴有训。

生物标本室。生物系钟观光教授于 1924 年创建了生物标本室。他先后跋涉十多个省调查采集生物标本。到 20 世纪 30 年代已收集到 15788 件生物标本。

普通物理实验室。20 世纪 30 年代理科各系实验室设备日趋完善。颜任光教授主持的物理系建立了十多个实验室，为教学和科研提供了条件。

由于战局紧张，北大、清华、南开三校组成的长沙临时大学奉命于1938年2月西迁昆明，师生分三路入滇。300余名师生组成的"湘黔滇旅行团"，身着军服，2月19日从长沙出发，历时68天，行程1663.6公里，其中步行1300公里，于4月28日到达昆明。4月2日，长沙临时大学更名为国立西南联合大学。图为旅行团到达昆明时受到欢迎的情景。

1941年7月，曾昭抡教授率领"西康科学考察团"师生，横渡金沙江，步行穿过大小凉山彝族区，对沿途矿产资源进行普查，所得资料为攀枝花共生矿的开采冶炼提供了依据。图为考察团师生在昭觉县城合影。

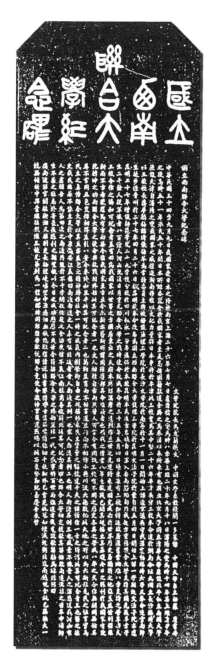
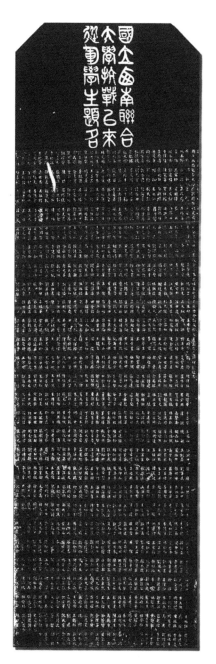

西南联合大学历时八年，抗战胜利后于 1946 年 5 月 4 日举行结业典礼和"国立西南联合大学纪念碑"揭幕式。纪念碑的正面是由冯友兰撰写的碑文，背面是联大从军学生题名。原碑座落在联大校园后山（今云南师大校内）。1989年 5 月 4 日，北大按照原碑复制了纪念碑，立在西校门内荷花池旁。

1948 年 12 月 17 日为北大建校五十周年纪念日，举办了展览、学术演讲、开放实验室等庆祝活动，图为编印的《国立北京大学五十周年纪念论文集》和展览介绍。

由学生创办的"子民图书室"于 1947 年 10 月 21 日成立，收集马列著作等进步书刊一万多册，被称为"北大人的精神粮仓"。图为子民图书室的徽章和图章印模。

1952 年院系调整后，北大共有 12 个系，33 个专业，7 个专修科。图为教育部副部长曾昭抡和西语系教师研究教学工作。右起：吴达元、冯至、曾昭抡、郑建威、赵琏、吴兴华。

20世纪50年代第一位到北大任教的苏联经济学家古马青珂与校领导晤谈。
左起：汤用彤、江隆基、古马青珂、马寅初、蔡沐培（翻译）。

1955年，北大成立了物理研究室，率先承担起为国家培养原子能专业人才的任务。1958年在该研究室基础上扩建的我国第一个原子能系（1960年更名为技术物理系）第一届毕业生中就涌现出5位院士，被誉为"核科学家摇篮"。图为1959年第一届原子能系学生毕业合影。

1956年，根据国家科学规划的要求，北大、复旦、厦大、东北人大、南京大学五校在北大创办我国第一个"联合半导体专门化"，集中力量加速培养国家急需的半导体科技人才。黄昆教授任专门化教研室主任。五校联合半导体专门化1957年、1958年共毕业学生203人。图为1958年半导体专门化的北大毕业生与教师合影。前排左七为黄昆。

1955年5月4日，北大举行全校性的"五四"科学讨论会，学校举办的大会和各系举行的分会穿插进行。图为讨论会开幕式。

1955年4月，北大校务委员会决定出版《北京大学学报》，图为《北京大学学报》"人文科学"版和"自然科学"版的创刊号封面。

1957年4月27日，马寅初在大饭厅给师生做人口问题的报告。

1961年4月，受教育部委托，北大承担了一批文科通用教材的编写任务，陆续出版了多部高水平的教材。王力的《古代汉语》、游国恩主编的《中国文学史》、翦伯赞主编的《中国史纲要》、冯友兰的《中国哲学史新编》、朱光潜的《西方美学史》、杨周翰主编的《欧洲文学史》等，1988年获首届全国高校优秀教材特等奖。

北大化学系从1958年起进行人工合成牛胰岛素的研究。1964年，邢其毅、季爱雪等6名教师和研究生赴上海和兄弟单位联合攻关，于1965年秋成功合成牛胰岛素，标志着人类首次合成了生命的基石之一——蛋白质。这一重大科研成果在1982年获国家自然科学一等奖。图为1966年4月17日，中国科学院院长郭沫若接见人工合成牛胰岛素的研究人员时合影。前排右二邢其毅，二排左十三季爱雪。

1972 年 7 月，美籍华人物理学家、诺贝尔物理学奖获得者杨振宁在北大做学术报告。

1973 年 8 月，北大电子仪器厂与北京有线电厂等单位合作，在北大研制成功我国第一台每秒运算百万次集成电路电子计算机（简称"150 机"）。图为工作人员在调试"150 机"。

1977 年，国家恢复了高考制度。1978 年春，北大迎来了第一批通过高考录取的新生。

1986 年 10 月，北京现代物理研究中心在北大成立。美籍华人物理学家、诺贝尔物理学奖获得者李政道（主席台右六）出任主任。

化学与分子工程学院，以院士为首的博士生导师在研究教学、科研和研究生培养工作。前排右一至右三为：苏勉曾、徐光宪、邢其毅；后排右一至右六为：唐有祺、张青莲、张滂、冯新德、高小霞、张锡瑜。

廖山涛院士的"微分动力系统稳定性研究"1987年获国家自然科学一等奖。

王选院士主持研制的"计算机激光汉字照排系统"于1985年通过国家鉴定。"华光型计算机－激光汉字照排系统"在1986年第十四届日内瓦国际发明展览会上获金奖，1987年获国家科技进步一等奖。此项发明被誉为印刷技术"告别铅与火的一次革命"。

徐光宪院士（左一）指导中青年教师进行稀土分离串级理论计算。

赵柏林院士的"微波辐射计及其环境遥感应用"研究成果获1991年国家科技进步一等奖。

侯仁之院士主编的《北京历史地图集》先后获国家教委哲学社会科学优秀成果一等奖和北京市科技进步一等奖。

社会学人类学研究所费孝通教授撰写的《小城镇四记》一书获1987年北京市哲学社会科学荣誉奖，《行行重行行——乡镇发展论述》一书获1995年全国普通高校人文社会科学研究成果一等奖。

1984年秋冬，考古系师生在辽宁营口金牛山发掘出古人类头骨化石，距今约十万年至二十万年，是中国古人类及旧石器时代研究的重大发现。1986年"金牛山人化石"发掘成果获国家教委在社科领域首次颁发的重大科研成果奖。图为考古发掘现场。

法律系教授、香港基本法起草委员会成员肖蔚云（左一）主编的《一国两制与香港法律制度》一书，1995年获首届全国普通高校人文社会科学研究成果一等奖。

京师大学堂足球队。

1905 年 至 1907 年，京师大学堂举行了三届体育运动会。图为第二届运动会事项序次。

1924 年北大学生军野外演习。

20 世纪 50 年代，校领导与女子篮球队合影。后排左二至左五：赵占元、侯仁之、江隆基、马寅初；左七：周培源。

1963 年北京市高校国防体育航海多项比赛中，北大分获男女第一名。

1984 年北大学生田径运动会入场式。

1989 年成立的"山鹰社"登山队，多次征服 6000 米以上的高峰。

蔡元培提倡美育，1918年2月发起成立画法研究会，设国画和西洋画两门，入会者70余人，聘请著名画家陈师曾、徐悲鸿为导师。图为1920年画法研究会成员合影。

1918年成立音乐研究会，设中乐、西乐两部，聘请萧友梅、刘天华等为导师。1922年8月，音乐研究会改为北大音乐传习所，成为正式的教学机构，对外招生，"人民音乐家"冼星海曾入所学习。音乐传习所管弦乐队在中国首次演奏了贝多芬交响曲。图为管弦乐队合影。

1940 年"五四"纪念日成立的联大歌咏团，当年 8 月在昆明广播电台演唱《黄河大合唱》和《游击队之歌》。图为演唱结束后合影。

1996 年"七一"电视晚会上，北大学生与艺术家们同台歌唱，欢庆党的生日。

1903 年 4 月 3 日，大学堂仕学、师范两馆学生举行大会，声讨沙俄侵占我东三省的罪行，谴责清政府妥协投降。73 名学生签名上《拒俄书》，大会决议通电各省督抚和各省学堂电奏力争，拒约抗俄，这是北大历史上第一次爱国学生运动。图为《拒俄书》。

在北大学生发起组织下，1919 年 5 月 4 日，北京各大专院校 3000 余人齐集天安门举行学界大示威，强烈要求北京政府拒绝在巴黎和约上签字，惩办卖国贼，震惊中外的五四运动爆发。图为北大学生游行队伍从红楼出发向天安门行进。

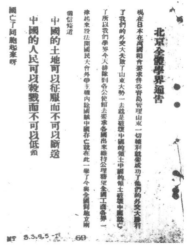

天安門前憤怒的人群 （油畫）

一九一九年五月四日天安門大會宣言

嗚呼國民！我最親愛最敬佩最有血性之同胞！我等含冤受辱，忍痛被垢於日本人之密約危亡，以及朝夕企禱之山東問題，青島歸還問題，今日已由五國共管，降而為中日直接交涉之提議矣。驛耗傳來，天暗無色。夫和議正乎，天暗無色。夫和議正乎，豈若世界中有正義，有公理，歸還青島，取消中日密約，軍事協定，以及其他不平等之條約，公理也。即正義也。背公理而退強權，將我之土地，由五國共管，儕我於戰敗國，如德奧之列，非公理，非正義也。今又顯然背棄山東問題，由我與日本直接交涉。夫日本虎狼也，既欲以一紙空文，竊掠我二十一條之美利，則我與之交涉，簡言之，是斷途耳。夫山東北扼燕晉，南控鄂豫，當京漢津浦兩路之衝，實南北之咽喉關鍵。山東亡，是中國亡矣。我同胞處此大地，有此山河，豈能目睹其強暴之欺凌我，壓迫我，奴隸我，牛馬我，而不作萬死一生之呼救乎？法之于亞魯撒盤連兩州也，曰："不得之，毋寧死。"意之于亞得利亞海峽之小地也，曰："不得之，毋寧死。"朝鮮之謀獨立也，曰："不得之，毋寧死。"夫至于國家存亡，土地割裂，問題吃緊之時，而其民猶不能下一大決心，作最後之憤救者，則是二十世紀之賤種。無可語于人類者矣。我同胞有不忍于奴隸牛馬之痛苦，亟欲奔救之者乎？則開國民大會，露天演說，通電堅持，為今日之要著。至有甘心賣國，肆意通奸者，則最後之對付，手槍炸彈是賴矣。危機一髮，幸共圖之！

在五四遊行中，散發了北大學生許德珩和羅家倫起草的兩個宣言。羅家倫草擬的《北京學界全體宣言》，提出"外爭主權，內除國賊"，成為五四運動中的主要口號。

陳獨秀、李大釗創辦的《每周評論》，在五四運動中起到了重要的宣傳鼓動和指導作用。圖為《每周評論》的《山東問題》專號。

陳獨秀起草的《北京市民宣言》，英文譯者為胡適。

我的馬克思主義觀（上）

李大釗

1919 年 9 月、11 月，李大钊在《新青年》发表《我的马克思主义观》一文，系统地阐述了马克思主义的唯物史观、政治经济学和科学社会主义。

南陈北李相约建党。1920年 8 月，陈独秀在上海成立了中国共产党第一个早期组织。1920 年 10 月，李大钊在其北大红楼的办公室里成立了北京共产党小组，11月改称共产党北京支部，成员 14 人，主要是北大师生，李大钊任书记。图为李大钊办公室。

1926 年 3 月 18 日，北大、师大、燕大等校师生和 200 多个社团数万人集会，抗议日军炮击大沽口和"八国通牒"，会后两千多人到执政府门前请愿，段祺瑞卫队开枪屠杀群众，死 47 人，伤 200 多人，制造了"三一八"惨案。北大学生张仲起、李家珍、黄克仁不幸罹难。1929 年 5 月北大师生修建"三一八"烈士纪念碑，碑文写着"死者烈士之身，不死者烈士之神……踏着三一八血迹兮，雪国耻以敌强邻"。

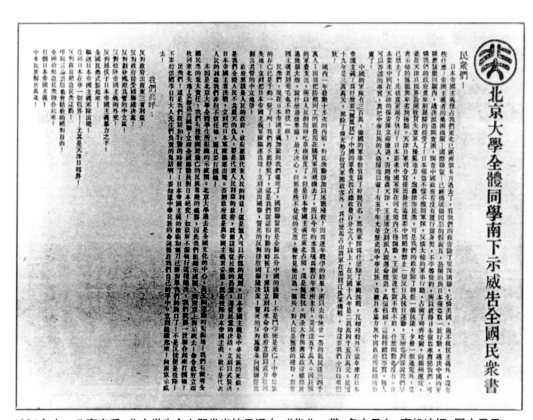

1931 年九一八事变后，北大学生会立即发出抗日通电："华北一带，危在旦夕，事机迫切，国亡无日……唯有速息内战，一致抗日！" 12 月 1 日，230 余人组成的南下示威团出发，到南京要求蒋介石政府"立即全国总动员对日绝交"，"立即收回东北失地"。图为《北京大学全体同学南下示威告全国民众书》。

1935 年 12 月，华北危在旦夕，"一二·九"运动爆发，掀起抗日救亡新高潮。12 月 16 日，为反对在华北成立"冀察政务委员会"，北大学生率领的 2000 多人游行队伍行进到南长街时，军警持大刀、水龙扑向学生。图为北大学生朱仲龙夺过水龙转向军警扫射。

1935 年 12 月底，平津学联组织了"平津学生南下扩大宣传团"，北大为第一团，南下到河北固安、任丘、保定等地进行抗日宣传。1936 年 1 月 24 日，第一团在保定发起成立"民族解放先锋队"；回到北平后，于 2 月 1 日正式成立了"中华民族解放先锋队"。图为南下扩大宣传团第一团出发，及《民族解放先锋队成立宣言》。

1945 年 11 月 25 日，西南联大等校学生在联大图书馆前举行反内战时事演讲会，遭国民党军队鸣枪威胁。12 月 1 日上午，国民党武装军人和暴徒袭击联大校舍和师范学院，致 4 人遇难，25 人受重伤。昆明学界开展罢教、罢课、游行示威等斗争，反对内战，要求民主，得到全国各地声援。此次震惊全国的"一二·一"运动，是抗战胜利后第一次大规模的爱国民主运动。图为 1946 年 3 月 17 日，昆明各界三万余人为四烈士出殡。

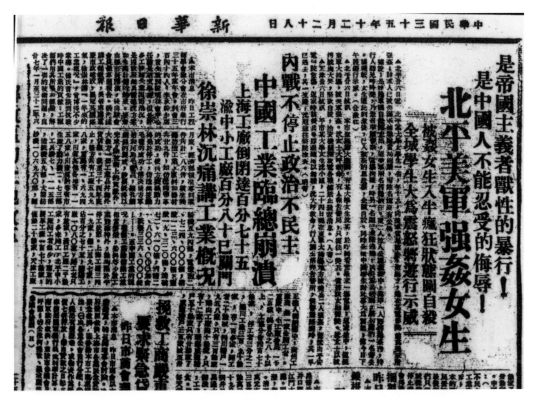

1946 年 12 月 24 日傍晚，北大先修班学生沈崇在东单广场遭美军士兵强奸，激起强烈民愤。12 月 27 日北大学生代表会议通过三项决议，要求"严惩暴徒及其主管长官""驻华美军当局公开道歉""美军立即退出中国"。12 月 30 日，北大、清华、燕大等北平高校举行了声势浩大的反美抗暴示威游行。抗暴斗争得到全国各大城市声援，标志着国民党统治区人民斗争的新高潮。图为《新华日报》对沈崇事件的报道。

1947 年 5 月 20 日，北平 15000 多名大中学生举行"华北学生北平区反饥饿反内战"大游行。图为北大游行队伍经过东单的情景。游行结束后，学生在红楼大操场举行大会，决定把红楼大操场命名为"民主广场"。

1950 年 10 月，北京大学教授签名拥护各民主党派《抗美援朝联合宣言》。右起：汤用彤、曾昭抡、冯至、季羡林、向达、楼邦彦、邓广铭、马坚。

1950 年 12 月至 1951 年 7 月，为响应抗美援朝号召，北大有三批共 108 名学生参加军事干校。图为北大学子踊跃报名参军。

"团结起来，振兴中华！"

20日夜，北京大学校园沸腾了。

深夜，广播里传出了好消息：中国男子排球队在争夺世界杯排球赛亚洲区预赛的关键一战中，先输两局，奋起直追，扳回三局，终以三比二战胜南朝鲜队，取得参加世界杯排球赛的资格。

守候在收音机旁的北京大学的学生们欢欣雀跃，十一座宿舍楼的四千多名学生不约而同拥出房门。顿时，在楼群间的空地上，欢呼声、口号声此起彼伏，一浪高过一浪。

"祖国万岁！"
"中国万岁！"
"团结起来，振兴中华！"
"向我国排球健儿致敬！"

人们热泪飞扬，心里乐开了花。有的一个劲儿地敲起了手鼓、响铃；有的找来板木棍和别的什么燃起了火炬。

突然间，有幢楼的三层窗口还有人挂出了大幅标语，赫赫然四个大字："中国万岁！"翘首欢呼，热烈鼓掌。

不知是谁提议："我们游行吧！"

于是，浩浩荡荡的队伍以红旗

为先导，从学生宿舍开始向未名湖进发。口号声和鼓声划破了夜空，熊熊火炬映红了湖水……

游行队伍回到宿舍区，有一个同学提议："我们一起来唱国歌吧！"这时，三十八号楼三层窗口传出了嘹亮的铜号声，吹起了中华人民共和国国歌的前奏。

国歌，人们唱了一遍又一遍，唱了好几遍。庄严的歌声在校园回荡，青年们的心中洋溢着对祖国的伟大的爱。

中华正在振兴，祖国正在崛起。中华体育健儿近日连连为祖国争光，他们在一系列国际比赛中所表现的精神风貌和高超技艺多么激动人心啊！

我们中华民族"有自立于世界民族之林的能力"。

"团结起来，振兴中华！"

这是富有光荣革命传统的北大学生的喊声。

这是十亿人民的共同心声。

新华社记者
毕靖
徐光耀

特写

此文刊登在 1981 年 3 月 22 日《人民日报》

1981 年 3 月 20 日晚，北大学生为庆祝中国男排胜利，在校园游行，高唱国歌，喊出了时代最强音——"团结起来，振兴中华！" 1980 级学生在毕业前夕捐资修建了"振兴中华"石碑，它凝聚着北大人强烈的爱国情怀和高度的历史责任感。图为《人民日报》相关报道和"振兴中华"碑。

1984 年 10 月 1 日，北京大学七千多名师生参加国庆三十五周年庆典，北大游行队伍走到天安门前打出"小平您好"的横幅，表达了全国亿万人民的心声。

1993 年，全校共产党员捐资敬立的"北京大学革命烈士纪念碑"，座落在静园的苍松翠柏中，纪念北大师生和校友（含西南联大和燕大）在民主革命时期和抗美援朝战斗中牺牲的 90 多位革命先烈。

北京大学志

王学珍 主编

第一卷

北京大学出版社
PEKING UNIVERSITY PRESS

图书在版编目 (CIP) 数据

北京大学志：全四卷 / 王学珍主编 . —北京：北京大学出版社，2021.8

ISBN 978-7-301-32357-1

Ⅰ .①北… Ⅱ .①王… Ⅲ .①北京大学 – 概况 Ⅳ .① G649.281

中国版本图书馆 CIP 数据核字 (2021) 第 148327 号

书　　　名	北京大学志（全四卷） BEIJING DAXUEZHI（QUANSIJUAN）
著作责任者	王学珍　主编
责任编辑	刘　军
标准书号	ISBN 978-7-301-32357-1
出版发行	北京大学出版社
地　　　址	北京市海淀区成府路 205 号　100871
网　　　址	http://www. pup. cn　　新浪微博：@ 北京大学出版社
电子信箱	zpup@ pup. cn
电　　　话	邮购部 010-62752015　发行部 010-62750672　编辑部 010-62753056
印　刷　者	北京中科印刷有限公司
经　销　者	新华书店
	720 毫米 ×1020 毫米　16 开本　133.25 印张　彩插 54　2540 千字 2021 年 8 月第 1 版　2024 年 12 月第 2 次印刷
定　　　价	600.00 元（全四卷）

北京大学党史校史工作委员会

（2012 年 12 月）

主　　　任：朱善璐　周其凤

副 主 任：张　彦　吴志攀　柯　杨　王恩哥
　　　　　　于鸿君　敖英芳　叶静漪　鞠传进
　　　　　　海　闻　刘　伟　李岩松　高　松

执 行 主 任：张　彦

执行副主任：于鸿君　敖英芳　叶静漪　刘　伟

成　　　员：杨开忠　闫　敏　陈十一　李　强
　　　　　　黄桂田　马化祥　李文胜　李　鹰
　　　　　　马建钧　马春英　文东茅　方新贵
　　　　　　白志强　权忠鄂　朱　强　刘　波
　　　　　　刘晋伟　阮　草　杨仲昭　肖　渊
　　　　　　余　浚　张大庆　张庆东　张晓黎
　　　　　　周　辉　夏红卫　郭　海　高　毅
　　　　　　董惠华　蒋朗朗

办公室主任：余　浚

北京大学党史校史工作委员会

（2017 年 9 月）

主　　　任：郝　平　　林建华

副　主　任：于鸿君　　安钰峰　　叶静漪　　刘玉村　　高　松
　　　　　　王仰麟　　田　刚　　詹启敏　　王　博　　龚旗煌
　　　　　　陈宝剑

执 行 主 任：于鸿君　　王　博

成　　　员：马建钧　　马春英　　王元周　　刘　波　　刘晋伟
　　　　　　肖　渊　　余　浚　　张　帆　　张大庆　　张久珍
　　　　　　张庆东　　张新祥　　陈向群　　陈建龙　　陈晓宇
　　　　　　陈斌斌　　郑清文　　夏红卫　　龚文东　　董惠华
　　　　　　蒋朗朗　　谭文长

办公室主任：余　浚

北京大学党史校史工作委员会

（2019 年 11 月）

名 誉 主 任：王学珍

主　　　任：邱水平　郝　平

副　主　任：于鸿君　安钰峰　詹启敏　叶静漪

　　　　　　刘玉村　王仰麟　田　刚　王　博

　　　　　　龚旗煌　陈宝剑

执 行 主 任：于鸿君　王　博

成　　　员：（以姓氏笔画为序）

　　　　　　马建钧　王红涛　任羽中　孙熙国　孙蛼珠

　　　　　　杨　琥　肖　渊　吴　旭　张　帆　张　宁

　　　　　　张大庆　陈建龙　陈洪捷　陈斌斌　林齐模

　　　　　　林永兴　欧阳哲生　尚小明　郑清文　胡少诚

　　　　　　徐　健　郭卫东　龚六堂　阎凤桥　程美东

　　　　　　蔡磊砢

办公室主任：程美东

主编和编写人员

主　　编：王学珍
编写人员：王学珍　黄文一　李宝珍　贺寿銮　葛淑英
　　　　　古　平　江长仁　张万仓　于　洸　汪太辅
　　　　　李国斌　王希祜　崔殿祥　郝光安　赵秀娟
　　　　　张　娜　邹新明　朱建华　刘乐坚　曹　宏
　　　　　孙元林

总 目 录

第一卷

第二卷

第三卷

第四卷

目　录

前　言

北京大学创办于 1898 年,初名京师大学堂,是中国近现代第一所国立综合性大学。创立之初它也是国家最高教育行政机关,统辖各省学堂。中华民国成立后,京师大学堂于 1912 年 5 月改称北京大学校。

北京大学是在清末维新变法运动中创立的,从诞生之日起,就与国家、民族的命运休戚与共。它曾是中国新文化运动中心,五四爱国运动的发祥地,倡导民主科学思想和传播马克思主义的最初阵地,也是中国共产党早期活动的重要基地。

北京大学作为国家的最高学府、最早的教育和文化中心,在各个历史时期聚集了许多著名学者、科学家和教育家,培养了一代又一代优秀人才,创造了一批又一批重要成果,为中国近现代思想理论、学术文化、科学技术和高等教育的发展作出了重大贡献,深刻影响了中国社会的变革和现代化的历史进程。

1949 年中华人民共和国成立,北京大学进入了新的历史纪元,党和国家对北大的建设和发展给予了殷切关怀和大力支持。经过 1952 年全国高校院系调整,北大成为以文理基础学科为主的综合性大学。改革开放新时期,北大焕发出新的生机和活力,解放思想,开拓进取,在办学条件、队伍和学科建设、教学和科研诸方面都取得了长足进步,学校面貌发生了前所未有的巨大变化,已经发展成为包括自然科学、人文科学、社会科学、管理科学、教育科学以及新型技术科学等学科的研究型大学,是国家培养高级专门人才和知识创新的重要基地、中外优秀文化交流借鉴的桥梁、国家重点建设的世界知名大学。

北京大学的发展历程波澜壮阔、艰难曲折,既有繁荣辉煌的时期,也曾屡遭劫难和挫折。它在与反动势力和落后守旧势力不懈抗争中前进,在传承创新不断改革中发展,形成了爱国、进步、民主、科学的光荣传统,勤奋、严谨、求实、创新的优良学风和思想自由、兼容并包的学术精神。

北京大学坚持社会主义办学方向,努力建设中国特色世界一流大学。编写《北京大学志》,全面系统真实地记载北大的发展历程,对于总结历史经验和教训,弘扬优良传统和学风,使北大继往开来,在新的世纪创造新的辉煌,为中华民族的伟大复兴,为人类社会的文明进步作出新的更大贡献,具有重要意义。

北京大学的发展历程,与中国近现代历史同行。编写校志,也可为研究中国近现代思想史、政治史、文化史、科技史、教育史乃至革命史、中共党史提供重要的可靠的历史资料。

校志和其他志书一样,具有"存史、资政、教化"的功能。北京大学历来对编写校志、校史很重视。早在1931年,北大就成立了"校志编纂处",以刘复教授为主纂。1933年12月,编纂处编印了《国立北京大学史略》,其开篇中说:"我校创设,迄今三十五年。历史悠长,时有改进。中经丧乱,更变尤多。欲记其详,有待专志。"又说:"我校自清季创办以来,校况之良窳,校誉之升沉,学制之更移,精神之转变,人员之进退,多经岁月,知者将稀。求诸档文,亦虑损缺,非写专书,恐无以信今传后,因拟创编《国立北京大学志》。"该校志稿仅记述到1916年12月,约15万字。志稿中的附录,保存了一些档案原文抄件。

1986年北京大学成立了"党史校史研究室",由时任党委书记王学珍兼研究室主任,王效挺任副主任。1987年9月,学校根据北京市委的要求,成立"北京大学党史工作领导小组"(后改称"北京大学党史研究领导小组")。小组由王学珍、项子明、郝斌、于洸、王效挺五人组成,由王学珍任组长。北京大学党史校史研究室受五人小组领导。研究室主任、副主任仍为王学珍、王效挺。1991年4月,北京大学决定将"北京大学党史研究领导小组"改为"北京大学党史校史研究领导小组",组长王学珍,组员张学书、郝斌、任彦申、梁柱、于洸、王效挺、肖超然。1991年11月,北京大学还曾成立"北京大学校志编审委员会",由校长吴树青任主任,王学珍、王效挺任副主任。从1986年起,以"北京大学党史校史研究室"为依托,组织力量,搜集、整理党史、校史资料。1991年出版了《战斗在北大的共产党人》,记述了中共北大组织发展史和七十多位革命烈士的英雄业绩。1992年出版了《战斗的历程》,汇集了中共北大组织有关文献资料。1997年12月编辑出版了《北京大学史料(1898—1949)》四卷本,八百余万字。1998年4月,出版了《北京大学纪事(1898—1997)》上下两册,九十余万字。这几本书的出版,为编写校志提供了部分基本资料。1998年以后,相关人员着手编写校志。2012年12月3日,北大又成立了以朱善璐书记和周其凤校长为主任的"北京大学党史校史工作委员会",协调推进党史校史的重大编研项目,包括校志的编纂工作。

我们编写校志,坚持尊重历史、实事求是的原则,力求全面系统、史实准确。编写人员以严谨的态度,认真细心地查阅档案、书刊,进行调查访问,尽可能多地搜集资料，并对有关资料进行考证、研究，去伪存真，适当取舍。参与编写者，一部分是返聘的离退休干部和教师，分工撰写有关章节，一部分是有关单位指定的人员，撰写各自单位的志稿。初稿均由主编王学珍审阅、修改、统稿。2011年12月，我们曾将编成的第一、二、三章，印发学校有关领导和对校史熟悉的同志，征求修改意见。

本校志从1898年北大的创立记起，截至1997年12月北大百年校庆前夕，可谓"百年校志"。编写百年校志，涉及面广，工作量大，前后历时十余年之久。

在编写过程中，我们得到北大档案馆、图书馆、校史馆和校部各单位、各院系、各研究所（中心）的支持和帮助，谨致诚挚谢意！党史校史研究室的范芳蕴、校史馆的邸玉红，长期以来协助查找档案、打印资料，2012年以后，党办校办的余浚、胡少诚副主任和彭湘兰，联系有关单位，组织打印稿件，并协助进行部分志稿的校对，在此一并致谢！

由于学校几经变故和搬迁，一些档案文献遭到破坏和丢失，又由于编者的能力和水平有限，本志难免有疏漏和错误，欢迎读者批评指正。

编　者

凡例

一、《北京大学志》的编写，以辩证唯物主义和历史唯物主义为指导，坚持实事求是、尊重历史的原则，力求全面系统、史实准确。

二、本校志遵循编写志书的通例，"存真求实"，"叙而不议"，记事有据，据实直书，一般不加评论。

三、本校志从 1898 年京师大学堂创立记起，截止到 1997 年 12 月，上下共一百年。

四、本校志按章、节、目三级排列，共设 27 章。在卷首刊有一些代表性图片。

五、本校志采用公元纪年。清代部分或用帝王年号括注公元纪年，或用公元纪年括注帝王年号。1912 年至 1948 年间，部分使用民国纪年。

六、本校志各种名称，第一次出现时用全称，再次出现时多用简称。人名直书姓名（职务、职称），不加虚衔和褒贬之词。

七、本校志采用的资料，一般不注出处，个别需要说明的作页下注。

第一章　学校沿革

北京大学初名京师大学堂,创办于 1898 年(光绪二十四年)。它是维新变法运动的产物,是我国第一所正式以大学为名称的国立综合性大学。

北京大学经历了清朝末年、中华民国和中华人民共和国三个历史时期。其中,民国时期又可以划分为民国初年的北京大学,蔡元培对北京大学的改革,北大师生的复校斗争,复校后至全面抗日战争前的北京大学,北大和清华大学、南开大学组建的长沙临时大学和西南联合大学,抗战胜利复员后的北京大学等阶段;中华人民共和国时期又可以划分为人民政府对北京大学的接管和初步改造、学习苏联教育经验进行院系调整和教学改革的北京大学、探索建设和发展中国社会主义高等教育制度的北京大学、"文化大革命"中的北京大学和拨乱反正、改革开放、建设中国特色社会主义大学等阶段。

第一节　清末时期

一、京师大学堂的创办

近代以来,面对空前严重的民族危机,以康有为、梁启超、谭嗣同等为代表的启蒙思想家,为救亡图存,发起了维新变法运动。他们把改科举、兴学校、培养新式人才作为维新变法的第一要务。1896 年,梁启超在《论变法不知本原之害》一文中指出:"变法之本,在育人才;人才之兴,在开学校;学校之立,在变科举。"此前,顺天府尹胡燏棻曾于 1895 年奏《变法自强疏》,请裁书院,开设学堂。他说:"泰西各邦,人才辈出,其大本大源,全在广设学堂。""日本自维新以来,不过一二十年,而国富民强,为泰西所推服,是广兴学校力行西法之明验。"他建议"特旨通饬各直省督抚,务必破除成见,设法变更,弃章句小儒之习,求经济匡世之材。应先举省会书院,归并裁改,创立各项学堂","数年以后,民智渐开,然后由省而府而县,递为推广,将大小各书院一律裁改,开设各项学堂"。

1896 年 6 月，刑部左侍郎李端棻在《奏请推广学校折》中，第一次正式提议设立"京师大学堂"。他建议："自京师以及各省、府、州、县皆设学堂。""京师大学选举、贡、生、监三十以下者入学，其京官愿学者听之。学中课程一如省学，惟益加专精，各执一门，不迁其业，以三年为期。"毕业后"一如科第，予以出身，一如常官"。他强调："京师为首善之区，不宜因陋就简，示天下以朴，似当酌动帑藏，以崇体制。每岁得十余万，规模已可大成，中国之大，岂以此十余万为贫富哉。"他还主张设藏书楼、仪器院、译书局等。他认为如果采纳这一建议，则"自十年以后，贤俊盈廷，不可胜用矣。以修内政，何政不举，以雪旧耻，何耻不除"。光绪很重视李端棻的奏折，即发上谕"著总理衙门议奏"。总理衙门在复奏中说："至该侍郎所请于京师建设大学堂，系为扩充官书局起见，应请旨饬下管理官书局大臣，察度情形，妥筹办理。"把事情推给了官书局[官书局于光绪二十二年（1896 年）正月设立，选译书报，兼授西学]。光绪依总理衙门意见，命当时管理官书局大臣孙家鼐筹划设立大学堂事宜。孙家鼐于 1896 年 8 月（光绪二十二年七月）奏《议复开办京师大学堂折》，其中说"泰西各国，近今数十载，人才辈出，国势骤兴，学校遍于国中，威力行于海外，其都城之所设大学堂，规模闳敞，教法详明，教习以数百计，生徒以数万计"，"亟应参仿各国大学堂章程，变通办理，以切时用"。他在奏折中提出筹办京师大学堂之六条意见：一曰宗旨宜先定也；二曰学堂宜建造也；三曰学问宜分科也；四曰教习宜访求也；五曰生徒宜慎选也；六曰出身宜推广也。他强调大学堂宗旨"自应以中学为主，西学为辅，中学为体，西学为用"，"以中学包罗西学，不能以西学凌驾中学"，提出大学堂分立天学（算学附焉）、地学（矿学附焉）、道学（各教源流附焉）、政学（西国政治及律例附焉）、文学（各国语言文字附焉）、武学（水师附焉）、农学（种植水利附焉）、工学（制造格致各学附焉）、商学（轮舟铁路电报附焉）、医学（地产植物化学附焉）等 10 科，且大学堂的学生"年以二十五岁为度"。孙家鼐的六条意见，虽得到光绪的首肯，但顽固派官员却以经费困难等为由，主张"缓办"。这样，建立京师大学堂的事被搁置了起来。

然而，要求创办京师大学堂的呼声仍继续不断。1897 年（光绪二十三年），姚文栋在《京师学堂条议》提出："东西洋各国都城，皆有大学堂，为人才总汇之所，每年用费至二三十万之多。盖以京师首善，四方之所则效，万国之所观瞻，故规模不可不宏，而教法不可不备。""今中国一时未能遍设乡学，先设大学堂于京师，亦可树之风声。"美国传教士李佳白、狄考文也著文请设京师大学堂。1898 年 1 月 25 日，康有为上清帝第六书《应诏统筹全局折》，其中再次提出："自京师立大学，各省立高等中学，府县立中小学及专门学；大译西书，游学外国，以得新学；变通科举，以育人才。"1898 年 2 月 15 日（光绪二十四年正月二十五日），御史王鹏运也奏请开办京师大学堂。在维新派强烈要求下，光绪在王鹏运奏请当日下谕旨："御史王鹏运奏请开办京师大学堂等语。京师大学堂迭经臣工奏请，准其建立，现在亟须开办。其详细章程，著军机大臣会同总理各国事务衙门王大臣妥议具奏。"而总理各国事务衙门以"事属创始，筹划非易"，拖延不办。

1898 年 6 月 11 日（光绪二十四年四月二十二日），光绪颁发上谕，世称《明定国是诏》，正式宣布变法。诏书指出，"数年以来，中外臣工讲求时务，多主变法自强。迩者诏书数下，如开特科，裁冗兵，改武科制度，立大小学堂，皆经再三审定，筹之至熟，甫议施行。惟是风气尚未大开，论说莫衷一是"，"朕惟国是不定，则号令不行，极其流弊，必至门户纷争，互相水火，徒蹈宋明积习，于时政毫无裨益"，"用特明白宣示，嗣后中外大小诸臣，自王公以及士庶，各宜努力向上，发愤为雄，以圣贤义理之学，植其根本，又须博采西学之切于时务者，实力讲求，以救空疏迂谬之弊"。诏书强调："京师大学堂为各行省之倡，尤应首先举办。著军机大臣、总理各国事务王大臣会同妥速议奏。所有翰林院编检、各部院司员、大门（内）侍卫、候补候选道府州县以下官、大员子弟、八旗世职、各省武职后裔，其愿入学堂者，均准其入学肄业，以期人才辈出，共济时艰。不得敷衍因循，绚私援引，致负朝廷谆谆告诫之至意。"在这种情况下，军机大臣和总理衙门不好再拖延不办，于是请康有为起草京师大学堂章程，康有为则转请梁启超代为起草。1898 年 7 月 2 日（光绪二十四年五月十四日），总理衙门奏复《遵旨筹办京师大学堂并拟开办详细章程》。7 月 3 日，光绪批准了这个章程，史称《奏拟京师大学堂章程》。这是京师大学堂第一个办学章程，也是中国近代高等教育最早的学制纲要。该章程共八章五十节，其中规定大学堂的办学方针为"中学体也，西学用也"，"中西并重，观其会通，无得偏废"。课程分普通学和专门学两类，以经学、理学、中外掌故学、诸子学、初级算学、初级格致学、初级政治学、初级地理学、文学、体操学等十门为普通科；以各国语言文字学、高等算学、高等格致学、高等政治学（法律学归此门）、高等地理学（测绘学归此门）、农学、矿学、工程学、商学、兵学、卫生学（医学归此门）等十门为专门学科。普通学科各门为全体学生所必学，专门学科由学生任选一门或两门。外语设英、法、俄、德、日五种，学生二十岁以下者，必须认习一门，二十一岁以上者准其免习。学生暂以 500 人为额，分头班、二班。入学后先编入二班学普通学，普通学学完后升为头班学专门学。另设师范斋，培养教习；附设中小学，循级而升。该章程规定设管学大臣一员，统率全学；设总教习一员，总管教学。章程还规定，"京师大学堂，为各省之表率，万国所瞻仰"，"各省学堂皆归大学堂统辖"。这样，大学堂既是全国最高学府，又是国家最高教育行政机关。

光绪在批准《奏拟京师大学堂章程》的同时，委派孙家鼐为管理大学堂事务大臣，并令官书局和新设译书局并入京师大学堂。接着，光绪批准京师大学堂开办经费为三十五万两，常年用款为二十万零六百三十两。户部指定以华俄道胜银行的中国政府存款的利息支付（清政府出卖东清铁路主权于俄国，每年利息银三十五万两），不足之数由户部补足。7月4日光绪又指派庆亲王奕劻和礼部尚书许应骙负责建设大学堂工程事务。因开学在即，新建校舍来不及，先拨地安门内马神庙地方一所空闲的府第（清乾隆女儿和嘉公主府）为暂时校舍，由总管内务府大臣量为修葺拨用并略加扩充，计修复原房三百四十余间，新建一百三十余间，11月22日移交给大学堂。

孙家鼐对《奏拟京师大学堂章程》不甚满意。他被任命为管学大臣后，于1898年8月9日（光绪二十四年六月二十二日）向光绪奏报《筹办京师大学堂大概情形折》，将筹办计划分列八条：（1）为进士、举人出身之京官设立仕学院。（2）宜定学堂毕业生的出路。凡学堂肄业之人，其已经授职者，由管学大臣出具考语，各就所长请旨优奖；其作为进士之学生，亦由管学大臣严核品学，请旨录用。（3）变通中西学门类。原奏普通学凡十门，门类太多，中材以下断难兼顾，拟将理学并入经学为一门；诸子、文学皆不必专立一门；专门学内取消兵学一门。（4）学成出身名器宜慎。原奏小学堂、中学堂、大学堂毕业生，以文凭递升作为生员、举人、进士。为防冒滥情弊，应严额定数与认真考核办法。（5）编译局主要编译西学各书，旧有经书不得任意删节。（6）西学拟设总教习。拟聘丁韪良博士（美国传教士，曾长期担任京师同文馆总教习）为西学总教习。（7）西学教习薪水宜从厚。（8）膏火宜酌量变通。拟仿西国学堂之例，不给膏火，但给奖赏，俟开学后详细斟酌办理。同日，光绪批准了孙家鼐所奏各事。

经孙家鼐推荐，清政府任命工部侍郎许景澄为中学总教习，丁韪良为西学总教习，黄绍箕为总办，朱祖谋、李家驹为提调，刘可毅、骆成骧等为教习。

正当孙家鼐积极筹办京师大学堂时，慈禧太后于1898年9月21日（光绪二十四年八月初六日）发动政变，囚禁光绪帝，由慈禧训政，镇压维新派。谭嗣同等六人被杀，康有为、梁启超逃亡海外，103天的百日维新被扼杀。政变后，百日维新中所颁行的变法改革措施，多被废除，唯有关经济、教育和军事等方面仍保留一部分变法成果，京师大学堂得以由孙家鼐继续筹办，但办学规模和教学方针、教学内容均大受影响。1898年12月31日（光绪二十四年十一月十九日），京师大学堂在旧公主府第开学。当时仅设仕学院，让进士、举人出身的京曹入院学习。同时因各省中小学未能遍立，按章程规定，在大学堂兼寓小学堂、中学堂，"就中分别班次，循级而升"。是时共有各类学生 160 人;次年五月增至 218 人,其住堂肄业者 170 人,不住堂肄业者 48 人①;到 1900 年 2 月,住堂肄业者增至 238 人,其中仕学院学生 27 人,中学生 151 人,小学生 17 人,附课学生 43 人②。京师大学堂刚开学时,设诗、书、易、礼四堂,春秋二堂,到 1900 年时"分设经史讲堂,曰求志,曰敦行,曰立本,曰守约计四处;专门讲堂,史学、政治、舆地计三处;算学讲堂三处,格致、化学讲堂各二处。另设英文讲堂三处,法文、德文、俄文、日本文讲堂各一处","委派教习八人,又洋教习八人,西文副教习十二人,分堂授业"。③

京师大学堂初建时还附设了一个医学堂。1898 年 9 月 9 日(光绪二十四年七月二十四日),孙家鼐《奏请设立医学堂折》说,"医学一门,所以保全生灵,关系至重。古者九流之学,医居其一。近来泰西各国,尤重医学,都城皆有医院",建议"另设一学堂,考求中西医学,即归大学堂兼辖"。同日,上谕:"医学一门,关系至重,亟应另设一学堂,考求中西医理,归大学堂兼辖。"1898 年 9 月 14 日(光绪二十四年七月二十九日),孙家鼐奏《拟办医学堂章程》,规定"医学堂设提调一人,总理堂中一切事务;派中医教习二人,一内科、一外科;聘西医教习二人,一西人、一华人;招考学生二十人,分为两班,俟将来经费扩充,再行添设额","堂中兼寓医院之制。每日施诊,中西并用,由各该教习分治"。经费由大学堂向户部咨领,后由大学堂内经费匀拨。当时,派翰林院编修朱启勋为医学堂提调,以已经裁撤的通政司之衙门作为开办之所。

1899 年 6 月(光绪二十五年五月),孙家鼐因不满慈禧太后欲谋废黜光绪帝,称病请假。7 月 17 日(六月初六),上谕:著吏部左侍郎许景澄暂行管理大学堂事务。

1900 年 5 月(光绪二十六年四月),义和团进入北京,京师大学堂被视为洋学堂受到冲击,"住堂学生均告假四散",华俄银行也被毁坏,大学堂无处支银,经费无着。许景澄于 1900 年 7 月 1 日(光绪二十六年六月初五)奏请暂时裁撤大学堂。7 月 9 日(六月十三日),慈禧批准了许景澄的奏请。7 月 28 日(七月初三),许景澄因主剿义和团被处死。1900 年 8 月 15 日(光绪二十六年七月二十一日),八国联军侵占北京,京师大学堂先后被俄、德侵略军占住,校舍和图书、仪器、家具等大部分被毁,"学堂弦诵辍响者年余"。

1898 年(戊戌年)成立的京师大学堂,后来有人称其为"戊戌大学"。

---

① 孙家鼐 1899 年 1 月 17 日(光绪二十五年四月初一日)《奏陈大学堂整顿情形折》。《北京大学史料》第一卷第 49 页。
② 许景澄 1900 年 2 月 18 日(光绪二十六年正月十九日)《奏复大学堂功效折》。《京师大学堂档案选编》第 87 页。
③ 许景澄《奏复大学堂功效折》。《京师大学堂档案选编》第 86—87 页。

二、京师大学堂的恢复与发展

1901 年 9 月 7 日（光绪二十七年七月二十五日），清政府与美、英、德、法、俄、日、意、西、荷、比、奥十一国政府签订了《辛丑和约》，以国家主权和巨额赔款换取统治局面的暂时安定，而人民的怨愤情绪迅速增长。一些清朝官员"迫于时变，维新之论复起"。为了维护摇摇欲坠的腐朽统治，缓和国内的不满情绪，慈禧太后于 1901 年 1 月 29 日颁发上谕，表示要"变法维新"，实行"新政"。而"新政"的重要内容之一即改革教育制度，兴学育才。1901 年 9 月 14 日，颁布兴学诏书："人才为庶政之本。作育人才，端在修明学术……除京师已设大学堂，应行切实整顿外，著将各省书院，于省城均改设大学堂，各府、厅、直隶州，均设中学堂，各州县均设小学堂，并多设蒙养学堂。"1902 年 1 月 10 日，清政府正式下诏恢复京师大学堂。诏谕称："兴学育才，实为当今急务，京师首善之区，尤宜加意作养，以树风声。从前所建大学堂，应即切实举办。著派张百熙为管学大臣，将学堂一切事务，责成经理，务期端正趋向，造就通才，明体达用，庶收得人之效。"翌日，又诏谕："从前设立之同文馆，毋庸隶外务部，著即归并大学堂，一并责成张百熙管理。"

张百熙受命为管理大学堂事务大臣后，于 1902 年 2 月 13 日（光绪二十八年正月初六日）奏陈《筹办大学堂大概情形折》，提出"办法宜预定""讲舍宜添建""译局宜附设""书籍仪器宜广购""经费宜宽筹"等五条办学的具体措施。他主张，因目前并无应入大学肄业之学生，暂不设专门（本科），先办预备科。预备科分为二科，"一曰政科，二曰艺科，以经史、政治、法律、通商、理财等事隶政科；以声、光、电、化、农、工、医、算等事隶艺科"。预备科学生三年毕业，考试及格者可升入专门。除预备科外，再设速成科，以收急效。速成科分为两门，"一曰仕学馆，一曰师范馆。凡京员五品以下，八品以上，以及外官候选，暨因事留京者，道员以下，教职以上，皆准应考入仕学馆。举、贡、生、监等，皆准应考入师范馆"。速成科三年毕业。关于校舍，他主张先在马神庙原校舍基础上修葺与扩建，将来再另行拨地建筑新校舍。他建议，大学堂经费仍从户部存放华俄道胜银行的五百万两银子的利息中支付。这项利息每年有二十一万二千两，全数拨给大学堂作为常年经费；另由各省协筹部分，大省每年筹款二万两，中省一万两，小省五千两。他要求就官书局之地开办译书局一所，在上海设一分局。张百熙的这个奏折，得到清廷的批准。张百熙还于同日上奏推荐直隶冀州知州吴汝纶为大学堂总教习，张鹤龄为副总教习，于式枚为总办，李家驹、赵以蕃为副总办，亦获清廷批准。吴汝纶任总教习后不久病逝，张百熙推举副总教习张鹤龄任总教习，辜鸿铭（辜汤生）任副总教习；辞退丁韪良等外国教习，另聘日本学者文学博士服部宇之吉、法学博士岩谷孙藏等为教习;聘请严复任译书局总办,林纾任副总办。

1902年8月15日(光绪二十八年七月十二日),张百熙奏《筹拟学堂章程》。同日清政府钦准颁行。这套章程称《钦定学堂章程》,包括京师大学堂章程、大学堂考选入学章程和高等学堂、中学堂、小学堂、蒙养学堂的章程,共六件。这是中国近代第一次以政府名义颁布的完整的学制。因为它是壬寅年颁布的,又称"壬寅学制"。其中《京师大学堂章程》是大学堂的第二个章程,又称《钦定京师大学堂章程》。章程共八章八十四节。其中规定:"京师大学堂之设,所以激发忠爱,开通智慧,振兴实业;谨遵此次谕旨,端正趋向,造就通才,为全学之纲领。""大学堂全学名称:一曰大学院(编者按:相当于大学研究院),二曰大学专门分科(编者按:即大学本科),三曰大学预备科。其附设名目:曰仕学馆,曰师范馆。""前次学堂有医学一门,兼施学堂中之诊治,今请仍旧办理,照外国实业学堂之例附设一所,名曰医学实业馆。"大学堂专门分为政治、文学、格致、农学、工艺、商务、医术七科。预备科分政、艺两科。习政科者卒业后升入政治、文学、商务分科;习艺科者卒业后升入农学、格致、工艺、医术分科。大学堂设管学大臣一员以主持全学,统属各员;下设总办一员,副总办二员,以总理全学一切事宜;设总教习一员,主持一切教育事宜,副总教习二员佐总教习以行教法,并分别稽查中外各教习及各学生功课。章程还对课程安排、学生入学、学生出身、聘用教习、堂规、建置等作了详细规定。

1902年10月14日(光绪二十八年九月十三日),京师大学堂正式举行招生考试。首先招考速成科学生。考试结果为仕学馆录取学生36名,师范馆录取学生56名。11月25日(大学堂)再次招生,仕学馆、师范馆共录取学生90名。1902年12月17日(光绪二十八年十一月十八日),京师大学堂恢复开学。

1903年2月(光绪二十九年一月),清廷在西城李阁老胡同设立进士馆,附属于大学堂。当年招收新科进士100名。次年颁布《进士馆章程》,规定办学宗旨:"设进士馆,令新进士用翰林部属中书者入焉,以教成初登仕版者皆有实用为宗旨;以明彻今日中外大局,并于法律、交涉、学校、理财、农、工、商、兵八项政事,皆能知大要为成效。"学习期限三年。

1903年4月2日(光绪二十九年三月五日),京师大学堂医学实业馆开学授课,当时有学生30人,暂租地安门内太平街民房作为馆舍。按《奏定京师大学堂医学实验馆章程》规定,医学实验馆分医学和诊治两部分,习医之处曰习业所,诊治之处曰卫生所。学习期限三年。

1902年,大学堂于东安门内北河沿购宅一区,辟为译学馆,以之庚续同文馆，为外国语言文字专门学馆。1903年11月2日（光绪二十九年九月十四日），译学馆开学，先录取学生七十余人，后添招二十余人，设英、俄、德、法、日五国文字，每人认习一种，五年毕业，培养翻译、外交人才。《大学堂译学馆章程》总纲中规定："本馆以造就译才品端学裕为宗旨。务使具普通学识，而进于法律交涉之专门，通一国之语文，而周知环球万国之情势，体用兼备，本末交修。上有以应国家需才之殷，下有以广士林译书之益，兼编文典以资会通。"

京师大学堂恢复开学不久，清政府即以张百熙"喜用新进"，不够可靠，而于1903年2月8日（光绪二十九年正月十一日）增派满人刑部尚书荣庆，会同张百熙管理大学堂事务，对张百熙进行监督。"百熙一意更新，荣庆时以旧学调剂之。"1903年6月27日（光绪二十九年闰五月初三日），清政府又派重臣张之洞会商学务，并要求"张之洞会同张百熙、荣庆将现办大学堂章程一切事宜，再行切实商订，并将各省学堂章程一律厘定，详悉具奏"。1904年1月12日（光绪二十九年十一月二十五日），张百熙、荣庆、张之洞奏报《遵旨重定学堂章程折》。修订后的各级各类学校章程共二十册，于第二天获清政府批准。这套重新修订的章程称《奏定大学堂章程》，因颁布之年为癸卯年，所以后来又称为"癸卯学制"。"癸卯学制"一直实行到清亡。《奏定大学堂章程》是大学堂第三个章程，它和《钦定大学堂章程》的不同之点主要有：（一）大学分科除原有7科外，增设经学科，共8科46门，加重了经科的分量。（二）大学院改名通儒院，年限为五年。（三）大学预备科由政、艺二科改为三类：第一类预备升入经学、政法、文学、商学等分科大学；第二类为预备升入格致、工科、农科等分科大学；第三类为预备升入医科分科大学。（四）将"大学堂设管学大臣一员以主持全学，统属各员"改为：大学堂设总监督，分科大学设监督。总监督受总理学务大臣之节制，总管全堂各分科大学事务，统率全学人员。

1904年1月14日（光绪二十九年十一月二十七日），清政府正式改管学大臣为总理学务大臣，统辖全国学务，派孙家鼐为学务大臣，另设总监督专管京师大学堂事务。2月6日（光绪二十九年十二月二十一日），清政府又任命大理寺少卿张亨嘉为京师大学堂总监督。这样，京师大学堂就从既是高等学府又是国家最高教育行政机关改为单纯的高等学府。

1904年5月，京师大学堂速成科仕学馆归并进士馆。但仕学馆学生仍在原处学习，一切课程讲堂分别自成一馆，至1906年8月仕学馆34名学生毕业为止。

1904年，京师大学堂师范馆改为优级师范科，同时开办预备科。同年8月（光绪三十年七月），大学堂举行师范科和预备科招生考试，择优录取三百六十余名学生。其中年龄较长、汉文较优者,录为优级师范科,共计二百余名;西文夙有门径或年少易于练习者选入预科,共计一百五十余名。同年 10 月,预备科开始上课。

1905 年 12 月 6 日(光绪三十一年十一月初十日),清政府设立学部,任命荣庆为学部尚书。"学部管全国教育,京师大学堂直接归属学部。"

1905 年 4 月 4 日(光绪三十一年二月三十日),学务大臣孙家鼐、张百熙奏请为医学实验馆建造堂舍,并与施医总局合并,以资扩充。此奏获准后,于前门外孙公园施医局东偏余地建筑新堂舍,并将合并后的医学实验馆称为医学馆。1907 年 1 月(光绪三十二年十一月),医学馆第一批学生 36 人毕业,另有修业生 3 人。同年 1 月 26 日(光绪三十二年十二月十三日)学部奏准医学馆改为直属学部的京师专门医学堂,大学堂医学馆遂停办(京师专门医学堂于 1912 年才正式成立)。

1907 年 7 月(光绪三十三年六月),大学堂开设博物实习科简易班,招收学生 37 人,学制二年,后又增加实习一年,分制造标本、模型及图画三类。1910 年这班学生毕业后,博物实习科即停办。

1907 年,京师大学堂师范馆第一期学生毕业。同年 3 月 26 日(光绪三十三年二月十三日),师范馆举行隆重的毕业典礼。学部大臣、总监督、全体教习和学生参加了典礼,学部大臣、总监督、教习代表和学生代表相继致词。这是京师大学堂举行的第一次学生毕业典礼。1908 年 6 月,优级师范科改为优级师范学堂,独立于京师大学堂。

1909 年 1 月(光绪三十四年十二月),第一届预备科学生举行毕业考试,同年 7 月(宣统元年六月)毕业。1909 年 4 月 25 日(宣统元年三月初六日),学部奏准将京师大学堂预备科改称京师高等学堂,仍暂统于大学堂。

京师大学堂的恢复与发展,为开办分科大学准备了条件,特别是有了一批预备科的毕业生,成为升入分科大学的学生来源。1908 年 8 月 16 日(光绪三十四年七月二十日),学部奏请设立分科大学。奏折说:"现在京师大学堂预备科学生,本年冬间即当毕业,自应遵章筹办分科,以资深造。"奏折还对分科大学的开办经费、长年经费和建设用地等提出意见。这个奏折获得清政府的批准。1909 年 4 月 15 日(宣统元年闰二月二十五日),学部又奏准派柯劭忞(经科)、林棨(法政科)、孙雄(文科)、屈永秋(医科)、汪凤藻(格致科)、罗振玉(农科)、何燏时(工科)、权量(商科)等分任分科大学监督。1910 年 1 月 10 日(宣统元年十一月二十九日)学部奏《筹办京师分科大学并现办大概情形折》中说,按奏定章原设八科四十六门,现拟设七科十三门:经科设毛诗、周礼、春秋左传三门;文科设中国文、外国文两门(后来实际上未设外国文门,而设了中国史学门);法政科设政治、法律两门;商科设银行保险学一门;农科设农学一门;格致科设地质、化学两门;工科设土木、矿冶两门。1910 年 3 月 31 日(宣统二年二十一日),分科大学举行开学典礼,学生共四百余人。除商科学制为三年外,其余各科学制均为四年。一所近代意义的综合性大学初具规模。

1902 年(农历壬寅年)恢复的京师大学堂,后来有人称其为"壬寅大学"。

第二节 中华民国时期

一、中华民国初年的北京大学

1911 年 10 月爆发的辛亥革命,推翻了清王朝的封建统治。1912 年 1 月 1 日,中华民国在南京成立,孙中山就任临时大总统。同日,中华民国临时政府组成。不久,临时大总统职务为北洋军阀首领袁世凯所窃取,他玩弄权术,逼迫南京临时政府北迁,定北京为首都。2 月 15 日参议院选袁世凯为临时大总统,3 月 10 日袁世凯在北京就任临时大总统,开始了北洋军阀统治的时期。

1912 年 2 月 15 日,临时大总统袁世凯任命严复为京师大学堂总监督,接管大学堂事务。5 月 3 日,北京政府批准教育部呈请,改京师大学堂为北京大学校,大学堂总监督改称大学校校长,分科大学监督改称学长,分科大学教务提调裁撤。严复被任命为北京大学校第一任校长。

严复,原名宗光,字又陵,又字几道,福建侯官(今福州)人,中国近代思想家、翻译家、教育家。他接办京师大学堂后,首先碰到的困难是学校经费无着。辛亥革命爆发后,因政局未定,大学堂已连续数月领不到经费,严复只好靠借债应付。4 月先向华俄道胜银行借款 7 万两,才得于 5 月勉强复课。8 月,又向华比银行借银 20 万两,除偿还道胜银行借款本息外,充作下学期费用。但是年 7 月,教育部又以经费困难、程度不高、办理未善等理由,欲停办北京大学校。这引起严复和全校师生的强烈反对。严复给教育部写了《论北京大学校不可停办说帖》和《分科大学改良办法说帖》。前一个说帖申述了北京大学校不可停办的理由。他指出:"北京大学创建十有余年,为全国最高教育机关。""今若将其废弃,是举十余年来国家全力所惨淡经营,一旦轻心掉之,前此所靡百十万帑金,悉同虚掷。""今世界文明诸国,著名大学多者数十,少者十数。吾国乃并一已成立之大学,尚且不克保存,岂不稍过?"关于经费问题,他说:"窃以为今日之大学,固当先问其宜存与否,……不得以筹费之难易为解决也。""国家肇建万端,所需经费何限,区区一校所待以存立者,奚翅九牛之一毛?其所保持者甚大,所规划者至远,如此,夫何惜一年二十余万金之资,而必云停废乎?"关于程度问题,他说,"各国之有大学,亦无法定之程度",北京大学的程度,"与欧美各国大学相提并论,固不可同年而语",但仍不失"为全国中比较差高之学校",而且"程度亦何常之有,吾欲高之,终有自高之一日。若放任而不为之所,则永无能高之时"。至于学校以前办理未善问题,则只要不取消,今后尽可改进。在后一个说帖中,他提出了分科大学改良办法,主张对旧有学生缩短原定学期,择要讲授,作为选科生提前毕业。暑假后招考新生,重新订立教学计划。他还提出了处理教员的办法,所聘外国教员,"其合同已届满者,可以按约辞退。其合同未满诸员,唯有斟酌功课多寡、学员人数,择其优者量予留堂;其实不合者,只可按照合同给予三个月薪水一律辞退","至于中国职教员,本无预定合同,自可考其成绩,随时斟酌去留"。

在全校师生反对下,教育部答复北大,声明"解散之事,全属子虚"。同时,参照严复的意见,提出对原有学生和外国教师的九条结束办法:(1)各分科大学学生一律提前于(民国)元年年底毕业,给予选科文凭,概不授予学位。(2)本年下学期各分科主要课程应增加钟点讲授,其补助钟点酌量删减。(3)分科学生从下学期起,一律征收膳费,唯学费一项仍归豁免。(4)本年年底各分科学生毕业后,选其成绩优良者,每门资派一、二名出洋留学。(5)凡合同将满之外国教员应按约辞退;其未满诸员亦酌量辞退,以节省经费。(6)各分科学长应兼充教员,唯文科学长既兼署校长,事务较繁,毋须担任教科。(7)法科、商科两学长应以一人兼充。(8)文科及预科教务长应裁撤。(9)本年下学期,各分科大学一律不招新生。

教育部的这个办法下达后,各分科学生对于缩短学期、改为选科生提前毕业的做法,表示反对,认为这是实行"和平之驱逐""变相之解散"。改革之议,遂被打消。

严复在反对取消北京大学校的斗争中同全校师生站在一起,取得了胜利,但因此得罪了教育部当权者。1912年10月7日他被迫辞去北京大学校校长职务。"学生欲挽留,而教部不允所请。"同日,临时大总统袁世凯任命章士钊为北京大学校校长,但章士钊未到任,10月18日袁世凯又任命马良代理北京大学校校长。

马良对办好大学还是有想法的,1912年10月21日他在到校演说中说,大学者"非校舍之大之谓,非学生年龄之大之谓,亦非教员薪水之大之谓,系道德高尚、学问渊深之谓也"。但办学困难很大,11月底寒假将到,而下学期经费尚无着落。他向比国银商借40万法郎,约定以学校地产作抵押。学生闻讯,认为马良"盗窃校产",群起反对。年底,马良辞职。12月27日袁世凯令准马良辞职，令准免去章士钊北京大学校校长职，任命何燏时署理北京大学校校长。

1912年11月，原附设于大学堂的高等学堂改称预科。1911年10月译学馆停办，预科迁入北河沿译学馆原址。1911年11月，商科归并法科兼理。

何燏时长校后谋求对北大进行整顿，经教育部同意，于1913年5月25日出布告宣布，"凡预科毕业学生欲入本科者，须先经过入学试验"。预科学生以《大学令》明文规定"预科学生修业期满，考试及格者，给以文凭，升入本科"，校长上述布告违法，于是在校内遍贴告白，表示反对。何燏时派人撕去学生的告白，并出布告严厉训斥学生。27日，预科学生举行集会，要求校长到会解释，何置之不理。学生便涌进校长办公室与何辩论，迫其当场写悔过书，并辞去校长职务。事后，何燏时上书教育部，要求严惩闹事学生。学生也公推代表13人赴教育部请愿。5月29日，教育部代总长董鸿祎向何燏时发出指令，认为预科学生"借端生事""聚众要挟""目无法纪"，命令学校当局"查明滋事为首之人，立即斥退"。30日何燏时据此出布告将此次学潮中的代表8人斥退，并通知军警入校弹压。于是全体预科学生到教育部请愿，因无人接见而返校。6月3日，又有预科学生271人赴国会请求保障。6月6日，教育部宣布"将现时在校之预科学生暂行解散，俟暑假后开学时，除已斥退之八人外，凡现经请假出校诸生，均准回校，其余实系被胁之人，自愿悔过，呈请复校者，由校长酌量照准"。于是，何燏时乃限令预科学生于5日内一律出校。因不少学生拒绝离校，何又招来大批军警，将预科学生全部押解出校。这次学潮遂被压制下去。

1913年暑假，文、理、法、工四科招收新生。其中，文科招中国文学门一班，理科招数学门、理论物理门、化学门各一班，法科招法律门、政治学门、经济学门各一班，工科招土木学门、采矿学门、合金学门各一班，何燏时积极筹备于9月25日举行本科生开学典礼。不意，9月23日，教育部突然通知北大，本科开学暂缓举行。次日，教育总长当面告诉何燏时拟将北大分科暂行停办，理由是北大"费用过多，风纪不正，学生程度尚低"。10月1日，教育部又发第213号指令，提出要将北大并入天津北洋大学，称"本部上年规划全国国立大学，拟定四区（四区为北京、南京、武昌、广州，每区各设一大学）"，京津距离太近，不能设两所大学。此议一出，立即遭到北大师生和社会舆论的反对。何燏时也明确反对。他呈文给教育部要求维持大学，理由主要为：从经费考虑，得不偿失；从学业考虑，不应失全国学子之望；从国家振兴考虑，近来外国竞在吾国举办大学，扩张国势，我则惜小费一校不存，致使莘莘学子依赖外人，有失国体，且教育之实权亦势必旁落。"总之，办理不善可以改良，经费之虚糜可以裁节，学生程度之不齐可以力加整顿，而此唯一国立大学之机关,实不可遽行停止。"北大毕业同学会也上书大总统,指出:"唐虞三代以来,凡在国都,莫不修起大学,以树风声。今东西各国,其著名大学亦多在首都,岂宜背古今中外之通例,而反以首都大学,归并省会?"又说:"我国教育,操自外人,忧时之士,常以为耻。京内外已有外人建设大学,万一我国方事裁并,而彼则大加改良,面面相形,恐伤国体。"对停办北大,将之并入北洋大学,各界社会名流也多表示反对。国会开会时,有些议员也提出质问,要求教育部答复。在此情况下,教育部先允许北大本科于 10 月 13 日开学,到 12 月 16 日,北京政府正式批准教育部取消将北京大学合并于北洋大学的计划。

何燏时在呈文教育部要求维持大学时,即呈请辞职,11 月 5 日,又再次呈请辞职。11 月 13 日教育部命工科学长胡仁源暂行管理北大校务。1914 年 1 月 4 日袁世凯任命胡仁源署理北京大学校长。

教育部在取消了将北大合并于北洋大学的计划后,又于 1914 年春提出将北大的工科移并于北洋大学、将北洋大学的法科移并于北大的方案。这个方案也由于北京大学和北洋大学师生的反对,未能实现。

1914 年 3 月,北京大学的农科分科大学独立,改称为北京农业专门学校,直属教育部领导。

胡仁源担任北京大学校长后,于 1914 年 9 月拟定了《北京大学计划书》,对北大进行整顿和改革。其主要内容为:(1)添招新生。暑假后添招本科新生 250 名,内文科 70 名,理科 30 名,法科 110 名,工科 40 名。文科除中国文学门外,增加中国哲学门、英国文学门。(2)添聘教员。新聘专任教员 6 人,其中文、法科各 2 人,理、工科各 1 人。兼任教员也略有增加。(3)订定课程,改进教学方法。该计划书说:"本校课程,向系按照部章办理,惟部订大学规程,因当时用意力求完美,故科目颇觉复杂,为教授便利起见,不得不参酌各国情形酌量合并。而各科目内容仍期与部订规程适相符合。"计划先行试办,俟一年后再行修改,以期不致有过多过少之弊。按照学校情形,订立考察规则及试验细则。注重实地教授。毕业生需完成毕业论文。(4)编写教材和教授要目。成立教科书编委会编写教材,要求教师编写各课的教授要目。(5)添置教学设备。添设理科物理实验室和工科化学实验室、材料实验室、试金室各一处,添购了一些实验仪器和图样模型。(6)整理图书。将所有书籍详细清查,重新编定目录,将常用书目开架陈列,并增设中、西书籍阅览室各一处。(7)加强对预科的管理。预科设三主任:文科第一主任,管理伦理、国文、本国历史、地理等课的教学;文科第二主任,管理外语、外国历史、法制、经济论理(逻辑)、心理等课的教学;理科主任,管理数学、物理、化学、地质、矿物、图画、测量等课的教学。预科专任教员每周授课不得少于 12

小时。(8)培养专门学者。该计划书说："大学设立之目的，除造就硕学通才以备世用而外，尤在养成专门学者。""我国创立大学垂十余年，前后无虑百数，而其能以专门学业表见于天下者，殆无人焉，不可谓非国家之耻矣。推其原因，厥有数端"：一是"社会心理大都趋重于官吏之一途，为教员者多仅以此为进身之阶梯，故鲜能久于其任"；二是教员"每人每年所担任科目本已极多，而且逐年更换，流弊所及，种种敷衍塞责，教者学者，两无所益"；三是"研究学问之士居本国日久，往往情形隔阂，学问日退"。为了矫正这些弊端，计划书提出三条措施：一是"延聘教员，务宜慎选相当人才，任用以后，不可轻易更换。国家对教员，尤宜格外优遇，以养成社会尊尚学术之风"；二是"各科功课由教员按照所学，分别担任，至多不过三、四科目。认定以后，每年相同，非有必要情形，不复更易"；三是"于各科教员中每年轮流派遣数人，分赴欧美各国，对于所担任科目，为专门之研究。多则年余，少则数月"，这样可以使"校内人士得与世界最新智识常相接触，不致有望尘莫及之虞"。这些措施逐步推行后，学校的教师队伍得到了加强，增至148人，聚集了一批知名教授。学校规模进一步扩大，学生增至1503人，教学情况也有了进步。

　　1916年12月，胡仁源辞去北京大学校长职务。12月26日，大总统黎元洪任命蔡元培为北京大学校长。

二、蔡元培对北京大学的改革

　　1917年1月4日蔡元培就任北京大学校校长，到校视事。

　　蔡元培(1868—1940)，著名的民主主义革命家、教育家和思想家；字鹤卿，号子民，浙江省绍兴府山阴县人；1912年1月，曾任中华民国临时政府教育总长；1912年7月，因不满袁世凯擅权专制，辞去教育总长职。他出任北京大学校长后，对北大进行了一系列重要改革。

　　1. 明定大学的性质，树立新的办学宗旨

　　蔡元培在《就任北京大学校长之演说》中向学生提出了"抱定宗旨""砥砺德行"和"敬爱师友"三项要求，强调"大学者，研究高深学问者也"。他在1918年的开学典礼演说中又阐述："大学为纯粹研究学问之机关，不可视为养成资格之所，亦不可视为贩卖知识之所。"以后又在各种场合多次阐明：大学是研究学理的机关，并不是贩卖毕业证书的机关，也不是灌输固定知识的机关。他说外人指责北大腐败，"以求学于此者，皆有做官发财思想"，故读法科者多，读文科者少，读理科者尤少，"盖以法科为干禄之终南捷径也"。他认为，要办好大学，必须改变这种情况，端正对大学性质的认识。他要求学生"抱定宗旨，为求学而来。入法科者，非为做官；入商科者，非为致富。宗旨既定，自趋正轨"。

2. 整顿教师队伍，广延"积学与热心"的教员。

蔡元培就任北大校长后不久，在 1917 年 1 月 18 日《复吴稚晖函》中说："大约大学之所以不满人意者，一在学课之凌杂，二在风纪之败坏。救第一弊，在延聘纯粹之学问家，一面教授，一面与学生共同研究，以改造大学为纯粹研究学问之机关。"所以，他对北大进行改革的一个重要举措，就是"广延积学与热心的教员，认真教授，以提起学生研究学问的兴会"。他在《北大第二十二周年开学式演说词》中，还对什么是"积学与热心"做了说明。他说"延聘教员，不但要求有学问的，还要求于学问上很有研究的兴趣，并能引起学生的研究兴趣的。不但世界的科学取最新的学说，就是我们本国固有材料，也要用新方法整理他"。他采取的办法是聘请名流学者，裁减不称职的教员；方针是"循思想自由原则，取兼容并包主义"，"网罗众家"。他指出"大学者，囊括大典网罗众家之学府也"。他首先从整顿文科入手。就任校长不到 10 天，他即呈请教育部任命《青年杂志》（后改名为《新青年》）的创办者陈独秀为北大文科学长，接着，延聘了一批具有新思想、新观点的学者，如胡适、李大钊、钱玄同、刘半农、鲁迅等到北大文科任教。此外，当时文科教授中还有沈尹默、王星拱、马叙伦、吴承仕、陈垣、徐悲鸿、马裕藻、朱希祖、顾孟余、沈兼士、孟森、陈大齐等，他们在学术上都很有造诣。

在理科方面，蔡元培请在中国首先介绍爱因斯坦相对论的夏元瑮任学长，同时继聘和新聘名教授李四光、冯祖荀、颜任光、温宗禹、胡濬济、俞同奎、李书华、秦汾、何杰、何育杰以及外籍教授等。法科的教员原来多为政府官员兼任，蔡元培改为专任，并规定专任教员不得在他校兼课，政府官员不得为专任教员。当时法科的教员如马寅初、陶孟和、周鲠生、高一函、陈启修、黄右昌、王宠惠、张耀曾等均为国内知名学者。

根据"网罗众家""兼容并包"的方针，蔡元培在坚持革新、扶植新派教授的前提下，对于那些政治思想上顽固守旧的人，认为只要其所授课程与政治无涉，也应该用其学术专长。如拖长辫而持"复辟论"的辜鸿铭，以其擅长英国文学而继续聘为本科教授；"筹安会"发起人之一的刘师培，以其在古文经学方面有重要建树，聘为文科教授，讲授中古文学史课。当时在北大的旧派教授还有黄侃、黄节、崔适、陈汉章等国学名流。

蔡元培在广延"积学与热心"的教员同时，又陆续坚决地裁减了一些水平低下、不适合在大学任教的教员，包括外籍教员。

北大的教师队伍，经过蔡元培的整顿、充实，面貌焕然一新。据 1918 年的统计，全校共有教员 217 人，其中教授 90 人。教授的平均年龄只有三十多岁，最年轻的文科教授徐宝璜只有 25 岁，胡适、刘半农等只有二十七八岁。教员中多数人倾向革新，有利于学校改革工作的进行，也使学校的教学质量和学术水平有了很大的提高。

3. 改革学校领导体制，实行民主办校、教授治校。

北京大学在清末京师大学堂时期，实行的是与封建文化专制制度相适应的学监制，学校设总监督，各科设监督，一切校务均秉承总监督办理。辛亥革命后，改为校长制，一切校务都由校长与学监主任、庶务主任等少数人总理，连各科学长也没有与闻。蔡元培就任校长后，认为以前的办法很不妥。他按照欧美民主制的原则，对学校的领导制度进行了改革，主要包括以下几点。**(1)设立评议会，作为全校最高的立法机构和权力机构。**本来民国初年，教育部颁布的《大学令》就曾规定大学要设评议会，但这个规定并没有得到贯彻执行。北大虽于1915年11月成立了评议会，但也没有起多大作用。蔡元培长校后，制定了评议会简章，规定评议会由评议员若干人组成，校长和各科学长为当然评议员。教授代表，1917年时由文、理、法、工各科的本科和预科分别推举2人为评议员，任期一年；1919年后改为每五名教授得选评议员1人，一年改选一次。校长为评议会的当然议长。评议会制定和审核学校的各种章程、条令，决定学科的设立与废止及校内各机关的设立、废止和变更；提出学校的预、决算，审核通过聘请新的教授及其他重大事项。设行政会议，作为全校最高行政机构和执行机关，负责贯彻执行评议会的决议。行政会的成员以教授为限，由各专门委员会的委员长和教务长、总务长组成。校长为当然议长。**(2)组织各学科教授会。**1917年12月，评议会议决各科设教授会。教授会主任由各学科的教授推举，任期二年。1918年成立了国文、哲学、英文、法文、德文、法律、经济（包括商业）、政治、数学、化学、物理共11个学门的教授会。1919年改门为系后，由各系成立教授会。各系系主任由教授会投票选举，任期二年。教授会负责规划本系的教学工作，如课程设置、教科书的采择、教学法的改良、学生选科的指导和学生成绩的考核等。**(3)设立教务处和总务处。**1919年2月，评议会议决废除学长制。3月1日，评议会通过《文理科教务处组织法》，准备成立统一的教务处。教务处由各学科教授会主任组成，并从中推选一人为教务长，襄助校长领导全校的教务，任期一年。4月8日，蔡元培召开文理两科教授会主任及政治、经济门主任会议，选举马寅初为首任教务长。教务处的设立，克服了原来各科门各自为政的分散状况，加强了对全校教学工作的统一领导。与此同时，成立了总务处，主管全校的人事和财政。总务长由校长委任，最先担任总务长的是蒋梦麟。

经过蔡元培的改革，北京大学基本上确立了教授治校、民主办学的领导体制。蔡元培在《北京大学成立二十五周年纪念会开会词》中指出："凡此种种设施，都是谋以专门学者为本校主体，使不至因校长一人之更迭而动摇全校。"

4. 改革学科设置与教学制度。

(1)调整学科设置。蔡元培主张学与术应分别设立学校。1918年4月,他在《读周春嶽君〈大学改制之商榷〉》一文中说:"学与术虽然关系至为密切,而习之者旨趣不同。文、理,学也,虽亦有间接之应用,而治此者以研究真理为的,终身以之。所兼营者,不过教授著述之业,不出学理范围。法、商、医、工,术也。直接应用,治此者虽亦可有永久研究之兴趣,而及一程度,不可不服务于社会;转以服务时之所经验,促其术之进步,与治学者之极深研究,不相侔也。"他提出,在高等学校的设置上应有所分工,"治学者可谓之'大学',治术者可谓之'高等专门学校'。两者有性质之别,而不必有所限与程度之差"。蔡元培又认为,原来北大文、理、法、商、工五科并立,没有重点,"而每科所设,少者或止一门,多者也不过三门",就当时的办学经费与条件,要同时办好五科是不可能的。根据上述思想和看法,他采取了以下一些措施:①扩充文理两科。原来文科仅设有中国哲学、中国文学、英国文学三门。1917年暑假后,增设了中国史学门。1918年增设了法国文学和德国文学两门。1920年,预科俄文班毕业,又增设了俄国文学门。原来理科设有数学、物理、化学三门,1917年增设了地质学门。②调整法科。原来法科设有法律、政治、经济三门。蔡元培拟将法科分出去与法专合并,组成独立的法科大学。后因多人反对,没有实现。③归并商科与工科,将商科改为商业学门,隶属于法科,并决定俟现有的商业学学生毕业后即停办(1919年停办)。北大工科原来有土木工学及采矿冶金二门,决定工科预科学生愿学工者转送入北洋大学,本科俟原有学生毕业后停办(土木工学门于1922年,采矿冶金门于1923年,最后一期学生毕业)。④改革预科。原来的预科,不直隶各科,含有半独立性质;课程设置,并不与本科衔接。预科第三学年即授本科第一学年应授之课,使学生升入本科后学习重复。同时,原来的预科分为一、二两部,分别作为升入文、理科的预备,而文科部预科学生须兼为文、法、商三科预备,课程繁多。改革以后,取消了原来的预科学长,将预科分别直属于本科各科,为直接升入本科各科作预备,使其课程与本科的课程衔接起来。在学习年限上,将原来的预科三年,本科三年,改为预科二年,本科四年。**(2)取消文、理、法科之名称,并改学门为学系。**蔡元培认为学科之间是互相渗透、互相交叉的,主张融通文理两科的界限。他认为,学文科者,不兼习理科的某些学科,"不免流于空疏",而学理科者,不兼习文科的某些学科,如哲学,就要"陷于机械",因而于1919年撤去文、理、法三科的名称,将各科所属的学门改为学系。全校共设数学、物理、化学、地质、哲学、中国文学、英国文学、法国文学、德国文学、俄罗斯文学、史学、经济、政治、法律14个学系。

系设系主任,取消原来的学长。与此同时,将各个学系按类分为五个学组:第一学组为数学系、物理系,第二学组为化学系、地质学系,第三学组为哲学系,第四学组为中国文学系、英国文学系、俄国文学系、德国文学系、法国文学系,第五学组为经济学系、史学系、政治学系、法律学系。**(3)改年级制为选科制。**北大原来的学年制,规定每一学年要学习若干门课程,全为必修。蔡元培认为这种制度不能让学生自由地"专研其心向之学科",不符合个性自由发展的原则,也不符合学术自由、思想自由的原则,因而,于1919年暑假后,实行选科制,让学生在必修一定限量的课程以外,可以自由选修一定数量的其他课程。当时规定本科学生学满80个单位(每周一学时,学完全年为一单位),即可毕业。在80个单位中,一半为必修课,一半为选修课,在选修课中,既可以选本系课程,也可以选外系课程。预科学生规定学满40个单位,其中四分之三为必修课,四分之一为选修课。1921年,本科生在规定的80个单位中,改为三分之二是必修课,三分之一为选修课。蔡元培实行的选科制,就是后来的"学分制"。当时所说的"单位",就是后来所说的"学分"。

5. 提倡美育

蔡元培在《美术的进化》一文中说:"教育的方面,虽也很多,他的内容,不外乎科学与美术。"1912年1月,他就任中华民国临时政府教育总长后,提出包括美育在内的五育(军国民教育、实利主义教育、公民道德教育、世界观教育、美感教育)并举的教育方针。他把美育作为德育不可分割的重要组成部分,通过美育,陶冶人的高尚情操,养育人的完美人格。他出任北大校长后,1917年12月初举行的改订文科课程会议决定在文科开设"美学"和"美术史"的课程。12月下旬,由陈独秀提议通过的《文科大学现行科目修正案》进一步规定,文科的哲学门、中国文学门、英国文学门均设"美学概论"课。这是北大也是我国大学第一次开设这类课程。除了开设这类课程外,蔡元培还发起组织音乐、绘画等社团,开展各种活动,以丰富学生课外的文化艺术生活,陶冶他们的性情。

1922年8月,学校评议会讨论决定,将音乐研究会改为正式的教学机构,名称改为"北京大学附设音乐传习所",对外招收学生。所长由蔡元培兼任,教务主任为萧友梅,导师中有著名乐师刘天华等。传习所以培养音乐人才为宗旨,一面传习西洋音乐,一面保存中国古乐。传习所分三科:本科培养专门人才,不定毕业年限,修完所定课程即可毕业;师范科培养中小学音乐教员,分甲种四年毕业,乙种二年毕业两种;选科专为音乐爱好者开设,不定修业年限。

6. 首开女禁,实行男女同校。

蔡元培早年宣传民主革命思想时,就反对尊君卑民、重男轻女的旧习,提倡男女平等,主张女子也应当有同等受教育的权利。1920年元旦,上海

《中华新报》发表了蔡元培对该报旅京记者的谈话，说："大学之开女禁问题，则予以为不必有所表示，因教部所定规程，对于大学生，本无限于男子之规定，故予以为无开女禁与否之问题。即如北京大学，明年招生时，倘有程度相合之女生，尽可投考，如程度及格，亦可录取也。"是年2月，北京女子师范学校江苏籍女生王兰，向北大提出入学请求。由于这时招收新生的考期已过，学校遂同意她入学旁听。两天后她即到校听讲。随后又有奚浈、查晓园等要求入校旁听。这一年春季，北大先后招收了9名旁听女生。1920年秋季起，北大正式招收女生。

7. 倡导平民教育。

蔡元培从民主主义和教育救国的思想出发，一直倡导平民教育。他说："'平民'的意思是'人人都是平等的'。"平民教育就是人人都有平等受教育的权利。1918年，他亲自筹划举办校役夜班（即工人夜校），并从3月18日起连续六天在《北京大学日刊》上刊登《校长告白》，招聘教员。他希望同学"各以所长，分任教科"。同学们纷纷响应，踊跃参加。4月14日，校役夜班开学，本校校役均入班学习。校役夜班共设10班，分为甲乙两组，每周各受业3日，课程为国文、算术、理科、修身、外国语5门。1920年，在蔡元培的赞助下，由学生会教育股创办了平民夜校。平民夜校实行男女同校，当时共招收了350名学生，其中男生240名，女生110名；年龄最长者38岁，最小的6岁，主要是学校附近的平民子弟。夜校经费，由学校每月津贴40元，不敷部分，组织学生半工半读和通过贩卖实物取得。平民夜校于是年1月18日正式开学。1921年，北大同学还成立了平民教育研究社，并举办第二平民学校。在蔡元培的平民教育思想影响下，北大学生还于1919年成立了平民教育讲演团。讲演团的宗旨是增进平民知识，唤起平民之自觉心。讲演团规定每星期日下午上街举行讲演，1920年春假后，还深入到郊区海淀、长辛店、丰台、卢沟桥、通县等地，向工农宣传文化科学知识和爱国主义思想。

8. 开创学术研究风气。

蔡元培从大学"实以是为研究学术之机关"的观点出发，十分重视科学研究。他在《论大学应设各科研究所之理由》一文中说，大学无研究院，则教员易陷于抄发讲义、不求进步之陋习，大学无研究院，则大学毕业生除留学外国外，无更求深造之机会，大学无研究院，则未毕业之高级生，无自由研究之机会，"是大学研究院之不可不设，其理由甚明矣"。据此，他就任校长10个月后，在北大成立了文、理、法三科研究所共九个学门，开国内大学设研究所（院）之先河。三科研究所的九个学门为：文科研究所设国文学、英文学、哲学三门；理科研究所设数学、物理学、化学三门；法科研究所设法律学、政治学、经济学三门。1919年12月，又决定增设地质学研究所。此前，1917年

6 月 26 日，大总统黎元洪曾根据教育部的呈请，令将国史馆并入北京大学，在文科附设国史编纂处。1918 年 8 月 27 日，教育部训令北京大学：国史编纂处谕改国务院办理，业经国务会议议决照办，令该校饬知，准备移交。

当时北大研究所的章程规定：各学门研究所由校长于各所教员中推一人为主任；凡本校毕业生俱得以自由志愿入研究所；本校高年级学生得研究所主任之认可，亦得入研究所；本校毕业生以外，与本校毕业生有同等之程度而志愿入所研究者，经校长及本门研究所主任之认可，亦得入研究所；本国及外国学者志愿共同研究而不能到所者，得为通讯研究员。到 1918 年初，各研究所共有研究员 148 人（其中大学毕业生 80 人，高年级学生 68 人），另有通讯研究员 32 人。范文澜、冯友兰、傅斯年、俞平伯等都是这一时期文科研究所的研究员，叶圣陶是这一时期文科研究所国文门的通讯研究员。

1921 年 12 月，校评议会讨论通过了《国立北京大学研究所组织大纲》，规定：研究所分设自然科学、社会科学、国学和外国文学四门；所长由大学校长兼任，各门设主任一人，由校长于本校教授中指定。由于学校的经费和人力条件的限制，到 1922 年只开办一个国学门。国学门的对象包括中国文学、史学、哲学、语言学、考古学等方面，设置编辑室、考古研究室、歌谣研究会、风俗调查会、明清史料整理会等机构，并在图书馆内开设供研究用的特别阅览室。当时还设有研究所国学门委员会，委员长由校长蔡元培兼任，委员有顾孟余、沈兼士、胡适、马裕藻、钱玄同、李大钊、朱祖希、周作人等。沈兼士任国学门主任。王国维、陈垣、陈寅恪、柯劭忞、钢和泰（俄国梵文学家）、伊凤阁（苏联汉学家伊万诺夫的中文名字）等受聘为国学门导师，罗振玉受聘为考古学通讯导师。1922 年 1 月，国学门招收研究生 32 名。

为了鼓励学术研究，蔡元培号召并组织各种学术研究团体。当时各系都组织了学会，如文学会、史学会、哲学会、经济学会、地质学会、数学会、化学会、心理学会等。这些学会以本系学生为当然会员，本系毕业生和旁听生为特别会员，经费由学校津贴。学会的活动主要是分组进行研究，邀请学者讲演，主办刊物等。也有的学会是由学生按照自己的兴趣组织的，如有志研究数学、物理学的同学组织的数理学会。

除了各学系的学会以外，还有不属于一个系而属于全校范围的众多社团。这些社团大多由学生组织，请教师和校外专家指导或当顾问，但也有师生共同组织的。社团所需的经费，学校可视情况给予部分或全部津贴。这种社团的组织与活动在五四运动前后达到了高潮。粗略估计，当时各种社团的总数当在 50 个以上。其中比较重要的有北京大学新闻学研究会、北大哲学研究会、国民杂志社、新潮社、新文学研究会、俄罗斯文学研究会、世界语研究会、书法研究会、音乐研究会、北京大学马克思学说研究会、北京大学社会主义研究会、平民教育讲演团、进德会、雄辩会等。

　　为了发展科学研究，培养学术研究风气，交流研究成果，当时北大在蔡元培的倡导下，还创办了学报，编辑出版了众多刊物。1918年秋，蔡元培鉴于《北大日刊》篇幅无多，不能刊载长篇学术论文，乃于1919年1月创办《北京大学月刊》，作为"本校教职员学生共同研究学术，发挥思想，披露心得之机关"。1922年，学校评议会议决《月刊》停刊，改出自然科学、社会科学、国学和文艺四种季刊。后来，由于经费困难，文艺季刊未能出版。至于各学会、研究会、各社团出版的刊物就更多了，除了闻名遐迩的《新青年》《每周评论》以外，还有国民杂志社的《国民》杂志、新潮社的《新潮》月刊、国故月刊社的《国故》月刊、地质学会的《北京大学地质研究会年刊》、数理学会的《数理杂志》、经济学会的半月刊等。

　　经过蔡元培的整顿、改革，北京大学基本上完成了向近代大学的转变。

　　蔡元培自1917年至1923年，曾五次提出请辞北京大学校长职务。第一次为1917年7月3日，他为反对张勋拥清复辟，辞北大校长职。复辟失败，经北大教职员和教育部的挽留，他回校复职。第二次是五四运动爆发以后，反动势力把攻击的矛头集中在北京大学和校长蔡元培身上。1919年5月8日下午，蔡元培的一个知交向他报信说，政府方面确欲去之。蔡元培遂于8日晚送出了辞职呈文，并于5月9日凌晨悄悄离京，前往天津，再赴杭州。经北大全体师生和北京各校以及社会各团体的大力挽留与坚决斗争，北京政府亦不得不出面挽留并由教育部派代表赴杭迎蔡回京。9月20日，蔡元培终于回校复职。第三次为1922年8月17日，因教育经费积欠五个月以上，且迭经呼吁未有效果，蔡元培等北京八所国立学校校长通电全国宣布辞职，8月19日向总统府、国务院、教育部递交了辞呈，后又连续三次呈请辞职。9月11日，八校校长除再次呈请辞职外，并决定自即日起一律离校，绝对不负责任。9月21日，因政府已拨给两个月经费，并答应于9月30日以前再发半个月，八校校长宣布复职。第四次为1922年，因学校经费支绌，经蔡元培提议，学校评议会通过今后所发讲义一律征费的决议。10月18日上午，部分学生拥入校长室陈情，要求立即废止讲义收费办法。蔡元培向学生说明学校困难，坚持讲义收费办法。学生不听劝告，大声喧嚷，贴出"反对讲义收费"等标语。于是蔡元培提出辞职，后经绝大多数学生竭诚挽留，又经各方面斡旋，24日，蔡元培乃回校视事。第五次为1923年1月17日，由于教育总长彭允彝干涉司法独立，蹂躏人权，非法要求逮捕北大兼课教师、财政总长罗文干，蔡元培愤而辞去北大校长职务，离京南下，并于同日在《北京大学日刊》上刊登"不再到校办事"的启示。北大教职员和学生联合其他高校掀起了挽蔡驱彭运动。6月，北京政府不得不免去彭允彝的教育总长职务。6

月16日，北大全体教职员致电蔡元培：彭允彝已去位，务恳先生从速返校以慰众望。6月下旬，蔡元培分别致函北大教职员、全体学生、北京国立各校教职员联席会议，说："事已至此，培不能进京，已不成问题。诸先生爱人以德，必能容恕也。"后经蔡元培建议，北大校评议会议决，请蒋梦麟代理校长职务，自8月4日起，所有校长职务，概由蒋梦麟负责执行（12月27日，北京政府教育部正式通知北大，由总务长蒋梦麟代理北大校长），蔡则于是日赴欧。但由于北大师生的挽留，蔡在名义上仍担负着北大校长职务，直到1927年他就任南京政府大学院院长为止。

1926年3月，"三一八"惨案后，代理校长蒋梦麟离校出走，改由余文灿、陈大齐先后代理校务。这期间，学校仍继续蔡元培长校以来确立的体制和教学制度。当时，虽然经费十分困难，学校还是有一些发展。1924年5月28日，校评议会议决，自下学年起，添设东方语文学系（包括日文、梵文两组），1925年成立生物学系，1926年在哲学系心理门的基础上扩大成立心理学系。1924年修正的预科规则中取消了学组的提法，但分别升入的学系不变。

三、北大师生的复校斗争

1926年，北京临时执政府执政段祺瑞制造"三一八"惨案后，在全国人民的反对下，宣布下台，避往天津。奉系军阀首领张作霖控制了北京，成立了安国军政府。1927年8月4日，安国军政府教育部拟具京师国立九校改组计划，向国务会议提出。其计划将国立九校（北京大学、法政大学、医科大学、农业大学、工业大学、师范大学、女子学院师范大学部、女子学院大学部、艺术专门学校）合并为一，总称为国立京师大学校，分设文、理、法、医、农、工六科，师范一部，商业、美术两专门部。关于女子方面则另设第一第二两部，以示区别。文理两科即就北京大学原有文理两科改组，法、医、农、工四科，师范一部，即就原有之法、医、农、工、师范五大学改组。法科内复以北京大学所设之法科并入，以免重复。商业专门部为时势所急需，故特行增设。美术专门部即就艺术专门学校改组。其旧有之女子学院师范大学部及女子学院大学部即改组为第一第二两部。8月6日，张作霖不顾各校师生的反对，发布国立九校改组令，称教育部"所拟办法，既便管理，亦节经费，实属切实可行"，"着教育部按照此次所拟办法，更定名称，妥速办理"。8月31日，安国军政府教育部公布《国立京师大学校组织总纲》17条，规定各科部都设预科。修业年限除商业、美术两专门部为三年、预科一年外，其他各科均为四年、预科二年。学校由校长总辖校务，各科部设学长分掌各科部的教学及事务。设校务会议，议定全校之重大事务。校务会议由校长及学长组成，以校长为主席。设教务会议，审议关于全校之学制及教学、训育事项，由校长、学长及各科部内之主任教授组织之,以校长为主席。各科部设教授会议,规划课程并审议关于本科部之学则及教学、训育事宜,由本科部学长及教授组织之,以学长为主席。京师大学校的校长由教育总长刘哲兼任。9月20日,京师大学校在教育部礼堂举行开学典礼。校长刘哲作长篇演说,提出今后办学宗旨为"保存旧道德,取法新文明"。9月21日,教育部又将原北京大学研究所国学门改为国学研究馆,馆长由教育总长聘任。

京师大学校制定了一套向封建主义办学道路倒退的教学制度,如规定学生须读经文,学八股文;男女学生要分座听训;各科部编写讲义禁用语文体;禁止举行体育比赛等。但是北大的广大师生不顾反动当局的重重压力,坚持开展反对专制统治、恢复北京大学的斗争。

1927年4月18日,国民党蒋介石成立南京国民政府。1928年4月,南京国民政府进行北伐。6月3日,张作霖在北伐军的进逼之下撤出北京,退往关外。教育总长兼京师大学校校长刘哲逃离北京。6月8日,北伐军进驻北京。6月20日,国民党中央政治会议决定,将北京改称北平,为特别市。此后开始了南京国民政府的统治时期。

1928年6月5日,刘哲逃离北京仅两天,北京大学各班代表齐集西斋,组织复校运动委员会,发表《北京大学复校宣言》,并决议要陈大齐恢复其代理校长职权,主持北大校务。6月12日北京大学校方也贴出布告:"查本校横被摧残将及一年,今幸北伐成功,本校得以光复,爰于本月10日召集各学系、科、部、研究所主任会议,议决于十一日会同学生代表接收一、二、三院,以维现状至中央政府命令发表正式办法时为止。"

此前,南京国民政府已于1927年6月接受蔡元培、李石曾的提议,实行大学院和大学区制,以大学院为全国最高学术和教育行政机关,以大学区为地方教育行政单位。同月,国民政府公布《大学区组织条例》,1928年5月3日,又公布《修正大学区组织条例》(1928年12月11日,南京国民政府又公布《修正大学区组织条例》,但基本内容未改),规定:"全国依各地之教育、经济及交通状况,定为若干大学区,每大学区设大学一所。大学设校长一人,综理大学区内一切学术与教育行政事项。"

张作霖撤出北京后,时任大学院院长的蔡元培以大学院名义呈文国民政府,说:"北京大学在教育经过中有悠久的历史,上年北京教育部并入师范、农、工、医、法、政、艺术等科及女子师范大学、女子大学,名曰京师大学。现在国府定都南京,北京京师之名,绝对不能沿用。拟请明令京师大学为北京大学,并恳任命校长,以重责成。"6月8日,国民政府讨论蔡元培的提议时,决定将北京大学改为中华大学,中华大学校长请蔡元培自兼,蔡未到任时,以李煜瀛(李石曾)署理。蔡元培表示不就中华大学校长一职。6月19

日，国民政府批准蔡元培辞中华大学校长职，任命李煜瀛为中华大学校长（9月5日又任命李书华为副校长）。于是李煜瀛派萧子升、李盛章为接收员，到北平接收国立九校。消息传来，北大师生大哗，认为这种改组无异于刘哲的京师大学校，表示坚决反对，坚决抵制李煜瀛接管。

1928年8月，国民政府决定设立北平大学区。9月21日，国民政府会议通过《北平大学区组织大纲》。同日，决定将中华大学改名为北平大学，仍以李煜瀛、李书华为正副校长。《北平大学区组织大纲》规定："大学区以北平政治分会所管辖之区域，即河北、热河两省，北平、天津两特别市为大学区。"大学区设校长一人、副校长一人、秘书长一人。大学区内原有高等学校有北平之国立九校，天津之北洋大学、工业专门学校、法政专门学校，保定之河北大学，合并成北平大学后设文、理、法、工、农、医、艺术、师范等学院及文理两预科和俄文专修馆（后改名俄文法政学院）。将北京大学一院（文科）与河北大学文科合并，称北平大学文学院，院址在北京大学第一院旧址；二院（理科）单独称北平大学理学院，院址在北京大学第二院旧址；三院（法科）与北京政法大学、河北大学法科、天津法政专门学校合并，称北平大学法学院，院址在法大旧址。原北大三院院址用来办文理两预科。研究所国学门改为国学研究所，直属北平大学。这样，实际上仍是将北大分散为隶属于北平大学的三个管理系统，取消了北京大学。北平大学区的设立和北平大学的组建，遭到北大师生的强烈反对，也遭到京、津、保定其他许多高校的反对。

北京大学学生早在奉系军阀组建京师大学校时就曾进行复校斗争，此时，又组织了恢复北大委员会，建立"护校团""救校敢死队"等组织。广大学生在复校委员会的领导下，多次阻止了国民政府大学院派人来接管学校，表示坚决反对大学区制，要求恢复原有校名和组织，绝不受北平大学之管辖。

这时学校的教学活动完全停顿，学生的复校委员会成为唯一主持校务的机关。学生在进行护校斗争的同时，积极联络教职员筹备开学事宜，和教职员一起组织学业维持会，约请学者作学术讲演。10月20日，学生自动开学，并着手恢复被刘哲摧残的各系学会。史学会、地质学会、化学会、教育学会等相继恢复。

11月15日，全体学生大会议决成立学生会，通过了护校的三原则：（1）保存整个北京大学；（2）永远保存"北京大学"名称；（3）反对大学区制，本校直隶中央。11月21日，学生会正式成立，因多次派代表交涉拨办学经费均无结果，遂决定于29日举行游行示威。这一天，全体五百多名学生举着北京大学校旗，手执"反对大学区制""北大独立"的旗帜，到怀仁堂西厅的北平大学校长办公处，要求负责人出见，遭到拒绝后，砸了"北平大学办事处"、"北平大学委员会"两个牌子，随后又到李煜瀛等人的住宅示威。12月2日清晨,李煜瀛派员率武装士兵数百人,分赴北河沿、沙滩、景山东街北大各院,准备武装接收北大,为学生所拒。1928年10月24日,国民政府令:大学院改为教育部,任命蒋梦麟为部长,自11月1日起,所有前大学院一切事宜,均由教育部办理。1929年1月,经吴稚晖、蔡元培出面调停,国民政府教育部作了让步,双方达到以下协议:(1)名称为国立北平大学北大学院,包括第一院(文学院)、第二院(理学院)、第三院(社会科学院),对国外仍译用国立北京大学。(2)组织不变,设院长一人,院主任共三人,分别协助院长管文、理、法三个学院的院务,皆得出席北平大学院长会议。(3)院长为陈大齐。(4)经费以北京大学时期最高预算为标准。(5)研究所国学门仍设于第三院。这样,北大停课九个多月之后,于1929年3月11日重新开学。

1929年6月15日,国民党第三届中央执行委员会召开第二次全体会议,决定由教育部定期停止试行大学区制。6月25日,国民政府行政院通过相应的决定,停止大学区制。随后,教育部电令北平大学,定期具报。北平大学复电,拟自七月一日起,遵令停止。8月6日,国民政府决定,国立北平大学之北大学院改为国立北京大学。历时半年多的北大学院,从此结束。

四、复校后至抗日战争全面爆发前的北京大学

大学区制停止执行、北京大学恢复以后,学校评议会和全校师生表示欢迎蔡元培回校主持校务。1929年8月8日,北大学生会电请教育部颁令任蔡元培长校,并函陈大齐暂行继续维持校务。9月16日,国民政府任命蔡元培为北京大学校长,在蔡未到任前,以陈大齐代理。但蔡一直未到校视事。1930年9月24日,国民政府令准蔡元培辞国立北京大学校长职,任命陈大齐代理国立北京大学校长。因陈大齐多次提请辞职,1930年12月4日,国民政府任命蒋梦麟为北京大学校长。

蒋梦麟长校后,于1931年春提出了"教授治学,学生求学,职员治事,校长治校"的主张,改变了原来的一些制度。首先是1931年9月,学校根据国民政府1929年7月公布的《大学组织法》,取消了评议会,设立校务会议。校务会议由当然委员和选举产生的委员两部分人组成。当然委员为校长、各学院院长、各学系主任,选举产生的委员为以全体教授、副教授选出之代表若干人,以校长为主席。校长得延聘专家列席会议,但其人数不得超过全体人数五分之一。校务会议审议事项为:大学预算、大学学院学系之设立及废止、大学课程、大学内部各种规则、关于学生试验事项、关于学生训育事项、校长交议事项。1931年9月23日,组成了第一次校务会议。1932年6月16日,学校公布《国立北京大学组织大纲》,除规定设校务会议以外,还规定:(1)本大学以研究高深学术、养成专门人才、陶融健全品格为职志。(2)实行

学院制。改理、文、法三科为理、文、法三学院。各学院置院长一人，商承校长综理各院院务，由校长在教授中聘任；各系置系主任一人，商承院长主持各系教学实施之计划，系主任从由教授选举改为由各院院长商请学校聘任之。全校共设14个学系：理学院设数学、物理学、化学、地质学、生物学、心理学6个学系；文学院设哲学、教育学、中国文学、外国语文学、史学5个学系；法学院设法律学、政治学、经济学3个学系。(3)设研究院，其组织另定。(4)设课业处，置课业长一人，商承校长并商同各院院长综理学生课业事宜，由校长就教授中聘任之(1937年5月21日，课业处改称教务处)。(5)改总务处为秘书处，置秘书长一人，商承校长处理全校事务上行政事宜。(6)设行政会议，由校长、各院院长、秘书长、课业长组织之，以校长为主席。(7)设教务会议，由校长、各院院长、各系系主任、课业长组织之，以校长为主席，课业长为秘书。(8)校务会议的当然委员改为校长、秘书长、课业长、图书馆长、各院院长、各系系主任。

1932年12月公布了《国立北京大学学则》，规定本科各系修业年限为四学年，但工学院本科各系修业年限为五学年。每学年上课至少二十八个星期以上，并从此时起，将原来实行的计算课程的单位制改称学分制。每个学生至少须修满132学分方可毕业。学校还要求学生必须掌握一门外国文字，要求理科学生必须具备一定的文史知识，文科学生必须学习一定的自然科学知识，并把"科学概论"作为文学院一年级学生的共同必修课。蒋梦麟遵循学术自由的主张，在北大保留了五四时期就开设的一些马克思主义和社会主义学说的课程，如马克思经济学说、马克思学说研究、社会主义、劳动运动与社会主义史等。

1929年北大复校后即着手研究所的恢复工作，并于是年9月制定《国立北京大学研究院章程》(1932年7月，对章程进行修改，制定《国立北京大学研究院规程》)。1931年国学门恢复招生。1932年9月，正式成立研究院。院长由校长兼任，原研究所国学门改为文史部，增设自然科学部和社会科学部。10月，研究院三个部均招收了研究生。1934年6月，修订公布《国立北京大学研究院暂行规程》(1935年6月又修订公布)，将原三部改为文科、理科、法科三个研究所。各研究所得依各系师资及设备情形设立研究科目，招收研究生。1935年6月，国民政府教育部核准各大学及独立学院设立研究所名单，其中北京大学有：文科研究所(设中国文学、史学二部)，理科研究所(设数学、物理、化学三部)，法科研究所(暂缓招生)。

从1931年起，北大实行教授专任制度，聘请教授以专任为原则。在校外兼课者，薪金较专任者少；兼课较多者，改为讲师。蒋梦麟经过多方努力，争取到北大与中华教育文化基金董事会设立合作研究特款，自1931年至1935

年,每年双方提供国币 20 万元,专用于:设立北大研究教授(当时所聘研究教授都是国内的一流专家、学者,待遇优于一般教授);扩大北大图书、仪器及他类相关设备;设立北大助学金及奖学金。这笔特款促使北大这一时期的教学和科学研究有了较迅速的发展。

在当时经费极端困难的情况下,蒋梦麟还多方筹措,兴建了新图书馆、地质学馆和一批实验室,改善了教学科研条件。

1937 年 7 月 7 日,卢沟桥事变爆发,全国性的抗日战争开始。7 月 29 日,北平陷落。当时,校长蒋梦麟在南京。在校的北大教职工于 7 月 15 日、20 日、31 日,在嵩公府大厅开会。大家在凄凉悲痛的气氛中决定镇静应变,共维残局。后来,郑天挺、叶公超、钱端升、罗常培、梁实秋、姚从吾、马裕藻、孟森、汤用彤、毛子水、陈雪屏、魏建功、赵迺抟等二十多位教授还多次开会,讨论如何维持校务和暂行发放补助费给低薪职工等问题。8 月 25 日,日本宪兵进入北大,到第一院校长室进行检查,汉奸组织的地方维持会也约北大等学校负责人前往谈话。9 月 3 日,日军进驻北大第一院和灰楼新宿舍,北大职工撤离学校。接着北大的其他校舍也为日军占据。北大各处从此落入日伪之手长达八年之久。

五、北大和清华大学、南开大学组建的长沙临时大学和西南联合大学

北平沦陷后,国民政府教育部于 1937 年 8 月命北京大学、清华大学、南开大学迁至湖南长沙,合组为长沙临时大学。1937 年底南京沦陷。日军向长江流域步步进逼,武汉告急,长沙遭到频繁空袭。1938 年 1 月 19 日,得到当局批准,长沙临时大学决定迁往云南昆明。2 月中旬临大开始搬迁,4 月全部迁到昆明。4 月 2 日,学校奉教育部电令更名为"国立西南联合大学",一直到抗战胜利,三校复员平津。

(一)国立长沙临时大学的组建与西迁

北平沦陷后,国民政府教育部于 8 月中旬命北京大学、清华大学、南开大学南迁湖南长沙,合组为国立长沙临时大学。28 日,教育部指定三校校长蒋梦麟(北大)、梅贻琦(清华)、张伯苓(南开)为长沙临时大学筹备委员会常务委员,杨振声为筹备委员会秘书主任。9 月 10 日,教育部正式宣布张伯苓、蒋梦麟、梅贻琦、杨振声(教育部代表、北大教授)、胡适(北大文学院院长,未到任)、何廉(南开大学教授)、顾毓琇(清华大学教授)、周炳琳(教育部次长)、傅斯年(北大教授)、朱经农(湖南省教育厅长)、皮宗石(湖南大学校长)为筹备委员(实际上,胡适、何廉、周炳琳、傅斯年、顾毓琇未能参加筹备工作),张、蒋、梅三人为常委,秘书主任杨振声亦为常委。校务由常务委员会主持。9 月 13 日,筹委会在长沙举行第一次会议,决定常委分工:蒋梦麟负责总务,梅贻琦负责教务,张伯苓负责建筑和设备。会议同时讨论确定校舍、科系设置、师资招聘、学生收纳等事宜。为了分别办理各项事宜,还陆续设立了聘请教授主持的课程、图书设计、教室宿舍设备等各种专门委员会。

9月下旬,筹借校舍基本就绪。校本部租用长沙韭菜园圣经学校。该校仅有三层正楼一座,宿舍三座。正楼用作教室、实验室,理学院、法商学院、工学院土木系在此处上课。宿舍一部分用作办公室,一部分供单身教职员住宿,另在附近觅得陆军第四十九标营房三座,用作男生宿舍,又在涵德女校借用楼房一座为女生宿舍。工学院电机系和机械系学生寄宿岳麓山湖南大学,借用该校设备和教室上课。机械系航空工程研究班(11人)在南昌航空机械学校借读(后该研究所迁往成都)。化学工程学系学生在重庆大学寄读。因长沙校舍不敷应用,文学院设于南岳圣经学校分校,称临大南岳分校。

当时由教育部函商中英庚款董事会筹借50万元作为开办费,该会一时无法筹足,允拨25万元,实拨20万元。教育部拨发的经常费为三校每月原有经费的七成之半数(35%),计北大为每月27416.65元,清华35000元,南开9333.33元,合计每月71749.98元。

10月2日,常委会决议,根据教育部有关规定精神,三校中科系相同者合并,一校内性质相近者亦予合并,以节省开支,提高效率。归并后共设17个学系:文科为中国文学系、外国语文学系、历史社会学系、哲学心理教育学系;理科为物理学系、化学学系、生物学系、算学系、地质地理气象学系;工科为土木工程学系、机械工程学系、电机工程学系、化学工程学系;法商科为经济学系、政治学系、法律学系、商学系。

由于经费短绌,教职员薪水一律按七折支给。又由于学生多来自战区,生活无着,除决定战区学生准予缓交学费及预偿费外,并从学校经费中节省五千元作为贷金,作救济困苦学生之用。

教师之遴选根据学生之多少及课程之需要确定人数。凡预计必须聘请之教授均预先通知或设法延请来校。为便于合作,各系均设教授会议,其主席由常委会从各系教授中推选,各系系务由教授会主席主持。截至10月底,全校有教师148人,其中北大55人,清华73人,南开20人。但不少教授阻于交通,来不及南下。如北大的罗常培、罗庸、魏建功、郑天挺、陈雪屏直到11月7日才离开北平,比他们早走多日的钱穆、贺麟、陈寅恪等,于11月底才先后到达长沙。

临大规定三校旧生于10月18日开始报到。截至11月20日,旧生报到者1120人,其中北大342人,清华631人,南开147人。根据教育部规定,接纳借读生218人。此外,北大和清华在武昌联合招收的新生和南开中学毕业后直升大学的新生 114 人。学生总数为 1452 人。因交通梗阻留平或在途未到者，限于 11 月底到齐。据临大 1938 年 1 月铅印的学生名册，新旧生共1500 多人。

长沙临大校本部于 1937 年 11 月 1 日开始上课(此即为西南联大校庆日)。南岳分校于 11 月 16 日开学，19 日开始上课。

临大在长沙只进行了一个学期的教学工作，1938 年 1 月 19 日经国民政府批准，迁往昆明。1 月 20 日，常委会开会决定：(1)学校迁往昆明，教职员路费津贴每人 65 元，学生每人 20 元，昆明及沿途各地办事处人员除川资及津贴外，由学校负担宿费，并加发办公费每人每日 5 元。(2)教职员学生统限于 1938 年 3 月 15 日以前在昆明校址报到(实际上推迟了)。(3)成立本校迁移昆明时各地办事处与招待处：推定昆明办事处负责人为蒋梦麟、秦瓒、汪一彪、庄前鼎、杨石先、章廷谦、李洪谟、王裕光；河口招待处负责人为雷树滋，海防招待处负责人为徐锡良，香港招待处负责人为叶公超、陈福田，广州招待处负责人为郑华炽。1 月 24 日，又推定蒋梦麟为昆明办事处主任，秦瓒为副主任。2 月 9 日，秦瓒、杨石先、王裕光代表三校先行入滇(一星期后抵昆)，安排有关建校事宜。蒋梦麟则于 2 月 15 日飞香港，再经越南的海防、河内抵昆明，主持办事处工作。

由长沙迁滇，人员分成两路。一路为女生、体弱者和愿走海道者，经粤汉铁路至广州转香港，乘海船到越南海防，再由滇越路经河口入昆明。一路根据自填志愿，检查体格而核准步行者，徒步经晃县、贵阳、永宁、平彝至昆明，沿途可采集标本，了解当地民族风情，作社会调查。1 月 22 日，学校公布学生迁滇原则和办法及注意事项。据此规定，学生须填写赴滇就学志愿书，由校常委会审核，经批准者可领取赴滇许可证。许可证分为甲、乙两种。甲种为由长沙步行到昆明，乙种为由长沙出发，经广州、香港、海防、河内到昆明。由于学生中有一大批人或去从军，或去战地服务，或去陕北学习，至 2 月10 日，核准赴滇就学学生为 821 人(一说为 820 人)。其中持甲种许可证者为 240 人，持乙种许可证者 581 人。从海道赴滇的学生于 2 月中旬分批离开长沙，于 4 月先后抵达云南。步行入滇的学生组成湘黔滇步行团，为了保证途中安全，实行军事管理，请军事委员会指派中将参议黄师岳担任旅行团长、指挥。参加步行的教师由闻一多、曾昭抡、黄钰生、李继侗、袁复礼、许维遹、李嘉言、王钟山、毛应斗、郭海峰、吴征镒 11 人组成辅导团，并由黄钰生、曾昭抡、袁复礼、李继侗组成旅行团指导委员会，由黄钰生任主席，负责日常具体的领导工作。除团本部外，学生组成两个大队，三个中队，每中队又分若干小队(相当于班)。军训教官毛鸿少将任参谋长，另两位教官邹镇华、卓超分任大队长，中、小队长则由学生担任。每一大队有一伙食班，由学生五六人组成,学校配备炊事员一人。医官徐行敏等三人属团本部。旅行团于2月20日出发,4月28日抵达昆明,历时68天,全程1671公里,除车船代步及休整外,实际步行40天,行程1300公里。另外,有教师陈岱孙、朱自清、冯友兰、郑昕、钱穆等十余人从长沙出发,经桂林、柳州、南宁、镇南关进入越南,到河内转乘滇越火车赴昆。

（二）国立西南联合大学

1938年4月2日,教育部以电令转知:"奉行政院命令,经国防最高会议通过,国立长沙临时大学更名为西南联合大学。"学校起初分为两部分。理学院、工学院在昆明,租用大西门外昆华农业学校为理学院校舍,租用拓东路迤西会馆、江西会馆、全蜀会馆为工学院校舍,盐行仓库为工学院学生宿舍。总办事处设在崇仁街46号(后迁至才盛巷2号)。文学院、法商学院设在蒙自,称蒙自分校。分校租用蒙自海关旧址作为教室,法国银行、法国领事馆作为图书馆和教职员宿舍;哥胪士洋行临街一进的楼上作为教职员宿舍,楼下与后进作为男生宿舍;女生则借住城内早街周伯斋宅。1938年8月,因海关房屋为航空学校征用,蒙自分校不得不结束。文法学院师生于8月23日课程结束后迁返昆明。

从长沙来滇的学生,加上在昆明接收的借读生共993人。1937—1938学年第二学期于1938年5月2日开学,在昆明的学生于5月4日开始上课,蒙自分校的学生于5月5日开始上课。

西南联大开始时的院系设置与长沙临时大学基本相同,后有所调整。1938年7月底,在工学院机械工程学系航空组的基础上设立航空工程学系。8月初,增设师范学院,将文学院哲学心理教育学系的教育部分与云南大学教育系合并,成立教育学系,归师范学院。哲学心理教育学系改为哲学心理系,仍属文学院。师范学院还设公民训育学系、国文学系、英语学系、史地学系、数学系、理化学系。1939年1月,在电机工程学系内附设电讯专修科。暑假后,师范学院与云南省教育厅合办云南省中等学校职教员晋修班(学制一年),同时增设先修班。1940年6月,历史社会学系分为历史学系和社会学系。1941年,社会学系划归法商学院。1940年秋,师范学院附属学校开学,先办小学和初中,以后逐年增设高中年级,改称附属中学和附属小学。1941年暑假,师范学院与云南省教育厅合办云南省中等学校理化教员实验班(三个月)。11月,开办师范专修科,不久,改称为初级部,1944年又恢复师范专修科名称。这样,西南联大共有5个学院,26个学系,2个专修科,1个先修班。

西南联大的校务仍由常务委员会主持,常委会委员由三校校长和秘书主任组成。原定常委会主席由三校校长轮流担任,一年轮换一次。后来,因张伯苓长期在重庆任国民参政会副会长，蒋梦麟也不常驻昆明，所以常委会工作实际上一直由梅贻琦主持。常委会下设总务处、教务处、建设处（后撤销）和训导处。根据国民政府1938年颁布的《大学组织法》，西南联大仍设有校务会议和教授会。校务会议由常务委员、常委会秘书主任、教务长、总务长（1939年后加训导长）、各学院院长及教授、副教授互选之代表11人组成。校务会议由常务委员会主席主持，教授会由全体教授、副教授组成，常务委员和常委会秘书主任为当然成员，开会时由常委会主席主持。各学院设有院务委员会。各系系务由各系教授会主持，1939年6月，各系教授会主席改称系主任。另外，北大、清华、南开三校还在昆明各自设有办事处，保留着各校原有的某些行政和教学组织系统，负责处理各校自身的事务。

研究生由三校分别招收，学籍不属于联大。但研究生课程的开设则三校教授统一调配，不分学校。北大研究院于1939年5月恢复，并开始招收研究生。研究院院长由北大校长兼任，各研究所长由北大各学院院长兼任，各学部主任由北大原各有关系系主任担任。从1939年8月开始，北大研究院各学部逐步恢复和建立，到抗战后期，共设有3个研究所12个学部，即文科研究所设中国文学、语言学、哲学、历史学4个学部，理科研究所设算学、物理学、化学、生物学、地质学5个学部，法科研究所设法律学、政治学、经济学3个学部。

西南联大在昆明租用的校舍原来就很紧张，1938年8月，又遵教育部令，增设了师范学院，蒙自分校的师生也于1938年暑假开始返回昆明，校舍困难更见突出。虽然联大已于是年7月购得昆明市西北角城外三分寺附近土地124亩为校址地基，在那里赶筑新校舍，但设计施工尚需时日，无法解决当前困难。适逢当时昆明的一些中学和中等专业学校，为避免日机自9月中旬以来频繁的骚扰与轰炸，先后疏散到外县，空出不少校舍。学校即与云南省教育厅洽商，借得昆华工业学校校舍为文法学院教室和宿舍，昆华师范的中院和西北院为学生及教职员宿舍，大西门内文林街昆华中学的南院为师范学院教室，北院为师范学院新生及其他各系高年级学生宿舍。至于理学院的教室、实验室和学校各行政部门的办公室仍在昆华农业学校，各系一年级学生在该处上课，工学院的教室、宿舍、办公室仍在拓东路迤西会馆等处。为了办事方便，总办公处迁到龙翔街昆华工校。这样，原有各学院1938—1939学年第一学期才得于11月24日开始注册、选课，12月1日上课，新设的师范学院则于12月12日开学。

1939年4月，赶筑的新校舍竣工，1939年夏开始使用，包括一百余所低矮的土坯墙、泥地、茅草顶（部分是铁皮顶）的平房及比较大一点的用作图书馆和饭厅的砖木结构的瓦房。文、理、法商三个学院的教室、实验室、学生宿舍都设在这里,总办事处亦迁入新校舍,师范学院也在新校舍附近。工学院仍在拓东路迤西会馆。

1940年7月,日军入侵越南,云南成为前线,昆明连遭轰炸。8月,奉教育部令,联大在四川叙永设立分校,作为必要时迁往四川的准备。1940年录取的新生一律到叙永分校报到。分校设理、工、文法三个学院和一个先修班,学生共六百余人,校舍分设在一些破败庙宇里。1941年1月6日,分校开学,10日开始上课。该学期于4月10日结束,第二学期于4月15日开始上课,实际上是两个学期的课程压缩在一个学期内学完。1941年后,日军轰炸减少,昆明局势稍趋安定,联大迁校之议遂作罢。1941年8月底,叙永分校结束,迁回昆明。

1945年6月,蒋梦麟出任行政院秘书长,请辞北京大学校长职务,9月4日,国民政府令准蒋梦麟辞北大校长,任命胡适为北京大学校长,胡未到任前,由傅斯年代理。

1945年8月15日,日本天皇宣布无条件投降,抗日战争胜利结束。

1945年8月23日,常委会决议:抗战业已胜利结束,为筹划三校迁返平津,设置三校迁移委员会,聘请郑天挺、黄钰生、查良钊、施嘉炀、陈岱孙为委员,郑天挺为委员会主席(1945年10月17日、1946年1月12日、1946年4月24日,又三次增聘郑华炽、周炳琳、李继侗、马大猷、庄前鼎、黄子卿、汤佩松、孙云铸等19人为委员)。9月24日,教育部来电:联大复员后,师范学院应留昆办理。

1945年10月1日,北大请郑天挺、陈雪屏赴平考察北大原校址情况。1946年2月21日,成立北京大学校产保管委员会,准备接收并保管北大校产。委员有杨振声、郑华炽、郑天挺、梁光甫、孙毓椿,由杨振声负责,杨等随即赴平开始工作。

1946年4月12日,北大、清华、南开三校决定分别在平、昆两地招考新生,录取后到平津上课。1946年5月1日,联大学生依志愿分至三校肄业,计愿入北大者644名(一说为647名),愿入清华者932名(一说983名),愿入南开者65名(一说70名)。本届先修班经考试后准予免试升学学生129名。然而在1946年5月29日联大教务处制定的《国立西南联合大学分入三校学生统计表》中则为:总计学生1997人,分入北大学生709人,分入清华学生1004人,分入南开学生20人,未定学校者264人。

1946年5月4日,联大师生举行结业典礼,梅贻琦代表常委会宣布:西南联大教学活动结束。7月10日,常委会决定:本校于7月31日结束。

西南联合大学,从长沙临时大学算起,存在九年,就读学生共约8000人,本科毕业生3730人,研究生毕业83人。

六、抗战胜利复员北平后的北京大学

西南联合大学结束后，北大师生陆续复员返平。1946年7月30日，胡适抵达北平，就任北京大学校长，他计划"在十年内办成象样的大学。所谓象样的意思即是够上英美普通大学的水准"。由于当时还在复员过程中，工作未走上正常轨道，胡适即以校长身份发表北大重要职员和教授人选，并召开行政会议，决定：在校务会议成立以前，学校的行政事务由行政会议讨论执行之；关于立法问题，或遇有关系全校之重要问题，由校长召集教授会议审议之；行政会议以校长、各学院院长、教务长、秘书长、训导长、图书馆长组织之，校长为主席。1947年4月18日，教授会议通过《国立北京大学组织大纲》，规定：本大学置校长一人，综理校务，由国民政府任命之；各学院各置院长一人，综理各学院院务，由校长就教授中聘任之；各学系及医学院医学系各科置主任一人，主持各系科教务实施之计划，由院长商请校长就本系本科教授中聘任之；设教务处，置教务长一人，综理全校教务及学生课业事宜；设秘书处，置秘书长一人，处理全校行政事宜；设训导处，置训导长一人，综理学生训导事宜；教务长、秘书长、训导长均由校长就教授中聘任之；设校务会议，以各学院教授代表（每学院教授10人选举1人，其零数足五者亦选1人，但每学院至少有1人，每年改选一次）、校长、各学院院长、教务长、秘书长、训导长、图书馆馆长、医院院长、各学系主任、医学院护士学校主任组织之，以校长为主席；设行政会议，以校长、各学院院长、教务长、秘书长、训导长、图书馆馆长、医院院长组织之，以校长为主席；设教务会议，以教务长、训导长、各学院院长、各学系主任、医学院医学系各科主任、大一课业主任及医院院长组织之，以教务长为主席。该大纲还规定：本大学教授、副教授全体组成教授会，由校长召集，审议校长或校务会议交议事项，每学期至少开会一次；各学院设院务会议，各学系设系务会议。

在北平沦陷期间，日伪在北平举办了"北京大学""北京师范大学""北京艺术专科学校""北京外国语专科学校""土木工程专科学校"等高等学校。"北京大学"设文、理、法、工、农、医六个学院。抗战胜利后，国民政府教育部于1945年12月派陈雪屏到北平，把日伪时期办的高校学生，统一编为"北平临时大学补习班"，陈为主任。补习班分八个分班："北大"理学院、文学院、法学院、农学院、工学院、医学院为第一到第六分班，"北平师范大学"为第七分班，"北平艺术专科学校"为第八分班，"外国语专科学校"和"土木工程专科学校"等学生分别编入有关各班。1946年7月1日，临时大学补习班结束。其中，第一、二、三、四、六分班并入北京大学；第五分班（工学院）并入天津北洋大学（1946—1947学年称北洋大学北平部）；第七分班并入北平师范学院；第八分班并入北平艺术专科学校（实际上，学生有按志愿转到别的学校的）。

1946年10月10日，复员后的北京大学正式开学。当时共有学生3420人。其中，原西南联大分发的564人（内研究生4人），联大、北大复学的83人，北平临时大学补习班分发的1562人，录取新生445人，先修班443人，其他多数是青年军复员或由国民党机关分发来的。当时设有理、文、法、医、农、工六学院（其中工学院是1946年8月22日第三次行政会议决定增设的），30个学系。理学院设：数学、物理学、化学、地质学、动物学、植物学6个学系；文学院设：哲学、史学、中国语文、东方语文、西方语文、教育学6个学系；法学院设法律学、政治学、经济学3个学系；医学院设医学、药学、牙学3个学系，医学系下又设解剖学、生物化学、生理学、药理学、病理学、细菌学、寄生物学、公共卫生学、医史学、内科、外科、眼科、妇产科、放射学、皮肤花柳、神经精神、小儿、耳鼻喉18个科，另附设医院及护士学校；农学院设农艺学、园艺学、畜牧学、兽医学、森林学、昆虫学、植物病理学、农业化学、土壤肥料学、农业经济学10个学系；工学院设机械工程、电机工程2个学系。

1947年7月，行政会议决定，先修班下学年度停办。8月，北洋大学北平部并入北京大学工学院。从这时起，北大工学院设有机械工程、电机工程、建筑工程、化学工程、土木工程5个系，比北洋大学北平部并入前增加三个学系。1947年9月中旬，校务委员会决定，设图书馆专修科，附属于中国语文学系；设博物馆专修科，附属于历史学系。不久，农学院将学系改为科，所以，1947年12月，学校发布的《北京大学概论》说："本校包括理、文、法、农、工、医六学院，二十三学系二十八科。"另有两个专修科。此后，医学院撤销医学系，解剖学、生理学等18个学科与药学系、牙学系并列，直属医学院；农学院又将学科改回学系。其他院、系学科到这时期末，没有变化。

根据教育部《大学研究所暂行组织规程》规定，北大于1947年设文科、法科、理科三个研究所。文科研究所设哲学、史学、教育学、中国语文学、西方语文学5个学部；法学研究所设法律学、政治学、经济学3个学部；理科研究所设数学、物理学、化学、地质学、动物学、植物学6个学部。1948年1月，北大研究所计划设十五科，呈教育部备案，获部核准。十五科为：物理、化学、地质、动物、植物、数学、哲学、史学（分史学及考古学两组）、中国语文学（分语言文字及文学两组）、东方语文学（分梵文与阿拉伯文两组）、西方语文学（内设英国文学组）、教育、法律、政治、经济。1948年4月，教育部核准北大医学院增设解剖学、生理学、病理学、细菌学、生物化学、公共卫生学等6个研究所。8月，医学院成立医学研究所，将教育部核准的解剖学等6个研究所改为医学研究所下属的6个学部。1946—1947学年度，北大仅有文科研究所有研究生 4 人。1947—1948 学年度第一学期有研究生 58 人（内助教研究生 19 人），其中理科 29 人，文科 26 人，法科 9 人；第二学期有研究生 45 人（内助教研究生 16 人），其中理科 24 人，文科 13 人，法科 8 人。

复员后的北大，教职员分为教授、副教授、讲师、讲员、研究助教和助教。北大教员总数，1946 年 10 月统计为 564 人，其中教授 190 人，副教授 58 人，讲师 89 人，讲员 32 人，研究助教 37 人，助教 158 人。到 1948—1949 学年度第一学期，教员总数为 864 人（专任 755 人，兼任 109 人），其中，教授 201 人，兼任教授 1 人，副教授 73 人，讲师 160 人，兼任讲师 108 人，助教 321 人。

复员后，北大的学生总数 1946—1947 为学年度 3420 人，1947—1948 为学年度 3535 人，1948—1949 为学年度 2924 人。这时北大本科学制一般仍为 4 年；工科则 4 年、5 年并存；农科自 1947 学年起改为 5 年；医科的医学系为 7 年（其中预科 2 年，本科 4 年，实习 1 年），牙医学系为 6 年，药学系为 5 年。研究生的学制一般为 2 年，助教兼研究生为 3 年。

这一时期，北大只有两届毕业生，共 1048 人，其中 1947 年 433 人，1948 年 615 人。

1948 年 11 月，人民解放军包围了北平，12 月 15 日，北平解放在即，胡适偕夫人乘国民政府专机离开北平，飞往南京。临行前夕，他给汤用彤、郑天挺留下便笺，说："今早及今午连接政府几个电报，要我即南去。我就毫无准备地走了。一切的事，只好拜托你们几位同事维持。我虽在远，决不忘掉北大。"12 月 16 日，北大行政会议决议推汤用彤、周炳琳、郑天挺三人为行政会议常务委员。学校校务即由他们三人主持，直至北平解放。

第三节　中华人民共和国时期

1949 年 1 月 31 日，人民解放军进入北平城接管防务，北平和平解放。9 月 21 日至 30 日，中国人民政治协商会议第一届全体会议在北平举行，通过起着临时宪法作用的《共同纲领》和《中华人民共和国中央人民政府组织法》，选举产生中央人民政府委员会，决定中华人民共和国定都北平，自即日起将北平改名北京。10 月 1 日，在天安门举行开国大典，向全世界宣告中华人民共和国成立。从此，开创了中国历史的新纪元，北京大学也进入了一个崭新的时期。

一、人民政府对北京大学的接管和初步改造

1948 年 12 月 17 日凌晨，包围北平的人民解放军进入北大农学院所在

地罗道庄,农学院解放。1949 年 1 月 31 日,整个北平解放。2 月 28 日,北大在民主广场召开欢迎接管的全校大会。汤用彤教授代表全校师生员工首先致词,表示欢迎接管,继由北平军事管制委员会文化接管委员会主任钱俊瑞宣布正式接管,并讲述新民主主义文化教育方针,同时宣布:国民党、三青团等反动组织立即解散,活动立即停止;训导制取消;党义之类的反动课程取消;学校行政事宜暂由汤用彤教授负责。3 月 1 日,钱俊瑞、张宗麟作为北平市军管会代表,奉命到北大督导行政教学工作,并派 7 位联络员驻校,了解情况,进行联系。3 月 31 日,钱俊瑞调任其他工作,其职务由周扬接任。5 月 4 日,北平市军管会文化接管委员会以秘字 982 号文通知北大:奉军管会决定,成立校务委员会,任命汤用彤、许德珩、钱端升、曾昭抡、袁翰青、向达、闻家驷、费青、樊弘、饶毓泰、马大猷、俞大绂、胡传揆、严镜清、金涛、杨振声、郑天挺、俞平伯、郑昕 19 名教授和两位讲师代表(讲助会推举俞铭传、谭元堃),两位学生代表(学生会推举许世华、王学珍)为校务委员会委员;汤用彤为校务委员会常务委员会主席,许德珩、钱端升、曾昭抡、袁翰青、向达、闻家驷,及讲助代表 1 人(俞铭传)、学生代表 1 人(许世华)为常务委员。同时下达《大学校务委员会组织大纲(草案)》,其中规定:“校务委员会为全校最高权力机关,主持全校校务,并商定全校应兴应革事宜。”据此,学校行政工作、教学工作即由校务委员会领导。军管会还任命曾昭抡为教务长,郑天挺为秘书长,汤用彤为文学院院长,饶毓泰为理学院院长,钱端升为法学院院长,马大猷为工学院院长,俞大绂为农学院院长,胡传揆为医学院院长,向达为图书馆馆长。(1950 年 5 月 4 日,郑天挺辞秘书长职,被批准,由王鸿祯教授继任,同时王鸿祯、马大猷被任命为常务委员,郑天挺仍任校务委员。1949 年 8 月,许世华毕业,改由王学珍、杨传纬代表学生会参加校委会,王学珍任常务委员;1950 年 3 月学生会改选,由钱度龄、杨传纬参加校委会,钱度龄为常务委员;1950 年 7 月,又改由杨传纬、王天根参加校委会,杨传纬为常务委员。1951 年王鸿祯因公出国,由张龙翔代理秘书长,出席校务委员会和常务委员会。)校务委员会成立后,军管会代表和联络员即行撤销。

1951 年 6 月 1 日,由中央人民政府委员会任命为北京大学校长的著名经济学家、人口学家、教育家马寅初到校视事。他是新中国成立后北大第一任校长。6 月 18 日,教育部又通知北大:政务院 89 次政务会议通过汤用彤为北京大学副校长,除提请中央人民政府委员会批准任命外,请即通知先行到职。此时,教务长曾昭抡已调任教育部副部长,经教育部批准,由张景钺任教务长。北大有了校长以后,根据 1950 年 8 月颁布的《高等学校暂行规程》,学校改行校长负责制。在校长领导下,设校务委员会。校务委员会由校长、副校长、教务长、副教务长、总务长、图书馆长、各院院长、各系主任及工会代表 4 至 6 人、学生代表 2 人组成。校长为当然主席。

在此期间，北大的院、系、学科设置有不少变动，主要有：(1)1949 年 6 月 17 日，奉华北高等教育委员会训令，取消教育系，该系三年级学生提前毕业，二年级以下学生转其他系。训令同时规定：清华法律系取消，该系学生可转该校其他系或北大法律系或政法学院。(2)1949 年 7 月 28 日，华北高教会决定将辅仁大学农艺系并入北大农学院，该系学生和三位助教转入北大，农场、书籍亦移交北大。华北高教会还提出，中法大学医学院学生、西北大学政经学院学生是否可以转入北大。8 月 8 日北大校务委员会讨论决定：原则接受中法大学医学院学生转入(后来转入学生 280 名，插班于二、三、四年级)；西北大学政经学院的学生转入北大的问题，如华北高教会核准，可以接受，须重新编级。(3)1949 年 9 月 15 日，华北高教会通知北大：为有重点地大力发展东方语文与培养东方语文革命工作干部，决定将南京东方语文专科学校并入北大东方语文学系，南京大学边政系五位教师一同调入；决定从各地调 50 名学生和干部入北大东方语文专修科学习。1951 年 3 月，教育部批准北大将东方语文专修科的学习年限由 2 年延长为 4 年，同时取消专修科的名称。(4)1949 年 9 月 20 日，华北高教会发出高教秘字 1601 号文，令北大、清华、华北大学三校的农学院合并组成独立的农业大学。(5)1949 年 9 月 22 日，校委会讨论决定，遵照高教会的通知，北洋大学建筑系并入北大。(6)1950 年 1 月 4 日，中央人民政府政务院文化教育委员会根据中央人民政府卫生部的请示，决定北大医学院(包括北大医院)划归中央卫生部管辖。是年 2 月 13 日在辅仁大学礼堂举行了移交典礼。医学院离开北大后，仍称北大医学院，医预科仍在北大上课，由北大领导，到 1953 年 2 月，始改称"北京医学院"，医预科亦移交给北京医学院。(7)1950 年 10 月 6 日，教育部高一字 811 号文令北京大学：中法大学业经呈奉中央人民政府政务院，决定自 1950 年暑假后停办，该校原文史系、法文系合并于北京大学，数学、物理、化学三系学生如有不愿去华大工学院者，也可到北京大学就读(9 月 26 日，中法大学将转入北大的 157 名学生的名单、档案送交北大)，有关各系的教师职工也转到北大；中法大学工厂之厂房机器、全部学生宿舍(家具)、文史系和法文系的图书及全部线装书归北大使用(中法大学机械厂由北大接收后，改名为"北京大学仪器制造厂")。(8)增加专修科：1949 年暑假，工学院增设 2 个专修科，包括发电工程专修科，招收学生 37 人；农田水利专修科，招收学生 20 人，学制 2 年，只办一期(1951 年暑假，发电工程专修科毕业 24 人，农田水利专修科毕业 13 人)。1949 年第二学期(1950 年 2 月)，地质学系增设地质专修科，春季始业，招收学生 31 人，学制 2 年，只办一期(1952 年初毕业学生 17 人)。1950 年，北大与中国人民银行签订合同，由行方出资，举办"北京大学银行专修科"。1950 年 10 月，从中国人民银行总行和各大区分行抽调 120 名干部入校学习。其中大多是科长、主任或处长，多数为抗日战争初期参加革命，年龄在 18～45 岁，学习期限 3 年。1951 年秋，按大学招生标准招收高中毕业程度学生 166 人，学制 2 年。毕业生均由中国人民银行分配。银行专修科共办两期。1951 学年度，受军委委托，举办土木工程专修科（招学生 15 人）、建筑专修科（招生人数不详）；受燃料工业部委托，举办水力发电专修科（机械组招学生 33 人、机电组 36 人、土木组 32 人）；受贸易部委托，举办东语矿产专修科（矿产贸易组招学生 25 人，东语贸易组招 29 人），学制皆为 2 年，均只办一期。1951 年 12 月 21 日，民族事务委员会、教育部、卫生部联合发出通知，委托北大开办"少数民族医科预备班"，为新疆和其他省市培养少数民族医药干部，学制 2 年。第一学期学生于 1952 年 1 月报到，春季开学。原准备每两年招生一次，每期招 80 名，但实际上只招了一期。

在此期间，北大初步进行了一些教学方面的改革。1949 年和 1950 年上半年，主要是根据新民主主义教育方针和《共同纲领》有关文化教育的规定，取消反动课程，停开已不适应新中国成立后新情况的课程，开设革命的政治课和适应新情况的课程，精简和调整了一些课程的内容。1949 年 4 月 7 日和 8 日，法律系系务委员会讨论决定停开民事债务、民法亲属继承、刑事诉讼程序、民事诉讼程序、刑事政策、商法、比较宪法、国际私法等 13 门课程，新开新哲学、社会发展史、马克思经济学说、国际关系、现行法令政策研究等 5 门新课程。在法律系的影响下，有些系也停开和新开了一些课程。1949—1950 学年（1949 年下半年和 1950 年上半年）按照华北高等教育委员会的通知，为全校各院系各年级学生开设了辩证唯物论与历史唯物论（包括社会发展史）、新民主主义论（包括近代中国革命史），为文、法学院毕业班学生开设了政治经济学。据 1950 年 3 月统计，1949—1950 学年第一学期，全校停开课程 77 门，新开课程 100 门；第二学期，新开课程 87 门，减少分量的理工医课程 98 门，调整内容的课程 65 门，减少学时的课程 30 门。

1950 年 6 月 1 日至 9 日，教育部在北京召开了第一次全国高等教育会议，通过了《高等学校暂行规程》《关于实施高等学校课程改革的决定》等 5 个文件。学校在贯彻全国高等教育会议精神中，着重做了以下工作。

1. **制定各系的课程方案（教学计划）**。第一次全国高教会议后，教育部于 1950 年 9 月发出文、法、理、工学院 20 个系的课程草案，作为各校制定课程方案的参考。学校各院系根据高教会议的精神，总结一年多来初步改革的经验，参考教育部的课程草案，制定了各系的课程方案。方案除废除反动课程，列入革命的政治课以外，力求配合国家经济政治和文化建设当前和长远的需要，培养学生全心全意为人民服务的观点，掌握现代科学技术的能力,使学生成为国家的高级建设人才。理学院和工学院各系的方案由学分制改为学时制,文学院和法学院仍暂时维持学分制。新的课程方案,亦称教学计划,于1951年10月正式报部。

2. **组织学生实习。**《关于实施高等学校课程改革的决定》中规定,为加强教学与实际结合,应该有计划地组织学生的实习和参观,并将这种实习和参观作为教学的重要内容。为贯彻这一规定,学校于1950年7月至9月,利用暑假,组织理、工、文、法各院系三年级学生及少数一、二年级学生进行参观实习。理、工学院的学生主要到东北各厂矿实习,如工学院土木系赴四平市水利局实习,机械系赴沈阳汽车总厂实习。文、法学院的学生主要到各地的银行、法院、博物馆参观实习,如法律系的学生参加北京市人民法院的案件审查工作等。与此同时,各院系在制定课程方案时都将参观实习列入了方案。

3. **开始建立教学研究指导组。**《关于高等学校课程改革的决定》中规定"应就各项主要课程组织教学研究指导组,由教师实施互助,改进教学内容与方法"。按照这一规定,并根据有重点地逐步进行的原则,北大于1950年11月,建立了微积分、普通物理、普通化学、普通植物学、电讯、电力、中国史、西洋史、现代文学、政治经济学、马列主义国家论等第一批38个教学研究指导组。

与此同时,北大还遵照教育部1950年10月14日的指令,举办工农速成中学,吸收长期参加革命或工厂劳动之优秀工农干部及工农青年入学,施以中等程度的文化及科学基本知识的教育,使之能升入高校继续学习,成为建设新中国的各种专门人才。工农速成中学校长由教务长曾昭抡兼任,1950年12月举行入学考试,1951年3月5日开学上课。

二、学习苏联高等教育经验,进行院系调整和教学改革

(一)院系调整

为了使高等教育适应将于1953年开始的社会主义改造和社会主义建设的需要,适应发展经济的第一个五年计划的需要,教育部在前几年小规模调整的基础上,学习苏联高等教育的经验,于1952年6月开始,对全国的高等学校进行了院系调整。在院系调整中,北大工学院各系并入清华大学及其他学校;地质系调出,和其他院校的有关系组建为北京地质学院;政治系、法律系调出和其他院校有关系组建为北京政法学院;经济系部分师生调到中央财经学院;清华大学、燕京大学的文、史、哲、经济等学科和理学院、辅仁大学的文学、西语、经济等系科以及南京、武汉、中山大学的哲学系并入北京大学。院系调整后,北大成为一所侧重于文理科基础科学的教学和科学研究

的综合性大学，主要为国家培养基础科学方面从事研究工作和教学工作的专门人才。不设学院，设12个系、7个专修科、2个医预班和华侨学生先修班、外国留学生中国语文专修班。另附设工农速成中学和小学（原燕京大学附小）。

12个系是：数学力学系、物理系、化学系、生物系、地质地理系、历史系、中国语言文学系、俄罗斯语言文学系、东方语言学系、西方语言文学系、哲学系、经济系。7个专修科是：数学专修科、气象专修科、矿物分析专修科、油料分析专修科、语言专修科、图书馆专修科、东语贸易专修科。2个医预班，一个是原燕京大学为协和医学院培养的，一个是少数民族医预班。上述华侨学生先修班、两个医预班和矿物分析专修科、油料分析专修科，在在校学生毕业后即停办。数学、气象、语言三个专修科，遵照教育部的通知，自1953年起停止招生，其中语言专修科可并入中国语言文学系，数学、气象专修科不再举办。

院系调整后，北大的校长仍为马寅初，副校长为江隆基和汤用彤。江隆基1925年至1927年曾在北大学习，是北大校友。他在新中国成立前曾任延安大学副校长、陕甘宁边区教育厅副厅长，新中国成立后曾任西北军政委员会教育部长。他来北大后，协助马寅初校长主持学校校务。院系调整后，北大的校址从城内沙滩等地迁至西北郊原燕京大学校址"燕园"（燕京大学停办），仅矿物分析专修科、少数民族医预班等暂时仍在城内原北大二院，工农速成中学暂时在红楼。1952年10月4日，院系调整后的北大在燕园开学、上课。

（二）学习苏联经验，进行教学改革

1952年，在进行院系调整的同时，北大按照教育部的部署，遵照学习苏联先进经验与中国实际相结合的方针，开始进行全面、系统的教学改革。

1. 设置专业和专门组（化）

学校原来所设系科，不分专业。1952年，学习苏联高等学校的办法，在各系设置专业，按专业培养专门人才。当年，12个系共设置33个专业，它们是：数学力学系设数学专业、力学专业；物理学系：物理专业、气象专业；化学系设有机化学专业、无机化学专业、分析化学专业、物理化学专业；生物学系：植物专业、动物专业、植物生理专业、人体及动物生理专业；地质地理系设自然地理专业；中国语言文学系设中国语言文学专业、新闻与编辑专业；西方语言文学系设德国语文专业、法国语文专业、英国语文专业；东方语言学系设蒙古语专业、朝鲜语专业、日本语专业、越南语专业、暹罗语专业、印尼语专业、缅甸语专业、印度语专业、阿拉伯语专业；俄罗斯语言文学系设俄罗斯语言文学专业；哲学系设哲学专业、心理学专业；历史学系设历史专业、考古专业;经济学系设政治经济学专业。此后至1956年间专业有所增加,主要有:1954学年度恢复法律系,设法律专业;1955学年,在地质地理系增设地质学和经济地理两个专业;1956学年度,生物学系增设生物化学,地质地理系增设地球化学专业,同时图书馆专修科改为本科,并改称图书馆学系,设图书馆学专业;1954年6月,在俄罗斯语言文学系设捷克语班和波兰语班(1956年6月调到北京俄语学院)。此外,1955年还设立了研究原子能的物理研究室。

苏联的高等学校,每一个专业还分设若干专门化(专门组),把学完基础课的高年级学生分到各个专门化,培养他们在该专业的某一方面具有专门的知识和从事科学研究的能力。1953年遵照高教部的指示,北大研究了专门化的设置问题,并决定首批建立38个专门化(专门组),如理科数学专业设置微分方程、数学分析、几何学、代数学4个专门化;物理专业设置理论物理、原子核物理、固体物理、电子物理、光学5个专门化;文科的中国语言文学专业设置中国文学、中国语言学2个专门化;历史专业设置中国近代史、中国古代史、近代及现代国际关系史、美国及欧洲资本主义国家史、苏联及人民民主国家史、汉族以外中国少数民族史6个专门化,等等。这以后,专门化的设置逐年有所增加。

2. 制定专业教学计划

1952年,在院系调整期间,学校即遵照高教部的指示,以苏联高等学校的教学计划为蓝本,为调整后所设各专业制定教学计划,并于是年9月下旬,完成了这一工作,报高教部批准。这次制定的教学计划与过去的课程方案不同。它的内容包括了(学习年限内的)总学时、周学时、课程设置、实习、考试考查门数、学年论文毕业论文、上课周数、考试日期、寒暑假等等,详细而具体。院系调整后,从1952学年起,即取消学分制,实施新制定的教学计划,开始按专业有计划地培养专门人才。此后,虽然对各专业的教学计划作过多次修改,但其框架没有改变。

3. 制定教学大纲和编译教材

苏联的高等学校认为,教学大纲是教师进行教学的主要依据。教学大纲规定学生对各门课程应获得的知识、技能和技巧的范围。1953年寒假,学校集中制订各门课程的教学大纲,并提出:制定教学大纲时,应首先明确该门课程在计划中的地位、作用和要求,既要保证该课程的科学系统性,又要反映出来专业的要求;教学大纲应包括课程的目的任务、讲授内容及其广度、深度和重点、各章节的学时分配和教学的进度、教材和必要的参考书。寒假结束,大部分课程都有了教学大纲。至1956年,除了少数新开课程和专门化课程外,基本上都有了教学大纲。

为了提高教学质量,院系调整后,各系各教研室花了很大力量组织教师翻译和编写教材。从1952年到1954年1月,全校共翻译了苏联教材54种,根据苏联教材改编或完全自编的教材167种。其中39种获高教部推荐在全国各综合大学交流使用。到1956年10月,全校59%的基础课和专业课有了翻译或自编的教科书或讲义,20%的课程有了讲稿,其中完全自编的教材112种。

4. 推广苏联的教学方法,增加教学环节

学校原来有讲授、实验、实习、考试、毕业论文等几个教学环节,学习苏联经验,增加为讲授、课堂讨论、习题课、实验、教学实习、生产实习、考试、考查、学年论文、毕业论文及答辩等多种环节。为了完善各个环节的教学,学校还对各个环节的教学目的、要求、应遵循的原则和具体方法提出一些规范性的文件,供参照施行。在加强教学环节的建设中,很重要的是重视实践性教学。各专业的教学计划中,都增加了实验和实习的内容和学时,并和企事业单位合作,建立了一些实习基地。学校原来的考试一般都采用笔试和百分制计分法,在这期间,曾学习苏联,大力推行口试和四级分制计分法。且它不符合传统的考试习惯,由于口试时间太长,影响教学时间的安排和师生的健康,从1957年开始,逐步改为采用什么方式考试和采用什么计分制,概由主考教师根据实际情况自行决定。

5. 建立和健全基层教学组织教研组(室)

教学研究指导组(室),是学习苏联的做法,将一门或几门性质相近的课程的教师组织在一起的教学基层组织。它在学系的领导下,负责所属课程的开设,教学大纲的拟定,教材的翻译或编写,教学方法的改进,学生学习的指导,研究生、进修生和新师资的培养,科学研究工作的组织与领导,实验室的管理等。院系调整前,1950年11月,北大曾根据第一次全国高等教育会议的精神,建立了30个教研组。1952年11月,在调整后所设的系中重新建立了21个教研组。1953年全国综合大学会议后,教研组增加到56个,还有8个教学小组,是年12月,学校制定了《北京大学教研室和教研室主任暂行工作条例》。至1956年,教研组增加到88个,全校所有教师都分别组织到这些教研组中。

三、探索建设发展中国社会主义高等教育时期的北京大学

1956年,我国基本完成了对农业、手工业和资本主义工商业的社会主义改造,由新民主主义过渡到了社会主义。如何在中国全面建设社会主义、如何在中国发展社会主义高等教育,成为摆在中国人民和高教界面前必须积极探索的问题。在探索的过程中,正如邓小平同志在《建设有中国特色的社会主义》一文中所说,"一九五七年后'左'的思想开始抬头,逐渐占了上风"。在"左"的思想影响下,北大出现了很大失误,如反右派斗争扩大化,误伤了许多好同志;错误地开展了"拔白旗、插红旗"等"兴无灭资"斗争,使许多教授、学者受到批判;在1958年至1960年的"教育大革命"中,做了许多违反教育规律的事情。1961年1月,中共八届九中全会确定对国民经济实行"调整、巩固、充实、提高"的方针(简称"八字"方针),高等教育也随之进行了全面调整,同时制定和试行了《教育部直属高等学校暂行工作条例(草案)》(简称《高校六十条》)。北大认真贯彻执行"八字"方针和《高校六十条》,总结正反两方面经验,扎实工作,教学和科学研究逐渐走上健康轨道。这一时期学校各项工作在探索中不断发展,在曲折中不断前进。

(一)大跃进和1958—1960年的教育革命

1958年5月,党的八大二次会议通过了鼓足干劲、力争上游、多快好省地建设社会主义的总路线,接着,全国发动了"大跃进"。北大也于是月开始了"跃进运动"。1958年8月,中央北戴河会议决定,开展人民公社化运动和为钢产量翻一番(1070万吨)的全民大炼钢运动。9月,中共中央、国务院发布《关于教育工作的指示》,提出"教育为无产阶级政治服务,教育与生产劳动相结合"的教育方针和十五年普及高等教育的任务,北大又结合人民公社化运动和全民炼钢运动,开展了教育革命运动。1958年至1959年初,北大的"大跃进"和"教育革命"运动如下。

1. 扩大学校发展规模。1958年6月10日,学校提交全校师生员工讨论的《北京大学(1958—1962年)跃进规划纲要(草案)》中提出:五年内本科生增加到一万至一万二千人(为1957年在校本科生7626人的131%至144%),研究生增加到一千人(为1957年在校研究生195人的512%),进修教师和外国留学生各达到五百人,函授生达到三千人,每年吸收旁听生两千至三千人。而据1959年初统计,各系讨论上报学校的近期规划达到的本科生、研究生人数为:本科生12450人,为1957年在校本科生数的161%;研究生1121人,为1957年在校研究生数的574%。另,决定1958年招收本科新生2700多人,比1957年新生1502人增加80%。

2. 增设系、专业和专门组。本着重视基础理论、发展尖端科学的精神,1958年11月,学校决定增设无线电电子学系和地球物理系,并将物理研究室改为原子能系,同时增设地球物理、天气学、半导体、无线电、电子学、计算机与自动控制等十几个新专业和一批新的专门组。

3. 贯彻教育与生产劳动相结合的方针,建立教学、科学研究、生产劳动三结合基地。各系各专业都把生产劳动列入教学计划,组织学生参加生产劳动。据不完全统计,1958年全校八千多学生参加生产劳动共计51.9万个劳动日,其中包括校内工厂劳动、校内公益劳动、下乡下厂劳动和社会公益劳动。1958年1月,毛泽东在《工作方法(草案)》中提出,"大学校和城市里的中等学校,在可能条件下,可以由几个学校联合设立附属工厂或者作坊","一切有土地的大中小学,应当设立附属农场"。理科各系,为建立三结合基地,纷纷据此举办起工厂,如数学力学系举办电子计算机工厂,物理系举办半导体工厂、电真空器件厂,化学系举办化工厂,生物系举办生化工厂,还计划种40亩地的丰产田等。文科有的系也办起了工厂,如中文系办起了印刷厂。到1959年2月,全校共办了28个工厂,后经学校调整为17个。1958年8月中央北戴河会议以后,学校还组织文科师生到京郊怀柔、周口地等地参加人民公社化运动。1958年冬,哲学、经济、图书馆、中文等系还拟组织学生到京郊厂矿试行半工半读,东语系蒙古语、朝鲜语、越南语等专业还拟组织部分学生到国内几个少数民族聚居区试行半工半读。

4. 改革教学内容和教学方法。加强政治理论教育,增加政治理论课的学时(理科和外国语文系科,占教学总学时的15%,文科占20%);增加联系实际的课程和加强各种训练学生实际工作能力的教学环节(如生产实习、毕业论文等);社会科学各专业的课程应以马列主义理论作为核心,其他课程都要围绕这个核心去开设,马列主义理论课程的教学内容又应以毛泽东的著作和中国革命与建设的经验为中心;各类历史课程均要贯彻厚今薄古、古为今用的方针,着重讲授近现代史;理科课程的教学内容应密切结合生产实际,克服脱离生产、脱离实际的现象,应使其能真正反映现代科学技术的新成就,清除陈腐落后的内容;反对资产阶级学院式的教条主义的教学方法,提倡理论联系实际、发扬学习的独创精神;有些课程可以采取自学、讲授和辩论相结合的方式去进行,实现教学相长;有些理论课程还可以在学习时间的安排上适当集中。有些系还大破原有教材的体系,组织学生和青年教师成立编写小组,集体短期突击编写新教材。

5. 开展科研大跃进。1958年6月,学校制定的《北京大学(1958—1962年)跃进规划纲要(草案)》提出:在科学研究工作中要坚决走群众路线,打破认为科学研究工作只能依靠少数专家才能开展的神秘观念。自然科学方面的研究工作要贯彻为社会主义生产大跃进服务的方针,基本理论的研究要有明确的目的性,同时要把我国现有的尖端科学的研究工作开展起来,三年内能够解决工业建设上为超英赶美提出的生产实践中的关键性问题和有关的重大理论问题,提前完成国家科学规划中委托给北大的任务,提前赶上世界科学先进水平;人文科学方面的研究工作要把研究和总结中国革命和建设的经验、解决当前的实际问题和批判资产阶级的学术思想作为中心,同时注意整理文化遗产的工作等。1958年7月下旬,学校又决定开展科学研究的群众运动，号召全校师生利用暑假，集中时间和人力物力，苦战 40 天，做出成绩向国庆九周年献礼。运动中和运动后，各系师生破除迷信、解放思想，日夜奋战，提出并完成的项目众多，使广大学生受到一次科学研究工作的训练，但完成的科研项目中，真正有科学价值和实际意义的不是很多。主要有：数学力学系研制成功电子计算机红旗机，物理系制成晶体二极管、三极管，化学系制成苯乙醇香料，生物系研制出八肽中三肽，中文系初步编写出《中国文学史》，历史系初步写成《北京史》，外国语言文学各系初步编纂出一些词典等。

6. 大炼钢铁。从 1958 年 8 月起，学校各系、各单位响应全民大炼钢铁运动的号召，组织师生员工夜以继日地劳动，建起许多土炼钢炉，参与大炼钢铁运动。化学系 950 名师生按照国务院的安排，于 9 月下旬分赴广西、湖南、湖北及京郊等地的钢铁战线，从事化验分析等工作，至 12 月底才陆续返校。

7. 实行党委领导下的校务委员会负责制。1958 年，根据中央指示，为加强党的领导，北大开始实行党委领导下的校务委员会负责制，党委对全校工作实行全面领导。系一级实行系党总支（或直属支部）领导下的系务委员会负责制。

1958 年 12 月 8 日，中共中央转发《教育部党组关于教育问题的几个建议》，其中指出：在贯彻党的教育方针中，产生了劳动时间过长、忽视教学质量的现象。在炼钢与"三秋"任务已基本完成的情况下，各级各类学校应当照常上课。既要继续克服只重教学而忽视生产的倾向，又要防止只注意生产劳动而忽视教学的现象。1959 年 1 月至 3 月 1 日，中共中央召开教育工作会议。会议提出：1959 年教育工作的方针主要是巩固、调整和提高，并在这个基础上有重点地发展。1959 年 3 月下旬，北大召开教学工作会议，提出：教学、科研、生产劳动三结合应以教学为主，生产劳动时间理科各专业和外国语文学各专业一般以每年两个月或略多于两个月为宜，文科其他专业以每年三个月为宜；学生的科学研究主要结合学年论文、毕业论文进行；在教学工作中教师应起主导作用；要正确贯彻"理论联系实际"方针，既要重视直接经验，也要重视间接经验，既要重视生产实践，也必须重视书本知识；"厚今薄古"并无废古之意，课程设置和教学内容中的古今比例，要从学生应该学习多少古代的知识和近现代的知识才能合乎培养规格来决定，不能认为只有近现代多于古代才算贯彻"厚今薄古"方针；必须十分注意学生的基础训练，基础课的教学方法仍应以系统讲授为主；学术问题与政治问题是有联系的，但又是有区别的，把文学艺术和科学同政治完全等同起来，就会发生"左"的简单化错误。会后，各系各单位根据上述会议的精神，调整了学校的发展规模和招生人数（从 1958 年的二千七百多人减为一千八百多人），调整了 1959 年下半年的教学、科学研究和生产劳动的安排，对 1958 年提出的各种改革方案、改革措施进行了初步清理，保留和逐步完善其中合理的部分，停止和纠正一些不切实际的部分，使教学秩序开始恢复，教师的教学积极性和学生的学习积极性重新开始调动起来。

1959 年 8 月中共八届八中全会后，全党开展了反右倾运动，掀起新一轮更大跃进的浪潮，北大也于是年 9 月开展了反右倾运动。反右倾运动中断了上半年的调整工作，其中有的甚至被认为是右倾的表现。1958 年"大跃进"和教育革命中的许多问题不仅重新发生，而且有些方面更加严重了。1960 年上半年，大批文科学生下农村参加劳动和人民公社的整社活动，理科学生下工厂参加劳动和技术革新、技术革命运动。科学研究又掀起献礼活动。1960 年初提出的理科 8 个系的八年规划，要求到 1967 年本科学生达到 18000 人，研究生 2200 人，8 年内增加教师和工作人员 2126 人。这比 1958 年的规划更大、更不切实际。1960 年 4 月，经中央批准，北大开始在昌平十三陵建设理科新校区。新校区总面积 35 万～50 万平方米，计划三年内建成 35 万平方米。同年，理科各专业的学制除经济地理仍为 5 年以外，均经教育部批准改为 6 年。1960 年 5 月，还经教育部批准，以原有的马列主义教研室为基础，建立政治系。政治系设政治学一个专业和政治学、中国共产党历史、国际共产主义运动三个专门组。

这期间，马寅初校长因发表《新人口论》等文遭到批判。1959 年 12 月 15 日，康生把陆平叫到中宣部，要陆平进一步批判马寅初。当晚陆平召开北大党委常委会，传达康生的指示："马寅初最近很猖狂，给新建设写了一个《重申我的请求》，猖狂进攻"，"他已经不是个学术问题，而是借学术为名搞右派进攻。不许他去视察，贴大字报，'好汉不要逃跑'。把大字报一直贴到马寅初门上去。我们不发动，如群众有人贴他是右派也可以。另外，要写几篇文章，决定专门组织几位同志，北大出三人脱产，住到饭店去专门写文章，胡绳同志指导。学校里，集体搞，'海龙王'先不出来，就用学生戳他。有些大文章，人民日报要登。他的校长是不能做了。"

陆平传达后说，根据康生同志指示，怎么搞法，抽哪几个人去，会后讨论一下，要有个方案，报市委。

1959 年 12 月 23 日，康生又给于光远、范若愚、杨述、陆平、穆欣等人写了封信，说：我们在反驳马寅初的反动的"人口论"时，要去读读毛主席在 1949 年 9 月 16 日所写的《六评白皮书》一文，该文反驳了艾奇逊所说的中国人口太多了、饭太少了的反动的"人口论"。

按照康生的指示，校党委发动群众，加强了对马寅初批判。马寅初被迫于 1960 年 1 月请辞校长一职。3 月 28 日，国务院接受了马寅初的辞职请求。

（二）贯彻"调整、巩固、充实、提高"八字方针和《高校六十条》

1960 年秋冬,国民经济严重困难的问题日益显现。1961 年 1 月,中共八届九中全会确定对国民经济实行"调整、巩固、充实、提高"的方针(简称"八字"方针)。2 月 7 日,中共中央批转中央文教小组《关于一九六一年和今后一个时期文化教育工作安排的报告》,提出当前文化教育的工作必须贯彻执行"调整、巩固、充实、提高"的方针。接着在调查研究、总结经验教训的基础上,教育部组织起草了《教育部直属高等学校暂行工作条例(草案)》(简称《高校六十条》),并由中共中央于 9 月正式发布试行。从 1961 年开始,北大在贯彻"八字"方针和《高校六十条》方面,做了大量调整、巩固工作。

1. 调整学校的发展规模。1961 年 1 月下旬,根据教育部全国重点高等学校工作会议的决定,将学校发展规模调整为 11500 人。1963 年 8 月,又计划调整为本科生 8800 人,研究生 500 人。

2. 调整专业和专门组的设置。几经讨论研究,于 1963 年确定理科 8 个系设 26 个专业、52 个专门组;文科 10 个系设 27 个专业,其中除中国史和世界史两个专业各设两个专门组以外,其他专业不设专门组;全校 18 个系共设 53 个专业、56 个专门组。

3. 按以教学为主的原则和劳逸结合的精神,重新安排 1961 年的教学、科学研究和生产劳动。规定每学期上课时间不得少于 17 周,春季学期生产劳动不得超过 3 周,理科一、二、三年级课堂教学周学时不超过 24 学时,文科不超过 20 学时,高年级可适当减少;学生每周上课学习、劳动、科研的时间加起来不超过 48 小时,并严格控制社会活动时间。1961 年秋季学期以后,学生的教学和劳动时间即按照《高校六十条》"平均每学年应该有八个月以上的时间用于教学。学生参加生产劳动的时间一般为一个月至一个半月"的规定进行安排。

4. 安排课程补修。从 1961 年的秋季学期开始,对几年来由于各种原因缺修的课程安排补课,以保证学生毕业时合乎规定的要求。全校全门缺修、部分内容缺修和虽然学过但教学质量差的基础课共 346 门次,当年补修 310 门次,计划下一年补完。

5. 紧缩科研战线,科研不搞群众运动,不搞突击献礼。学生的科研活动主要结合学年论文、毕业论文进行。

6. 调整工厂设置。1961 年 6 月,有校属工厂 1 个,系属工厂 8 个,职工 1102 人,经 1961 年的调整,工厂数减为 5 个,职工减为 444 人;1962 年,工厂数减为 3 个,另在物理系设一半导体车间(由物理工厂缩减为车间);1963 年 9 月,规定工厂的主要任务是根据教学和科学研究的需要,为各系修制仪器和印刷讲义,都属实习实验性质。

7. 调整分校安排。十三陵理科新校区于 1961 年基本建成 5 万平方米后,奉命暂停,也暂不迁校,到 1963 年才完成各项配套设施。将无线电电子学系和数学力学系力学专业的大部分迁往新区上课,并称该区为理科分校。

8. 修订教学计划。根据《高校六十条》的精神和规定,从 1962 年开始,用了一年多时间,修订了各专业的教学计划。这次修订教学计划时,将理科地质地理系 6 个专业的学制改为 5 年,数学专业和计算数学专业改为 5 年半制。根据以教学为主的原则,理科 6 年制各专业的教学时间一般为 199 周至 206 周,约占总学时的 76%—79%;5 年半制为 186 周,占 79%;5 年制为 178 周,占 79.5%。文科 5 年制各专业一般为 171—176 周,约占 80%—82%。生产劳动时间,理科 6 年制专业一般为 26 周,5 年半制专业 24 周,5 年制专业 22 周,文科 5 年制专业一般为 24 周。学生低年级不安排科学研究时间,可在教师指导下,自愿参加一些课余科研活动,高年级的科研主要结合学年论文、毕业论文进行。加强基础理论和基本知识课程的教学和基本技能的训练。6 年制专业,用 4 年时间进行基础课(包括基本技能训练)的教学,5 年制专业用三年半时间进行基础课教学。政治理论课的教学时间,文科约占总学时的 17%—18%,理科约占 10%—11%。

9. 制定 7 个有关学校党的组织和领导制度的规定。制定《关于学校党委会工作的若干规定》《关于系党总支委员会工作的规定》《关于教师党支部工作的规定》《北京大学关于校的领导制度的暂行规定》《北京大学关于系的领导制度的暂行规定》《北京大学关于教研室工作的暂行规定》《北京大学关于校系职权划分几项暂行规定》等。这些规定把《高校六十条》中关于"高等学校的领导制度是党委领导下的以校长为首的校务委员会负责制""学校党委对学校工作实行统一领导"、系的党总支"保证和监督系务委员会决议的执行和本系各项工作的完成"、教师和职工党支部"保证各项工作任务的完成"等规定,结合学校的情况加以具体化,以理顺党政之间、党群之间和上下级之间的关系,加强党对学校工作的领导,充分发挥行政组织的作用,调动各方面的积极性,造成比较团结、比较宽松、共同为办好学校而努力的局面。

此外,北大还根据《高校六十条》的精神,于 1963 年制定了《北京大学1963—1972 年自然科学科学研究发展纲要》和《北京大学师资培养暂行办法》。

(三) 贯彻毛泽东关于阶级斗争的指示和"春节座谈会"的精神

1962 年 9 月,毛泽东在中共八届十中全会上号召"千万不要忘记阶级斗争"、"阶级斗争要年年讲、月月讲、天天讲"。1963 年 2 月中共中央决定开展农村"四清"(开始为清理账目、清理仓库、清理财务、清理工分,后发展为清政治、清经济、清思想、清组织)、城市"五反"(反对贪污盗窃、反对投机倒把、反对铺张浪费、反对分散主义、反对官僚主义)运动。北大遵照上级指示,于1963年4月开始在学校里开展"五反"运动,同年11月、12月开始组织大批文科学生下乡参加"四清"运动。1964年1月又开始组织大批理科学生下乡参加"四清"运动。为适应现实情况,刚修订好的教学计划又再次作了变动。

1964年2月13日,毛泽东召开教育工作座谈会(当日为甲辰年春节,后来称此会为"春节座谈会")。他在会上说:"教育的方针路线是正确的,但是办法不对。我看教育要改变。""学制可以缩短。""课程太多,压得太重是很摧残人的。学制、课程、教学方法、考试方法都要改。""我看课程可以砍掉一半。""现在的考试办法是用对付敌人的办法,实行突然袭击。"1964年3月至4月,高等教育部在其召开的直属高等学校领导干部(扩大)会议上提出,贯彻毛泽东"春节座谈会"上的指示,要"思想积极、步骤稳妥"。本此精神,北大对学制、课程设置等比较重大的问题先只进行调查研究,而着重贯彻"少而精"的原则,精简课程内容,减轻学生负担,同时对教学方法和考试方法进行一些改革,如一部分课程改用开卷考试的办法等。

在此期间,北大还根据刘少奇关于半工半读的指示,于1966年初组织历史学系到昌平县十三陵进行半工半读试点。

四、"文化大革命"时期的北京大学

(一)从"第一张大字报"的出笼到驻北大工作组被赶走

1965年11月,毛泽东从批判《海瑞罢官》入手,为发动"文化大革命"作舆论准备。1966年5月4日至26日,中共中央政治局在北京召开扩大会议。会议以"反党集团"的"莫须有"罪名,揭发、批判中央书记处书记和中共北京市委第一书记彭真、解放军总参谋长罗瑞卿、中共中央宣传部部长陆定一、中共中央办公厅主任杨尚昆,决定撤销他们的一切职务。5月16日会议通过了《中国共产党中央委员会通知》(简称《五一六通知》)。《五一六通知》的通过,标志着"文化大革命"的开始。在《五一六通知》通过的两天前即5月14日,康生派他的妻子曹轶欧、高教部副部长刘仰峤和原北大哲学系教师、马列主义研究院的张恩慈等7人,以中央理论小组调查组的名义,以"调查文化大革命情况"为名,进入北大。在康生、曹轶欧等人的促动下,5月25日,聂元梓等7人在学校大饭厅东墙贴出一张题为《宋硕、陆平、彭珮云在文化大革命中究竟干些什么?》的大字报。大字报攻击的矛头直指北大党委和北京市委。聂元梓等人的大字报贴出后,虽有少部分人支持,但遭到北大广大师生员工的反对。当晚,中共中央华北局书记、北京市委新书记李雪峰到北大讲话,指出,大字报可以写,但党有党纪,国有国法,要内外有别,斗争要有组

织纪律,不能弄得乱七八糟。同日,周恩来派国务院外办副主任张彦到北大,强调贴大字报要严格遵守内外有别的原则。他们实际上是批评了聂元梓等人的做法。而曹轶欧则于当晚派人要走大字报的底稿,交给康生。康生背着在北京主持工作的刘少奇、周恩来、邓小平等,把它送给在杭州的毛泽东。5月27日,内参《文化革命简报》也刊载了这张大字报。毛泽东于6月1日中午做出批示,并打电话给康生、陈伯达:"此文可由新华社全文广播,在全国各报刊发表,十分必要。北京大学这个反动堡垒从此可以开始打破。"当晚,中央人民广播电台向全国播发了聂元梓等人的大字报,引起北大和社会的震惊。

6月1日晚,中央人民广播电台播出了聂元梓等人的大字报后,中共中央华北局和中共北京市委新负责人吴德等率领以张承先(中共河北省委书记处书记)为首的工作组进校,召开中共北京大学委员会,会议宣布:北京大学党委抗拒文化大革命,压制群众,打击左派,包庇右派,北京大学是一个顽固的资产阶级反动堡垒。华北局决定派以张承先为首的工作组进校,放手发动群众,坚决支持革命,把北大的社会主义文化大革命进行到底。华北局负责人向"党内坚决走资本主义道路的当权派"提出警告:必须老老实实彻底交待自己的罪行;必须停止一切非法活动。同时向党委宣布约法三章:不许搞秘密活动;不许搞两面派;不许阳奉阴违。6月2日凌晨,华北局工作组召开全校党团员干部、学生干部大会,张承先讲话,宣布华北局派工作组进校领导文化大革命的决定。6月4日凌晨,工作组又召开全校党团员干部、学生干部大会,由吴德做报告,宣布新组织的中共北京市委的决定:(1)派以张承先为首的工作组到北京大学对社会主义文化大革命进行领导(工作组改称为中共北京市委驻北京大学工作组);(2)撤销中共北京大学党委书记陆平、副书记彭珮云的一切职务,并对北京大学党委进行改组;(3)在北京大学党委改组期间,由工作组代行党委的职权。

工作组进校时为32人,领导小组有张承先、曹轶欧、刘仰峤、杨以希(中共中央组织部副部长)、武振声(国务院文教办秘书长)等,组长为张承先。6月5日,根据曹轶欧、刘仰峤的推荐,工作组吸收北大党委原第一副书记戈华和党委常委、教务长崔雄崑参加,后又增加了彭林(海军航空兵部队政委)、张德华(团中央书处候补书记)。自6月7日起,从中央国家机关、海军航空兵和各省市紧急抽调大批干部进校参加工作。到6月10日,工作组人数达208人。各系各单位也由校工作组派去人员成立了工作组。6月12日,刘仰峤调回高教部。7月3日,康生告诉张承先:曹轶欧今后主要负责中央文化革命小组办公室的工作,但仍兼任北大工作组领导小组成员。7月17日,北京市委决定北大工作组领导小组组长为张承先,副组长为彭林、杨以希、武振声、张德华,组员有曹轶欧等 6 人,包括戈华、崔雄崑。

工作组进校后,按照华北局、市委的指示,提出要"放手发动群众",彻底摧毁北大这个反动堡垒,夺回领导权,"当前斗争的焦点是挖掉钻入党内的以陆平为首的反党反社会主义的资产阶级黑帮"。随后又提出,打击的主要方向、斗争的矛头是"反党反社会主义的资产阶级知识分子"。据统计,从 6 月 1 日到 6 日,全校贴出揭批学校各级党政干部的大字报五万份,每天到校内来看大字报的达十万人。工作组领导小组分析当时的形势认为:"原北大党委及所属各总支部,除哲学系外,全部陷于瘫痪。"又据工作组秘书组 6 月 26 日统计,从 6 月 1 日到 6 月 26 日,全校各级干部、教师被批斗的人数共230 人,其中被撤职 2 人,停职 2 人,群众罢官 153 人;被斗 192 人,被打 94人,戴高帽游街 107 人。另据统计,校系两级干部 188 人中,被斗 94 人,占总数的 50%,其中撤职、停职各 2 人,群众罢官 90 人,被打 44 人,游街 44 人。在此期间,历史系副系主任、三级教授、中共党员汪籛,因受到大字报的攻击、污蔑和人身侮辱,服毒身亡。另有汉中 653 分校一食堂出纳亦自杀身亡。

6 月 22 日至 23 日,工作组召开全校揭露、控诉陆平、彭珮云的万人大会,各系则从 6 月 22 日至 7 月 12 日,对"黑帮"中的"尖端分子"17 人分别召开批判大会。

在此期间,发生了"六一八"事件。6 月 18 日,一些人在北大学生宿舍 38楼前设"斗鬼台",四处抓干部、教师来批斗、游街、罚跪、挂黑牌、戴高帽、用墨汁涂面、拳打脚踢,甚至发生严重侮辱女干部女教师的流氓行为,直到工作组组长张承先等赶到现场制止,才逐渐结束。工作组秘书组统计,这一天共有 69 人被抓到"斗鬼台"等处批斗,工作组并抓出 4 个打人最凶和侮辱女同志的人,其中 1 人是校外混进来的。

6 月 19 日,工作组向中共中央和中共北京市委报送《北京大学文化革命简报》第 9 号。简报中讲了"六一八"事件的整个过程,认为这是一起"反革命分子制造混乱、破坏文化大革命事件"。简报还讲了工作组决定采取的措施:(1)召开各系工作组长紧急会议,要求高举毛泽东思想红旗,教育群众,擦亮眼睛,增强革命警惕性;(2)各系召开师生员工大会,号召大家提高警惕,严防敌人破坏;(3)校工作组组长张承先召开大会,表示工作组坚定地支持真正左派的革命行动,同时指出避开工作组乱打乱斗的做法是有害革命运动的行为;(4)"依靠革命左派,组织起来,维护无产阶级革命的秩序"。6月 21 日,工作组向中共中央和中共北京市委报送的《关于北京大学二十天文化革命情况的报告》中,又讲了"六一八"事件。6 月 20 日,中共中央将北大工作组关于"六一八"事件的简报批转全国,并加按语说:"中央认为北大工作组处理乱斗现象的做法是正确的、及时的。各单位如果发生这种现象,都可参照北大的办法处理。"

7月22日，江青、陈伯达等来校看大字报，向师生发表讲话，撇开工作组召开座谈会，并单独召见聂元梓等人，鼓动他们起来反工作组、赶工作组。7月23日晚9时，江青、陈伯达在北大大饭厅的群众大会上讲话，说："对于'六一八'这件事，说是反革命事件，这是不对的，错误的。"7月25日晚，康生、陈伯达、江青在北大东操场主持召开万人辩论大会，辩论工作组的问题。他们在讲话中说，工作组在处理"六一八"事件中犯了路线错误。7月26日晚，康生、陈伯达、江青、张春桥、姚文元和中央文革领导小组其他成员以及北京市委第一书记李雪峰、第二书记吴德来北大，再次召开万人辩论大会，大会由江青主持，陈伯达代表中央文革小组讲话，说："北大工作组是一个阻碍同学们走上革命道路的坏工作组，一个障碍物，是压制你们革命的盖子。"他号召"搬掉这个障碍物"，大胆地自己起来闹革命。他建议北京市委撤销以张承先为首的工作组。接着李雪峰口头宣布撤销北京市委驻北京大学工作组。江青建议，北京大学成立文化革命委员会或文化革命代表大会，作为文化革命运动的权力机关，自己起来闹革命。她点名要聂元梓出面筹建文化革命委员会。随后，工作组即被赶出学校。

（二）"校文革"的成立及其领导的大批斗、大抄家和私设变相监狱

按照江青的建议，7月28日，由21人组成的"北京大学文化革命委员会筹备委员会"（简称"校文革筹委会"）成立，主任委员聂元梓，副主任委员白晨曦、聂孟民。8月30日，召开北京大学文化革命代表大会。大会于9月9日选举产生由42名正式委员、10名候补委员组成的北京大学文化革命委员会（简称"校文革"）。9月11日，文化革命委员会选举聂元梓为主任，孔繁、聂孟民、杨学祺、白晨曦为副主任，并选出常务委员9人。1967年2月7日，"校文革"扩大会议决定将孔繁等清除出"校文革"，并对"校文革"常委会进行改组。改组后主任仍为聂元梓，副主任为白晨曦、姜同光、徐运朴、裘学耕、王海忱、杨学祺，常委有孙蓬一、王茂湘等9人。1967年3月，孙蓬一被提拔为"校文革"第一副主任。

1966年8月1日，毛泽东给清华大学附中一个学生自发组成的"红卫兵"组织写信，表示热烈支持他们对反动派"造反有理"的行动后，各高等学校和中学的"红卫兵"组织迅速发展起来。8月19日，聂元梓发起成立北大"红卫兵"组织，建立了校红卫兵联络站。9月21日，成立北大红卫兵统一工作委员会，接管红卫兵联络站的工作，代行北大红卫兵统一组织的领导权，聂元梓指定孙蓬一等为工作委员会负责人。据10月15日"校文革"不完全统计，自8月18日至10月15日，全校出现的各类红卫兵组织，各种战斗队、战斗组共约九十二个，参加者约三千人。

校文革筹委会成立后,即于7月30日至8月4日,连续召开4次全校大会。批斗工作组张承先、张德华,清算工作组的"路线错误"。8月4日,康生、江青参加全校大会,康生在大会上说:工作组组长张承先、副组长张德华犯了"反党反社会主义的、资产阶级的右倾机会主义路线错误","'六一八'是革命事件",工作组《二十天情况的报告》是"完全反动的报告"。康生讲话后,张承先被当场冲上台的学生用皮带抽打,并被批斗、戴高帽子、坐喷气式。8月13日,根据中共北京市委指示,工作组正式撤离北大,集中到市委党校整训。据不完全统计,从校文革筹委会成立的第二天即7月29日,到工作组撤离学校的前一天即8月12日,各地来北大串联、学习的约有3.6万个单位,71.8万人次;从7月29日到8月28日,一个月内到北大串联的外地人员共约212.4万人次。

赶走了工作组以后,校文革筹委会于8月15日在工人体育场召开了十万人大会,批斗陆平。彭珮云、张学书、谢道渊、王学珍等学校负责干部被揪上台陪斗。被斗人和陪斗人一律挂黑牌。9月5日校文革筹委会提出批斗干部要打一场"人民战争",要校级斗与系级斗结合,专题斗与系统斗结合,斗争会与攻心会相结合,大中小斗争会相结合。随后,又提出"上揪下扫"的号召,把大批校系各级领导干部打成"反党反社会主义反毛泽东思想的黑帮"、"走资本主义道路的当权派",把大批教授打成"资产阶级学术权威",把许多干部、党员、教师打成"黑帮爪牙""保皇派",对他们进行"坐喷气式"批斗、戴高帽、挂黑牌游街、剃阴阳头、抄家、殴打、非法关押、逼供、监督劳动。据"校文革"不完全统计,自8月18日至10月15日,全校被抄家的有536户(教授53%、中层干部80%以上均被抄家,有的外籍专家也被抄家)。许多金银首饰、银行存折、名贵字画、日记笔记、手稿、书籍等被抄走。至于这期间被批斗的人数,当时没有统计,不过它只会比被抄家的多而不会少。红卫兵为"破四旧",还把一些系和一些楼房的名称改了,如把俄语系改名为"反修系",把"临湖轩"改名为"解放院",把"燕南园"改名为"反修园",把"南阁"改名为"五二五楼"(以五月二十五日聂元梓等贴大字报的日子为名)等。

校文革筹委会成立后,很多单位即按照校文革的意见先后成立了"劳改队",将被批斗的干部、教师集中起来,由监管人员监督劳动,如打扫厕所、拔草,为来北大串连人员洗被子、缝被子,到附近农村劳动等。1966年10月28日,校文革办公室发出《加强对黑帮管理》的通令,将被他们认定的"黑帮分子"先后集中到朝阳区南磨房、昌平县太平庄统一监督劳动了一段时间。1968年4月,"校文革"又将一百三十余名原学校干部集中成立"劳改大队",送到昌平太平庄关押劳动。1968年5月,"校文革"在校内民主楼后面的平房建立"监改大院"(俗称"牛棚"),先后将学校各级干部、知名学者及师生

218人关押其中,在监改人员的监督下进行劳动,接受审讯,遭受殴打等刑罚。"监改大院"实际上是一所变相监狱,而如同"监改大院"这样关押人的地方,还有44楼、第二体育馆、物理大楼、朗润园专家招待所、生物系小楼、五斋等好几处。如校党委书记、校长陆平曾被关押在生物系小楼,被绳子捆住双手吊起来进行审讯、逼供。邓小平在北大上学的儿子邓朴方、女儿邓楠,被聂元梓等于1968年5月派人从校外绑架回北大,关押三个月,逼他们交代"邓小平是如何反对江青和无产阶级司令部的",并给他们扣上反革命分子的帽子。邓朴方被迫坠楼,高位截瘫,终生残疾。据后来了解,自7月28日校文革筹委会成立到1968年8月19日首都工人、解放军毛泽东思想宣传队进驻北大前,全校有14人因遭受批斗、逼供、侮辱等而自杀身亡;有9人被打死;有2人因患病得不到治疗而死亡;有1人(西语系三级教授吴兴华)因被强迫喝污水患急性中毒性痢疾,又得不到治疗而死亡。在自杀身亡的人中有全国政协委员、西语系二级教授俞大纲,哲学系三级教授沈廼璋,中文系党总支书记程贤策,化学系党总支副书记、副系主任、副教授卢锡锟。在因病得不到治疗而死亡的人中有著名历史学家、一级教授向达。在被打死的人中有一名中国科学院的工人、一名科学院职工的家属、一名地质学院附中的学生,还有一名既不知是何单位也不知其姓名的老太太。另有一位"新北大公社"成员,是在浙江温州参加武斗时被机枪扫中死亡的。

"校文革"在校内批斗、抄家和私设变相监狱的同时,发动"造反派"和红卫兵组织,对刘少奇、邓小平等党和国家领导人及北京市委、中央部委的领导,进行批判、斗争,并派人收集和散布诬陷他们的"黑材料"。1967年1月4日,"校文革"联合49个单位召开"声讨刘、邓反党罪行大会",并通过《告全国人民书》,"要把刘、邓彻底批倒、批垮、批臭";1月5日至8日,又联合"北航红旗"等21个院校的造反派组织走上街头,举行"向刘邓资产阶级反动路线开火"的连续示威游行。1967年4月24日,"校文革"在"五四"操场召开有全市五百多个单位参加的十万人大会,批斗彭真、陆定一,并把刘仁、万里、许立群、韩光、宋硕、陆平、彭珮云等揪上台"坐喷气式"陪斗。除此之外遭到揪斗的还有陶铸、蒋南翔、周扬、胡耀邦、胡克实、吴子牧、郑天挺、吴晗、廖沫沙、刘少奇的夫人王光美等;遭到批判并被号召打倒的有朱德、贺龙、李雪峰、罗瑞卿、王任重、谭震林、胡乔木、肖华等。在此期间,"校文革"还曾派人到湖南长沙等处收集诬陷周恩来总理的材料。1967年4月,在康生的授意下,"校文革"成立"北京大学文化革命委员会揪叛徒兵团"(又称"新北大公社第二战斗队"),到各地查阅敌伪档案,诬陷党和国家领导人。

"校文革"鼓动并直接派人到各省市设立联络站,参与当地的"造反",传播他们大批大斗的"经验"。如1966年11月7日"校文革"常委会就决定在广州、昆明、上海、南昌、武汉、西安、重庆等地建立 7 个北京大学串联联络站，每站拨活动费 500 元、粮票 500 斤。11 月 19 日，在江青等人的授意下，"校文革"主任聂元梓还亲自带领孙蓬一等人到上海"造反"。他们一到上海，当晚即召开北大在沪串联人员会议。聂元梓在会上说：中央文革派我来上海的目的，是大煽革命之风、点革命之火，组织发动学生、工人、机关干部批判上海市委的资产阶级反动路线，为中央解决上海问题做调查研究。他们还宣布了"以打倒常溪萍为突破口"进而夺取上海市委领导权的计划。常溪萍是上海市委教育卫生工作部副部长、华东师范大学党委书记，在 1964—1965 年北大的社会主义教育运动中任北大社教运动工作队党委副书记。他反对北大社教工作队党委书记兼队长张磐石把北大当作烂掉的单位进行夺权斗争，不执行《农村社会主义教育运动目前提出的一些问题》(简称《二十三条》)和中央书记处"关于纠正北大社教工作队错误的决定"，因而遭到社教积极分子聂元梓等人的忌恨。聂元梓、孙蓬一等在上海期间，联合华东师大的造反派，用极其残酷的手段对待常溪萍。他们用绳索套在常的脖子上往不同的方向拉，用带钉的拖把柄、铁榔头毒打他，多次把常溪萍打昏过去。聂、孙首先发动对常溪萍的斗争，最终导致常在批斗、拷打和人身侮辱中被迫害致死。聂元梓、孙蓬一到上海后，上海一些大专院校造反派开会欢迎聂元梓。聂在会上说"上海市委是反动堡垒，烂掉了"、"曹荻秋(上海市委书记、市长)、陈丕显(上海市委第一书记)是刘、邓的人，推行的是反革命修正主义路线"，接着，又提出"不打倒曹荻秋不回北京"，"要揭发、批判曹荻秋的后台陈丕显"。聂元梓向市委要了一辆宣传车，交给北大造反派，开到上海一些大街上，揭发、批判市委市政府，掀起批判、颠覆上海市党政领导的高潮。12 月，聂元梓回到北京后，向江青、康生、陈伯达、张春桥、姚文元作了汇报，得到了他们的表扬。

（三）两个对立造反派的形成和武斗

自赶走工作组，成立校文革筹委会，强调自己起来闹革命以后，北大出现了众多造反派组织。它们之间常发生各种争执与斗争。1966 年 10 月，原来和聂元梓一起的所谓"老左派"内部发生矛盾，并逐步公开化。10 月 20 日和 21 日，聂元梓主持召开"校文革"常委扩大会议，提出常委整风的问题。校文革副主任孔繁和多名常委以要外出串联为由，拒不参加。"校文革"主办的刊物《新北大》，原由"第一张大字报"的起草人、校文革委员杨克明主编，1966 年 10 月 31 日，"校文革"撤换了杨。这以后矛盾加剧，孔、杨等于 1967 年 2 月 7 日被公开清除出校文革。在"老左派"内部矛盾加剧的同时，北大各造反派组织也发生了分化，逐步形成了对立的两派。一派以"红旗兵团"等造反组织为代表，支持、拥护聂元梓和"校文革"，一派以"井冈山"、"红联军"等造反组织为代表，反对聂元梓和"校文革"。两派从 10 月份开始互相采取了一些砸、抄、抓的行动，如 1966 年 11 月，"新北大井冈山红卫兵""红联军"等 5 个造反组织，砸抄了《新北大》编辑部；12 月"红旗兵团"抓了"井冈山""红联军"的几名重要成员进行批斗，随后将其中的 3 人以"反革命分子"的罪名押送公安部。1967 年 2 月，支持聂元梓、"校文革"的"红旗兵团""红教工兵团""东风兵团"等红卫兵造反组织联合成立了"新北大公社"；8 月，反对聂元梓校文革的"新北大井冈山公社""新北大东方红公社""新北大公社革命造反总部""北京公社""红旗飘"等五个造反组织（简称井、红、团、零、飘）联合成立了"新北大井冈山兵团"。这样，两大对立的造反派组织正式形成。这以后，两派之间的摩擦、斗争日益加剧，终于发生了几次大规模的武斗。

1968 年 3 月 20 日，聂元梓、"校文革"决定成立"新北大公社文攻武卫指挥部"，并指定高云鹏为总指挥。3 月 28 日，经高云鹏等策划，聂元梓决定，"新北大公社"攻占两派学生共同居住的 31 楼，将住在此楼的"井冈山兵团"成员赶走。3 月 29 日凌晨 1 时，两派发生第一次大规模武斗。武斗持续 5 个多小时，双方 100 多人受伤，公私财产遭到严重损失。

1968 年 4 月 25 日，"井冈山兵团"总部派武斗人员驱赶住在 36 楼的"新北大公社"的人员，占据了 36 楼。26 日，"校文革"和"井冈山兵团"为争夺 36 楼，发生另一次大武斗。这次武斗造成双方 200 余人受伤，损失大量公私财产。此后，聂元梓、孙蓬一又下令攻占了 17、18、19、20、21、22、23、24、25、27 等 10 个楼，形成了对占据 28、36、37 等楼的"井冈山兵团"的包围，并对被围的"井冈山兵团"人员逐步实行断电、停水、断粮、断炊，计划于"五一"节前将其打垮。聂元梓、孙蓬一还下令抓捕"井冈山兵团"的十余名师生，进行严刑审讯和逼供。是年 5、6 月间，《新北大公社》多次发表公告，说"井冈山兵团"是"反动小集团"、"反革命分子大本营"、"现行反革命集团"，必须坚决镇压，并继续抓捕"井冈山兵团"人员进行批斗。

1968 年 7 月 22 日，在"校文革"对"井冈山兵团"占据的楼房断水、断电后，"井冈山兵团"从 37 楼南墙外的高压线上往楼内架接电源，遭到"校文革"的阻止，双方再次发生大规模武斗。武斗一直持续到深夜，造成双方多人受伤，并造成马路堵塞、公交车停驶。

（四）首都工人、解放军毛泽东思想宣传队进驻北大及其领导的斗、批、改

在北大形成两个对立的造反派组织并进行武斗期间，北京许多高校也陆续发生造反派组织分化成对立的两派并互相斗争以致武斗的情况。1968 年 7 月 27 日，根据毛泽东的指示，首都工人、解放军毛泽东思想宣传队开进正在激烈武斗的清华大学，制止武斗，促进大联合，但遭到以蒯大富为首的"井冈山兵团"的激烈抵抗，打死工宣队队员 5 人，打伤 731 人。7 月 28 日凌晨，毛泽东召见"首都红代会"核心组负责人聂元梓(北大)、蒯大富(清华)、谭厚兰(北师大)、韩爱晶(北航)、王大宾(地质学院),严厉斥责他们:"文化大革命搞了两年多了,你们一不斗、二不批、三不改。斗是斗,你们少数院校是在搞武斗。""你们脱离了工人,脱离了农民,脱离了部队,脱离学生的大多数"。并说:谁如果继续"打解放军、破坏交通、杀人、放火,就要犯罪;如果有少数人不听劝阻,坚持不改,就是土匪,就是国民党,就要包围起来,还继续顽抗,就要实行歼灭"。

在毛泽东讲话后,1968年8月19日,首都工人、解放军毛泽东思想宣传队顺利进驻北大。宣传队由北京第一机床厂、第二机床厂、北京齿轮厂、外文印刷厂、财经印刷厂5个工厂的292人和4587部队(63军)的200人共492人组成。63军政治部副主任刘信任宣传队总指挥部总指挥。副总指挥有6人(每个工厂1名工人,加上第一机床厂的军代表)。指挥部领导成员还有63军188师政委宋双来和187师参谋长田双喜。

宣传队进校后即于第2天(8月20日)召开两派代表谈判会,达成上交武器、拆除武斗工事、互相停止攻击、由宣传队接管全校广播台等协议。21日,这些协议均得到了实施。是日,聂元梓、"校文革"还在宣传队的质询下,决定将"井冈山"人未领到的工资送去,并解决他们的吃饭问题,表示以后在政治、经济、生活等方面对他们一律平等。22日,在宣传队领导下,两派达成了《关于释放被抓人员的协议》(但《协议》规定"死不改悔的走资派""叛、特、反""没改造好的地富反坏右"仍由双方看管,"涉及重大政治案件者"由宣传队审查处理)。8月28日,宣传队发出通告,要所有人员回到班系、单位去,由宣传队领导,按班系、单位搞大联合。与此同时,"新北大公社"和"井冈山兵团"先后宣布解散。9月3日全校实现了大联合。

宣传队在结束了武斗、实现了"大联合"以后,即开始进行斗、批、改。这时斗、批、改的内容与"文革"初期的内容不同,是按照1968年8月25日姚文元在《工人阶级必须领导一切》一文中传达的毛泽东的新指示进行的。姚文元的文章说,毛主席最近指出,"建立三结合的革命委员会,大批判,清理阶级队伍,整党,精简机构,改革不合理的规章制度,下放科室人员,工厂里的斗、批、改大体经历这么几个阶段"。高等学校的斗、批、改当然也应按这个思路进行。但当时北大刚刚实现大联合,不可能马上建立三结合的革命委员会,于是宣传队一方面继续批判"走资派"、"反动学术权威"等,一方面即于9月中下旬开始,集中力量进行清理阶级队伍(简称"清队"),在清队过程中,由下而上成立革委会。

当时的清队是要把所谓混入革命队伍里的叛徒、特务、走资派和地、富、资本家,反革命分子、坏分子、右派分子等清理出来,做到阶级阵线分明。清队一开始,宣传队即令全校干部、教师像学生那样,男女分开,集中食宿,不得自由回家。除由班系单位召开会议学习政策、交代问题、追查逼供以外，宣传队还召开动员大会、批斗大会、"宽严大会"（对坦白交代的宣布从宽处理，对抗拒的宣布从严处理）等，以推动运动的发展。据宣传队统计，到 10 月 22 日，全校揭出的敌我性质矛盾的有 542 人，仅地质系一个系，被大字报点名的就有 60 人。而从 1968 年 9 月 15 日到 1969 年 3 月这次清队结束、8341 部队进驻北大前，先后自杀的有 24 人。其中有著名历史学家、副校长、一级教授翦伯赞和他的夫人，著名物理学家、一级教授饶毓泰，数力系教授董铁宝等。

在此期间，宣传队先后批准了各系、各单位成立的革命委员会，宣布解散关押被批斗人员的处所，1969 年 2 月 17 日，监改大院也被宣布解散。

1969 年 3 月 24 日，8341 部队政委杨德中、副政委王连龙奉命率 81 名军宣队员进驻北大。同日，成立新的宣传队领导小组，由 8341 部队的杨德中、王连龙、张跃忠、迟群、谢静宜，63 军的刘信、田双喜、杨德顺，工宣队员李兰亭、魏秀如、焦克琛、华广信、局成俊等 13 人组成，由刘信任组长，杨德中、王连龙、李兰亭、魏秀如、杨德顺任副组长。1969 年 9 月 27 日成立了"北京大学革命委员会"。革委会由 45 人组成，其中工宣队 6 人，军宣队 7 人，学校干部 6 人，学校工人 3 人，学校教职员 9 人，学生 8 人，家属 1 人，暂缺 5 人。革委会主任杨德中，副主任王连龙、刘信、田双喜、张学书、周培源、聂元梓。革委会常委中有迟群、谢静宜。1971 年 5 月 23 日，北大第六次党代会选举产生北大党委。党委由 47 人组成，其中军宣队 11 人，工宣队 4 人，学校干部 9 人，学校工人 5 人，教职员 12 人，工农兵学员 5 人。党委书记为杨德中，副书记王连龙、刘信、田双喜、张学书。党委常委除书记、副书记外，还有迟群、谢静宜等 10 人。1972 年 1 月 31 日，因杨德中、刘信、田双喜、魏秀如等调回部队或工厂，校党委向中共北京市委上报关于调整北大校党委和校革委会领导班子成员的请示报告。2 月 3 日，北京市委通知：由王连龙任校党委书记、校革委会主任；增补黄辛白、郭宗林为党委副书记、革委会副主任。

宣传队新的领导小组成立后，首先把放手发动群众、总结经验，落实政策作为中心任务，要求集中时间、集中力量，"用六厂一校的经验[1]，对照检查，揭露矛盾，解决矛盾"，并层层开"三忠于"[2]讲用会，"形成一个人人讲用、人人总结经验、落实政策的群众运动"。在这个运动中揭露了聂元梓、校文革的许多问题，也检查了宣传队前一阶段工作中的缺点错误。7 月 17 日，领

---

[1] "六厂一校"即北京针织厂、北京新华印刷厂、北京化工三厂、北京北郊木材厂、北京二七机车车辆厂、北京南口机车车辆厂和清华大学，它们都是毛泽东为推进"斗、批、改"抓的点，后来又加上北京大学，称为"六厂二校"。

[2] "三忠于"即"忠于毛主席，忠于毛泽东思想，忠于毛主席的无产阶级革命路线"。

导小组向市革委会报送这一段时间的工作总结,归纳宣传队前一段工作的主要错误是:对两派群众组织"一碗水没有端平";"没有解决聂元梓一派掌权的错误";特别是清理阶级队伍中,"继续了校文革打对立派反革命小集团的错误,清队扩大化"。工作总结说:"校文革"搞"顺我者昌,逆我者亡"的政策,后期变成了"一派掌权"的"派文革、武斗文革、逼供信文革",把大批师生员工"打成反革命"。宣传队在 1968 年 10 月至 1970 年 2 月的清队工作中,继续了"校文革"这一错误,"先后立了许多专案"。宣传队在搞专案中,受"极'左'思潮的影响",搞"宁左勿右,宁严勿宽,唯恐放过一个坏人,从不考虑冤枉一个好人",结果"打了一批'反革命小集团',批斗了许多人";一些"根本没有问题的人,也被说成是反革命小集团的'外围'和'外围的外围'";对已经做了正确结论的历史问题,也要"老账新算"。工作总结也讲了 8341 部队进校后纠正上述错误的经验。

宣传队领导小组解决了上一段工作中的一些问题,统一了思想以后,同后来成立的校革委会、校党委,主要进行了以下工作。

1. 继续清队(也称第二次清队)

这次清队从 1969 年 7 月上旬开始到是年 8 月底基本结束。据宣传队领导小组 1969 年 9 月 4 日向市革委会的报告说,这次清队"初步查清北大前身(旧北大、燕大)中统、军统、国民党、三青团等 51 个反动组织,在现有 4711 名教职员中,清出叛徒 3 人、特务 55 人(其中潜伏特务 17 人),历史反革命分子 21 人,现行反革命分子 9 人(内含 1 名学生),地、富、反、坏分子 14 人,共 102 人。其中大部分已定案处理"。("文化大革命"后查明,这些被清出的人绝大多数属冤、假、错案。)

2. 整党

1969 年 9 月 2 日宣传队宣布开始整党,开展恢复党员组织生活的工作。宣传队强调:整党"重在思想上'吐故纳新'";要"以毛主席 50 字大纲要求党员,自发斗私批修,提高觉悟";整党中要"联系'业务党'、'好人党'等批判刘少奇的'黑六论'";要"开门整党,发动党外群众参加评论"。毛主席的 50 字大纲,是指 1967 年 10 月 27 日毛泽东在中共中央、中央文革的《关于已经成立了革命委员会的单位恢复党的组织生活的指示》上的 50 字批示:"党组织应是无产阶级先进分子所组成,应能领导无产阶级和革命群众对于阶级敌人进行战斗的朝气蓬勃的先锋队组织。"这是这次整党的指导思想。同年 11 月 5 日,毛泽东在一次谈话中说,"一个无产阶级的政党也要吐故纳新,才能朝气蓬勃。不清除废料,不吸收新鲜血液,党就没有朝气",也是这次整党的指导思想。所谓"吐故"就是要把证据确凿的叛徒、特务、反革命分子、顽固不化的走资派、阶级异己分子、蜕化变质分子等坚决清除出党。所谓"纳新",就是要把那些"在无产阶级文化大革命中冲杀出来的、忠于毛主席的无产阶级革命派"吸收入党。所谓刘少奇的"黑六论"即"阶级斗争熄灭论""驯服工具论""群众落后论""入党做官论""公私溶化论""党内和平论"。从1968年9月2日到9月底整党基本结束,全校1819名党员中有1366人恢复党的组织生活,占86.2%,尚未恢复党组织生活的有453人,占13.8%。全校24个基层单位都建立了党支部(各系党总支改为党支部)。又据1971年10月统计,整党以来给予组织处理的共76人,其中清除出党12人,开除党籍29人,取消预备党员资格5人,留党察看2年6人,留党察看1年7人,严重警告8人,警告5人,劝退4人,尚未恢复组织生活中未处理的50人,继续被审查的30人。

3. 建立江西南昌县鲤鱼洲试验农场和陕西汉中分校

1968年9月12日,《人民日报》转载《红旗》杂志第3期发表的题为《关于知识分子再教育问题》的评论员文章,强调知识分子要由工农兵给他们以"再教育"。同年10月5日,《人民日报》发表《柳河"五·七"干校为机关革命化提供了新的经验》一文,并在所加的编者按中说:"毛主席最近指出:'广大干部下放劳动,这对干部是一种重新学习的极好机会,除老弱病残者外都应这样做'。"根据这些指示,1969年7月,宣传队即派遣了23人到江西省南昌县鲤鱼洲筹建农场。8月上旬,校基建工人一百多人首批到鲤鱼洲进行建场劳动。8月13日和27日,第二批和第三批进行建场劳动的教职工相继去鲤鱼洲,两批共约六百人。10月下旬,大批教职工和家属先后出发去鲤鱼洲。到10月27日,赴鲤鱼洲劳动、改造思想的教职员工、家属共2037人,另有宣传队员69人,组成13个生产连队。农场有土地8000多亩,可耕面积6000亩。农场宣传队领导小组组长为田双喜(军宣队)、副组长为卢洪胜、王长荣、倪锡山。1970年5月15日,因要招收学生,又称江西分校,并成立分校革委会,革委会主任仍为田双喜。同月,成立江西分校党委会,由卢洪胜(军宣队)任书记。1970年10月下旬,251名在农场劳动的教职工返回北京总校,同时有180多名教职工到鲤鱼洲换班劳动。1970年6月,经国务院批准,农场在德安建化肥厂,化学系在农场的教职工和清华大学的一部分下放教职工调到德安劳动。1971年7月,校党委决定撤销鲤鱼洲农场和德安化肥厂,教职工和家属分批撤回总校。撤销鲤鱼洲农场的原因是:教育革命发展、招收学生增多,人员紧张;离总校路途遥远,花费物力财力太大;农场地处鄱阳湖边,是血吸虫重疫区,已经发现有260多人(不包括德安化肥厂)染上此病。校党委在撤销鲤鱼洲农场的同时,决定在北京郊区大兴县天堂河重建一个农场。到1972年7月,大兴农场已建成房屋1890平方米,农田有1300亩,当时在农场劳动的教职工为230人。大兴农场后改称为大兴五七干校。1975年8月,东语、俄语、中文、哲学四个系的一年级工农兵学员到大兴五七干校半工半读,又将之改为北大大兴分校。

北大汉中分校(又称北大653分校)是1965年为备战而建立的尖端机密专业的办学点。1969年10月,技术物理系、无线电电子学系和数学力学系的力学专业的大部分教职工440人,学生807人,共1247人迁往汉中分校。迁往分校的均按连、排、班的军事体制编组。1970年5月,分校成立革委会,主任孙廉忠(军宣队),副主任徐景森、刘文元、刘家祯。6月3日,分校成立党委,党委书记、副书记均由革委会的主任、副主任担任。1972年8月,改由马石江任党委书记、革委会主任。汉中分校后来增加为3个系(技术物理、无线电、力学)10个专业,师生员工一千六百多人,建筑面积九万平方米。

4. 清查"五一六"反革命阴谋集团和开展"一打三反"运动

"五一六"反革命集团,原指北京一个人数很少的名为"首都五一六红卫兵团"的极"左"小组织。他们利用1967年5月"五一六通知"在报刊上公开发表的时机,打着贯彻这一通知的旗号,进行秘密活动,散发恶毒攻击、诬陷周恩来总理的反动传单和标语。1967年9月,毛泽东指出,"五一六"的组织者和操纵者是一个"搞阴谋的反革命集团",应予彻底揭露。这个反动组织很快就被清查出来,为首的分子被公安机关逮捕,问题基本解决。但林彪、江青等却接过清查"五一六"的口号,夸大这个反动小组织的能量,扩大范围。1968年,中共中央成立以陈伯达为首的清查"五一六"专案领导小组。1970年3月27日,中共中央还发出《关于清查"五一六"反革命阴谋集团的通知》。北大宣传队于1970年1月即决定开展清查"五一六"反革命阴谋集团运动,要求大揭发、大批判、大清查。这时,中共中央又于1970年1月3日和2月5日分别发出《关于打击反革命破坏活动的指示》和《关于反对贪污盗窃、投机倒把的指示》《关于反对铺张浪费的通知》。宣传队又遵照这些指示、通知,开展了"一打三反"运动。实际上,这两个运动是结合进行的。在这两个运动中,总校和江西分校多次召开了揭发、批判、"落实政策"等大会,并有二十多人被隔离审查,其中曾多次召开批判聂元梓、孙蓬一的大会,主要是揭发批判他们挑动武斗、镇压群众、怂恿打死无辜学生、反军乱军、反对"五七指示"等问题。1971年12月,校党委常委会和校革委常委会通报,"一打三反"、清查"五一六"工作,共有专案重点审查对象117人。1973年2月下旬,校党委常委开会认为,117人的问题已查清。其中,认定为"五一六"反革命分子的有2人(聂元梓、孙蓬一),胁从犯、有严重政治错误的13人,被蒙蔽、犯有政治错误的14人,事出有因、查无实据、排除的16人,其他问题72人。至于聂、孙如何处理,则需上报审批。至此,清查运动基本结束。

（五）"教育革命"

1966 年"文化大革命"开始，即于当年停止招收本专科生和研究生，毕业生分配工作当年也没有做，而是从 1967 年起才根据中共中央 1967 年 6 月、1968 年 11 月、1970 年 6 月的指示，分别对 1966 年、1967 年的毕业生，1968 年的毕业生，1969 年、1970 年、1971 年的毕业生进行分配，送离学校。

1970 年 3 月，北大、清华两校的宣传队领导小组和革委会联合上报《两校关于招生（试点）的请示报告》，提出"走上海机床厂从工人中培养技术人员的道路"，从工农兵中选拔学生。该报告的要点如下。

1. 培养目标：培养高举毛泽东思想伟大红旗，无限忠于毛主席、无限忠于毛泽东思想、无限忠于毛主席革命路线的全心全意为社会主义革命和社会主义建设服务的有文化科学理论又有实践经验的劳动者。

2. 学制：二年至三年（理科三年、文科二年），另办一年左右的进修班。

3. 学习内容：设置以毛主席著作为基本教材的政治课；实行教学、科研、生产三结合的业务课；以战备为内容的军事体育课。文、理、工各科学生都要参加劳动。

4. 招生时间和名额：北京大学本年 26 个专业招收 2000 名学生；清华大学上半年 27 个专业招收 2100 名学生。

5. 学生条件：政治思想好、身体健康、具有三年以上实践经验、年龄在 20 岁左右、有相当于初中以上文化程度的工人、贫下中农、解放军战士和青年干部。有丰富经验的老工人、贫下中农不受年龄、文化程度的限制。还要注意招收上山下乡和回乡的知识青年。

6. 招生办法：废除招生考试制度，实行群众推荐、领导批准和学校复审相结合的办法。

7. 学生待遇：有十年以上工龄的老工人由原单位照发工资（要扣除学校发的 19.50 元津贴），其他来自工厂、农村的学生每月发给伙食费和津贴费 19.50 元，解放军学生由部队（原单位）供给。

8. 分配原则：学习期满后，原则上回原单位、原地区工作，也要有一部分根据国家需要统一分配。

1970 年 6 月 27 日，中共中央批转两校的请示报告，供各地区参考，并确定工农兵学员的任务是"上大学、管大学、用毛泽东思想改造大学"。

按照以上中央批准的办法，1970 年北大共招收第一批工农兵学员 2665 人，并于是年 9 月先后入学。其中北京总校 2121 人（内含短训班 257 人），江西分校 433 人，汉中分校 111 人。学生来源：工人 704 人，农民 625 人，解放军 1215 人，干部及其他 121 人。文化程度：初中 2142 人，高中 171 人，小学 79 人（不包括汉中分校一年制的射流技术专业短训班）。

这次,总校有 26 个专业招收学生,江西分校有 9 个专业招收学生,汉中分校有 3 个专业招收学生。当时提出的专业设置的基本原则为:直接结合工、农业生产技术的实用专业;新建与工厂、农业对口的专业和设置一些为"无产阶级文化大革命"大批判服务的文科专业。据此,理科基础理论方面的专业如数学系的数学专业、物理系的理论物理专业等没有招生。化学系的招生专业改为稀有元素、高分子合成材料、石油化学 3 个专业,生物系的招生专业改为农业生物学、新医药生物学、畜牧兽医、中草药、微生物专业等。文科,因公检法被认为是修正主义路线的专政工具,已被砸烂,所以法律专业不招学生。后来,理科基础理论方面的专业逐步得到了恢复,同时有少数专业设在校办工厂内。如化学系的有机化学、生物系的生物化学设在本校的制药厂内。

第一批工农兵学员的学制,理科除江西分校生物系 4 个专业(作物丰产、畜牧兽医、中草药、微生物)为两年,总校无线电系可控硅专业和汉中分校射流技术专业为一年以外,均为三年;外国语文方面,除俄语专业为两年半以外,亦为三年;文科二年。1973 年 5 月,各专业的学制有了一些改变:理科,除理论物理专业为四年以外,其余仍为三年;文科除阿拉伯语专业为四年、图书馆学专业为二年以外,其余均改为三年。由于工农兵学员入学前的文化水平参差不齐、普遍过低,学习理科困难很大,因此经领导批准,对 1972 年入学的工农兵学员,在原来的三年学制以外,增加半年左右的时间补习中学的文化课,主要是数、理、化的基础知识,当年实际实行的结果是 70% 的学员用了 8 个月的补课时间,30% 的学员用了 1 年又 8 个月的补习时间。1973 年 4 月 3 日,根据周恩来的指示,国务院批转了科教组《关于高等学校一九七三年招生工作的意见》。该意见提出,本年除继续采取前一年的办法外,"各地应注意,在群众推荐、政审合格的基础上,重视文化考查,了解推荐对象掌握基础知识的状况和分析问题、解决问题的能力。保证入学学生有相当于初中以上实际文化程度",以便进校后,经过预科教育,能够正常地进行本科教育。"考查的内容和方法,各省、市、自治区可根据本地具体情况和各专业的不同要求进行试验"。据此,在当年的招生中都注意了文化考查,然而不久即发生了所谓的张铁生"白卷事件"。张铁生是辽宁省兴城县白塔公社的下乡知识青年、生产队长,他在 1973 年招生的文化考试中成绩很低,语文只得 38 分,数学 61 分,物理化学的化学部分 6 分、物理部分 0 分。他自感录取无望,在物理化学试卷的背后,写了一封充满怨气和不满的信,说"几小时的书面考试",断送了自己"自幼的理想"。"四人帮"借这封信大做文章。1973 年 8 月 10 日,《人民日报》转载《辽宁日报》的按语和经过修改的张铁生的信,并加编者按:"这封信提出了教育战线两条路线、两种思想斗争中的一个重要问题，确实发人深省。"一时，攻击进行文化考查是旧高考制度的复辟，是对"教育革命"的反动等言论纷纷出来，迫使高校招生的文化考查实际上被废止。不过，工农兵学员入学后，需有一定时间补习中学文化课的办法，没有被否定。

当时，在教学方面，除了在《关于招生（试点）的请示报告》中提出的设置"以毛主席著作为基本教材的政治课；实行教学、科研、生产三结合的业务课；以备战为内容的军事体育课"以外，还强调要开门办学。具体地说理科要"开门办学，厂校挂钩，校办工厂，厂带专业，建立教学、科研、生产三结合的新体制"，要"结合生产、科研任务中的典型工程、典型工艺、技术革新等"组织教学；文科要以"社会为工厂"，"在斗争中学，在斗争中用"，"革命大批判既是社会主义文科大学的基本任务，又是当前改造文科大学的迫切战斗任务"，"应该把革命深入到文科各个学科"，"结合现实斗争任务组织教学"。这样基础理论和基础知识的课程就被大大地削弱了，有的甚至被砍掉了；专业课程的教学也搞得支离破碎，既不全也不系统。

1971年4月15日至31日，在北京召开了由张春桥、迟群（时任国务院科教组副组长）等控制的全国教育工作会议。会议通过了由迟群主持起草，经张春桥、姚文元等修改、定稿的《全国教育工作会议纪要》。该纪要提出了"两个估计"：第一个"估计"是，解放后十七年"毛主席的无产阶级教育路线基本上没有得到贯彻执行"，在教育战线上"资产阶级专了无产阶级的政"。第二个"估计"是，教师和十七年路线培养出来的学生中的大多数，"世界观基本上是资产阶级的"。纪要还提出当前"教育革命"要着重抓好的10个重点问题，其中前7个都是关于高等教育的。其中，第一，"实现无产阶级教育革命，必须有工人阶级领导"。工人毛泽东思想宣传队要在学校长期留下去，充分发挥政治作用。校系两级领导班子要有宣传队员参加。第二，"坚持"五七指示"的道路"。教育同三大革命实践结合，应以厂（社）校挂钩为主，多种形式开门办学，文科要把整个社会作为自己的工厂。第三，"要批判资产阶级"。第四，"教改的问题，主要是教员问题"。要从工厂、农村、部队选调一批工农兵以及同工农兵结合较好的革命技术人员充实教师队伍。由工农兵、革命技术人员和原有教师三结合建立一支无产阶级教师队伍。要创造条件，让原有教师分期、分批到工厂、农村、部队，政治上接受再教育。第五，"工农兵学员是教育革命的生力军"。要充分发挥工农兵上大学、管大学、用毛泽东思想改造大学的作用，工农兵学员要坚持以阶级斗争为主课。第六，"教材要彻底改革"。第七，"高等学校调整和管理体制问题"，要继续试行高等学校的调整方案。

该纪要公布后，北大宣传队和革委会将之视为教育革命的纲领性文件贯彻执行。

"文化大革命"爆发后,周恩来在异常困难的处境中,在力所能及的情况下,努力克服"文化大革命"对各个领域包括教育领域所造成的危害。1971年11月6日至20日,他根据毛泽东的有关指示精神,用五个夜晚,同北京外国语学院、北京大学外语系师生座谈外语教学问题。他指出对解放后十七年的外语教学工作"要一分为二,不能把合乎毛泽东思想、合乎规律的也否定了"。他说:"学外语要天天练,天天练的时间不要仅限于一个小时。"他说,"外语教学有个基本功问题","基本功包括三个方面:政治思想、语言本身和各种文化知识","不光是要掌握外语的语音、词汇、语法,做好听、说、读、写、译5个字,还要懂得历史、地理","不但要有政治水平,同时要有较高的文化水平"。周恩来的重要指示为当时混乱局面下的外语教学指出了方向。

1971年9月13日,林彪乘飞机出逃、摔死在蒙古温都尔汗后,周恩来抓住"批林整风"的有利时机,批判林彪反革命集团煽起的极"左"思潮和无政府主义,力求使陷于深重灾难的教育工作逐步恢复正常。1972年7月,周恩来在会见美籍华人学者杨振宁时,针对当时普遍出现的轻视和削弱基础理论的教学和研究,否定课堂理论教学,片面强调劳动实践、开门办学、以干代学等问题,表示赞赏杨振宁关于加强我国基础理论研究工作和研究人才培养的看法,并对会见时在座的我校周培源教授(时任北大革委会副主任)说:"北大的基本理论水平低是怎么回事?为什么水平这样低?""你回去把北大理科办好,把基础理论水平提高,这是我交给你的任务。有什么障碍就把它拔掉。"7月20日,周培源给周恩来总理写信,汇报他对我国基础理论研究和教学工作的看法,并提出了一些建议。周恩来在这封信上批示:"在科教组和科学院好好议一下,并要认真实施,不要和浮云一样,过了就忘了。"此后,周恩来还指出,"现在强调实践,对理论提倡不够,学校里的基本理论课也少了",并说"对学习社会科学理论或自然科学理论有发展前途的青年,中学毕业后,不需要专门劳动两年,可以直接上大学,边学习,边劳动"。校党委和校革委会对周恩来的这些指示,表示要认真贯彻,要切实加强基础理论的教学和研究,为此,要检查修订教育革命方案。然而,周恩来纠正极"左"思潮的努力不久即被终止。1972年11月、12月,"四人帮"开始组织反击,认为林彪路线不是极"左",而是极右、"形左实右";认为批极"左"、提高基础理论是资产阶级的"右倾回潮"。1972年12月17日,毛泽东在与张春桥、姚文元的谈话中支持他们的意见,说:"批极"左",还是批右?""极"左"思潮少批一点吧！"①林彪"是极右。修正主义，分裂，阴谋诡计、叛党叛国"。1973 年 7 月 4 日，毛泽东又在一次谈话中把批林与批孔、批尊孔反法（指法家）联系起来。他认为林彪与历代反动派一样，都是尊孔反法的。②1974 年 1 月，中共中央提出全党全国开展"批林批孔"运动。"四人帮"又将"批林批孔"与教育领域的"反右倾回潮"、深入"教育革命"结合起来。这样，刚有一点转机的高等教育又重新陷入灾难的深渊。

为适应批林批孔的需要，1974 年 1 月 26 日，清华、北大两校党委常委联席会议决定将两校批林批孔研究小组合在一起，改名为"北京大学、清华大学大批判组"，并扩大队伍。

在批林批孔、反右倾回潮中，1974 年 12 月，国务院科教组、农林部和中共辽宁省委联合召开朝阳农学院教育革命经验现场会，掀起学习"朝农经验"的浪潮。朝阳农学院是 1970 年 5 月由原沈阳农学院迁往朝阳的一部分和朝阳地区的农业科学研究所、朝阳水利学校、农业学校等 4 个单位合并建起来的，当时称朝阳五七农业科技大学，1973 年改名为辽宁农学院朝阳分院，1974 年又改名为朝阳农学院。它设有农学、牧医、果林、农田水利等 6 个专业，分散办在离县城几十里的两处山沟里。办学的方式实行"几上几下"，"上"就是在学校学习，"下"就是回生产队实践。具体的做法是，一年级大部分时间在校内学习，二年级在校内学习七八个月，回队实践四五个月，三年级在校学习四五个月，回队实践七八个月。整个学程学员在校内学习 2 年，回队实践 1 年，根据专业和年级的特点，有的学员每年回队实践 4 次，有的 3 次。学生实行社来社去，毕业当农民、挣工分等。迟群等认为朝阳农学院的这些做法、经验，具有战略意义，不仅农林院校，而且各级各类学校、各级教育部门的领导机关都应学习、研究。1975 年 1 月，北大校党委、校革委会召开学习"朝农"的动员大会，要求掀起学"朝农"的热潮。3 月，决定让西语系学习"朝农"的经验，到太平庄建半工半读三结合教育基地，并让中文、哲学、历史、经济、国际政治、东语、俄语 7 个系的一年级师生到大兴五七干校创办半工半读教育基地。

1975 年 1 月四届人大会议以后，周恩来病重住院治疗，由 1974 年 10 月重新恢复工作的邓小平代总理，实际主持中央日常工作。邓小平按照四届人大确定的把我国建设成为社会主义现代化强国的目标，根据毛泽东提出的"要学马列"、"要安定团结"和"把国民经济搞上去"的指示，大刀阔斧地进行各方面工作的整顿，着手解决"文化大革命"造成的混乱局面。9 月 26 日，

①　见《中华人民共和国大事记》上册 420、433、434 页。新华月报社编，人民出版社 2005 年版。
②　同上。

邓小平在听取中国科学院负责人胡耀邦汇报《关于科技工作的几个问题》时指出:"我们有个危机可能发生在教育部门,把整个现代化水平拖住了。""大学究竟起什么作用? 培养什么人? 有些大学只是中等技术学校水平,何必办成大学?"9月27日、10月4日,邓小平在《各方面都要整顿》的讲话中再次对教育领域的混乱状态提出批评说:"现在相当多的学校学生不读书,这也不符合毛泽东思想。毛泽东同志反对的是教育脱离实际、脱离群众、脱离劳动,并不是不要读书,而是要读得更好。""要解决教师地位问题。几百万教员,只是挨骂,怎么调动他们的积极性。毛主席讲消极因素还要转化为积极因素嘛! 教育战线也要调动人的积极性。"时任教育部部长周荣鑫认真贯彻邓小平关于教育整顿工作的指示精神,发表了许多批驳极"左"思潮的讲话,他说:"不能一提知识分子就骂一通,这符合不符合毛主席的方针?""毛主席当时讲的 500 万,是指旧社会来的知识分子。现在我国有 2500 万知识分子——是否大多数是资产阶级知识分子?""老说过去是'智育第一',根本不是,不对。""贫下中农为革命种田,工人为革命做工,学校为什么不能提为革命读书呢?""大学生上大学还要不要改造? '上管改'捧的那么高,还要不要讲世界观改造?"

邓小平、周荣鑫关于教育整顿的指示和讲话受到北大广大师生、干部的欢迎,但却遭到"四人帮"、迟群等人的仇视。他们于 11 月初即从清华开始,并很快拉上北大,掀起"反击右倾翻案风"运动。

1975 年 8 月 13 日、10 月 13 日,清华大学党委副书记刘冰等四人,两次联名给毛泽东写信,反映清华大学党委书记迟群个人野心严重,毫无党的观念,搞一言堂、家长制的恶劣作风,任人唯亲、封官许愿、违反党的干部政策以及攻击中央领导同志、与谢静宜搞阴谋活动等问题。两封信都是经过邓小平转呈毛泽东的。1975 年 10 月下旬,毛泽东表示,刘冰等人的来信告迟群和小谢,我看信的动机不纯,想打倒迟群和小谢。他们信中的矛头是对着我的。他还认为,"小平偏袒刘冰"。11 月初,清华大学连续召开党委常委会和党委扩大会,传达和讨论毛泽东的指示,就刘冰等人的信展开"教育革命大辩论"。11 月 12 日,清华大学党委会扩大到支部书记以上干部一千七百余人,并吸收北大党委委员、总支书记 88 人参加,旁听会议对刘冰等人的揭发批判。北大党委也于是日开始连续 4 天召开扩大会议,联系北大和社会上的情况对刘冰等人的问题进行讨论、揭发和批判。11 月 18 日,清华大学召开全校大会,揭发、批判刘冰等人所谓"否定教育革命、翻文化大革命案的反动言行"。是日,清华大学、北京大学相继贴出大字报公开点名批判刘冰、周荣鑫。11 月 26 日,中共中央在北京召开"打招呼会议"。会上宣读了经毛泽东审阅批准的《打招呼的讲话要点》。其中说:"清华大学出现的问题绝不是孤立的,是当前两个阶级、两条道路、两条路线斗争的反映。这是一股右倾翻案风。"此后,在高教界、在各地区各部门都逐步开展了"反击右倾翻案风"运动,而随着"反击右倾翻案风"逐步升级,"四人帮"一伙逐步把斗争矛头公开指向邓小平,"反击右倾翻案风"运动发展为"批邓、反击右倾翻案风"运动。北大党委于 1976 年 1 月底至 2 月召开七次扩大会议,点名批判邓小平,并从 3 月初开始,在全校公开点名批判邓小平,开展"批邓、反击右倾翻案风"运动。这样,在北大,教育整顿尚未开始就被扼杀了。

在"文化大革命"期间,1973 年 5 月 8 日,北京市文教组通知北大:中国人民大学撤销,其新闻、法律、国际政治 3 个系及苏欧、马列主义两个教研室(所)分给北京大学,分来的人员共 156 人。

1976 年 10 月党中央一举粉碎了江青反革命集团,历时十年的"文化大革命"宣告结束。

五、拨乱反正、改革开放、建设中国特色社会主义北京大学

(一)在徘徊中前进的一年(1976 年 10 月—1977 年 9 月)

1976 年 10 月 6 日,党中央一举粉碎"四人帮"。10 月 7 日,北京市委书记处书记丁国钰找北京大学党委书记、校革委会主任、工人解放军毛泽东思想宣传队负责人王连龙个别谈话打招呼。他说,第一,迟群(国务院科教组副组长、清华大学党委书记)、谢静宜(北京市委书记处书记、清华大学党委副书记)参与了反党阴谋篡权活动,已把他们安排到应该去的地方。北大现在所处的地位很重要,北大要保持稳定,六厂二校,主席抓的点,批林批孔、批邓、教育革命成绩肯定,要同迟、谢区别开来。党委要掌握情况及时上报。第二,北大、清华两校大批判组归北大党委领导。第三,市委决定派几位同志到北大当联络员。市委要求王连龙将上述招呼通过个别和集体谈话,把内容传达给党委常委,并进行讨论。10 月 9 日市委负责人徐运北、萧英来北大参加党委常委会,向常委进一步明确丁国钰向王连龙打招呼的精神。会后,徐运北通知北大党委,同意将打招呼的内容告诉各个系的个别人,让他们了解精神。10 月 10 日晚,按照中央命令和北京市委领导的指示,市委、北京卫戍区负责人会同校党委常委 5 人到朗润园北招待所查封了"北京大学、清华大学大批判组";接管了大批判组的所有材料,交卫戍区负责保管;令大批判组的全体人员即日起停止工作,集中学习,揭发和交代问题。翌日,大批判组 39 名成员,除管材料的 5 人外,全部集中学习。

王连龙按照市委的要求,向校系两级八十多余人打了招呼。10 月 15 日校党委召集已过招呼的人开会,由王连龙通报了查封两校大批判组的情况和几天来的工作。北京市科教组组长萧英在会上传达了《中共北京市委关于北京大学当前工作的意见》，这个意见是北京市委书记吴德提出来的。其主要内容有如下六条。

第一，向广大群众讲清楚，清华、北大是伟大领袖毛主席抓的点，几年来在毛主席的无产阶级革命路线指引下，两校的广大干部、宣传队员、师生员工，贯彻执行毛主席的指示，取得了很大成绩，对全市学校的斗、批、改，教育革命和上层建筑领域的革命起了有力的推动作用。但是，江青、王洪文、张春桥、姚文元"四人帮"通过迟群、谢静宜插手两校，利用毛主席抓的点搞了一些坏事。迟群、谢静宜参与篡党夺权的阴谋，这是他们自己的事，与广大革命师生员工无关。

第二，刘冰等人的信，矛头是指向伟大领袖毛主席的。批邓、反击右倾翻案风是毛主席亲自发动的，批邓、揭发批判刘冰问题是完全正确的，不能翻案。

第三，广大干部、宣传队员和师生员工是听毛主席的话、听党中央的话的，是执行毛主席革命路线的。要团结大多数，扩大教育面，缩小打击面。重点问题、重点人的问题要弄清，一般问题不予追究。有的人在迟群、谢静宜的蒙蔽下，说过错话、做过错事，现在向党说清楚就好。广大干部、宣传队员和师生员工团结起来，坚决贯彻执行以华国锋同志为首的党中央的一切指示，更高地举起毛泽东思想伟大红旗，坚决同"四人帮"作斗争，继续深入批邓，反击右倾翻案风，做好各项工作，争取更大胜利。

第四，放手发动群众，进行学习、揭发、批判，可以用各种会议形式揭发批判"四人帮"的罪行，揭发材料可以送校党委或市委，大字报在指定的地方张贴，对校外单位不开放，对外国人包括留学生不开放。

第五，坚持抓革命、促生产、促工作、促战备的方针，教学、科研、生产照常进行，要搞得更好。

第六，为加强党委的领导，根据北大情况，"四人帮"的问题，先传达到支部委员以上，再传达到全体党员。

10月16日，校党委召开全校党员大会，传达中共中央主席华国锋的讲话和党中央一举粉碎"四人帮"的决定。10月23日，市委联络组11人（11月6日又增加8人）在组长于春凯、副组长白鹤率领下到校。于春凯说市里派他们来了解情况，协助党委工作。他和白鹤参加北大党委常委会，其他人分别参加两校大批判组的审查工作、学校运动办公室的工作或到系里了解情况。

按照上述市委的六条意见，校党委常委会10月15日决定，向市委建议对两校大批判组党支部副书记、副组长宋柏年，在其出国访问回来后，即隔离审查或办学习班；决定成立以党委副书记郭宗林为首的五人工作组，抓两校大批判组的运动；17日决定，为使校党委常委、两校大批判组党支部书记李家宽集中精力参加运动、清理问题，校党委常委研究运动的会不请他参加，考虑群众的意见，他不要在群众大会上上主席台；21日决定，从即日起党委副书记魏银秋和李家宽、宋柏年、王世敏（两校大批判组党支部副书记、副组长）停止工作，隔离，举办学习班。与此同时，校党委于10月20日和28日召开两次全校揭发批判"四人帮"及迟群、谢静宜反党篡权罪行大会。10月29日，校党委举行有各单位总支书记、担任总支副书记的工宣队员、机关处以上干部和各单位党员代表共一百六十多人参加的党委扩大会议，揭发批判"四人帮"通过迟、谢插手北大干的一系列阴谋活动。会议要求揭开党委内部"阶级斗争"的盖子，清查重点人和重点事。党委常委主要围绕五个问题进行揭发：(1)反对周总理的问题；(2)毛泽东病重期间(8月)，江青两次到北大制造反党夺权舆论问题；(3)北大派人到上海、辽宁串联问题；(4)北大党内破坏民主集中制的问题；(5)王连龙将市委打招呼精神转告李家宽的问题。

　　虽然党委进行了以上工作，但由于受市委六条意见的限制和束缚，揭批"四人帮"及其在北大的代理人的斗争并没有真正有力地开展起来。广大师生对此甚为不满，多次提出强烈的意见。1976年10月25日，周培源教授贴出大字报，认为"党委副书记郭宗林曾自称为'江青派'"，"郭留在党委常委内参加对运动的领导不合适，应自己报名进学习班"。10月26日，法律系师生召开敦促郭宗林揭发交代大会。10月27日，几百人在校党委办公室门前举行敦促大会，要求党委带头揭发批判"四人帮"及迟、谢的罪行。11月3日，校党委召开党支部委员以上干部会，根据市委指示精神，布置当前运动安排。会议精神传达后，干部、群众很有意见，认为它"不符合北大运动的实际，条条框框太多"，认为"市委一再要王连龙主持工作，挺起腰杆领导运动，不合适"。11月18日，数力系概率班党支部书记和两个支部委员以党支部的名义贴大字报，强烈要求邓小平重新出来工作。还有的大字报说，天安门事件(指1976年4月5日前后，广大群众借清明节的传统风俗习惯，到天安门悼念周恩来总理，被错误地认为是"反革命事件"，遭到残酷镇压)是人民群众的革命运动，应该平反；吴德10月21日说"中央没有搞出'四人帮'前，反对'四人帮'就是分裂中央"的讲话，违背中央精神，应该做深刻检查。

　　在广大师生员工强烈要求的影响下，校党委于11月12日召开全体会议，提出以下意见，报市委审批：王连龙停职检查，揭发交代问题；郭宗林集中精力揭发交代问题，暂不参加党委对运动和日常工作的的领导，并为他办学习班。从11月17日开始，校党委还连续召开揭发批判谢静宜、迟群的大会。11月17日批判谢静宜的大会和11月27日批判迟群的大会，都拉广播线让全校师生员工收听。12月2日,校党委又在首都体育馆召开有师生一万一千多人和兄弟单位四千多人参加的揭批迟群的大会。

12月6日,市委领导在听取学校党委和联络组负责人关于运动形势的汇报后,市委书记处书记黄作珍讲了四点意见。第一,北大的运动是按照华主席、党中央的部署和市委的安排进行的,市委六条是市委正式讨论的、中央同意的精神,不能改。第二,现在的运动要掌握大方向,按照中央、市委的部署办,无论如何不能受别人的干扰。第三,北大是毛主席抓的点,必须肯定。北大的问题是现在要把"四人帮"的罪行摆清楚,用事实来做结论。曾经是毛主席抓的点,但他们插了手,这不是矛盾的。第四,关于干部问题,谁来领导运动的问题,党委领导、党领导。一定要在华主席为首的党中央领导下,根据市委的安排来进行。对干部还是要惩前毖后,治病救人,团结95%。

校党委传达贯彻了黄作珍的指示,并于12月11日召开有总支书记、机关处以上干部参加的党委扩大会议,要求按照黄作珍的指示,统一干部群众思想,夺取揭批"四人帮"斗争的新胜利;宣布魏银秋、郭宗林、李家宽等人下一段交群众批斗,王连龙也要在会议上和群众见面,让群众揭发批判。此后,校党委和有些系多次分别召开揭批"四人帮"、迟、谢和王(连龙)、魏(银秋)、郭(宗林)及两校大批判组的大会,在《新北大》校刊连续发表批判"四人帮"罪行的文章,调查收集了"四人帮"、迟、谢和两校大批判组的很多材料。

1977年2月7日,《人民日报》《红旗》杂志、《解放军报》发表《学好文件抓住纲》的社论,首次公开提出"两个凡是",即"凡是毛主席作出的决策,我们都坚决维护;凡是毛主席的指示,我们都始终不渝地遵循"。2月14日。市委领导对北大、清华指示:四个月的运动是按照党中央的战略部署进行的,主流是好的。运动要以中央5号文件和2月7日社论作为指导思想,要紧紧掌握大方向,防止干扰。凡是毛主席指示的,我们一定坚决执行,包括"两个估计"。毛主席批准的,不能动摇。"十七年"不能翻,"两个估计"不能翻,"文化大革命"不能翻,聂(元梓)、蒯(大富)的案不能翻。

5月12日,市委宣布在北大党委没有第一把手之前,党委的工作由黄辛白牵头(实际从2月份开始,党委的工作已由黄辛白牵头)。5月下旬,市委负责人徐运北说,原北大党委是"帮党委",有三名正副书记、一名常委参与阴谋活动,陷得很深。7月下旬,市委派工作队到北大,并将联络组与工作队合并,共126人。工作队队长由黄辛白兼任,副队长有于春凯、张贵明等5人。工作队在校党委领导下进行工作。

从2月份开始校党委遵照"两个凡是"和市委指示,加强对"四人帮"、迟、谢和王、魏、郭、李及两校大批判组的斗争,并围绕关于资产阶级帮派体系、关于批邓另搞一套、关于反总理的阴谋活动、关于毛主席病重和逝世后的阴谋活动等专题进行有计划的揭发批判；开展以校系两级为重点的清查与"四人帮"阴谋活动有牵连的人和事，校党委常委和各系各单位都召开了多次会议进行揭发。在此期间。校党委也做了一些平反冤假错案的工作，如1977年1月19日，由周培源主持在八宝山举行物理系叶企孙教授（在"文革"中被迫害致死）的追悼会；7月15日校党委常委会决定恢复法律系陈守一教授的党籍，恢复冯定的组织生活，保留在"文革"中被迫自杀的翦伯赞的党籍等。（但在冯定的结论中仍然写上了他在解放后到1960年的几本书中，有不少修正主义的观点，在翦伯赞的结论中仍然写上了他是"资产阶级学术权威"。）

中共十届三中全会后，市委书记吴德于8月底对北大、清华运动表示：(1)市委以前决定的六条指示有错误；(2)市委前一阶段对学校的运动领导不力；(3)学校前一阶段运动中的问题由市委负责。

9月下旬，黄辛白在党委扩大会议上做报告，对一年来学校的运动做了简要回顾。他说，粉碎"四人帮"后，我校揭批"四人帮"运动逐步深入，取得了成绩，广大师生在运动中不断加深对这场斗争的性质和意义的认识，提高了阶级斗争和路线斗争的觉悟。但是，一年来，由于校党委领导的缺点错误，群众发动不够充分，运动进展缓慢，几起几落，挫伤了群众积极性，揭批和清查工作搞的不深不透。主要原因，一是对这次运动的性质和意义认识不够，二是对北大问题严重性估计不足；三是相信群众、依靠群众、放手发动群众不够。市委的六条指示有错误。

(二) 拨乱反正，恢复学校正常的工作秩序和教学秩序

1977年9月28日，中共中央通知教育部党组、北京市委：调周林同志任教育部副部长兼北京大学党委书记。10月15日中共中央组织部通知，经中央领导同志批准，调原哈尔滨工业大学党委书记兼校长高铁和甘肃省委宣传部长韦明到北大工作。11月6日市委通知，任命高铁、韦明为北大党委副书记。11月7日周林、高铁、韦明到北大视事。12月5日，中央又调原贵州省委宣传部长汪小川任北大党委副书记。周林等到北大就任以后不久，工军宣队即于11月23日遵照中央转发的教育部的报告，撤出北大。

时任中共中央副主席、国务院副总理的邓小平，对北京大学的工作很关心。从1977年10月到1979年11月，他多次约见周林等北大负责人，或在其他场合，对北大工作作了指示。

1977年10月20日邓小平接见周林等北大同志时指出：(1)毛主席对十七年的估计，你们看了吗？十七年培养了一批人才。各条战线上的技术骨干是十七年培养的，毛主席对十七年的真正的估计被"四人帮"、迟群等人封锁了。重点大学要双重领导，以教育部领导为主。教育部领导就是中央国务院领导。北大、清华是重点的重点。教育部要抓两个点，要利用北大、清华的经验。运动你们应该抓紧,运动当然应由市委领导。(2)北大是综合大学,理科要抓,但是文科也不要抛弃。自然科学自然重要,要搞好。文科,光有人大还不够。北大文科是有基础的,搞好文科是很必要的。(3)一是抓纲,批"四人帮"、抓运动;一是搞好招生工作,筹备开学,不能耽误开学。首先要揭批"四人帮"。华主席讲"抓纲治国"嘛。你们就应该抓纲治校。为什么不能批"四人帮"呢?两校,"梁效",首先要抓"梁效"的问题。因为有"梁效",就可能把问题解决得彻底。是非要搞清楚,人的处理要慎重,处理在最后。"四人帮"的毒不消,是立不起来的。一面批,一面立,时间不用太久。要讲政策,不要在群众还没有发动起来的时候,就强调政策,你还没有搞嘛。主要是搞"四人帮",群众对市委提意见,差不多就行了。北大问题,市委要争取主动。(4)学校工作当然由党委来领导,党的领导体现为党委领导。但是,有的同志怕人家反对党委,用党委领导来压人。党委领导不一定都是正确的,要允许人家提意见嘛。对与"四人帮"有牵连的人要查清,他们要检讨,要看他们的态度。据说北大过去有两派。两派现在有变化吧。要砸烂派性。在这个问题上,认识要统一起来。两派要团结起来,要统一到"十一大"路线上来。要统一成"七一"派。对过去两派的人,关键是看他们现在对批"四人帮"的态度,看他们对"十一大"路线的态度。(5)现在许多科学家提出要"回炉"的问题。65、66届毕业生,实际上学了两年,有些人想回炉,要办"回炉"班(进修班)。如果来不及,开学以后还可以搞。凡是自己要求"回炉"的,说明他们自己觉得有需要,是有进取心的表现。35岁以下的人可以培养,这样快一些。(6)北大教师基础是好的。要编好教材。要组织教师进修,交流经验。教师本人要加强研究,要给他们一些时间。有些人学了两年,一到研究室就感到不够,主要是基础没有打好。重要的是打好基础,不打好基础搞专行不行。(周林说主要是搞数理化)邓副主席说,当然,也要搞专行。

1977年10月27日,邓小平在教育部长刘西尧转呈的周林向教育部、北京市委并邓副主席的请示报告上批示:(1)周林等同志宜早去北大。(2)报告中提出北大试行党委领导下的校长负责制,任命周培源为校长,建立校务委员会,撤销革委会。邓批示:"我非常同意。这是一个重要改变,特别请华主席批示。"(华主席批示:"同意小平同志批示。关于改变革委会为校务委员会涉及到全国大、中、小学。建议由教育部经过调查向中央写一报告,说明改变的理由,转发全国,在各级党委和党内外进行教育,然后解决此问题为好。")(3)报告中建议中央解除中央报刊不登北大署名批判文章的规定。邓批示"可以同意"。

1978年3月22日,邓小平约见方毅、蒋南翔、刘西尧及北大的周林、高铁、韦明、汪小川，谈北大工作。邓问，北大的运动怎么样？有人反映冷冷清清。聂元梓现在怎样？（周林答：她要翻案。）她有什么案可翻？聂元梓，为什么你们不批？这个人至少应该开除党籍，调到别处去劳动。她有一张大字报，对"文革"起了推动作用，康生说王八蛋也要支持嘛！邓要北大搞出个样子，总要搞个经验出来。邓问到，周培源任命了没有？并要北大几个书记住到学校。邓说，北大至少招两万人，教师力量是够的，可以开大课，学校秩序要整顿，办成大世界怎么能行。

1978 年 5 月 31 日，邓小平接见周林和周培源，作了重要指示。在谈到全国教育会议的贯彻问题时，邓说：教育会议后动起来没有？要把会议的精神和本单位的实际情况结合起来，解决问题，不要当"收发员"。在谈到学校的发展问题时，邓说：两万人是一个目标，要逐步发展。先不要勉强增加学生人数。要急于整顿。走读不要急于搞。目前有些条件一下子上不去，要利用时间做发展的准备，包括教师队伍、教材建设。教师可以请国外学者来讲学，包括外籍华人。扩大招生要慢一点，恢复过去的水平需要时间，不要急于发展，要实事求是。这一点要确定下来。教师自己也要学，这几年业务生疏了，有些东西不懂，国际先进水平要作为起点，要学习。邓把他委托蒋南翔关于解决北大问题的调查报告交给周林、周培源，并说北大"两个估计"要搞清楚，对错误要认识，也要肯定成绩。使用干部要用北大原有的力量。有些应该解脱的干部就要解脱。现在有些干部不安心，要离开这个"是非窝子"。你们要团结这些同志，要调动积极性。有些错误严重的也要帮他们说清楚。根本的问题是"两个估计"要解决好。要依靠北大原有的力量，要团结多数，不要另起炉灶。要澄清是非，团结多数，调动积极性。澄清是非要事实求是，讲清问题不要过分，过了就不好了。邓说，现在组织形式庞大，复杂得很，自己抵消了力量。政治工作很重要，不要削弱。要简化机构，组织上也要搞经济核算，要研究怎样合理灵便，真正有利于一教二学。你们学校要搞一点好设计，又省，又经济，又适用。

1978 年 6 月 24 日，方毅向周林、周培源传达前一日邓小平同清华大学刘达等谈话的精神。"北大需要什么实验设备都可以提出来，可以向国外引进，当然要从实际出发和今天的情况出发，不要漫天要价。你们考虑一下，很快提出来。"

北大党委传达、学习和贯彻执行邓小平的指示，开展了揭批"四人帮"、拨乱反正、平反冤假错案、整顿和恢复学校正常的工作秩序和教学秩序等一系列工作。

1. 深入揭批"四人帮"

11 月 7 日，周林等到校后即向市委报送了《关于王连龙等人的性质和对其采取进一步措施的请示报告》。该报告的主要内容为：撤销王连龙北大党委书记、革委会主任，魏银秋、郭宗林北大党委副书记、革委会副主任等职务，继续隔离审查；撤销李家宽北大党委常委、党委办公室主任的职务，由卫戍区监护，继续审查。11月9日市委批复，同意北大党委的请示报告。同日，市委还同意，宋柏年由北大党委撤销其北大政治部宣传处副处长的职务，继续监护审查。11月10日，北大在首都体育馆召开深入揭批"四人帮"动员大会。中共中央政治局委员、国务院副总理方毅，中共中央政治局委员、北京市委第二书记倪志福，中共中央候补委员、教育部长刘西尧出席大会。出席大会的还有教育部、市委的其他负责人和参加教育部会议的各地来京同志、北京市兄弟院校同志。周林在会上做了动员报告，并宣布对王、魏、郭、李的处置决定。刘西尧在传达了邓小平10月20日接见周林等的讲话后说，这是华主席、党中央对北大的巨大关怀和支持。北大是一所历史悠久、国内外驰名、具有光荣革命传统的综合大学。近几年，"四人帮"、迟、谢、王、魏、郭把北大变成他们篡党夺权的反革命阵地，希望北大师生通过彻底批判"四人帮"炮制的"两个估计"，更高地举起毛泽东思想的旗帜，分清路线是非、思想是非、理论是非，肃清流毒，认真抓纲治校，搞好招生，提高教学科研水平，培养出更多更好的人才，为攀登科学高峰、赶超世界先进水平作出贡献。

这次大会彻底破除了"文化大革命"不能翻、"两个估计"不能翻、十七年不能翻、凡是毛主席批准的不能动摇等束缚，使广大师生员工十分振奋。

"两个估计"是套在教育工作者身上的精神枷锁。1977年11月21和22日，校党委连续两天召开座谈会集中批判"两个估计"。周培源、冯定、曹靖华、闻家驷、邢其毅等著名教授和十几位中青年教师与干部列举大量事实批驳"两个估计"的谬论。

12月1日和2日，校党委连续召开全校揭批"四人帮"的大会，大会着重抓住三个问题进行揭发批判：一是砸烂"两个估计"的精神枷锁；二是批判王、魏、郭，清查帮派体系；三是联系文科各系实际，揭批"梁效"。周林在会上号召要抓紧三个彻底、一个狠批，即：彻底揭发"四人帮"及其余党篡党夺权阴谋活动的罪行；彻底清查与"四人帮"篡党夺权活动有牵连的人和事；彻底肃清"四人帮"反革命修正主义的流毒和影响；狠批由"四人帮"直接操纵的反革命舆论工具——"梁效"。12月29日，校党委再次在首都体育馆召开揭批"四人帮"及其篡权急先锋"梁效"的罪行大会。参加大会的除北大师生以外，还有国务院机关、人民解放军、北京市和兄弟院校等32个单位的代表。周培源教授、解放军海军政治部副部长吴非平、北京市出版办公室傅加森和北大历史系教员何顺果在会上做了揭发批判。会上还宣布，经党中央批准，已将"四人帮"干将迟群、谢静宜逮捕、审查。

校党委一面放手发动群众揭批"四人帮"，一面加紧调查王、魏、郭的问题。王、魏、郭专案组从1977年6月到1978年3月，经中央主管部门批准，提审迟群13次、提审谢静宜10次。1978年12月，经市委同意，校党委决定对王、魏、郭解除隔离审查，分别在校内单位劳动，听候处理。（1981年12月22日，校党委向北京市委报送将王连龙等5人送回部队、等待处理的请示。请示说：我校原解放军"三支两军"人员王连龙、魏银秋、郭宗林、李家宽、霍生杰等五人在北大期间的问题，已经我校审查清楚，拟定为人民内部矛盾，并分别提出了处理意见，上报市委审批。这五人都是解放军现役军官，现在他们的问题，既已审查清楚，建议安排他们各回所在部队，等待处理。1982年2月，上级批复同意。1983年9月，经北京市委和教育部批准、部队党委同意，决定给予王连龙撤销其原任北大党委书记、革委会主任职务的处分；决定给予魏银秋撤销其原任北大党委副书记、革委会副主任职务的处分；决定给予郭宗林党内严重警告的处分。在此之前，1983年1月5日，经北京市纪委批准，给予李家宽留党查看二年的处分，给予宋柏年留党查看二年的处分，给予王世敏党内严重警告的处分。）

揭批"四人帮"的一个重要内容是揭批聂元梓和在"文革"期间紧跟聂元梓的校文革副主任孙蓬一。聂元梓在北大，民愤本来就很大，而她还于1977年12月6日要周林转交她给邓副主席、华主席的信。她在信中进行翻案，不承认自己有反周总理的罪行，甚至不承认与康生、"四人帮"有联系。这更激起广大师生的愤慨，纷纷以各种方式对之进行揭发批判。1978年1月18日，周培源教授揭发，1973年7月17日，毛主席接见杨振宁博士时说："聂元梓这一派太坏了！"当时陪同接见的周培源说："陈伯达是她的后台。"毛主席说："林彪是陈伯达的后台。"1978年1月19日，李正理教授揭发，1971年5月19日，周总理接见美国高尔斯登和西格纳二位教授时，谈到北京大学在"文化大革命"中打派仗、冲击教授等时说："北大有个女人（指聂元梓）很坏。这些都是她搞的。"

1978年4月8日，校党委召开批斗聂元梓、孙蓬一的大会。中文系教员成美、经济系教员杨勖、生物系党总支书记胡寿文、西语系教员郑培蒂在会上发言，揭发聂、孙残酷迫害革命干部和革命群众的暴行。4月19日学校又召开全校师生员工批斗聂、孙的大会。会上，有上海华东师范大学的代表揭发：1966年11月，聂元梓带领孙蓬一等人到上海，煽动华东师大的一些造反派揪出该校党委书记常溪萍，把他打成"北大社教的叛徒"、"暗藏的反革命黑帮"，对他进行残酷的迫害和人身侮辱，导致常溪萍最终被迫害致死。我校生物系毕业生夏鹤令、湖南临湘县572分校教员樊立勤（"文革"期间，他在北大曾被聂元梓一派抓去,在他膝盖上钉钉子,导致残疾)、地质系教师王永法等进行揭发、批判和控诉。会上,还由党委负责人宣布:经上级党委批准,决定开除聂元梓、孙蓬一的党籍和公职,建议依法惩办。宣布后,由专政机关依法逮捕了聂元梓和孙蓬一(1983年3月16日,北京市中级人民法院依法判处聂元梓有期徒刑17年,剥夺政治权利4年;1983年7月13日,北京市中级人民法院依法判处孙蓬一有期徒刑10年)。

康生在"文革"前和"文革"期间,对北大做了很多坏事,犯下很多罪行。1978年11月,校党委向华主席和叶、邓、李、汪副主席报送要求公开批判康生、曹轶欧的请示报告。华主席于12月1日批示"政治局常委讨论可以在北大揭发批判,不登报"(叶、邓、李、汪副主席已圈阅)。12月19日,校党委召开全校揭批康生大会,国政系主任赵宝煦、化学系教师李南强、西语系副系主任严宝瑜分别就北大社教问题、聂元梓大字报问题、"六一八"事件问题等专题进行了揭发批判;经济系党总支副书记杨勋进行了揭发和控诉。

2. 平反冤假错案,落实政策

拨乱反正的一项重要工作是平反冤假错案,落实政策。1977年11月30日,校党委发布《关于"反右倾回潮"运动问题的决定》,指出"四人帮"在北大的代理人1973年11月至1974年春制造的所谓反右倾回潮运动,是在中共"十大"以后"四人帮"加紧进行篡党夺权阴谋活动的一个重要步骤,是"四人帮"在北大的代理人加紧控制北大、极力推行"四人帮"的反革命路线、反革命政治纲领和"两个估计"的产物,应该完全否定。该决定指出:①因"反右倾回潮"运动被定为敌我矛盾,属于错案、冤案的,一律平反。有关揭发、被迫检查、交代的材料销毁。②因"反右倾回潮"运动,被扣上"反党反社会主义""反对工人阶级领导""反对文化大革命""资产阶级复辟势力""裴多菲俱乐部""小团体"等莫须有的罪名和一些诬陷不实之词应予推倒。在什么范围批判的要在什么范围内予以平反、澄清。有关揭发及被迫检查、交代的材料销毁。③因"反右倾回潮"运动被无理撤销工作的,应安排适当工作。接着,校党委于1978年8月24日作出了《关于推翻林彪、"四人帮"在北大代理人制造的"走资派"、"资产阶级反动学术权威"的错案的决定》和《关于推翻清队假经验和为受打击迫害的教职工、学生平反昭雪的决定》;10月16日作出了《为邵华、邓朴方、贺晓明及其他受林彪、"四人帮"打击迫害的干部子女平反的决定》;11月20日作出了《关于我校师生员工1976年参加天安门"四五"活动完全是革命行动的决定》。1979年2月22日,中共北京市委作出《关于为原北京大学党委彻底平反的决定》。该决定首先肯定"北大党委在文化革命前十七年中,认真贯彻执行党的方针政策,成绩是主要的;方向和路线都是正确的;北京大学的干部和教职员工绝大多数是好的和比较好的,对社会主义教育事业做出了重要贡献,为国家培养了大量人才,他们的绝大多数已经成为各条战线的骨干力量"。该决定指出:文革开始,林彪、江青、康生、陈伯达一伙,出于篡党夺权的需要,抛出聂元梓等人的所谓"第一张大字报",并组织人炮制了评论员文章,污蔑北大党组织是"假共产党、修正主义的党",污蔑北大党委书记陆平同志和副书记彭珮云同志是"三家村黑帮分子","这些纯属诬陷不实之词,应予全部推倒"。该决定宣布,1966 年 6 月 3 日,新改组的中共北京市委关于"撤销中共北京大学党委书记陆平、副书记彭珮云的一切职务,并对北京大学党委进行改组"的决定,是完全错误的。应撤销这个决定,为原北京大学党委,为陆平、彭珮云同志彻底平反,恢复名誉,并为因此而受到株连的所有同志平反。1979 年 3 月,中共北京市委还作出为宋硕同志平反、恢复名誉的决定。北大校党委于是月 21 日在校内进行了传达。

校党委在作出上述决定的同时,对涉及的每一个人都进行了复查,其中有结论需要改正、平反的都进行了改正、平反。据 1980 年 4 月 2 日校党委向上级汇报的材料说:在"文化大革命"中以"走资派""反动学术权威""叛、特、反"等为名立案审查的有 1059 人,其中教授、副教授 184 人,中层以上干部 82 人,讲师 134 人,助教、教员 126 人,其他人员 667 人。经过一年半的工作,对上述人员都进行了复查,其中涉及个人结论的有 617 人,经过复查修改或撤销了其中 442 人的原结论;对需要恢复名誉、消除影响的都在有关范围内召开了落实政策会,宣布平反决定,恢复名誉,其中已被迫害致死的,还采取召开追悼会、举行骨灰安放仪式等方式,予以平反昭雪。对于遗属抚恤、亲属所受株连、困难补助等问题都按照有关政策做了适当解决;对"文革"中形成的各种专案材料都按照文件规定进行了清理。在平反"文革"中冤假错案的同时,还从 1978 年开始,对已平反的同志陆续进行落实政策工作,主要是:恢复原来的工作或安排适当的新工作;恢复原来的住房或分配面积大体相当的新住房;退还被抄家抄走的现款、银行存折、金银器、笔记本、文稿、书籍;退赔被抄走的文物字画、家具等。

1979 年 7 月 23 日,校党委向中共中央呈报《关于为马寅初先生平反的请示报告》和《关于为马寅初先生平反的决定》。该请示报告说:"北大对马寅初先生的批判,分 1958 年以前和 1959 年年底以后两次。前一次,看来还比较着重于就学术范围内谈的,批判他的'人口论'、'综合平衡论'和'团团转'等问题的思想、观点;后一次则已超出学术讨论范围,错误地扣了许多政治帽子,如'用学者幌子搞猖狂进攻'、'一贯为帝、封、资服务'、'攻击三面红旗'等等。这后一次批判主要是根据康生两次指示(1959 年 12 月 15 日陆平同志传达的记录和同年同月 23 日康生的信)搞的。"该平反决定在充分肯定马寅初在抗日战争、解放战争和社会主义革命与建设时期的表现和贡献之后指出："马寅初先生的《新人口论》的观点是正确的,许多主张也是可行的。他认为国民经济要综合平衡,各部门应有计划按比例地发展,也是正确的。强加于马寅初先生的'借学术研究为名,向党向社会主义进攻'、'一贯为帝国主义、封建主义和资本主义服务'、'一贯反对党、反对社会主义、反对马克思列宁主义'等诬蔑不实之词,应一律予以推倒。党委决定为马寅初彻底平反,恢复名誉。"9 月 11 日,中共中央批复同意该请示报告和平反决定。在此前,9 月 5 日,教育部通知北大:经中央批准,任命马寅初为北大名誉校长。9 月 14 日,校党委召开有党政领导干部和工会、学生会、共青团、各民主党派及教职工代表参加的会议,为马寅初平反、恢复名誉。马寅初因身体不适,委托夫人王仲贞、女儿马仰惠参加会议。会上校党委书记周林宣读了党中央批准北京大学党委为马寅初先生平反的决定,同时宣布了教育部任命马寅初先生为北京大学名誉校长的通知。副校长季羡林、经济系主任陈岱孙、校工会副主席侯仁之、民盟北大支部副主任委员熊伟先后在会上发言,称颂马老坚持真理的高风亮节和不屈不挠的精神,热烈欢迎他任北大名誉校长。9 月 15 日,周林等又专程到马寅初家拜访马老,把北大党委为他平反的决定交给他,并向他宣读了教育部任命他为北大名誉校长的通知,同时代表全校师生员工向他表示祝贺。马老愉快地接受了北大名誉校长的任职。

1979 年 2 月,校党委遵照中央的指示精神,作出了《关于进一步解决 1959 年反右倾运动中遗留问题的决定》。在反右倾运动中,受到重点批判或处分的共 191 人,其中教授、副教授 3 人,讲师 11 人,教员 8 人,助教 43 人,职员和学生 126 人(主要是参加人大、北大人民公社调查组的师生和法律系派出的公社调查组的师生以及遭到错误批判的"党员专家")。1962 年虽进行了甄别,宣布运动中被定为"右倾机会主义分子"的结论和被定为"严重右倾"的结论以及给他们的处分一律撤销,给予平反,但大都还有不同程度的遗留问题。经过 1979 年 2 月至 1980 年 4 月进行的复查,都按文件规定进行了适当解决,档案材料也进行了清理。

1978 年 3 月,校党委开始对 1957 年和 1958 年被划为右派分子的教职工、学生进行复查。这一工作到 1982 年基本结束。据是年 6 月 24 日校党委向上级的报告,当年被划为右派分子的共 716 人,经复查,属于错划予以改正的 703 人,从宽改正的 12 人,未改 1 人。

1979 年到 1980 年初,校党委还对 1963 年、1964 年、1965 年划为反动学生的 14 人进行了复查、改正和对改正者补发毕业文凭的工作。

3. 开展"实践是检验真理的唯一标准"问题的学习和讨论

1978 年 5 月 11 日《光明日报》发表《实践是检验真理的唯一标准》一文

后，校党委于 7 月初召开全校干部会，动员大家组织师生员工认真学习，"在当前理论战线上拨乱反正、肃清'四人帮'流毒、捍卫马克思主义的斗争中作出贡献"。为了组织这次学习，党委宣传部订购了 5000 册《人民日报》出版社编辑出版的小册子《马克思主义的一个最基本的原则》，发给各单位，接着又编印了 1.2 万份包括 6 篇阐述"实践是检验真理的唯一标准"的重要文章的小册子，发至全校人手一册。7 月底和 8 月中旬，邓小平、胡耀邦等领导同志提出"关于真理标准问题要补课"的意见以后，校党委又召开支部书记以上党员干部会，传达中央指示的精神，再次布置了学习。通过学习、讨论，广大师生员工进一步分清了理论思想上的是非。

4. 恢复与健全领导体制、行政机构，恢复民主党派、共青团和群众组织的活动

1978 年 1 月，校党委向教育部、北京市委并国务院、邓副总理报送请示报告，建议由周培源任北京大学校长，高铁、汪小川、冯定、殷玉昆等为副校长；请求首先在北京大学实行党委领导下的校长负责制。4 月，校党委又向教育部报送《关于提请任命正副校长的报告》，请任命周培源为校长，高铁、汪小川、冯定、殷玉昆、王竹溪、季羡林、张龙翔、沈克琦为副校长。7 月 20 日，学校接到中央教育部《关于周培源等同志任职的通知》，说中央已于 6 月 27 日批准了北大党委的报告。在此之前，1978 年 5 月，北京市革委会已下发通知，撤销各单位的革命委员会。这样北大就基本上恢复了"文革"前的领导体制，实行党委领导下的校长分工负责制（1989 年 8 月，根据中共中央《关于加强党的建设的通知》，改为党委领导下的校长负责制）。各系则实行系主任负责制，系党总支起保证、监督作用。

1978 年 11 月，校党委根据中央领导关于科技院校不设政治部的指示精神和《高校六十条》的有关规定，撤销政治部，该部的组织、宣传、统战等处改为部，划为校党委领导；人事处改为直属于校长。1980 年 8 月，学校撤销教务部和总务部的建制，恢复设置正副教务长和正副总务长。教务长和总务长之下设置各处，另成立直属校长的校长办公室、人事处、外事处等机构。

"文革"开始，共青团组织停止活动，到 1969 年才恢复组织，但一直到"文革"结束，团的工作仍无法正常开展。1978 年 6 月，学校召开第 12 届团代会，和第 11 届学生代表会，选举产生了新一届也是"文革"结束后第一届团委会和学生会，并选出了新一届团委书记、副书记和学生会主席、副主席，在青年和学生中开展工作。1979 年 12 月，校党委同意成立北京大学研究生会。1980 年 1 月举行首届研究生会成立大会，选举产生了首届研究生会委员会和研究生会主席、副主席。

1978年8月,校党委作出《关于恢复北京大学工会的决定》。11月20日和21日,校工会召开第十次代表大会,选出第十届委员会和主席、副主席,恢复了正常工作。

1979年5月,校党委召开民主党派全体成员会议,宣布林彪、"四人帮"强加给民主党派的一切污蔑不实之词一律推倒,恢复民主党派北大基层组织的名誉和活动。会后,各民主党派北大基层组织都召开了会议,选举产生了新的领导班子,积极开展工作。

以上各项工作,由乱到治,使党、政和各个部门、各个组织都得以发挥各自的作用,恢复了学校正常的工作秩序。

5. 恢复招生考试制度,规范系科设置,整顿与改进教学工作

1977年10月12日,国务院批转教育部《关于1977年高等学校招生工作的意见》。该意见规定,大学招生恢复考试制度。考生应具有高中毕业或相当于高中毕业的文化水平。凡是工人、农民、上山下乡和回乡知识青年、复员军人、干部(年龄可放宽到30岁)和应届毕业生,只要符合条件都可报考。从应届高中毕业生中招收的人数约占招生总数的百分之二十至百分之三十(1978年起不再限定这个比例)。政治审查主要看本人表现。具体招生办法是:自愿报名,统一考试,地、市初选,学校录取,省、市、自治区批准。1978年6月6日国务院又批转了教育部《关于1978年高等学校和中等专业学校招生工作的意见》,规定从当年起,高校主要招收20岁左右的青年(1982年以后规定年龄不得超过25岁);同时,高考实行全国统一命题方式,由各省、自治区、直辖市组织考试和阅卷。北大按照上述规定,于1977年恢复招生考试制度,1977年招收新生1160人,1978年招收1908人。1977年按照邓小平的指示,理科各系和文科的经济、国际政治等系举办了回炉班,招收已经毕业离校但一些重要课程未学或虽然学了而未能掌握基本内容的学生入学,为他们补课。

(1)撤销汉中分校和大兴分校,整顿和规范学系、专业的设置和学制

1978年4月28日,校党委决定撤销汉中分校。这个决定于是年5月经教育部同意后,学校成立了以周培源为首的汉中分校搬迁指挥部。分校撤销后,原校址交给陕西工学院办学。1979年3月,分校的移交和搬迁工作全部结束,分校的建制撤销。当时留给陕西工学院的价值在200元以上的仪器设备共527台,图书61000册,期刊3433册,价值200元以上的工厂在用设备162台,校舍96985平方米。

1978年3月,学校与当地部队联系,将大兴分校之地借给其使用、耕种一年。这之后,将该地连同学校修建的房舍,一并交回政府。

1978年7月7日,国务院批准停办八年的中国人民大学在原址恢复。7

月 20 日，在北大的原中国人民大学的同志返回人民大学。7 月 29 日，北大和人大商定：新闻专业 76 级和 77 级在校学生暂留北大不动，76 级学生算北大毕业生，77 级学生待人大房子问题解决后，即迁回人大；78 级学生由北大录取，到人大报到；新闻专业的教师和其他人员按建制调回人大。

1978 年 10 月，北京市委提出将高考 300 分以上的考生扩招进高校的意见，并要求北大等二十多所院校各办一至几所分校（分院），负责接纳。北大办两个分校。北大分校由北京市和北大双重领导，以市为主。北大派教师、干部，安排专业设置、教学计划；经费、征地、校舍等均由北京市负责。分校于 1979 年 2 月开学。（1982 年开始，北京市对大学分校进行调整，北大二分校撤销，1985 年北京市在大学分校的基础上，建成市属北京联合大学。北大分校为北京联合大学的文理学院。）

"文革"期间，学系和专业的设置很乱，有系属的专业，也有厂办的专业。专业口径宽窄不一，有的是按学科设置的，有的则是与工、农业某些生产技术直接对口的，需要加以整顿和规范。首先，1977 年恢复招生考试制度时，只有系属的专业招收学生，厂办专业不再招收学生；随后，按照"文革"前系、科、专业设置的原则，进行调整。经过两年的努力，到 1979 年初步建立起了比较规范的全校各学科专业的系统。据当年 9 月统计，全校共设 22 个学系，65 个专业。专业一般是按二级或一级学科设置的。

1977 年各专业招收的学生，除东语系小语种专业的学制定为五年以外，其余专业的学制都为四年。

（2）制订新的教学计划、教学内容，恢复与改进正常的教学工作

1977 年恢复招生考试制度以后，入学学生的文化程度提高了，学习年限延长了，"文革"期间为工农兵学员制订的教学计划、教学内容、教学方法等已不适用，需要重新制定。第一，各专业首先是按照《高校六十条》的精神重新制定教学计划。新教学计划贯彻了以教学为主，适当安排生产劳动、军事训练和社会活动的原则，改变参加运动的时间过多，生产劳动、社会调查、军事训练的时间过多等情况。第二，加强基础理论的教学和基本技能的训练。基础理论课应系统学习，废除"以典型产品带教学""以战斗任务带学科"等办法。为加强基础课程的教学，恢复原基础课教研室的建制，原教研室的教师，无特殊任务的，一律回到教研室担任基础课教学，同时抽调一批专业课教师讲授基础课（后来各系的教研室均恢复）。与此同时恢复和重建理科各系的实验室。第三，重新编写教材。"文革"期间编写的很多理科教材已不适用，很多文科教材，由于不同程度地含有林彪、"四人帮"的谬论，更需废除，因此各系、各教研室都组织教师大力进行重新编写教材的工作。第四，建立教学方面的一批规章制度，如《北京大学考试规定》《北京大学学生学籍

管理的几项规定》《北京大学学生考勤暂行规定》等,恢复正常的教学秩序。

（3）恢复招收和培养研究生

1977年10月12日,国务院批转教育部《关于高等学校招收研究生的意见》,要求凡教师条件和科学研究基础比较好的学校,在办好本科的同时,要积极招收研究生。1978年1月10日,教育部《关于高等学校1978年研究生招生工作安排意见》将1977年和1978年两年的研究生招生工作,合并在一起进行。是年,北大共招收了研究生458人。次年6月,学校又根据教育部修订的《高等学校研究生培养工作暂行条例（草案）》,作出了《北京大学研究生培养和管理工作的决定》。这样,中断了十几年的招收、培养研究生的工作,得以正式恢复。

（4）开展科学研究工作,召开“五四”科学讨论会

“十年动乱”期间,学校的科学研究工作,除很少几项以外,处于停顿状态。“文革”结束后,在拨乱反正中,科学研究逐步得到恢复。1977年7月,邓小平在听取教育部工作汇报时指出:要抓一批重点大学,重点大学既是办教育的中心,又是办科研的中心。同年8月,他在科学和教育座谈会上又指出,高等学校,特别是重点高等院校,应当是科研的一个重要方面军。重点大学都要逐步加重科研的分量,逐步增加科研的任务。邓小平的这些指示使学校和广大教师受到鼓舞,提高了进行科研的积极性。为推动科学研究工作,学校于1978年5月召开了“五四”科学讨论会。这次讨论会共提出了487篇论文。讨论会分25个分会场,先后举行了一百多次会议。参加讨论的除本校师生外,还有来自数百个单位的数千名来宾和校友。这次讨论会被认为是“文革”后高校间的一次科学盛会。1979年和1980年的“五四”,北大都举行了科学讨论会。从1981年开始,学校决定不再每年举行全校性的集中统一的“五四”科学讨论会,而由各系、各教研室自行制定学术活动计划,开展经常性的学术讨论。

（5）恢复教师职称评审制度

“文化大革命”使广大教师受到严重摧残,教师职称及其确定与提升办法实际上也被废掉了。“文革”后,1977年9月,中共中央在《关于召开全国科学大会的通知》中提出,“应该恢复技术职称,建立考核制度,实行技术岗位责任制”。1978年3月7日,国务院批转了教育部《关于高等学校恢复和提升职务问题的请示报告》,规定恢复执行1960年《高等学校教师职务名称及其确定与提升办法的暂行规定》,恢复教师原已确定和提升的教授、副教授、讲师与助教职务。北大于1978年3月,决定提升和确定一部分教师为副教授、教授,并成立以周培源为首的教师职务评议委员会。1979年4月,经评委会根据“坚持标准,保证质量,全面考核,择优晋升”的原则进行评审,并

经上级领导批准，全校共确定与提升教授 9 人，副教授 228 人。1979 年 6 月，又确定与提升 1096 人为讲师。同年 12 月，确定 47 人为助教。1981 年 12 月，教育部拟定了《关于当前执行〈国务院关于高等学校教师职务名称及确定与提升办法的暂行规定〉的实施意见》，并提出此项工作以后将转为常规性工作，形成制度，每一两年办理一次。

（三）学校教育的"调整、改革、整顿、提高"

1979 年 4 月，中共中央工作会议决定对整个国民经济实行"调整、改革、整顿、提高"的方针，纠正前两年工作中的失误，消除经济工作中长期存在的"左"倾错误造成的影响。1980 年 1 月，教育部召开教育工作会议，提出教育领域贯彻这个方针的意见，其中对高等教育提出了要"质量第一""稳步发展"。北京大学认真贯彻执行了"调整、改革、整顿、提高"的方针和教育部的意见。

1. 调整专业设置

学校在调查研究的基础上，于 1981 年 4 月提出：现有本科 67 个专业，多数恰当，少数要根据国家需要和学校的实际情况，逐步加以调整。

（1）专业口径过窄的应当适当放宽，并相应地改变专业名称。

（2）专业口径虽窄一些，但国家有需要，专业名称可以不变，但要注意扩大基础，在基础训练阶段可以和相近的专业统一要求。

（3）有的专业，国家对这方面人才的需要量不大，而这种人才的培养在本科阶段又和其他专业相差不多，可以不招本科生，而着重培养研究生。

除调整现有专业外，还应逐步恢复一些过去由于"左"的错误而被取消的专业，增设一些国家大量需要的学科和新兴学科、边缘学科的新专业。恢复过去被取消的专业和增设新专业，都必须既考虑需要又考虑实际可能，稳步发展。

根据以上原则，从 1980 年到 1983 年，有些系对一些专业进行了调整，如 1982 年生物系将细胞生物学专业和遗传学专业合并为一个专业，技术物理系将放射化学专业调整为应用化学专业。与此同时，在此期间经教育部批准，增设了"国民经济管理专业"（在经济系）、"经济法专业"（在法律系）、"社会学专业"（先在国政系，1982 年划归社会学系）、"宗教专业"（在哲学系）、"政治学专业"（在国际政治系）、"环境生物学及生态学专业"和"生物化学专业"（在生物系）等。1983 年以后还继续有调整和增设。

2. 实行学分制

为改进教学工作，提高教学质量，有利于因材施教，使培养的学生能适应国家对人才类型需要的多样性，并使学生能根据各自不同的情况比较好地发展自己的特长、爱好，学校决定从 1981 年开始实行学分制，具体办法是将课程(包括某些教学环节)分为四类:(1)必修课,包括学校要求的共同必修课(如政治理论课、体育课)和系、专业要求的必修课。(2)限制性选修课,即限定学生必须在某些范围选修若干门或若干学分的课程。(3)非限制性选修课或称任选课,即由学生自由选修的课程。(4)必修但不计学分的课程和教学环节,如生产劳动、军事训练等。前三类课程,都按学校规定的计算办法,确定其学分。每个专业教学计划都规定学生必须取得多少学分才能毕业。学生在本专业学制规定的年限内不能达到这个要求,可以延长学习时间,但不论何种原因,最多不得超过两年。学生如在学制规定的年限以前,即已达到这个要求,鼓励加选一些课程,包括研究生课程,也可由学生本人申请提前毕业。

3. 建立学位制度

1980 年 2 月 12 日,第五届全国人大常委会审议通过了《中华人民共和国学位条例》,从 1981 年 1 月 1 日起施行。1981 年 11 月,国务院批准首批博士、硕士学位授予单位名单和博士授予单位学科、专业与博士生导师及硕士授予单位的学科、专业。北大是首批博士、硕士学位授予单位,有权授予博士学位的学科、专业有 45 个,博士生导师 71 人(另有 2 人被批准为博士生导师的教授列入中科院的名单中);有权授予硕士学位的学科、专业有 93 个。1982 年 3 月,经教育部批准,北大成立了学位评定委员会。1983 年 8 月,数学系张筑生获北大授予的第一个理学博士学位。1984 年 8 月,国务院批准教育部提出的北大、清华等 22 所全国重点大学试办研究生院的意见。据此,北大于是年 6 月决定成立研究生院。在此期间,学校陆续制定了《北京大学研究生培养和管理工作的暂行规定》《北京大学学位授予工作细则》(其中包括硕士学位的业务要求及课程考试、博士学位的业务要求及课程考试、硕士博士学位论文的基本要求以及论文的评阅和答辩程序等)、《北京大学攻读硕士研究生教学计划的编制和有关教学管理的若干规定》《北京大学研究生学籍管理暂行细则》等文件,使研究生工作逐步走上正轨。

4. 拓展科学研究工作,增设研究机构

1981 年,在恢复正常的科研工作并取得一定成绩的基础上,为使北大能较快地向着既是教育中心又是科学研究中心的方向发展,学校大力拓展科学研究工作,提出:(1)北大是重点综合性大学,必须重视基础理论研究,使之成为国家一个重要的基础理论基地;(2)在继续重视基础理论研究的同时,应积极开展应用研究,面向经济建设,加强技术开发和成果的推广应用;(3)要发展边缘学科和新兴学科的研究;(4)文科要敢于面对现实,注意研究历史和外国发展的经验和规律,探讨社会主义建设和改革中提出的理论和实际问题。1981 年以后,学校的科研工作得到了更为迅速的发展,如 1979

年,理科的科研项目共为 82 项,1981 年增为 229 项,1983 年又增为 497 项。1981 年以后,列入国家科委等各部委计划的科研项目也有较大增加。

1978 年以前,北大只有很少几个研究机构,1978 年开始,特别是 1981 年以后,为适应国家建设和科学技术飞速发展的需要,适应把北大建设成为"教育和科研"两个中心的需要,在教育部的支持下,学校加强了科学研究机构的建设,成立了一大批研究所、研究中心和研究室。其中主要的如 1978 年成立的理论物理研究所、重离子物理研究所、固体物理研究所、南亚东南亚研究所;1979 年成立的数学研究所;1980 年成立的人口理论研究所;1981 年成立的中国中古史研究中心;1982 年成立的环境科学中心;1983 年成立的计算机科学技术研究所、分子生物学研究所、物理化学研究所、遥感技术应用研究所、国际法研究所;1984 年成立的经济法研究所、中国古文献研究所、高等教育科学研究所、微电子学研究室、无线电电子学研究室、马克思主义哲学研究室;1985 年成立的岩石圈地质科学研究所、社会学研究所、国际关系研究所、比较文学研究所等。此后,继续有新的研究机构成立。

5. 充实仪器设备,加强基本建设

"文革"期间,各系实验室遭到严重破坏,1978 年虽得以逐步恢复,但仪器设备既很缺乏,又多比较陈旧落后,需补充更新。1979 年 7 月,学校决定从是年经费中拨出 340 万元,加强仪器设备建设。9 月,教育部批给北大 500 万美元的外汇,用于"物质结构""分子生物学""遥感技术"等三项重点科研项目仪器设备的引进。1980 年 8 月,教育部决定从世界银行 2.5 亿美元的贷款中分给北大 2000 万美元,用于"计算""固体物理""实验分析""生命科学"等四个科研项目的实验室建设(此项贷款于 1982 年正式确定,并向国外购买第一批仪器设备)。"遥感"作为另一个重要项目另行解决。与此同时,学校也注意在各年经费的分配中提高购买仪器设备费用的比重,从而使各实验室在 20 世纪 80 年代得到了加强与提高。

北大自 1960 年以后一直到"文革"结束,在海淀校址主要只建了一幢图书馆和几幢公寓(在江西鲤鱼洲和汉中分校、大兴分校造的房子都已先后交给当地),而系科专业、学生和教职工都有很大增加,因此校舍异常紧张。1978 年到 1980 年,虽然国家在百废待兴、财政还相当困难的情况下,为北大建造了 40000 多平方米的教职工公寓和两个学生食堂,但距离实际需要还很远。1981 年 12 月,学校党委专门给中央书记处、国务院、教育部呈送了《关于北京大学基本建设问题的报告》,其中说,"现在教室、实验室、资料室、工作室、学生和教师宿舍以及各种生活设施全面紧张","全校因缺乏教室,许多课程不得不排到晚上,学生找不到教室温习功课,而图书馆的座位六、七个学生才能分到一个。大学生七、八个人住一间 14 平方米的房子,更没有课外文化娱乐活动场所。教职工住宅方面，全校只有两位教授居住面积在 100平方米以上，副教授中仍有半数左右居住面积在 25 平方米以下，许多讲师还只住一间房"。"希望党中央、国务院、教育部能将北大基建问题列为专案进行研究。从北大当前和长远需要出发，在今后需新建教学、科研、生产、生活及其他配套用房 32 万平方米"；"希望国家能将北京大学扩建 32 万平方米的基建任务列为'六五'、'七五'计划的重点项目，专项拨款，集中使用。""希望首先批准需要最为迫切的理科教学楼群 9.72 万平方米。"1982 年 9 月，学校党委根据教育部的意见修改了扩建计划，并上报修改后的《北京大学扩建工程计划任务书》，将扩建各类用房总面积改为 25 万多平方米，其中教学科研用房约 12.5 万平方米，生活用房约 9.6 万平方米，附属用房约 3 万平方米，需征地 257 亩。1983 年 2 月，国家将北大 25.8 万平方米的扩建工程列入国家"六五"计划（其中新的教学楼群改为 11.3 万平方米。1982 年 4 月，新教学楼群的总体设计方案获得批准。1989 年开始兴建）。这项扩建工程的实施，使北大的用房情况得到很大改善，为完成学校的教学、科研任务提供了有力保证。

6. 积极开展对外教育交流和合作

党的十一届三中全会以后，北大积极开展对外教育交流与合作，不仅交流与合作的规模日益扩大，而且形式日益增多、内容日益丰富。

培养外国留学生是对外交流的一个重要组成部分，北大从 1950 年开始即接受留学生，1966 年"文革"开始后到 1972 年中断了 6 年，1973 年才开始恢复。"文革"结束后，1977 年 9 月统计，在校外国留学生 120 人。改革开放以后，外国留学生人数逐年增加，从 1980 年到 1986 年分别为 190 人、198人、253 人、264 人、268 人、305 人、386 人。过去，从欧美发达国家来的留学生很少，这时期，从美国、联邦德国、法国、意大利、加拿大等欧美国家来的留学生有比较大的增加。1982 年以后，为扩大同各国的交流和协作，北大开始接受高级进修生（即已获硕士学位或具有副教授以上职称的）和研究生，1986 年开始招收博士生。此外，从 1980 年起，学校利用寒暑假举办汉语、地理、法律等短训班，至 1987 年 9 月共接受短期留学生 1600 多名。

"文革"期间，向外派遣留学生的工作基本停止。1979 年才逐渐恢复与发展。是年，经教育部批准，我校派遣"文革"后第一批出国留学生 57 人去法国、英国、丹麦、荷兰、新西兰等国留学，1980 年 2 月又选送 1979 级学生 64人分赴美国、联邦德国、日本、比利时等国留学。随着进一步对外开放，国家制定了"支持留学、鼓励回国、来去自由"的方针后，自费出国留学的学生迅速增加。新时期出国留学的国家和地区主要为美国、西欧和日本。

为了能较快地了解美、欧等发达国家教学和科学研究的发展情况，较快提高教学和科研水平,教育部和各校都很注重派遣教师出国做访问学者或进修教师。北大于1978年12月派遣第一批理科教师13人赴美做访问学者。此后,派出的人数和去的国家都有较多增加。与此同时,北大还于1979年开始,派遣教师到国外高校任教或研究。

"文革"以后,随着我国对外开放、引进智力方针的实施,北大聘请外国专家和外籍教师来校任教的人数逐年增加。1978年,在北大任教的外国专家和外籍教师(包括长期和短期)人数共14人,到1985年增为139人。

为发展和国外大学的交流与合作,这一时期北大邀请、接待了许多外国著名大学代表团、负责人来校访问。据不完全统计,从1978年到1986年有40多批。同一时期北大仅校级领导和代表应邀到国外大学访问、考察的也有30多批。其中1980年以校长周培源为团长、副校长王路宾为副团长,有王学珍、文重、陈守良、倪孟雄等参加的北大访美代表团,从5月17日到6月21日,访问了美国加州大学伯克利分校、斯坦福大学、加州大学洛杉矶分校、加州理工学院、芝加哥大学、哈佛大学、麻省理工学院、哥伦比亚大学、纽约大学石溪分校、普林斯顿大学等18所大学和奥尔巴尼社区大学、普林斯顿高级中学、约翰瑟斯蓬初级中学,考查了美国大学的教学、科研等管理工作,了解了大学图书馆和实验室的建设、设备和管理情况,回校后还向全校校部机关和各系、所干部作了较详细的介绍,作为改革和发展的借鉴。

从1979年到1986年,北大先后与世界上20个国家和地区的77所大学或学术机构建立了校际联系,其中49所大学与北大签订了交流与合作的协议。

(四) 贯彻《中共中央关于教育体制改革的决定》,推进教育教学的改革与发展

1985年5月27日,中共中央、国务院颁布了《中共中央关于教育体制改革的决定》,指出:"教育体制改革的根本目的是提高民族素质,多出人才,出好人才。""教育必须为社会主义建设服务,社会主义建设必须依靠教育。"社会主义现代化建设的宏伟任务,要求我们"必须极大地提高全党对教育工作的认识,面向现代化、面向世界、面向未来,为90年代以至下世纪初叶我国经济和社会的发展,大规模地准备新的能够坚持社会主义方向的各级各类合格人才"。该决定在回顾了我国教育事业发展的曲折过程之后指出,十一届三中全会以后,我国教育事业得到了恢复,开始走上了蓬勃发展的道路,但是,教育工作方面"左"的思想影响还没有完全克服,教育工作不适应社会主义现代化建设需要的局面还没有根本扭转。该决定对高等教育提出重大改革:改革招生和毕业生分配制度;扩大高等学校的办学自主权;调整和改革高等教育结构,建设重点学科,发挥科研优势;改革教学内容、教学方法、教学制度;改革人民助学金制度;改革高校的后勤服务工作。

在《中共中央关于教育体制改革的决定》颁布以前，北大党委常委曾于1984年7月经过学习讨论和综合考虑学校各方面的情况，提出了包括10项改革的初步意见和设想的《关于北京大学建设与改革的几点意见》并开始实施。《中共中央关于教育体制改革的决定》颁布以后，又根据该决定作了修改和补充。1986年3月，中共北大第八次代表大会又着重讨论了学校的改革与发展问题，通过了《北京大学"七五"事业发展纲要》和《关于加强学生思想政治工作的决定》，号召为把北大办成具有世界先进水平的有中国特色和学校自身特点的社会主义先进大学而奋斗。

在贯彻《中共中央关于教育体制改革的决定》，推进教育教学的改革与发展方面，学校进行的主要工作如下。

1. 调整、增设系科专业，改革学科布局

调整、增设系科专业的原则是，继续重视基础学科，大力加强应用学科和新兴科学，注意发展边缘学科。文科要在巩固和发展文、史、哲、外国语言文学等具有北大特色和优势的系科专业的同时，大力加强和增设马列主义理论、经济、政法、管理等方面的专业，在应用文科方面逐步形成新的特色。理科要在巩固和发展数、理、化、生、地等基础学科专业特色和优势的同时，大力加强和增设技术科学、应用科学和新兴科学方面的专业，逐步形成新的特色。既要加强文理各自相关学科之间的联系与渗透，又要加强文理之间的联系与渗透，逐渐形成新兴学科、边缘学科的专业生长点。

根据以上原则，学校继1983年将英语专业从西语系分出来成立英语系、将考古专业从历史系分出来成立考古系之后，于1984年至1991年，先后新成立了国际经济系、经济管理系、概率统计系、政治学系，同时，由于业务范围的改变与扩大，将图书馆学系改名为图书馆情报学系、将地理系改名为城市与环境学系。另外1984年还在生物学系成立医预科，为首都医科大学培养预科学生。在这期间，经教育部（后改为国家教育委员会）批准，学校增设了概率论和数理统计、信息数学、工程科学、微生物学、波谱学及量子电子学、电子及离子物理、编辑、国际文化、企业管理、逻辑、国际金融、财务学、保险学、行政管理、博物馆、情报学、社会工作与管理、希伯来语、他加禄语等一批新专业，同时将一些业务范围有了改变或扩大的专业改变了名称，如将放射化学专业改为应用化学专业、将细胞生物学专业和遗传学专业合并为细胞生物学及遗传学专业等。经过这样的调整和增设，北大的学科结构发生了重大变化，由原来侧重于文理基础科学的教学和科学研究的综合大学，改变为包括自然科学、技术科学、人文科学、社会科学、管理科学等多种学科的综合大学。

2. 适当扩大办学规模，在着重培养本科生、研究生的同时，开展多种形

式办学

1983－1984学年，在校全日制学生共11121人，其中本科生8763人，专科生442人，研究生1246人（博士生22人，硕士生1224人），进修班427人，外国留学生243人。1984年7月，学校提出规划，到1990年，在校生规模达到15000人，其中本科生10000人，研究生3000人，进修生1000人（其中500人按硕士研究生要求培养），干部专修科生500人，外国留学生500人。1990年以后，全日制学生总人数不一定再增加很多，但要适当增加研究生的比重，在研究生中要增加博士生的比重。

这个《北京大学"七五"事业发展纲要》经教育部批准后，学校基本上按之实行。到1987－1988学年，在校生达到12801人，其中本专科生9271人，研究生2893人（博士生429人，硕士生2310人，研究生班154人），进修生119人，外国留学生518人。

1989年4月中旬至6月上旬在北京发生的一场"政治风波"，使情况发生了变化。风波平息以后，在当时特定的情况下，中央决定当年北大招收的新生，先集中一年时间到军队院校进行军政训练，第二年再到北大，学习4年。当时指定接受北大新生进行军政训练的是石家庄陆军学院，由于该学院受条件的限制，不可能同时接受北大二千多名新生，为此国家教委决定将北大原计划招生人数2150人调整为815人，实际招收人数为738人，比原计划减招近三分之二。北大新生先集中进行一年军政训练的办法，从1989年开始，实行了4年，到1993年才不再实行。从1990年开始，承担北大新生军政训练任务的学校除石家庄陆军学院外，增加了信阳陆军学院，因此，1990年计划招收新生的人数增为1535人，实际招收1525人，其中文科758人到石家庄陆军学院，理科767人到信阳陆军学院。1991年和1992年招生人数增为每年1800人上下，但与实行军政训练以前相比，仍减少了许多。这样，从1989年至1992年，在校本科生的人数不仅没有增加，反而减少了，主要是发展研究生特别是博士生的规模。据统计，1992年在校全日制学生共10024人，其中本科生5939人，专科生435人，研究生2922人（博士生532人，硕士生2390人），进修生135人，外国留学生593人。

在此期间，学校大力开展成人教育，除已计入在校全日制学生中的进修班、干部专修科以外，主要是发展函授教育和举办夜大学。为了加强对成人教育的管理，1983年在教学行政处设立了进修函授教育科，1985年2月成立了成人教育部，1987年又在成人教育部的基础上成立了成人教育学院。

（1）函授教育。1980年，北大恢复"文革"开始后停办的函授教育。当年招收函授生的只有图书馆学系的图书馆学专修科，学制2年，1981年改为3年。1985年实行念完专修科后可以接着念本科，学制5年，前3年为专科，后 2 年为本科。1986 年以后,改为专修科和本科并举,前者学制 3 年,后者招收具有大学专科学历的在职人员,学制亦 3 年。与此同时,还招收具有高中以上文化程度的在职人员的函授本科生,学制 5 年。1988 年,图书馆学情报学系开设了编辑出版专业三年制函授专修科。到 20 世纪 90 年代初,在读学生数达 1900 多人。

1985 年 4 月,北大与中国人民武装警察部队签订了共建共育、在武警部队进行大学专科函授教育的协议。协议规定,由北大举办法律、经济法和经济管理等三个函授专修科,在三四年内把几千名武警干部招进来培养成具有大专水平的军地两用人才。根据协议,从 1986 年至 1989 年共招收四届武警干部 5000 多人。1988 年,经济管理专业三年制函授专修科开始对社会招生。

1987 年 5 月,北大成人教育学院与香港树仁学院合作,在香港地区开设法律专业四年制(实行弹性学分制)本科函授教育。此外,1989 年,经济管理系开办了财务会计、企业管理专业函授专修科;1990 年,政治学与行政管理系行政管理专业开办了函授专修科。据统计,1987 学年,在学函授生达 7441人;1991 学年为 3933 人(由于为武警部队举办的函授专修科已经结束,所以人数减少)。

(2)夜大学。根据北京市有关方面的要求,1980 年,由计算机系举办了夜大学计算机软件专修科,招收了 90 名在职专业人员入校学习,学制 2 年。不过,它只招收了一届学生就停办了。1985 年,北大夜大学中文系中文秘书专修科、心理系心理学专修科、化学系化学实验技术专修科开始招生;1986年和 1987 年,生物系生物化学专修科和历史系历史专修科相继招生;1989年,政治学与行政管理系行政管理专修科开始招生。

此外,学校还根据社会上企事业单位的实际需要,以专业培训、岗位培训为目的,举办了许多短期的无学历的培训班、进修班和研讨班。

3. 改革招生和毕业生分配(就业)制度

招生制度的改革,主要是把过去单一的按国家计划招生,改变为主要按国家计划招生的同时,允许招收一部分委托培养生、定向培养生和自费生;把过去完全以高考成绩作为录取依据,改变为在主要以高考成绩作为录取依据的同时,允许招收少量保送生。

1985 年,根据教育部的有关规定,北大在完成国家下达招生计划的前提下,与国防科工委第二十一试验训练基地、中国海洋石油测井公司和北京市半导体器件五厂签订委托培养本科生合同,计划招收委托培养生 44 人,实际招收了 38 人。这些学生均从参加高考且其成绩符合录取标准的考生中录取。这些学生的教学业务费、生活补贴、医疗费、基建设备费等由委托单位支付。此后，一直到 1988 年，每年都招收少量委托培养生。1989 年至 1992 年，由于入学新生要到军校参加一年军政训练，招生人数减少，没有再招收委托培养生。

定向培养是为保证工作、生活环境比较艰苦的地区和行业对人才的需求而设置的。1985 年，北大计划为青海省招收定向培养生 40 人，实际招收 31 人。1986 年，北大为北京市海淀区培养中学教师，在参加高考的海淀区考生中招收定向培养本科生 70 人。1987 年为北京市教育局培养中学教师，在参加高考的北京市考生中招收定向培养本科生 60 人。1990 年东语系越南语专业为云南省招收定向培养生 10 人，1991 年该系缅甸语专业为云南省招收定向培养生 15 人等。

自费生是指在国家下达的计划招生数外，由高校自主招收的收费生。北大于 1988 年开始招收自费生，作为招生改革的一种探索。当年，无线电电子学系的电子学与信息系统专业、经济学院的国际经济专业、法律学系的经济法专业，在海南、广东、福建、浙江、江苏和北京六省市共招收了自费生 135 人。他们在校学习期间需交纳学杂费、培养费、住宿费，生活费和医疗费自理，毕业后自谋职业（学校可帮助向有关单位推荐）。招收少量自费生的办法一直沿用到 1996 年全国高校统一实行收费为止。

为了全面贯彻教育方针和因材施教的原则，弥补完全以高考成绩作为录取依据的不足，经教育部批准，北大于 1985 年开始，对中学品学兼优、学有特色的学生，实行中学推荐、北大考核、不经全国统一高考、保送入学的办法。当时规定的推荐保送对象是应届高中毕业生中在校学习期间德智体全面发展，在全国中学生学科竞赛省市区的优胜者，在学科方面有小论文、小创新、小作品的优胜获奖者，或学习表现出众的优秀学生，全国或省级优秀三好学生及优秀学生干部；保送生的人数控制在当年招生人数的 5% 左右。这以后，招收保送生的具体办法有些改进，但总的原则没有改变。

此外，北大还根据中央领导同志关于举办少年班的指示精神，于 1985 年起试办少年班，招收少年大学生，当年只在北京、天津、江苏、浙江、福建等少数省市招生。招生对象为学习成绩优异、智力超常并实际具有高中毕业的文化程度、年龄在 15 周岁（个别可放宽到 16 周岁）以下的初中三年级至高中二年级的在校学生。招生录取办法为中学推荐与考核相结合，不参加全国高考，由北大命题考试，择优录取。当年共招收 22 人。他们报到入学后，先用 12 周时间补习高中数、理、语文、外语等课程，然后按志愿编入各系学习，不单独编班。1986 年改为在全国招生，招生对象为 13～15 岁的高中一、二年级学生，参加全国统一高考，德智体全面考核，择优录取。1986 年录取 15 人，1987 年至 1989 年分别录取 11 人、8 人、3 人。1990 年后未再招生。

对高校毕业生,我国长期实行国家统一计划分配制度,学校按照下达的分配方案制定派遣计划。1985年开始,根据《中共中央关于教育体制改革的决定》进行改革,主要是:(1)一小部分不属国家计划招收的毕业生不由国家统一分配,如委托培养的毕业生按合同规定到委托单位工作,定向培养的毕业生按入学时的协定分配回原已确定的单位和地区,自费毕业生自谋职业,也可由学校推荐就业;(2)按国家计划招收的毕业生,由教育主管部门提出分配计划,学校和用人单位通过供需见面,分专业实施分配,其中小部分(20%~30%)由学校直接和用人单位提出分配建议,由主管部门同意后纳入总的分配计划。

4. 修订本科培养目标,改革教学内容和教学方法

根据教育体制改革决定的精神,在总结教学实践和对社会用人部门的需求进行调查了解的基础上,学校于1986年提出了调整和修订本科培养目标、培养规格的意见,主要是:培养的学生应是坚持四项基本原则,具有爱国主义精神的"四有"(有理想、有道德、有文化、有纪律)人才;既要重视培养理论研究和教学人才,也要注意培养四化建设各条战线上急需的实际工作者,应用性学科主要是培养实际工作人员,理论性学科还是要培养理论研究人才,但也要适当加强学生从事社会需求的各项实际工作的训练,以便也能适应到有关实际工作岗位去工作;要求培养的学生具有坚实的基础理论、基本知识、基本技能及一定的专业知识和能力,具备成为各行各业专家的基础和素质,而不是要求他们一毕业就成为"专家";加强基础,适当扩展知识面,注重培养实际能力和创造精神,增强适应性。这以后又进一步提出了"加强基础、淡化专业、因材施教、分流培养"的教学改革思路。

根据以上意见,在改革教学内容和教学方法方面,主要进行如下工作。

(1)减少必修课的比重,增加选修课的比重

1981年开始实行学分制之初,本科四年制各专业必修课的学分一般占学分总数的80%左右,选修课一般占20%左右。1985年以后,各专业必修课(包括学校要求的公共必修课和专业要求的必修课)的学分减为占学分总数的70%左右,选修课的学分增加为一般占30%左右,其中非限制性选修课即任选课一般占10%左右。

(2)加强和改进马克思主义理论课的教学

原来全校开设三门马克思主义理论课:中共党史、哲学、政治经济学。1985—1986年修订教学计划时,将之改为三类课程,即马克思主义基本原理、中国革命和社会主义建设及有关哲学、社会科学方面的选修课。三类课程的总学时不变。马克思主义基本原理包括三门课:科学社会主义的产生和发展、哲学(重点讲授历史唯物主义)、《帝国主义论》和当代西方资本主义

经济。这三门课加上"中国社会主义建设问题"为全校必修。它们占马克思主义理论课总学时的三分之二，其他哲学、社会科学方面的选修课有中国革命史、中国革命基本问题、中共党史、毛泽东思想概论、马克思主义伦理学、自然辩证法、当代世界政治和国际关系、当代西方思潮等。学生应从中选习的学时占马克思主义理论课总学时的三分之一。这样改的目的是为了拓宽马克思主义理论课的教学范围，丰富教学内容，加强同社会主义现代化建设实际的联系，使之比较适应改革开放的要求。

（3）加强基础课，适当拓宽知识面

为使学生打好扎实的基础，各专业在减少必修课的情况下，都保证基础理论、基本知识、基本技能及工具课的必要的教学时数，并加强其教学工作。为保证基础课的质量，学校还于1988年决定实行选聘学术水平较高、教学经验较丰富的教授、副教授主持重要基础课教学的办法。全校性重要基础课主持人由学校聘任，其他基础课的主持人由各系聘任，报学校备案。在加强基础课教学的前提下，为适当扩展学生的知识面，开阔学生的视野，各系各专业都陆续开出了一批新的课程，主要是新的选修课。其中有理论性的、知识性的、应用和实验技术性的以及文理科互选的课程。当时还根据"三个面向"（面向现代化，面向世界，面向未来）的精神，在研究确定课程设置和教学内容时努力做到三个"立足"、三个"放眼"，即：立足本学科，放眼全社会；立足当前，放眼未来；立足本国，放眼世界。

（4）加强实践性教学环节

为使学生打好扎实的基础，加强他们能力的培养，很重要的一个方面就是加强实践性环节的教学。首先是要重视实验。学校和各系都努力保证实验课的教学经费。有条件的专业并适当扩大实验课的内容，增加开放的教学，由学生自己独立设计和操作，以培养他们动手的能力。规定有实习的系科要保证其实施。各专业的生产实习要逐步恢复，以使学生接触生产实际。学校要有重点地帮助系建立实习基地。文科各专业都根据自己专业的特点，把社会调查、教学实习、社会服务等列入教学计划，同时鼓励学生参加和自行组织的结合专业的社会调查和社会服务活动。学校还规定，各系可根据教学的需要，在四年内的前三年暑假中，可占用一个暑假的若干周时间用于安排实习、社会调查及其他实践活动。各专业还把科研训练或毕业论文列入教学计划，使学生在教师指导下受到综合的实际锻炼。

5. 改革教学管理制度

遵照教育体制改革决定的精神，并为了发挥学分制在因材施教和使培养的学生更能适应社会对人才需求的多样性等方面的作用，北大对教学管理制度进行了一系列改革。

（1）允许提前毕业和以自修方式攻读教学计划规定的课程。1981年实行学分制以后即规定学生在学制规定的年限以前，学完教学计划规定的课程、修满毕业的总学分数者，可申请提前毕业；在学制规定的年限内不能达到这个要求的，可延长学习时间，但最多不得超过两年。这以后又规定学生可申请以自修方式攻读教学计划规定的课程，如获批准，只要参加有关考试及格，即可获得学分。

（2）允许转系、转专业和转学。本科一、二年级学生，经所在系同意，并经转入系全面审核、批准其转入者，能转系转专业。但委托培养和定向培养的学生不能自行申请转系转专业。

本科一、二年级学生和专科一年级学生有下列情况之一者，得准予转学：①经学校了解，并经转入学校考核认为转学后更能发挥其专长者；②入学后发现有某种疾病或生理缺陷，不能在本校学习，尚能在其他高校别的专业学习者；③有某种特殊困难，不转学无法继续学习者。

（3）试行主辅修制和双学位制度。为适应交叉、边缘学科发展的需要，培养"一专多能"的复合型人才，使学生毕业后对工作有更大的适应性，学校开始试行主辅修和双学位制度。主辅修制即允许学生主修一个学科专业，辅以攻读另一学科专业。辅修专业的学分数约占本专业必修课和限制性选修课学分总数的百分之三十五至百分之四十，一般不延长在校学习时间。修满辅修专业规定的学分数，在毕业证书中加以注明，以利于用人单位使用。

双学位制度即学生在攻读本科某一学科学位的同时，学有余力者经批准，可以辅读本科另一学科的学士学位，相同课程可以免修，一般不延长学制，成绩合格，授予双学位证书。

（4）开设暑期课程。为便于学生攻读辅修专业和辅修学位的一些课程，也便于一般学生根据自己的兴趣、爱好、特长选学一些课程，以扩大自己的知识面，学校于1983年开始，利用暑假开设暑期课程，成绩合格，给予学分。开设的课程，每年都有几十门。

（5）试行导师制。实行学分制后，学校即规定每学期开学时，系、专业应指派教师负责指导学生选课。1987年以后，为加强对学生学习的指导，决定试行导师制。

6. 改进和完善研究生培养制度

根据关于教育体制改革决定的精神，北大在研究生教育方面，除扩大规模以外，还努力改进和完善研究生培养制度。

（1）为保证一些部门、单位和一些工作、生活环境比较艰苦地区对毕业研究生的需求，北大开始招收委托培养和定向培养的研究生，形成研究生培养的三个层次、七种类型。三个层次即：研究生班研究生（学制一般两年，不给学位）、攻读硕士学位研究生、攻读博士学位研究生。七种类型即：国家计划内研究生班研究生、委托培养研究生班研究生、国家计划内攻读硕士学位研究生、国家计划内定向培养攻读硕士学位研究生、委托培养攻读硕士学位研究生、国家计划内攻读博士学位研究生、委托培养攻读博士学位研究生。

（2）为了更多更快培养社会主义现代化建设需要的高级专门人才，对少数优秀硕士生试行提前攻读博士学位的办法；对部分应届优秀硕士毕业生试行免于参加入学考试，采取经推荐录取为博士生的办法。前者需已修满硕士生培养方案规定的总学分数，必修课和限制性选修课中至少有四门的成绩在 85 分以上；有科学研究成果（指发表过文章或有阶段性的科研报告），表现有较强的科学研究能力。后者需硕士学位课程（包括必修课和限制性选修课）考试成绩平均在 90 分以上，在学位论文中有新的见解，表明其有较强的科学研究能力。

在此期间，为广开才路，扩大博士生的招生来源，还决定试行从有实践经验并在科学研究中做出成果的在职人员中接受推荐免试录取为博士生的方法。此项被推荐者必须已在所报考专业范围内工作一段时间（已获硕士学位者，在获硕士学位后工作一年以上；同等学力者，工作三年以上），近年来在全国性刊物上或重点大学学报上曾发表学术论文，表明作者具有较强的科学研究能力和继续深造的基础。

（3）试行中外联合培养研究生，一般是，博士生入学后先在校内学习两年基础理论等课程，然后送往国外高等学校或科研机构，在该校或该科研机构导师指导下写出论文。论文经双方导师共同审阅后回到国内进行论文答辩。

（4）1985 年 9 月，国务院学位办同意北大为在职人员申请博士、硕士学位的试点单位，北大制定具体的实施办法，于 1986 年开始接受申请并授予在职人员博士和硕士学位。

（5）制定《北京大学研究生学籍管理规定》《北京大学关于攻读博士学位研究生培养工作的若干暂行规定》《北京大学关于制订攻读硕士学位研究生培养方案的几项规定》《北京大学学位授予工作细则》等一系列规定和章程，进一步完善研究生培养制度。

7. 建设重点学科和国家重点实验室

《中共中央关于教育体制改革的决定》提出，"要根据同行评议、择优扶植的原则，有计划地建设一批重点学科"。1987 年 8 月，国家教育委员会发出《关于评选高等学校重点学科的暂行规定》和《关于高等学校重点学科评选工作的几点意见》，规定重点学科的评选采取学校申报、主管部门推荐、同行专家评选、国家教委审核批准的办法。1988 年 7 月,国家教委通知,经过评选、审核,北大有 42 个学科被批准为重点学科。它们是:马克思主义哲学史、中国哲学史、外国哲学史、外国经济思想史、国民经济计划和管理、法学理论、国际法、国际政治和国际组织(联合国际共产主义运动史)、社会学、生理心理学、中国现代文学、中国古代文学、中国古典文献学、现代汉语、汉语史、英语语言文学、印度语言文学、考古学、中国古代史、世界近现代史、基础数学、计算数学、应用数学、理论物理、核物理及核技术、固体物理、波谱学与量子电子学、电子物理和离子束物理、无机化学、分析化学、物理化学、有机化学、高分子化学、人文地理学(联合历史地理学)、天气动力学、大气物理学、植物生理学、生理学、生物化学、细胞生物学(联合动物学)、固体力学、流体力学。

根据《关于评选高等学校重点学科的暂行规定》,重点学科应承担教学、科研双重任务。要逐步做到能够自主地、持续地培养和国际水平大体相当的博士、硕士、学士;能够接受国内外学术骨干人员进修深造,进行较高水平的科学研究;能够解决四化建设中重大的科学技术问题、理论问题和实际问题;能为国家重大决策提供科学根据,为开拓新的学术领域、促进学科发展作出较大贡献。

根据以上要求,学校和各有关系陆续制定了各重点学科的建设规划,并付诸实施。建设经费主要是学校自行解决,国家教委给予一定支持。

为改善教学、科研人员的实验条件,促进高级专门人才的培养和科学技术的发展,在关于教育体制改革的决定公布以前,国家教委即决定在对"四化"建设有重要意义的学科领域内,选择一些在高等学校具有优势的学科,有计划地建设若干个装备比较先进的重点实验室,并根据工作性质逐步办成高水平的开放型教学、科研基地。决定公布后,加快了这一工作的进程。1986 年,国家教委批准北大建设"视觉与听觉信息处理"国家重点实验室;1987 年,批准北大建设"蛋白质工程及植物基因工程""分子动态及稳定态结构"2 个国家重点实验室;1988 年,批准北大建设"生物膜与膜生物工程"国家重点实验室;1989 年又先后批准北大建设"文字信息处理""稀土材料化学及其应用""暴雨测定与预报""湍流研究""区域光纤通信网与相干光纤通信""环境模拟与污染控制""人工微结构与介观物理"等 7 个国家重点实验室。至此,共批准北大建设 11 个国家重点实验室。到 1992 年建成了其中的 5 个,还有 6 个在建设之中。

8. 加强科学研究工作,建立博士后科研流动站

1985 年 3 月,中共中央作出了《关于科学技术体制改革的决定》,对高等学校的科学技术工作提出了更高的要求。北大认真贯彻中央提出的"经济

建设必须依靠科学技术,科学技术必须面向经济建设的方针",组织教学科研人员大力开展科学研究工作。为了加强科研工作,继 1978 年至 1984 年成立了十多个研究所(室)之后,从 1985 年至 1992 年又成立了二十多个研究所和二十多个研究中心。据统计,到 1992 年 10 月,全校已成立研究所(室)37个,研究中心 27 个,其中主要的有计算机系统与软件研究所,城市区域开发环境研究所、近代通信研究所、国际关系研究所、社会学人类学研究所、经济研究所、中国语言文学研究所、比较文学研究所、信息科学中心、环境科学中心、北京现代物理中心、稀土化学研究中心、凝聚态与固体物理中心、天然产物研究与开发中心、历史地理研究中心、知识产权教学研究中心、中国传统文化研究中心等。这些研究机构中,特别是不少研究中心是跨学科的。

1986 年,国务院制定《高技术研究发展纲要》(即"863"计划),并定于翌年实施,北大积极参与高技术发展研究,承担了"863"计划多个领域的科研任务。同年,国家制定全国哲学社会科学"十五"规划,确定了三百多个重点研究课题,其中高校一百多项,由北大牵头的项目有四十多个。上述纲要和规划确定由北大承担的任务,都分别列入学校制定的理科和文科的"十五"规划之中,认真落实和完成。

新中国成立后,学校的科学研究主要依托教学研究室进行,从 20 世纪80 年代中期开始,课题组逐渐成为进行科学研究的基本单位,并逐渐拥有了财、物和奖酬的支配权。

1985 年 7 月 5 日,国务院批转国家科委、教育部、中国科学院《关于试办博士后科研流动站报告》的通知。该报告指出,建立博士后科研流动站,实行博士后研究制度的目的是:"在高等学校和科学研究机构设置一些不固定的职位,挑选一些获得博士学位的人员在这里从事一个阶段的研究工作,以拓宽知识面,进一步培养独立工作的能力,使之成为具有较高水平的科研、教学人员。""建立博士后科研流动站的单位必须具备以下条件:(1)有博士学位授予权,有高水平的博士导师;(2)学术气氛浓厚而活跃,科研工作在国内处于领先地位;(3)有必需的实验设备,科研后勤条件良好;(4)单位领导积极热心。"是年,国务院批准首批建站单位,北大为其中之一。当时批准北大建立 6 个博士后科研流动站。它们是物理学(包含理论物理、固体物理、核物理及核技术等专业)、力学(包含固体力学、流体力学等专业)、数学(包含基础数学、计算数学、应用数学等专业)、大气科学(包含天气动力学、大气物理等专业)、生物学(包含植物学、植物生理学、生物化学、动物学、昆虫学、生理学等专业)、和化学(包含无机化学、物理化学、有机化学、高分子化学等专业)。1986 年,北大开始招收博士后研究人员。1986 年以后,又于 1988 年、1991 年、1992 年、1995 年分四批批准北大增设了社会学、地理学、地质学、计算机科学技术、经济学、中国语言文学、历史学、法学、外国语言文学等 9 个博士后科研流动站,原来已设的流动站,其所包含的专业也有所调整和增加。这样,到 1995 年,北大共有 15 个博士后科研流动站,包含 78 个专业。其中自然科学方面有 9 个站,包含 44 个专业;人文社会科学方面有 6 个站,包含了 34 个专业。

9. 开展科技开发工作,兴办科技产业

随着改革开放的推进,特别是从 20 世纪 80 年代中期开始,社会对科学技术的需求不断增加,高等学校为更好地为经济建设和社会发展服务,发挥自身在人才和技术等方面的优势,迅速开展起"四技"(技术咨询、技术培训、技术服务、技术转让)活动。北大于 1984 年 10 月设立科技开发部,以加强对科技开发工作的领导和管理;为便于开展与校外的联系与合作,1985 年设立科技开发总公司。科技开发部和科技开发总公司是两块牌子,一套人马。科技开发总公司在工商管理部门注册登记,成为学校直接领导的企业法人。

在正式成立科技开发部和科技开发公司之前,学校曾于 1984 年 3 月发布《关于科学技术服务管理试行办法》。1985 年,中共中央发布《关于教育体制改革的决定》和《关于科学技术体制改革的决定》以后,学校又根据两个决定的精神,制定了《关于科学技术服务管理试行办法补充规定》。该试行办法和补充规定要求,在保证完成教学、科研任务的前提下,调动各方面的积极性,挖掘潜力,充分利用人才和设备等有利条件,主动适应经济、社会发展和科技进步的需要,开展人才培训、科技咨询与服务、科技协作、科技转让等工作,为"四化"多作贡献,并促进学校教学、科研事业的发展,同时为学校筹集资金。

学校在开展上述工作的同时,还兴办了一批科技产业,以迅速使科研成果转化为生产力,并增加学校创收。从 1985 年至 1992 年,学校共创办了十几个公司,主要有北大方正集团公司(1986 年注册登记时公司名称为"北京理科新技术公司",1988 年 5 月更名为"北京大学新技术公司"、1992 年初再更名为"北大方正集团公司")、北佳信息技术有限公司(北大和日本佳能株式会社、日本乐思株式社合资创办)、北大未名生物工程公司、北大指纹电子公司、北京大北特种饲料技术开发公司等。北大方正集团公司的产品包括电子出版系统、办公自动化系统、计算机软硬件、机电产品等,其中拳头产品为王选教授领导研制的汉字激光照排系统。到 1992 年,它年销售额达 4.1 亿元。

10. 改革人事管理制度和工资制度

(1)实行教师职务及其他专业技术人员职务聘任制度

1985 年 7 月,中央决定改革职称评定制度,实行专业技术职务聘任制。

专业技术职务和学位、学衔、学术称号不同。后者一次获得即终身拥有，前者是根据实际需要设置的工作岗位，有明确的职责，岗位数量由编制确定，由行政领导在经过专家评审机构认定的符合相应任职条件的专业技术人员中聘任，有一定的任期，在任职期间领取专业技术职务工资。

中央作出上述决定后，国家教委即指定北大等8所高校进行教师职务聘任制试点。北大从1985年开始，首先在教师中，然后在其他专业技术人员中进行职务聘任工作，并为此成立了学校和系的"教师职务聘任领导小组"、制定了《北京大学教师职务聘任工作的实施办法》。该实施办法规定："我校教师可以受聘的职务包括：教学岗位（教授、副教授、讲师、助教）；专职科研岗位（研究员、副研究员、助理研究员、研究实习员）；实验技术岗位（高级工程师、工程师、助理工程师及高级实验师）以及其他工作岗位。"学校首先审定教师的任职资格，同时由各单位根据学校下达的编制控制数，结合教学、科研等各项工作的实际需要，并考虑教师职务的合理结构，提出各类职务岗位的方案（岗位限额、岗位职责和任务要求等），报学校批准后公布。然后由各单位教师根据公布的方案申请应聘职务，或由教研室主任、系主任推荐，由系教师职务聘任工作领导小组讨论，提出拟聘名单，报校教师职务评审委员会评审同意后，由学校发给聘书，聘期一般为两年。其他专业技术人员的聘任工作也大体按此办法进行。到1987年，全部完成了首次教师和其他专业技术职务的聘任工作。据是年9月1日学校向中央职称改革工作领导小组办公室报送的《北京大学首次专业技术职称聘任工作小结》，当时全校教师中被聘为教授、副教授的共1147人，占定编教师数的36%；教师以外的专业技术人员被聘为高级职务的184人，占总人数的12%，被聘为中级职务的624人，占总人数的40.7%；未聘与缓聘的人数占教师和其他专业技术人员总数的4%，多数是出国未归或长期病号。其中，缓聘人员仍保留其专业技术岗位，待返校或任务落实后再聘任。

1987年以后，历年教师和其他专业技术人员的聘任工作基本上按此次办法进行。

（2）实行以职务工资为主要内容的结构工资制

1985年，学校遵照国务院《关于国家机关和事业单位工作人员工资制度改革问题的通知》，实行以职务工资为主要内容的结构工资制。工资分为基础工资、职务工资、工龄工资、奖励工资4个组成部分。工龄工资为每年工龄0.5元。基础工资北京地区为每人40元。奖励工资按工作成绩评定发放。职务工资，教学人员为：教授7个等级120—315元，副教授8个等级91—190元，讲师7个等级57—110元，助教5个等级30—57元。行政人员均为6个等级，其中校（院）长110—215元，副校（院）长91—150元，处长82—130

元,副处长 65—110 元,科长 49—91 元,副科长 36—73 元,科员 24—57 元,办事员 12—42 元。1993 年,全国进行工资改革,北大从是年 10 月实行新的工资制度。新工资制度规定,教学人员的职务工资为:教授 7 个等级 390—670 元,副教授 9 个等级 275—555 元,讲师 10 个等级 205—435 元,助教 6 个等级 165—253 元;职员为一级职员 6 个等级 480—695 元,二级职员 7 个等级 335—560 元,三级职员 8 个等级 235—430 元,四级职员 10 个等级 180—372 元,五级职员 8 个等级 160—267 元,六级职员 8 个等级 145—235 元。另有津贴部分,按工资构成中占 30% 计算,由学校制定考核办法,按每人的工作成绩评定等级发放。

（3）建立高级职务人员离、退休制度

1986 年 2 月,学校发布《北京大学贯彻执行〈国务院关于高级专家离休、退休若干问题的暂行规定〉实施意见》,决定从是年开始办理教授、副教授等具有高级职称人员的离退休工作,并决定成立干部退休办公室,负责此事。由于很长时间没有办理过高级职称人员的离退休,决定这次只办理 70 岁以上的教授和 65 岁以上的副教授以及已达到这一年龄的其他高级职称人员的离退休工作,以后再逐年做到按规定的年龄办理离退休。离退休人员的图书证、医疗证不做更换,健康条件允许的可根据需要返聘。返聘人员不占编制,并按照国家规定领取离职退休金以外的报酬。到是年 6 月,完成了办理这次共 76 名高级职称人员的退休手续,其中教授 63 人,副教授 7 人,高级工程师 1 人,副研究馆员 2 人,副主任医师 3 人。

11. 拓宽学校经费来源渠道

20 世纪 80 年代以前,学校经费主要来自教育部拨给的教育事业费,20 世纪 80 年代开始,随着改革开放的发展,特别是 1985 年中央《关于教育体制改革的决定》发布以后,学校经费来源的渠道逐渐拓宽,除国家教委拨给的教育事业费(包含综合定额和专项补助。前者即按照各类学生人数及标准核定的当年教育事业费预算数。后者是根据特殊需要对学校的专项补助如离退休经费、外籍专家补发增调工资费、军训费等)外,主要还有以下来源渠道:①科研经费:甲、科研事业费(1986 年以前包括在教育部拨给的教育事业费中,1986 年以后,由国家科委归口单列预算,而后由国家教委拨给学校),主要用于学校对某些科研项目拨付的经费、专职科研编制人员经费、独立研究机构行政经费的补贴等。乙、科技三项经费(包括重大科研项目补助经费、新产品试制费、中间试验费,由国家教委拨给)。丙、代管科研费,即除国家教委以外的中央各部委、各省市地方拨付的科研项目经费以及学校和下属企业、工厂、公司与其他单位签订的科研合作项目经费。②教育服务收入,如举办培训班、短训班收入,函授、夜大收入、学生委培收入等。③科技咨询、服务和科研成果转让收入。④校办产业收入。⑤境内外企业界、社会知名人士、华侨、校友捐赠的资金等。

12. 拓展校园面积、加速校舍建设，改革后勤管理工作

20世纪80年代，主要是1985年以后至20世纪90年代初，经教育部（国家教委）同意、北京市批准，学校将周围规划范围内的土地，除成府村居民区以外，全部征用，共计约360亩。其中主要有校园西南角的工程兵汽车连、东校门外桃园及成府村南头居民区、燕东园北侧居民区、承泽园南院、畅春园等。除此之外，还在圆明园西侧哨子营征地207亩（除去道路代征地实际上为148亩），用于建设一个新的住宅区燕北园。

20世纪80年代，主要是1985年以后至20世纪90年代初，除了在中关园、燕东园、畅春园建成了多栋教职工住宅楼以外，还建成了勺园留学生楼、电教大楼、化学大楼、静电加速器楼、印刷大楼等重要建筑。

1982年，为调动后勤职工的积极性，提高服务质量和工作效率，学校在伙食管理工作中试行经济承包责任制。开始时，由学校按在校学生人数及教职工耗粮数，将伙食管理费包到伙食管理处，伙食管理处按历史平均先进水平，将生产定额及相应的管理经费包到食堂，再由食堂将定额及相应的管理费包到作业班组。1984年起，改由学校将伙食费直接包到食堂，使食堂成为承包的相对独立的实体。1985年，根据中央关于教育体制改革决定的精神，明确后勤工作改革的方向是实行社会化。当时，主要是结合各项服务工作的实际情况，实行经济承包责任制、自负盈亏，干部实行聘任制，职工工资实行浮动制等。如1986年，负责外国专家和留学生生活服务的勺园管理处，在经济承包责任制的基础上实行干部聘任制和职工工资奖金浮动制后，效益有很大提高。其当年的收入比1985年增加50%，上缴利润比1985年增加79%。又如汽车队，1985年实行独立经济核算，并按现有人员、车辆数量定出月、年的行车里数定额，以及完成、超额完成、未完成定额的奖惩办法、对校内用车单位收费办法等，效益也有较大提高。食堂则从单纯服务型向服务经营型转变，即除正餐按规定由学校拨管理经费外，另设小炒等服务，允许有少量利润，但价格比市场上低。

13. 加强学校的民主管理和民主监督制度，扩大系一级的自主权

1986年11月，学校召开北大第一届教职工代表大会，建立教职工代表大会制度。教职工代表大会是教职工群众行使民主权利、民主管理学校的重要形式。其职权主要为：听取校长的工作报告，讨论学校的工作计划、发展规划、改革方案、财经情况、教职工队伍建设等重大问题，并提出意见和建议；审议岗位责任制方案、教职工奖惩办法及其他重要规章制度；讨论决定教职工的住房分配办法，审议福利费的管理使用情况以及其他有关教职工

的集体福利事项;监督学校各级领导干部,必要时可以建议上级机关予以嘉奖、晋升,或予以处分、免职等。教职工代表大会制度的建立加强了学校的民主管理与民主监督。

1985 年 6 月,学校成立审计室,依照国家有关方针政策、财经法规对学校的财政收支进行审查监督。

1990 年 7 月,学校成立监察室,加强了学校的廉政建设。

从 1984 年开始,学校逐步扩大系一级的自主权。如是年 9 月,将教研室(研究室)主任、副主任的任免权下放给各系(所),系(所)领导决定后报人事处备案。在国家教委对拨付学校的教育事业费实行"包干使用,超支不补、节余留用,自求平衡"的办法后,学校对拨付各系(所)的经费也实行这一办法。对于各系(所)创收的经费,除按照有关规定上交学校的部分以外,由各系(所)自行支配。1985 年,学校还决定将各系(所)人员岗位津贴的考核、发放权下放给各系(所)等。

(五)妥善处理 20 世纪 80 年代后半期的学潮和 1989 年的政治风波

1985 年 9 月 14 日,物理系一些研究生贴出大字报,说"九一八"快到了,要同学们届时到天安门广场向人民英雄纪念碑献花圈并游行。后又贴出一些响应的大字报。这些大字报中有一些不正确的观点。经学校做工作,一些系的研究生会同意不这样做,但要求学校同意在校内举行纪念集会,学校同意了这个要求。9 月 16 日,校研究生会和学生会联合发出公告,宣布 9 月 18 日在校内举行大型纪念会。物理系研究生会也贴出通告,支持两会的工作。但仍有少数学生贴大字报坚持要去天安门,有个别大字报甚至把矛头指向党和政府,说我国目前的对日政策是卖国主义的。18 日中午,物理系一些学生在图书馆前,后又到南校门内集结,打着旗帜,号召同学去游行。学校各级干部和学生会同学到现场进行劝阻,并由丁石孙校长发表广播讲话。他说:"有一些同学出于爱国热情,要纪念'九一八',校方已经接受同学们的要求,在五四操场举行纪念大会,请同学们前往参加。""现在有些同学在南校门集结,坚持到校外进行活动,这是错误的。""不要一时冲动做出错误的行为,要警惕少数坏人利用你们的爱国热情做出后果严重的事情来。"经过劝阻,这些同学没有出学校去游行。但少数当日上午已分散离校的学生还是同其他高校的学生一道共约 400 人,去了天安门广场。他们经领导同意,向人民英雄纪念碑献了花圈,并绕纪念碑一圈后各自回校。18 日下午 3 时,校学生会和研究生会按计划举行了"北京大学纪念'九一八'大会"。十几名同学发言控诉日本帝国主义者对中国人民犯下的滔天罪行。会上宣读了《致人大常委会的信》,建议把 9 月 18 日定为国耻日;宣读了给日本首相中曾根康弘的信,抗议他和一些内阁成员参拜靖国神社。会上还通过了《告同学书》，指出北大是有光荣革命传统的。在新的历史时期，我们继承光荣传统，就是要在党的领导下，奋发图强，励精图治，振奋民族精神，去建设强大的社会主义中国。我们坚决拥护党的三中全会以来的路线、方针、政策，有些人企图歪曲我们的爱国热情，挑拨党和青年的关系，达到不可告人的目的，是绝对办不到的。纪念会的内容基本上包括了几天来学生所提的具体要求。

1986 年 12 月上旬，安徽中国科技大学等合肥几所高校的部分学生，在方励之等人的煽动下，以"要民主，要自由，反专制"为口号，上街游行。在中国科技大学等校部分学生上街游行的影响下，12 月中旬，上海一些高校学生也贴出了大字报并上街游行。随后，北京一些高校出现了大字报要求声援安徽、上海高校的学生。12 月 11 日，有人在北大校园贴出四份介绍中国科技大学学生游行等情况的小字报，力学系一个学生看后贴出要成立"北大民主促进会"共商大事的大字报，经系干部做思想工作后，他主动撕去。12 月 27 日晚，国际政治系四位研究生贴出《告北大同学书》大字报，提出"在新的形势下，北大应再次开创新型民主政治的形式，促进政治体制改革，推进中国民主化、法制化的进程"，并号召组织一次游行。经多方工作，他们于翌日晨主动撕去大字报。12 月 23 日上午和 29 日凌晨，有其他高校千余人和三四百人，分别拥进西校门和南校门，呼口号，要北大学生参加游行。北大学生没有响应。1987 年元旦，有数百名大学生在天安门广场聚集，呼喊"新闻自由""言论自由"等口号。当天晚上，又有 2000 多名学生上天安门游行，其中有北大学生三四百人。经过学生干部做工作，北大大多数学生陆续回校。最后有 34 人没有回来。他们同少数其他高校学生一起被公安部门带离现场。是日晚 8 点多，有千余名学生陆续到办公楼要求学校出面把这些学生要回来。学校表示正在与有关领导联系，并已准备好车去把他们接回来。晚10 点左右，聚在办公楼前的部分学生出西校门去市里，沿途并有其他一些学校的学生加入。当他们走到甘家口时，学校派人告诉他们，被带离现场的学生已由学校接回，希望他们回校。这些学生遂乘学校派去的车返回学校。针对当时的学潮，邓小平同志于 1986 年 12 月 30 日发表了《旗帜鲜明地反对资产阶级自由化》的讲话，指出："学生闹事，大事出不了，但看问题的性质，是一件很重大的事件。"学生闹事，"是几年来反对资产阶级自由化思潮旗帜不鲜明、态度不坚决的结果。要旗帜鲜明地坚持四项基本原则"。"我们的社会主义建设，必须在安定团结的条件下有领导、有秩序地进行。"学校各级干部遵照邓小平的讲话精神和上级领导的指示，对广大学生进行了进一步的教育与疏导，这次学潮逐渐平息。

1988 年 4 月，在全国七届人大和七届政协开会期间，从 3 日至 11 日，校园内陆续贴出大小字报 36 份，内容大多是要求中央重视教育工作、增加教育经费、提高知识分子待遇等方面的,也有极少数大字报企图借机制造事端。学校领导召开干部会,要求大家做好学生的思想工作,要讲明三个问题:一是提意见是可以的,但要通过正常途径反映,学校尽量为大家提供机会和创造条件;二是有些意见和要求,中央和有关部门需要研究,解决要有个过程,不能要求过急;三是有意见可以反映,但不能闹。要爱惜和维护北大的荣誉,保持安定团结的大好局面。经过做工作,事态未再有发展。

1988 年 6 月 2 日凌晨,地球物理系 1987 级研究生柴庆丰和他的三个同学在蓝旗营附近被一伙歹徒殴打。柴于当日下午 4 时许死亡。晚上,有五六百同学到公安部门请愿。公安部副部长和北京市一位副市长向同学们表示一定迅速抓获凶手,依法予以严惩(6 月 4 日,公安部门将柴庆丰一案的 6 名歹徒全部抓获)。在柴庆丰遇害后,三角地陆续贴出一些挽联、悼词和要求惩办凶手、加强治安的大字报,也出现了一些反对中国共产党的领导、反对人民政府的大字报和鼓动游行、静坐的大字报。6 月 5 日、6 日和 7 日晚上,在三角地聚集了几百人,讨论游行、静坐问题。6 月 7 日晚,校党委书记和校长通过广播台联名发表讲话,指出近日来有些人在公安机关已迅速捕获凶手交司法部门严惩的情况下,想把刑事案件问题转移到政治问题上去,提出要游行、静坐等,是不对的。甚至还有个别人说现在的社会是中国历史上最黑暗的时期,反对中国共产党的领导,反对人民政府,更是极端错误的。希望同学顾全大局,维护安定团结的局面。当晚,校广播台还广播了北京市人民政府的通告。通告指出:极少数别有用心的人,制造谣言、蛊惑人心,妄图把这一刑事案件转移成政治问题,甚至公然反对中国共产党的领导,反对人民政府,破坏安定团结,破坏民主法制,诋毁改革开放。这些人的言行是违背全国人民的根本利益的,也是违背北京大学广大师生员工的意志的。通告重申:未经批准的一切游行示威活动都是非法的,绝不容许少数人利用任何借口进行违法活动。讲话和通告广播后,聚集在三角地的同学逐渐散去。此后,又经多方工作,事件逐渐平息。

1989 年 4 月 15 日,中共中央政治局委员、中共中央前总书记胡耀邦逝世。15 日和 16 日,北大学生宿舍区贴出一二百份悼念胡耀邦的挽联、诗、大小字报,其中有少数以悼念为名把矛头指向党和政府。16 日,校学生会、研究生会贴出公告,联合设立悼念胡耀邦的灵堂,并以两会的名义代表同学向胡耀邦敬献挽联。许多同学到灵堂进行了悼念。

4 月 17 日,《人民日报》在头版刊登大幅照片,报道天安门广场纪念碑前的花圈和群众献花圈、悼念的场面。是日,北大 100 多名学生和教师到天安门广场送花圈,并在纪念碑下举行悼念仪式。校内三角地出现鼓动学生上街游行的大字报。

4月18日，北大、人大的一些学生先在天安门广场纪念碑前，后移至人民大会堂东门外静坐、请愿。北大历史系学生王丹等在纪念碑前演讲，提出7条要求，其中有"彻底否定'清除精神污染、反对资产阶级自由化'运动""允许民间办报，解除报禁，言论自由""取消关于游行示威的10条规定"等。学校派车将北大学生接回，但有20多人坚决不回校。晚上11点左右，北京高校一些学生在新华门前静坐，并冲击新华门，内有少数北大学生。19日晚上又有一些高校学生到新华门前静坐并冲击新华门，其中也有少数北大学生。

4月20日，一些学生成立非法组织"团结学生会筹委会"（简称"筹委会"）。"筹委会"决定在北大发起罢课，并宣布届时将在各路口阻拦去上课的学生和教师。学校发出通知，指出罢课是错误的，更不允许任何人阻拦教师和学生上课，要求各系各单位做好教师和学生的工作。4月21日，"筹委会"宣布自是日上午8时起开始罢课。有人在各路口拦阻去上课的同学。学校派人制止这种行动。

中央决定4月22日上午10时，在人民大会堂举行胡耀邦同志追悼会。

21日晚，北大2000多名学生去北师大与其他高校学生汇合，共两万多人于当晚近10时游行到天安门，并于22日凌晨3时左右，事先强行占据天安门广场，要求为在广场的学生播放追悼会的实况，后又要求递交请愿书，但当工作人员出来接请愿书时，他们又不交，提出要李鹏总理亲自出来接。午后，各校学生陆续撤出广场。北大学生经长安街、三里河、紫竹院回校，沿途有人呼喊通电全国、统一罢课和攻击党和政府的口号。23日，"筹委会"在五四操场召开"学生大会"，参加和围观的学生约3000人。会上宣布非法组织"北京大学学生自治会筹备委员会"正式成立。接着，"筹委会"贴出公告，宣布正式参加非法的"首都高校临时学生联合会"（简称"高自联"）。24日，"筹委会"在28楼学生宿舍设非法广播站"北大之声"，开始播放稿件。

4月25日下午，中央人民广播电台、中央电视台播出《人民日报》将于26日发表的、经中共中央政治局常委会讨论的社论《必须旗帜鲜明地反对动乱》。

社论指出，极少数别有用心的人利用青年学生悼念胡耀邦同志的机会制造动乱，"其实质是要从根本上否定中国共产党的领导，否定社会主义制度"。社论号召全党和全国人民要充分认识这场斗争的严肃性，团结起来，旗帜鲜明地反对动乱。"筹委会"反对社论，鼓动继续罢课，并于晚上11点多，根据"高自联"的决定，通知于27日上午8点出发去天安门游行。

4月26日上午，党委召开干部会传达邓小平讲话精神和市委意见，动员党员、教师、干部到学生中旗帜鲜明地做工作，向他们讲清道理，要他们不要去游行。是日下午和晚上，校广播台连续多次广播《北京市关于游行示威的十条规定》和《北大通告》，通告指出，一些人仍在鼓动同学游行，这是对广大同学极不负责任的,是十分错误的;号召广大同学不要去游行,要勇敢地走进教室,维护自己上课学习的正当权利。27日,有1900多名学生和几名青年教师,不听劝阻,参加游行。

4月30日,"筹委会"的几个人到党委办公室,要求党委承认"筹委会",承认"筹委会"成员中的研究生代表代行"研究生会临时主席团的职务和工作"。当时在党委办公室的党委副书记和办公室主任代表党委表示:"筹委会"不是通过正常民主程序选举产生的,不能承认。

5月上旬,尽管学校反复做工作,反复劝阻,"筹委会"人员还是继续组织一些学生游行。5月4日,他们组织600多人参加"高自联"发起的游行;5月9日,组织400多人骑车去"记者协会"声援一些记者的请愿活动;5月10日,组织1000多人进行骑车游行。

5月13日,在"高自联"和王丹等人的煽动下,北大有260名学生同人大、清华、北师大等10余所院校的学生共2000多人到天安门进行绝食。5月17日,一位自称是"筹委会"负责联络的生物系学生又出面组织"北大绝食团第二梯队"。5月18日,一些党员教师组织"北大党员教工绝食团",有23人于19日赴天安门参加绝食。在此期间,一些教师成立了非法组织"北京大学教工后援团",并于17日组织一千多名教工和学生参加"市民声援游行"。

在一些学生绝食期间,从关心和爱护同学出发,尽量不使他们的身体受到损伤,校领导、各系各单位干部、教师、校医院医生轮流去天安门广场看望他们,做劝说工作,同时给他们送去消毒牛奶、生理盐水、药品、遮阳伞和晚上御寒的衣被等,对病弱同学则派车接回治疗。校医院病房不够用,学校专门腾出第二体育馆,配备医疗设施,作为接回来的学生的治疗场所。到5月19日广场同学停止绝食改为静坐止,共接回学生278名。

是年5月20日,国务院发布在北京部分地区实行戒严的命令。学校组织全校师生员工学习李鹏总理和杨尚昆主席关于在北京部分地区实行戒严的讲话。而"筹委会"和"教工后援团"则通过28楼广播站鼓动学生和教工抵制戒严令,走出校门去堵军车。在戒严令发布以前,曾由校长办公室出面找有关学生谈话,指出"筹委会"的广播严重干扰学校正常秩序,有些内容是极其错误的,要求其停止广播。他们表示理解,但不肯停止广播。国务院发布戒严令以后,学校又于20日下午找28楼广播站的人谈话,要他们遵守戒严令,停止广播,他们仍表示理解而不肯停止广播。5月23日下午,1000多名学生和教工参加反对戒严的游行。5月28日上午有数百名学生和教工参加反对戒严的"全球华人大游行"。

6月3日夜至6月4日凌晨,首都发生反革命暴乱,戒严部队奉命平息了暴乱,恢复了天安门广场的秩序。停留在广场的我校200多名学生回到学校。学校派干部到有关医院、有关地点了解师生伤亡情况，需要接回的立即接回，同时要求各系各单位清点本单位人员。

6月5日，党委召开干部会，要求各单位做好思想工作，为了本人和学校的安全，要遵守北京市和戒严部队的命令。尽快查明师生伤亡情况（经调查核实，我校死亡3人：化学系1988级学生1人、概率统计系1987级学生1人、化学系青年教师1人），做好善后工作。教职工要坚守岗位，做好本职工作，保证学校的正常秩序。要做好学校的治安保卫工作。

6月8日，28楼广播站停止广播。

6月9日，学校发布《北京大学关于自即日起停课，学生离校回家的通知》（实际上即提前放暑假）。同时召开全校部处长和各单位负责人会议，部署执行该通知的工作，要求在学生离校回家后，教职工要坚持上班，坚守岗位，附中、附小、幼儿园坚持上课。为了做好安全保卫工作，学校成立了安全小组。同日，学校拆除了28楼广播站线路和喇叭，清除了"三角地"和其他地区的标语和大小字报。

6月12日，公安部转发北京市公安局通缉令，通缉21名"高自联"的头头和骨干，其中有北大6名：王丹、杨涛、封从德、王有才、张伯笠、熊炎。

6月16日，学校召开干部会传达6月9日邓小平在接见北京戒严部队军以上干部时的讲话，他说："这场风波迟早要来。这是国际大气候和中国自己的小气候所决定了的，是不以人们的意志为转移的，只不过是迟早的问题，大小的问题。""十年最大失误是教育，这里我主要讲思想政治教育。""这次事件爆发出来，很值得我们思索，促使我们很冷静地考虑一下过去，也考虑一下未来。也许这件坏事会使我们改革开放的步子迈得更稳更好，甚至更快。""要坚定不移地执行党的十一届三中全会以来制定的一系列路线、方针、政策，要认真总结经验，对的要继续坚持，失误的要纠正，不足的要加点劲。"传达后，组织了讨论学习。大家认为邓小平的这个讲话实际上是对平息1989年这场政治风波的深刻总结。暑假后，学校根据邓小平的讲话精神和上级部署，深入开展了反对资产阶级自由化思潮、防止和平演变的学习教育，进行了必要的清查工作，加强了党的建设工作。

（六）贯彻党的十四大精神和《中国教育改革和发展纲要》，加速教育教学的改革与发展

1992年初邓小平南方谈话科学地总结了十一届三中全会以来党的基本实践和基本经验，从理论上深刻地回答了长期困扰和束缚人们思想的许多重大认识问题，特别是社会主义与市场经济的关系问题。党的十四大提出必须用邓小平建设有中国特色社会主义的理论武装全党，确定以建设社会主义市场经济体制为改革目标；提出我们必须把教育摆在优先发展的战略地位,努力提高全民族的思想道德和科学文化水平,这是实现我国现代化的根本大计。为了贯彻邓小平南方谈话和党的十四大精神,1993年2月,党中央、国务院颁布了《中国教育改革和发展纲要》。该纲要提出:"在新的形势下,教育工作的任务是:遵循党的十四大精神,以建设有中国特色的社会主义理论为指导,坚持党的基本路线,全面贯彻教育方针,面向现代化,面向世界,面向未来,加快教育的改革和发展,进一步提高劳动者素质,培养大批人才,建立适应社会主义市场经济体制和政治、科技体制改革需要的教育体制,更好地为社会主义现代化建设服务。"该纲要提出,高等教育的具体目标是:培养的专门人才适应经济、科技和社会发展的需要,集中力量办好一批重点大学和重点学科,高层次专门人才的培养基本上立足于国内,教育质量、科学技术水平和办学效益有明显提高。北大认真贯彻党的十四大精神和《中国教育改革和发展纲要》,并于1994年7月,以建设世界一流大学为奋斗目标,制定了《北京大学改革与发展纲要》,加快了教育教学的改革、建设和发展的步伐。

1. 加强和改进德育工作

根据党的十四大精神,本着要培养社会主义事业建设者和接班人,必须把德育放在学校各项工作的首位,把坚持坚定正确的政治方向作为德育所要解决的首要问题的理念,学校加强和改进了德育工作。第一是以邓小平理论为指导,对马克思主义政治理论课的教学内容、教学方法进行改革和调整。如中国革命史,一直存在着与中学同类课程内容重复,学生感到收获不大的问题。1992年,将这门课程从原来的通史讲授模式改为专题讲授,精选教学内容,突出中国革命思想路线的理论分析;突出国情教育,着重讲述两个历史转变的必然性和中国革命建设改革的指导思想;突出爱国主义教育;突出邓小平理论。在教学方法上,采用课堂讲授为主,结合读原著、课堂讨论、参观爱国主义教育基地、看爱国主义教育影片等。这些改革,受到学生的欢迎。又如哲学课,试行以学习原著带原理的教学方法,将教学过程分为自学、边讲授边讨论、撰写小论文和考核四个阶段,突出从认识论和唯物史观的角度,讲清邓小平理论的哲学基础等。1997年,还组织12位教授分专题为本科生开设了"邓小平理论专题"课。这些也受到了学生的欢迎。在改革政治理论课教学的同时,学校还为学生开设了"当代人生理论与实践"等思想品德修养课,并加强了课程的建设。第二是加强思想政治工作,推动"三育人"。本着"确保稳定、立足改革、着眼建设、创造特色"的原则,结合改革和发展中出现的新情况、新问题,加强对学生进行建设有中国特色社会主义理论教育、党的基本路线教育以及爱国主义、社会主义、集体主义和国情教育,加强中国近现代史、中国革命传统及中国传统美德教育,帮助他们逐步树立科学的世界观和正确的人生观。同时大力提倡和推动"教书育人、管理育人、服务教育"，把思想政治工作贯彻到学校工作的各个领域中去。第三是大力组织学生参加社会实践活动。1989年的政治风波以后，学校即把社会实践活动作为让学生联系实际、了解国情和对他们进行坚持社会主义道路与向人民群众学习、为人民服务教育的重要举措来做。除了要求做好教学计划规定的实习、考察和社会调查等各项实践活动以外，还利用假期组织形式多样、内容丰富的社会实践活动。每年暑期，学校都成立由主管学生工作的党委副书记或副校长牵头的学生社会实践领导小组，组织40个左右的团队，到各地去开展各项活动。除这些有组织的团队以外，还组织更多的同学以回乡挂职锻炼、进行某些社会调查等方式参加社会实践活动。这两项相加，参加人数每年不下4000人，他们在各地进行社会调查、专业咨询、社会服务、科技文化传播等活动，既受到当地的欢迎，也使自己得到了教育和锻炼。

2. 加强学科建设，实施北京大学"211工程""九五"期间建设计划

1990年7月，国家教委发布《关于深化高等理科教育的意见》，决定从全国重点综合大学和少数全国重点理工科大学中，选择一批基础学科专业点，从本科入手重点加强研究生教育，逐步将这些专业点建设成为国家基础科学研究人才的培养基地。1991年6月进行"基地"试点工作，经学校申报、专家组论证，国家教委批准15所重点大学的15个专业点作为"基地"第一批试点专业，其中有北大的物理学专业。1993年6月，国家教委进行"第二批专业点"的审批工作，北大又有7个专业被批准。1995年1月，国家教委仿照理科，进行建立"文科基础学科人才培养和科学研究基地"工作，北大有3个专业被批准。这样，北大共有理科和文科基础学科人才培养和科学研究基地11个。它们是：数学、物理学（含核物理学）、力学、大气科学、化学、生物学、地理学、地质学、中国语言文学、历史学、哲学。学校在国家教委的支持下，加大这些学科建设的力度，包括增加投入、改善教学设备、提高招生质量、更新教学内容和教学方法以提高教学质量等。

在大力加强基础学科建设的同时，学校还根据原定的重视基础学科，发展和加强应用学科、新兴学科和交叉边缘学科的原则，从1993年至1997年，继续增设了一批应用学科、交叉学科和技术科学方面的专业，如旅游开发和管理、广告学、房地产经营管理、超导电性物理、生物技术、植物基因工程、蛋白质化学及基因工程、新功能体系分子工程、蛋白质及药物分子设计、计算机软件工程、信息分析、会计学、保险学、市场营销、国际经济法、环境学、应用心理学、国际贸易、材料化学、环境规划与管理、货币银行学、知识产权、国防经济学、外事理论与外事管理、科技法等。1995年11月，北大还同北京医

科大学商定,联合举办七年制临床医学专业。该专业于 1995 年开始招生,学生先在北大学习一年,再到北京医科大学学习,毕业文凭由北医大和北大联合颁发,学位证书由北医颁发。是年 12 月,经两校商定,在北医大成立"北京大学医学中心"。

1993 年 7 月,国家教委根据《中国教育改革和发展纲要》,发布《关于重点建设一批高等学校和重点学科点的若干意见》。这项建设计划被命名为"211 工程",即面向 21 世纪,重点建设 100 所左右高等学校和一批重点学科点。1994 年 5 月,国家教委开始对申请进入"211 工程"的高校组织专家进行预审。1994 年 10 月,北大通过了预审,1995 年 9 月获得批准。同年 12 月,国家计委、国家教委、财政部联合召开的专家审核会议通过了北京大学"211工程"建设项目可行性报告,北大的建设项目被正式列入国家国民经济和社会发展中长期规划和"九五"计划。北京大学"211 工程""九五"期间建设项目,国家总投资 53194 万元,从 1996 年开始实施。建设项目包括以下三部分。

(1)学科与学科群(以重点综合课题为纽带,形成以科学研究为主来发展的横向联系的学科群体)建设。包括①理科重点建设的学科与学科群有数学、物理、化学、生命科学与生物工程、电子信息科学与技术学科群、地球系统与资源环境学科群、新功能材料与器件及分子工程学学科群。②文科重点建设的学科与学科群有中国传统文化学科群、经济学与市场经济学科群。③基础教学设施建设:主要包括改善普通教室、功能教室、语音专用教室的条件满足全校学生教学的需要,改造与建设 4 间现代化设备的多功能电化教室;装备计算技术教育服务体系,建设计算中心第二机房,补充更新计算中心第一机房;结合面向 21 世纪的课程对物理基础实验室、化学中级仪器实验室、生物基础实验、多媒体教学实验室进行建设、补充或更新。

(2)基础设施建设。包括理科教学楼 1 号楼、2 号楼建设;图书馆新馆建设;水、电、暖基础设施建设。

(3)公共服务体系建设。主要是建设文理综合文献信息中心,增加文献收藏和改善服务手段。

3. 进一步改革招生制度

继 1985 年将全部按国家计划招生的体制改为国家任务计划和调节性计划相结合(即在国家任务计划的前提下,可以招收委托培养生和自费生)的体制以后,1994 年,国家教委根据《中国教育改革和发展纲要》,发布了《关于进一步改革普通高等学校招生和毕业生就业制度的试点意见》,对高校招生制度进一步改革提出了要求。其要点是:①建立非义务教育的大学教育收费制度,所有大学生都要自己缴纳部分培养费。②建立与收费制度和人才培养计划相配套的奖学金和贷学金制度。根据国家需要确定由国家设立的专项奖学金的比例和专业范围。通过收费制度和奖、贷学金制度的实施来体现招生计划中的国家任务和调节性两种形式。③在招生的录取办法上，取消对自费生可以低于规定的录取分数线降低分数录取的办法。④高等学校内设立专项奖学金。包括：国家设立的保证重点需要专门人才的定向奖学金；企事业或社会团体等在学校设立的用人单位奖学金；学校奖励品学兼优学生的优秀奖学金；国家设立的贷学金等。⑤改革试点逐步推开。试点学校已入学的学生仍实行原来的办法。北京大学作为试点单位，于 1994 年开始对新入学本科生实行收费制度，当年每人每年交学费 1000 元（包括住宿费）。1995 年，学校又根据国家教委的规定，实行经济困难学生减免学费的办法。

4. 深化教学改革

为使培养的学生适应国家经济建设、社会发展和科技进步的需要，特别是适应建设社会主义市场经济的需要，学校继续本着"加强基础、淡化专业、因材施教、分流培养"的原则，推进教学改革进一步深入。第一，加强通识教育，加强基础课的教学。低年级按相近专业或系进行宽口径的基础教育；进一步组织供全校学生选修的公共课，建立全校性通识教育课程体系；继续选择学术水平高、教学经验丰富的教授、副教授主持基础课教学，提高教学质量；选择约 480 门本科主干基础课，着力加强建设，力争使其成为国内同类课程中的精品课程。第二，要让学生，主要是高年级学生，有较宽的选课自由度。允许他们跨专业，跨系选修课程，鼓励文、理科之间相互选课；努力探索应用学科的实际工作能力的培养，加强各类学生计算机与外语能力训练，以有利于因材施教、分流培养，增强学生对人才市场需要的适应性。第三，努力办好理科和文科综合试验班。学校于 1993 年 7 月和 11 月，先后举办理学试验班和文史哲综合试验班，采用选课制，制定单独的教学计划，探索怎样培养质量更高、更适应新时期需要的人才。

5. 继续扩大和改进研究生教育

根据《中国教育改革和发展纲要》提出的高层次专门人才的培养基本立足于国内的要求，学校继续扩大研究生培养的规模。1993 年至 1997 年，经国务院学位委员会批准，北大新增博士学位授权学科、专业 10 个，硕士学位授权学科、专业 14 个。至此，北大共有博士点 101 个，硕士点 148 个，博士生指导教师从 1992 年的 292 名增加到 1997 年底的 528 名。在校研究生人数从 1992 年的 2922 人（博士生 532 人，硕士生 2390 人），增加到 1997 年的 5415 名（博士生 1429 人，硕士生 3986 人）。

在扩大研究生培养规模的同时，进一步改进研究生的培养工作，提高培养质量。从 1993 年开始,在实行培养三年制博士生的同时,在 5 个系试行硕士、博士连续培养的办法。从 1994 年开始,在 5 个系试行选拔优秀本科生直接攻读博士学位的办法。拓宽研究生培养的专业基础、跟踪科学前沿、加强相关学科知识的学习和实践性教育环节。注重培养研究生的优良学风、探索精神、独立工作能力和创造能力。逐步推行导师负责和集体培养相结合的培养方式。进一步修订和完善研究生培养、学籍管理和学位授予等方面的规章制度,保证学位授予质量。学校还在一部分系、所、中心试行"因需设岗,择优聘用,分类付酬"的研究生兼任助教、助研、助管制度。

6. 进一步改革与发展成人教育

适应社会需求的变化,调整与发展成人教育的专业结构。1992 年,学校提出了"发扬我校基础学科的传统优势,进一步有选择地发展新兴、边缘、交叉学科,巩固和加强现有应用学科,适当发展一些新的应用学科和新型工程技术学科"的调整与发展成人教育专业结构的指导思想。据此,陆续增设了金融与贸易、国际贸易、货币银行学、财务会计、市场营销、现代会计、经济法、知识产权法、涉外管理与涉外秘书、文化艺术管理、广告学、计算机信息管理、计算机实用技术、环境工程、建筑(结构)工程、生物化学与分子生物学技术等二十多个专业。这些新专业有的是在学校全日制教育原有学科专业的基础上嫁接、衍生而成,有的是在交叉学科、边缘学科的生长点上诞生,有的则是北大文理或工程技术学科的新专业。

修订成人教育专业教学计划和课程设置,为成人教育学生构筑适应未来的知识结构。主要是处理好以下几个关系。一是理论课与应用性课程的关系。坚持理论课以够用为度的原则,加强实务性、技术性课程,减少"史"、"论"类课程。二是基础课与专业课的关系。既要保证成人教育学生有较扎实的基础功底,又要使他们有较强的适应能力。三是立足当前与面向长远的关系。要考虑到 21 世纪专业人才知识结构的需要,把反映新理论、新知识、新技术的课程纳入教育计划。四是专科与专科起点本科课程结构的关系。专科阶段要加强实际操作性、应用性较强的课程,本科阶段则要加强专业理论性课程。

试行学分制。从 1994 年开始,在有条件的函授站和北京地区试行学分制。把同一专业的全日制教育和成人教育的相同课程打通,允许成人教育学生选修全日制教育(包括成人脱产班)的课程;把低年级和高年级课程打通,允许学生在不颠倒先修课、后修课的情况下选修高年级课程;学有余力的学生可以多选课程,获得规定的学分可以提前毕业。

发挥学校优势,发展高层次的继续教育。从 1994 年开始,学校发挥北大重点学科实验室多、仪器设备好、师资力量雄厚、科学信息和图书资料丰富等优势,大力开展大学后继续教育,举办各种高级研讨班、硕士学位进修班,如马克思人学、文化人类学、可持续发展战略、西方市场经济理论与实践、介观物理、现代地质学基础理论、低维拓扑等高级研讨班和保险公司经理研讨班、现代日本问题研究班、硕士学位课程教师进修班等,推动成人教育的重点逐步向大学后继续教育转移。学校还于1994年成立继续教育学院(与成人教育学院一套班子,两块牌子),以加强对大学后继续教育的组织、领导和管理。

成立"北京大学应用文理学院"和"北京大学海淀应用技术学院",建设圆明园校区。

1993年7月,学校成立"北京大学应用文理学院"(自负盈亏性质),举办成人教育专科。1995年7月,北大与海淀区政府签订联合办学协议,决定共同举办"北京大学海淀应用技术学院",为北京市培养社会发展急需的各类应用专业人才。由海淀区在海淀农民科技学校划出20亩地给北大有偿使用,由北大投资建设圆明园校区成人教育办学基地,园区所建用房,产权属海淀区,由北大无偿使用50年,期满后无偿归还海淀区。1995年10月,学校发布《关于北京大学圆明园校区的建设方案》,决定园区房屋由成人教育学院和应用文理学院共同使用。1996年9月,圆明园校区第一期工程7145平方米的各类用房竣工,交付使用。1997年9月第二期工程5350平方米用房亦竣工交付使用。从此,成人教育有了自己的专用校舍、教学用房。

7. 积极开展科技研究,继续发展科技产业

根据《中国教育改革和发展纲要》有关规定的精神,学校提出,理科科研要保持和发扬我校基础研究的传统和优势,选择具有重大学术价值的科学前沿课题,积极承担国家"九五"期间重大项目和重点课题,坚持长期攻关,力争取得较大成果;要投身国家经济建设主战场,进一步加强应用研究,力争更多承担国家重大科技攻关项目、863项目及各产业部门和企业的重大项目,形成基础研究、应用研究、开发研究协调发展,教学、科研、生产相结合的新格局。文科科研要把国家改革和发展中急需解决的重大理论和实际问题作为主攻方向,加强以下四个方面的研究:一是加强马克思主义基本理论和建设有中国特色社会主义理论的研究;二是继续重视文史哲等基础研究,发挥北大学科齐全、基础雄厚的优势,开展综合性研究;三是加强文科应用性研究,积极参加国家的经济立法和其他方面的法制建设,承担国家和有关部门的政策咨询和调查研究课题,发挥我校在精神文明建设和民主法制建设中的作用。四是加强国际和区域问题的比较研究。文理科的基础研究、应用研究和开发研究在这个思路的指引下,都得到了发展,如文科"八五"期间共承担科研项目381项,其中国家社科基金项目95项(内重点项目30项),

国家教委、北京市及其他部委项目 162 项,国际合作项目 21 项,其他横向课题 103 项,比"七五"规划时期上了一个台阶。"九五"期间,仅 1996 年和 1997 年两年就获科研项目 215 项,其中国家社科基金项目 69 项(内重点 27 项),国家教委人文社科基金项目 69 项,北京市级项目 12 项。理科 1993 年有科研项目 783 项,获科研经费 5261.6 万元;1997 年科研项目增至 876 项,科研经费增至 13789.4 万元。

1993—1997 年,北大的科技产业,以高新技术为依托,以市场为导向,以产品为龙头,以效益为根本,以产学研相结合为模式,以建立效益规模型企业为重点,以增强办学实力为目的,得到了长足的发展。"八五"期间,全校科技产业的销售收入超过 100 亿元人民币,上交学校财政累计 1.3 亿多元。1997 年,北大校办科技产业技工贸总收入达 60.6 亿元,比上年增长 50%,实现利润 3 亿多元,预计"九五"期间上交学校财政的金额会比"八五"期间有较大的增加。

1992 年 8 月统计,全校有校办产业 48 个,其中学校自办 28 个,国内合资 6 个,中外合资 6 个。校系办工厂 8 个,经调整和新建,到 1997 年有校办企业 40 个,其中校级公司 13 个,系级公司 22 个,校系办工厂 5 个。这些企业中,支柱企业有 6 个,其中 1992 年以前和 1992 年举办的有北大方正集团公司和北大未名生物工程公司,1993 年和 1994 年创办的有北大资源集团公司、北大青鸟有限责任公司(它以北大计算机科学技术系和其他兄弟院校、科研机构为主要技术依托和合作伙伴)。北大方正集团公司经营了十几年,已成为一家产业多元化的国际性公司,成为"中国 500 家最大工业企业"之一,也是"百家大型新技术企业"之一。它所属方正技术研究院设有国家级企业技术中心。它控股的方正(香港)有限公司是香港上市公司。它还拥有构成全国销售网络的 40 余家全资和参股企业,同时在日本、马来西亚、加拿大和美国都设有分支机构。

8. 加强教师队伍建设

20 世纪 90 年代是北大教师队伍新老交替的关键时期,据测算,一半以上的学术骨干将在新世纪到来以前离开教学、科研工作的第一线。因此,加强教师队伍建设,培养和造就新一代学科带头人已成为学校发展中的一项紧迫任务。为此,学校努力通过各种渠道选拔、招聘和培养中青年骨干教师。首先是从本校选拔、培养中青年学科带头人,使他们能脱颖而出;其次是从校内外毕业的博士生和博士后人员中选留一批真正优秀的出类拔萃的人才;第三是从国内相应的学科中选聘社会公认的学科带头人;第四是从国外招聘具有真才实学和发展前途的出国留学人员来校工作。与此同时,学校还在资源有限的情况下,投入专款兴建青年教师流动公寓、设立中青年教师生活津贴、在公派出国留学进修方面向具有博士和硕士学位的青年教师倾斜等措施，对优秀中青年学术骨干予以重点扶持。经过多方努力，教师队伍的年龄结构和学历层次有了明显的改善。45 岁以下的中青年教师占教师总数的比重，1990 年为 43.5%，1997 年达到 54%；具有博士学位的教师从 1990 年的 135 人，增加到 1997 年的 650 人，占教师总数的比重从 5.5% 增加到 26%。

在此期间，学校还陆续制定《北京大学各类人员调入的工作程序》《北京大学教师教学工作管理办法》《北京大学教师职务评审条件》《北京大学关于高级专业技术职务人员退（离）休问题的规定》等规章制度，规范和完善教师队伍管理机制。

9. 陆续成立学院，逐步实行校、院、系三级管理体制

20 世纪 80 年代，学校曾提出在校系之间逐步设立学院一级，改校、系两级管理为校、院、系三级管理的意见。但当时因各种原因未能得到实施，只成立了一个下设经济学、经济管理、国际经济 3 个系的经济学院。20 世纪 90 年代，随着学校的发展，系科专业不断增加，学校规模日益扩大，学校再次决定按学科专业特点，设立若干学院，改现行的校、系两级管理为校、院、系三级管理。校级主要抓宏观管理和方针政策的制定，校级职能部门按职能分类，设置相应的处室；学院拥有相应的办学自主权，成为自行运转的办学实体，下设相应的科室；系级摆脱日常行政事务，集中精力抓教学、科研，系级只设一两名秘书。考虑到实行这样的改革有一定难度，决定分步实施，先易后难，先虚后实，稳步进行，逐步完成。1993 年至 1997 年，除已设的经济学院和马克思主义学院以外，先后成立了生命科学学院、化学与分子工程学院、光华管理学院（北大与光华教育基金会联合建立）、数学科学学院和国际关系学院。

10. 加强教学用房和住宅的建设，进行住房制度改革

1989 年开工建设的共 3.2 万平方米的地学楼和法学楼（即逸夫一楼、逸夫二楼）于 1993 年 4 月落成。同年 5 月，于 1986 年破土奠基的北京大学塞克勒考古与艺术博物馆竣工开馆。11 月，全国博士后管理委员会和北大共同投资兴建的"北京大学博士后流动公寓"完工，投入使用。1996 年 12 月，为引进人才兴建的 72 套二居室公寓专用房完工。1997 年 9 月，11000 多平方米的光华管理学院大楼竣工。1993 年至 1997 年，燕北园先后有 9 栋教职工住宅楼落成。这些房舍的建成，对缓解北大教学用房和教职工住宅紧张的情况，起了很大作用。在此期间，正在建设的还有由意大利著名活动家瓦洛里筹资助建的国际政治学大楼、由李嘉诚捐资兴建的图书馆新馆和由学校自己筹资兴建的北京大学百周年纪念讲堂。其中，图书馆新馆和百周年

纪念讲堂于1998年北大百年校庆前竣工。1996年7月,在李岚清副总理的关怀和支持下,经国务院召集有关部委、北京市和北大、清华开会商定,建设北大、清华蓝旗营教师住宅小区。

根据国家教委和北京市政府有关文件精神,1995年,学校上报《北京大学1995年度出售公有住宅楼实施办法》(该办法所说的公有住宅楼房,不包括校园内的住宅和燕东园的住宅小楼)。同年11月,北京市政府房改办批复北大,同意该办法中关于以标准价、成本价向职工出售公有住宅楼的价格及房价计算办法、付款办法和有关政策规定;同意关于售后管理与维修服务的规定。学校按此办法分两批进行售房工作。第一批1996年12月结束,第二批定于1998年结束。第一批有2789户教职工购房,建筑面积共18.61万平方米。

第二章 隶属关系、领导体制和行政管理机构

第一节 隶属关系

一、行政隶属关系

1898年京师大学堂成立时，根据《奏拟京师大学堂章程》，它既是全国最高学府，又是国家最高教育行政机关，统辖各省学堂；钦命管理大学堂事务大臣（即管学大臣），同时又是国家最高教育行政长官。大学堂直接隶属于清廷。

1904年1月14日，清政府根据《奏定学堂章程》中《学务纲要》的规定，改管学大臣为总理学务大臣，统辖全国学务。大学堂设总监督专管大学堂事务，并于2月6日任命了第一任总监督。自此，京师大学堂成为单纯的高等学府，大学堂总监督受总理学务大臣节制。

1905年12月6日，清政府设立学部。学部为中央教育行政机关，管理全国教育，京师大学堂直属学部。

1911年，辛亥革命爆发。1912年1月1日，中华民国成立；同日，中华民国临时政府组成。1月9日，临时政府教育部成立，4月临时政府北迁后，京师大学堂直属教育部。

1912年5月3日，中华民国临时政府批准教育部呈请改京师大学堂为北京大学校，大学堂总监督改称大学校校长。北京大学校仍直属教育部，校长由大总统任命。

1926年4月，奉系军阀控制北京政权后，1927年8月6日张作霖发布"九校合并令"，将北京大学等北京国立九校合并组成国立京师大学校。1928年6月3日，张作霖在南京国民政府北伐军的进逼下退到关外后，南京政府决定将京师大学校先改称为国立中华大学，9月又改称为国立北平大

学,到 1929 年 8 月 6 日才恢复国立北京大学建制。北京大学直属南京国民政府教育部,校长由国民政府任命。

抗日战争期间,教育部于 1937 年 8 月中旬,令北京大学、清华大学、南开大学三校迁至湖南长沙,组成国立长沙临时大学。1938 年 4 月,长沙临时大学迁至云南昆明,校名改称为国立西南联合大学。长沙临大、西南联大仍隶属于国民政府教育部。

抗日战争胜利后,西南联大结束,北京大学复员,隶属国民政府教育部。

1949 年 1 月 31 日,北平和平解放。2 月 28 日,北平市军事管制委员会文化接管委员会接管北京大学,宣布学校行政事宜暂由汤用彤教授负责。5 月 4 日,北平市军管会文化接管委员会通知北京大学:奉军管会决定,成立校务委员会,并任命了校务委员会的主席、常委、委员。北大自接管之日起,在行政上受北平市军管会文化接管委员会领导。

1949 年 6 月 1 日,华北人民政府在北平市军管会文化接管委员会的基础上,成立华北高等教育委员会(简称"华北高教会")。北京大学改由华北高教会领导。

1949 年 10 月 31 日,中央人民政府发布结束华北人民政府工作的命令,华北高等教育委员会也随之结束。1949 年 11 月 1 日,中央人民政府教育部正式成立。北京大学归教育部领导,直属于教育部。1951 年 6 月,宣布马寅初为北大校长。此时,校长由中央人民政府委员会任命。

1952 年 11 月 15 日,中央人民政府委员会通过决议,成立高等教育部,与教育部分开。1958 年 2 月 11 日,全国人民代表大会第一届第五次会议通过《关于调整国务院组织机构的决定》,高等教育部与教育部合并为教育部。1963 年 10 月 23 日,两部正式分开办公。北京大学在高等教育部与教育部分开设立时,隶属高等教育部;在高等教育部与教育部合并为教育部时,隶属教育部。北大校长在 1954 年《中华人民共和国宪法》颁行以后,由国务院任命。

1966 年 7 月 23 日,中共中央同意中央宣传部的建议,再次将高等教育部和教育部合并为教育部。

1969 年 10 月 26 日,中共中央发《关于高等学校下放问题的通知》,规定国务院各部门和教育部所属高等院校全部由所在省、自治区、直辖市革命委员会领导。据此,北京大学受北京市革命委员会领导。

1970 年 7 月,国务院成立科教组,主管原教育部和国家科委的工作,北京大学又同时接受国务院科教组的领导。

1975 年 1 月 17 日,四届人大一次会议通过决议,撤销国务院科教组,恢复教育部。北京大学接受教育部和北京市双重领导。

1978年2月17日，国务院转发教育部党组《关于恢复和办好全国重点高等学校的报告》，其中规定，为了恢复和办好88所全国高等学校，实行双重（部和省、自治区、直辖市）领导、以部为主的领导体制。据此，北京大学接受教育部和北京市的双重领导，以教育部为主。

1985年6月18日，六届全国人大常委会第十一次会议决定设立国家教育委员会，撤销教育部，北京大学隶属国家教育委员会。1998年3月，国务院机构改革，决定将国家教育委员会改名为教育部。北京大学恢复隶属于教育部。

二、党组织的隶属关系

中国共产党第一次全国代表大会召开以前，1920年10月，在李大钊领导下，北京大学第一个党支部在沙滩红楼成立，开始的名称为"北京共产党小组"；11月，改为"共产党北京支部"。

1921年9月，中共"一大"以后，成立中共北京地方委员会，北京大学的党组织隶属中共北京地委。

1923年6月，根据中共"三大"的决定，成立北京区委，负责整个北方党的工作。中共北京地委与北京区委合并，即北京区委兼北京地委。北大的党组织隶属北京区委兼北京地委。

1925年10月初，根据中央的指示，北京区委兼北京地委改组为中共北方区执行委员会（简称北方区委），直属中央。另外成立了中央北京地方执行委员会（简称北京地委），隶属北方区委。北大的党组织隶属北京地委。

1927年9月，中共北京地委党组织召开改组会，成立中共北京市委；1928年6月，南京国民政府将北京改为北平后，称中共北平市委。此后由于市委屡遭敌人破坏，有时由上级指定临时负责人，称中共北平工作委员会或中共北平临时工作委员会等。北大的党组织隶属于北京（北平）市委，直到1937年抗日战争爆发。

抗日战争期间，北京大学于1937年8月迁至湖南长沙，与清华大学、南开大学组成长沙临时大学。临大的党组织受中共湖南临时省委领导。1938年4月，长沙临大迁至云南昆明，改称西南联合大学。西南联大的党组织受中共南方局和中共云南省委的领导。

抗战胜利后，1946年10月，北京大学复员北平开学上课，这时的北大，除了当时新招的学生以外，主要是两部分人。一部分是从昆明复员回北平的学生；另一部分是北平沦陷期间日伪举办的"北京大学"等校的学生，经过教育部设立的"北平临时大学补习班"的补习，分到北大的学生。前一部分人中的党组织，根据转地不转党的原则，仍由中共南方局（后为南京局、上海分局)领导,称为南系地下党组织。南方局委派一个领导小组(后称南系学委)在北平具体领导各校该系统的党组织。后一部分人中的党组织由中共晋察冀中央局城工部领导,称北系地下党组织。城工部在北平设有学生工作委员会(简称学委),具体领导各校该系统的地下党组织。

1948年11月,北京大学南系地下党和北系地下党合并,统一由中共中央华北局城工部领导,南系学委和北系学委亦同时合并。

1949年1月北平解放以后,北京大学党组织一直由中共北平(北京)市委领导。市委主管高校党的工作机构的演变情况如下:1949年2月至1949年6月为中共北平市委组织部学校工作委员会(简称学委);1949年6月至1953年1月为中共北平(北京)市委组织部学校支部工作科(简称学支科);1953年1月至1958年10月为中共北京市委高等学校委员会(简称高校党委);1958年10月至1966年6月为中共北京市委大学科学工作部(简称大学部);1967年4月至1971年3月为北京市革命委员会文教组;1971年3月至1973年2月为中共北京市委、市革命委员会文教组;1973年2月至1977年7月为中共北京市委、市革命委员会科教组;1977年7月至1978年7月为中共北京市委、市革命委员会科学教育部;1978年7月至1981年9月为中共北京市委教育工作部;1981年9月至1983年3月为中共北京市委大学工作部;1983年3月至1989年6月为中共北京市委教育工作部;1989年6月至1990年9月为中共北京市委高等学校工作委员会;1990年9月至1997年为中共北京市委教育工作委员会。

第二节　领导体制

一、清末时期

京师大学堂建立时,根据《奏拟京师大学堂章程》和《钦定京师大学堂章程》,设管学大臣,主持全学,统属各员;设总办,禀承管学大臣,总理全学一切事宜;设中、西总教习,分别主持中学和西学的教育事宜。1902年京师大学堂恢复以后,只设总教习、副总教习,主持一切教育事宜。

1904年1月,《奏定大学堂章程》颁行以后,京师大学堂改为设受总理学务大臣节制的总监督,总管全堂各分科大学事务,统率全学人员;大学堂不设总办和总教习;分科大学设受总监督节制的监督,掌本科之教务、庶务、斋务一切事宜。

京师大学堂历任管学大臣和总监督

姓　名	职　务	任职时间	备　注
孙家鼐	管理大学堂事务大臣（管学大臣）	1898年7月—1899年7月	1899年7月即因病请假，由许景澄暂行管理大学堂事务，12月26日准其开缺。
许景澄	暂行管理大学堂事务	1899年7月—1900年7月	1990年7月9日奏准暂行裁撤大学堂。
张百熙	管学大臣	1902年1月—1904年1月	
荣　庆	管学大臣	1903年2月—1904年1月	1903年2月8日，刑部尚书荣庆会同张百熙管理大学堂事务。
张亨嘉	总监督	1904年2月—1906年2月	
曹广权	暂行代理总监督	1906年2月—1906年2月	1906年2月5日，学部奏暂行代理。2月15日谕批李家驹充总监督。
李家驹	总监督	1906年2月—1907年7月	
朱益藩	总监督	1907年7月—1907年12月	1907年7月31日学部奏准大学堂总监督改为实缺。
刘廷琛	总监督	1908年1月—1910年9月	
柯劭忞	暂行署理总监督	1910年9月—1911年11月	
劳乃宣	总监督	1911年11月—1912年1月	1912年1月24日劳乃宣因病请假，由刘经绎代理
刘经绎	暂行代理总监督	1912年1月—1912年2月	
严　复	暂行管理总监督事务	1912年2月—1912年5月	

京师大学堂历任总教习、总办

姓名	职务	任职时间	备注
许景澄	中学总教习	1898年7月—？	1899年7月任暂行管理大学堂事务。
丁韪良	西学总教习	1898年8月—1900年7月	
吴汝纶	总教习	1902年2月—1903年初	

姓名	职务	任职时间	备注
张鹤龄	副总教习	1902 年 2 月—1903 年初	1903 年初,吴汝纶病逝,由张继任总教习。1904 年 1 月颁行的《奏定大学堂章程》,不设总教习。
	总教习	1903 年初—1904 年初	
黄绍箕	总办	1898 年 12 月—?	
余诚格	总办	?—1900 年 7 月	
于式枚	总办	1902 年 2 月—1904 年初	1904 年颁行的《奏定大学堂章程》不设总办、副总办
李家驹	副总办	1902 年 2 月—1904 年初	同上
赵从蕃	副总办	1902 年 2 月—1903 年 1 月	
姚锡光	副总办	1903 年 4 月—1904 年初	同上

京师大学堂各分科大学监督

姓　名	职　务	任职时间	备　注
柯劭忞	经科监督	1909 年 4 月—1912 年 5 月	
林　棨	法政科监督	1909 年 4 月—1912 年 5 月	
孙　雄	文科监督	1909 年 4 月—1912 年 5 月	
屈永秋	医科监督	1909 年 4 月—1912 年 5 月	屈永秋未能到堂,医科没有开办
汪凤藻	格致科监督	1909 年 4 月—1910 年 8 月	1910 年 8 月开始在籍丁忧
罗振玉	农科监督	1909 年 4 月—1912 年 5 月	
何燏时	工科监督	1909 年 4 月—1912 年 5 月	
权　量	商科监督	1909 年 4 月—1912 年 5 月	

二、中华民国时期

1912 年 5 月 3 日,中华民国北京政府批准教育部呈请改京师大学堂为北京大学校,大学堂总监督改称大学校校长,分科大学监督改称学长。校长总辖全校校务,各科分别由学长主持本科事务。

1917 年,蔡元培就任北大校长后,对学校领导体制进行了改革。(1) 1917 年 3 月设立评议会(1915 年 11 月曾设评议会,但当时未起作用),作为全校最高的立法机构和权力机构。评议会由校长、各科学长和教授选出的代表组成。1919 年取消学长后,改为校长和教授选出的代表组成。校长为评议会当然议长。学校重大事项,如章程、条令的制定,学科的设立、废止及变更,学校的预、决算等均需经评议会讨论决定。(2)各科成立教授会,规划本科教学之事务。1918 年成立了 11 个学门的教授会。1919 年改门为系后,由各系成立教授会。各系主任由系教授会推选,任期二年(后来改为固定职务)。(3)设立教务处和总务处。1919 年,评议会决议废除学长制,成立统一的教务处,并设教务长一人,承校长之命掌全校之学术(教务长由各系教授会主任推选,任期一年)。由教务长和各科教授会主任(改系后为各系系主任)组成教务会议,其职权为:增减及支配各学系之课程;增设或废止学系;建议于评议会,关于其他教务上之事件。与此同时,成立总务处,并设总务长一人,总管全校事务。总务长由校长从教授中委任。(4)设行政会议,作为全校的最高行政机构和执行机关,负责执行评议会的决议。行政会议由各专门委员会的委员长和教务长、总务长组成,校长为当然议长。行政会议下设组织、财务、聘任、图书、仪器、出版、庶务、学生事业等委员会。

1930 年 12 月蒋梦麟就任北京大学校长后,于 1931 年 7 月,根据国民政府 1929 年 7 月公布的《大学组织法》,设立理、文、法三学院;9 月,取消评议会,设立校务会议。校务会议由校长、各学院院长、各学系主任和教授选出之代表组成,以校长为主席。校务会议为审议机构,其审议事项为大学预算、学院学系的设立及废止、大学课程、各种规则、关于学生试验和军训事项、校长交议事项等。校务会议设图书、仪器、出版、财务、学生事业等委员会。1932 年 6 月,学校公布的《国立北京大学组织大纲》明确规定:本大学设理、文、法三学院,各学院置院长一人,院内各系设系主任,同时将教务处改为课业处,置课业长一人,商承校长并商同各位院长综理学生课业事宜(1937 年 5 月,又将课业处改回为教务处);将总务处改为秘书处,改总务长为秘书长。

抗日战争期间,北京大学、清华大学、南开大学先后组成的长沙临时大学和西南联合大学,校务由北大、清华、南开三校校长组成的校务委员会常务委员会负责.常务委员会主席由三校校长轮流担任,一年轮一次。后因南开校长张伯苓任国民参政会副会长,长期在重庆,北大校长蒋梦麟也不常驻昆明,实际上常委会一直由清华校长梅贻琦主持。常委会下设教务长和总务长。1939 年 7 月,西南联大遵教育部令,设立训导处和训导长,主管学生的生活指导、军事训练和体育卫生等事项。西南联大亦遵照 1938 年颁行的《大学组织法》设有校务会议。另外,北大、清华、南开均在昆明设有办事处,专门负责处理只属于自己学校的事务。

抗战胜利,北京大学复员后,恢复战前的领导体制,只是增设了训导长。

民国时期历任校级领导名单

姓　名	职　务	任职时间	备　注
严　复	校长	1912 年 5 月—1912 年 9 月	
马　良	代理校长	1912 年 10 月—1912 年 12 月	1912 年 10 月 1 日,北京政府任命章士钊为校长。章未到任,任命马良为代理校长
何燏时	校长	1912 年 12 月—1914 年 11 月	
胡仁源	暂行管理北大事务,校长	1914 年 11 月—1915 年 1 月 1915 年 1 月—1916 年 12 月	
蔡元培	校长	1916 年 12 月—1927 年 7 月	1923 年 8 月,蔡赴欧,由蒋梦麟代理校长
蒋梦麟	代理校长	1923 年 7 月—1927 年 7 月	1927 年 8 月,北大被并入京师大学校
陈大齐	北大学院院长	1929 年 1 月—1929 年 8 月	时北大学院属北平大学,但对外仍称北京大学
蔡元培	校长	1929 年 9 月—1930 年 12 月	蔡未到任,由陈大齐代理
陈大齐	代理校长	1929 年 9 月—1930 年 12 月	
蒋梦麟	校长	1930 年 12 月—1945 年 10 月	1937 年 8 月至 1938 年 3 月长沙临时大学和 1938 年 4 月至 1946 年 5 月西南联合大学期间,由北大、清华、南开三校校长组成常务委员会主持校务。蒋为常务委员,西南联大时期,常委会主席原规定由三校校长轮流担任,但因蒋梦麟、张伯苓长期在重庆,实际上一直由清华大学校长梅贻琦主持
胡适		1945 年 10 月—1948 年 12 月	胡于 1946 年 7 月到达北平。就任前,由傅斯年代理

姓 名	职 务	任职时间	备 注
严 复		1912 年 5 月—?	校长兼任
夏锡祺	文科学长	1914 年 8 月—1917 年 1 月	
陈独秀		1917 年 1 月—1919 年 3 月	
夏元瑮	理科学长	1912 年 5 月—1918 年 11 月	1918 年 11 月决定出国考察
秦 汾	代理科学长	1918 年 11 月—1919 年 3 月	
张祥龄		1912 年 5 月—?	
王世澂	法科学长		
林行规		?—1915 年 11 月	
王建祖		1915 年 11 月—1919 年暑期	
叶可梁	农科学长	1912 年 5 月—?	1914 年 3 月,北大农科独立,改称农业专门学校
吴乃琛	商科学长	1912 年 5 月—?	1917 年 6 月,商科改为商业学门,隶于法科
胡仁源	工科学长	1912 年 5 月—?	
夏元瑮	兼代工科学长	?—1917 年 8 月	
温宗禹	代工科学长 工科学长	1917 年 8 月—1917 年 12 月 1917 年 12 月—1919 年暑期	
马寅初		1919 年 4 月—1919 年 10 月	任期应到 1920 年 4 月,但 1919 年 10 月即因病不能视事
陶履恭		1920 年 1 月—1920 年 4 月	
顾孟余		1920 年 4 月—1922 年 4 月	
胡 适	教务长	1922 年 4 月—1922 年 12 月	
顾孟余		1922 年 12 月—1926 年 4 月	
蒋梦麟		1926 年 4 月—1926 年 7 月	1926 年"三一八"惨案后离校出走,由王世杰代理至是年 7 月
徐炳昶		1926 年 8 月—1927 年 5 月	
陈大齐		1927 年 5 月—?	

姓 名	职 务	任职时间	备 注
何基鸿	暂兼教务长 教务长	1929 年 4 月—1930 年 3 月 1930 年 3 月—1932 年 6 月	1929 年 4 月至 1929 年 8 月,为北平大学北大学院时期
樊际昌	课业长 教务长	1932 年 6 月—1937 年 5 月 1937 年 5 月—1937 年 7 月	
潘光旦	教务长 (西南联大)	1938 年 1 月—1938 年 10 月	1938 年 7 月请假,7 月至 10 月由樊际昌代理
樊际昌	代理教务长 (西南联大) 教务长(西南联大)	1938 年 7 月—1938 年 10 月 1938 年 10 月—1941 年 11 月	1941 年 6 月 25 日,因病请假一个月,由潘光旦代理
周炳琳	教务长 (西南联大)	1941 年 11 月—?	周外出未返校由杨石先暂代一个月。以后,有一段时间由梅常委兼任。1942 年 12 月梅常委赴渝开会期间和 1943 年 3 月,梅常委赴渝公干期间,请杨石先代教务长
杨石先		1943 年 10 月—1946 年 7 月	1945 年 9 月,杨出国研究,先后请潘光旦、郑华炽、李继侗等代理
郑华炽	代理教务长、教务长	1946 年 8 月—1949 年北平解放	
蒋梦麟		1919 年 12 月—1926 年 4 月	1923 年 3 月 27 日,教育部令:蔡元培未回校前由总务长蒋梦麟代理北大校长
余文灿	总务长	1926 年 4 月—1927 年 8 月	
王星拱		1929 年 4 月—1931 年 7 月	王星拱未到任时由王烈代理。1929 年 4 月至 1929 年 8 月为北平大学北大学院时期
王 烈	秘书长	1931 年 7 月—1933 年 10 月	
郑天挺		1933 年 12 月—1937 年 7 月	
周炳麟	总务长 (西南联大)	1938 年 1 月—1938 年 4 月	4 月 19 日因事离校,请杨振声暂行兼代

姓 名	职 务	任职时间	备 注
杨振声	代总务长(西南联大)	1938年4月—1938年6月	
沈 履	总务长(西南联大)	1938年6月—1940年1月	
郑天挺	总务长(西南联大)	1940年1月—1945年10月	1941年5月因公赴叙永分校,离校期间,由查良钊暂代。1943年3月赴渝开会期间,亦请查良钊暂代。1945年10月,奉北大之命赴平接收。
查良钊	代总务长(西南联大)	1941年5月—? 1943年3月—?	
沈 履		1945年10月—1946年3月	
鲍觉民		1946年3月—1946年4月	
李继侗		1946年4月—1946年7月	
郑天挺	秘书长	1946年7月—1949年1月	
查良钊	训导长(西南联大)	1939年7月—1946年7月	1940年4月和1942年2月赴渝公干期间分别请樊际昌和陈雪屏暂代
陈雪屏	训导长	1946年8月—1947年9月	1946年9月曾由赵迺抟代理
贺 麟	代理训导长、训导长	1947年9月—1949年1月	

说明:(1)西南联大时期,北京大学昆明办事处设有教务处,教务长为樊际昌

(2)1938年1月至10月,西南联大曾设建设长,聘黄钰生担任。10月撤销此职务。

(3)西南联大时期,北京大学昆明办事处设有秘书处,秘书长为郑天挺。

北大历届评议会中由教授选出的评议员

选出时间	评议员
1915年11月	陈黻宸、辜汤生、冯祖荀、俞同奎、张耀曾、陶履恭、温宗禹、孙瑞林、朱锡龄、张大椿
1917年6月	陈汉章、马叙伦、俞同奎、秦汾、陈介、陶履恭、温宗禹、孙瑞林、张星烺、张善扬
1918年10月	胡适、陈大齐、沈尹默、马裕藻、秦汾、俞同奎、胡濬济、沈士远、马寅初、黄振声、朱锡龄、韩述祖、孙瑞林、何杰

选出时间	评议员
1919 年 10 月	胡适、俞同奎、蒋梦麟、马寅初、陶履恭、马叙伦、陈大齐、张大椿、沈尹默、温宗禹、何育杰、朱希祖、贺之才、马裕藻、黄振声、朱锡龄
1920 年 10 月	陶履恭、顾孟馀、蒋梦麟、俞同奎、胡适、朱希祖、王星拱、陈启修、李大钊、马叙伦、何育杰、陈世璋、沈士远、郑寿仁、冯祖荀、张大椿
1921 年 10 月	谭熙鸿、顾孟馀、胡适、王星拱、陈世璋、何育杰、陶履恭、沈士远、朱锡龄、李大钊、俞同奎、冯祖荀、马裕藻、夏元瑮、贺之才、张大椿
1922 年 11 月	谭熙鸿、王星拱、胡适、顾孟馀、李四光、陶履恭、马裕藻、陈启修、丁燮林、李煜瀛、李大钊、朱希祖、冯祖荀
1923 年 10 月	顾孟馀、王星拱、李煜瀛、马叙伦、李大钊、陈大齐、谭熙鸿、马裕藻、沈士远、朱希祖、冯祖荀、胡适、罗惠侨、余文灿、沈兼士、沈尹默
1924 年 10 月	胡适、顾孟馀、王星拱、李煜瀛、丁燮林、陈大齐、马裕藻、马叙伦、谭熙鸿、王世杰、沈尹默、沈兼士、石英、罗惠侨、周览、李四光、朱希祖
1925 年 10 月	顾孟馀、陈大齐、谭熙鸿、朱希祖、胡适、李煜瀛、朱家骅、沈尹默、马裕藻、冯祖荀、沈兼士、丁燮林、高一涵、徐炳昶、李书华、周览、王世杰
1926 年 11 月	徐炳昶、陈大齐、谭熙鸿、沈兼士、李书华、朱希祖、樊际昌、马裕藻、周览、李宗侗、沈尹默、王星拱
1929 年 4 月	何基鸿、王烈、夏元瑮、马裕藻、胡濬济、朱希祖、沈兼士
1929 年 10 月	何基鸿、王烈、马裕藻、关应麟、夏元瑮、朱希祖、刘复、沈兼士、徐宝璜、胡濬济、马衡、王仁辅、李书华
1930 年 10 月	王烈、马裕藻、何基鸿、刘复、沈兼士、樊际昌、胡适、朱希祖、朱锡龄、王仁辅、贺之才、马衡、夏元瑮

说明：各届选出的候补评议员未列（其中有很少数后来递补为评议员）

北大历届校务会议中由教授选出的议员

选出时间	议员
1931 年 9 月	徐志摩、刘复、周作人、戴夏、杨亮功、汤用彤、黄国聪、王烈、丁文江、汪敬熙、胡壮猷、孙云铸、燕树棠、张慰慈、秦瓒、何基鸿
1932 年 11 月	丁文江、汪敬熙、江泽涵、胡濬济、孙云铸、刘复、周作人、马叙伦、杨亮功、马衡、汤用彤、杨廉、何基鸿、秦瓒、周作仁、陶希圣
1933 年 10 月	丁文江、江泽涵、汪敬熙、胡濬济、孙云铸、刘复、周作人、马叙伦、郑奠、吴俊升、汤用彤、罗庸、秦瓒、陶希圣、许德珩

选出时间	议员
1934年9月	江泽涵、孙云铸、朱物华、王烈、胡濬济、傅斯年、马叙伦、梁实秋、汤用彤、周作人、郑奠、罗常培、燕树棠、陶希圣、许德珩
1935年10月	谢家荣、冯祖荀、朱物华、王烈、雍克昌、朱光潜、毛准、周作人、罗常培、姚从吾、贺麟、马裕藻、燕树棠、陶希圣、许德珩、董康
1936年10月	孙云铸、李四光、王烈、吴大猷、朱物华、郑天挺、周作人、罗常培、邱椿、朱光潜、毛准、郑奠、燕树棠、董康、秦瓒、周作仁
1938年12月（西南联大第一届校务会议）	朱自清、陈岱孙、叶企孙、陈福田、钱端升、张奚若、刘崇鋐、叶公超、杨石先、庄前鼎、查良钊
1939年10月（联大第二届）	周炳琳、潘光旦、陈雪屏、叶企孙、杨石先、郑天挺、陈岱孙、王裕光、叶公超、陈福田、罗常培、张景钺
1940年10月（联大第三届）	周炳琳、叶企孙、陈福田、陈雪屏、罗常培、王裕光、陈岱孙、潘光旦、钱端升、张景钺、张奚若、郑华炽
1941年10月（联大第四届）	张奚若、燕树棠、周炳琳、陈福田、陈岱孙、陈雪屏、李继侗、潘光旦、王信忠、罗常培、杨振声、李辑祥
1942年12月（联大第五届）	周炳琳、张奚若、陈雪屏、潘光旦、罗常培、陈岱孙、陈福田、钱端升、燕树棠、肖蘧、张景钺、李辑祥
1943年11月（联大第六届）	罗常培、陈岱孙、张奚若、叶企孙、潘光旦、肖蘧、周炳琳、杨振声、刘仙洲、钱端升、燕树棠
1944年9月（联大第七届）	张奚若、燕树棠、叶企孙、钱端升、潘光旦、闻一多、陈雪屏、刘崇鋐、刘仙洲、陈岱孙、朱自清
1945年9月（联大第八届）	周炳琳、潘光旦、陈雪屏、叶企孙、杨石先、郑天挺、陈岱孙、王裕光、叶公超、陈福田、罗常培、张景钺
1946年5月	袁翰青、殷宏章、汪敬熙、杨振声、贺麟、向达、袁家骅、汤用彤、杨西孟、钱端升、俞大绂、熊大仕、笛仲华、马文昭、胡传揆、刘思职
1947年12月	钱思亮、张景钺、殷宏章、杨振声、冯承植、杨人楩、袁家骅、冀贡泉、吴之椿、刘思职、吴朝仁、马文昭、汪振儒、黄瑞纶、王之轩、陈士骅
1948年11月	殷宏章、张景钺、江安才、向达、季羡林、杨人楩、汤用彤、罗常培、王铁崖、赵迺抟、严镜清、吴朝仁、刘思职、汪振儒、黄瑞纶、王俊奎、陈士骅

三、中华人民共和国时期

  1949年2月28日，北京军事管制委员会文化接管委员会接管北大，宣布学校行政事宜暂由汤用彤教授负责;宣布取消训导制,训导长一职也自然撤销。

1949 年 5 月 4 日,北平军管会文化接管委员会通知北大,奉军管会令,成立北京大学校务委员会,任命汤用彤等 19 位教授和两位讲助代表、两位学生代表为校务委员会委员,汤用彤为校务委员会常务委员会主席,许德珩、钱端升、曾昭抡、袁翰青、向达、闻家驷和讲助代表 1 人、学生代表 1 人为常务委员。按照当时《大学校务委员会组织大纲(草案)》的规定,校务委员会为全校最高权力机关,主持全校校务,并商定全校应兴应革事宜。校委会下设教务长、秘书长。

1949 年 6 月 27 日,中共北京大学总支部公布全体党员、党总支委员、各党分支委员名单。自此,中共北大党组织从地下秘密状态转为公开。党总支(1951 年 2 月下旬改为党委会)对学校贯彻执行党的方针政策和教学、行政工作起保证作用。

1951 年 6 月,中央人民政府任命北京大学校长后,根据 1950 年教育部颁布的《高等学校暂行规程》的规定,实行校长负责制,设校长、副校长、教务长、副教务长、总务长。校长代表学校,领导全校一切教学、科研及行政事宜;领导全校教师、学生、职员、工警的政治学习;任免教师、职员、工警。在校长领导下设校务委员会,由校长、副校长、教务长、副教务长、总务长、图书馆长、各院长、各系主任、工会代表 4 至 6 人及学生代表 2 人组成,校长为当然主席。校务委员会的职权为:审查各系及各教研组的教学计划、研究计划及工作报告;通过预算和决算;通过各种重要制度及规章;议决有关学生重大奖惩事项;议决全校重大兴革事项。校务委员会的决议由校长批准。与此同时,设由校长、副校长、正副教务长、秘书长等参加的行政会议,讨论有关行政事宜,由校长主持。

1952 年 6 月,为适应院系调整的需要,成立"京津高等学校院系调整北京大学筹备委员会",负责筹备工作。筹委会主任为马寅初,副主任为汤用彤、周培源、翁独健,委员有叶企孙、钱端升、蒋荫恩、赵锡禹、谢道渊、杨治安、张群玉、郭道晖。

1952 年院系调整后仍实行校长负责制,同时撤销学院的建制,各系直属学校。1953 年,根据中央对东北局《关于高等学校党的组织机构和专职党务干部的规定(草案)》的指示精神,学校党委配合校长进行学校管理工作。党委会和学校行政之间,没有领导或指导关系,党委会对党的方针政策和教学行政工作起保证监督作用,负责思想政治工作和党的建设。学校成立党的核心小组,由党员校长召集并主持,党委书记、副书记及学校行政有关党员负责人组成,研究和商定学校的重大问题,党政之间互相帮助,密切配合。

这时期,各系实行系主任负责制,党总支对教学行政工作起保证监督作用。

1956年,中国共产党第八次全国代表大会通过的《中国共产党章程》规定:基层党组织对本单位起领导和监督作用。而在此之前,北大已获悉章程的草案,因此经领导批准,于是年6月召开的北大第二次党代会决定,北大党委由过去的起保证监督作用改为党委领导分工负责的制度。9月,将校务委员会的性质定为对学校的工作起集体领导的作用,实行校长负责和集体领导相结合的原则。学校教学和科学研究工作以及行政管理中的重大问题,如教学和科学研究工作的计划、总结,学术评定,学位授予,人事任免,学校规章制度,预、决算等应提请校务委员会讨论,作出决定。与此同时,取消教务长和总务长一级职务,由校长、副校长、校长助理分工直接领导教学、科学研究工作,政治思想工作,人事工作及财务、基建等工作。各系党总支对系的教学行政工作仍起保证监督作用。

1958年9月,中共中央、国务院在《关于教育工作的指示》中规定,在一切高等学校中,应当实行学校党委领导下的校务委员会负责制。据此,北大实行党委制,由学校党委统一领导学校行政机构和群众组织的工作,并改组和加强校务委员会,使之成为贯彻党的教育方针、实现集体领导、密切联系群众的权力机关。同时恢复教务长、总务长的设置。这时期系一级的系务委员会在系党总支领导下进行工作。

1961年9月,中共中央批准试行《教育部直属高等学校暂行工作条例(草案)》(简称《高校六十条》)。其中规定"高等学校的领导制度,是党委领导下的以校长为首的校务委员会负责制"。高等学校的党委会是学校工作的领导核心,对学校工作实行统一领导。学校党委会的主要任务是领导校务委员会,贯彻执行党的教育方针和其他各项方针政策;完成上级党委和行政领导机关布置的任务;做好思想政治工作和党的建设工作;讨论学校中的人事问题,向上级和校务委员会提出建议;领导学校的共青团、工会、学生会和其他群众组织,团结全校师生员工。校长是国家任命的学校行政负责人,对外代表学校,对内主持校务委员会和学校的经常性工作。设副校长若干人,协助校长分工领导教学、总务等方面的工作。根据工作需要,可以设教务长和总务长,分管教学、总务工作。校务委员会为学校行政工作的集体领导组织。学校工作中的重大问题,应由校长提交校务委员会讨论决定,由校长负责组织执行。《高校六十条》还规定:"系是按照专业性质设置的教学行政组织。系主任是系的行政负责人。系主任在校长领导下,主持系务委员会和系的经常工作。系党总支委员会的主要任务是做好思想政治工作和党的建设工作,贯彻执行学校党委员会、校务委员会的决议,保证和监督系务委员会决议的执行和本系各项工作任务的完成。"1961年9月以后,北大即按照上述有关领导体制的规定执行。

1966 年 6 月 1 日，中央人民广播电台播发"第一张大字报"以后，中共中央华北局和中共北京新市委派工作组进校领导"文化大革命"。6 月 4 日，新市委宣布对北京大学党委进行改组，在改组期间由工作组代行党委的职权。7 月 28 日工作组被撤销，成立"北京大学文化革命委员会筹委会"，继而成立"北京大学文化革命委员会"。

1968 年 8 月 19 日，首都工人、解放军毛泽东思想宣传队进驻北大，学校的党、政领导权由工（军）宣队掌握。1969 年 9 月，以工（军）宣队、革命领导干部、革命群众三结合的形式成立北京大学革命委员会，由革委会掌握党政领导权。1971 年 5 月，中共北京大学第六次党代会选出第六届党委会。工（军）宣队领导人都是党委会的主要领导人，而党委会的主要领导人又都兼革委会的主要领导人，所以实际上是由党委会实行一元化领导。

1976 年 10 月粉碎"四人帮"以后，党委会和革委会的一些主要领导人被停职检查，市委派联络组来校参加党委，协同党委领导揭批林彪、江青两个反革命集团的罪行。

1977 年 9 月，中央调周林任教育部副部长兼北京大学党委书记，随后又调高铁、韦明任北大党委副书记，领导拨乱反正、平反冤假错案，主持校务。同年 11 月 23 日，根据中共中央转发教育部党组《关于工宣队问题的请示报告》，北大的工（军）宣队撤出学校。1978 年 5 月，北京市革命委员会下发通知，撤销各单位的革命委员会。同年 6 月 27 日，中央任命周培源为北京大学校长。10 月，教育部下发《关于讨论和试行〈全国重点高等学校暂行工作条例〉（试行草案）》的通知。北大根据条例的规定实行党委领导下的校长分工负责制。校长为国家任命的学校行政负责人，对外代表学校，对内主持学校的经常工作。学校的重大问题经党委会讨论作出决定后，属于教学、行政方面的事项，由校长负责组织执行。系一级实行系主任负责制。

1979 年 2 月，学校成立校务会议，讨论和处理日常行政工作中的一些重要问题（1980 年下半年以后，实际取消）。1979 年 4 月，成立学术委员会，在校长或副校长领导和主持下，对学校教育事业发展规划、科学研究工作和研究生培养工作中的重大问题提出建议，审查、鉴定科学研究的成果，评议研究生的毕业论文、毕业设计，参与提升教授、副教授工作的审议，主持校内学术讨论会，组织参加国内和国际学术交流活动等。学术委员会为工作方便，得分为若干分会或组。1979 年上半年，为适应高等学校恢复与提升教师职称的需要，学校成立"教师职务评审委员会"（1985 年 7 月，改称"学衔委员会"，后又改回为"教师职务评审委员会"）。1996 年，学术委员会和教师职务评审委员会合为一个组织。

1980年8月，恢复设置正副教务长和正副总务长（有时还设秘书长）。1982年1月，根据国家建立学位制度的有关规定，成立北京大学学位评定委员会，各系设分会。1984年7月，经教育部同意，设立校务委员会。这时的校务委员会属咨询性质，很少开会。1985年3月，成立"技术职务""编辑职务""情报资料职务"三个评审委员会。1987年11月，成立"学生专职干部职称小组"和"教育管理职称小组"。1986年起，成立专业技术人员任职资格评审委员会，负责教师以外人员任职资格的评审工作。委员会下设分会、评议组。从1986年开始，学校陆续设置学院一级。

1989年8月，中共中央下发《关于加强党的建设的通知》，规定"高等学校仍实行党委领导下的校长负责制"。北大亦实行这一领导体制。院、系则仍实行院长、主任负责制。

中华人民共和国成立至"文革"前历任行政负责人

职务	姓名	任职时间	职务	姓名	任职时间
校务委员会主席	汤用彤	1949年5月—1951年5月			
校长	马寅初	1951年6月—1960年3月	副校长	汤用彤	1951年6月—1960年3月
				江隆基	1952年10月—1958年9月
				马适安	1956年5月—1958年10月
				周培源	1956年11月—1960年3月
				陆 平	1957年10月—1960年3月
				邹鲁风	1959年3月—1959年10月
			校长助理	严仁赓	1956年11月—1958年10月
	陆 平	1960年3月—1966年6月	副校长	汤用彤	1960年3月—1964年4月
				周培源	1960年3月—1966年6月
				翦伯赞	1961年12月—1966年6月
				傅 鹰	1961年12月—1966年6月
				王竹溪	1961年12月—1966年6月
				魏建功	1961年12月—1966年6月
				黄一然	1962年5月—1966年6月
				戈 华	1963年3月—1966年6月

"文革"期间和"文革"后恢复设置校长前历任行政负责人

职务	姓名	任职时间	备注
文化革命委员会筹备委员会主任委员	聂元梓	1966 年 7 月—1966 年 9 月	
文化革命委员会筹备委员会副主任委员	白晨曦	1966 年 7 月—1966 年 9 月	
	聂孟民	1966 年 7 月—1966 年 9 月	学生
文化革命委员会主任	聂元梓	1966 年 9 月—1968 年 8 月	
文化革命委员会副主任	孔 繁	1966 年 9 月—1967 年 2 月	
	杨学祺	1966 年 9 月—1968 年 8 月	
	白晨曦	1966 年 9 月—1968 年 8 月	
	姜同光	1967 年 2 月—1968 年 8 月	
	徐运朴	1967 年 2 月—1968 年 8 月	
	裘学耕	1967 年 2 月—1968 年 8 月	
	王海忱	1967 年 2 月—1968 年 8 月	
	孙蓬一	1967 年 2 月—1968 年 8 月	
革命委员会主任	杨德中（军宣队）	1969 年 9 月—1972 年 2 月	1971 年 9 月已调回部队。1972 年 1 月，校党委提出免去其职务。2 月 3 日，市委宣布新的领导成员。
革命委员会主任	王连龙（军宣队）	1972 年 2 月—1976 年 10 月	
革命委员会副主任	王连龙（军宣队）	1969 年 9 月—1972 年 2 月	
	刘 信（军宣队）	1969 年 9 月—1972 年 2 月	情况同杨德中
	魏秀如（工宣队）	1969 年 9 月—1972 年 2 月	1971 年 9 月，已调回工厂。其他情况与杨德中、刘信相同。
	张学书	1969 年 9 月—1976 年 10 月	
	周培源	1969 年 9 月—1976 年 10 月	
	聂元梓	1969 年 9 月—？	免职时间不详，但 1971 年 2 月校革委会宣布对聂隔离审查，1972 年 10 月，又宣布交群众监督。
	黄辛白	1972 年 2 月—1976 年 10 月	
	郭宗林（军宣队）	1972 年 2 月—1976 年 10 月	

职务	姓名	任职时间	备注
	马石江	1975 年 9 月—1976 年 10 月	
	魏银秋	?—1976 年 10 月	开始任副主任时间不详
革命委员会主任	王连龙	1976 年 10 月—1977 年 11 月	1976 年 11 月停职检查，1977 年 11 月市委同意撤销其北大党委书记、革委会主任职务
革命委员会副主任	魏银秋	1976 年 10 月—1977 年 11 月	1976 年 10 月停止工作、隔离，1977 年 11 月市委同意撤销其北大党委副书记、革委会副主任职务。
	郭宗林	1976 年 10 月—1977 年 11 月	1976 年 11 月，停止参加领导工作，1977 年 11 月，市委同意撤销其北大党委副书记、革委会副主任职务。
	周培源	1976 年 10 月—1978 年 7 月	
	马石江	1976 年 10 月—1978 年 7 月	
	黄辛白	1976 年 10 月—?	任职终止时间不详。1978 年 7 月之前已到中央党校学习，后调教育部工作。
	于春凯	1977 年 5 月—1977 年 11 月	于为市委派的联络组负责人。
	张贵明（工宣队）	1977 年 5 月—1977 年 11 月	
	白　鹤（联络组）	1977 年 5 月—1977 年 11 月	
	胡启立	1977 年 5 月—?	未到职
	魏青山（工宣队）	1977 年 5 月—1977 年 11 月	
	回登昌（军宣队）	1977 年 5 月—1977 年 11 月	

"文革"后历任校长、副校长、校长助理

校长	周培源	1978年6月— 1981年3月	副校长	高　铁	1978年6月—1979年12月
				汪小川	1978年6月—1979年12月
				冯　定	1978年6月—1981年3月
				殷玉昆	1978年6月—1979年8月
				王竹溪	1978年6月—1981年5月
				季羡林	1978年6月—1981年5月
				张龙翔	1978年6月—1981年5月
				沈克琦	1978年6月—1981年5月
				张　萍	1979年8月—1981年5月
				王路宾	1979年12月—1981年5月
				王学珍	1981年3月—1981年5月
校长	张龙翔	1981年5月— 1984年3月	副校长	王竹溪	1981年5月—1983年1月
				季羡林	1981年5月—1984年3月
				沈克琦	
				张　萍	
				王路宾	
				王学珍	
校长	丁石孙	1984年3月— 1989年8月	副校长	张学书	1984年3月—1989年8月
				朱德熙	1984年3月—1986年11月
				沙健孙	1984年3月—1987年6月
				陈佳洱	1984年8月—1989年8月
				谢　青	1984年8月—1989年8月
				罗豪才	1986年11月—1989年8月
				周尔鎏	1987年6月—1989年8月

校长	吴树青	1989 年 8 月— 1996 年 7 月	副校长	张学书	1989 年 8 月—1991 年 5 月
				陈佳洱	1989 年 8 月—1996 年 7 月
				谢 青	1989 年 8 月—1991 年 5 月
				罗豪才	1989 年 8 月—1995 年 6 月
				周尔鎏	1989 年 8 月—1991 年 5 月
				郭景海	1989 年 9 月—1995 年 6 月
				王义遒	1990 年 4 月—1996 年 12 月
				梁 柱	1991 年 3 月—1996 年 12 月
			校长助理 副校长	李安模	1991 年 3 月—1991 年 12 月 1991 年 12 月—1996 年 12 月
			副校长	于 洸	1992 年 5 月—1993 年 7 月
			校长助理 副校长	迟惠生	1991 年 3 月—1992 年 8 月 1992 年 9 月—1996 年 12 月
			副校长	郝 斌	1994 年 12 月—1996 年 12 月
			校长助理 副校长	马树孚	1992 年 7 月—1995 年 6 月 1995 年 6 月—1996 年 12 月
			校长助理 副校长	闵维方	1994 年 5 月—1995 年 6 月 1995 年 6 月—1996 年 12 月
			副校长	陈章良	1995 年 6 月—1996 年 12 月
			校长助理	林钧敬	1995 年 3 月—1996 年 12 月
校长	陈佳洱	1996 年 7 月—	副校长	王义遒 闵维方 迟惠生 马树孚 陈章良 何芳川 林钧敬	1996 年 12 月—
			校长助理	陈文申 郝 平 鞠传进	1997 年 4 月—

北京大学名誉校长：马寅初(1979 年 9 月—1982 年 5 月)

北京大学顾问：冯 定(1981 年 3 月—1983 年 10 月)；王路宾(1984 年 3 月—1986 年 7 月)；项子明
  (1984 年 3 月—1990 年 3 月)

中华人民共和国成立后历任正副教务长（教务部长）

职务	姓名	任职时间	职务	姓名	任职时间
教务长	曾昭抡	1949 年 5 月—1951 年 6 月	副教务长	杨 晦	1950 年 12 月—1951 年 6 月
	张景钺	1951 年 6 月—1952 年 9 月		杨 晦	1951 年 6 月—1952 年 9 月
	周培源	1952 年 9 月—1956 年 10 月		严仁赓	1952 年 9 月—1956 年 10 月
				侯仁之	1952 年 9 月—1955 年 9 月
				尹 达	1953 年 10 月—1954 年 10 月
				张仲纯	1954 年 9 月—1956 年 10 月
	崔雄崑	1958 年 10 月—1966 年 5 月		张群玉	1958 年 10 月—1966 年 5 月
				尹企卓	1958 年 10 月—1966 年 5 月
			副教务长	王学珍	1960 年 5 月—1966 年 5 月（1961 年 12 月至 1964 年 3 月任代理教务长）
			副教务长	侯仁之	1962 年 7 月—1966 年 5 月
				李赋宁	1962 年 7 月—1966 年 5 月
			教务部副部长（主持教务部工作）	王学珍	1978 年 3 月—1980 年 7 月
			教务部副部长	尹企卓	1978 年 12 月—1980 年 7 月
				苏士文	1978 年 12 月—1980 年 7 月
	王学珍	1980 年 8 月—1984 年 6 月	教务部副部长	苏士文	1980 年 8 月—1984 年 6 月
			副教务长	陈守良	1980 年 8 月—1984 年 6 月
				夏自强	1980 年 8 月—1983 年
				汪永铨	1982 年 12 月—1984 年 6 月
				向景洁	1984 年 5 月—1984 年 6 月

职务	姓名	任职时间	职务	姓名	任职时间
教务长	汪永铨	1984年6月—1986年1月	副教务长	苏士文	1984年6月—
				陈守良	1984年6月—1986年1月
				向景洁	1984年6月—1986年1月
				花文廷	1984年　—1986年1月
	王义遒	1986年1月—1997年9月		陈守良	1986年1月—1986年2月
				花文廷	1986年1月—1996年4月
				向景洁	1986年1月—
				周起钊	1991年6月—1996年4月
				羌笛	1994年10月—1997年9月
				吴同瑞	1994年10月—1997年9月
				周其凤	1996年12月—1997年9月
	羌笛	1997年9月—		吴同瑞	1997年9月—
				周其凤	1997年9月—

中华人民共和国成立后历任正副总务长(总务部长)和秘书长

职务	姓名	任职时间	职务	姓名	任职时间
秘书长	郑天挺	1949年5月—1950年5月			
	王鸿桢	1950年5月—1952年9月			
总务长	蒋荫恩	1952年9月—1956年10月	副总务长	文重	1953年10月—1955年9月
			副总务长	李今	1955年9月—1956年10月
			副总务长(主持总务部门工作)	马振明	1962年4月—1964年2月
			副总务长	李今	1963年6月—1964年2月
	马振明	1964年2月—1966年5月	副总务长	李今	1964年2月—1965年病故
总务部长	王常在	1978年12月—1980年7月	总务部副部长	谢青 刘振瑜 邹贞富	1979年2月—1980年7月

北京大学志（第一卷）

职务	姓名	任职时间	职务	姓名	任职时间
总务长	王常在	1980年8月—1981年5月	副总务长	谢青	1980年8月—1981年5月
				邹贞富	
				王希祜	
	谢青	1981年5月—1984年8月	副总务长	刘振瑜	1981年5月—1985年6月
				邹贞富	
				王希祜	
				张启运	1984年?月—1985年6月
	张启运	1985年6月—1993年2月	副总务长	刘振瑜	1985年7月—1986年
				邹振富	
				王希祜	1985年7月—1993年2月
				崔殿祥	1986年1月—1993年2月
				马云章	1988年12月—1993年2月
	李安模	1993年2月—1994年9月	副总务长	崔殿祥	1993年2月—1994年9月
				马云章	
	马树孚	1994年9月—	副总务长	崔殿祥	1994年9月—
				马云章	
				赵桂莲	1994年10月—
				唐幸生	1995年10月—

北大在改革开放时期，有时曾设置秘书长一职。不过这时的秘书长的职责和中华人民共和国成立前后的秘书长的职责不同。这时的秘书长只办理校长交办的事宜和协助校长管理校长办公室，不管总务、后勤工作。这期间曾经担任过秘书长的有：文重（1984年6月至1988年2月）、林钧敬（1995年3月至1996年12月）、史守旭（1997年4月—   ）。

1949 至 1966 年历任校务委员会主任、副主任、常委、委员名单

时间	校委会主任（主席）	校委会副主任（副主席）	委员（姓名前加△为常委）
1949 年 5 月	汤用彤（主席）		△汤用彤、△许德珩、△钱端升、△曾昭抡、△袁翰青、△向达、△闻家驷、△俞铭传（讲助代表 1 人）、△许世华（学生代表，是年 8 月改为王学珍）、费青、樊弘、饶毓泰、马大猷、俞大绂、胡传揆、严镜清、金涛、杨振声、郑天挺、俞平伯、郑昕、谭元堃（讲助代表）、王学珍（8 月前学生代表）、杨传纬（8 月后学生代表）
1950 年 12 月			马大猷改为常委，增加王鸿祯为常委，增加郝诒纯为委员，学生代表改为常委 1 人、委员 2 人（另 1 人为医科学生代表）
1951 年 7 月	马寅初（主席）	汤用彤 钱端升（副主席）	马寅初、许德珩、张景钺、杨晦、王鸿祯（张龙翔代）、向达、罗常培、饶毓泰（张景钺代）、汤用彤、钱端升（汤用彤代）、马大猷（陈士骅代）、江泽涵、饶毓泰（赵广增代）、曾昭抡、孙云铸（王嘉荫代）、李汝祺、张景钺、郑昕、郑天挺、杨晦、季羡林、冯承植、曹联亚、王重民、韩寿萱、费青（黄觉非代）、王铁崖、樊弘、李酉山、马大猷（胡笳代）、陈士骅、朱兆雪、傅鹰 工会代表 6 人，学生会代表 2 人
1952 年 10 月（院系调整后）	马寅初（主任）	江隆基 汤用彤（副主任）	马寅初、江隆基、汤用彤、周培源、尹达、严仁赓、侯仁之、蒋荫恩、文重、向达、梁思庄、崔雄崑、尹企卓、王学珍、赵国栋、段学复、褚圣麟、孙承谔、张景钺、翦伯赞、杨晦、金岳霖、郑昕、曹靖华、冯至、陈守一（1954 年 7 月起）、王重民、郭良夫、赵占元、张凌青、解才民、何其芳 工会代表 1 人，团委会代表 1 人，学生会代表 1 人
1954 年 10 月	马寅初（主任）	江隆基 汤用彤（副主任）	马寅初、江隆基、汤用彤、周培源、严仁赓、张仲纯、蒋荫恩、李今、向达、梁思庄、史梦兰、谢道渊、胡启立、饶毓泰、张侠、赵国栋、段学复、程民德、褚圣麟、孙承谔、文重、张景钺、张龙翔、侯仁之、翦伯赞、杨晦、罗列、郑昕、汪子嵩、陈岱孙、陈守一、肖永庆、马振明、冯承植、吴兴华、曹联亚、李毓珍、尹企卓、季羡林、戴新民、郭良夫、王重民、何其芳、赵宝煦、张凌青、赵占元、宋超、王力、王铁崖、江泽涵、李汝祺、李继侗、吴达元、金岳霖、周炳琳、马坚、许宝騄、唐钺、黄子卿、陈振汉、华罗庚、傅鹰、冯友兰、游国恩、叶企孙、闻家驷、魏建功

时间	校委会主任（主席）	校委会副主任（副主席）	委员（姓名前加△为常委）
1956年12月	马寅初（主席）		马寅初、江隆基、汤用彤、马适安、周培源、严仁赓、向达、蒋荫恩、史梦兰、李今、张侠、张龙翔、段学复、褚圣麟、孙承谔、张景钺、侯仁之、翦伯赞、吴达元、杨晦、曹联亚、季羡林、冯承植、郑昕、陈岱孙、陈守一、王重民、王向立、赵占元、江泽涵、叶企孙、饶毓泰、黄子卿、傅鹰、乐森璕、陈桢、李继侗、陈振汉、李汝祺、游国恩、王力、魏建功、马坚、朱光潜、闻家驷、冯友兰、唐钺、周炳琳、金岳霖、罗常培、华罗庚、曾昭抡、张奚若、许德珩、许宝录、王铁崖、杨人鞭
1958年10月	马寅初（主席）		马寅初、陆平、汤用彤、马适安、周培源、乐森璕、刘国钧、孙承谔、邵循正、严仁赓、严仁荫、李今、李汝祺、李椿、李普、吴继文、吴经玲、季羡林、陈守一、陈岱孙、陈焜、周炳琳、芮沐、金克木、郑昕、侯仁之、段学复、林昌善、赵占元、祝总斌、马坚、胡济民、胡祖炽、陆式薇、黄昆、唐钺、崔雄崑、张宗禹、张学书、张炳光、张景钺、游国恩、章廷谦、曹靖华、傅鹰、冯友兰、冯定、冯至、褚圣麟、闻家驷、杨晦、翦伯赞、兰芸夫、谢义炳、魏建功、饶毓泰、龚理嘉、黄子卿、丁辽生、王仁、王裸、史梦兰、江泽涵
1962年3月	陆平（主任）	汤用彤 周培源 翦伯赞 傅　鹰 魏建功 王竹溪（副主任）	陆平、汤用彤、周培源、翦伯赞、傅鹰、魏建功、王竹溪、严仁赓、崔雄崑、张群玉、总务长、冯定、刘文兰、侯仁之、兰芸夫、吴继文、段学复、褚圣麟、苏士文、胡济民、汪永铨、孙承谔、张景钺、杨晦、郑昕、陈岱孙、陈守一、赵宝煦、季羡林、冯至、曹靖华、江泽涵、乐森璕、邵循正、芮沐、马坚、赵占元、黄子卿、唐钺、冯友兰、闻家驷、叶企孙、周炳琳、谢义炳、李汝祺、饶毓泰、章廷谦、游国恩

1979—1997 年历届学术委员会正副主任委员、委员名单

时间	主任委员 （主任）	副主任委员 （副主任）	委员
1979 年 4 月	周培源	高铁	周培源、高铁、王竹溪、虞福春（数理分会副主任委员）、沈克琦、段学复
		汪小川 （兼政法分会主任委员）	江泽涵、程民德、庄圻泰、廖山涛、吴光磊
		冯定	徐献瑜、冷生明、江泽涵、胡祖炽、褚圣麟
		王竹溪 （兼数理分会主任委员）	胡宁、杨立铭、赵凯华、甘子钊、张合义
		张龙翔 （兼化生地分会主任委员）	蔡伯廉、尹道乐、吴自勤、秦国刚、杨应昌
		季羡林 （兼外语分会主任委员）	谢义炳、李宪之、邢骏、肖佐、朱仁益
		沈克琦	杜连跃、吴全德、郑乐民、周云镍、张世龙、黄永宝、杨芙清、胡济民、陈佳洱、卢希庭、周光炯、孙天凤、朱照宣、王大钧
			张龙翔、侯仁之（化生地分会副主任委员）、张青莲、黄子卿、邢其毅、冯新德、张滂、唐有祺、徐光宪、庞礼、高小霞、赵国玺、孙亦樑、华彤文、叶于浦、陈阅增、李汝祺、赵以炳、沈同、陈德明、曹宗巽、林昌善、李正理、梅镇安、赵邦悌、乐森璕、王仁、冯仲燕、魏菊英、何国琦、王乃樑、林超、仇为之、王恩涌、承继成、唐锐、荆其诚、邵郊、刘元方、吴季兰、唐孝炎
			冯定、邓广铭（文史哲分会主任委员）、季镇淮（文史哲分会副主任委员）、王力、杨晦、林庚、王瑶、魏建功、吴组湘、周祖谟、袁家骅、岑祺祥、朱德熙、宿白、苏秉琦、陈庆华、罗荣渠、张芝联、沈仁安、冯友兰、张岱年、王宪钧、黄楠森、刘国钧、史永元、关懿娴、洪谦、汪小川、陈岱孙（政经法分会副主任委员）、赵宝煦、雷洁琼、张汉清、鲁毅、胡代光、陈振汉、张友仁、

时间	主任委员（主任）	副主任委员（副主任）	委员
			洪君彦、陈守一、芮沐、王铁崖、肖永清、杨春洗、黄心川、刘国枌、张俊彦、卞立强、肖超然、王俊彦、季羡林、李赋宁（外语分会副主任委员）、黄宗鉴、黄敏中、吴世璜、刘振瀛、刘麟瑞、金克木、任竹根、孙宗光、沙敬范、刘安武、闻家驷、朱光潜、赵绍熊、杨业治、杨周翰、赵萝蕤、吴柱存、齐声乔、沈石岩、严宝瑜、郭麟阁、曹靖华、田宝齐、龚人放、张秋华、王丹兰、张有福、王家福、王珉源
1985年5月	丁石孙	朱德熙 陈佳洱 沙健孙	丁石孙、朱德熙（文科一分会主任）、陈佳洱（理科一分会主任）、沙健孙、汪永铨、王学珍、姜伯驹、石青云、王仁、是勋刚、甘子钊、尹道乐、王绍武、陈家宜、岳增元、胡济民
		汪永铨	郑乐民、王楚、杨芙清、王选、马希文、楼滨龙、张恭庆（理科一分会副主任）、高崇寿（理科一分会副主任）、孙亦樑（理科？二分会主任）、王恩涌（理科二分会副主任）、刘元方、徐光宪、唐有祺、曹维孝、陈德明、胡适宜、朱圣庚、胡兆量、冯钟燕、安太庠、董申保、许政媛、王克镇、田余庆（文科一分会副主任）、陈贻焮、裘锡圭、严家炎、宿白、吕遵谔、陈嘉厚、孙宗光、刘安武、徐继曾、张玉书、张秋华、赵陵生、胡壮麟、王式仁、周文俊、张广达、罗荣渠、黄楠森（文科二分会主任）、厉以宁（文科二分会副主任）、张国华（文科二分会副主任）、朱德生、汤一介、赵宝煦、张汉清、洪君彦、陈德华、沈宗灵、李友义、袁方、张世英、卞立强、肖超然、喜勋
1990年11月	吴树青	陈佳洱 王义道	吴树青、王学珍、陈佳洱、王义道、姜伯驹、张恭庆、郭仲衡、应隆安、李忠、陈家鼎、甘子钊、高崇寿（理科一组组长）、尹道乐、赵凯华、唐有祺、徐光宪、孙亦樑（理科三组组长）、曹维素、张榕森、陈家宜、岳增元、刘式达、徐承和、王楚、唐镇松、吴相钰、胡适宜、胡美浩、顾孝诚、钱祥麟、安太庠、冯钟燕、王恩涌、胡兆量、卢希庭、刘元方、江栋兴、哈鸿飞、是勋刚、余同希（理科二组组长）、陈滨、杨芙清、朱滢、王选、石青云、陈贻焮、裘锡圭、金申熊、陆俭明、孙玉石、田余庆（文科一组组长）、罗荣渠、马克垚、何芳川、吕遵谔、

北京大学志（第一卷）

时间	主任委员（主任）	副主任委员（副主任）	委员
			严文明、朱德生、楼宇烈、施德福、厉以宁（文科二组组长）、张康琴、高程德、陈德华、曾毅、肖蔚云、杨春洗、赵震江、赵宝煦、张汉清、肖超然、梁柱、周文骏、孙宗光、刘安武、张玉书、陈嘉厚（文科三组组长）、蔡鸿滨、沈石岩、李明滨、吴贻翼、胡壮麟、陶洁、安美华、喜勋、陈启伟、陆庭恩、汪永铨
1992年2月	吴树青	陈佳洱 王义遒	吴树青、陈佳洱、王义遒、姜伯驹、张恭庆、郭仲衡、应隆安、李忠、陈家鼎、甘子钊、高崇寿（理科一组组长）、尹道乐、赵凯华、唐有祺、徐光宪、孙亦樑（理科三组组长）、曹维孝、张榕森、陈家宜、岳曾元、刘式达、徐承和、王楚、唐镇松、翟中和、胡美浩、顾孝诚、陈章良、钱祥麟、安太庠、冯钟燕、王恩涌、胡兆量、卢希庭、刘元方、江栋兴、哈鸿飞、是勋刚、陈滨（理科二组组长）、方竞、杨芙清、朱滢、王选、石青云、陈贻焱、裘锡圭、金申熊、陆俭明、孙玉石、田余庆（文科一组组长）、罗荣渠、马克垚、何芳川、吕遵谔、严文明、朱德生、楼宇烈、施德福、厉以宁（文科二组组长）、张康琴、高程德、陈德华、曾毅、肖蔚云、杨春洗、魏振瀛、赵宝煦、张汉清、肖超然、梁柱、钟哲明、周文骏、孙宗光、刘安武、赵登荣、陈嘉厚（文科三组组长）、张冠尧、赵振江、李明滨、吴贻翼、胡壮麟、陶洁、安美华、喜勋、陈启伟、陆庭恩、汪永铨、马戎
1993年3月	吴树青	陈佳洱 王义遒	吴树青、陈佳洱、王义遒、姜伯驹、张恭庆、应隆安、李忠、陈亚浙、陈家鼎、甘子钊、高崇寿（理科一组组长）、尹道乐、赵凯华、唐有祺、黎乐民、徐筱杰、曹维孝、常文保、陈家宜、涂传贻、刘式达、徐承积、王楚、唐镇松、项海格、翟中和（理科三组组长）、顾孝诚、陈章良、周曾铨、钱祥麟、安太庠、冯钟燕、胡兆量、崔海亭、王正行、王祥云、江栋兴、哈鸿飞、是勋刚、陈滨（理科二组组长）、方竞、杨芙清、朱滢、王选、石青云、迟惠生、唐孝炎、裘锡圭、金申熊、陆俭明、孙玉石、孙静、田余庆、罗荣渠、马克垚（文件一组组长）、何芳川、吕遵谔、严文明、叶朗、楼宇烈、赵家祥、厉以宁（文科二组组长）、张康琴、高程德、陈

时间	主任委员 （主任）	副主任委员 （副主任）	委员
			德华、曾毅、肖蔚云、杨春洗、魏振瀛、梁守德、黄宗良、肖超然、梁柱、马戎、钟哲明、谢龙、王万宗、傅成劼、徐昌华、叶奕良、张玉书、张冠尧、赵振江（文科三组组长）、李毓榛、吴翼贻、胡家峦、陶洁、安美华、喜勋、陈启伟、陆庭恩、汪永铨。

1978—1996 年历届教师职务评审委员会、学衔委员会主任、副主任、委员名单

时间	单位名称	主任	副主任	委员
1978 年 4 月	教师职务评议委员会	周培源	高 铁 汪小川 戈 华 张学书 冯 定	周培源、高铁、汪小川、戈华、张学书、冯定、张龙翔、伊敏、段学复、王竹溪、张青莲、杜连耀、魏自强、沈同、乐森璕、侯仁之、文重、郑殿成、虞福春、吕梁、邓广铭、郭罗基、陈岱孙、陈守一、戴卓、阎光华、张殿英、李赋宁、武兆令、巫宇甦
1985 年 7 月	学衔委员会	丁石孙	朱德熙 陈佳洱 沙健孙 汪永铨	丁石孙、王学珍、朱德熙、陈佳洱、沙健孙、汪永铨、张恭庆、高崇寿、王选、孙亦樑、王恩涌、田余庆、黄楠森、厉以宁、张国华
1986 年 5 月	教师职务评审委员会	丁石孙	朱德熙 陈佳洱 汪永铨	丁石孙、王学珍、朱德熙、陈佳洱、汪永铨、张恭庆、高崇寿、王选、孙亦樑、王恩涌、田余庆、黄楠森、厉以宁、张国华、王义遒
1989 年 12 月	教师职务评审委员会	吴树青	陈佳洱 王义遒	吴树青、王学珍、陈佳洱、王义遒、王选、田余庆、孙亦樑、汪永铨、余同希、张恭庆、肖蔚云、陈嘉厚、金申熊、胡适宜、钱祥麟、高崇寿、楼宇烈
1992 年 1 月	教师职务评审委员会	吴树青	陈佳洱 王义遒	吴树青、汪家镠、陈佳洱、王义遒、王选、田余庆、孙亦樑、汪永铨、陈滨、张恭庆、肖蔚云、陈嘉厚、金申熊、翟中和、钱祥麟、高崇寿、楼宇烈、梁柱、迟惠生
1993 年 1 月	教师职务评审委员会	吴树青	陈佳洱 王义遒	吴树青、汪家镠、陈佳洱、王义遒、梁柱、迟惠生、张恭庆、高崇寿、孙亦樑、翟中和、钱祥麟、陈滨、王选、金申熊、田余庆、楼宇烈、肖蔚云、陈嘉厚、汪永铨

　　1994年12月，学校决定调整部分校教师职务评审委员会和校学术委员会成员，并将两个委员会联合起来，将学术委员会原设的组，改为分会，共设四个分会：文科第一分会由基础学科的系组成，共28名委员，吴树青任主任；文科第二分会由应用性学科的系组成，共19名委员，梁柱任主任；理科第一分会由基础学科的系组成，共27名委员，王义遒任主任；理科第二分会由应用性学科的系组成，共23名委员，陈佳洱任主任。分会主要评审正式教授、破格晋升的教授和副教授。另有六个小组评审副高级职称。

1996年校学术委员会、教师职务评审委员会及各分会主任、副主任、委员名单

时间	单位名称	主任	副主任	委员
1996年11月	校委员会	陈佳洱	王义遒 迟惠生	陈佳洱、任彦申、王义遒、迟惠生、闵维方、张恭庆、甘子钊、黎乐民、翟中和、赵柏林、王选、钱祥麟、黄琳、袁行霈、何芳川、叶朗、厉以宁、杨春洗、马戎、申丹
	文科一分会	袁行霈	叶　朗	袁行霈、叶朗、裘锡圭、陆俭明、马克尧、何芳川、阎步克、严文明、赵家祥、楼宇烈、叶奕良、傅成劼、王邦维、张玉书、赵振江、王文融、吴贻翼、王逢鑫、安美华、吴同瑞
	文科二分会	厉以宁	钟哲明	厉以宁、钟哲明、吴志攀、魏振瀛、晏志杰、易纲、曾毅、张国有、吴慰慈、梁守德、黄宗良、宁骚、李士坤、卢淑华、林志超、闵维方、陆庭恩、梁柱、吴树青、孙小礼
	理科一分会	姜伯驹	甘子钊	姜伯驹、甘子钊、陈家鼎、应隆安、张继平、高崇寿、王世光、赵光达、赵新生、黎乐民、花文廷、来鲁华、翟中和、朱圣庚、陈章良、张昀、黄嘉佑、濮祖荫、赵柏林、朱滢、王祥云、陈佳洱、羌笛
	理科二分会	唐孝炎	王阳元	唐孝炎、王阳元、叶沿林、方家驯、王楚、项海格、薛增泉、杨开忠、陶澍、何国琦、郝守刚、杨芙清、许卓群、方竞、陈滨、魏庆鼎、王选、石青云、王义遒、迟惠生、周其凤

1979—1985 年历届实验技术和图书资料人员职称评定委员会主任、

副主任、委员名单

时间	单位名称	主任	副主任	委员
1979 年 11 月	实验技术和图书资料人员职称评定委员会			张龙翔（负责召集）、沈克琦、王学珍、文重、苏士文、伊敏、陈守良、谢青、刘美德、陈德明（或徐长法）、徐承和、周光炯、汪永铨、庄守经、谢义炳、陆永基、何国琦
1981 年	实验技术人员职称评定委员会	王路宾	沈克琦	王路宾、沈克琦、陈守良、赵国栋、王希祜、刘有恒、谢惠媛、林炳雄、潘乃燧
	图书资料档案人员职称评定委员会	沈克琦		沈克琦、夏自强、谢道渊、郭松年、耿济安、赵国栋
1982 年 6 月	图书资料档案人员职称评定委员会	沈克琦		沈克琦、夏自强、谢道渊、郭松年、耿济安、赵国栋、庄守经、强重华
1983 年 4 月	图书资料档案人员职称评定委员会	沈克琦		沈克琦、赵国栋、吴同瑞、郭松年、庄守经、成素梅、强重华、朱天俊、张崇静

1986—1997 年专业技术人员任职资格评审委员会及分会、评审组名单

时间	单位名称	主任	副主任	委员
1986 年	专业技术人员任职资格评审委员会	丁石孙	张学书 陈佳洱 张启运	丁石孙、张学书、陈佳洱、张启运、李安模、苏志中、胡妙慧、庄守经、王慧芳、杨以文、闵庆全、刘方棫、楼滨龙、江超华、孙宗鲁、吴荣坤、周文俊
	图书资料、情报专业人员任职资格评审组	庄守经（组长）		庄守经、周文俊、耿济安、朱德熙、严家炎、阴法鲁、郭松年、潘永祥、韩荣宇、赵新月、阚法篆、强重华、朱天俊、邵献图
	编辑人员任职资格评审组	苏志中（组长）	闫光华（副组长）	苏志中、闫光华、刘方棫、金申熊、袁行霈、罗荣渠、程民德、孙德中。
	实验技术人员任职资格评审组	李安模（组长）	楼滨龙（副组长）	李安模、楼滨龙、陈佳洱、王选、王阳元、赵渭江、唐镇松、苏先基、曹维孝、谢惠媛、刘兆乾
1988 年	实验技术人员任职资格评审组	陈佳洱（组长）	李安模（副组长）	陈佳洱、李安模、谢慧媛、唐镇松、王选、楼滨龙、赵渭江、曹维孝、张宏健、张运鹏、周广田、韩汝琦

时间	单位名称	主任	副主任	委员
1988年7月	工程技术人员职务评议组	郭菊芳（组长）		郭菊芳、江超华、贾炳文、朱印康、唐晓阳、张兴华、唐镇松、尹洁芬
1989年12月	专业技术职务评审委员会	吴树青	陈佳洱 张学书	吴树青、陈佳洱、张学书、于洸、王慧芳、刘方棫、庄守经、孙志鲁、李安模、苏志中、周文骏、杨以文、张启运、胡妙慧、郭菊芳、唐镇松
1990年	实验技术专业职务评议组	李安模（组长）		李安模、陈佳洱、楼滨龙、谢慧媛、唐镇松、赵渭江、王选、刘万祺、张宏健、周广田、张运鹏、韩汝琦
	图书资料专业职务评议组	庄守经（组长）		庄守经、潘永祥、韩荣宇、朱芝仙、周文骏、朱天俊、邵献图、林顺宝、贾梅仙
	财会专业职务评议组	胡妙慧（组长）		胡妙慧、张陶生、邓成光、廖陶琴、吴士彦、杨敏、曾志荣
	出版专业职务评议组	苏志中（组长）		苏志中、彭松健、孙德中、刘方棫、袁行霈、罗荣渠、赵学文
	卫生技术专业职务评议组	孙宗鲁（组长）		孙宗鲁、吴坚明、余志英、王慧芳、周玉芳、吴钟燕、倪能
	工程技术专业职务评议组	张启运（组长）	崔殿祥（副组长）	张启运、崔殿祥、黄杰藩、张兆祥、唐幸生、梁瑞增、赵钰林
	工厂技术(工厂、开发)专业职务评议组	郭菊芳（组长）		郭菊芳、江超华、贾炳文、朱印康、唐晓阳、唐镇松、张兴华、尹洁芬、陆永基
1992年	专业技术职务评审委员会	吴树青	郝斌 王义道	吴树青、郝斌、王义道、于洸、王慧芳、刘方棫、庄守经、孙宗鲁、李安模、苏志中、周文骏、杨以文、张启运、胡妙慧、郭菊芳、唐镇松、梁柱、迟惠生
	工厂技术(工厂、开发)职务评议组	郭菊芳（组长）		郭菊芳、江超华、贾炳文、朱印康、李安模、唐镇松、张兴华、蒋明、唐晓阳、晏懋询、宋再生
1992年12月	专业技术职务评审委员会第一分会①	郝斌	王义道	郝斌、王义道、于洸、李安模、任彦申、马树孚、花文廷、张启运、朱善璐、张万仓、秦寿珪

---

① 1992年12月26日，学校决定，为了更好地进行教师以外其他专业技术系列的评审工作，在其他专业技术系列校评委员会下设三个分会，分别负责高校管理研究、实验、工程、卫生、财会、图书、出版、档案等系列的职务评审工作。同时，在第一分会下设立四个高教管理研究评议组，原设的其他系列的评议组不变。

时间	单位名称	主任	副主任	委员
	专业技术职务评审委员会第二分会	迟惠生	郭菊芳	迟惠生、郭菊芳、孙宗鲁、王慧芳、唐镇松、张启运、张宏健、唐幸生、唐晓阳、王舒民、莫志超、张兴华、胡妙慧
	专业技术职务评审委员会第三分会	梁柱	庄守经	梁柱、庄守经、苏志中、周文骏、刘方械、彭松健、吴同瑞、张爱蓉、华彤文
	高教管理研究第一评议组	于洸（组长）		于洸、王学珍、郝斌、梁柱、王效挺、古平、杨孚旺
	高教管理研究第二评议组	花文廷（组长）		花文廷、罗豪才、童沈阳、马树孚、吴同瑞、周起钊、黄槐成
	高教管理研究第三评议组	李安模（组长）	张启运（副组长）	李安模、张启运、谢青、孙宗鲁、崔殿祥、杨永庚
	高教管理研究第四评议组	张万仓（组长）	秦寿珪（副组长）	张万仓、秦寿珪、郝斌、王义遒、梁柱、王淑文、宋心才
1993 年	专业技术职务评审委员会	吴树青	郝斌 王义遒	吴树青、郝斌、王义遒、梁柱、李安模、迟惠生、王慧芳、刘方械、孙宗鲁、苏志中、周文骏、林被甸、杨以文、张启运、胡妙慧、郭菊芳、唐镇松。
	专业技术职务评审委员会第一分会	郝斌	王义遒	郝斌、王义遒、李安模、罗豪才、任彦申、朱善璐、马树孚、花文廷、赵亨利、赵存生、秦寿珪
	专业技术职务评审委员会第二分会	迟惠生	张兴华	迟惠生、张兴华、孙宗鲁、王慧芳、张宏健、夏宗炬、邵宏翔、唐镇松、唐晓阳、宋再生、李平方、唐幸生、胡妙慧
	专业技术职务评审委员会第三分会	梁柱	林被甸	梁柱、林被甸、周文骏、张爱蓉、刘方械、苏志中、彭松健、华彤文、吴同瑞
	工程技术（正高工）第一评议组	迟惠生（组长）		迟惠生、唐镇松、张兴华、张远鹏、赵渭江、韩汝琦、张榕森
1993 年	工程技术（正高工）第二评议组	李安模（组长）		李安模、张兴华、朱照宣、唐镇松、宋再生、唐晓阳、徐醒华
	学生思想政治教育学科评议组	梁柱（组长）	郭景海（副组长）朱善璐（副组长）	梁柱、郭景海、朱善璐、王义遒、任彦申、马树孚、王桂英

时间	单位名称	主任	副主任	委员
1996 年 11 月	专业技术职务评审委员会	陈佳洱	郝　斌 迟惠生	陈佳洱、郝斌、迟惠生、任彦申、王义道、李安模、刘方楗、赵亨利、林被甸、吴慰慈、杨以文、郭菊芳、唐镇松、胡妙慧、王慧芳
	专业技术职务评审委员会第一分会	任彦申		任彦申、郝斌、赵存生、迟惠生、马树孚、林钧敬、羌笛、张万仓、秦寿圭、岳素兰、陈文申
	专业技术职务评审委员会第二分会	迟惠生	张兴华	迟惠生、张兴华、李安模、王兴邦、夏宗炬、邵宏翔、唐镇松、唐晓阳、姚秀琛、李平方、巩运明、王慧芳、廖陶琴
	专业技术职务评审委员会第三分会	梁　柱	林被甸	梁　柱、林被甸、吴慰慈、蔡蓉华、张爱蓉、刘方楗、赵亨利、彭松健、马季铭、吴同瑞
	高教管理研究第一评议组	张万仓 （组长）		张万仓、任彦申、郝斌、闵开德、趣亨利、岳素兰、隋凤花
	高教管理研究第二评议组	羌　笛 （组长）		羌　笛、马树孚、闵维方、林钧敬、吴同瑞、周其凤、李克安、岳素兰、陈文申。
	高教管理研究第三评议组	马树孚 （组长）		马树孚、李安模、唐幸生、赵钰林、王慧芳、王丽梅、蒋宗凤
	高教管理研究第四评议组	赵存生 （组长）		赵存生、秦寿珪、王义道、梁柱、赵家祥、何芳川、关烨弟
	高教管理研究第五评议组	迟惠生 （组长）		迟惠生、李安模、闵开德、马树孚、杨以文、李平方、王淑文
	学生思想政治教育学科评议组	梁　柱 （组长）	林钧敬 （副组长）	梁柱、林钧敬、任彦申、王义道、沈继英、侯学忠、王登峰
	实验技术学科评议组	迟惠生 （组长）	王兴邦 （副组长）	迟惠生、王兴邦、唐镇松、韩汝琦、张兴华、邵宏翔、张永魁、赵渭江、周先宛、刘尊孝、林建华、袁明武
	图书资料学科评议组	林被甸 （组长）		林被甸、张其苏、王万宗、赖茂生、吴慰慈、蔡蓉华、朱强
	出版学科评议组	彭松健 （组长）	赵亨利 （副组长）	彭松健、赵亨利、李昭时、李忠、李士坤、吴同瑞、魏国英
	工程技术（校产）学科评议组	张兴华 （组长）		张兴华、李平方、贾炳文、唐镇松、蒋明、唐晓阳、巩运明、姚秀琛、周广田、严纯华、叶文虎
	财会学科评议组	邓成光 （组长）		邓成光、黄慧馨、韩达珍、杨敏、张陶生、廖陶琴、赵立群

续表

时间	单位名称	主任	副主任	委员
	卫生学科评议组	王慧芳（组长）		王慧芳、余志英、倪能、付新、王砚恩
	工程技术学科评议组	李安模（组长）	马树孚（副组长）	李安模、马树孚、朱照宣、黄杰藩、梁瑞增、赵钰林、徐醒华
	工程技术（正高工）评议组	迟惠生（组长）		迟惠生、唐镇松、张兴华、周广田、赵渭江、韩汝琦、唐晓阳、徐醒华、张玉峰、马树孚、任彦申

1982—1997 年历届学位评定委员会主席、副主席、委员名单

届数	时间	主席	副主席	委员
一届	1982 年 3 月	张龙翔	王竹溪 季羡林	张龙翔、王竹溪、季羡林、王仁、王瑶、王乃樑、王铁崖、王学珍、朱德熙、李赋宁、陈岱孙、陈阅增、沈克琦、周一良、洪谦、段学复、侯仁之、张青莲、黄楠森、虞福春、谢义炳
二届	1985 年 1 月	丁石孙	朱德熙	丁石孙、朱德熙、沈燮昌、邓东皋、甘子钊、徐光宪、翟中和、钱祥麟、杨芙清、吴全德、赵柏林、王仁、赵靖、田余庆、黄楠森、张玉书、张国华
三届	1988 年 12 月	丁石孙	朱德熙 陈佳洱	丁石孙、朱德熙、陈佳洱、李忠、高崇寿、徐光宪、刘泰槐、钱祥麟、赵柏林、王仁、杨芙清、吴全德、黄楠森、田余庆、赵靖、胡壮麟、沈宗灵
四届	1990 年 1 月	吴树青	陈佳洱	吴树青、陈佳洱、袁行霈、厉以宁、沈宗灵、胡壮麟、邵美成、刘泰槐、赵柏林、李忠、安太庠、杨芙清、王楚、马克垚、赵光武、童沈阳、王义道
五届	1996 年 12 月	陈佳洱	王义道 闵维方	陈佳洱、王义道、闵维方、李忠、王敏中、章立源、黄嘉佑、杨芙清、周其凤、丁明孝、刘瑞珣、陶澍、唐孝炎、袁行霈、马克垚、赵敦华、梁守德、宁骚、杨春洗、厉以宁、王邦维、张玉书、梁柱

第三节　行政管理机构

一、中华人民共和国成立前

1898年京师大学堂初建时，按照《奏拟京师大学堂章程》的规定，在总办、总教习之下，设提调八人，以一人管支应，五人分股稽查学生功课，以二人管堂中杂务。在各提调之下，设供事十六员，誊录八员。另外，藏书楼设提调一员，供事十员；仪器院设提调一员，供事四员。

1902年，恢复因义和团进京和八国联军侵占北京而停办的京师大学堂时，根据《钦定京师大学堂章程》，在总办、副总办之下，设堂提调四员，以稽查学生勤惰出入，并照料学生疾病等事；设文案提调一员，襄办二员，以总理往来文件；设支应提调一员，襄办一员，以稽银钱出入；设杂务提调二员，襄办一员，以照料学生饮食，并随时置办堂中应用一切物件；设藏书楼、博物馆提调各一员，以经理书籍、仪器、标本、模型等件；设医学提调一员，稽查医学馆学生功课，兼司学堂诊治及照料一切卫生事宜。在提调之下，设收掌、供事、书手若干员。

1904年1月，清政府发布《奏定大学堂章程》。该章程规定，大学堂设大学总监督、分科大学监督、教务提调、正教员、副教员、庶务提调、文案官、会计官、杂务官、斋务提调、监学官、检察官、卫生官、天文台经理官、植物园经理官、动物园经理官、演习林经理官、医院经理官、图书馆经理官。总监督总管全堂各分科大学事务，统率全学人员。分科大学监督，每科一人，受总监督之节制，掌本科之教务、庶务、斋务一切事宜。每科设教务提调、庶务提调、斋务提调各一人，他们均受总监督节制，为分科大学之副，诸事与本科监督商办。教务提调总管该科功课及师生一切事务，正教员、副教员属之。庶务提调管理该科文案、收支、厨务及一切庶务，文案官、会计官、杂务官属之。斋务提调管理该科整饬斋舍、监察起居一切事务，监学官、检察官、卫生官属之。天文台经理官掌格致科大学附属天文台事务，植物园经理官掌格致科大学附属植物园事务，动物园经理官掌格致科学大学附属动物园事务，演习林经理官掌农科大学附属演习林事务，医院经理官掌医科大学附属医院事务，图书馆经理官掌大学堂附属图书馆事务，他们均禀承于总监督。

1912年1月1日，中华民国成立。是年5月3日，北京政府批准教育部呈请改京师大学堂为北京大学校，大学堂总监督改称大学校校长，总理校务；分科大学监督改称学长，分掌教务；分科大学教学提调即行裁撤。1914年7月，教育部颁布的《直辖专门以上学校职员任务暂行规程》规定，大学校职员设校长、学长、教员、学监主任、学监、庶务主任、事务员、其他设有附属学校之主任及附设试验场或病院之场长、院长等。北大按此规程设置行政人员。

蔡元培担任校长后，除设立评议会和行政会议以外，于1919年设立了教务会议和教务处。教务会议由各学科教授会主任（成立学系后改为各系系主任）组成，并互相推选一人为教务长，襄助校长统一领导全校的教学工作，废除学长制。教务会议的职权为：增减及支配各学系之课程，增设或废止学系建议于评议会，荐举赠予学位之候补人于评议会，关于其他教务上之事件。教务处负责办理有关上述各项之事务工作，如襄助校长计划全校及各系教学工作之进行，教员之延聘及解约等一切接洽事宜，分配教授科目及规定时间表，计划关于学术上之设备等。1919年还设立了总务处。总务处由校长委任之总务委员会组织之。其中一人由校长委任为总务长，主管全校人事、财政和事务工作。总务长和总务委员以教授为限。总务处设若干部，由总务委员分掌，称某部主任。部之下设课。1920年3月时，设有6个部：总务部（包括文牍、会计两课）、注册部（包括注册、编志、询问、介绍四课）、庶务部（包括校舍、杂务、斋务、卫生四课）、图书部、仪器部、出版部。另有校长室，设有秘书、事务员。1920年10月，教育部批准学校制定的《北京大学章程》。该章程规定在总务部下，增设月刊课，庶务部改为下设斋务、卫生、杂务、收发四课，图书部和仪器部都设有登录、购置、编目、典藏四课，出版部设印刷、售书、讲义三课。该章程还规定，经评议会通过得增设或裁减部课。

蒋梦麟长校后，除了于1931年根据1929年公布的《大学组织法》将评议会改为校务会议，并将行政会议改为由校长、各院院长、秘书长、课业长组成，以校长为主席以外，还将教务长改为课业长，教务处改为课业处，将总务长改为秘书长、总务处改为秘书处，处内不设部，课改为组。1937年5月，又将课业长改回为教务长、课业处改回为教务处。

西南联合大学时期，学校设总务长、教务长、建设长（1938年8月撤销）、训导长（1938年7月设）。1939年设训导长以前，总务长领导的总务处下设文书组、会计室、出纳组、事务组、校医室；教务长领导的教务处下设注册组、体育组和军训队主任教官。1940年1月9日，常委会通过《国立西南联合大学行政组织系统表》，总务处下设出纳组、文书组、事务组、校医室，会计室改为直属学校；训导处下设生活指导组、军事管理组和体育卫生组（后撤销）；教务处下设注册组、出版组、图书馆。此外，还一度设工程处。

在西南联大时期，北大、清华、南开三校还各自设有办事处。北大办事处设有校长室、教务长和教务处、秘书长和秘书处。教务处下设注册组、体育部，秘书处下设文牍组、会计组。此外，还设有图书馆的主任和工作人员。

1946年北大复员北平后，恢复抗战前设置的行政会议。行政会议由校长、各学院院长、教务长、秘书长、训导长、图书馆馆长、本校医院院长组成，以校长为主席。校一级教学行政管机构方面，设校长办公室，置秘书若干人；设教务处，置教务长一人，综理全校教务及学生课业事宜，教务处设注册组（内分考试、课程、注册、成绩等课）；设秘书处，置秘书长一人，处理全校行政事宜，秘书处设文书组、工程组（内分工程课、出版部）、出纳组、事务组（内分庶务、采购两课）；设训导处，置训导长一人，综理学生训导事宜，训导处设生活指导组、课外活动指导组、斋务组、体育委员会、卫生委员会；设会计室。[①]

二、中华人民共和国成立后

（一）1949 年 2 月—1956 年 9 月

1949 年 2 月 28 日，北平市军管会文管会接管北京大学，文管会主任钱俊瑞宣布训导制取消。训导长和训导处自即日起自然撤销。教务处、秘书处等机构未作变动。

1949 年 5 月 4 日军管会文管会通知北大成立校务委员会并任命了校委会的主席、常委和委员后，在主席办公室设校委会秘书一人。5 月 13 日校委会决定：各学院成立院务会议，各学系成立系务会议，图书馆、博物馆成立馆务会议，医院成立院务会议，研究所成立所务会议。当时，各行政机构组织的情况如下表：

1949 年北京大学行政组织系统表

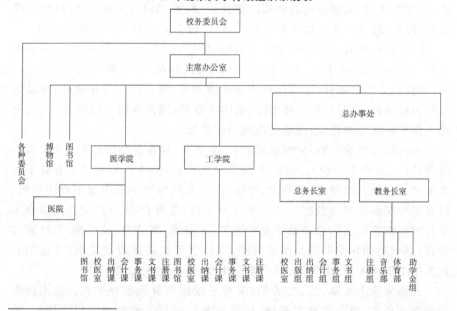

---

① 1947 年 4 月 18 日教授会通过的《国立北京大学组织大纲》中，秘书处下还设有人事室和计核室而没有直属学校的会计室。但查阅当时的职员名录，其中有直属学校的会计室的人员而没有秘书处人事室和计核室的人员。同时，1946 年 12 月 24 日，教育部给北京大学的令中有"查该校会计室业由本部会计处令派路祖焘代理会计主任前往依法筹组"等语，说明当时学校设有会计室。

1951 年 4 月 25 日,校务委员会书面通知全校,北大建立直属校委会的人事室。人事室设主任一人,由秘书长(王鸿桢)兼任,暂不分组。1951 年 6 月,中央人民政府任命北大校长后,校委会改为咨询机构;系务会议改为系主任联系群众的主要方式;不设院务会议,可由院长召开工作会议;原校委会主席办公室改为校长办公室,仍只设秘书。

1952 年 10 月院系调整后,校长办公室开始设主任、副主任;人事室改为隶属于校长办公室;教务处、总务处下属机构也有变化。具体如下表:

北京大学行政组织系统表

(1952 年 11 月)

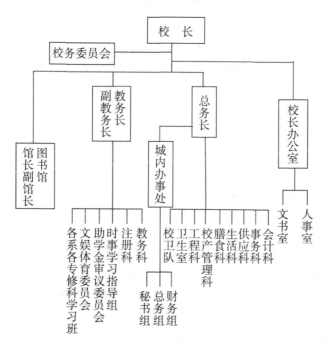

1953 年 4 月 27 日,学校宣布对行政机构作以下调整:成立教学检查科、教学设备科、教学行政科,撤销教务科和注册科;总务处事务科与校产管理科合并为事务科;党委副书记王学珍调任教务处主任秘书。

1955 年 9 月 27 日,为加强对系科的领导,学校对部分行政单位作了调整。(1)教务长、副教务长分工领导各系科及直属教研室。教务处所属各科撤销,分成文科、理科、行政三组协助教务长、副教务长进行工作。(2)总务处接管原属教务处的仪器设备采购及印刷工作,原有各科亦作合理调整。撤销校舍管理科,将其工作并入庶务科,另外成立物资供应科和印刷所。(3)图书馆本着减少层次、提高工作效率的精神,将原有机构归并为馆长室及采录编目、典藏阅览、参考资料三部。（4）人事室扩充为人事处，接管原由总务处掌管的助学金工作及原由教务处办理的学生注册学籍等工作，下设人事、学生、档案三科。（5）校长办公室缩为秘书室。专家工作室撤销，其工作由秘书室与教务处分担。校刊编辑室改归党委会领导，收发室改归总务处庶务科领导。另外决定各系增设副主任或系主任助理，系办公室设专职行政秘书，协助系主任领导系办公室的工作。同年10月4日，任命张侠为人事处第一副处长，赵国栋为第二副处长。

1956年2月，校长办公室恢复设主任、副主任，任命崔雄崑为主任。

（二）1956年9月—1966年5月

1956年9月22日，学校作出关于改进学校机构的决定。其主要内容为：（1）把学校行政领导组织由三级制改为两级制，即取消教务长、总务长一级，由校长、副校长分工直接领导各系的教学、科学研究工作和学校的政治思想工作、人事工作、财务工作、基本建设工作等；（2）处一级机构为校部的工作机关。处与系是并行的机关，但处在其主管的业务范围内可以根据校领导意图向系布置和检查工作并了解有关情况。据此，学校决定校一级行政管理机构共设一室四处，即大学办公室、教务处、科学工作处、总务处和人事处。大学办公室下设秘书组、对外联络科和校史馆。教务处下设教学行政科、教学研究科、函授教育科、仪器设备科。科学工作处下设计划组织科、研究生科和出版科。总务处下设财务科、庶务科、物资供应科、工程科、校舍管理科、膳食科、卫生所、印刷厂、校卫队。人事处下设人事科、学生科、档案科。

学校在作出上述决定的同时，报请国务院任命原教务长周培源为副校长，原副教务长严仁赓为校长助理（国务院于是年11月16日举行的全体会议通过，副教务长侯仁之已于1956年10月4日辞去副教务长职务）；任命原总务长蒋荫恩为大学办公室主任。

1956年10月18日，学校发布校级行政管理机构改变后各处室负责人的任命：大学办公室主任蒋荫恩；教务处处长严仁赓（兼），副处长王学珍；科学工作处处长张龙翔，副处长任继愈；总务处处长李今，副处长杨汝佶；人事处处长张侠，副处长白晨曦、赵国栋。

1958年4月2日，人事处处长改由王禊担任。

1958年10月5日，学校决定恢复设置教务长，并决定将卫生所改称校医院，任命崔雄崑为教务长，张群玉、尹企卓为副教务长；王学珍为教务处处长；王禊为大学办公室主任，杨汝佶为副主任；原卫生所所长吴继文为校医院院长，苏流为副院长。

1960年初，为建设昌平十三陵理科分校，成立基建处，任命田家林为处长,王希祜为副处长。

1960年4月,学校报请教育部任命王学珍为副教务长(5月19日,教育部发出任命通知),同时决定撤销教务处和科学工作处,教学科研方面设社会科学处、自然科学处、教学行政处、生产劳动处四个处,大学办公室下设秘书室,研究生办公室和学报办公室都成为独立的单位,人事处下面的人事科改为干部科和职工科。任命王学珍为社会科学处处长(兼),夏自强、任继愈、向景洁为副处长;张龙翔为自然科学处处长,陈守良、方靳为副处长;尹企卓为教学行政处处长(兼),孟广平、张力民为副处长;孟广平为研究生办公室主任;苏志中为学报办公室主任。另外,生产劳动处除仍由尹企卓兼任处长外,任命刘德贵为副处长;总务处除李今仍为处长外,任命刘德贵、李思进、沈承昌为副处长;人事处由伊敏任处长,潘乃穆、高秀芳为副处长。

1961年4月8日,学校同意总务处提出的机构调整意见。意见规定该处下设房产科、财务科、膳食科、庶务科、幼儿园、昌平十三陵新校区总务工作组、户口粮食办公室等七个单位。

1962年4月26日,校务委员会讨论通过任命马振明为副总务长(报部待批,先行工作),1962年6月28日教育部通知同意。这样,学校又恢复了总务长的设置。

1962年5月30日,学校经校务委员会讨论,决定撤销基建处和生产劳动处,大学办公室更名为校长办公室,教学行政处下的业余教育科撤销,设立教材科,6月14日,教育部同意李今任副总务长。

1962年7月6日教育部同意任命侯仁之、李赋宁为副教务长。

1963年上半年设人民武装部,任命张起永为武装部副部长,后改为部长。

1963年6月5日,学校决定撤销校长办公室下设的秘书科。

1966年3月8日,学校决定撤销研究生办公室,其招生任务合到教学行政处,研究生培养工作分到社会科学处和自然科学处。

(三)1966年6月—1976年10月

1966年6月1日,中央人民广播电台播发了聂元梓等人的大字报后,学校行政机关即陷于瘫痪、半瘫痪状况。1966年7月,校文革筹委会成立。筹委会下只设办公室,办公室下设11个组:毛主席著作学习宣传组、武装保卫组、组织组、宣传组、专案组、简报动态组、大字报组、接待组、生活总务组、秘书组、联络组。

1966年9月,校文革成立。当时宣布校文革的机构分两摊:(1)管运动的机构:毛主席著作学习宣传组、政策研究组、作战组、组织组、宣传组、大字报组、办公室、革命串联接待组、展览会工作组、国庆游行指挥组、外宾接待办公室；(2)行政工作委员会。1967年4月，行政委员会决定下设教改、教务、人事、后勤等四个组。

但是，自校文革筹委会成立时起，全校出现了众多造反派组织和红卫兵组织，并逐步形成两大派，各派各有组织机构，学校陷于混乱。

1968年8月，工(军)宣队进校，学校工作由宣传队指挥部领导小组(后称宣传队领导小组)领导。1969年9月成立了校革委会，1971年5月成立了校党委会。1971年6月，校党委常委和校革委常委决定下设党政合一的校部办事机构一室三组一部，即办公室、政工组、教改组、后勤组、武装部。政工组下设宣传组、组织组、人事组、保卫组、值班室。教改组下设教学行政组、文科组、理工科组、语言组。后勤组下设(后勤)政工组、供应组、服务组、生产组、财务组、值班室。武装部下设军训组、军体组。

随着学校工农兵学员的增加和各项工作的开展，校部机构亦不断有所调整。1972年2月和3月，校部机构改为设校党委校革委办公室，下设外事组和办事组。政工组，下设宣传组、组织组、人事组、保卫组、武装部。教改组，下设理科组、文科组、外语组、教学行政组、资料组、校办工厂组、体育组。校务组，下设行政组、财务组、修建组、房管组、生活组、农林组、物资组、校医院、幼儿园。1972年4月又增设基建规划组。

1973年10月，学校决定校部机构改为设三部一室，即政治部，下设组织组(处)、宣传组(处)、人事组(处)、青年工作组(处)(管团委、学生会)，武装部、团委、学生会(直属党委领导，但对内仍归政治部管)；教改部，下设机构不变；校务部，下设总务处(辖财务组)、房管处、行政办公室、基建办公室，校医院独立；校党委校革委办公室增设政策研究室(已于8月增设)。

1974年12月，学校决定将武装部、保卫组、校卫队合并为人民武装保卫部。

1975年3月，成立函授组，隶属校教改部；4月，决定将招生、毕业生分配办公室改为常设机构，负责招生、入学、学籍管理、毕业分配、助学金审批等工作。

1976年1月，校党委公布经市委科教组批准的校机关的设置如下：

校党委、校革委会办公室：下设政策研究室、办事组、行政组、理论组、外事组、留学生办公室。

政治部：下设组织处、宣传处、人事处、统战处。

教育革命部：下设社会科学处、自然科学处(处下设工厂组、物资组)、教学行政处(处下设行政组、教材组)。

武装保卫部：下设保卫科、民兵科、办公室。

校务部：下设政工组、办公室、基建办公室、财务科、伙食科、房产科、修建科、事务科,同时主管校医院、幼儿园、汽车队、五七家属综合厂。

(四)1976年10月—1997年12月

粉碎"四人帮"后,在党委副书记、革委会副主任黄辛白主持工作期间,对学校行政机构未及进行研究和变动。1977年9月,中共中央决定调周林任教育部副部长兼北京大学党委书记。同年11月上旬,周林同新被任命为北大党委副书记的高铁、韦明到校视事。11月23日,工(军)宣队撤出北大,回原单位。1978年7月,经党中央、国务院批准,任命周培源为北京大学校长。自周林到校后,学校开始整顿各级领导班子,逐步建立健全行政机构。1978年3月任命王学珍为教务部(由原教育革命部改名)副部长,主持该部工作。同年4月,将校党委、校革委会办公室所属的外事组和留学生办公室合并为外事处,由倪孟雄任处长;7月,任命伊敏为政治部人事处处长;9月,任命文重为校长办公室主任,郭罗基为副主任,同时撤销校党委、校革委会办公室;11月,决定撤销政治部,该部的组织、宣传、统战等处改为部,划归校党委领导。1978年12月,校党委宣布,任命王常在为总务部(由原校务部改名)部长,尹企卓、苏士文为教务部副部长。1979年1月下旬,校党委通知:尹企卓兼任教务部教学行政处处长,苏士文兼任教务部研究生处处长,刘振瑜为总务部副部长兼伙食管理处处长,谢青、邹贞富为总务部副部长,王希祜为总务部基本建设处处长,刘德贵为总务部房产管理处处长,伊敏为人事处处长,倪孟雄为外事处处长。1979年2月,又任命白圣诒、沈钟、姚梅生为教务部自然科学处副处长,蔡次明为教务部社会科学处副处长,苏勉曾、刘雯为教务部研究生处副处长,李家恩为教务部物资设备处副处长,洪贵喜、何健为总务部事务处副处长(缺处长),王家俊为总务部房管处副处长,白荫良、王光麟为总务部伙食处副处长,尔联柏为总务部基建处副处长,杨永义为人民武装部副部长(缺部长);6月,任命武恩德、李韵梅为总务部修建处副处长(缺处长),张民权为总务部基建处副处长。

到1979年2月,校一级处以上的行政管理机构计有:校长办公室,教务部的教学行政管理处、自然科学处、社会科学处、研究生处、物资设备处,总务部的伙食管理处、房产管理处、事务处、基本建设处,人事处,外事处,人民武装部。

1979年12月,学校将财务科改为财务处,统一管理全校的财务会计工作,并任命薛化石、胡妙慧为财务处副处长(缺处长)。

1980年7月,成立生产管理处,任命白圣诒、王津生为副处长(缺处长)。

1980年8月1日,撤销教务部、总务部建制,恢复设正副教务长和正副总务长,并任命王学珍为教务长,苏士文、夏自强、陈守良为副教务长;王常在为总务长,谢青、邹贞富、王希祜为副总务长。原教务部、总务部所属各处的建制不变。

1981 年 8 月，成立学生处，与党委的学生工作部配合工作，由王德新任处长，王云鄂任副处长，1983 年撤销。

1982 年 3 月，成立勺园管理处，为处级建制，由总务长协助校长领导管理。1983 年 1 月，正式任命王家俊为勺园管理处主任，阎玉霞、王芸为副主任。

1982 年 4 月，成立老干部组，任命范明兼任组长，朱林为副组长。1983 年 1 月，将老干部组改为老干部处，由朱林、崔统华任副处长（缺处长，到 1986 年 9 月才任命夏先之为处长）。

1983 年 1 月，决定成立北京大学学位评定委员会办公室，处级建制；任命张丽霞为办公室主任，罗泽华为副主任。

1984 年 6 月，学校根据教育部的有关规定，决定成立研究生院。研究生院的性质为全校研究生教学管理的行政机构，设院长一人，副院长一至二人，下设教育管理处（分招生科、教务科）、培养处（分文科组、理科组）、学位办公室、院长办公室（科级）。10 月，经教育部同意，任命副校长朱德熙兼院长，彭家声、沈燮昌为副院长。11 月，任命张丽霞为培养处处长兼学位办公室为主任，刘雯为管理处处长。

1984 年 10 月，决定增设科技开发部，处级建制；11 月，任命花文廷副教务长兼科技开发部主任。

1984 年 11 月，决定增设经济管理办公室，由马云章任主任（副处级）；同月，外事处与留学生办公室分开，任命柯高为留学生办公室主任，赵茂勋为外事处副处长，主持处的日常工作。

1985 年 2 月，学校决定设成人教育部，由盛皿任部长。

1985 年 6 月，学校根据上级规定，设审计室，由薛化石任室主任。

1986 年 4 月，学校决定成立北京大学成人教育学院，院设办公室（处级），下设两个科。1987 年 2 月，学校任命副教务长向景洁为成人教育学院院长，盛皿为副院长兼院办公室主任，李国斌为副主任。

1986 年 9 月，学校决定成立退休办公室，由老干部处处长兼任办公室主任。

1987 年 1 月，决定成立师资办公室，处级建制；任命杨以文为师资办主任。

1987 年 8 月，校长办公会决定：留学生办公室更名为外国留学生、学者工作处。

1990 年 7 月，根据上级规定，学校成立监察室，由杨孚旺任室主任。

1992 年 2 月，学校决定撤销教学行政处，改设教务处，任命睢行严为教务处处长。

1992 年 12 月,成立校办产业管理办公室,由李平方任室主任,撤销生产管理处。

1993 年 3 月,决定撤销成人教育学院办公室,办公室主任李国斌改任副院长。决定撤销处级建制的师资办公室,综合档案室改为档案馆。

1993 年 12 月,决定将物资设备与实验室管理处改名为设备实验室处。

1994 年 12 月,学校决定成立继续教育学院,负责大学后的继续教育和高级研究班等工作。该学院与成人教育学院为两块牌子一套人马。

1995 年 1 月,将修建处改名为动力处;成立后勤工作小组、工程技术管理办公室,由孙玉梅任室主任。

1995 年 3 月,学校将留学生处、对外汉语教学中心等单位合起来成立海外教育学院(处级建制),由何芳川任院长。院下设外国留学生办公室(处级建制)、港澳台学生办公室(与留办一套班子)、对外汉语教学中心(处级建制)、境外办学办公室(副处级建制)。

1995 年 6 月,事务行政管理处改制,成立事务中心、幼教中心。

1996 年 5 月,成立人才交流与培训中心,处级建制,由人事处处长兼中心主任。

1997 年 1 月,决定外国留学生办公室恢复为外国学者留学生处的名称,同意外事处更名为国际交流与合作处。

1978—1997 年历任教务、科研、研究生、生产、设备、实验室等处(室)负责人

单位名称	职务	姓名	任职时间	职务	姓名	任职时间
教学行政处	处长	尹企卓	1979 年 1 月—1980 年 9 月	副处长	盛皿	1979 年 1 月—1980 年 9 月
					张文增	1979 年 2 月—1992 年 5 月
		盛皿	1980 年 9 月—1985 年 2 月		睢行严	1985 年 2 月—1986 年 6 月
					杜勤	1985 年 7 月—1991 年 9 月
		睢行严	1986 年 6 月—1992 年 5 月			

单位名称	职务	姓名	任职时间	职务	姓名	任职时间
教务处	处长	睢行严	1992 年 5 月—1996 年 9 月	副处长	张文增	1992 年 5 月—1995 年
					江长仁	1992 年 5 月—
					杨承运	1992 年 5 月—1992 年
		李克安	1996 年 9 月—			
自然科学处	处长	陈守良	1979 年 1 月—1985 年 2 月	副处长	白圣诒	1979 年 2 月—1980 年 7 月
					沈钟	1979 年 2 月—1986 年 6 月
					姚梅生	1979 年 2 月—1980 年 7 月
					毕源章	1981 年—1992 年
					侯发高	1984 年—1990 年
		王义遒	1985 年 2 月—1986 年 1 月			
		花文廷	1986 年 1 月—1986 年 6 月			
		沈钟	1986 年 6 月—1991 年 11 月		蒋明	1988 年 12 月—1995 年
					史守旭	1990 年 10 月—1994 年 10 月
		羌笛	1991 年 11 月—1994 年 10 月			
		史守旭	1994 年 10 月—1997 年 7 月		甘惠勤	1994 年 10 月—1996 年 9 月
					朱玉贤	1995 年 11 月—
					姜玉祥	1996 年 12 月—
		严纯华	1997 年 7 月—		弓鸿年	1997 年 7 月—

单位名称	职务	姓名	任职时间	职务	姓名	任职时间
社会科学处	处长	夏自强	1979 年 1 月—1981 年夏	副处长	蔡次明	1979 年 2 月—1979 年 11 月
					任宁芬	1980 年 5 月—1983 年 1 月
					吴同瑞	1982 年 2 月—1986 年 6 月
		苏志中	1983 年 9 月—1986 年 6 月			
		吴同瑞	1986 年 6 月—1996 年 6 月		朱邦芳	1988 年 12 月—
					何淑云	1992 年 5 月—
		王浦劬	1996 年 6 月—			
研究生处①	处长	苏士文	1979 年 1 月—1980 年 7 月	副处长	苏勉曾	1979 年 2 月—1980 年 7 月
					刘雯	1979 年 2 月—1980 年 7 月
		刘雯	1980 年 7 月—1984 年 10 月		张丽霞	1980 年 7 月—1984 年 10 月
					周琦琇	1984 年?月—1984 年 10 月
学位办公室②	主任	张丽霞	1983 年 2 月—1984 年 10 月	副主任	罗泽华	1983 年 2 月—1984 年 10 月
物资设备处	处长	方靳	1979 年 1 月—1984 年 6 月	副处长	李家恩	1979 年 2 月—1985 年?月
		李安模	1984 年 6 月—1993 年 9 月		张宏健	1984 年?月—1993 年 12 月
		王兴邦	1993 年 9 月—1993 年 12 月		吴书祥	1988 年?月—1993 年 12 月
设备实验室处	处长	王兴邦	1993 年 12 月—	副处长	张宏健	1993 年 12 月—1994 年 12 月
					吴书祥	1993 年 12 月—

① 1984 年 10 月成立研究生院后，划归研究生院，院下设培养、管理两个处和学位办公室。

② 1984 年 10 月成立研究生院后，划归研究生院。

单位名称	职务	姓名	任职时间	职务	姓名	任职时间
科学技术开发部	主任	花文廷	1984 年 11 月—1992 年 5 月	副主任	陆永基	1984 年 11 月—1992 年? 月
		蒋明	1992 年 5 月—1996 年 12 月		张兴华	1989 年 3 月—1992 年? 月
		姜玉祥	1996 年 12 月—			
成人教育部①	主任	盛皿	1985 年 2 月—1987 年 2 月		朱飞云	1985 年 2 月—1987 年 2 月

1978—1997 年历任研究生院、成人教育学院及其所属处（室）负责人

单位名称	职务	姓名	任职时间	职务	姓名	任职时间
研究生院	院长	朱德熙	1984 年 10 月—1987 年 3 月	副院长	彭家声	1984 年 10 月—1987 年 4 月
		陈佳洱	1987 年 3 月—		沈燮昌	1984 年 10 月—1988 年 1 月
					赵光武	1988 年? 月—1995 年 10 月
					童沈阳	1988 年? 月—1995 年 10 月
					花文廷	1992 年 11 月—1995 年 10 月
					林钧敬	1994 年 10 月—1995 年 3 月
					周其凤	1995 年 10 月—
					刘曙雄	1996 年 5 月—
研究生院培养处	处长	张丽霞	1984 年 11 月—1991 年 9 月	副处长	周琦琇	1984 年 11 月—1991 年 9 月
					汪太辅	1988 年 9 月—1991 年 9 月
		汪太辅	1991 年 9 月—		赵敬	1991 年 9 月—
					曹在礼	1994 年 3 月—

---

① 1987 年 2 月成立成人教育学院后，划归成人教育学院。

单位名称	职务	姓名	任职时间	职务	姓名	任职时间
研究生管理处	处长	刘雯	1984年11月—1986年6月	副处长	林钧敬	1985年2月—1986年6月
		林钧敬	1986年6月—1996年5月		沈继英	1986年8月—1989年?月
					张桂英	1988年—
					李俊杰	1991年9月—
		刘曙雄	1996年5月—		仇守银	1994年3月—
研究生学位办公室	主任	张丽霞	1984年11月—1994年10月	副主任	罗泽华	1984年11月—1993年9月
		杨以文	1994年10月—		魏志义	1994年3月—
成人教育部	部长	盛皿	1985年2月—1987年2月			
成人教育学院①	院长	向景洁	1987年2月—1993年7月	副院长	盛皿	1987年2月—1991年12月
					沈鹏	1991年12月—1993年7月
		沈鹏	1993年7月—		李国斌	1993年3月—
					吕以乔	1995年3月—
成人教育学院办公室②	主任	盛皿	1987年2月—1991年12月	副主任	李国斌	1987年2月—1991年12月
		李国斌	1991年12月—1993年3月			

1978—1997年历任校办、监察、经济管理等室负责人

单位名称	职务	姓名	任职时间	职务	姓名	任职时间
校长办公室	主任	文重	1978年9月—1985年3月	副主任	郭罗基	1978年9月—1982年4月
					黄文一	1983年9月—1992年　月

---

① 1994年,学校决定成立继续教育学院,成人教育学院与继续教育学院为两块牌子,一套人马。

② 成人教育学院办公室(处级建制)于1993年3月撤销。

单位名称	职务	姓名	任职时间	职务	姓名	任职时间
校长办公室	主任	黄槐成	1985年3月—1995年10月	副主任	杨永庚	1983年9月—1985年4月
					耿刘从	1985年9月—？
					王肇明	1987年 月—1991年12月
					范强	1988年6月—1995年10月
					张秀环	1989年4月—1995年3月
		范强	1995年10月—		黄达武	1993年2月
					张少云	1994年5月
					马立波	1994年5月1997年5月
					周家华	1997年4月—
监察室	主任	杨孚旺	1990年7月—	副主任	王丽梅	1990年7月
经济管理办公室	主任	马云章	1984年11月—1988年12月	副主任	邓成光	1984年11月—1988年12月

1978—1997年历任人事、老干部、离退休办、师资办、人才培养与交流处(室、中心)负责人

单位名称	职务	姓名	任职时间	职务	姓名	任职时间
人事处	处长	伊敏	1978年7月—1980年7月	副处长	张振铎	1978年7月—1986年2月
					任利泰	1978年7月—？
					罗宏述	1978年7月—？
		赵国栋	1980年7月—1986年4月		夏先之	1982年3月—1986年9月
					艾青春	1983年10月—？
					杨以文	1985年6月—1994年10月
					张颂华	1985年6月—1991年8月
		马树孚	1986年4月—1994年10月		兴成珍	1986年9月—1991年12月

单位名称	职务	姓名	任职时间	职务	姓名	任职时间
人事处	处长			副处长	兴成珍	1986 年 9 月—1991 年 12 月
					宋心才	1986 年 9 月—1993 年？月
					刘景生	1993 年 3 月—1997 年？月
		陈文申	1994 年 10 月—		蒋宗凤	1994 年 10 月—
					张景春	1995 年 6 月—
					刘耕年（挂职）	1997 年 11 月—
离退休办公室	主任	夏先之	1986 年 9 月—	副主任	周润珍	1986 年 9 月—
师资办公室	主任	杨以文	1987 年 1 月—1993 年 3 月	副主任	刘景生	1987 年 1 月—1993 年 3 月
老干部组	组长	范明	1982 年 4 月—1983 年 1 月	副组长	朱林	1982 年 4 月—1983 年 1 月
老干部处	处长	夏先之	1986 年 9 月—1991 年 12 月	副处长	崔统华	1983 年 1 月—1986 年 1 月
					朱林	1983 年 1 月—？
					刘必佐	1984 年　月—？
					李玉田	1991 年 6 月—1994 年 9 月
		兴成珍	1991 年 12 月—1996 年 4 月		刘彦文	1991 年 12 月—1993 年 10 月
					熊汉富	1994 年 9 月—
		赵兰明	1996 年 4 月—		朱印康	1995 年 1 月—
人才培养与交流中心	主任	陈文申	1996 年 5 月—	副主任	张祖钢	1996 年 5 月—

1978—1997 年历任外事、留学生办、海外教育学院等处（室、院）负责人

单位名称	职务	姓名	任职时间	职务	姓名	任职时间
外事处	处长	倪孟雄	1978 年 4 月—？	副处长	周俊生	1978 年 4 月—1985 年 10 月
					王奎	1978 年 4 月—1979 年 1 月
					阎乃钧	1978 年 4 月—1979 年 1 月
				副处长 顾问	杨汝佶	1979 年 2 月—1981 年 4 月 1981 年 4 月
				副处长	赵茂勋	1979 年 2 月— 1986 年 1 月（1984 年 11 月起主持处日常工作）
					柯高	1979 年 2 月—1983 年 7 月
	代处长	柯高	1983 年 7 月—1984 年 11 月	副处长	王肇明	1984 年 月—1987 年 月
	处长	赵茂勋	1986 年 1 月—1988 年 9 月	副处长	周金福	1986 年 1 月—1988 年 9 月
		周金福	1988 年 9 月—1993 年 9 月	副处长	赵恩普	1988 年 9 月—1994 年 5 月
				副处长	陈振亚	1988 年 9 月
		杨明柱	1993 年 9 月—1996 年 4 月	副处长	潘庆德	1994 年 5 月
		郝平	1996 年 4 月—	副处长	李岩松	1997 年 12 月—
留学生办公室①	室主任	柯高	1984 年 11 月—	副主任	蔡火胜	1984 年 11 月—1992 年 2 月
				副主任	黄道林	1985 年 7 月—1989 年 9 月
				副主任	于钟莲	1986 年 5 月—1992 年 2 月
外国学者留学生处	处长	黄道林	1989 年 9 月—1995 年 3 月	副处长	慕淑芬	1992 年 1 月—1995 年 3 月
				副处长	刘新芝	1992 年 1 月—1995 年 3 月

---

① 留学生办公室原为外事处内的一个单位，1984 年 11 月从外事处分出，直属学校，1987 年 8 月更名为外国学者留学生处。

单位名称	职务	姓名	任职时间	职务	姓名	任职时间
海外教育学院	院长	何芳川	1995年3月—1997年10月	副院长	黄道林	1995年3月—
				副院长	刘振华	1995年3月—
	院长	周金福	1997年10月—	副院长	张秀环	1995年3月—
海外教育学院①外国留学生办公室(1997年1月又更名为外国学者留学生处)	主任(处长)	黄道林	1995年3月—	副主任(副处长)	慕淑芬	1995年3月—
				副主任(副处长)	刘新芝	1995年3月—

1978—1997年历任人民武装部负责人

单位名称	职务	姓名	任职时间	职务	姓名	任职时间
人民武装部				副部长	杨永义	1979年2月—1986年9月
	部长	杨永义	1986年9月—		安国江	1996年?月—

1978—1997年历任伙食、基建、房管、修建、事务、勺园管理等处负责人

单位名称	职务	姓名	任职时间	职务	姓名	任职时间
伙食处	处长	刘振瑜	1979年1月—?	副处长	白荫良	1979年2月—1991年11月
					王光麟	1979年6月—1984年11月
		王光麟	1984年11月—1988年2月		王富	1985年1月—1988年2月
		王富	1988年2月—1992年5月		史世荣	1988年?月—1991年11月
					崔芳菊	1988年11月—1992年5月
		崔芳菊	1992年5月—		崔际芳	1990年?月—
					王建华	1995年1月—

① 1995年3月,成立海外教育学院,外国学者留学生处改为外国留学生办公室,属海外教育学院,但仍属处级建制。1997年1月,又将海外教育学院的外国留学生办公室改回为外国学者留学生处。

单位名称	职务	姓名	任职时间	职务	姓名	任职时间
基建处	处长	王希祜	1979年1月—1986年2月	副处长	尔联柏	1979年2月—1981年6月
					张民权	1979年6月—1993年11月
					徐功堂	1981年 月—？
					唐幸生	1985年？月—1986年2月
		唐幸生	1986年2月—1997年7月		徐醒华	1986年2月—1994年3月
					支琦	1992年4月—1997年7月
		支琦	1997年7月—		李志民	1992年4月
房管处	处长	刘德贵	1979年1月—1981年6月	副处长	王家俊	1979年2月—1983年1月
		尔联柏	1981年6月—1989年5月		崔玉琢	1986年4月—1989年2月
					黄振迪	1986年4月—1994年4月
					赵兰明	1990年？月—1996年4月
		巩运明	1989年5月—1993年6月		杨仲昭	1993年10月—1996年4月
		宋心才	1993年6月—		王君波	1995年5月—
					罗志良	1995年10月—
修建处	处长			副处长	武恩德	1979年6月—1988年？月
					李韵梅	1979年6月—1989年？月
					邱维善	1980年8月—1987年？月
					冯序鹏	1981年 月—1984年？月
					曹树石	1985年9月—1995年1月
					孙玉梅	1988年2月—1990年5月
					梁瑞增	1990年1月—1995年1月
		孙玉梅	1990年5月—1995年1月		曹树石	1995年1月—

单位名称	职务	姓名	任职时间	职务	姓名	任职时间
动力处①（兼工程技术办公室主任）	处长	孙玉梅	1995 年 1 月—	副处长	梁瑞增	1995 年 1 月—1997 年 3 月
					吴继坤	1995 年 1 月—
					张翼民	1995 年 1 月—
事务处	处长			副处长	洪贵喜	1979 年 2 月—1990 年 ? 月
					何健	1979 年 6 月—1987 年 ? 月
		李贵海	1981 年 6 月—1985 年 12 月		荣展启	1981 年 5 月—1984 年 ? 月
					赵钰琳	1984 年 ? 月—1985 年 12 月
		赵玉琳	1985 年 12 月—1992 年 7 月		刘悦清	1990 年 1 月—
					于振清	1994 年 1 月—
勺园管理处	主任	王家俊	1983 年 1 月—1985 年 4 月	副主任	阎玉霞	1983 年 1 月—1992 年 月
				副主任	王芸	1983 年 1 月—1985 年 1 月
		杨永庚	1985 年 4 月—	副主任	李平方	1987 年 3 月—1992 年 12 月
				副主任	刘玉珍	1992 年 5 月—
				副主任	王建华	1994 年 1 月—1995 年 ? 月
				副主任	朱宏涛	1995 年 3 月—

① 1995 年 1 月，修建处改为动力处，同时成立工程技术管理办公室，办公室主任由动力处处长孙玉梅兼任。

1978—1997 年历任财务、审计等处（室）负责人

单位名称	职务	姓名	任职时间	职务	姓名	任职时间
财务处	处长			副处长	薛化石	1979 年 12 月—1985 年 7 月
					胡妙慧	1979 年 12 月—1984 年 7 月
		胡妙慧	1984 年 8 月—		张陶生	1986 年 9 月—1996 年？月
					廖陶琴	1992 年 10 月—
					闫敏	1996 年 7 月—
审计室	主任	薛化石	1985 年 7 月—1987 年 9 月	副主任	张炳如	1992 年 2 月—
		邓成光	1987 年 9 月—1992 年 11 月			
		赵立群	1992 年 11 月—			

1978—1997 年历任生产管理、校办产业管理办等处（室）负责人

单位名称	职务	姓名	任职时间	职务	姓名	任职时间
生产管理处	处长			副处长	王津生	1980 年 8 月—1990 年 10 月
		王津生	1990 年 10 月—1992 年 12 月		白圣诒	1980 年 8 月—1986 年？月
校办产业管理办公室	主任	李平方	1992 年 12 月—？	副主任	陆永基	1992 年 5 月—
					刘北延	1992 年 7 月—1993 年 9 月
					王津生	1992 年 12 月—1996 年 4 月
					孙绍有	1992 年 12 月—1994 年 12 月
					叶桐珠	1992 年 12 月—1997 年 6 月

1981—1983 年学生处负责人①

单位名称	职务	姓名	任职时间	职务	姓名	任职时间
学生处	处长	王德新	1981 年 8 月—1983 年 5 月	副处长	王云鄂	1981 年 8 月—1983 年？月

① 学生处于 1981 年 5 月成立，1983 年 5 月撤销。

第三章 院(科)、系(门)、专修科和专业、专门化(专门组)的设置

第一节 京师大学堂时期院、馆(堂)、科、门的设置

1898 年,京师大学堂创建之初,因受慈禧发动政变、维新变法运动失败的影响,除附属中、小学外,仅设仕学院,主要招收举人、进士出身的京曹入院学习。另外,经孙家鼐奏准,附设了一个医学堂,招考文理通顺的学生入学肄业,分别学习中医和西医,清廷派翰林院编修朱启勋为医学堂提调,在管学大臣领导下,总理堂中一切事务。

1900 年 7 月,京师大学堂停办,1902 年恢复,同时将从前设立的同文馆并入大学堂。恢复后的京师大学堂,根据《钦定京师大学堂章程》的规定,分大学预备科、大学专门分科和大学院三级。大学专门分科即大学本科,分科相当于后来的学院,科下又分目(后称门),相当于后来的系。大学院相当于后来的研究生院。另设速成科:仕学馆、师范馆。大学院于 1904 年根据《奏定大学堂章程》改名通儒院。不过大学院(通儒院)一直到清亡都没有成立,也没有招收过学生。除此之外,还开办了一些其他学馆和实习科,上述设置也有变动,具体情况如下。

1. 师范馆

"学堂开设之初,欲求教员,最重师范。"在张百熙制定的《钦定大学堂章程》中规定,首先举办速成科师范馆和仕学馆。师范馆取年龄较轻、文化基础较高的学生,举贡生监等皆准报考,四年卒业。1902 年 10 月 14 日和 11 月 25 日,大学堂举行两次速成科(师范馆、仕学馆)招生考试,12 月 17 日开学。所以,恢复后的京师大学堂开学时,实际上只有速成科的学生。

1904 年,师范馆改为优级师范科。1908 年 6 月(光绪三十四年五月十六

181

日），优级师范科改为优级师范学堂，独立于京师大学堂。

2. 仕学馆和进士馆

仕学馆为培训、培养官员之所，凡京员五品以下八品以上，以及外官候选及因事留京者，道员以下，教职以上，皆准应考，入仕学馆，三年卒业。

1902 年 12 月 1 日（光绪二十八年十一月初二日）谕旨："进士为入官之始，尤应加意陶成，用资器使。著自明年会试为始，凡一甲之授职修撰、编修，二三甲之改庶吉士用属中书者，皆令入京师大学堂分门肄业。"为此，京师大学堂于 1903 年 2 月在西城李阁老胡同设进士馆，令新科进士编修、中书等入馆肄业，三年毕业。进士馆监督由张亨嘉兼任。1904 年 9 月 26 日，政务处奏准《更定进士馆章程》，内称："进士馆系奉旨特设，选京已仕人才，与各学堂不同。"规定："新进士入学，应分内外两班，内班住馆肄业，外班到馆听讲，期满考验毕业。"

1904 年 5 月，大学堂速成科仕学馆并入进士馆。但仕学馆学生仍在原处学习，一切课程讲堂分别自成一馆，到 1906 年 8 月，仕学馆在馆 34 名学生毕业为止。

1905 年科举制度废除，进士馆失去存在的必要。1906 年 8 月 26 日（光绪三十二年七月初七日）学部奏准变通进士馆办法，将进士馆甲辰进士，在内班肄业者，均送日本东京政法大学实习班；将外班分部之各员有志游学者，分别选择送入日本京都政法大学速成科，学满毕业回京考验。进士馆由此撤销。

3. 译学馆

1902 年，管学大臣张百熙于东安门内北河沿购宅一区，辟为译学馆，以之赓续同文馆，为外国语言文字专门学校。译学馆"以造就译才品端学裕为宗旨。"译学馆的外国文设英文、法文、俄文、德文和日本文五科。学生每人认习一科，五年卒业。译学馆于 1903 年 7 月开始招生，11 月开学。该馆初由曾广铨为监督，鸠工庀材，葺治校舍，购置仪器、图书，延访中外学者为教习，事未竟，以母故回籍丁忧辞去。1903 年 4 月，清庭任命朱启钤为监督。

1911 年 10 月（宣统三年九月），译学馆最后一批学生毕业，该馆停办。

4. 医学馆

《钦定京师大学堂章程》第二章第一节规定："前次学堂有医学一门，兼施学堂中之诊治，今请仍旧办理，照外国实业学堂之例附设一所，名曰医学实业馆。"1903 年 3 月 26 日（光绪二十九年二月二十八日），医学实业馆举行招生考试，4 月 4 日开学授课，暂租地安门内太平街民房作为馆舍。医学实业馆分医学和诊治两部分。习医之所叫习业所，诊治之所称卫生所。习业所学生以三年为卒业之期（1903 年招收的学生延长了学习时间，到 1906 年

12月或1907年1月毕业)。1905年4月4日,孙家鼐、张百熙奏准,就前门外孙公园施医局东偏余地为医学实业馆建造馆舍,并与施医局合并,以资扩充。首批医学实业馆招收的学生毕业后,1907年1月26日经学部奏准,将医学馆改为独立于京师大学堂的京师专门医学堂,医学实业馆停办。

5. 博物实习科

1907年7月(光绪三十三年六月),因各省学堂所需动植各物品,大率购自外洋,非特价值甚昂,且多属外国产品,不尽合于本国学科之研究,故由京师大学堂附设博物品实习科,培养有制造各种标本、模型、图画技艺的人材。博物实习科分本科和简易两科,本科三年毕业,简易科两年毕业,先办简易科,以便早日学成,足供中学博物、生理等科之用。是年8月,简易科学生经考试录取入学,在大学堂院西左侧南北楼上课,分制造标本、制造模型和图画三类。至1909年6月(宣统元年五月),历四学期,两年期满,展学一年,赁大学后椅子胡同房舍续办。1910年12月(宣统二年十一月),三年期满,学生毕业,博物实习科停办。博物实习科先以李荣懋为科长,1909年8月开始由刘盥训任科长。

6. 大学预备科

1902年2月13日(光绪二十八年正月初六日),管学大臣张百熙在《奏筹办京师大学堂情形折》中提出,各省学堂开设无几,目前尚无应入大学堂肄业之学生,通融办法,暂不设专门,先办预科,为大学堂造就生源。1904年2月(光绪三十年元月),大学堂总监督奏准添招师范生并开办预科。1904年8月,大学堂举行师范和预备科招生考试。1905年2月23日(光绪三十一年正月二十日),第一届预备科学生开学上课。按《钦定大学堂章程》,预科分政、艺两科。习政科者毕业后升入政治、文学、商务分科;习艺科者毕业后升入农学、格致、工艺、医术分科,均规定三年卒业(实际上这届预科生于1908年12月举行毕业考试,1909年7月正式毕业)。

1909年4月25日(宣统元年三月初六日),学部奏准将大学堂预备科改为高等学堂,并派大学堂预备科提调翰林院编修商衍瀛充高等学堂监督,仍暂统于大学堂,由总监督董理一切。高等学堂分为三类:第一类预备入经学科、法政科、文学科、商科等分科大学;第二类预备入格致科、工科、农科等分科大学;第三类预备入医学科大学。

7. 分科大学

京师大学堂在预科学生即将毕业时即开始筹办分科大学。1908年8月16日(光绪三十四年七月二十日),《学部奏请设分科大学折》中说:"现在京师大学预科学生,本年冬间即当毕业,自应遵章筹办分科,以资深造。"1909年(宣统元年),学部奏准派柯劭忞(经科)、林棨(法政科)、孙雄(文科)、屈永秋（医科）、汪凤藻（格致科）、罗振玉（农科）、何燏时（工科）、权量（商科）等分任分科大学监督。1910 年 1 月 10 日（宣统元年十一月二十九日）学部又在《奏筹办京师分科大学并现办大概情形折》中提出，按奏定章程原设八科四十六门，现拟先设七科十三门，分别是：经科的毛诗、周礼、春秋左传三门；法政科的法律、政治两门；文科的中国文、外国文两门①；格致科的地质、化学两门；农科的农学一门；工科的土木工学、采矿及冶金学两门；商科的银行保险学一门。学制按《奏定大学堂章程》的规定，除政法科为四年外，其余各科均为三年。1910 年 3 月 31 日（宣统二年二月二十一日），大学堂举行了分科大学开学典礼。

第二节　中华民国时期北大的院系设置

一、中华民国成立至全面抗日战争前（1912—1937 年）

中华民国成立后，1912 年 5 月，京师大学堂改为北京大学校，大学堂总监督改称大学校校长，分科大学监督改称学长。接着，将经科取消，并入文科，格致科改为理科，高等学堂改回为预科。此时，北大设有预科和本科。本科有 6 科 14 门：文科有文学门、史学门、经学毛诗门、经学左传门、经学周礼门；理科有地质门、化学门；法科有法律学门、政治学门；商科有银行学门；农科有农学门、农艺化学门；工科有土木工学门、采矿冶金门。

1912 年 11 月，将商科归并法科兼理。1914 年 3 月，将北大的农科分出独立，改称为北京农业专门学校。

1913 年夏，原大学堂分科大学的旧班学生毕业。

1913 年暑假后，新招的本科生入学。这次只有文、理、法、工四科招收新生。计文科招中国文学门一班；理科招数学门、理论物理门、化学门各一班；法科招法律学门、政治学门、经济学门各一班；工科招土木学门、采矿学门、冶金学门各一班；商科未招新生。1914 年暑假招收新生时文科除中国文学门外，增加中国哲学门和英国文学门。1917 年文科增设了史学门，理科增设了地质学门。到 1917 年 6 月，北大共设文理法商工五科 14 门；文科设中国文学、英国文学、哲学、史学 4 门；理科设数学、理论物理、化学、地质学 4 门；

---

① 当时学部奏准文科只设中国文、外国文两门，没有设史学门，但 1913 年 5 月 15 日《政府公报》刊登的《北京大学呈教育部请将文理两科毕业生名册函送印铸局登报公布》文中有史学门的毕业生 29 名，还有日本研究生 1 名，而没有外国文学门的毕业生。

法科设法律、政治、经济 3 门;商科设商业 1 门;工科设土木工、采矿冶金 2门。1918 年文科增设法国文学和德国文学两门。随后,取消商科,将商业学门改隶法科,并决定俟现有商业学门的学生毕业后即停办(1919 年停办)。1919 年,决定工科预科学生愿意学工者,转入北洋大学,本科俟原有学生毕业后停办(土木工学门于 1922 年,采矿冶金学门于 1923 年,最后一期学生毕业)。是年还决定 1920 年预科俄文班学生毕业,增设俄国文学门。这样,学校共设文、理、法三科 14 个学门。1919 年蔡元培决定撤去文、理、法三科的名称,将各科所属的学门改为学系,全校共设数学、物理、化学、地质、哲学、中国文学、英国文学、法国文学、德国文学、俄罗斯文学、史学、经济、政治、法律等 14 个学系(俄罗斯文学系到 1920 年才招有学生,正式成立)。

1922 年 8 月,经学校评议会讨论决定,将音乐研究会改为正式的教学机构,名称改为"北京大学附设音乐传习所",对外招生。传习所分三科:本科培养专门人才,不定毕业年限,修完所定课程即可毕业;师范科培养中小学音乐教员,分甲种 4 年毕业,乙种二年毕业;选科专为音乐爱好者开设,不定修业年限,离校时只在证书上注明所修课程。传习所于 1927 年奉系军阀将北大等国立专科以上九校合并成立京师大学校时取消。

1924 年成立教育学系和东方文学系(包括日文、梵文两组),1925 年成立生物学系,1926 年成立心理学系。这样,到 1926 年,除预科外,本科由1919 年的 14 个系增至 18 个系(1919 年即准备设立的天文学系,因各种条件不具备,没有办成)。

1927 年 8 月,北京大学被并入京师大学校,1928 年又让并入北平大学。1929 年 1 月,经师生斗争,将北京大学改称北平大学北大学院。至 1929 年 8月恢复北京大学后,学校仍与 1926 年时一样,设置 18 个系。1932 年 6 月 16日,学校公布《国立北京大学组织大纲》。该大纲根据南京政府颁布的《大学组织法》,决定施行学院制,设文、理、法三个学院(实际上 1931 年即已成立学院),同时将几个外国文学系合并成立外国语文学系,从而从原来的 18 个系改为 14 个系。院系设置的具体情况为:理学院设数学系、物理学系、化学系、地质学系、生物学系、心理学系;文学院设哲学系、教育系、中国文学系、外国语文学系(包括英、法、德、日四组)、史学系;法学院设法律学系、政治学系、经济学系,这次确定的院系设置一直延续到全面抗日战争爆发。

各学院院长名单(1931—1937 年 7 月)

职务	姓名	任职时间	备注
理学院院长	刘树杞	1931 年 7 月—1935 年 5 月	1935 年 5 月开始,因病请假,由张景钺代理
理学院代理院长	张景钺	1935 年 5 月—1937 年 7 月	
文学院院长	蒋梦麟	1931 年 7 月—1932 年 2 月	
	胡 适	1932 年 2 月—1937 年 7 月	
法学院院长	周炳琳	1931 年 7 月—1934 年 6 月	1934 年 6 月,周炳琳任河北省教育厅厅长
	蒋梦麟	1934 年 6 月—1934 年 12 月	
	周炳琳	1934 年 12 月—1937 年 4 月	1937 年 4 月,周任教育部常务次长
	蒋梦麟	1937 年 4 月—1937 年 7 月	

各学系(门)系主任(教授会主任)名单(1918—1937 年 7 月)

院(科)别	系别	职务	姓名	任职时间	备注
理科①(理学院)	数学系	主任	秦 汾	1918 年 1 月—1919 年 9 月	教授会主任(1919年门改系前,均称教授会主任,下同)
			冯祖荀	1919 年 9 月—1925 年 3 月	
			王仁辅	1925 年 3 月—1934 年 9 月	
			冯祖荀	1934 年 9 月—1935 年 6 月	
			江泽涵	1935 年 6 月—1937 年 7 月	
	物理学系	主任	何育杰	1918 年 1 月—1920 年 4 月	
			张大椿	1920 年 4 月—1921 年 9 月	
			颜任光	1921 年 9 月—1925 年 11 月	1924 年 6 月—1925 年 11 月休假出国,由丁燮林代理
		代理主任	丁燮林	1924 年 6 月—1925 年 11 月 1925 年 11 月—1926 年 11 月	

---

　① 蔡元培任校长后,经过学科设置改革,北大成为一所包括文、理、法三科的综合性大学。科设学长,科下设学门。1919 年蔡元培又撤去文、理、法三科的名称,取消学长,同时将各科所属学门改为学系。1932 年,蒋梦麟校长根据南京国民政府颁布的《大学组织法》,决定施行学院制,设文、理、法三个学院,院下设系。

院（科）别	系别	职务	姓名	任职时间	备注
		主任	李书华	1926 年 11 月—1929 年 3 月	
			夏元瑮	1929 年 3 月—1931 年夏	
			王守竞	1931 年夏—1933 年 8 月	
			饶毓泰	1933 年 8 月—1937 年 7 月	
	化学系	主任	俞同奎	1918 年 1 月—1920 年	
			王星拱	1920 年—1921 年 9 月	
			陈世璋	1921 年 9 月—1923 年 3 月	
			王星拱	1923 年 3 月—1925 年 11 月	
			丁绪贤	1925 年 11 月—1930 年 3 月	
			胡壮猷	1930 年 3 月—1931 年秋	
			曾昭抡	1931 年秋—1937 年 7 月	
	生物学系	主任	谭熙鸿	1925 年 9 月—1929 年 3 月	
			经利彬	1929 年 3 月—1932 年 9 月	
			张景钺	1932 年 9 月—1937 年 7 月	
	地质学系	主任	何 杰	1919 年 7 月—1924 年 10 月	
			王 烈	1924 年 10 月—1927 年 4 月	
			王绍瀛	1927 年 4 月—1928 年 9 月	
			王 烈	1928 年 9 月—1931 年 9 月	
			李四光	1931 年 9 月—1936 年 7 月	
			谢家荣	1936 年 9 月—1937 年 7 月	
	心理学系	主任	陈大齐	1926 年 11 月—1929 年 3 月	
			樊际昌	1929 年 3 月—1937 年 7 月	
文科（文学院）	中国文学系	主任	沈尹默	1918 年 1 月—1919 年 9 月	
			马裕藻	1919 年 9 月—1934 年 4 月	
			胡 适	1934 年 4 月—1937 年 7 月	1936 年 7 月，胡适访美，由罗常培代理

院（科）别	系别	职务	姓名	任职时间	备注
文科（文学院）	史学系	主任	康宝忠	1919 年 6 月—1919 年 11 月	1919 年 11 月病逝
			朱希祖	1919 年 12 月—1927 年 7 月	因朱希祖请假，从 1924 年 3 月起由中瀚代理 1 个月
			陈汉章	1927 年 9 月	未到任
			孙 雄	1927 年 9 月	未到任
		代主任	史 斖	1927 年 10 月—1928 年 6 月	
		主任	马 衡	1928 年 11 月—1929 年 2 月	
			朱希祖	1929 年 3 月—1931 年 1 月	
			蒋梦麟	1931 年 2 月—1931 年 10 月	
			陈受颐	1931 年 10 月—1936 年 7 月	
			姚从吾	1936 年 8 月—1937 年 7 月	
	哲学系	主任	陶履恭	1918 年 2 月—1919 年 3 月	于 1919 年 3 月陶赴欧美考察时由陈大齐代理
		代主任	陈大齐	1919 年 3 月—1919 年 11 月	
		主任	蒋梦麟	1919 年 11 月—1921 年 9 月	
			陶履恭	1921 年 9 月—1923 年 3 月	
			陈大齐	1923 年 3 月—1926 年 4 月	
			徐炳昶	1926 年 4 月—1927 年 5 月 31 日	徐任职不久即请假
			樊际昌	1927 年 6 月—1929 年 4 月	
			邓以蛰	1929 年 4 月—1930 年 3 月	
			张 颐	1930 年 3 月—1935 年 10 月	
			汤用彤	1935 年 10 月—1937 年 7 月	
	教育学系	主任	蒋梦麟	1924 年 11 月—1926 年 11 月	
			高仁山	1926 年 11 月—1929 年 3 月	
			陈大齐	1929 年 3 月—1930 年 5 月	
			戴 夏	1930 年 5 月—1932 年	
			胡 适	1932 年—1933 年	
			蒋梦麟	1933 年—1934 年	
			吴俊升	1934 年—1937 年 7 月	

院(科)别	系别	职务	姓名	任职时间	备注
文科（文学院）	英文学系	主任	胡适	1918年1月—1926年4月	
			张歆海	1926年4月—1926年11月	
			陈源	1926年11月—1929年3月	
			温源宁	1929年3月—1931年6月	
	法文学系	主任	贺之才	1918年1月—1922年4月	
			李景忠	1922年4月—1924年4月	
			杨芳	1924年4月—1927年6月	
			李宗侗	1927年6月—1929年3月	
			贺之才	1929年3月—1931年6月	
	德文学系	主任	顾兆熊	1918年1月—1919年9月	
			杨震文	1919年9月—1925年3月	
			朱家骅	1925年3月—1927年4月	
			杨震文	1927年4月—1931年6月	
	外国语文学系	主任	温源宁	1931年6月—1933年	
		兼代主任	陈受颐	1933年—1935年	
		主任	梁实秋	1935年—1937年7月	
法科（法学院）	政治学系	主任	陈启修	1920年4月—1924年4月	
			周览	1924年4月—1929年3月	
			何基鸿	1929年3月—1930年11月	
			陈启修	1930年11月—1931年2月	
			陶履恭	1931年2月—1932年	
			邱昌渭	1932年—1933年	
			张忠绂	1933年—1937年7月	1936年起，有一段时间由陶希圣代理

院(科)别	系别	职务	姓名	任职时间	备注
	经济学系	主任	马寅初	1918 年 3 月 — 1920 年	1919 年 10 月开始,因病请黄伯希代理
			顾孟余	1920 年 — 1926 年 4 月	
			余文灿	1926 年 4 月 — 1927 年 4 月	
			朱锡龄	1927 年 4 月 — 1929 年 4 月	
			徐宝璜	1929 年 4 月 — 1930 年 10 月	
			秦 瓒	1930 年 10 月 — 1932 年 10 月	
			赵迺抟	1932 年 11 月 — 1937 年 7 月	
	法律学系	主任	黄佑昌	？ — 1922 年 4 月	
			何基鸿	1922 年 4 月 — 1923 年 9 月	
			王世杰	1923 年 9 月 — 1929 年 3 月	
			黄佑昌	1929 年 3 月 — 1930 年 3 月	
			何基鸿	1930 年 3 月 — 1932 年 9 月	
			戴修瓒	1932 年 9 月 — 1937 年 7 月	

二、全面抗日战争时期(1937 — 1946 年)

1937 年 7 月,全面抗日战争爆发,北京大学奉命南迁长沙,与清华大学、南开大学合组长沙临时大学。临大对三校原来的院系进行归并、调整,共设置文、理、法、商 4 个学院,17 个学系:文学院设中国文学系、外国语文学系、历史社会学系、哲学心理教育学系等 4 个系;理学院设算学系、物理学系、化学系、生物学系、地质地理气象学系等 5 系;工学院设土木工程学系、机械工程学系、电机工程学系、化学工程学系等 4 个系;法商学院设政治学系、经济学系、法律学系、商学系等 4 系。

长沙临大时期,各系均设置教授会,相当于系主任的教授会主席由常委会从各系教授中推选。

1938 年 4 月,长沙临大迁至云南昆明并改名为西南联合大学后,其院系设置与长沙临大时期基本相同,后有一些调整和变动。1938 年 7 月底,在工学院机械工程学系航空工程组的基础上设立航空工程学系。8 月初,奉教育部令,增设师范学院,将文学院哲学心理教育学系的教育部分与云南大学的教育系合并,成立教育学系,归师范学院;哲学心理教育学系改为哲学心理学系,仍属文学院;师范学院共设公民训育系、国文学系、英语学系、史地系、数学系、理化系、教育系等7个学系。1939年1月,在电机工程学系内附设电讯专修科。暑假后,师范学院与云南省教育厅合办云南省中等学校在职教师进修班(学制一年)。同时增设大学先修班。1940年5月,历史社会学系分为历史系和社会学系。1941年后,社会学系划归法商学院。1941年11月,师范学院开办三年制师范专修科,分文史地、数理化两组。至此,西南联大共有5个学院,26个学系,2个专修科,一个先修班。具体设置情况为:文学院设中国文学系、外国语文学系、历史学系、哲学心理学系等4个系;理学院设算学系、物理学系、化学系、生物学系、地质地理气象学系等5个系;法商学院设政治学系、经济学系、法律学系、商学系、社会学系等5个系;工学院设土木工程学系、机械工程学系、电机工程学系、航空工程学系、化学工程学系等5个系和一个电讯专修科;师范学院设国文学系、英语学系、史地学系、数学系、理化学系、教育学系、公民训育学系等7个系和一个师范专修科。

西南联大开始时,将长沙临大所设各系的教授会主席改称系主席,1939年6月起一律改称系主任。

各学院院长名单(长沙临大时期)

院别	职务	姓名	任职时间	备注
文学院	院务委员会召集人	朱自清	1937年10月—1937年10月29日	
		吴俊升	1937年10月29日—1938年2月	文学院设在南岳,称南岳分校。1938年1月20日寒假开始,分校师生回长沙,文学院院务委员会于2月撤销。
	院长	胡 适	1938年1月	未到任
理学院	院长	吴有训	1938年1月—1938年4月	
法商学院	院长	方显廷	1938年1月—1938年4月	
工学院	院长	施嘉炀	1938年1月—1938年4月	

各系教授会主席名单(长沙临大时期)

院别	系别	职务	姓名	任职时间	备注
文学院	中国文学系	教授会主席	朱自清	1937 年 10 月 — 1938 年 4 月	
	外国语文学系		叶公超	1937 年 10 月 — 1938 年 4 月	
	历史社会学系		刘崇鋐	1937 年 10 月 — 1937 年 11 月	
			雷海宗	1937 年 11 月 — 1938 年 4 月	
	哲学心理教育学系		冯友兰	1937 年 10 月 — 1938 年 4 月	
理学院	物理学系	教授会主席	饶毓泰	1937 年 10 月 — 1938 年 4 月	
	化学系		杨石先	1937 年 10 月 — 1938 年 4 月	
	生物学系		李继侗	1937 年 10 月 — 1938 年 4 月	
	算学系		江泽涵	1937 年 10 月 — 1938 年 4 月	未到校时由杨武之代理
	地质地理气象学系		孙云铸	1937 年 10 月 — 1938 年 4 月	
工学院	土木工程学系	教授会主席	施嘉炀	1937 年 10 月 — 1938 年 4 月	
	机械工程学系		李辑祥	1937 年 10 月 — 1938 年 1 月	
			庄前鼎	1938 年 1 月 — 1938 年 4 月	
	电机工程学系		顾毓琇	1937 年 10 月 — 1938 年 1 月	
			赵友民	1938 年 1 月 — 1938 年 4 月	
	化学工程学系		张克忠	1937 年 10 月 — 1938 年 4 月	
法商学院	经济学系	教授会主席	陈岱孙	1937 年 10 月 — 1938 年 4 月	
	政治学系		张奚若	1937 年 10 月 — 1938 年 4 月	先推张佛泉,他坚辞,改请张奚若。奚若未到前,仍请佛泉代理。
	法律学系		戴修瓒	1937 年 10 月 — 1938 年 4 月	
	商学系		方显廷	1937 年 10 月 — 1938 年 4 月	

各学院院长名单(西南联大时期)

院别	职务	姓名	任职时间	备注
文学院	院长	胡 适	1938 年 4 月	未到校,由冯友兰代理
	代院长 院长	冯友兰	1938 年 4 月—1938 年 10 月 1938 年 10 月—1946 年 7 月	1943 年,冯休假,由杨振声代理。1945 年冯返河南省视母亲,由汤用彤暂代,1946 年 5 月出国讲学,由雷海宗暂代。
理学院		吴有训	1938 年 4 月—1945 年 8 月	
		叶企孙	1945 年 8 月—1946 年 7 月	
法商学院	院长	陈序经	1938 年 4 月—1944 年 8 月	偶因公赴渝时由陈岱孙暂代
		周炳琳	1944 年 8 月—1946 年 7 月	周短期离校时由陈岱孙暂代
工学院		施嘉炀	1938 年 4 月—1946 年 7 月	
师范学院		黄钰生	1938 年 8 月—1946 年 7 月	

各系系主任(主席)名单(西南联大时期)

院别	系别	职务	姓名	任职时间	备注
文学院	中国文学系	主任	朱自清	1938 年 4 月—1940 年 6 月	1939 年 11 月—1940 年 6 月因病休养
		代主任 主任	罗常培	1939 年 11 月—1940 年 6 月 1940 年 6 月—1944 年 11 月	1941 年 5 月赴叙永分校,曾请闻一多暂代,罗病,由杨振声代理 4 个月。1944 年秋赴美讲学由罗庸代理。
		代主任 主任	罗 庸	1944 年 9 月—1944 年 11 月 1944 年 11 月—1946 年 7 月	
	外国语文学系	主任	叶公超	1938 年 4 月—1940 年 10 月	1939 年 8 月因事赴港曾请柳无忌暂代
		代主任	柳无忌	1940 年 10 月—1940 年 11 月	
		主任	陈福田	1940 年 11 月—1943 年 7 月	
		代主任	莫泮芹	1943 年 7 月—1944 年 10 月	
			吴达元	1944 年 10 月—1944 年 11 月	
		主任	陈福田	1944 年 11 月—1946 年初	
		代主任	杨业治	1946 年初—1946 年 7 月	

院别	系别	职务	姓名	任职时间	备注
	历史社会学系	主任	雷海宗	1938年4月—1938年5月	1940年5月前为历史社会学系,5月,社会学系独立设置
			刘崇鋐	1938年5月—1940年7月	1939年暑期,刘因事离校,从6月起请雷海宗代理
	历史学系	主任	雷海宗	1940年7月—1946年7月	
	哲学心理学系	主任	汤用彤	1938年4月—1943年7月	1939年7月,因身体欠佳,离昆休养,请冯友兰代理
		代主任	冯潜	1943年7月—1944年8月	
		主任	汤用彤	1944年8月—1946年5月	
		代主任	贺麟	1946年5月—1946年7月	
理学院	算学系	主任	江泽涵	1938年4月—1939年11月	
			杨武之	1939年11月—1942年11月	
			江泽涵	1942年11月—1943年6月	
			赵访熊	1943年6月—1943年11月	
			杨武之	1943年11月—1946年7月	
	物理学系	主任	饶毓泰	1938年4月—1944年1月	
			郑华炽	1944年1月—1946年1月	
		代主任	霍秉权	1946年1月—1946年7月	
	化学系	主任	杨石先	1938年4月—1945年9月	
		代主任	黄子卿	1945年9月—1946年7月	
	生物学系	主任	李继侗	1938年4月—1946年7月	1939年8月,李因事离昆请张景钺暂代。1940年11月,李赴叙永任先修班主任兼叙永分校校务委员。自1941年3月至1941年9月,请张景钺代理。
	地质地理气象学系	主任	孙云铸	1938年4月—1946年7月	1945年11月,孙赴滇边研究时请袁复礼暂代。

院别	系别	职务	姓名	任职时间	备注
法商学院	政治学系	主任	张奚若	1938年4月—1946年7月	1941年2月，因事赴渝请崔书琴暂代。此后因公外出，常请钱端升代理。
	经济学系	主任	陈岱孙	1938年4月—1945年10月	
			赵迺抟	1945年10月—1945年12月底	
		代主任	徐毓枏	1945年12月底—1946年7月	
	商学系	主任	方显廷	1938年4月	未到校
			丁佶	1938年5月—1940年10月	
			陈岱孙	1940年10月—1945年10月	经济学系主任兼任商学系主任
			赵迺抟	1945年10月—1945年12月底	兼任
			徐毓枏	1945年12月底—1946年7月	兼任
	法律学系	代主任	戴修瓒	1938年4月—1938年7月	未到校
			燕树棠	1938年7月—1946年7月	
	社会学系	主任	陈达	1940年6月—1943年8月	1941年5月21日以前属文学院
			潘光旦	1943年8月—1946年7月	1945年9月，因事赴渝，由吴泽霖暂代
工学院	土木工程学系	主任	施嘉炀	1938年4月—1938年5月	
			蔡方荫	1938年5月—1940年6月	
			陶葆楷	1940年6月—1946年7月	
	机械工程学系	主任	庄前鼎	1938年4月—1938年7月	
			李辑祥	1938年7月—1940年6月	
			孟广喆	1940年6月—1941年5月	
			李辑祥	1941年5月—1946年7月	

院别	系别	职务	姓名	任职时间	备注
工学院	电机工程学系	主任	赵友民	1938年4月—1940年4月底	
		主任	倪 俊	1940年5月—1942年2月	
		主任	任之恭	1942年2月—1942年7月	
		主任	章名涛	1942年7月—1945年8月	
		代主任	叶 楷	1945年9月—1946年7月	
	航空工程学系	主任	庄前鼎	1938年7月—1939年7月	
		主任	冯桂连	1939年7月—1940年6月	
		主任	王德荣	1940年6月—1946年7月	
	化学工程学系	主任	张光忠	1938年4月—1939年7月	1938年10月赴欧考察半年，请张大煜代理
		代主任 主任	苏国桢	1939年7月—1939年11月 1939年11月—1943年8月	
		主任	谢明山	1943年8月—1946年7月	
	电讯专修科	主任	赵友民	1939年3月—？	
			张友熙	1941年7月—1943年	
			周萌阿	1943年3月—1946年7月	
师范学院	国文学系	主任	朱自清	1938年8月—1940年6月	1939年11月—1940年6月因病休养
		代主任 主任	罗常培	1939年11月—1940年6月 1940年6月—1944年11月	1941年5月赴叙永分校，请闻一多暂代。1941年9月—1942年1月因病，请杨振声代理4个月。1944年秋赴美讲学，由罗庸代理。
		代主任 主任	罗 庸	1944年9月—1944年11月 1944年11月—1946年7月	
	英语学系	主任	叶公超	1938年8月—1940年10月	1938年8月，因事赴港，请柳无忌暂代
		代主任	柳无忌	1940年10月—1940年11月	
		主任	陈福田	1940年11月—1943年7月	

院别	系别	职务	姓名	任职时间	备注
师范学院	英语学系	代主任	莫泮芹	1943 年 7 月—1944 年 10 月	
			吴达元	1944 年 10 月—1944 年 11 月	
		主 任	陈福田	1944 年 11 月—1946 年初	
		代主任	杨业治	1946 年初—1946 年 7 月	
	史地学系	主 任	刘崇鋐	1938 年 8 月—1940 年 7 月	1939 年暑假因事离校,从 6 月起,请蔡维藩暂代。
		代主任	雷海宗	1940 年 7 月—1946 年 7 月	
	数学系	主 任	江泽涵	1938 年 8 月—1939 年 11 月	
			杨武之	1939 年 11 月—1942 年 11 月	
			江泽涵	1942 年 11 月—1943 年 6 月	
			赵访熊	1943 年 6 月—1943 年 11 月	
			杨武之	1943 年 11 月—1946 年 7 月	
	理化学系	主 任	杨石先	1938 年 8 月—1941 年 1 月	
			许浈阳	1941 年 1 月—1946 年 7 月	开始先任代理主任。
	教育学系	主 任	邱椿	1938 年 8 月—1939 年 3 月	
		代主任 主 任	陈雪屏	1939 年 3 月—1940 年 9 月 1940 年 9 月—1946 年 7 月	1943 年 9 月和 1945 年 9 月,因公赴渝,均由陈友松暂代。
	公民训育学系	主 任	罗廷光	1939 年 1 月—1940 年 9 月	
			田培林	1940 年 9 月—1942 年 3 月	
			陈雪屏	1942 年 3 月—1945 年 8 月	先兼代,后兼任,1944 年 9 月,因公赴渝,由陈友松暂代。
	师范专修科	主 任	黄钰生	1941 年 11 月—1944 年秋	师范专修科一度称初级部(均三年制)
			倪中方	1944 年秋—1946 年	
	先修班	主 任	李继侗	1939 年 10 月—1946 年	

三、复员回北平时期(1946—1948 年)

抗战胜利后,北大于 1946 年复员返平。北大原有文、理、法三个学院。是年夏,教育部举办的"北平临时大学补习班"结束后,将"补习班"的第一、二、三、四、六分班的学生,即北平沦陷期间日伪所办的"北大"理学院、文学院、法学院、农学院、医学院的学生,并入北大。同时将河北农业专科学校畜牧、农经两科学生亦转入北大。这样,北大除原有文、理、法三个学院以外,又增设了农学院和医学院。1946 年 8 月 19 日,北大行政会议决定在文学院设东方语文学系,并决定将中国文学系改称为中国语文学系。8 月 22 日,行政会议又决定将理学院的生物学系改为分设动物学和植物学两个系,同时决定设立工学院。9 月 2 日,行政会议决定工学院先设机械、电机两系。9 月 19 日,行政会议决定本年设立先修班,请陈雪屏兼任主任(只办了一学年,1947 学年即停办)。1947 年 8 月,北洋大学北平部并入北大,北大工学院由此从 2 个学系增加为 5 个学系,即增加建筑工程、化学工程、土木工程等 3 个系。1947 年 9 月,学校决定设图书馆专修科,附属于中国语文学系;设博物馆专修科,附属于历史学系。至此,北大共有文、理、法、工、农、医 6 个学院33 个学系,两个专修科,一个附属于医学院的高级护士学校。具体设置情况如下。

文学院设中国语文、史学、哲学、教育、西方语文、东方语文等 6 个学系;在中国语文学系附设图书馆专修科,在史学系附设博物馆专修科。

理学院设算学(后改为数学)、物理、化学、地质、动物、植物等 6 个学系。

工学院设机械工程、电机工程、建筑工程、化学工程、土木工程等 5 个学系。

农学院设农艺、园艺、农业化学、昆虫、植物病理、畜牧、兽医、森林、土壤肥料、农业经济等 10 个学系。

医学院设医学、牙医学、药学等 3 个学系,医学系下分设解剖学、生物化学、生理学、药理学、病理学、细菌学、寄生物学、公共卫生学、医史学、内科、外科、眼科、妇产科、放射学、皮肤花柳、神经精神、小儿、耳鼻喉等 18 个科,另附设有高级护士职业学校。后取消医学系,解剖学、生理学等 18 个学科与牙医学系、药学系并列,直属医学院。

各学院院长名单(复员回北平时期)

院别	职务	姓名	任职时间	备注
理学院		饶毓泰	1946 年 7 月—1949 年 1 月	1947 年到校以前由江泽涵代
文学院		汤用彤	1946 年 7 月—1949 年 1 月	1947 年 8 月起曾请朱光潜代理一段时间
法学院		周炳琳	1946 年 7 月—1949 年 1 月	
农学院	院长	俞大绂	1946 年 7 月—1949 年 1 月	
医学院		马文昭	1946 年 10 月—1947 年 8 月	1946 年 8 月至 10 月 10 日,由院方委员会处理院务。院委会主任傅斯年,副主任林宗扬
		沈寯淇	1947 年 9 月—1948 年 8 月	
		胡传揆	1948 年 8 月—1950 年 月	
工学院		马大猷	1947 年 6 月—1949 年 1 月	

各学系系主任名单（复员回北平时期）

院别	系别	职务	姓名	任职时间	备注
理学院	算学（数学）系	主任	江泽涵	1946 年 7 月—1949 年 1 月	1947 年 8 月出国由申又枨代。
		代主任	申又枨	1947 年 8 月—1949 年 1 月	
	物理学系		饶毓泰	1946 年 7 月—1949 年 1 月	1947 年到校以前由郑华炽代。
	化学系	主任	孙承谔	1946 年 7 月—1946 年 12 月	
			曾昭抡	1946 年 12 月—1949 年 1 月	曾在美国未回时由钱思亮代理
		代主任	钱思亮	1946 年 12 月—1949 年 1 月	1948 年 4 月—11 月由孙承谔代
	地质学系	主任	孙云铸	1946 年 7 月—1949 年 1 月	1948 年 7 月，由王鸿祯暂代
	动物学系		汪敬熙	1946 年 12 月—1947 年 7 月	1947 年 7 月出国讲学，由庄孝僡代理
		代主任	庄孝僡	1947 年 7 月—1949 年 1 月	
	植物学系	主任	张景钺	1946 年？月—1949 年 1 月	1947 年 3 月到校前由殷宏章代
文学院	中国语文学系	主任	胡适	1946 年 7 月—1948 年 12 月	1948 年 4 月前后曾由唐兰代理一段时间
	史学系		郑天挺	1946 年 8 月—1946 年 12 月	
			姚从吾	1946 年 12 月—1947 年 8 月	
			陈受颐	1947 年 8 月—1947 年 11 月	由郑天挺代
			郑天挺	1947 年 11 月—1949 年 1 月	
	哲学系		汤用彤	1946 年 7 月—1949 年 1 月	1947 年 8 月起，曾请贺麟代理一段时间
	教育学系		陈雪屏	1946 年 8 月—1947 年？月	
			樊际昌	1947 年？月—1948 年 10 月	
		代主任	张天麟	1948 年 10 月—1949 年 1 月	
	东方语文学系	主任	季羡林	1946 年 8 月—1949 年 1 月	
	西方语文学系		朱光潜	1946 年 7 月—1949 年 1 月	

院别	系别	职务	姓名	任职时间	备注
法学院	法律学系		燕树棠	1946 年 7 月—1947 年 12 月	
			周炳琳	1947 年 12 月—1948 年 11 月	
			冀贡泉	1948 年 11 月—1949 年 1 月	
	政治学系		钱端升	1946 年 7 月—1946 年 8 月	未到任
			周炳琳	1946 年 8 月—1947 年 8 月	
			王铁崖	1947 年 8 月—1949 年 1 月	
	经济学系		赵廼抟	1946 年 7 月—1949 年 1 月	
农学院	农艺学系	主任	李先闻	1946 年 7 月—1947 年 8 月	
			李景均	1947 年 8 月—1949 年 1 月	
	园艺学系		陈锡鑫	1946 年 7 月—1949 年 1 月	
	森林学系		李荫桢	1946 年 7 月—1947 年 12 月	
			汪振儒	1947 年 12 月—1949 年 1 月	
	畜牧学系		汪国兴	1946 年 7 月—1947 年 8 月	
			吴仲贤	1947 年 8 月—1949 年 1 月	
	土壤肥料学系		陈华癸	1946 年 8 月—1947 年 ? 月	
			李连捷	1947 年 ? 月—1949 年 1 月	
	昆虫学系		周明牂	1946 年 7 月—1949 年 1 月	
	植物病理学系		林传光	1946 年 7 月—1949 年 1 月	
	农业化学系		黄瑞纶	1946 年 8 月—1949 年 1 月	
	农业经济学系		庄廉耕	1946 年 8 月—1949 年 1 月	
	兽医学系		熊大仕	1946 年 7 月—1949 年 1 月	
医学院	医学系	主任	马文昭	1946 年 8 月—1947 年 8 月	1947 年 8 月以后缺主任
	药学系		陈同度	1946 年 8 月—1947 年 8 月	
			薛愚	1947 年 8 月—1949 年 1 月	
	牙学系		毛燮均	1946 年 12 月—1947 年 8 月	
		代主任	钟之琦	1947 年 8 月—1949 年 1 月	
	附设高级护士学校	主任	王剑尘	1947 年 8 月—1949 年 1 月	
	医院	院长	胡传揆	1946 年 7 月—1949 年 1 月	

院别	系别	职务	姓名	任职时间	备注
工学院	机械工程学系	代主任	宁榥	1947 年 8 月—1948 年 2 月	
		主任	王俊奎	1948 年 2 月—1949 年 1 月	
	电机工程学系	代主任 主任	马大猷	1947 年 8 月—1949 年 1 月	
	土木工程学系	主任	张泽熙	1947 年 8 月—1948 年 2 月	
			陈士骅	1948 年 8 月—1949 年 1 月	1948 年 2 月至 8 月缺系主任
	建筑工程学系		朱兆雪	1947 年 8 月—1949 年 1 月	
	化学工程学系		陈国符	1947 年 8 月—1949 年 1 月	1948 年 2 月至 9 月由李寿龄代,9 月后,由沈琰短期代

第三节　中华人民共和国时期北大的院系设置

一、中华人民共和国成立初期(1949—1952 年)

北平解放后,1949 年 6 月,北大奉命取消教育系。教育系三年级学生提前毕业,二年级以下学生转其他系。9 月,校委会常委会同意工学院招收专科班学生。是年,该学院有发电工程专修科和农田水利专修科招收了学生。9 月 15 日,华北高教会通知北大:为有重点地大力发展东方语文与培养东方语文革命工作干部,决定将南京东方语文专科学校并入北大东方语文学系。为此,东语系设立东方语文专修科(1951 年 4 月,因专修科已改为四年,教育部同意取消专修科名称)。9 月 30 日,奉华北高教会令,北大农学院与清华大学农学院、华北大学农学院合并组成农业大学。1950 年 2 月,奉教育部指令,自 2 月 1 日起,北大医学院脱离北大,改由中央卫生部领导。2 月 13 日,举行了移交典礼。这样,北大由 6 个学院改为文、理、法、工 4 个学院。不过医学院脱离北大后,其校名仍称"北京大学医学院",到 1952 年院系调整后才改为"北京医学院"。另外,医学院脱离北大后,北大还办了一段时间的医预科。

1950 年 5 月,校务委员会决定将西语系俄文组改为俄语系。1950 年 9

月,校务委员会决定,与中国人民银行合作,在经济系举办银行专修科。专修科学员 120 人于是年 10 月入学,学制 3 年。他们均是人民银行总行和各大区分行调来的老干部,多数为抗战初期参加革命,有 4 人曾参加长征。1952 年 1 月,教育部批复北大:银行专修科 1950 年抽调的 100 名学员为三年制,1951 年秋开始每年按大学招生标准招收高中毕业程度的学生,学制二年。学生毕业后由中国人民银行分配工作。

1951 年,北大接受燃料工业部的委托开办水利发电专修科,接受军委的委托开办土木工程专修科和建筑工程专修科。这三个专修科均于是年暑假招收学生。1951 年 7 月,学校将"北京大学院系调整初步计划"报教育部审核。"初步计划"将工学院原来的五个系(机械工程、电机工程、土木工程、建筑工程、化学工程)调整为机械制造、动力机械、电力工程、电讯工程、土木工程、水利工程、建筑工程、化学工程等八系,后又增加卫生工程,共九系。但 1951 学年,实际上一切教学领导工作仍归原来五系加上卫生工程系共六系分别进行。1951 年 10 月底,政务院批准了高等学校院系调整方案。方案将北大的工学院和燕京大学工科各系并入清华大学。这样,教育部对北大上报的院系调整初步计划中关于工学院的问题未作批示,北大也不再讨论工学院的学系设置问题。另外 1951 年暑假后学校又接受贸易部的委托,由东语系代办东语矿产贸易专修科。1952 年,教育部决定自是年起,所有委托代办各种系科的制度一律取消。

综上,1952 年院系调整前,北大共设有 4 个学院,20 个学系,2 个专修科,另有接受有关部委委托开办的 5 个专修科。它们是:文学院设有中国语言文学系、史学系、哲学系、东方语文学系、西方语文学系、俄罗斯语文学系、图书馆专修科、博物馆专修科;理学院设有数学系、物理学系、化学系、地质学系、动物学系、植物学系;法学院设有法律学系、政治学系、经济学系;工学院设有机械工程、电机工程系、土木工程系、建筑工程系、化学工程系;另由系或由系接受有关部委委托开办的专修科有农田水利专修科、发电工程专修科、银行专修科、水利发电专修科、土木工程专修科、建筑工程专修科、东语矿产贸易专修科。

新中国成立前至成立初期(1949年—1952年)各学院院长名单

院别	职务	姓名	任职时间	备注
文学院	院长	汤用彤	1949年2月—1952年9月	
理学院		饶毓泰	1949年2月—1952年9月	1950年12月底,由张景钺代。
	代院长	张景钺	1950年12月—1952年9月	
法学院		周炳琳	1949年2月—1949年5月	
		钱端升	1949年5月—1952年9月	1951年赴西南参加土改期间由汤用彤兼代
工学院	院长	马大猷	1949年2月—1952年9月	1951年曾由陈士骅代理一段时间
农学院		俞大绂	1949年2月—1949年9月	
医学院		胡传揆	1949年5月—1950年2月	

新中国成立前至成立初期(1949—1952年)各学系系主任名单

院别	系别	职务	姓名	任职时间	备注
文学院	中国语文学系	主任	魏建功	1949年—1950年7月	
			杨晦	1950年7月—1952年9月	
	历史学系		郑天挺	1949年2月—1952年9月	
	哲学系		汤用彤	1949年2月—1949年11月	
			郑昕	1949年11月—1952年9月	
	东方语文学系		季羡林	1949年2月—1952年9月	
	西方语言学系		闻家驷	1949年—1950年5月	
			冯承植	1950年5月—1952年9月	
	俄罗斯语文学系		曹靖华	1950年5月—1952年9月	
	图书馆专修科		王重民	1949年2月—1952年9月	
	博物馆专修科		韩寿萱	1949年2月—1952年9月	
理学院	数学系		江泽涵	1949年2月—1952年9月	
	物理学系		饶毓泰	1949年2月—1952年9月	1950年2月至1951年由赵广增代理

院别	系别	职务	姓名	任职时间	备注
理学院	化学系	主任	曾昭抡	1949年2月—1951年11月	
			孙承谔	1951年11月—1952年9月	
	地质学系		孙云铸	1949年2月—1952年9月	1951年5月起，孙参加土改，由王嘉荫代理
	植物学系		张景钺	1949年2月—1952年9月	
	动物学系		庄孝僡	1949年2月—1950年7月	
			李汝祺	1950年7月—1952年9月	
法学院	法律学系		冀贡泉	1949年2月—1949年秋	
			费青	1949年秋月—1952年9月	因病，1950年6月至9月由钱端升暂行兼代
		代主任	蔡枢衡	1950年9月—1951年6月	
	政治学系		黄觉非	1951年6月—1952年9月	
			王铁崖	1949年2月—1952年9月	
	经济学系	主任	赵迺抟	1949年2月—1949年夏	
			樊弘	1949年夏月—1952年9月	1951年5月起参加土改期间由陈振汉代理
工学院	机械工程学系		李酉山	1949年?月—1952年9月	
	电机工程学系		马大猷	1949年2月—1952年9月	1951年5月起参加土改期间由胡笳代理
	土木工程学系		陈士骅	1949年2月—1951年11月	
			陈明绍	1951年11月—1952年9月	
	建筑工程学系	代主任	朱兆雪	1949年2月—1952年9月	1951年11月起由戴志昂代理
		主任	戴志昂	1951年11月—1952年9月	
	化学工程学系		袁翰青	1949年?月—1950年2月	
			严克信	1950年2月—1950年12月	
			傅举孚	1950年12月—1951年6月	
			傅鹰	1951年6月—1952年9月	
	医学系	代主任	马文昭	1949年2月—1950年2月	
	药学系		薛愚	1949年2月—1950年2月	
	牙学系		钟之琦	1949年2月—1950年2月	
	医院		胡传揆	1949年2月—1950年2月	

院别	系别	职务	姓名	任职时间	备注
农学院	农艺系	主任	李景均	1949 年 2 月—1949 年 9 月	
	园艺系		陈锡鑫	1949 年 2 月—1949 年 9 月	
	森林学系		汪振儒	1949 年 2 月—1949 年 9 月	
	畜牧学系		吴仲贤	1949 年 2 月—1949 年 9 月	
	土壤肥料学系		李连捷	1949 年 2 月—1949 年 9 月	
	昆虫学系		周明牂	1949 年 2 月—1949 年 9 月	
	植物病理学系		林传光	1949 年 2 月—1949 年 9 月	
	农业化学系		黄瑞伦	1949 年 2 月—1949 年 9 月	
	农业经济学系		应廉耕	1949 年 2 月—1949 年 9 月	
	兽医学系		熊大仕	1949 年 2 月—1949 年 9 月	

二、院系调整后至"文化大革命"前（1952—1966 年 6 月）

1952 年院系调整后，北大不设学院，设直属学校的 12 个系，还设有 7 个专修科、2 个医预班和华侨学生先修班、外国留学生语文专修班。12 个系是：数学力学系、物理学系、化学系、生物学系、地质地理系、中国语言文学系、历史学系、俄罗斯语言文学系、东方语言学系、西方语言学系、哲学系、经济系。7 个专修科是：数学专修科、气象专修科、矿物分析专修科、油料分析专修科、语言专修科、图书馆学专修科、东方贸易专修科。两个医预班，一个是燕京大学为协和医学院培养，一个是少数民族医预班。1952 年 9 月，学校公布了各系的系主任，两个专修科（语言专修科、图书馆学专修科）的主任和两个医预班、两个先修班的主任。其余 5 个专修科由各有关的系约请专人负责。

上述华侨学生先修班、两个医预班和矿物分析专修科、油料分析专修科、东方贸易专修科，在校学生毕业后即停办，其中少数民族医预班于 1954 年 9 月调整到民族学院。数学、气象、语言三个专修科自 1953 年起停止招生，其中语言专修科并入中国语言文学系，数学、气象两个专修科不再举办。

1954 年 6 月，在俄罗斯语言文学系增设捷克语班和波兰语班（1956 年 6 月调到俄语学院）。同年 7 月，高教部确定北大自 1954 学年度起恢复设置法律系，请陈守一担任系主任，肖永清、马振明担任副系主任。

1954 年 9 月，中山大学语言系并入我校中文系，成立语言专业。

1956 年 8 月，高教部通知：北大图书馆专修科自 1956—1957 学年度入学新生起改为本科，学习期限四年（原三年制学生仍为专修科）。

1958 年 6 月，北大中文系新闻专业调入人民大学，与人民大学新闻系合并。

　　1958 年 12 月，学校决定将物理学系分为无线电电子学系、物理学系、地球物理学系三个系，将物理研究室改为原子能系，并分别任命了系主任和副系主任。

　　1960 年 5 月，教育批准北大以原马列主义教研室为基础，成立政治学系。政治学系设一个专业（政治学专业）。

　　1961 年 6 月，教育部同意北大将原子能系改名为技术物理系。

　　此后，一直到 1966 年"文化大革命"前，在系科设置上基本上没有再作变动，即全校共设 18 个系：数学力学系、物理学系、无线电电子学系、地球物理学系、技术物理系、化学系、生物学系、地质地理学系、中国语言文学系、历史学系、哲学系、经济学系、政治学系、法律学系、图书馆学系、东方语言学系、西方语言文学系、俄罗斯语言文学系。不过，1965 年秋冬，学校曾将西语系和俄语系合并为西俄语系，但合并后还没有走上轨道，1966 年 6 月，北大的"文化大革命"就开始了。"文化大革命"开始后不久，两个系又重新分开了。

院系调整后至"文革"前(1952—1966 年)
各系系主任、副系主任、系主任助理名单

系别	职务	姓名	任职时间	职务	姓名	任职时间
数学力学系	主任	段学复	1952 年 9 月—1966 年 6 月	副主任	程民德	1955 年 9 月—1966 年 6 月
					吴鸿庆	1960 年 4 月—1962 年？月
					张芷芬	1960 年 4 月—1966 年 6 月
					林建祥	1960 年？月—1966 年 6 月
					王　仁	1962 年？月—1966 年 6 月
物理学系		褚圣麟	1952 年 9 月—1966 年 6 月	系主任助理	沈克琦	1955 年 9 月—1958 年 12 月
				副主任	谢义炳	1956 年 10 月—1958 年 12 月
				副主任	沈克琦	1958 年 12 月—1966 年 6 月
				副主任	曹芝圃	1960 年 4 月—1966 年 6 月
					黄　昆	1960 年？月—1966 年 6 月
					梁静国	1960 年 4 月—1966 年 6 月
化学系		孙承谔	1952 年 9 月—1966 年 6 月	副主任	冯新德	1954 年 11 月—1955 年？月
					文　重	1955 年 9 月—1966 年 6 月
					卢锡锟	1960 年 4 月—1962 年 11 月
					徐振亚	1960 年 4 月—1966 年 6 月
					严仁荫	1960 年 4 月—1966 年 6 月

系别	职务	姓名	任职时间	职务	姓名	任职时间
生物学系	主任	张景钺	1952年9月—1966年6月	副主任	张龙翔	1954年11月—1956年10月
				系主任助理	李建武	1955年2月—1956年10月
				副主任	陈阅增	1956年10月—1966年6月
					陈德明	1956年10月—1966年6月
					葛明德	1960年4月—1966年6月
地质地理学系		侯仁之	1952年9月—1962年7月	系主任助理	石世民	1958年12月
		乐森珷	1962年7月—1966年6月	系主任助理副主任	王恩涌	1958年12月—1962年7月 1962年7月—1966年6月
				副主任	王乃樑	1962年7月—1966年6月
无线电电子学系		汪永铨	1958年12月—1966年6月	副主任	徐承和	1960年4月—1966年6月
					郑乐民	1960年4月—1966年6月
					王楚	1960年4月—1966年6月
地球物理系		苏士文	1958年12月—1966年6月	副主任	谢义炳	1958年12月—1966年6月
					殷宗昭	1960年4月—1966年6月
原子能系—技术物理系		胡济民	1958年12月—1966年6月	副主任	虞福春	1958年12月—1966年6月
					徐光宪	1959年年初—1966年6月
					陈洼洱	1960年4月—1966年6月
					刘元方	1960年4月—1966年6月
					游慧培	1964年?—1966年6月
中国语言文学系		杨晦	1952年9月—1966年6月	副主任	罗列	1955年9月—1958年6月
					张仲纯	1960年?月—1966年6月
					季镇淮	1960年4月—?
					魏建功	1960年?月—?
					游国恩	1962年?月—1966年6月
					王力	1962年?月—1966年6月
					向景洁	1962年?月—1966年6月

北京大学志（第一卷）

系别	职务	姓名	任职时间	职务	姓名	任职时间
历史学系	主任	翦伯赞	1952 年 9 月—1966 年 6 月	副主任	杨人楩	1954 年 11 月—？
				系主任助理	夏自强	1955 年 9 月—1960 年 4 月
				副主任	周一良	1956 年 10 月—1966 年 6 月
					刘克华	1960 年 4 月—1962 年？月
					张芝联	1962 年？月—1966 年 6 月
					许师谦	1962 年 8 月—1966 年 6 月
哲学系	主任	金岳霖	1952 年 9 月—1955 年 9 月	副主任	郑 昕	1954 年 11 月—1955 年 9 月
		郑 昕	1955 年 9 月—1966 年 6 月		汪子嵩	1955 年 9 月—1960 年？月
					孙国华	1956 年 10 月—？
					冯瑞芳	1960 年 4 月—1966 年 6 月
					邓艾民	1959 年？月—1966 年 6 月
经济系	代理主任（代系主任樊弘）	陈振汉	1952 年 9 月—1954 年 11 月	副主任	胡代光	1960 年 4 月—1966 年 6 月
		陈岱孙	1954 年 11 月—1966 年 6 月		徐淑娟	1960 年 4 月—1966 年 6 月
					聂元梓	1960 年 6 月—1962 年 11 月
法律系	主任	陈守一	1954 年 7 月—1966 年 6 月	副主任	肖永清	1954 年 7 月—1966 年 6 月
					马振明	1954 年 7 月—1962 年 6 月
					肖蔚云	1960 年 4 月—1966 年 6 月
					芮 沐	1962 年？月—1966 年 6 月
政治学系		李 普	1960 年 6 月—1961 年春	副主任	赵宝煦	1960 年 6 月—1963 年 12 月
		赵宝煦	1963 年 12 月—1966 年 6 月		张俊彦	1964 年？月—1966 年 6 月
		王重民	1952 年 9 月—1958 年 4 月		赵 琦	1960 年 4 月—1963 年？月

系别	职务	姓名	任职时间	职务	姓名	任职时间
图书馆专修科图书馆学系（1956年8月改系）	代理主任	刘国钧	1958年4月—1958年10月	副主任		
		兰芸夫	1958年10月—1962年5月			
		刘国钧	1962年5月—1966年6月			
东方语言学系	主任	季羡林	1952年9月—1966年6月	副主任	黄宗鑑	1958年秋—1966年6月
					龚云宝	1960年4月—1962年9月
					彭家声	1962年?月—1963年上半年
					吴世璜	1962年9月—1966年6月
西方语言文学系		冯承植	1952年9月—1965年秋冬	副主任	吴兴华	1954年?月—1958年
					齐声乔	1958年4月—?
					李赋宁	1960年4月—1962年8月
					严宝瑜	1960年4月—1965年秋冬
					吴达元	1962年8月—1965年秋冬
俄罗斯语言文学系		曹靖华	1952年9月—1965年秋冬	副主任	李毓珍	1954年11月—1958年?月
					尹企卓	1955年9月—1958年10月
					孙念恭	1960年4月—1965年秋冬
					武兆令	1960年4月—1965年秋冬
西俄语系		曹靖华	1965年秋冬—1966年6月	副主任	冯承植	1960年4月—1966年6月
					严宝瑜	
					吴达元	
					齐声乔	
					孙念恭	

　　1952年院系调整以后的初期，由学校任命的专修科（图书馆专修科因为后改为学系，其主任已列在上表中）、医预班、先修班的主任名单如下：语言专修科主任袁家骅；医预班主任陈德明；少数民族医预班主任陈阅增，1953年5月改为田曰灵；华侨先修班主任王延青。

三、"文化大革命"期间（1966 年 6 月—1976 年 10 月）

1966 年，"文革"开始，西俄语系重新分为西语系和俄语系后，全校共有 18 个系。1969 年 10 月，技术物理系、无线电子学系和数学力学系的力学专业迁往汉中分校，后来，迁往汉中分校的力学专业亦称力学系。无线电电子学系大部分人迁往汉中分校后，校本部仍有这个系。这样，校本部从 18 个系减为 17 个系，汉中分校有 3 个系，总数为 20 个系。

1969 年 10 月，在技物系、无线电系、力学专业迁往汉中分校的同时，驻校工、军宣队又将大批教职工及其家属送到 1969 年 7 月开始建设的江西南昌鲤鱼洲农场劳动、改造思想。在农场劳动的教职工、家属统一分为若干连队，起初没有成立系。1970 年 5 月，办起外语系，招收学习英语、俄语、越南语和印地语的学生 100 多人，因为要招收学生办学，所以又将农场称为江西分校。1970 年下半年，全校招收第一届工农兵学员入学时，江西分校除了招收文学、历史、哲学、国际政治、政治经济学等专业学生外，还办起生物系，招收作物丰产、畜牧兽医等 4 个专业的学生。1971 年 7 月，决定撤销江西鲤鱼洲农场，教职工分批撤回北京校本部。工农兵学员回校本部后，并入有关系学习。在撤销鲤鱼洲农场的同时，又决定在北京大兴县天堂河重建一个农场，后改称大兴五七干校，1975 年 8 月，又改称大兴分校。不过大兴分校自己并不招收学生，只供有关系的学员到那里边工边读、半工半读。

另外，由于当时提倡厂办专业，所以从招收第一届工农兵学员起，校本部就有两个工厂招生办学，"文革"末期，又有汉中分校的一个工厂招生办学。到 1976 年，全校共有 20 个系、3 个工厂招生办学，其中校本部 17 个系、2 个工厂，汉中分校 3 个系、1 个工厂。具体情况如下。

北京校本部有：数学系、物理系、化学系、生物学系、地质地理学系、无线电电子学系、地球物理系、中文系、历史系、哲学系、经济系、国际政治系、法律系、图书馆学系、东语系、西语系、俄语系、电子仪器厂、制药厂。

汉中分校有技术物理系、无线电系、力学系、电子仪器二厂。

"文革"期间各系（厂）领导机构的名称和人员变动很多，也很复杂。1966 年 6 月 1 日，中央人民广播电台广播了聂元梓等人的大字报后，各系的原党政领导即陷于瘫痪，由驻北大工作组派到各系（厂）的工作组领导。1966 年 7 月和 9 月，成立校文革筹委会和校文革以后，各系（厂）也成立了系文革筹委会和系文革。但当时出现了很多造反派组织和红卫兵组织并逐步形成两大派，各派各有组织机构。校、系都陷于混乱。1968 年 8 月，工（军）宣队进驻学校后各系由驻校工（军）宣队派去的宣传队领导。1969 年，各系才陆续成立系革命委员会，这以后又有一段时间按军队的体制将系改为连队，设连长、副连长。

四、改革开放时期(1976 年 10 月—1997 年 12 月)

1976 年 10 月"文革"结束至 1978 年上半年,学校招生办学的系和工厂没有来得及进行整顿,未作什么变动,只是在 1977 年,根据各方面的需要,在一些系(厂)招收了一些进修班学生,与此同时,理科各系和文科的经济、国际政治等系举办了回炉班,为已经毕业离校但一些重要课程根本未学或虽然学了而未能掌握其基本内容的愿意回校补学的学生进行补习。

1978 年 7 月 7 日,经国务院批准,受林彪、"四人帮"破坏停办八年之久的中国人民大学正式恢复。7 月 29 日,北京大学和中国人民大学商定《关于北大新闻专业教工按建制调回人大和学生如何安置等问题的会谈纪要》[①]。该纪要规定:(1)1976 级和 1977 级在校学生暂留北大不动,1976 级学生算北大毕业生,1977 级学生待人大房子问题解决后,即迁回人大。(2)1978 级学生,由北大录取,到人大报到。(3)原新闻系带往北大的图书资料,如数带回人大;照相器材,新闻专业原有的、在北大期间新补充的,均带回人大。(4)新闻专业的教师和其他人员,按建制调回人大。

1978 年下半年招生时,除继续招收一些进修班学生以外,还举办了两个 2 年制的专修科:数学专修科、哲学专修科。

1979 年 3 月,汉中分校的师生全部迁回北京,汉中分校的系(厂)与校本部的有关系(厂)合并。同时学校决定废除厂办专业的办法。经过合并、调整,1979 年,全校共设 22 个学系。它们是:数学系、力学系、物理系、技术物理系、无线电电子学系、地球物理系、化学系、生物学系、地质学系、地理学系、计算机科学技术系、心理学系、中国语言文学系、历史学系、哲学系、经济学系、法律学系、国际政治系、图书馆学系、西方语言文学系、东方语言文学系、俄罗斯语言文学系。

1982 年 1 月,学校决定把国际政治系的社会学专业划出来,成立社会学系。5 月,任命袁方为社会学系主任,华青、潘乃穆为副系主任。

1982 年 9 月,应中纪委要求,国际政治系开办培养纪检干部的干部政治专修科,学制二年(从 1982 年到 2000 年,每年招生,从 2001 年起不再招生)。

1982 年 10 月,国务院经济法规研究中心、中国人民大学和北大法律系决定联合举办经济法干部专修科(人大和北大各招一班)。这个专修科两年招一次学生,共招了三次,即 1983 年、1985 年、1987 年各招了一次。

1983 年 6 月,学校决定英语专业从西语系中分出来,同公共英语教研室合在一起成立英语系。原西语系主任李赋宁改任英语系系主任。11 月,

---

① 1970 年,人民大学被撤销后,该校的新闻专业和历史、哲学等系的一部分教师被分配到北大。

改任原西语系副系主任孙坤荣为西语系主任。

同月，教育部同意北大增设二年制的秘书专修科（1986年起停办）和实验技术专修科，这两个专修科均于1983年开始招生。

1983年7月，学校决定把历史学系的考古专业划出来，成立考古系，任命宿白为系主任。

1984年，北大与中国首都医科大学达成协议，从是年开始，北大为首都医科大学举办医预科，每年招生30人。

1985年4月，学校决定将经济系分为三个系：经济系、国际经济、经济管理系。同月，校党委常委决定由陈德华任经济系主任，洪君彦任国际经济系主任，厉以宁任经济管理系主任，并决定成立经济学院，由胡代光、陈德华、洪君彦、厉以宁、董文俊、陈为民组成筹备组进行筹备。5月，教育部同意北大设立经济学院。学校任命胡代光为经济学院院长，董文俊为副院长。

1985年7月，学校将数学系的概率论和数理统计专业划出来，成立概率统计系，任命陈家鼎为系主任。

1986年11月，校长办公会决定成立政治学系（由原中国革命与建设中心、国政系的政治学教研室和马列所组成，其中马列所是系所结合形式，保持相对独立），由肖超然任系主任。1987年9月，校党委常委会同意成立政治学系（1987年定的名称为政治学与行政管理学系，简称政治学系或政治系）。

1987年5月，学校同意将图书馆学系改名为图书馆学情报学系。

1989年，学校同意将地理系改名为城市与环境学系。

1992年10月，学校同意将东方语言文学系改名为东方学系。同月，学校决定将图书馆学情报学系改名为信息管理系。

1993年9月，学校同意经济学院的经济管理系单独成立工商管理学院，由厉以宁任院长。同时决定在生物学系基础上成立生命科学学院，下设生物化学及分子生物学系、细胞生物学及遗传学系、生理学及生物物理学系、植物分子及发育生物学系、环境生物学及生态学系、生物技术学系。同年12月18日，工商管理学院正式成立；12月20日，生命科学学院正式成立。

1994年2月，学校决定在化学系的基础上成立化学与分子工程学院，下设化学、材料化学、药物化学三个系。

1994年3月26日，国家教委批复北大：（1）原则同意你校与台湾光华教育基金会合作兴办管理学院，学院名称定为"北京大学光华工商管理学院"。（2）学院为你校的二级学院，学院可设董事会，董事会的董事由你校和光华教育基金会协商产生并由此产生董事会主席。学院院长由你校教授担任，学院的办学方向、专业及课程设置、教师聘任、学生培养及董事会的决议需经你校校长批准后方能生效实施。（3）合作办学应执行国家有关法律、法规,要严格按照国家教委的规定招生,执行国家教委颁布的教学大纲,并保证教学质量,不以营利为目的。同年 4 月 3 日,北大与台湾光华教育基金会签署合作兴办《北京大学光华管理学院意向书》。9 月 14 日,国家教委复函北大,同意将北京大学光华工商管理学院更名为北京大学光华管理学院。11 月 14 日,北京大学光华管理学院举行成立仪式。学院第一届董事会由 9 人组成,由光华教育基金会总干事尹衍樑博士担任董事会主席,厉以宁任学院院长,曹凤岐、张国有、王其文、董文俊任副院长。

1995 年 7 月 7 日,学校原则同意成立数学科学学院,下设数学、概率统计、科学与工程计算、信息科学等四个系。同年 10 月 13 日,数学科学学院举行成立大会。

1995 年 9 月,学校决定设立宗教学系。该系与哲学系联体运作,哲学系正副系主任兼任宗教学系正副系主任,行政机构为两块牌子一套人马。同意力学系更名为力学与工程科学系。

1996 年 1 月,学校同意国际政治系、国际关系研究所、亚非所三个单位组成国际关系学院,由梁守德任院长。1996 年 7 月,国际关系学院正式成立,学校正式任命了院长、副院长。

1996 年 4 月,学校同意无线电电子学系更名为电子科学系,同意化学与分子工程学院建立高分子科学系。

1996 年 6 月,经教育部与卫生部同意,北京大学与北京医科大学合作举办的北京大学医学中心成立。此后,医科 7 年制毕业生的毕业文凭盖北京医科大学和北京大学两校校章。

1996 年 9 月,学校成立由赵存生、叶朗、吴同瑞、王浦劬、彭吉象等组成的"艺术系筹备组"。1997 年 4 月,校长办公会原则同意成立艺术系的方案,并任命哲学系系主任叶朗兼任艺术学系主任。1997 年 9 月,艺术系正式成立。

1997 年 5 月,学校同意设立金融数学系。

综合以上情况,到 1997 年全校共设 6 个学院 50 个系。50 个系中有 23 个系是直属学校的,有 27 个系是分属各个学院的。6 个学院是:数学科学学院、化学与分子工程学院、生命科学学院、经济学院、光华管理学院、国际关系学院[①]。分属各个学院的 27 个系是:数学科学学院的数学系、概率统计

---

① 除这 6 个学院以外,还有一个马克思主义学院和一个应用文理学院。不过这两个学院与上述 6 个学院的性质不同。马克思主义学院是 1992 年 4 月成立的,当时院下不设系和专业,不招收本、专科学生,只设教学研究部(研究政治理论课的教学问题)、马列主义研究所、思想教育研究室、理论培训中心。1993 年 6 月,经教育部同意,学校才在马克思主义学院设思想政治教育专业。不过这个专业与其他专业不同,只举办大专起点的本科班。应用文理学院成立于 1995 年。它的任务是开展成人教育和全日制大专教育,其教学依托于学校各系和各学院,实际上同研究生院和成人教育学院一样,是一个教学行政管理机构。

系、科学与工程计算系、信息科学系、金融数学系；化学与分子工程学院的化学系、材料化学系、高分子科学与工程系；生命科学学院的生物化学及分子生物学系、细胞生物学及遗传学系、植物分子及发育生物学系、生理学及生物物理学系、环境生物学及生态学系、生物技术等；国际关系学院的国际政治系、外交学与外事管理系、国际传播与文化交流学系；经济学院的经济学系、国际经济系、国际金融系、国际贸易系、保险学系；光华管理学院的企业管理系、财务学系、会计学系、市场营销系、货币银行学系。直属学校的 24 个系是：力学与工程科学系、物理学系、地球物理学系、技术物理系、电子学系、计算机科学技术系、地质学系、城市与环境学系、心理学系、中国语言文学系、历史学系、考古学系、哲学系、宗教学系、法律学系、信息管理系、社会学系、政治学与行政管理系、艺术系、东方学系、英语语言文学系、西方语言文学系、俄罗斯语言文学系。

各学院历届正副院长和学校直属各系历届正副系主任名单(1978—1997 年)[①]

系别	职务	姓名	任职时间	职务	姓名	任职时间	备注
数学系				副系主任	林建祥	1978 年 11 月—1981 年 11 月	
					邓东皋	1979 年 1 月—1983 年 7 月	
	系主任	段学复	1978 年 2 月—1981 年 7 月		丁石孙	1979 年 1 月—1981 年 7 月	
					张芷芬	1979 年 1 月—1981 年	
					王卫华	1979 年 1 月—1985 年	
					程民德	1980 年 6 月—1981 年	
	系主任	丁石孙	1981 年 7 月—1982 年 10 月	副主任	吴兰成	1981 年 7 月—1984 年	

① 按照当时规定的程序，行政方面的中层干部，包括正副系主任的任命，或是先由党委常委讨论决定，交校长办公室讨论同意，然后由有关部门发出任命通知；或是先由校长办公室讨论决定，报经党委常委讨论同意，然后由有关部门发出任命通知。党委常委讨论的时间和校长办公会讨论的时间、发出任命通知的时间是不一致的。由于档案材料不全，这里的任职时间不可能统一用哪一个时间，只能根据现有材料，有的用这个时间，有的用那个时间。

系别	职务	姓名	任职时间	职务	姓名	任职时间	备注
数学系	代理系主任 系主任	邓东皋	1982 年 10 月—1983 年 7 月 1983 年 7 月—1987 年 1 月	副主任	沈燮昌	1981 年 7 月—1983 年	
					黄槐成	1982 年 2 月—1983 年	
					李 忠	1983 年 7 月—1987 年 1 月	
					叶其孝	1984 年 4 月—1987 年 1 月	
					应隆安	1985 年 7 月—1991 年 7 月	
	系主任	李 忠	1987 年 1 月—1991 年 7 月	副系主任	刘西垣	1987 年 1 月—1991 年 7 月	
					郭懋正	1987 年 1 月—1995 年 10 月	
	系主任	应隆安	1991 年 7 月—1995 年 10 月		黄少云 李承治 刘化荣	1991 年 7 月—1995 年 10 月	
数学科学学院	院长	姜伯驹	1995 年 10 月	副院长	陈家鼎 王 杰 彭立中 刘化荣	1995 年 10 月—	
概率统计系	系主任	陈家鼎	1985 年 9 月—1995 年 10 月	副系主任	戴中维	1985 年 9 月—1991 年 6 月	1995 年 10 月，概率系和数学系合并，成立数学科学学院。概率系为数学科学学院所属的一个系
					汪仁官	1985 年 9 月—1987 年	
					程士宏	1987 年 4 月—1991 年 6 月	
					郑忠国	1988 年 5 月—1991 年 6 月	
					钱敏平	1991 年 6 月—1994 年 7 月	
					周赛花	1991 年 6 月—1994 年 7 月	
					何书元	1991 年 6 月—1994 年 7 月	
					孙山泽	1994 年 7 月—1995 年 10 月	
					耿 直	1994 年 7 月—1995 年 10 月	
					孙 丽	1994 年 7 月—1995 年 10 月	

系别	职务	姓名	任职时间	职务	姓名	任职时间	备注
力学系	系主任	周光炯	1979 年 8 月—1983 年 10 月	副系主任	朱照宣	1979 年 6 月—1983 年	
					武际可	1979 年 6 月—1983 年	
					刘必佐	1979 年 6 月—1985 年	
		王 仁	1983 年 10 月—1986 年 8 月		黄福华	1983 年 10 月—1985 年	
					陈 滨	1983 年 10 月—1986 年 8 月	
					是勋刚	1985 年 3 月—1991 年 7 月	
					周启钊	1985 年 3 月—1986 年 8 月	
					曾骥才	1985 年 3 月—1994 年 4 月	
力学系（力学与工程科学系）	系主任	陈 滨	1986 年 8 月—1996 年 1 月	副系主任	王大钧	1986 年 8 月—1991 年 7 月	
					唐世敏	1991 年 7 月—1996 年 1 月	
					方 竞	1991 年 7 月—1996 年 1 月	
					韩铭宝	1994 年 4 月—1996 年 1 月	
		方 竞	1996 年 1 月—		魏庆鼎 于年才 陈 凌	1996 年 1 月—	
物理系	系主任	褚圣麟	1979 年 1 月—1982 年 2 月	副系主任	沈克琦	1979 年 1 月—1979 年 1 月 13 日	
					梁静国	1979 年 1 月—1983 年 1 月	
		虞福春	1982 年 2 月—1983 年 10 月		张为合	1979 年 1 月—1984 年	
					赵凯华	1979 年 3 月—1983 年 10 月	
					李佩英	1979 年 3 月—1990 年	

系别	职务	姓名	任职时间	职务	姓名	任职时间	备注
物理系	系主任	赵凯华	1983年10月—1991年2月	副系主任	杨新华	1984年1月—1989年3月	
					戴远东	1984年1月—	
					陆果	1986年8月—1991年9月	
		甘子钊	1991年2月—		王祖铨	1991年2月—	
					张瑞明	1991年2月—1996年	
					周文生	1991年9月—1994年12月	
					王世光	1994年12月—	
化学系	系主任	张青莲	1979年1月—1983年4月	副系主任	徐振亚	1979年1月—1983年	
					孙亦樑	1979年1月—1983年4月	
					刘美德	1979年1月—1986年11月	
					李明谦	1979年1月—1983年	
					耿明宏	1980年10月—1983年	
	系主任	孙亦樑	1983年4月—1987年11月	副系主任	童沈阳	1983年4月—1987年3月	
					张榕森	1983年4月—1987年11月	
					倪朝烁	1986年11月—1994年2月	
	代理系主任 系主任	张榕森	1987年11月—1988年3月 1988年3月—1993年4月	副系主任	羌笛	1987年—1991年11月	
					周其凤	1987年4月—1991年11月	
					李崇熙	1989年8月—1991年11月	
					徐筱杰	1991年11月—1993年4月	
					常文保	1991年11月—1994年2月	
	系主任	徐筱杰	1993年4月—1994年2月		何元康	1991年11月—1994年2月	

系别	职务	姓名	任职时间	职务	姓名	任职时间	备注
化学与分子工程学院	主任	徐筱杰	1994年2月—1995年5月	副主任	倪朝烁	1994年2月—1995年5月	1994年2月成立化学与分子工程学院，但到1995年5月才任命院长、副院长。此前仍由化学系的主任、副主任负责。
					常文保		
					何元康		
	院长	赵新生	1995年5月—	副院长	严纯华	1995年5月—1997年7月	
					倪朝烁	1995年5月—	
					常文保		
					何元康		
					林建华	1997年7月—	
生物系	系主任	陈阅增	1979年1月—1981年8月	副系主任	陈德明	1979年1月—1981年8月	
					顾孝诚	1979年1月—1985年12月	
					徐长法	1979年1月—1983年	
					刘序倬	1979年1月—1983年	
					葛明德	1980年8月—1983年12月	
		陈德明	1981年8月—1985年3月		潘其丽	1983年9月—1987年	
					高天礼	1984年—1989年3月	
					吴相钰	1986年1月—1988年	
					潘维钧	1986年1月—1988年7月	
					吴才宏	1987年8月—1992年7月	
		顾孝诚	1985年12月—1992年7月		张惟杰	1988年3月—1989年3月	
					马莱龄	1988年12月—1992年7月	
					周曾铨	1989年3月—1993年9月	

系别	职务	姓名	任职时间	职务	姓名	任职时间	备注
生物系	系主任	陈章良	1992 年 7 月—1993 年 9 月	副系主任	张庭芳	1992 年 7 月—1993 年 9 月	
					丁明孝	1992 年 7 月—1993 年 9 月	
					刘克球	1992 年 7 月—1993 年 9 月	
生命科学学院	院长	陈章良	1993 年 9 月—1995 年 12 月	副院长	周曾铨	1993 年 9 月—1995 年 12 月	1993 年 9 月，学校决定在生物系基础上成立生命科学学院。
					张庭芳	1993 年 9 月—1995 年 12 月	
					丁明孝	1993 年 9 月—1997 年 9 月	
					刘克球	1993 年 9 月—1995 年 12 月	
		周曾铨	1995 年 12 月—	副院长	顾红雅	1995 年 12 月—	
					王忆平	1995 年 12 月—	
					李松岗	1995 年 12 月—	
					赵进东	1997 年 9 月—	
地球物理系	系主任	谢义炳	1979 年 1 月—1986 年 4 月	副系主任	刘余滨	1978 年 11 月—1983 年	
					邢骏	1978 年 11 月—1986 年 5 月	
					张荫春	1980 年 10 月—1986 年 5 月	
					臧绍先	1980 年 10 月—1993 年 7 月	
	系主任	刘式达	1986 年 4 月—1996 年 7 月		张镡	1986 年 5 月—1993 年 7 月	
					钱景奎	1986 年 5 月—1993 年 7 月	
					卢咸池	1993 年 7 月—1996 年 7 月	
					蔡蓉华	1993 年 7 月—1996 年	
					赵欣荣	1996 年 7 月—1997 年	
	系主任	黄嘉佑	1996 年 7 月—		焦维新	1996 年 7 月—	
					于超美	1996 年 7 月—	
					陈晓非	1997 年 10 月—	

系别	职务	姓名	任职时间	职务	姓名	任职时间	备注
地质系	系主任	乐森璕	1978 年 6 月—1983 年 7 月	副系主任	何国琦	1978 年 6 月—1983 年 7 月	
					于洸	1978 年 6 月—1981 年 10 月	
					穆治国	1978 年 6 月—1982 年 10 月	
					游慧培	1978 年 6 月—1984 年	
		何国琦	1983 年 7 月—1991 年 7 月		黄福生	1983 年 7 月—1987 年	
					张知非	1983 年 7 月—1986 年	
					李茂松	1984 年 3 月—1987 年	
					杨承运	1986 年 5 月—1991 年 7 月	
					王新平	1987 年 5 月—1995 年	
					刘瑞珣	1987 年 5 月—1991 年 7 月	
					崔文元	1987 年 5 月—1995 年 5 月	
		刘瑞珣	1991 年 7 月—1995 年 5 月		潘懋	1991 年 7 月—	
		李茂松	1995 年 5 月—		郝维城	1995 年 5 月—	
					许保良		
					李小凤	1995 年 9 月—	
地理系	系主任	侯仁之	1979 年 1 月—1983 年 1 月	副系主任	王乃樑	1978 年 11 月—1983 年 1 月	
					陈凯	1978 年 11 月—1983 年 1 月	
					王恩涌	1979 年 1 月—1983 年 1 月	
		王乃樑	1983 年 1 月—1983 年 10 月		崔海亭	1983 年 1 月—1987 年	
					谢凝高	1983 年 1 月—1987 年	
		胡兆量	1983 年 10 月—1989 年		田昭舆	1983 年 10 月—1989 年	
					徐海鹏	1987 年 3 月—1989 年	
					黄润华	1987 年 3 月—1989 年	

系别	职务	姓名	任职时间	职务	姓名	任职时间	备注
城市与环境学系	系主任	胡兆量	1989 年—1991 年 12 月	副系主任	徐海鹏	1989 年—1991 年 12 月	1989 年，地理系改名为城市与环境学系
					黄润华	1989 年—1991 年 12 月	
					田绍舆	1989 年—1991 年 12 月	
		崔海亭	1992 年 1 月—1996 年 7 月		周一星	1992 年 1 月—1996 年 7 月	
					夏正楷	1992 年 1 月—1996 年 7 月	
					王永华	1992 年 1 月—1994 年 3 月	
					任秀生	1992 年 10 月—1996 年 7 月	
		杨开忠	1996 年 7 月—		吴月照	1996 年 7 月—	
					陶 澍		
					莫多闻		
					王仰麟	1997 年 2 月—	
技术物理系	系主任	胡济民	1979 年 1 月—1986 年 2 月	副系主任	沈承昌	1979 年 1 月—1984 年 6 月	1987 年 1 月至 1988 年 9 月，由赵渭江代理系主任
					虞福春	1979 年 3 月—1982 年 2 月	
					刘元方	1979 年 3 月—1983 年	
					陆永基	1979 年 3 月—1983 年	
					崔玉琢	1979 年 3 月—1983 年	
					吴季兰	1983 年 7 月—1986 年 8 月	
					江栋兴	1983 年 7 月—1986 年 2 月	
		江栋兴	1986 年 2 月—1987 年 1 月		赵渭江	1986 年 4 月—1992 年 11 月	

系别	职务	姓名	任职时间	职务	姓名	任职时间	备注
技术物理系	代理系主任	赵渭江	1987 年 1 月—1988 年 9 月	副系主任	高宏成	1986 年 4 月—1996 年 12 月	
	系主任	江栋兴	1988 年 9 月—1992 年 11 月		李如英	1986 年 4 月—1992 年 11 月	
		哈鸿飞	1992 年 11 月—1996 年 12 月		包尚联	1992 年 11 月—1996 年 12 月	
					王正行	1992 年 11 月—1996 年	
					王彤文	1992 年 11 月	
		叶沿林	1996 年 12 月—		王祥云	1996 年 12 月	
					张胜群	1996 年 12 月	
					郭之虞	1997 年 5 月—	
无线电电子学系	系主任	徐承和	1979 年 1 月—1985 年 1 月	副系主任	郑乐民	1979 年 5 月—1986 年 1 月	
					王义遒	1979 年 5 月—1985 年 2 月	
					王楚	1979 年 5 月—1985 年 1 月	
					杨宗仁	1979 年 5 月—1983 年	
					迟惠生	1983 年 10 月—1986 年 4 月	
					姜天仕	1983 年 10 月—	
		王楚	1985 年 1 月—1993 年 7 月		王庆吉	1986 年 1 月—1989 年 9 月	
					杨同立	1986 年 4 月—1986 年	
					张兆祥	1987 年 3 月—1990 年	
					项海格	1989 年 9 月—1993 年 7 月	
		项海格	1993 年 7 月—1996 年 4 月		刘志雄	1990 年 5 月—	

系别	职务	姓名	任职时间	职务	姓名	任职时间	备注
电子学系	系主任	项海格	1996年4月—	副系主任	吴锦雷	1993年7月—	1996年4月，无线电电子学系改名为电子学系
计算机系	系主任	张世龙	1979年1月—1983年7月	副系主任	王丕显	1979年3月—1987年	
					毕源章	1979年3月—1981年	
					崔殿祥	1979年12月—1981年	
					杨芙清	1981年—1983年7月	
					许卓群	1981年—	
		杨芙清	1983年7月—		方裕	1987年2月—	
					魏引树	1990年5月—	
心理学系	系主任			副系主任	孟昭兰	1978年1月—1984年4月	
					王甦	1978年1月—1984年4月	
					靳其成	1978年1月—1981年	
					许政援	1982年10月—1984年4月	
		许政援	1984年4月—1988年7月		肖健	1984年4月—	
					朱滢	1985年2月—1988年7月	
		朱滢	1988年7月—1996年7月		张雨新	1988年7月—1990年	
					王登峰	1992年5月—1996年7月	
					王垒	1996年7月—	
					苏彦捷	1996年7月—	

系别	职务	姓名	任职时间	职务	姓名	任职时间	备注
中文系	系主任	季镇淮	1979 年 6 月—1984 年 4 月	副系主任	朱德熙	1979 年 3 月—1984 年 3 月	
					向景洁	1979 年 3 月—1984 年 4 月	
					费振刚	1979 年 3 月—1984 年 4 月	
		严家炎	1984 年 4 月—1986 年 9 月		闵开德	1982 年 1 月—1986 年 2 月	
					叶蜚声	1982 年 1 月—1984 年	
					华秀珠	1982 年 1 月—1984 年	
					唐作藩	1984 年 4 月—1987 年	
					耿明宏	1984 年 4 月—1990 年	
	代理系主任	费振刚	1986 年 9 月—1988 年 1 月		费振刚	1986 年 4 月—1989 年 2 月	
					蒋绍愚	1987 年 4 月—1989 年 3 月	
	系主任	严家炎	1988 年 1 月—1989 年 3 月		袁行霈	1988 年 3 月—1989 年 3 月	
		孙玉石	1989 年 3 月—1994 年 7 月		王理嘉	1989 年 3 月—1992 年	
					曹文轩	1989 年 3 月—1992 年	
					张剑福	1990 年 10 月—	
					程郁缀	1992 年 9 月—1996 年 4 月	
					张联荣	1992 年 9 月—1997 年 1 月	
		费振刚	1994 年 7 月—		温儒敏	1996 年 4 月—1997 年 9 月	
					宋绍年	1997 年 1 月—	
					张　鸣	1997 年 9 月—	

系别	职务	姓名	任职时间	职务	姓名	任职时间	备注
历史系	系主任	邓广铭	1979 年 1 月—1981 年 7 月	副系主任	祝总斌	1979 年 1 月—1983 年 5 月	
		周一良	1981 年 7 月—1983 年 5 月		吴代封		
					许师谦	1979 年 12 月—1983 年 5 月	
		田余庆	1983 年 5 月—1986 年 9 月		张万仓	1983 年 5 月—1986 年 9 月	
					潘润涵		
		马克垚	1986 年 9 月—1992 年 3 月		成汉昌	1986 年 9 月—1991 年 9 月	
					林被甸	1986 年 9 月—1990 年	
					宋成有	1991 年 1 月—	
					张秀成	1991 年 9 月—1995 年 6 月	
					王天有	1991 年 9 月—1995 年 6 月	
		何芳川	1992 年 3 月—1995 年 6 月		王春梅	1995 年 5 月—	
		王天有	1995 年 6 月—		牛大勇	1995 年 6 月—	
考古学系	系主任	宿白	1983 年 7 月—1988 年 2 月	副系主任	严文明	1983 年 7 月—1992 年 5 月	
					吕遵谔	1983 年 7 月—1988 年 2 月	
					任瑞峰	1986 年 1 月—1988 年 2 月	
		严文明	1988 年 2 月—1992 年 5 月		权奎山	1988 年 2 月—1992 年 5 月	
					李伯谦	1988 年 4 月—1992 年 5 月	
					葛英会	1991 年 5 月—1997 年 2 月	
					马世长	1992 年 1 月—1997 年 2 月	
		李伯谦	1992 年 5 月—		高崇文	1993 年 6 月—	
					李水城	1996 年 2 月—	
					孙华	1996 年 2 月—	
					赵朝红	1997 年 7 月—	

北京大学志（第一卷）

系别	职务	姓名	任职时间	职务	姓名	任职时间	备注
哲学系	系主任	冯定	1979 年 1 月—1981 年 3 月	副系主任	石 峻	1979 年 1 月—1980 年	
					朱德生	1979 年 1 月—1984 年	
					赵正义	1979 年 1 月—1984 年	
					邓艾民	1979 年 3 月—1981 年	
					黄楠森	1979 年 3 月—1981 年 3 月	
		黄楠森	1981 年 3 月—1987 年 8 月		赵光武	1981 年—1987 年 3 月	
					孟 秋	1984 年 3 月—1991 年	
					谢 龙	1986 年—1987 年	
		朱德生	1987 年 8 月—1993 年 6 月		楼宇烈	1987 年 8 月—1993 年 6 月	
					陈占安	1988 年 5 月—1991 年 5 月	
					赵正义	1989 年 8 月—1991 年 11 月	
					赵家祥	1991 年 9 月—1993 年 6 月	
		叶 朗	1993 年 6 月—		魏常海	1993 年 6 月—	
					赵敦华		
					刘亚平		
经济系	系主任	陈岱孙	1978 年 6 月—1984 年 3 月	副系主任	胡代光	1978 年 6 月—1984 年 3 月	
					徐淑娟	1978 年 6 月—1981 年 5 月	
					张胜宏	1980 年 8 月—1984 年 3 月	
					张纯元	1981 年 5 月—1984 年 3 月	
					董文俊	1981 年 5 月—1985 年 5 月	
		胡代光	1984 年 3 月—1985 年 5 月		陈德华	1984 年 3 月—1985 年 5 月	
					洪君彦		

系别	职务	姓名	任职时间	职务	姓名	任职时间	备注
经济学院	院长	胡代光	1985 年 5 月—1988 年 9 月	副院长	董文俊	1985 年 5 月—1993 年 12 月	1985 年 5 月，经济系改为经济学院
					石世奇	1986 年 4 月—1988 年 9 月	
		石世奇	1988 年 9 月—1993 年 12 月		丁国香	1988 年 9 月—1997 年 6 月	
					高程德	1988 年 9 月—1993 年 12 月	
		晏智杰	1993 年 12 月—	院长助理 副院长	睢国余	1988 年 9 月—1993 年 12 月 1993 年 12 月—	
				副院长	刘伟	1993 年 12 月—	
					李庆云	1993 年 12 月—1997 年 6 月	
					郑学益	1997 年 6 月—	
					胡坚	1997 年 6 月—	
工商管理学院光华管理学院	院长	厉以宁	1993 年 12 月—	副院长	曹凤歧	1993 年 12 月—	1994 年 3 月，工商管理学院改称光华工商管理学院，9 月又改称光华管理学院
					张国有		
					王其文		
					董文俊		
国际政治系	系主任	赵宝煦	1978 年 11 月—1983 年 7 月	副系主任	鲁毅	1979 年 1 月—1983 年 7 月	
					张汉清	1979 年 1 月—1983 年 7 月	
					杜采云	1980 年 3 月—1986 年 5 月	
					李石生	1980 年 10 月—1983 年 7 月	

系别	职务	姓名	任职时间	职务	姓名	任职时间	备注
国际政治系	系主任	张汉清	1983 年 7 月—1986 年 3 月	副系主任	陈哲夫	1983 年 7 月—1986 年 5 月	
					梁守德	1983 年 7 月—1989 年 3 月	
					潘国华	1986 年 5 月—1996 年 7 月	
					李景鹏	1986 年 5 月—1988 年	
					龚文庠	1988 年 4 月—1996 年 7 月	
		梁守德	1989 年 3 月—1996 年 7 月		王缉思	1989 年 3 月—1991 年 6 月	
					方连庆	1991 年 6 月—1996 年 7 月	
					邱恩田	1991 年 6 月—1996 年 7 月	
国际关系学院	院长	梁守德	1996 年 7 月—	副院长	陆庭恩	1996 年 7 月—	1996 年 7 月，国际政治系、国际关系研究所、亚非所组成国际关系学院
					潘国华		
					方连庆		
					袁明		
政治系	系主任	肖超然	1986 年 11 月—1994 年 10 月	副系主任	梁柱	1987 年 12 月—1991 年 3 月	
					谢庆奎	1987 年 12 月—1993 年 10 月	
					李成言	1991 年 4 月—1993 年	
					宁骚	1991 年 4 月—1994 年 10 月	
					张国庆	1992 年 7 月—1997 年 10 月	
					陈庆云	1993 年 10 月—1996 年 9 月	

系别	职务	姓名	任职时间	职务	姓名	任职时间	备注
政治系	系主任	宁骚	1994年10月—1997年10月	副系主任	王浦劬	1994年10月—1996年9月	
					周志忍	1996年9月—	
					关海庭	1996年9月—	
		王浦劬	1997年10月—		时和兴	1997年10月—	
法律系	系主任	陈守一	1979年1月—1982年3月	副系主任	张宏生	1979年1月—1983年4月	
					肖永清	1979年1月—1983年4月	
					肖蔚云	1979年1月—1987年6月	
					巫宇甦	1979年1月—1980年12月	
					马振明	1981年—1982年3月	
		马振明	1982年3月—1983年4月		金瑞林	1982年3月—1988年	
		张国华	1983年4月—1987年6月		罗豪才	1983年4月—1986年11月	
					朱启超	1984年8月—	
		赵震江	1987年6月—1992年6月		王晨光	1987年6月—1996年10月	
					王国枢	1987年6月—1992年6月	
		魏振瀛	1992年6月—1996年10月		张文	1992年6月—1996年10月	
					武树臣	1992年6月—1997年4月	
					张守文	1996年10月—	
		吴志攀	1996年10月—		李鸣	1997年7月—	
					张建武	1997年10月—	

第三章 院（科）、系（门）、专修科和专业、专门化（专门组）的设置

系别	职务	姓名	任职时间	职务	姓名	任职时间	备注
图书馆学系（图书馆学情报学系）	系主任	刘国钧	1979年1月—1980年7月	副系主任	关懿娴	1979年1月—	1987年5月改名为图书馆情报学系
					李纪有	1979年1月—1991年6月	
					史永元	1980年9月—1984年	
		庄守经	1981年10月—1983年6月		朱天俊	1984年11月—1991年9月	
	代理系主任	李纪有	1983年6月—1984年11月				
	系主任	周文骏	1984年11月—1991年9月				
图书馆学情报学系（信息管理系）	系主任	王万宗	1991年9月—1996年1月	副系主任	肖东发	1991年9月—1996年1月	1992年10月，图书馆情报学系改名为信息管理系
					张涵	1991年9月—1996年1月	
		吴慰慈	1996年1月—		王锦堂	1996年1月—	
					赖茂生	1996年1月—	
社会学系	系主任	袁方	1982年5月—1986年11月	副系主任	华青	1982年5月—1986年11月	游慧培开始任代理副系主任，后任副系主任。王思斌1992年6月开始代理系主任至1994年4月。
					潘乃穆	1982年5月—1984年	
				代理副系主任、副系主任	游慧培	1984年—1986年11月	
		潘乃谷	1986年11月—1991年5月	副系主任	顾宝昌	1986年11月—1991年	
					王思斌	1986年11月—1994年4月	
					杨玲昌	1988年3月—1991年3月	
	代理系主任 系主任	王思斌	1992年6月—1994年4月 1994年4月—		杨善华	1992年11月—	
					吴宝科	1995年11月—	

系别	职务	姓名	任职时间	职务	姓名	任职时间	备注
宗教学系	系主任	叶朗	1995 年 9 月—	副系主任	魏常海	1995 年 9 月—	宗教学系于 1995 年 9 月成立，其正副系主任均由哲学系正副系主任兼任
					赵敦化	1995 年 9 月—	
					刘亚平	1995 年 9 月—	
艺术学系	系主任	叶朗	1997 年 4 月—	副系主任	彭吉象	1997 年 4 月—	
东语系	系主任	季羡林	1979 年 1 月—1983 年 5 月	副系主任	黄宗鑑	1980 年 8 月—1983 年	
					张殿英	1980 年 8 月—1987 年	
					陈嘉厚	1980 年 8 月—1983 年 5 月	
东语系东方学系	系主任	陈嘉厚	1983 年 5 月—1994 年 1 月	副系主任	李谋	1983 年 5 月—1987 年	1992 年 10 月，东语系改名为东方学系
					刘曙雄	1987 年 9 月—1994 年 1 月	
					吴宝楚	1988 年 2 月—1994 年 1 月	
					叶奕良	1988 年 4 月—1994 年 1 月	
		叶奕良	1994 年 1 月—1997 年 9 月		孙承熙	1994 年 1 月—1997 年 9 月	
					王邦维		
					刘金才	1994 年 1 月—1997 年	
					吴新英	1996 年 5 月—	
		王邦维	1997 年 9 月—		张玉安	1997 年 9 月—	
					任一雄		

系别	职务	姓名	任职时间	职务	姓名	任职时间	备注
西语系	系主任	李赋宁	1979年1月—1983年9月	副系主任	严宝瑜	1978年11月—1983年	
					石幼珊	1978年11月—1981年	
					孙坤荣	1978年11月—1983年9月	
					罗经国	1978年11月—1983年12月	
					钮友龛	1981年—1983年11月	
	代理系主任 系主任	孙坤荣	1983年9月—1985年11月 1985年11月—1988年4月		王泰来	1983年11月—1988年	
	系主任	蔡鸿滨	1988年4月—1992年2月		沈石岩	1983年11月—1992年2月	
					张荣昌	1988年4月—1992年2月	
					杜长有	1988年12月—1991年	
	系主任	赵振江	1992年2月—1997年6月		赵登荣 顾嘉琛	1992年2月— 1996年2月	
					鲁维刚 李昌珂	1992年4月— 1996年2月	
					丛莉	1996年2月—	
					葛济东	1997年7月—	
英语系	系主任	李赋宁	1983年9月—1985年6月	副系主任	王式仁	1983年11月—1988年11月	1983年6月，学校决定将英语专业从西语系中分出来，成立英语系。9月，任命李赋宁为系主任。
					钮友龛	1983年11月—1988年11月	
					胡壮麟	1983年11月—1985年6月	
	系主任	胡壮麟	1985年6月—1993年5月		陶洁	1985年9月—1988年11月	
					胡家峦	1988年11月—1993年5月	
					安美华	1988年11月—1995年	
					李效忠	1988年11月—1993年5月	
	系主任	胡家峦	1993年5月—		刘意青	1993年5月—1996年10月	
					金衡山	1994年7月—	
					解又明	1995年4月—	
					周小仪	1996年10月—	

系别	职务	姓名	任职时间	职务	姓名	任职时间	备注
俄语系	系主任	曹靖华	1979 年 12 月—1983 年 9 月	副系主任	武兆令	1979 年 1 月—1983 年 9 月	
					张有福	1979 年 1 月—1984 年 3 月	
					孙念功	1979 年 3 月—1984 年 3 月	
		武兆令	1983 年 9 月—1986 年 2 月		董青子	1982 年 9 月—1984 年 3 月	
					李明滨	1984 年 3 月—1986 年 2 月	
	代理系主任	李明滨	1986 年 2 月—5 月		吴贻翼	1984 年 3 月—1986 年	
					潘 虹	1986 年 2 月—1987 年	
	系主任	李明滨	1986 年 5 月—1992 年 12 月	代副系主任 副系主任	刘克永	1986 年 9 月—1987 年 10 月 1987 年 10 月—1991 年 6 月	
				副系主任	雷秀英	1991 年 6 月—1994 年 3 月	
		李毓榛	1992 年 12 月—1997 年 9 月		戚德平	1993 年 3 月—1997 年 9 月	
					任光宣	1994 年 3 月—1997 年 9 月	
		任光宣	1997 年 9 月—		王辛夷	1997 年 9 月—	

第四节　北大的专业和专门化(专门组)的设置

　　一个学系分设若干专业,这是 1952 年院系调整时开始的。在此之前,北大的系科不分专业。有少数系下分若干组,如 20 世纪 30 年代的外国文学系分为英文、法文、德文、日文等 4 个组,西南联大时期的地质地理气象系分为地质、地理、气象等 3 个组,解放战争时期的中国语文学系分为文学和语言文字两个组,但那时的组和 1952 年开始设置的专业不是同一个概念。

　　1952 年开始设置专业是学习苏联高等学校的经验。当时苏联的高等学校与实行"通才教育"的英美高等学校不同,是按专业培养专门人才。专业反映了所培养的专门人才的业务范围和工作方向。北大仿照苏联高等学校的模式,在各系设置专业,这是有计划、按专业培养专门人才的开始。

当时,综合大学的文、理科一般按二级学科或一级学科设专业,专业内又可分为若干专门化(专门组),高年级的学生可根据国家需要和个人志愿选择其中的一个专门化,进行学习。专门化一般按三级学科或二级学科设置。

一、1952 年院系调整到 1966 年"文化大革命"前的专业设置

1952 年 8 月院系调整后,北大设置 12 个学系、33 个专业、7 个专修科(专修科不分专业),具体情况如下。

(1)学系和专业

数学力学系:数学专业、力学专业。

物理学系:物理专业、气象专业。

化学系:有机化学专业、无机化学专业、分析化学专业、物理化学专业。

生物学系:植物专业、动物专业、植物生理学专业、人体及动物生理学专业。

地质地理学系:自然地理专业。

中国语言文学系:中国语言文学专业、新闻与编辑专业。

西方语言文学系:英国语言文学专业、法国语言文学专业、德国语言文学专业。

东方语言学系:蒙古语专业、朝鲜语专业、日本语专业、越南语专业、暹罗语专业、印尼语专业、缅甸语专业、印地语专业、阿拉伯语专业。

俄罗斯语言文学系:俄罗斯语言文学专业。

哲学系:哲学专业、心理学专业。

历史学系:历史学专业、考古学专业。

经济系:政治经济学专业。

(2)专修科:数学专修科、气象专修科、矿物分析专修科(实际上未办)、油料分析专修科、语言专修科、东语贸易专修科、图书馆专修科。

1953 年,正式开始设置专门化。据是年 7 月 13 日教务处统计,全校共设置 38 个专门化。它们是:中国语言文学专业的中国文学、中国语言学;历史专业的中国近代史、中国古代史、近代及现代国际关系史、美国及欧洲资本主义国家史、苏联及人民民主国家史、汉族以外中国各民族史;数学专业的微分方程、数学分析、几何学、代数学;物理专业的理论物理、原子核物理、固体物理、电子物理、光学;气象学专业的大气环流、实验气象学;无机化学专业的物理化学分析、稀有元素、络合物、同位素元素;有机化学专业的高分子化合物、有机合成；分析化学专业的微量分析、金属分析；物理化学专业的化学热力学、分子结构与化学键；动物学专业的无脊椎动物学、昆虫学、脊椎动物学解剖胚胎组织学；人体及动物生理学专业的人体及动物生理学、人体及动物生物化学；植物学专业的高等植物学；植物生理专业的植物生理学；自然地理专业的自然地理、植物地理。

1954 学年恢复法律系，设法律专业。同年 9 月，中山大学语言系并入我校中文系，成立语言专业。1955 学年，在地质地理系增设地质学和经济地理 2 个专业，接着又于 1956 学年增设地貌和地球化学 2 个专业。1956 年还在数学力学系增设计算数学专业，在生物系增设生物化学专业。同年，图书馆专修科改为本科，并改称图书馆学系，设图书馆学 1 个专业。另外，1954 年 9 月，学习苏联的经验将考古专业改为历史专业的考古专门化。随后，又将化学系的 4 个专业改为 1 个化学专业，原来的 4 个专业改为专门化。1956 年，中国语言文学的语言专业取消，同时将语言文学专业从该年度三年级起分为语言和文学两个专门化。这样，到 1956 年 11 月，全校共设 14 个系 37 个专业，具体情况如下表。

1956 年 11 月学系、专业设置表

系别	专业
数学力学系	数学、计算数学、力学
物理系	物理、气象
化学系	化学
生物系	植物、植物生理、动物、人体及动物生理、生物化学
地质地理系	自然地理学、地质学、经济地理学、地貌学、地球化学
历史系	历史
中国语言文学系	汉语言文学、新闻学
东方语言系	朝鲜语、越南语、日本语、印地语、暹罗语、蒙古语、印尼语、缅甸语、阿拉伯语
俄罗斯语言文学系	俄罗斯语言文学
西方语言文学系	英语语言文学、法语语言文学、德语语言文学
哲学系	哲学、心理学
经济系	政治经济学
法律系	法律学
图书馆学系	图书馆学

　　1956 年以后到 1958 年上半年，专业设置的变化不大，主要是生物系增设了生物物理专业，历史系考古专门化恢复为专业。专门化的设置则在 1953 年以后有了较多的发展变化。据 1958 年上半年统计，各系设置的专业、专门化情况如下表。

1958 年上半年学系、专业、专门化设置表

系别	专业	专门化
数学力学系	数学	微分方程、函数论、泛函分析、几何、代数、数理逻辑、概率论
	计算数学	计算数学
	力学	流体空气动力学、固体力学、一般力学
物理学系	物理学	无线电物理、电子物理、理论物理、光学、金属物理、磁学、半导体物理
	气象学	地球物理、气象观测及实验气象学、大气学及动力气象、大气物理
化学系	化学	无机化学、有机化学、分析化学、物理化学、胶化高分子
生物学系	生物物理学	辐射生物
	生物化学	动物生化
	动物生理学	
	动物学	脊椎动物、昆虫学
	植物生理学	植物生理、微生物
	植物学	高等植物
地质地理学系	地球化学	稀有元素、岩浆岩—岩浆矿床
	地质学	构造地质、古生物地质。
	地貌学	
	自然地理学	中国自然地理、生物地理。
	经济地理学	中国经济地理、外国经济地理
中国语言文字学	汉语文学	语言、文字
	新闻	
历史学系	历史学	中国古代史、中国近现代史、世界古代史、世界近现代史、亚非史
	考古学	

系别	专业	专门化
哲学系	哲学	
	心理学	
经济学系	政治经济学	
法律学系	法律学	
图书馆学系	图书馆学	
东方语言系	日本语	
	阿拉伯语	
	印地语	
	朝鲜语	
	蒙古语	
	越南语	
	印尼语	
	泰语	
	缅甸语	
西方语言文学系	英语语言文学	
	德语语言文学	
	法语语言文学	
俄罗斯语言文学系	俄罗斯语言文学	

在1958年的"大跃进"和教育革命中,学校于12月决定将物理系分为物理学、无线电电子学、地球物理学三个系,将物理研究室改为原子能系,并由此增加了一些专业和专门化。1959年3月,又决定将地球物理学系的气象专业分为天气动力气象和大气物理两个专业。到1959年的8月,全校系、专业、专门化的设置如下表。

1959 年 8 月北京大学学系、专业、专门化设置表

系别	专业	专门化
数学力学系	数学	微分方程、函数论、泛涵分析、几何、代数、数理逻辑、概率论数理统计。
	计算数学	
	力学	流体力学、固体力学、一般力学。
物理学系	物理学	半导体物理、固体物理、光学、理论物理。
无线电电子学系	无线电电子学	无线电物理、电子物理、声学、波谱学。
	计算机与自动控制	
地球物理系	地球物理学	地球物理、应用地球物理。
	天气动力气象学	
	大气物理	高层大气物理、大气物理。
原子能系	原子核物理学	实验原子核物理、理论原子核物理。
	原子能化学	燃料化学、放射化学、辐射化学。
化学系	化学	无机化学、分析化学、有机化学、有机催化、高分子化学、物理化学。
生物系	动物学	动物遗传学、动物细胞学（暂不分配学生）。
	植物学	遗传学及细胞学。
	人体及动物生理学	动物生理。
	植物生理学	
	生物物理学	辐射生物学。
	生物化学	动物生化、微生物生化。
地质地理学系	地球化学	地球化学、矿物岩石（尚未确定）。
	构造地质学	大地构造。
	古生物地层学	无脊椎地层（尚未确定）。
	地貌学	
	自然地理学	陆地水文（暂不分配学生）、自然地理。
	经济地理学	
中文系	汉语文学	汉语、文学。
	古典文献	

系别	专业	专门化
历史系	历史学	中国史、世界史、亚非史。
	考古学	
哲学系	哲学	
	心理学	
经济系	政治经济学	
法律学系	法律学	国家与法的理论和历史,国家法和国际法,民、刑法和审判法。
图书馆学系	图书馆学	
东语系	日本语	
	阿拉伯语	
	印地语	
	朝鲜语	
	蒙古语	
	印尼语	
	泰语	
	缅甸语	
	越南语	
西语系	英国语言文学	
	德国语言文学	
	法国语言文学	
俄语系	俄罗斯语言文学	
总　计		共 17 个系,46 个专业,54 个专门化

注:东语系的"梵文和巴利文"成立专业或成立班未定。

　　1959 年 8 月,中共八届八中全会作出《为保卫党的总路线、反对右倾机会主义而斗争》等决议,随后全党开展了反右倾运动,并在反右倾运动节节深入的同时,掀起了新一轮"大跃进"的浪潮。在此期间,北大决定设立一批新的专业和专门组。1960 年冬暂时经济困难日益显现,1961 年 1 月,中共中央确定对国民经济实行"调整、巩固、充实、提高"的方针(简称"八字"方针)。教育部从 1961 年起至 1963 年,召开了一系列调整工作会议,贯彻执行"八字"方针。与此同时,国家计委和教育部研究修订了高等学校的专业目录。

1963 年 9 月 24 日，国务院批传了这次修订的《高等学校通用专业目录》和《高等学校绝密、机密专业目录》。北京大学根据"八字"方针和教育部调整工作会议的精神，从 1961 年 12 月起，按照合理使用人力、物力，有效地提高教育质量和办少一些、办好一些、保证重点、提高质量的精神，对专业、专门组进行了调整。调整的原则是：对于国家并不急需或国家虽然急需但我校人力、设备等条件还十分不足的专业、专门组，分别情况予以停办、缓办和暂不招生；对于划分过细的专业和专门组进行了合并。同时，为了使专业、专门组的名称与部颁目录一致，对部分专业、专门组的名称作了订正。调整工作于 1963 年 3 月基本结束。此后，一直到 1966 年"文革"前未再作变更。这次调整的主要情况如下。

（1）历史学系根据文科教材编选会议"关于分设中国史和世界史两个专业的建议和我校的条件，将历史学专业分设为中国史专业和世界史专业。

（2）1960 年 5 月教育批准我校设立的政治学系和政治学专业继续设置。

（3）数学力学系力学专业原设有工程力学专门组，现因师资力量和设备条件不足，决定停办。

（4）物理学系物理学专业原设有低温物理专门组、热物理专门组，因目前师资力量和设备条件较差，暂时缓办，积极培养师资创设物质条件，以后再办。

（5）地球物理学系地球物理专业的地球物理专门组与应用地球物理专门组合并，仍称地球物理专门组，但适当增加地球物理勘探方面的课程，使学生受到一定的应用地球物理方面的训练，毕业后也可以从事这一方面的工作。

大气物理学专业高层大气物理专门组与地球物理学专业地球物理专门组的日地关系部分合并，成立高空物理和空间物理专门组，改属地球物理学专业。这样调整将适当加宽专门组的范围，以适应国家需要。

（6）生物学系原设有动物学及动物生理学专业、植物学及植物生理学专业。根据国家科学技术规划（草案）中关于在北京大学设立动物生理学专业和植物生理学专业的建议和我校的条件，决定分设为动物学专业、植物学专业、动物生理学专业、植物生理学专业。

（7）地质地理学系专业、专门组的设置过去没有确定，现决定设置六个专业七个专门组，即地质学专业构造地质学专门组、古生物学专业古无脊椎动物学专门组、地球化学专业地球化学专门组及岩石矿物专门组、自然地理学专业自然地理学专业组、地貌学专业地貌学专门组、经济地理学专业经济地理学专门组。

调整后,全校共设 18 个系 53 个专业 56 个专门组,其中文科 10 个系、27 个专业(不包括只举办一期的乌尔都语专业和波斯语专业)4 个专门组,理科 8 个系、26 个专业、52 个专门组,系、专业、专门组的设置的情况如下表。

1963 年 3 月北京大学各系的专业、专门组设置表

系别	专业	专门组
中国语言文学系	中国文学	
	汉语	
	古典文献	
历史学系	中国史	中国古代史、中国近现代史
	世界史	欧美史、亚非史
	考古	
哲学系	哲学	
	心理学	
经济学系	政治经济学	
	世界经济	
政治学系	政治学	
东方语言学系①	朝鲜语	
	日本语	
	印地语	
	蒙古语	
	越南语	
	印尼语	
	缅甸语	
	泰语	
	阿拉伯语	
西方语言文学系	英国语言文学	
	法国语言文学	
	德国语言文学	
	西班牙语	

系别	专业	专门组
俄罗斯语言文学系	俄罗斯语言文学	
法律学系	法律学	
图书馆学系	图书馆学	
数学力学系	数学	数论、代数、拓扑、几何、函数论、泛函分析、微分方程、概率论和数理统计
	计算数学	计算数学
	力学	流体力学、固体力学、一般力学
物理学系	物理学	理论物理学、光学、磁学、半导体物理学、金属物理学
技术物理系	原子核物理学	原子核物理学、电物理学
	放射化学	放射化学
无线电电子学系	无线电物理学	无线电物理、波谱学和量子电子学
	电子物理学	电子物理学
	声学	水声学
	计算技术	计算技术
地球物理学系	地球物理学	地球物理、高空物理和空间物理
	大气物理学	大气物理
	气象学	天气学和动力气象学
化学系	化学	无机化学、分析化学、有机化学、物理化学、胶体化学、高分子化学、稳定同位素化学、有机催化
生物学系	动物学	动物遗传学和细胞学、昆虫学
	动物生理学	动物生理学
	植物学	植物形态学
	植物生理学	植物生理学
	生物化学	生物化学
	生物物理学(试办)	生物物理学、放射生物学

系别	专业	专门组
地质地理系	地质学	构造地质学
	古生物学	古无脊椎动物学
	地球化学	岩石矿物学、地球化学
	自然地理学	自然地理学
	地貌学	地貌学
	经济地理学	经济地理学
共18个学系	53个专业	56个专门组

注：①东方语言文学系还有另外两个只举办一期的专业：乌尔都语专业和波斯语专业。

二、"文化大革命"期间的专业设置

1970年3月，北大、清华两校宣传队领导小组和革委会联合上报《北京大学、清华大学关于招生（试点）的请示报告》。6月27日，中共中央批转这个请示报告供各地参考后，北大提出了主要设置直接结合工、农业生产技术的实用专业，新建与工厂、农业对口的专业，设置一些为"无产阶级文化大革命"大批判服务的文科专业等专业设置的原则。根据这些原则和当时学校的情况，确定北京总校设26个专业，江西分校设9个专业，汉中分校设3个专业，并于1970年9月招收第一批工农兵学员入学。由于当时的学制较短，理科除生物系各专业为2年外，其余为3年；文科为2年；外国语文除俄语为2.5年外，其余为3年；还有总校的可控硅专业和汉中分校射流技术专业为1年，所以没有在专业内再设专门化。当时设置并招生的具体专业如下。

总校：数学力学系的统计数学专业；物理学系的光学、磁学专业；化学系的稀有元素、高分子合成材料、石油化学专业；生物系的农业生物学、新医药生物学专业；地球物理系的地球物理、大气物理、空间物理专业；无线电系的可控硅专业；电子仪器厂的计算机、半导体专业；制药厂的有机化学专业；中文系的文学专业；历史系的历史专业；哲学系的哲学专业；国际政治系的国际政治专业；经济系的政治经济学专业；东语系的日语、阿拉伯语专业；西语系的英语、德语、法语专业；俄语系的俄语专业。

江西分校：文科的文学、历史、哲学、国际政治、政治经济学专业；生物学系的作业丰产、畜牧兽医、中草药、微生物专业。

汉中分校：力学、射流技术、无线电专业。

1971年只在黑龙江兵团和内蒙兵团招收了数学力学系、地球物理系和东语、西语三个语文系 250 新生。1972 年,校党委、校革委会对招生的专业作了较大的变动,开始把一些很窄的专业改得宽一些,把一些直接与生产结合的专业名称改为学科性质的名称。当年,总校有 12 个系(厂)的 22 个专业招收新生,其中,1971 年已经招过学生的专业有 7 个,它们是:化学系的稀有元素化学;无线电系的可控硅装置专业和无线电专业;东语系的阿拉伯语专业(出国师资);西语系的法语专业(其中一个班为出国师资);中文系的文学专业;哲学系的哲学专业。1972 年新招收学生的专业有 15 个,它们是:物理学系的理论物理专业和低温物理专业;化学系的分析化学专业;无线电系的电子物理专业和水声专业;地球物理系的天文专业;地质地理系的地质力学专业和地球化学专业;制药厂的生物化学专业;中文系的汉语专业和古典文献专业;历史系的中国史专业、世界史专业和考古专业;图书馆学系的图书馆学专业。1972 年,汉中分校有 5 个专业招收新生,其中 1971 年已经招过学生的只 1 个专业,即力学专业;1972 年新招收学生的有 4 个专业:半导体专业、波谱电子学专业、放射化学专业和核物理专业。

1973 年,学校继续把一些很窄的专业改得宽一些,把一些直接与生产结合的专业名称改为学科性质的名称。是年 5 月,学校决定当年招生的系和专业为总校 15 个系(不包括电子仪器厂和制药厂)共 38 个专业,汉中分校 3 个系共 5 个专业。系和专业的具体名单见下表。

总校 15 个系、38 个专业

学系	专业名称	学系	专业名称
数学系	数学,计算数学	哲学系	哲学
物理系	理论物理,低温物理,激光,磁学	经济系	政治经济学、世界经济
化学系	高分子化学,催化,物理化学	国际政治系	国际政治
生物学系	人体及动物生理,植物生理生化,微生物生物化学,昆虫学	图书馆学系	图书馆学
地球物理系	地球物理,大气物理,气象,空间物理	东语系	阿拉伯语、日本语
地质地理学系	自然地理学,地貌学,古生物地层学	西语系	英语、德语、法语、西班牙语
中文系	文学,汉语,新闻	俄语系	俄语
历史系	中国史,世界史,考古		

汉中分校 3 个系、5 个专业

学系	专业名称	学系	专业名称
技术物理系	原子核物理专业,放射化学专业。	力学系	力学专业
无线电电子学系	无线电专业,半导体专业。		

上述总校设置的 38 个专业,在当年招生时略有变动,即:化学系增加了胶体化学专业;生物系增加了动物专业,而没有昆虫学和微生物生物化学两个专业,人体及动物生理专业简称为生理学专业。除这些系和专业以外,总校两个办有专业的工厂继续招生。它们是电子仪器厂的电子计算机专业和制药厂的有机化学专业。当年汉中分校招生的专业除力学系的力学专业以外,其他两个系则与 5 月的决定不同,技术物理系招生的专业为分析化学,无线电电子学系招生的专业为雷达专业。

除以上专业以外,1973 年一些系还招收了一些进修班和短训班的学生。招收进修班学生的有物理系的地磁进修班、生物系的植物形态进修班和生化进修班、西语系的德语进修班。招收短训班学生的有数学系的应用数学短训班,化学系的同位素分析短训班,地球物理系的太阳、射电物理短训班,无线电电子学系的无线电技术短训班和法律系的法律短训班。

1974 年,学校招生时又增加了一些专业,主要是与生产直接结合的专业。当年,22 个系(厂),普通班共有 65 个专业招生,其中已经招过学生的是48 个专业,新招收学生的有 17 个专业(见下表)。

1974 年招收学生的专业名称表

系(厂)别	过去已招过学生的专业名称	当年新招收学生的专业名称
数学系	数学、计算数学	信息论
物理系	激光、磁学、理论物理	
化学系	分析化学、催化、物理化学、高分子化学	无机化学
生物学系	植物生理生化、昆虫学、医学生物学	植物遗传育种、中草药药理药化
地球物理学系	地球物理、大气物理、气象、空间物理	天文
地质地理学系	自然地理、地貌、古生物地层学、地质力学、地球化学	地震地质
无线电电子学系	无线电物理	
电子仪器厂	电子计算机、半导体物理	程序设计(软设备)

系(厂)别	过去已招过学生的专业名称	当年新招收学生的专业名称
制药厂	有机化学、生物化学	
技术物理系（汉中分校）	原子核物理、放射化学	三废处理
无线电电子学系（汉中分校）	半导体器件物理、雷达	电真空物理、量子电子学
力学系（汉中分校）		流体力学
中文系	汉语、文学、新闻、古典文献	
哲学系	哲学	
经济系	政治经济学、世界经济	
历史系	中国史、世界史、考古	
国际政治系	国际政治	
法律系		政法
图书馆学系	图书馆学	
东语系	日语、阿拉伯语。	朝鲜语、泰语、印地语、越南语、蒙古语
西语系	英语、德语、法语、西班牙语	
俄语系	俄语	
共 22 个系(厂)	49 个专业	17 个专业

1974 年还招收了 5 个进修班，它们是：中文系的新闻进修班；经济系的政治经济学进修班；国际政治系的国际政治进修班；图书馆学系的图书馆学进修班；力学系的惯性导航总体分析进修班（新设）。

1975 年，有 49 个专业招生，其中有 3 个专业是新设的，即生物系的石油化学专业、地质地理系的经济地理专业和国际政治系的政治专业。

1975 年，除招收普通班学生以外，还学习"朝阳农学院"经验，招收了五个社来社去班。它们是：生物系的昆虫、植物育种、植物生理生化等 3 个社来社去班；哲学系的哲学社来社去班；经济系的政治经济学社来社去班。此外，还举办了多个进修班。它们是：数学系的组合数学进修班；物理系的半导体激光测距仪进修班、半导体双异质结激光器进修班、机电进修班；化学系石油物理化学专业的催化剂结构测试进修班；电子仪器厂的电子计算机 150 机进修班、电子计算机 200 系列机程序进修班；中文系的新闻进修班、新闻专题研究进修班、文学进修班;历史系的中国史进修班;经济系的政治经济学进修班、世界经济进修班;东语系的日本语、泰语、朝鲜语、印地语、越南语、缅甸语、印尼语等 7 个进修班;俄语系的俄语进修班、苏联专题批判进修班。

1975 年 11 月 29 日,校党委办公室下发的《关于北大教育革命情况的材料》中说全校现有 22 个系 82 个专业,[①]但未列出系和专业的名称。

1976 年 4 月,教务处统计,当年招生的 23 个系(厂)(与 1974 年、1975 年比,汉中分校增加了一个电子仪器二厂),共有 61 个专业,具体情况如下表。

1976 年全校系(厂)、招生专业设置

系(厂)别	专业名称
数学系	数学、计算数学、信息论
力学系 (汉中分校)	固体力学、流体力学
物理系	激光、磁学、理论物理、低温物理
化学系	稀有元素化学、分析化学、高分子化学、石油物理化学
生物学系	植物生理生化、植物遗传育种、昆虫学、医学生理生化、中草药药理药化、兽医生物学、生物物理(医用电子学)
地质地理系	地质力学、地震地质、地球化学、自然地理(环境保护)、经济地理(城市规划)
无线电电子学系	无线电物理、电真空物理、水声物理、无线电技术
地球物理系	地球物理、大气物理、气象、空间物理、
电子仪器厂	电子计算机、半导体物理
制药厂	有机化学、生物化学
技术物理系 (汉中分校)	原子核物理、放射化学
无线电系 (汉中分校)	雷达、量子电子学
电子仪器二厂 (汉中分校)	半导体器件物理
中文系	文学、新闻、汉语、古典文献
历史系	中国史、世界史、考古

① 据核查,22 个系即前述《1974 年招收学生的专业名称表》中所列的 22 个系(厂);82 个专业为当时在校普通班学生入学时所属各个专业(不计重复的)的总数。

系（厂）别	专业名称
哲学系	哲学
经济系	政治经济学
国际政治系	政治学
法律系	政法
图书馆学系	图书馆学
东语系	日本语、阿拉伯语、朝鲜语
西语系	英语、法语、德语
俄语系	俄语
共23个系（厂）	61个专业

1976年即按上表所列的专业招生，只是其中有流体力学、古典文献、世界史三个专业当年未招新生。此外，1974年招有学生的泰语、印地语、越南语、西班牙语等专业，1976年时尚未毕业，但上表未列。

1976年，除上述普通班所设专业招收学生以外，还招收了一批社来社去班，它们是植物生理生化班、植物遗传育种班、政治经济学班、政治理论班、哲学班、历史班、农村治保班、图书文化班、昆虫学班、电工班等。

1976年，也招收了一批进修班，它们是感光胶化、催化剂研制、肿瘤免疫核酸、气象（中期天气预报）、组合数学、新闻、中国史、世界史、考古、国际政治、俄语等。

三、改革开放时期的专业设置

"文革"结束后，1977年10月恢复高考制度。由于"文革"期间专业的设置很不规范，一时间难于调整过来；又由于北大是"文革"的重灾区，十多年没有补充合适的教师，实验设备损坏很多，教育经费更为短缺，不少系和专业要恢复正常的教学工作有诸多困难，所以当年只有"文革"期间已设置的29个专业招收学生。它们是：物理系的激光专业、磁学专业、理论物理专业、低温物理专业；化学系的高分子化学专业、分析化学专业、稀有元素化学专业、石油物理化学专业、有机化学专业；地质地理系的地球化学专业、自然地理（环境保护）专业、地貌专业、古生物地层专业；地球物理系的地球物理专业、空间物理专业；中文系的文学专业、古典文献专业、新闻专业；历史系的世界史专业、考古专业；哲学系的哲学专业；经济系的政治经济学专业；法律系的政法专业；国际政治系的国际政治专业；图书馆学系的图书馆学专业；

西语系的英语专业、法语专业、德语专业；俄语系的俄语专业。

当年，也招收了一些进修班学生。这些进修班是：代数进修班、地震数学进修班、暴雨分析预报进修班、地球物理专业的重力进修班、天文专业的等离子进修班、大气污染进修班、无线电物理专业的PCM进修班、新闻进修班、中国史进修班、俄语进修班。

当年，理科各系和文科的经济、国际政治等系还举办了回炉班，为已经毕业离校但一些重要课程根本未学或虽然学了而未能掌握其基本内容的愿意回校补学的学生进行补课。

1978年，按照是年7月北大和中国人民大学商定的《关于北大新闻专业教工按建制调回人大和学生如何安置等问题的会谈纪要》，将"文革"期间因人大被撤销而并入北大的该校新闻专业调回人大（1978级学生，由北大录取，到人大报到）。

1978年，在1977年招生专业的基础上，又恢复了一些系和专业招收学生。同时，由于专业正在调整中，有些系是按专业类招收学生的，如物理类专业、化学类专业等。是年，本科招生的系、专业或专业类如下：数学系的数学专业、计算数学专业、信息论专业；力学系的力学类专业；物理系的物理类专业；无线电电子学系的无线电电子学类专业；技术物理系的原子核物理专业、放射化学专业、环境分析化学专业；地球物理系的气象专业、大气物理专业、天文学专业；电子仪器厂的电子计算机专业、半导体物理专业、程序设计专业；化学系的化学类专业、生物学系的生物学类专业；地质学系的地质力学专业、地震地质专业；地理学系的经济地理专业（城市规划）；心理学系的心理学专业；中国语言文学系的文学专业、汉语专业、新闻专业；历史学系的中国史专业、世界史专业、考古专业；哲学系的哲学专业；经济系的政治经济学专业、世界经济专业；法律系的法律专业；国际政治系的政治理论专业、国际政治专业；图书馆学系的图书馆学专业；东方语言学系的日语专业；西方语言文学系的英语专业、德语专业、法语专业。

1978年还招收了当年举办的两个2年制专修科（数学专修科、哲学专修科）的学生。此外，还举办了数学、物理学、化学、生物学、地球物理、地质学、地理学、无线电电子学、力学、原子核物理、放射化学、中国文学、汉语、心理学、理科英语等进修班。

1979年9月，教育部为统一专业名称，召开研究专业设置问题的会议。会议同意我校以1962年专业设置目录表为基础，对专业设置进行了调整。调整后，全校共设22个学系65个专业（物理学系和无线电电子学系都设物理专业，如果两个都计算则为66个专业），并在理科一些专业下设若干选修组（1981年实行学分制后，在专业之下不再分设选修组），同时废除厂办专业的办法，具体情况如下表。

1979 年系、专业、选修组设置表

系别	专业	选修组
数学系	数学	数论及代数、几何及拓扑、函数论及泛函分析、微分方程、概率论及数理分析
	应用数学	应用数学、信息论
	计算数学	微分方程的计算方法、数值代数与最优化、数值逼近
力学系	力学	
物理学系	物理学	理论物理、激光物理、半导体物理、金属物理、低温物理、磁学
技术物理系	原子核物理、放射化学	
无线电电子学系	物理学	电子物理、波谱学及量子电子学
	无线电物理学	
	声学	水声学
地球物理系	地球物理学、大气物理学、气象学、空间物理学、天体物理学	
化学系	化学	无机化学、分析化学、物理化学、有机化学、胶体化学、催化化学、高分子化学、稳定同位素化学
生物学系	植物学、植物生理学、生理学、动物学	昆虫学
	生物化学、细胞生物学、生物物理、遗传学	
地质学系	构造地质学及地质力学、地震地质学、古生物及地层学	
	岩矿及地球化学	地球化学、矿物岩石学、矿床学
地理学系	自然地理学	环境学、自然资源、地生态学
	地貌及第四纪学	
	经济地理学	区域及城市规划
计算机科学技术系	计算机软件、计算机系统结构、微电子学	
心理学系	心理学	

系别	专业	选修组
中国语言文学系	文学、汉语、古典文献	
历史学系	中国史、世界史、考古	
哲学系	哲学	
经济学系	政治经济学、世界经济	
法律学系	法律学、国际法	
国际政治系	国际政治、国际共产主义运动	
图书馆学系	图书馆学	
西方语言文学系	英国语言文学、法国语言文学、德国语言文学、西班牙语言文学	
东方语言文学系	日本语言文学、印地语言文学、印尼语言文学、朝鲜语言文学、阿拉伯语言文学、缅甸语言文学、泰国语言文学、蒙古语言文学、越南语言文学、波斯语言文学、乌尔都语言文学	
俄罗斯语言文学系	俄罗斯语言文学	

1980 年 1 月 9 日,教育部批准我校经济系增设国民经济管理专业,1980年秋季开始招生。

1980 年 2 月 25 日,教育部同意我校法律系增设经济法专业,1980 年秋季开始招生。

1980 年 8 月 30 日,教育部同意我校设置社会学专业(学校决定该专业先放在国际政治系,1982 年 4 月成立社会学系,即划归社会学系)。1981 年 3 月,学校决定将图书馆学专业的学生分成文理两个组。

1982 年 4 月,教育部同意我校在哲学系增设宗教专业,1982 年开始招生;在国际政治系增设政治学专业,先招研究生。

1983 年 6 月,教育部批复,同意我校生物系设立应用生物化学专业、环境生物学与生态学专业;同意我校设秘书专修科(二年制)、实验技术专修科。以上专业、专修科均从 1983 年开始招生。

1983 年 10 月 4 日,国际政治系举行国际文化专业开学典礼。国际文化专业是根据文化部、教育部的意见，在国际政治系增设的双学士学位专业，学制3年，毕业后享受双学士学位待遇。我校英语专业、国际政治专业、国际共产主义运动专业、世界史专业、世界经济专业、国际法专业修满3年的本科生及文科各系、外语各系其他专业修满3年、英语基础好的本科生可以报名应考。毕业后主要从事对外文化宣传方面的工作。

这样，到1983年，北大共设有72个专业。

1984年1月23日，教育部同意北大增设概率论和数理统计专业；7月11日，同意在东语系增设希伯来语和他加禄语两个专业，学制5年，隔年或数年招一次生；12月8日，同意图书馆专业理科组改为情报学专业。

1985年4月17日，教育部同意北大增设编辑专业。11月15日，学校决定国际政治系的国际共产主义运动史专业改为国际共产主义运动专业；经济管理系增设企业管理专业；数学系增设信息数学专业；力学系增设工程科学专业；生物系增设微生物工程专业（后改为微生物学专业）；无线电电子学系的物理专业调整为波谱学及量子电子专业和电子离子物理学专业。以上均报部审批，后均获得教育部和国家教委的批准。

1985年11月29日，学校决定自1986年起不再办秘书专修科。

1986年9月27日，学校同意哲学系增设逻辑专案，报国家教委审批。国家教委于1987年1月批复同意。实际1986年该专业已招有学生。

在此期间，一些系还对一些已设专业进行了调整，如技术物理系于1982年将放射化学专业调整为应用化学专业，生物系于1982年将细胞生物学专业和遗传学专业合并为细胞生物学及遗传学专业等。到1986年，全校本科所设专业如下表。

1986年全校本科专业名称表

系别	专业
数学系	数学、应用数学、计算数学、信息数学
概率统计系	概率统计
力学系	力学、工程科学
物理学系	物理学
地球物理学系	地球物理学、大气物理学、天体物理学、气象学、空间物理学
技术物理系	原子核物理、应用化学
无线电电子学系	无线电物理学、电子及离子物理、波谱学及量子电子学、声学
化学系	化学

系别	专业	
计算机科学技术系	计算机软件、计算机系统结构、微电子学	
生物学系	生物化学、生理学及生物物理学、植物生理学及植物生物化学、植物学、细胞生物学及遗传学、环境生物学及生态学、微生物学	
地质学系	岩矿及地球化学、构造地质及地质力学、地震地质学、古生物及地层学	
地理学系	经济地理学、自然地理学、地貌学与第四纪学	
心理学系	心理学	
中国语言文学系	中国文学、汉语、古典文献、编辑	
历史学系	中国史、世界史	
考古系	考古	
哲学系	哲学、宗教学、逻辑	
国际政治系	国际政治、国际共产主义运动、政治学	
法律学系	法律学、国际法、经济法	
经济学院	经济学系	经济学
	国际经济系	国际经济
	经济管理系	国民经济管理、企业管理
图书馆学系	图书馆学、情报学	
社会学系	社会学	
东方语言文学系	蒙古语言文学、朝鲜语言文学、日本语言文学、越南语言文学、泰国语言文学、缅甸语言文学、印尼语言文学、他加禄（菲律宾）语、印地语言文学、梵文巴利文、乌尔都语言文学、波斯语言文学、阿拉伯语言文学、希伯莱语	
西方语言文学系	法语语言文学、德语语言文学、西班牙语言文学	
英语语言文学系	英语语言文学	
俄罗斯语言文学	俄罗斯语言文学	

1988年，为适应社会经济发展的需要，学校决定在继续加强基础学科专业的同时，适当增加一些应用学科、技术学科、新兴交叉学科的专业或专业方向。是年11月，国家教委批准了我校设置国际金融、财务学、行政管理学、博物馆等4个专业。在此前后，还批准我校社会学系增设社会工作与管理专业。到1992年，全校本科所设专业如下表。

1992 年全校本科所设专业名称表

系别	专业	
数学系	数学、应用数学、计算数学及其应用软件、信息科学	
概率统计学系	概率统计	
力学系	力学	
物理学系	物理学	
地球物理学系	地球物理学、空间物理学、天体物理学、天气动力学、大气物理学与大气环境	
技术物理学系	原子核物理及核技术、应用化学	
无线电电子学系	无线电物理学、电子学与信息系统、物理电子学、声学	
化学系	化学	
生物学系	生物化学、微生物学、细胞生物学及遗传学、植物生理学、生理学和生物物理学、生态学与环境生物学、植物学	
计算机科学技术系	计算机软件、微电子学	
地质学系	构造地质学、岩矿地球化学、古生物学及地层学、地震地质学	
城市与环境学系（原地理学系改名）	经济地理与城乡区域规划、自然地理学、地貌学与第四纪地质	
心理学系	心理学	
中国语言文学系	中国文学、汉语言文学、古典文献、编辑学	
历史学系	中国历史、世界历史	
考古学系	考古学、博物馆学	
哲学系	哲学、宗教学、逻辑学	
社会学系	社会学、社会工作与管理	
经济学院	经济学系	经济学
	经济管理系	国民经济管理、企业管理、财务学
	国际经济系	国际经济、国际金融
政治学与行政管理学系	政治学、行政管理学	
国际政治系	国际政治(含国际文化交流)、国际共产主义运动(含政党建设)	
法律学系	法学、经济法、国际法	
信息管理系（原图书馆学系改名）	图书馆学、科技情报	

系别	专业
东方学系 （原东方语言文学系改名）	蒙古语言文化、朝鲜语言文化、日本语言文化、越南语言文化、泰国语言文化、缅甸语言文化、印尼语言文化、菲律宾语言文化、印地语言文化、古印度语言文化、乌尔都语言文化、波斯语言文化、阿拉伯语言文化、希伯莱语言文化
西方语言文学系	法语语言文学、德语语言文学、西班牙语语言文学
英语语言文学系	英语语言文学
俄罗斯语言文学系	俄罗斯语言文学

1993年3月,生物学系将原来所设专业调整合并为5个专业,即生物化学及分子生物学专业、细胞生物学及遗传学专业、生理学及生物物理学专业、植物学及植物生理生化学专业、环境生物学专业,同时增设生物技术专业。1993年5月3日,国家教委批复,同意北大设置生物技术专业。1993年9月,学校同意将生物学系扩展为生命科学学院后,又将上述6个专业改为6个学系(其中有两个专业的名称作了一些改动),系下不再设置专业。6个学系是:生物化学及分子生物学系、细胞生物学及遗传学系、生理学及生物物理学系、植物分子及发育生物学系、环境生物学及生态学系、生物技术学系。

1993年5月3日,国家教委在批复同意北大设置生物技术专业时,同时同意北大设置广告学专业、旅游经济专业和房地产经营管理专业。

1993年6月11日,国家教委同意北大设思想政治教育本科专业,举办思想政治教育专业大专起点本科班,学制两年(设在马克思主义学院)。12月,工商管理学院成立时,决定设国民经济管理、企业管理、财务学、会计学等4个专业。但1994年,该学院改为光华管理学院后,只设系不设专业。

1994年1月21日,国家教委同意北大增设软件工程专业,并同意保险、会计学、市场营销、国际经济法、环境学、应用心理学等专业在国家教委备案。

1995年1月10日,国家教委同意北大增设国际贸易、材料化学、环境规划与管理(设在环境科学中心)等专业。

1995年4月22日,国家教委同意北大增设知识产权第二学士学位专业。

1995年12月20日,国家教委同意北大增设货币银行学、外交学两个专业。

1997年9月,经学校同意,艺术系成立,系下设艺术学、文化艺术管理、广告学三个专业。

在此期间（1993—1997 年），学校设立了不少新的学院、学系和专业；有些学系和专业虽不是新设的，但由于其业务范围有了变化，因而改变了名称；有些学系扩展为学院以后，把原有的专业改为学系，系下不再设专业，个别系有必要，可说明设有哪些专业方向。到 1997 年，全校各院系设置本科专业的情况如下表。

1997 年全校各院、系（中心）所设本科专业名称表

院系		专业
数学科学学院	数学系	各学系不设专业
	概率统计系	
	科学与工程计算系	
	信息科学系	
	金融数学系	
力学与工程科学系		理论与应用力学、结构工程
物理学系		物理学
地球物理学系		地球物理学、大气科学、空间物理学、天文学
技术物理系		原子核物理学与核技术、应用化学
电子学系		信息与电子科学
计算机科学技术系		计算机软件、计算机及应用、软件工程、微电子学
化学与分子工程学院	化学系	（有无机化学、分析化学、有机化学、物理化学等专业方向）
	材料化学系	不设专业
	高分子科学与工程系	不设专业
生命科学学院	生物化学及分子生物学系	不设专业
	细胞生物学及遗传学系	不设专业
	植物分子及发育生物学系	不设专业
	生理学及生物物理学系	不设专业
	环境生物学及生态学系	不设专业
	生物技术系	不设专业
地质学系		地质学、构造地质学、古生物学及地层学、地震地质学

院系		专业
城市与环境学系		城市与区域规划、自然地理学、地貌学与第四纪地质学、环境学、房地产开发与管理、旅游开发与管理
环境科学中心		环境规划与管理
心理学系		心理学、应用心理学
中国语言文学系		中国文学、汉语言学、古典文献
历史学系		中国历史、世界历史
考古学系		考古学、博物馆学
哲学系		哲学、逻辑学
宗教学系		宗教学
国际关系学院	国际政治系	(有国际政治、国际共产主义运动、港澳台与世界事务等专业方向)
	外交学与外事管理系	不设专业
	国际传播与文化交流学系	不设专业
经济学院	经济学系	各学系不设专业
	国际经济系	
	国际金融系	
	国际贸易系	
	保险学系	
光华管理学院	企业管理系	各系不设专业
	财务学系	
	会计学系	
	市场营销系	
	货币银行学系	
法律学系		法学、经济法、国际法、国际经济法
信息管理系		图书馆学、科技信息(情报学)、编辑学
社会学系		社会学、社会工作与管理
政治学与行政管理系		政治学、行政管理学
艺术系		广告学、艺术学、文化艺术管理

院系	专业
马克思主义学院	思想政治教育
东方学系	蒙古语言文化、朝鲜语言文化、日本语言文化、越南语言文化、泰国语言文化、缅甸语言文化、印度尼西亚语言文化、菲律宾语言文化、印度语言文化（印地、梵语、巴利语）、巴基斯坦语言文化、波斯语言文化、阿拉伯语言文化、希伯莱语言文化
西方语言文学系	法语语言文学、德语语言文学、西班牙语言文学
英语语言文学系	英语语言文学
俄罗斯语言文学系	俄罗斯语言文学

此外，从1983年开始，教育部（国家教委）陆续批准北大设置了4个第二学士学位专业。它们的名称和所属院系如下表。

第二学士学位专业名称

院系	专业	学制	说明
国际关系学院	国际文化交流	2	
心理学系	应用心理（体育）	2	体育运动心理方向
法律学系	法学	2	
知识产权学院	知识产权法	2	

第四章 本专科教育

第一节 教育宗旨和培养目标

一、清末京师大学堂时期

1898 年京师大学堂初建时,除兼寓的中小学生以外,只设一仕学院,招收举人、进士出身的京曹入学。当时大学堂的任务是"兴学育才",为清政府培养官员。它的教育原则为"中学为体、西学为用"(这时所讲的西学不仅包括洋务派所说的西文、西艺,而且包括西方的社会政治学说和近代的文化科学知识)。它要求培养的学生:(1)既懂中学,又懂西学;既学经史方面的中学课程,又学格致、化学、算学、政治、地理等西学课程;"中西并用,观其会通,无得偏废";(2)既具有中学和西学的普通知识,又在高等格致学、高等政治学、高等地理学、农学、矿学、工程学、商学、兵学、卫生学等十个方面中,具有一个或两个方面的专门知识;(3)懂得一门外国语(30 岁以上的学生可免除此项要求)。

当时大学堂附设一个医学堂。医学堂是为清廷培养官医、军医和医学教习的。它要求学生兼习中医和西医。

1902 年,恢复 1900 年停办的京师大学堂。《钦定京师大学堂章程》和《奏定大学堂章程》规定,"京师大学堂之设,所以激发忠爱,开通智慧,振兴实业"。大学堂以"端正趋向,造就通才,为全学之纲领"。章程强调修身伦理一门为培植人才之始基,"所有学堂人等……有明倡异说,干犯国宪,及与名教纲常显相违背者,查有实据,轻者斥退,重则究办"。大学堂分大学预备科、大学专门分科和大学院(通儒院)三级。另设速成科,以收急效。速成科分为仕学和师范两馆,后又设进士馆。除此之外,大学堂还附设译学馆、医学实业馆和博物实习科。

大学预备科的目标是培养学生达到升入大学专门分科的要求。大学专门分科(即大学本科)以培养"各项学术艺能之人才足供任用为成效"。大学院（相当于后来的研究生院）以培养"能发明新理以著成书，能制造新器以利民用为成效"。仕学馆和进士馆，都是为清廷培养官员的。仕学馆主要招考已入仕途之人入学，他们既由科甲出身，中学当已通晓，所以主要学习西学，并在略习普通各学的基础上，"舍工艺而趋重政法"。进士馆"令新进士用翰林部属中书者入焉，以教成初登仕版者皆有实用为宗旨；以明彻今日中外大局，并于法律、交涉、学校、理财、农、工、商、兵八项政事，皆能知大要为成效"（《奏定进士馆章程》"立学总义章"）。译学馆"以造就译才品端学裕为宗旨，务使具普通之学识，而进于法律交涉之专门，通一国之语文，而周知环球万国之情势，体用兼备，本末交修，上有以应国家需才之殷，下有以广士林译书之益，兼编文典以资会通"（《大学堂译学馆章程》"总纲"）。医学实业馆的办学层次相当于当时的中学堂。按《奏定京师大学堂医学实业馆章程》的规定，该馆"习业所中西兼学，各授以医科普通学，即备将来升入专门科之选"。博物实习科是为中学博物、生理等科培养制作动植物标本、模型及图画人员的，它以教成学生能制造各种标本、模型、图画之技艺为宗旨。

1904 年，京师大学堂在师范馆和预备科的政艺两科中将体操列入正课。1905 年，大学堂总监督张亨嘉明确将德、智、体三育作为办学的指导思想。他于是年 5 月，在为大学堂召开第一次运动会敬告来宾文中说："盖学堂教育之宗旨，必以造就人才为指归，而造就人才之方，必兼德育、体育而后完备。讲堂上所授学科，讲堂内外一切规矩，无一非德育之事，然而气质有强弱之殊，禀赋有阴阳之眦，欲人人皆有临事不辞难，事君不惜死之气概，盖亦难矣。东西各国知其然也，故无不以体育一事为造就人才之基。""今天子英明神武特诏天下，普立学堂，而京师大学堂为之总汇，以为造就人才之极则，则凡德育、体育之方，不可不求其完备矣。"

1906 年 4 月 25 日，清廷颁布上谕，批复学部《奏请宣示教育宗旨折》称："朝廷锐意兴学，特设专部以董理之，自应明示宗旨，俾定趋向，期于一道同风。兹据该部所陈忠君、尊孔、与尚公、尚武、尚实五端，尚为扼要。"这是中国近代第一个由政府颁布的教育宗旨，从此，忠君、尊孔、尚公、尚武、尚实成为清末全国教育系统、各级学堂的指导方针。

二、中华民国时期

1912 年 1 月，中华民国临时政府成立。是年 2 月 8 日，教育总长蔡元培发表了《对新教育的意见》一文，在批判清末教育宗旨的基础上，提出了军国民教育（即军事体育教育）、实利主义教育（即注重民生问题的教育，即智育）、公民道德教育、世界观教育和美感教育"五育并举"的教育方针。是年 7 月，教育部召开全国临时教育会议。会议以蔡元培"五育并举"的方针为基础,讨论通过了民国的教育宗旨(教育方针)"注重道德教育,以实利教育、军国民教育辅之,更以美感教育完成其道德",并于 1912 年 9 月 2 日由教育部公布实施。1912 年 10 月,教育部又颁布了《大学令》。《大学令》规定"大学以教授高深学术、养成硕学闳材应国家需要"为宗旨。当时北大即根据教育部颁行的教育宗旨和《大学令》规定的大学教育宗旨组织教学。

1915 年 1 月,袁世凯颁定《教育纲要》,其总纲规定教育宗旨为"注重道德、实利、尚武,并运之以实用"。2 月,袁世凯为复辟帝制的需要,又公布《颁行教育要旨》。该要旨以"矩矱本诸先民,智识求诸世界""于忠孝节义植其基,于智识技能求其阙"为总原则,确定"爱国、尚武、崇实、法孔孟、重自治、戒贪争、戒躁进"的教育宗旨,推翻了民国元年的教育宗旨。但是袁世凯的这种尊孔复古的倒退措施和他的悍然称帝,遭到北大广大师生的反对。不久,随着他复辟帝制失败和病死,他推行的这一教育宗旨也宣告了破产。1916 年 9 月,国务院明令撤销袁世凯的教育宗旨,恢复民初的教育宗旨。

1917 年 1 月蔡元培到北大就任校长。他是民初教育宗旨的制订者。他到北大后又对大学的性质和大学应该培养什么样的人提出了一系列主张,并付诸实施。他在《就任北京大学校长之演说》中说:"大学者,研究高深学问者也。"他要求学生"抱定宗旨,为求学而来。入法科者,非为做官;入商科者,非为致富。宗旨既定,自趋正轨"。蔡元培从大学是研究高深学问的定位出发,要求学生要自动地研究学问。蔡元培在推行他"思想自由、兼容并包"办学方针的同时,要学生破除"专已守残之陋见",不要"守一先生之言,而排斥其他"(《北京大学月刊》发刊词)。当时学校对于同一学科中不同观点的学派也允许并存,"令学生有自由选择的余地",使他们有可能从不同学派的比较中提出自己独立的有创造性的意见。蔡元培主张因材施教,发展个性。这也是他将年级制改为选科制的重要原因。蔡元培重视基本理论和基础知识的教育,要求学生具有深厚的基础,主张融通文理两科的界限,学习文科的学生,不可不兼习理科之某种,如习史学的,兼习地质学,习哲学的兼习生物学之类;而学理科的,不可不兼习文科之某种,如哲学史、世界史等。他说,学文科者,不兼习理科的某些学科,"不免流于空疏";而学理科者,不兼习文科的某些学科,如哲学,就要"陷于机械"。

1929 年 4 月 26 日,南京国民政府颁布《中华民国教育宗旨及其实施方针》。该文件规定的教育宗旨为:"中华民国之教育,根据三民主义,以充实人民生活,扶植社会生存,发展国民生计,延续民族生命为目的;务期民族独立,民权普遍,民生发展,以促进世界大同。"实施方针共 8 条,其中第一条为:"各级学校之三民主义教育,应与全体课程及课外作业相贯连……务使智识道德,融会贯通于三民主义,以收笃信力行之效。"1929 年 8 月,北京大学复校以后，贯彻了这个"三民主义教育"的宗旨及其实施方针。1932年制定的《国立北京大学组织大纲》规定："本大学根据中华民国教育宗旨及其施行方针，以（1）研究高深学术，（2）养成专门人才，（3）陶融健全品格为职志。"不过，当时北大实际上主要还是继续执行蔡元培制定的教育宗旨及教学制度与原则。从1930年起到1945年抗战胜利，一直任北大校长的蒋梦麟在其所著的《新潮》一书中说："著者大半光阴，在北京大学度过，在职之年，但谨守蔡校长余绪，把学术自由的风气，维持不断。"

抗日战争爆发后，教育部于1937年8月提出"战时须作平时看"的方针，并于是月27日颁布《总动员时督导教育工作办法纲领》，要求各地各级学校"务力持镇静，以就地维持课务为原则"；要求各级学校的训练"应力求切合国防需要，但课程之变更，仍需要遵照部定范围"。这就是说，除了增加一些适应战时需要的应变措施以外，仍继续推行"三民主义教育"的宗旨和实施方针。由北大、清华、南开三校组成的西南联合大学，贯彻执行了这些规定。1938年4月，国民党临时全国代表大会制定了《战时各级教育实施方案纲要》。教育部据此制定高等教育实施目标，规定大学教育"应为研究高深学术，培养能治学、治事、治人、创业之通才与专才之教育"。这个目标与以往相比，要求兼顾通才与专才、学术研究人才与实际应用人才的培养。当时，联大教授们认为"大学教育应该注重通才而不应该一味注重专家"。实际主持联大常务委员会工作的常委、清华大学校长梅贻琦在《大学一解》中认为，教育部提出的"通专并重"不易实行，主张大学"重心所寄应在通而不在专"。所以西南联大实际上还是实行"通才"教育。

抗战胜利，复员后的北京大学，其教育目标恢复了战前的规定。

三、中华人民共和国时期

1949年9月，中国人民政治协商会议第一届全体会议通过的《共同纲领》规定："中华人民共和国的文化教育为新民主主义的、民族的、科学的、大众的文化教育。"1950年6月，教育部召开第一次全国高等教育会议，教育部长马叙伦在会上说："我们的高等学校应该根据理论与实际一致的原则，结合基本科学知识与专门技术知识，融合理论学习与业务学习，培养出全面发展的、有真才实学的、富有分析力和创造力的专门人才来。"同年7月，政务院批准了这次会议通过的《高等学校暂行规程》。该规程规定，中华人民共和国高等学校的宗旨为根据中国人民政治协商会议共同纲领第五章的规定，以理论与实际一致的教育方法，培养具有高级文化水平，掌握现代科学和技术成就，全心全意为人民服务的建设人才。此后，北大即按第一次高教会议精神和这个规程规定的高等学校的宗旨和培养目标组织学生的教学和教育工作。

院系调整以后，1953 年，毛泽东主席勉励全国青年要做到"身体好、学习好、工作好"，后又提出"又红又专"的要求。"三好""又红又专"成为各学校培养目标的核心。1953 年 10 月，高教部召开综合大学会议。会议认为综合大学的任务主要是培养理论或基础科学（自然科学和社会科学）方面从事研究工作或教学工作的专门人才，为经济和文化部门输送研究和教学的干部；综合大学的培养目标是培养合乎一定规格的科学研究工作者和高等学校的师资以及中等学校的师资，而以培养科学研究人才为主要目标。会议还认为，综合大学培养出来的人材应该具有较高的理论水平和较广博的科学知识，能通晓一般自然科学或一般社会科学的基本规律，并在此基础上进行专业研究，逐渐养成独立地创造性地进行研究工作并善于在马克思列宁主义方法论的基础上解决自己专业方面的某些理论和实际问题的能力。1953 年北大修订教学计划时，各专业即按综合大学会议的规定确定自己的培养目标和培养规格。如物理系物理专业的培养目标定为培养"物理学研究人材，高等及中等学校的物理教师，以及矿、厂科学研究机关的技术工作人员"。

1954 年 8 月，高教部下达的综合大学各专业教学计划，将培养目标定为培养各种专家。北大相应地把各专业的培养目标定为××专家。如物理学专业培养物理学家，生物系植物学专业培养生物学家、植物学家，经济系政治经济学专业培养马克思列宁主义的政治经济学家等。

1956 年 5 月，高教部颁布试行《中华人民共和国高等教育章程（草案）》，规定高等学校的基本任务是适应国家的社会主义建设的需要，培养具有一定的马克思列宁主义水平和实际工作所必需的基本知识、掌握科学和技术的最新成就和理论联系实际的能力并且身体健康、忠实于祖国、忠实于社会主义事业和准备随时保卫祖国的高级专门人才。1957 年 2 月，毛泽东主席在《关于正确处理人民内部矛盾的问题》的报告中提出："我们的教育方针，应该使受教育者在德育、智育、体育几个方面都得到发展，成为有社会主义觉悟的有文化的劳动者。"学校在制定有关教学文件中贯彻了高教部颁发试行的该章程（草案）和毛主席的指示。

1958 年 9 月，中共中央、国务院发布《关于教育工作的指示》，指出"党的教育工作的方针，是教育为无产阶级的政治服务，教育与生产劳动结合"，"教育的目的，是培养有社会主义觉悟的有文化的劳动者"。该指示还对思想、政治教育提出了具体要求。据此，学校在各专业的培养目标中增加了培养学生"树立工人阶级的阶级观点、群众观点与集体观点、劳动观点和辩证唯物主义观点"等内容。

1961 年 9 月，中共中央批准执行《教育部直属高等学校暂行工作条例（草案）》（简称《高校六十条》）。《高校六十条》指出："高等学校的基本任务，是贯彻执行教育为无产阶级的政治服务、教育与生产劳动相结合的方针,培养为社会主义建设所需要的各种专门人才。"根据毛泽东同志提出的教育方针,应该使受教育者在德育、智育、体育几方面都得到发展,成为有社会主义觉悟的有文化的劳动者。高等学生学生的培养目标是:具有爱国主义和国际主义精神,具有共产主义道德品质,拥护共产党的领导,拥护社会主义,愿为社会主义事业服务、为人民服务;通过马克思列宁主义、毛泽东著作的学习,和一定的生产劳动、实际工作的锻炼,逐步树立无产阶级的阶级观点、劳动观点、群众观点、辩证唯物主义观点;掌握本专业所需要的基础理论、专业知识和实际技能,尽可能了解本专业范围内科学的新发展;具有健全的体魄。北大根据《高校六十条》,重新规定了各专业的培养目标,修订了教学计划。如理科的物理学专业,规定其基本任务为培养物理学的教学、研究人才及其他物理工作者。要求毕业生达到以下5项要求。其中第1项要求与《高校六十条》规定的培养目标中的第1、2项相同,第2项至第5项要求为:(2)巩固地掌握为深入研究物理学所必需的基础理论、基本知识、基本实验方法和技术;在此基础上,初步掌握物理学某一方面一定的专门知识和技能,了解其中的一些新成就和现代实验方法,并获得从事科学研究的初步训练。(3)具有运用所学知识和技能从事教学工作、研究工作和其他实际工作的初步能力。(4)学习两门外国语,第一外国语达到能够比较顺利地阅读专业书刊的程度;第二外国语达到能借助辞典初步阅读专业书刊的程度。(5)有健全的体魄。又如文科的中国文学专业,规定其基本任务为培养中国文学的教学、研究人才及其他中国文学工作者。要求毕业生达到以下6项要求。其中第1项亦与《高校六十条》规定的培养目标中的第一、二项相同,第2项至第5项的要求为:(2)理解马克思主义关于文学的理论和中国共产党有关文学的方针和政策。(3)掌握本专业所必需的基础理论、基本知识和技能,初步掌握本专业某一方面的专门知识,并获得从事科学研究的初步训练。(4)具有阅读一般中国古籍的能力,具有运用一种外国语阅读专业书刊的能力。(5)有较高的写作能力和一定的辞章修养。(6)有健全的体魄。

"文化大革命"期间,北大、清华两校宣传队领导小组和革委会于1970年3月上报《两校关于招生(试点)的请示报告》。同年6月,中共中央转发了这个报告。报告提出的培养目标为:"培养高举毛泽东思想伟大红旗,无限忠于毛主席、无限忠于毛泽东思想、无限忠于毛主席的革命路线的全心全意为社会主义革命和社会主义建设服务的有文化科学理论,又有实践经验的劳动者。"1971年8月,中共中央批准《全国教育工作会议纪要》。该纪要提出要坚持"五七指示"和"七二一指示"的道路,"培养无产阶级革命事业接班人"。此后,"四人帮"一再声称要把大学办成"无产阶级专政的工具",强调大学要培养"与工农划等号"的"普通劳动者"。1974 年,"四人帮"又制造了"朝农经验"这个教育革命的典型,推广朝阳农学院对学生实行"三来三去"(即社来社去、厂来厂去、哪来哪去)的经验。这就更加搞乱了大学的功能和培养目标。

粉碎"四人帮"以后,1977 年北大对招收的新生基本上恢复了"文革"前的培养目标和具体要求。培养目标为培养德、智、体全面发展的研究、教学和其他有关专门人才。具体要求的基本内容为:(1)坚持社会主义道路,坚持无产阶级专政,坚持中国共产党的领导,坚持马列主义、毛泽东思想;具有爱国主义、国际主义精神和共产主义道德品质;树立无产阶级的阶级观点、群众观点、劳动观点和辩证唯物主义观点;遵守革命纪律,坚持实事求是的优良作风,全心全意为人民服务,为在我国实现四个现代化而努力奋斗。(2)掌握本专业所必需的基础理论、基本知识和基本技能及某些方面的专门知识,了解本专业的新成就、新发展;学会一种外国语,达到能阅读本专业书刊的程度;具有科学研究的能力。(3)有健全的体魄。对于具体要求中的第二方面即业务方面,各专业在制订教学计划时都结合本专业的情况作了更具体的规定。如中文系文学专业的培养目标为:培养德、智、体全面发展的文学研究、教学和其他有关专门人才。其具体要求的第二方面规定为:正确理解马克思主义关于语言、文学的基本理论和党的语言、文学的方针政策;具有本专业所必需的基础知识和某些方面的专门知识,了解本专业的新成就、新发展,能阅读本专业一般外文书刊;具有科学研究能力。经济系政治经济专业具体要求的第二方面为:系统、正确地理解和掌握马克思主义政治经济学的基本理论,懂得党在经济战线上的各项方针、政策;具有社会经济的现状和历史的基本知识,了解本专业的新成就、新发展;对国外经济学主要流派有初步的了解,能初步运用马克思主义的立场、观点和方法进行社会经济调查,研究经济理论问题和实际经济问题;学会一种外国语,达到能阅读本专业书刊的程度;具有较强的写作能力。

1980 年 2 月,全国人民代表大会常务委员会通过《中华人民共和国学位条例》。该学位条例规定学制四年或五年的本科毕业生得授予学士学位。学士学位业务方面的具体标准为:较好地掌握本门学科的基础理论、专门知识和基本技能;具有从事科学研究工作或担负专门技术工作的初步能力。学校经过讨论、研究,认为这个标准与各专业规定的培养目标基本一致,只作了一些小的修改,将"具有科学研究能力"改为"具有初步的科学研究能力"或"获得科学研究的初步训练"等。

1985 年和 1986 年,学校根据《中共中央关于教育体制改革的决定》中对高等学校培养的人才的要求,并通过对社会需要的调查和对毕业生的追踪调查,修订了教学计划,进一步明确了培养目标和培养规格。培养目标为:培养从事本专业教学、科研和其他实际工作的专门人才。培养规格在德育方面的要求为:坚持四项基本原则;具有爱国主义、国际主义精神和社会主义道德品质;努力做到公正廉洁,遵纪守法,实事求是,勤奋严谨,勇于探索,立志改革,艰苦工作,全心全意为人民服务。在智育即业务方面的要求为:具有本专业坚实的基础理论、基本知识、基本技能及一定的专门知识,具备从事本专业的教学、科研和有关实际工作的能力。在体育方面的要求为:具有健全的体魄。如理科物理学专业规定的培养目标为:本专业培养掌握物理学的基础理论、基本知识和基本实验技能,从事物理学或与物理学有关的科研、教学和技术工作的专门人才。业务方面的要求为:具有较坚实的物理学的基础理论和基本知识;掌握物理学的基本实验方法和技能;具备一定的专门知识,对物理学的新发展有所了解;初步具备从事科学研究工作的能力;能用一种外国语阅读书刊。又如文科中国文学专业规定的培养目标为:本专业培养德、智、体全面发展的从事文学教学、科学研究和其他有关实际工作的人才。它的业务方面的要求为:具有本专业所必需的基础知识和某些方面的专门知识,初步了解本专业的新成就、新发展;能阅读一般中国古籍;有较高的写作能力和一定的实际工作能力;掌握一种外国语,达到借助字典能阅读本专业一般外文书刊的程度;具有初步的科学研究能力。

中共十三大以后,为使培养的人才能够适应我国社会主义建设的新形势、新发展,适应国际竞争和新技术革命的挑战,学校在提出要按"加强基础、淡化专业、因材施教、分流培养"的原则,深化教学改革,修订教学计划的同时,将本科的培养目标改定为:贯彻教育必须为社会主义现代化建设服务,现代化建设必须依靠教育的方针,按照教育要面向现代化、面向世界、面向未来的目标,通过各类课程、各个教学环节的教育与学习,通过日常的思想政治工作和管理、服务工作,培养学生成为拥护党的以社会主义经济建设为中心,坚持四项基本原则、坚持改革开放的基本路线,具有辩证唯物主义、历史唯物主义的马克思主义的世界观、人生观,爱祖国、爱人民、爱劳动的良好道德品质,为祖国的繁荣昌盛、人民的幸福献身的精神,具有勤奋、严谨、求实、创新的学风和工作作风;具有广博、深厚、扎实的业务知识和较强的汲取新的知识与分析问题、解决问题的能力及身心健康的社会主义建设者和接班人。各系各专业则在修订教学计划时,据此提出自己的专业培养要求。如物理专业提出的专业培养要求为:具有坚实的数学基础知识,系统、扎实地掌握物理学的基本理论、基本知识、基本实验方法和技能。具有基础扎实、适应性强的特点和自学新知识、新技术的能力;掌握从事实验工作、技术工作所必需的技术基础,包括电子技术和计算机方面的基本知识,掌握一定专业方向的专门理论、知识和技能,受到基础研究或应用研究的初步训练;对物理学的新发展、近代物理学在高技术和生产中的应用以及与物理学密切相关的交叉学科和新技术的发展有所了解;有在物理及与物理有关的各个学科领域和交叉学科领域从事科学研究、应用研究、教学、新技术开发以及生产技术和管理方面工作的能力。中国文学专业的专业培养要求为:培养能从事文学评论与创作、新闻、出版和其他文化宣传工作,以及中国语言文学教学与研究工作的德才兼备的应用型专门人才。学生应掌握马克思主义基本原理和关于语言、文学的基本理论;了解我国关于文学艺术的方针政策,掌握专业所必需的基本理论、基础知识,以及与专业有关的专门知识和相关学科的知识;了解本学科的新成就、新发展;具有较高的文学修养和鉴赏能力、较强的写作能力和一定的科研能力;具备比较扎实的古汉语基础,能阅读一般的历史文学典籍。在掌握外语方面,能阅读本专业的书刊,并且有一定的听、说、写的能力。

本科的培养目标和培养的规格要求,经这次改定以后,一直到 1997 年,未再作大的变动。

第二节　学制和学年制、学年学分制、学分制

一、学制(修业年限)

(一)清末京师大学堂时期

1898 年京师大学堂初建时只设仕学院,让举人、进士出身之京曹入院学习,学制三年。附设相当于中学堂程度的医学堂,招考文理通顺之学生入堂肄业,学制不详。

1902 年京师大学堂恢复至 1911 年,其所设科馆的学制如下。

预备科:学制三年。1909 年 4 月,预备科改为高等学堂,后又改称高等科,但学制未变,仍为三年。

分科大学(即大学本科):除政法科及医科中之医学门学制为四年以外,其他各科均为三年。

仕学馆和进士馆:学制三年。

师范馆:学制三年。但其第一学期学生于 1902 年入学到 1907 年毕业,其中最早入学的学生在校肄业五年。各省先后选送插班的学生有的不足四年。1904 年,师范馆改为优级师范科,当年招收的学生在校肄业四年,到

1908 年毕业。

译学馆:学制五年。

医学馆:学制三年。

博物实习科:分为本科和简易科。本科学制三年,简易科二年。当时只办了简易科。简易科学生学满二年后又展学一年,实际在校学习三年。

(二) 中华民国时期

1912 年 5 月,京师大学堂改为北京大学校后,将高等学堂改为预科。当时规定预科学制三年,本科学制三年。1919 年改为预科二年,本科四年。1930 年取消预科后,本科学制仍为四年。

抗战期间,北大、清华、南开三校组成的西南联合大学,本科除师范学院的学制为五年外,其他均为四年。附属的师范初级部为三年,电讯专修科为一年半,先修班为一年。

1946 年复员回北平后至 1948 年,北大文、理、法学院本科的学制为四年;工学院为五年;农学院开始为四年,1947 学年起改为五年;医学院的医学系改为七年,医药系为五年。两个专修科(图书馆专修科、博物馆专修科)的学制为二年。1946 年举办了一期的先修班,学制为一年。1947 年举办的医学院附设高级护士职业学校的学制暂定三年。

(三) 中华人民共和国时期

1. 1949—1952 年

新中国成立后,从 1949 年至 1952 年,北京大学的学制仍承袭以前,基本未作改变,即:本科除医学院改为六年外,其余文、理、法、工、农五个学院均为四年;专修科为二年。

1949 年 9 月,根据华北高等教育委员会令,北京大学农学院和清华大学农学院、华北大学农学院合组成农业大学。1952 年 2 月,按照中央人民政府教育部的指令,北大医学院划归中央卫生部领导。这样,北京大学就只有文、理、法、工四个学院。所以,1950 年 6 月,北大制定的《北京大学暂行教务通则》规定:"本校修业年限除专修科外,暂定为四年。"

1952 年 10 月,中央人民政府政务院颁布《关于改革学制的决定》。其中规定:"大学和专门学院修业年限 3—5 年,专科修业年限为 1—2 年。"北大关于学制的规定符合上述决定,未作变动。1952 年,由于国家建设急需人才,中央人民政府教育部指示:将理工科若干系中 1953 年、1954 年两年暑假应届毕业的学生,提前一年毕业,并规定三年毕业者即作为正式毕业生,由中央人事部统一分配,其政治待遇、物质待遇与四年毕业相同。具体到北京大学,理学院的数学、物理、化学、地质等系,工学院的机械工程、电机工程、电信工程、化学工程、土木工程等系,法学院的法律学、政治学等系 1953 年暑假应届毕业生提前于 1952 年暑假毕业;理学院的数学、物理、化学、地质等系 1954 年暑假的应届毕业生提前于 1953 年毕业。他们的修业年限实际上均为三年。

2. 1952—1966 年

1952 年,经院系调整,北大成为一所综合性大学后,开始时各系各专业的学制仍为本科四年,专修科二年。1953 年 11 月,中央人民政府高等教育部批准北大图书馆专修科的学制由二年改为三年,其他专修科陆续停办或改为本科。1953 年 12 月,高等教育部决定,北大数学、物理、历史三个专业的修业年限,自 1953 年度新生开始,试行五年制。1955 年 6 月,全国文教工作会议和高等工业学校、综合性大学校长座谈会确定:高等工业院校改为五年制,其他类型院校重点试行五年制。接着,教育部于是年 6 月起颁发了综合大学全部专业五年制的教学计划。北京大学根据教育部规定,除东语系各专业仍为四年,图书馆专修科仍为三年外,其余各系各专业的学制均改为五年。1956 年 8 月 28 日,高教部通知北大:图书馆专修科自 1956—1957 学年度入学新生起,改为本科,学习期限四年(原三年制学生仍为专修科)。1957 年,学校根据高教部的指示和师生的意见,决定将东语系各专业的学制由四年改为五年(已在校的三、四年级学生的学制不变)。

1959 年暑假,学校为贯彻"教育为无产阶级政治服务,教育与生产劳动相结合"的教育工作方针,修订教学、科研、生产劳动三结合的教学计划时,将理科的物理系、无线电电子学系、地球物理学、原子能系和地质地理系的地球化学专业、生物系的生物物理专业的学制从五年改为五年半。理科其他系和专业仍为五年,文科除图书馆学系仍为四年外,其他系和专业仍为五年。

1960 年 2 月 10 日,北大党委上报关于理科延长学制的请示报告,提出:"根据我们的计算,五年制的专业,在每年加了两个月的生产劳动以后,虽然缩短了考期和假期,但上课学习的时间仍比过去少十多周,另外政治和外语课的学时还必须比过去增多,因此这些专业业务学习的时间将比 1956 年的教学计划少一学期多,五年半制的专业,则只勉强与 1956 年的教学计划相当,因此在去年我们制定与修订三结合教学计划时感到时间太紧不好安排。最近我们在增设新的尖端专业、专门化,并联系考虑各专业的培养目标时,更感到有延长学制的必要。"据此,拟将"理科各专业的学制,除地质地理系的经济地理专业以外,均改为 6 年制"。这个报告很快得到教育部的批准。

1961 年 3 月 18 日教育部通知我校,同意地质地理系 1956 年入学学生(现五年级)仍按原计划年制毕业,其他各年级都按六年制计划培养。

1962 年部分 58 级(即 1958 年入学的)工农学生,或因年岁大了,已经结婚，觉得学习 6 年，时间过长，家庭有困难；或因自己原来基础较差，6 年制要求高，担心自己跟不上，会留级、退学；或因自己身体不好，想早点学完，因此，要求仍按原来的五年制毕业。经学校研究决定，并经请示教育部同意，允许理科已改六年制的系和专业的 58 级部分同学自愿申请按五年制毕业，并单独给他们安排教学计划。

1963 年 3 月，由地质地理系提出，经学校同意，报教育部批准，将地貌学、自然地理学两个专业 58 级学生的学习年限改为五年半。

为贯彻中共八届九中全会通过的"调整、巩固、充实、提高"的方针和《高校六十条》，1962 年开始至 1963 年 5 月，在全面修订各专业教学计划的同时，研究了理科的学制问题，决定理科除地质地理系 6 个专业改为五年制，数学专业和计算数学专业改为五年半制外，其他专业维持六年制不变。

1965 年 6 月，根据毛主席春节座谈会上关于"学制要缩短"的指示，学校决定，理科各专业的学制，一律改为五年，从下学期一年级学生起；三年级以上的学制不变；二年级是否变动，由各系根据具体情况提出意见，报学校研究决定。至于文科的学制，仍按原来规定不变，即除图书馆学系为四年以外，其他系均为五年。

3. 1966—1976 年

1966 年"文化大革命"开始后，高等学校停止招生，直到 1970 年才恢复。

1970 年 6 月 27 日，中共中央批转《北京大学、清华大学关于招生（试点）的请示报告》供各地参考。该报告规定学制根据各专业具体要求，分别为二至三年，另办一年左右的进修班。1970 年 9 月，北大第一届工农兵学员入学，当时规定的学制为：理科的统计数学、光学、磁学、稀有元素、高分子合成材料、石油化学、农业生物学、新医药生物学、地球物理、大气物理、空间物理、计算机、半导体、有机化学专业均为三年，可控硅专业为一年；文科的文学、历史、哲学、国际政治、政治经济学专业均为二年；日语、阿拉伯语、英语、德语、法语均为三年，俄语专业为两年半；汉中分校的力学、无线电专业为三年，射流技术专业为一年；江西分校的文学、历史、哲学、国际政治、政治经济、作物丰产、畜牧兽医、中草药、微生物专业均为二年。

工农兵学员入学后，经过一年多的教学实践，学员的文化程度太低，且参差不齐（多数为小学、初中程度，初中毕业的也是少数，高中程度更少），给教和学都带来严重困难，为此，校革委会报经北京市革委会同意，从 1972 年开始，理科学员入学后安排半年左右的时间补习中学的数理化基础知识，然后再学大学课程。补习中学基础知识的时间在三年学制之外。

1973 年 5 月，校党委决定，全校理科、文科各专业的学制，除图书馆学专业为二年，阿拉伯语专业为四年以外，其他专业均为三年。理科文化补习一般安排半年;文科的世界史、世界经济史、国际政治三个专业加半年,主要补习英语;外语专业主要补半年汉语。

1974 年 6 月 19 日,校党委常委会议意见:学制还是三年,文化补习半年,三年半打通使用,学员在校实打实学习三年半,不按学期算,必要时,毕业可提前或推后。

4. 1977—1997 年

1976 年"文革"结束和 1977 年恢复高考制度后,北大各系各专业的学制,除东语系和西语系的西班牙语言文学专业以外,均为四年。东语系除日本语言文学专业为四年外,其他专业为五年,到 1985 年,日本语言文学专业亦为五年。1977 年以后举办的专修科和 1982 年举办的政治干部专修科,学制为二年。

1984 年 7 月 11 日,教育部批复同意北大设置希伯来语和他加禄语两个专业,学制为五年。

1989 年,国务院决定从是年开始,北大的入学新生全部到军事学院试行参加军政训练一年,这一年不算在学制之内。这项制度从 1989 年到 1992 年试行了四年。

1990 年,东语系各专业的学制改为四年。1992 年,学校决定将东方语言文学系改名为东方学系,系属各专业由某某语言文学专业改为某某语言文化专业,学制仍为四年。

二、学年制、学年学分制、学分制

北大是在蔡元培任校长时开始施行学分制的,当时称选科制,在此以前一直实行的是学年制,或称年级制,即规定每一学年若干门课程,全为必修。蔡元培认为这不符合个性自由发展的原则,决定于 1919 年暑假后实行选科制,让学生在必修一定数量的课程以外,可以自由选修一定数量的其他课程,以发展学生的兴趣和爱好。当时规定,本科生学满 80 个单位(每周一学时,学完全年为一单位)即可毕业。这里的单位即后来所说的学分。在 80 个单位中,一半为必修课,一半为选修课。在选修课中,既可以选修本系课程,也可以选修外系课程。预科学生规定需学满 40 个单位,其中四分之三为必修课,四分之一为选修课。1921 年,本科生在规定的 80 个单位中,改为三分之二是必修课,三分之一为选修课。学生选学何种选修课,必须在教员指导下进行,并经教员认定。

1922 年 11 月 1 日,中华民国北京政府以大总统令颁布被称为"新学制"的《学校系统改革案》。新学制肯定并推广北京大学的做法,规定"大学校用选科制"。

1929 年 8 月 14 日，中华民国南京国民政府教育部公布《大学规程》。其中规定："大学各学院或独立学院各科课程，得采学分制。但学生每年所修学分须有限制，不得提早毕业。""聪颖勤奋之学生，除应修学分外，得于最后一学年选习特种课程，以资深造。试验及格时，由学校给予特种奖状。"由于这个规程既规定大学得采学分制，又规定学生必须按所定的修业年限毕业，不得提早，所以被称为学年学分制。北大从该规程公布之时起，实行这个制度。

1932 年 12 月 15 日，北大根据教育部是年 1 月 30 日关于《施行学分制划一办法》的训令，制定并于 1933 年 12 月 26 日修正的《国立北京大学学则》中规定："凡需课外自习之课目，以每周上课一小时满一学期者为一学分，实习及无需课外自习之课目，以二小时一学分。""本校学生至少须修满一百三十二学分方可毕业，第一、二两年每学期选习学分总数至少要学满十六学分，至多不得超过二十学分（但法律系得选习二十二学分），第三、四两年每学期至少须学满十四学分，至多不得超过十八学分。"此外，还须根据教育部的规定，必须修党义、军事训练和体育。

西南联大时期和抗战胜利复员北平后的时期均规定：本校采用学分制，但学生在校修业期限至少四年，学生在修业期间至少须修满 132 学分（教育部 1939 年 8 月 12 日颁行的《大学文、理、法、农、工、商各学院分系必修及选修科目表施行要点》规定：工学院各系及法学院法律学系学生，最少须修满 142 学分，方得毕业。此外，西南联大还规定必须另修党义 2 学分，体育 8 学分，军事训练 6 学分；复员后的北大则只规定还须必修体育）；每学期每周上课一小时为 1 学分，实习或实验二小时至三小时为 1 学分；每学期所选学分以 17 学分为准，不得少于 14 学分，亦不得超过 20 学分（法商学院的法律系和工学院、医学院另有规定）。

中华人民共和国成立后，1950 年 7 月 28 日，政务院通过《教育部关于实施高等学校课程改革的决定》。9 月，教育部发出高等学校文学院 5 个系、法学院 4 个系、理学院 5 个系和工学院 6 个系的课程草案作为各学校拟定课程的参考。课程草案规定：暂用学分制，以 3 个学习小时为 1 学分，其中包括听讲、自学、实验、实习。1952 年院系调整后，学习苏联，进行教学改革，北京大学和全国高校一样，取消学分制，改行学年制，直到 1980 年。在这期间，各专业学生在修业年限内执行统一的教学计划，各年级按照专业教学计划安排的课程和教学环节进行教学。对学习优秀的学生，可经批准免修或加修若干课程，实行因材施教。

1980 年 12 月教育部召开教育工作座谈会提出学校可以采用自己认为合适的教学组织管理形式，如实行学分制、开选修课等。1981 年 3 月，北京大学党委常委会决定:从1981年学生入学起,采取学分制;研究生也采取学分制。4月,学校在《关于改进教学工作提高教学质量的几点意见》中决定"从1981年入学的学生开始,采取以学分计算学习量的方法,并相应地改革教学管理工作"。同年9月5日,学校公布《北京大学关于本科生教学计划的编制和有关教学管理工作的若干规定》。其中,有关实行学分制的主要内容如下。

1. 课程的设置

教学计划由下列各类课程和教学环节组成。

(1)学校要求的共同必修课及限制性选修课(必修课是指学生必须学习的指定课程;限制性选修课是指限定学生必须在某些范围内选修若干门或若干学分的课程)。除另有规定外,本校共同必修课为:政治理论课12—24学分(理科、语言科12学分,文科12—24学分),第一外国语16学分,体育4学分,以上共32—44学分。

(2)系要求的必修课及限制性选修课。

(3)专业要求的必修课及限制性选修课。

(4)非限制性选修课,由学生自由选修(可以跨系、跨专业)。

(5)校、系、专业要求必修但不计学分的课程和教学环节,其中学校要求的有时事政策学习、生产劳动、军事训练。

教学计划中选修课(包括限制性选修课和非限制性选修)的学分一般应占毕业要求的总学分的20%—30%。

2. 课程的学分

(1)课堂讲授每周1学时计1学分;外语课的练习部分一般2学时计1学分;实验每周3—4学时,视内容及课外作业的难易、繁简程度,分别计1或2学分;习题课、课堂讨论一般不单独计算学分。

(2)不足一学期或每周学时不一的课程:根据课程各教学环节的总学时和该学期的总周数折算出课程各环节的每周平均学时数,然后比照(1)项规定计算学分数。

(3)一学期以上的课程:课程的学分数为其各学期学分数之和。对于这类课程,学生是按学期分别取得学分还是学完全过程方能取得学分,根据课程的性质予以规定。

(4)少数教学环节,如时事政策学习、生产劳动、军事训练和某些科研活动等可以规定为必修而不计学分。

(5)毕业论文和科研训练视不同专业的实际要求,分别按5—10学分计算。超过此限者须由系主任提请教务长批准。

3. 毕业要求

满足下列全部条件者准予毕业:(1)取得全部必修课及限制性选修课的

学分；(2)总学分达到专业教学计划规定数，其规定数分别定为 140－160 学分；(3)修完必修而不计学分的课程及教学环节，成绩合格。

学生一般应在本专业学制规定的年限内达到上述要求(留级者除外)。不论何种原因，在校学习时间不得多于其学制两年(如学制定为四年者不得多于六年)，届时不能毕业者，根据不同情况发给结业证书或肄业证书。不到学制规定的年限而已达到毕业要求者，鼓励其加选研究生课程或参加某些教学、科研活动。如本人要求提前毕业分配工作，可由学校报请教育部批准，与达到毕业要求的该学年毕业生一起参加毕业分配。

4. 选课

(1) 各系(专业)应指派教师负责指导学生进行选课。

(2) 每学期选课最多不得超过 23 学分，最少不得低于 14 学分。有特殊原因需越出此上下限者，需经系主任提请教务长批准。

(3) 学生得申请免修某些必修课或限制性选修课，但必须事先通过该课程的考试，考试成绩在 80 分以上。时事政策学习、生产劳动、军事训练、体育课和实习、实验、社会调查等实践性教学环节原则上均不得申请免修。

1985 年 5 月 24 日，学校在《关于修订教学计划若干共同问题的规定》中，对实施学分制的具体办法作了一些修改，主要是：(1)四年制各专业毕业学分最高不超过 145－155 学分(少数五年制的语言文学专业最高不超过 200 学分)，其中必修课学分占 60％，限制性及非限制性选修课学分占 40％。个别学系因必修课较多，必修课学分与选修课学分之比，可为 70％与 30％。(2)学分的计算方法：一般以每周课堂讲授 1 学时计 1 学分。实践性强的课、实验课及外语系的基本语等课，学时与学分的比例，由各系根据课程性质、要求等自行规定。(3)周学时：实验多的专业及外语系等低年级，周学时最多不得超过 27 学分，其他各专业低年级周学时最多不得超过 24 学分。注意加强各种教学环节的互相配合，周学时内用于系统课堂讲授的时数每周不得超过 18 学分。(4)全校共同必修课学分：马列主义理论课，理科和外语各系共 8 学分，文科各系共 9 学分。第一外国语和体育，同原来一样，分别为 16 学分和 4 学分。(5)限制性选修课：每学期开出的门数与规定学生应当选修的门数大体应是 3：1，即如果规定选 1 门，应当开出 3 门供学生选择。

1987 年 11 月，学校对实施学分制的具体办法又作了一些修改，主要是：四年制各专业毕业学分为 155－180 学分，其中必修课学分占 70％，选修课学分占 30％；全校公共必修课为：外国语 20 学分，体育课 4 学分，马列主义理论课文科 22 学分，理科 13 学分，外语科 16 学分；非限制性选修课的学分数一般不得少于总学分数的 10％，文科、外语科学生读理科课程(除计算机课外)，不得少于 4 学分；理科学生选读文科类课程(政治理论课除外)，不得少于

4 学分;每个学生四年内应选修一门艺术类课程;军训安排在第一学年结束的暑假,到部队进行军政训练四周,不计学分;各系、专业都应安排社会调查、教学实习、生产实习等教学环节,时间在四周左右,可定为 2 学分;毕业生的科研实践或毕业论文,一般可定为 5—10 学分,但最高不得超过 10 学分。

1996 年,学校制定的《关于修订教学计划的原则和要求》中,再次对实施学分制的具体办法作若干修改,主要是:四年制本科生毕业总学分为 150 学分左右,五年制本科生毕业总学分为 188 学分左右;个别特殊学科专业因基础课面广,需增加准予毕业总学分者,须经教务长特别批准。各类课程学分比例:必修课占 70% 左右;选修课占 30% 左右,其中任选课不少于 10%。每学期必修课和限选课的总学分数,不同系别、不同年级可以有所不同,但不得超过 21 学分。政治理论课文科 15 学分,理科 10 学分,外语科 12 学分。国防教育的军事理论 2 学分,军事训练另外安排,必修,不计学分;大学外语14 学分(周学时为 5 学时,其中授课 4 学时,听力 1 学时)。计算机课:文科 6学分(3X2),理科 9 学分(3X3,其中 6 学分为必修,3 学分为限选)。体育课 4学分。文科学生必须修读 4 学分的理科课程,理科学生必须修读 4 学分的文科课程,文理科学生都必须修读艺术类课程至少 2 学分。

第三节　教学计划

一、清末京师大学堂时期

教学计划是新中国成立后学习苏联高等教育的经验才有的。

在此以前,清末京师大学堂初期,在《奏拟京师大学堂章程》中,是分别规定学习的年限和课程的设置,并规定"凡肄业者,每日必以六小时在讲堂,由教习督课,以四小时归斋自课"。

1902 年,京师大学堂恢复设置以后,在《钦定京师大学堂章程》和《奏定京师大学堂章程》中,在规定学习的年限、课程的设置以外,还规定各门功课每周的授课时间。如预备科政科三年共 13 门课程。课程名称和各门课程每周的授课时数(在括号内)为:伦理(1)、经学(2)、诸子(1)、词章(2)、中外文学(3)、中外舆地(3)、算学(3)、外文(5 或 7)、物理(4)、名学(2)、法学(2)、理财学(2)、体操(3 或 2)。预备科政科学生第一年不学法学和理财学。政科中将来入政治科者,第二第三年除去物理,增加法学一小时;入文学科者,第二第三年除去算学;入商务科者,第二第三两年除去史学、名学,增习商业史 2小时。外文课英文、日文每周授课时间为 5 小时,德文、法文、俄文每周授课

7 小时。凡政科学生，除英文外，他国文任选一门习之，唯兼习日文者加习英文 2 小时。体育课第一年每周授课 3 小时，第二第三年每周 2 小时。

预备科艺科三年共 11 门课程。课程名称和各门功课每周授课时数（在括号内）为：伦理（1）、中外文学（2）、外文（7 或 6，英文第二第三年为 6，其他均为 7）、算学（第一年 6，第二第三年 5）、化学（3，第一年不学）、动植物学（第一年不学，第二第三年 2）、地质及矿产学（第一年 4，第二第三年 3）、图画（3）、体操（2）。预备科艺科学生将来入医科者增习拉丁文。凡艺科学生，除英文外，德法文任择一门习之。

分科大学各学门的科目和每周授课时间，以中国文学门和物理学门为例，列表如下。

文科大学中国文学门的科目和每周授课时间

科目	第一年每周钟点	第二年每周钟点	第三年每周钟点
文学研究法	2	3	3
说文学	2	1	0
音韵学	2	1	0
历代文章流别	1	1	0
古代论文要言	1	1	0
周秦至今文章名家	2	3	3
周秦传记杂史周秦诸子补助课	0	1	1
四库集部提要	1	0	0
《汉书·艺文志》补注、《隋书·经籍志》考证	1	0	0
御批历代通鉴辑览	2	2	2
各种纪事本末	1	2	3
世界史	1	0	0
西国文学史	0	1	2
中国古今历代法制考	1	1	2
外国科学史	1	1	2
外国语文（英法俄德日选习其一）	6	6	6
合计	24	24	24

第三年末毕业时，呈出毕业课艺及自著论说。

格致科大学物理学门的科目和每周授课时间

科目	第一年每周钟点	第二年每周钟点	第三年每周钟点
物理学	0	5	5
力学	4	3	3
天文学	3	0	0
物理学实验①	不定	不定	不定
数理结晶学	0	1	0
物理化学	0	3	0
应用力学	0	3	0
物理实验法最小二乘法	0	2	0
化学实验	0	0	不定
气体论	0	0	2
毛管作用论	0	0	1
音论	0	0	1
电磁光学论	0	0	1
理论物理学演习	0	0	不定
应用电器学	0	0	3
星学实验	0	0	不定
物理量子补助课	0	0	1
微分积分	5	0	0
几何学	4	0	0
微分方程式论及椭圆函数论	0	3	0
球函数	0	1	0
函数论	0	0	3
合计	16	21	20

第三年末毕业时呈出毕业课艺及自著论说。

---

① 实验及演习不能限定时间，以实有所得而止。

二、中华民国时期

中华民国时期各系每学期都编制各年级的课程表。课程表一般包括该年级的课程和各门课程每周的上课时数。蔡元培长校实行学分制以后，各系还规定了本系设置的各门必修课、选修课的学分数和毕业时应达到的总学分数。下面例举不同年份几个学系的课程表，以见一般。

1918 年 1 月编制的中国文学门课程表

一年级		二年级		三年级	
科目	每周时间	科目	每周时间	科目	每周时间
中国文学概论	3	古代文学	3	汉魏六朝文学	3
古代文学	3	汉魏六朝文学	3	唐宋文学	3
古代文学史（上古讫建安）	3	古代文学史	3	词曲	3
文字学	2	中古文学史（魏晋讫唐）	3	近代文学史	5
欧洲文学史	3	文字学	3	文字学	3
哲学概论	3	十九世纪欧洲文学史	3	语言学概论	3
外国语	6	外国语	6		
共计	23	共计	24	共计	20

1918 年 1 月编制的化学门课程表

一年级		二年级		三年级	
科目	每周时间	科目	每周时间	科目	每周时间
数学	4	高等无机	3	高等物理化学	3
数学温习	3	物理化学	3	应用化学	3
物理	5	有机化学	4	卫生化学	2
化学	4	定量分析	6	化学史	1
定性分析	8			高等有机	2
物理实验	2			化学实验	6
				气体分析	4
共计	26	共计	16	共计	21

二十四年度（1935 年）化学系课程表

一年级

号码	课程名称	第一学期			第二学期			必修或选修
		讲演时数	实习时数	学分数	讲演时数	实习时数	学分数	
化 101	普通化学	2	0	2	2	0	2	必修
化 102	普通化学实验	0	3	$\frac{1}{2}$	0	3	$\frac{1}{2}$	必修
化 201	定性分析	1	0	1	1	0	1	必修
化 202	定性分析实验	0	6	3	0	6	3	必修
算 101	初等微积分	4	1	5	4	1	5	必修
	普通物理	4	0	4	4	0	4	必修
	普通物理实验	0	3	$\frac{1}{2}$	0	3	$\frac{1}{2}$	必修
	党义	2	0		2	0		必修
	国文	2	0		2	0		必修
	英文	3	0		3	0		选修
	德文（初级）	4	0	3	4	0	3	
	共计	22	13	19	22	10	19	

二年级

号码	课程名称	第一学期			第二学期			必修或选修
		讲演时数	实习时数	学分数	讲演时数	实习时数	学分数	
化 251	定量分析	2	0	2	2	0	2	必修
化 252	定量分析实验	0	9	$4\frac{1}{2}$	0	9	$1\frac{1}{2}$	必修
化 111	高等无机化学	1	0	1	1	0	1	必修
化 112	高等无机化学实验	0	3	$1\frac{1}{2}$	0	6	$1\frac{1}{2}$	必修
化 301	有机化学	3	0	3	3	0	3	必修
化 302	有机化学实验	0	6	3	0	6	3	必修
化 421	化学数学	2	0	2				

号码	课程名称	第一学期			第二学期			必修或选修
		讲演时数	实习时数	学分数	讲演时数	实习时数	学分数	
	德文(第二年)	3	0	3	3	0	3	必修
	共计	11	18	20	9	21	18	

三年级

号码	课程名称	第一学期			第二学期			必修或选修
		讲演时数	实习时数	学分数	讲演时数	实习时数	学分数	
化 401	理论化学	4	3	4	4	0	4	必修
化 402	理论化学实验	0	0	$1\frac{1}{2}$	0	3	$1\frac{1}{2}$	必修
化 311	有机分析	1	0	1				必修
化 312	有机分析实验	0	6	3	0	6	3	必修
化 501	工业化学	3	0	3	3	0	3	必修
化 303	高等有机化学	2	0	2	2	0	2	必修
化 423	原子构造				2	0	2	选修
	德文(第二年)	3	0	3	3	0	3	必修*
	共计	13	9	$17\frac{1}{2}$	14	9	$18\frac{1}{2}$	

* 凡现在三年级的学生,未曾修满两年德文者,须修此项课程,如已习两年者免修。

四年级

号码	课程名称	第一学期			第二学期			必修或选修
		讲演时数	实习时数	学分数	讲演时数	实习时数	学分数	
化 303	高等有机化学	2	0	2	2	0	2	选修
化 403	热力化学	2	0	2	2	0	2	选修
化 423	原子构造				2	0	2	选修
化 601	毕业论文			8			8	必修
	共计	4	0	12	6	0	14	

二十四年度（1935年）法律系课程表

一年级			二年级		
课程名称	周学时	学分	课程名称	周学时	学分
民法总则	4	4	债权总论	3	3
刑法总则	3	3	物权法	4	4
公司法	2	2	行政法总论	3	3
刑法分则	3	3	外国法	2	2
法院组织法	2	2	以上均为必选课目		
民事诉讼法一部	3	3	社会学本论	2	2
宪法	3	3	以上为选修项目，可修可不修		
政治学原理	3	4			
经济学原理	4	4			
社会学序论	3	3			
基本英文	3	3			
以上均为必修课目					
共计	33	34		14	14

三年级			四年级		
课程名称	周学时	学分	课程名称	周学时	学分
债编各论	4	4	继承法	2	2
亲属法	2	2	保险法	2	2
票据法	2	2	海商法	2	2
民事诉讼法二部	3	3	民事执行法	2	2
刑事诉讼法	4	4	民事诉讼实务	2	1
破产法	2	2	刑事诉讼实务	2	1
行政法各论	3	3	国际私法	2	2
国际公法	4	4	土地法	2	2
外国法	2	2	劳工法	2	2
以上均为必修课目			外国法	2	2
中国法制史	2	2	以上均为必修课目		

三年级			四年级		
课程名称	周学时	学分	课程名称	周学时	学分
犯罪学	2	2	法理学	2	2
			监狱学	2	2
以上均为选修课目任选一种			以上均为选修课目,任选一种		
共计(选修课只计一种)	28	28		22	20

三十五年度第一学期(1946年下半年)物理学系课程表[①]

二年级			三年级			四年级		
科目	必修或选修	周学时	科目	必修或选修	周学时	科目	必修或选修	周学时
力学	必	3	热学	必	3	近代物理	必	3
电磁学	必	3	光学	必	3	近代物理实验	必	3
电磁学实验	必	6	光学实验	必	3	无线电学	必	3
德文(一)	必	3	德文(二)	选	3	无线电实验	必	3
大二英文	必	3	高等几何	选	3			
高等微积分	选	5						
微分方程	选	3						
政治学、经济学、社会学三门选一	必	3						

① 理科一年级课程相同,即:国文、英文,以及微积分、普通数学、普通物理学、普通化学、普通地质学、普通心理学等课中选习二种。

三十五年度第一学期(1946年下半年)法律学系课程表

年级	科目	学期	必修或选修	周学时	年级	科目	学期	必修或选修	周学时
一年级[①]	民法总则		必	3	四年级	民事诉讼法		必	3
	法学概论		必	3		国际私法		必	3
二年级	民法债编		必	4		法理学		必	2
	刑法总则		必	3		英美法		必	3

年级	科目	学期	必修或选修	周学时	年级	科目	学期	必修或选修	周学时
	民法物权		必	2		毕业论文		必	1
	国际公法		必	3	司法组法律系	强制执行法	只下学期	必	2
	中国司法组织	只上学期	必	2	法律系	破产法	只下学期	必	3
	罗马法		必	3	司法组	诉讼实务	只下学期	必	2
	大二英文		必	3	三、四年级	近代欧洲大陆法德国民法		选	3
三年级	民法亲属继承		必	2		犯罪学	只上学期	选	2
	行政法		必	3		监狱学	只上学期	选	3
	刑事诉论法		必	3		法学专题研究		选	2
	中国法制史		必	2		法医学	只下学期	选	3
	刑法分则		必	3					
	商法		必	4					

① 一年级还有法学院的共同课:国文、英文,以及中国通史、西洋通史两门课中选习一种,哲学概论、逻辑两门课中选习一种,普通数学、普通物理学、普通化学、普通生物学、普通地质学、普通心理学等课中选习二种。

三、中华人民共和国时期

新中国成立后,从 1952 年起,进行以学习苏联教育先进经验为主要内容的教学改革,开始制定教学计划。

教学计划是按照专业和专业的培养目标制定的。它是实现培养目标和组织教学过程的主要依据。教学计划的主要内容有:学制(修业年限)、整个学习期间的总学时、周学时、课程(必修课、选修课)的设置及每门课程的学时和每周的上课时数、各个教学环节的安排等。实行学分制以后,还包括毕业时要求达到的总学分数、各门课程的学分数和计算学分的各个教学环节的学分数等。

1952 年秋进行院系调整时,按照高等教育部的指示,北大于是年 10 月前,以苏联高等学校的教学计划为"蓝本",制定了各专业教学计划草案,并经高教部批准后,在 1952 年一年级新生中开始试行。二、三、四年级则根据这次制定的教学计划草案,结合各该年级的情况,制定后几年和后一年的计划。这次制定的教学计划草案同原来有关的各项规定相比较,主要是改"通才教育"为"专才教育",改学分制为学年制,增加政治理论课的学时数,加重了基础理论课(但文科各专业不再要求学生学习一定的自然科学课程,理科各专业,除政治理论课外,也不再要求学生学习一定的人文、社会科学课程)、专业基础课和实践性教学环节。这次制定的各专业本科的教学计划总学时为 3005－4056 学时,专修科的总学时为 2097－2194 学时,周学时理科为 30－32 学时,文科为 24－28 学时。

这次制定的教学计划草案,本科各专业基本上是把苏联五年的教学内容精简和压缩在四年内完成,因而试行后即出现了课程门数多、课时多、教学份量过重、影响教学效果和师生健康等情况。为此,1953 年 2 月学校即对计划草案进行了一些调整、修改,适当减少了课程的门数和课时数,减轻学生的学习负担和教师的教学负担。修改后,理科各专业一年级的周学时一般为 27－32 学时,二、三、四年级为 22－28 学时,文科各专业一年级的周学时一般为 24－28 学时,二、三、四年级为 22－28 学时。

1953 年 9 月中下旬,高教部召开综合大学会议,进一步明确了综合大学的方针任务、培养目标。1954 年 1 月,高教部决定北大的数学、物理、历史三个专业的本科生自 1953 年入学新生开始,试行五年制。1955 年 5 月,高教部召开综合大学及高等工业学校校院长座谈会。会议强调减轻学生负担和提高教学质量,要贯彻全面发展的教育方针和"学少一点,学好一点"的原则。同年 6 月,决定北大本科专业,除东语系的各个专业为四年制外,其他均改为五年制。1954 年和 1955 年,北大根据上述两个会议的精神,先后制定了五年制各专业的教学计划和东语系 9 个四年制专业的教学计划。与此同时,还协助高教部拟订了理、文科 15 个专业的四年制教学计划。这次制定的教学计划,五年制各专业的总学时理科为 3440－4183 学时,文科为 3578－3974 学时,外国语文为 4158－4389 学时。东语系四年制专业为 2769 学时。三年制的图书馆学专修科为 2764 学时。周学时,理科一、二年级为 26－28 学时,文科为 24－26 学时,高年级还要少一些。1956 年 9 月,学校又根据高教部召开的校院长、教务长座谈会精神,对上述教学计划进行了一些修改。修改后的计划,一、二年级每学期的课程门数一般减至 5 至 6 门,最多不超过 7 门;适当减少了周学时;根据高教部的规定减少了政治理论课时数;除心理、自然地理专业保留教育学课程外,一般均将教育学、教学法、教育实践课减去。

1957年秋冬，根据高教部整风后期的有关指示和整风中师生所提意见，学校又对上述教学计划进行了若干修订，这次修订后的教学计划，与去年修订的教学计划相比，其变动情况大致可以分为三种。①培养目标、课程设置方面有较大变动的，有东语系各专业和经济系政治经济学专业。东语系各专业原来的培养目标为：东方语言学家，主要是东方语言翻译干部。这次改为：在掌握东方语言的基础上，培养翻译人员和东方语言、历史、文化、经济等方面的研究人员。同时将学制由四年改为五年。政治经济学专业原来的培养目标为：政治经济学家。这次改为"培养马克思列宁主义的政治经济学人材——担任理论宣传工作、科学研究工作、教学工作或经济工作"。由于培养目标改变，所以课程设置也有较大变动。②部分基础课有较大变动的有汉语言文学专业、历史专业、俄罗斯语言文学专业、西语系各专业和图书馆学专业。汉语文学专业主要是将连续讲授8个学期的"中国文学史"改为4学期，同时开设"中国文学名著选"；取消"古代汉语"，增设"工具书使用法"和"文献学"。历史专业主要是将"中国近代现代史"由两年压缩为一年，"世界现代史"由一年压缩为一学期，同时适当减少了一些其他各段历史的学时；取消"考古学通论""民族论"，增设"中国革命史""中国史料学"等。俄罗斯语言文学专业主要是适当减少了语言方面的课程，增加了文学方面的课程。西语系各专业主要是在选修课中，要求学生着重选修第二外国语。图书馆学专业1956年8月改为四年制本科后制定的教学计划，每学期课程门数过多，有的学期达到8门，这次作了适当减少与合并。③理科各专业和哲学专业变化不大，只是在学时和排列顺序上有若干变动。这次制定的各专业的周学时，文科低年级一般为23—24学时（只哲学专业为25学时）；外国语文专业低年级为27—28学时；理科低年级一般亦在28学时以下，只有地质地理系个别专业为29学时，化学系个别专业的个别学期为30学时。

1958年，"大跃进"、"大炼钢铁"和开展"教育大革命"，打乱了原来的教学计划和正常的教学秩序。虽然是年夏，学校根据"培养有社会主义觉悟的有文化的劳动者"的方针和毛泽东在视察天津大学时提出的"把教育与生产劳动结合起来"的指示，修订了教学计划，但未能得到认真实施。1959年3月下旬和4月上旬，学校根据中央确定的"1959年教育工作的方针主要是巩固、调整和提高，并在这个基础上有重点地发展"的精神，召开教学工作会议，纠正1958年一些"左"的错误，并调整与修改了教学计划。但1959年8月开始的反右倾运动打断了纠正"左"的错误的进程，出现了反复，这次调整与修改的教学计划也未得到认真实施。

1961年，主要是贯彻中央"调整、巩固、充实、提高"的方针和《教育部直属高等学校暂行工作条例》（简称《高校六十条》），纠正1958年至1960年一些"左"的错误和做法，按照以教学为主的原则，全面安排教学、科研和生产劳动，对各年级因各种原因缺修的课程进行补课等。1962年，学校决定根据《高校六十条》并总结几年来的经验教训，修订各专业较长期的比较稳定的教学计划。这次修订教学计划征询了历届毕业生及有关部门和科研机关的意见，研究了校内外和国内外的有关资料，采取领导和群众相结合的方式进行，到1963年4—5月才基本完成。这次修订教学计划主要解决了：①若干专业的培养目标问题；②按照以教学为主的教学、科研、生产劳动结合的原则适当安排三者的时间问题；③政治理论课的比重和设置的问题；④加强基础理论、基本知识的教学和基本技能训练中的一些问题；⑤专门组课和选修课的设置问题等。这次制定的教学计划的总学时，理科六年制专业一般为3704—4202学时，五年半制专业为3322—3357学时，五年制专业为3194—3238学时；文科五年制专业一般为2649—3133学时（只中国文学专业较低为2068学时），外国语文五年制专业为2989—3384学时；四年制图书馆专业为2645学时。在制定这次教学计划时，学校要求周学时理科不超过23—24学时，文科不超过22学时，但生物、地质地理、外国语文专业可以稍多一些。

1964年2月13日，毛泽东在春节座谈会上说："我看教育要改变"；"学制可以缩短"；"课程多、压得太重是很摧残人的。学制、课程、教学方法、考试都要改。"1964年9月，中共中央发出《关于组织高等学校文科师生参加社会主义教育运动的通知》。该通知规定文科四年制或五年制的专业参加运动的时间为一年到一年半，必须参加完一期"四清"的整个过程。1965年2月，中共中央又发出《关于组织高等学校理工科师生参加社会主义教育运动的通知》，规定他们应参加"四清"的全部或主要过程。1965年6月，学校又决定将理科各专业学制一律改为五年。这样，1963年制定的教学计划又被打乱了。

"文化大革命"期间，北大于1970年开始招收工农兵学员。由于学制短（开始时理科各专业一般为三年，少数二年，个别一年；外语各专业一般三年；文科各专业一般为二年；后理科各专业增加半年补习文化时间，文科除图书馆学专业为二年以外，其余为改三年；1975年开始举办的社来社去班，学制为一年），学员的文化程度低，在课程设置上强调"把政治教育作为一切教育的中心"、"坚持以阶级斗争为主课"，在教学方法上理科实行"开门办学、厂校结合"和结合生产、科研任务中的典型工程、典型产品、典型工艺、技术革新等进行教学，文科实行"以社会为工厂"、以任务带学科，在时间安排上常常是一门课程集中一段时间上课学习，而不是每周上课几小时等，因此当时制定的各专业教育革命计划和"文革"前的教学计划完全不同，与民国时期的课程表也不一样，这从下面所举的学校制定的"1971年下半年教学时数安排"一表中可见一斑。

1971 年下半年教学时数安排

项目	学时		学时%	备注
政治	165	政治课 51	18.8%	每周 3 小时集中安排(文科除外)
		天天读 102		每天 1 小时
		月四好检查 12		每月半天(半天按 3 小时计算)加一个星期天晚上
学文	596		67.9%	包括文科以社会为工厂、理科下厂的实践活动
军体课	85		9.7%	每周 5 小时
平时劳动	32		3.6%	每两周半天,半天按 4 小时计算
总计	878		100%	十七周。每周 51 小时 40 分钟(按每天 8 小时,加每周两天晚上,每晚上 1 小时 50 分钟计算)
说明	1. 周一、三晚为文化学习,周六晚电影,周五党团活动,星期日晚班务会,周二、四晚上为机动; 2. 军体活动周一至五,每天 1 小时。			

"文革"后,1977 年恢复招生考试制度。学校在 77 级新生入学前(1978年 2 月入学),重新研究了培养目标问题,确定本科学制一般为四年,少数专业可定为五年,并按照"文革"前的模式制定了各专业的教学计划。这次制定的教学计划,基本上按照"文革"前《高校六十条》的规定安排教学、科研和生产劳动;根据国家规定,把军训列入计划;按照德、智、体全面发展的要求,重新确定政治理论课的课目和时间;保证加强基础训练,基础课的教学时间应占二年半到三年;取消专门组的设置,为贯彻因材施教原则,在高年级设置若干选修课,理科有些专业将选修课分为若干组称为选课组(1981 年以后取消);贯彻理论联系实际的原则,重视实践性教学环节实验、实习、文科的社会调查等。在这次制定教学计划时,学校要求周学时理科一般不超过 22学时,文科一般不超过 18 学时,外国语文一般不超过 24 学时。

1981 年,学校决定从是年入学的新生开始实行学分制。为此各专业于1981—1982 年制订了施行学分制的教学计划。施行学分制的教学计划要将课程分为必修课、限制性选修课和非限制性选修课(任选课)三类,并确定每门课程的学分数和开课学期、周学时;要规定毕业时应修满的总学分数和不记学分但应修习的项目,如时事政策学习、劳动、军训等;总学分数中要分别规定上述三类课中每一类课的学分数等。当时规定四年总学分数一般为150—180 学分,其中选修课一般应占 20%—30%,选修课中非限制性选修一般应占 10% 左右。这次制定教学计划时还规定文科专业要选学一两门自然科学方面的课程,理科专业除公共政治理论课外,要选学一两门人文社会科学方面的课程。

1985 年,学校对教学计划作了若干修改,主要是规定四年制专业毕业时应达到的学分最高一般不超过 145—155 学分,其中必修课占 60%,选修课占 40%;个别系可为 70% 和 30% 的比例;对低年级最高周学时数作了限制;调整了政治理论课的设置与学时等。

1988 年,学校提出了"加强基础、淡化专业、因材施教、分流培养"的深化教学改革的原则,并以此为指导思想,于 1988—1989 年对教学计划进行修订。这次修订的教学计划主要是:①因增加讲授课时以便学生能在课堂上接受更多并更深入了解课程的理论、知识和技能,毕业总学分数增加了 10—20 个学分,最低为 167 学分,最高分 184 学分。②除少数系不同专业的学科性质差别较大者外,大部分系将不同专业的专业基础课的设置、学时和教学统一起来,以有利于提高课程的教学质量,淡化专业的界限。如无线电电子学系有无线电电子学、电子及离子物理、波谱学及量子电子学、声学 4 个专业,它们设置的专业基础课的课目虽大体相同,但各门课程的学时、内容、要求都有一些差异,分散了教学的力量。这次修订教学计划时将之统一起来,设置共同的专业基础课。如生物系有生物化学、植物学、细胞生物学及遗传学、植物生理学及植物生物化学、环境生物学及生态学、微生物学、生理学及生物物理学 7 个专业。这次修订的教学计划将 7 个专业分为生物化学、生理学及生物物理学、环境生物学三类,每类设置共同的专业基础课。政治系有政治学和行政管理两个专业,这次也将它们的专业基础课统一起来,在打基础阶段不分专业,到学习专业课时才反映出专业的特点。③高年级基本上分为研究型和实用型两类,进行分流培养。每类又可按专业方向分流选学有关课程。④重视美育,规定学生四年内必修一门艺术课程。⑤加强计算机科学技术的教育和实践性教学环节,规定各个专业都必须把计算机课列为必修课。

1993 年 5 月,学校为贯彻中共中央、国务院《中国教育改革和发展纲要》和国家发展高等教育的"211 工程"计划,召开了教学改革研讨会。会议决定为适应市场经济体制和科学技术迅速发展的需要,要进一步修改教学计划;决定这次修改教学计划要进一步贯彻"加强基础、淡化专业、因材施教、分流培养"的方针,遵循以下基本要求:①基础课学分应占总学分的 40%—50%,专业范围内的专业课和限制性选修课(分流方向课)约展 40%—50%,扩展知识性的任选课约占 10%。②按专业大类设置和开设专业基础课(如高等数学、普通物理、中国通史等);加强全校公共基础课、专业基础课的教学;英语课和计算机课应作为重点安排，计算机课要增加上机训练的学时。③允许学生跨专业、跨系选习选修课。四年内学生至少应选习艺术课和管理课各一门，文、理科互选课一门。

1995年，国务院决定，从是年5月1日起，全国实行每周工作5天每天8小时的工作制。为适应这个规定，学校于1995—1996年对教学计划进行了调整与修改，主要是：①规定四年制本科的总学分数为150学分左右（实际上修改后的计划为150—160学分），五年制本科为180学分左右。个别特殊学科因基础课面广，需增加的，应经特别批准。②必修课的学分应占总学分数的70%左右；选修课占30%左右，其中任选课原则上不得少于10%。每学期的学分安排，不同专业的不同年级可以不同，但最高以不超过21学分为原则。③规范全校公共必修课的设置。将全校公共必修课归纳为政治理论课、大学外语、计算机课、体育课、国防教育课、艺术类课、文理必须互选的课、公益劳动等8类，并规定每类开设的具体课目及其学分数。

下面列举不同年份的专业教学计划，以见一斑。

1955级数学力学系数学专业教学计划

次序	课程	按学期分配			时数	其中					按学年及学期分配（每周时数）									
		考试	考查	学年论文	共计	讲授	实验	课堂实习	课堂讨论	学年论文	第一学年 18周	第一学年 17周	第二学年 18周	第二学年 17周	第三学年 18周	第三学年 17周	第四学年 18周	第四学年 17周	第五学年 14周	第五学年
1	2	3	4	5	6	7	8	9	10	11	12	13	14	15	16	17	18	19	20	21
1	马克思列宁主义基础	1,3	2		136	102			34		3	3	2								
2	中国革命史	5	4		136	102			34					4	4					
3	政治经济学	7	6		136	102			34							4	4			
4	辩证唯物论与历史唯物论	8,9			136	102			34									4	5		
5	俄文	2,4	1,3		280			280			4	4	4	4						
6	体育		1,2,3,4		140			140			2	2	2	2						
7△	制图学与画法几何概要		2		70	20		50			(2)	(2)								
8	物理	4,5,6	5,6		331	134	146	51						5	8	6				
9	理论力学	3,5	4,5		240	150		90					6	4	4					
10	解析几何	1,2	1		193	102		91			6	5								
11	数学分析	1,2,3,4	2,4		491	270		221			8	8	7	5						
12	高等代数	1,3	2		194	102		92			4	4	3							
13	微分几何	6	5		105	68		37							3	3				

次序	课程	按学期分配			时数		其中				按学年及学期分配（每周时数）									
											第一学年		第二学年		第三学年		第四学年		第五学年	
		考试	考查	学年论文	共计	讲授	实验	课堂实习	课堂讨论	学年论文	1 (18周)	2 (17周)	3 (18周)	4 (17周)	5 (18周)	6 (17周)	7 (18周)	8 (17周)	9 (14周)	10
14	几何基础（包括射影几何概要）	7			64	64											4			
15	微分方程	4	3		140	68		72					4	4						
16	数学物理方程	7	6		105	68		37							3	3				
17	复变数函数论	6	5		105	68		37							3	3				
18	实变数函数论（包括泛函分析概要）	6	5		88	88									3	2				
19	积分方程	8			34	34												2		
20	变分法		8		34	34												2		
21	概率论	6			51	51										3				
22	数论		7		36	36											2			
23	专门化课程及专题讨论（或选修课程）	7,8,9	7,8,9	8	314	190		124		36							4	6	10	
24	数学实习		6,7,8	6	174			174								2	4	4		
25	教育学	7			54	54											3			
26	数学教学法		8		68	38		30										4		

北京大学志（第一卷）

次序	课程	按学期分配			时数						按学年及学期分配									
		考试	考查	学年论文	共计	讲授	实验	课堂实习	课堂讨论	学年论文	第一学年		第二学年		第三学年		第四学年		第五学年	
											1	2	3	4	5	6	7	8	9	10
										学期										
										每周时数	18周	17周	18周	17周	18周	17周	18周	17周	18周	14周
27	数学史	8																4		
28																				
29																				
30																				
	总时数	3820	2047	146	1491	136	36	29	28	28	25	26	26	24	26	15				

数目	学年论文	考试	考查
	1	33	30

△对1955—60班，不开设此课程。

1955 级数学专业时间分配总表

学年	理论教学	教育实习	生产实习	考试	国家考试	毕业论文	假期	共计
I	35			7			10	52
II	35			7			10	52
III	35			7			10	52
IV	35			7			10	52
V	14	4		3		21	2	44
总计	154	4		31		21	42	252

1955 级数学专业加选课程表

次序	名称	学期	时数
1	第二外语	5—8	132
2	体育	5—8	132
3	天文学	7—8	68
4	连续介质力学	7	34
5	理论物理	9	70
6	专题讨论会	10	20

1955级数学专业实习表

实习名称	实习期限	学期	周数
1. 教育实习	自9.1—9.26	9	4

1955级数学专业国家考试、毕业论文表

国家考试时间	国家考试时间
	1. 毕业论文
由____到____	2. 马克思主义基础
毕业论文完成和答辩的期限	3. 数学
由____到____	

说明：

1. 周学时及学生自学计划时数以每周不超过54小时为准。

2. 学年论文是学生进行学年论文的计划时数，教师选择题目时应以此为准。

3. 在保证基础课程与专业课程教学质量的前提下，高等教育部根据国家的确实需要和各校的具体条件及其所定科学研究的方向，规定学校得开设专门化或选修课程，各校于每学年度开始前，由系主任提出，校务委员会决定。不设专门化或专门化很少的学校，可在专门化时数内，开设若干选修课程，选修课程不受专门化课程系统的限制。课程一览表中的专门化课程或选修课程的教学大纲由系务会议审查批准。专门化课程或选修课程的门数不受限制，选修人数和选修时数由系务委员会提出，校务委员会决定。加选课程是在教学计划所规定的总学时之外，由学生根据志愿额外加修的，选修人数和选修时数由系务委员会决定。加选课程无考试、考查。

4. 理论力学上满240学时、几何基础（包括射影几何概要）上满64学时后，即告结束，其余时间同用作答疑、准备考试等。

1955 级历史系历史专业教学计划

次序	课程	按学期分配			时数					按学年及学期分配（每周时数）									
		考试	考查	学年论文	共计	讲授	课堂实习	课堂讨论	学年论文	第一学年		第二学年		第三学年		第四学年		第五学年	
										18周	17周	18周	17周	18周	17周	18周	13周	13周	
										学期1	2	3	4	5	6	7	8	9	10
1	2	3	4	5	6	7	8	9	10	11	12	13	14	15	16	17	18	19	20
1	马克思列宁主义基础	5,7	1,3		208	138		70		4		4		4		4			
2	政治经济学	2,4			272	182		90				4	4	4	4				
3	辩证唯物论与历史唯物论	9,8			136	102		34									5	5	
4	哲学	9			72	72												6	
5	教育学	6			68	54	14								4				
6	历史教学法		7		72	54	18									4			
7	中国历史文选		1,2		140		140			4	4								
8	俄文	1,3,6	2,4,5		380		380			4	4	4	4	4	4				
9	逻辑	1			70	44	26			4									
10	原始社会史及民族志	2			70	70					4								
11	考古学通论	3			54	54						3							
12	中国上古、中古史	1,2,3,4	2,4,5		367	263	104			6	6	6	5	5					
13	中国近代史	6	5		193	140	5							6	5				

北京大学志（第一卷）

次序	课程	按学期分配 考试	考查	学年论文	时数 共计	其中 讲授	课堂实习	课堂讨论	学年论文	第一学年 1 (18周)	2 (17周)	第二学年 3 (18周)	4 (17周)	第三学年 5 (18周)	6 (17周)	第四学年 7 (18周)	8 (13周)	第五学年 9 (13周)	10
14	中国现代史	8	7		186	133	53								6	6	5		
15	世界上古史	2	1		140	100	40			4	4								
16	世界中古史	4	3		140	100	40					4	4						
17	世界近代史	6	5		193	140	53							6	5				
18	世界现代史	8	7		124	88	36									4	4		
19	欧洲各国史	5，7	4，6		210	210							2	2	4	4			
20	中国文学史	4	3		105	105						3		3					
21	体育		1，2，3，4		140		140			2	2	2	2						
22	选修课程（或专门化课程）	5，7，9	6，8		321	214	107							4	2	4	4	7	
	总时数				3661	2277	1204	180	28	26	26	28	26	26	26	19	18		
	学年论文				2														
数目	考试				30	3	3	3	3	4	3	4	4	4	4	1	3		
	考查				24	4	4	4	4	3	4	3	3	3	3	1	1		

1955 级历史专业时间分配总表

学年	理论教学	考 试	教育实习	生产实习	国家考试	毕业论文	假 期	共 计
I	35	7					10	52
II	35	7					10	52
III	35	7					10	52
IV	31	7	4				10	52
V	13	3		5		21	2	44
总计	149	31	4	5		21	42	252

1955 级历史专业加选课程表

次序	名称	学期	时数
1	马克思列宁主义史学名著选读		
2	中国历史地理		
3	苏联文学		
4	中国现代文学		
5	苏联考古		
6	心理学		
7	第二外语		

1955级历史专业实习表

实习名称	实习期限	学期	周数
1. 生产实习（在档案馆、博物馆、图书馆中进行）	自9.1——10.5	9	5
2. 教育实习	自2.9——3.8	8	4
总周数			9

1955级历史专业选修课程表

次序	课程	时数 共计	其中					按学期分配			按学年及学期分配										
			讲授	实验	课堂实习	课堂讨论	学年论文	考试	考查	学年论文	第一学年		第二学年		第三学年		第四学年		第五学年		
											1	2	3	4	5	6	7	8	9	10	
											18周	17周	18周	17周	18周	17周	18周	17周	14周		
											学期										
											每周时数										
1	中国任一断代史																				
2	汉族以外任一民族史																				
3	世界某一国家史																				
4	中国或世界任一专门史																				
5	国际关系史																				
6	西方社会主义思想及工人运动史																				
7	考古学																				

次序	课程	时数									按学年及学期分配									
		按学期分配			共计	其中					第一学年		第二学年		第三学年		第四学年		第五学年	
		考试	考查	学年论文		讲授	实验	课堂实习	课堂讨论	学年论文	1	2	3	4	5	6	7	8	9	10
															学期					
											18周	17周	18周	17周	18周	17周	18周	17周	17周	14周
											每周时数									
8	史料学																			
9	史料史																			

说明：

1. 周学时及学生自学计划时数以每周不超过54小时为准。

2. 在保证基础课程与专业课程教学质量的前提下，高等教育部根据国家的确实需要和各校的具体条件及其所定科学研究的方向，规定学校得开设专门化或选修课程，专门化的设置应报高等教育部审查批准。专门化于每学年度开始前，由系主任提出，校务委员会决定。选修课程不受专门化课程系统的限制，课程门数和选修人数于每学期开学之前，由系主任提出，校务委员会决定。加选课程由系务委员会决定。加选课程的教学大纲和加选时数由系务委员会决定。加选人数和加选时数由系务委员会决定。加选课程经校务委员会决定，专门化课程或选修课程的门数，不受表列限制，加选门数，加选人数愿额外加修的，由学生根据志愿额外加修，加选门数。

3. 每一选修课程经校务委员会决定后，可以同时开出一门以上的课程，如中国任一断代史可以同时开出秦汉史、隋唐史、世界某一国家史可以同时开出法国史、英国史等。学生从所列出的选修课程中可以一次选满教学计划中所规定的时数，其中必须包括一门有选修史的课程。

4. "史料学"一课可以开设中国史或世界史，如果开设世界史，铁器时代以前，必须开中国史学史。

5. "考古学"一课的内容包括石器时代与考古学、铜器时代同考古学、铁器时代与考古学，古文字学不包括在内。两篇学年论文的内容，一为中国史方面，一为世界史或亚洲史方面。每学年学生所用时间同一课程时间一般不得超过36小时，教师选择题目时应以此为准。

北京大学数学力学系
数学专业教学计划(草案)
1963 年 5 月

一、培养目标

数学专业的基本任务，是培养数学的教学、研究人材和其他数学工作者。要求毕业生达到以下标准：

（一）具有爱国主义和国际主义精神，具有共产主义道德品质，拥护共产党的领导，拥护社会主义，愿为社会主义事业服务、为人民服务；通过马克思列宁主义、毛泽东著作学习，和一定的生产劳动、实际工作的锻炼，逐步树立无产阶级的阶级观点、劳动观点、群众观点、辩证唯物主义观点。

（二）巩固地掌握为深入研究数学所必需的基础理论和基本知识；具有一定的数学论证能力和熟练的运算能力；在此基础上，初步掌握数学某一方面的专门知识，了解其中的一些新成就和发展近况，并获得从事科学研究的初步训练。

（三）具有运用所学知识和技能从事教学工作、研究工作和其他实际工作的初步能力。

（四）学习掌握两种外国语，第一外国语达到能够比较顺利地阅读专业书刊的程度；第二外国语达到能借助于辞典初步阅读专业书刊的程度。

（五）有健全的体魄。

二、时间安排

五年半内除寒暑假 47 周外，共有 236 周，其中教学 187 周(上课 162 周，考试 25 周)，约占 79%；生产劳动 24 周，约占 10%；科学研究 19.5 周，约占 8.5%；机动 5.5 周，约占 2.5%。

五年半内上课总时数为 3322—3357 学时。一、二年级每周上课时数最高不超过 24 学时，三年级以上每周上课时数依次递减。按照学生每周课内外学习 48 小时(课内一学时以一小时计)安排教学工作。在安排课内外学时比例时，基础课理论讲授部分，课内外比例通常为 1：1，习题课课内外比例为 1：1.5 左右(三、四年级习题课课内时间略减少，课外时间增多)，专门组课课内外学时比例为 1：2—1：3。

三、课程设置

（一）共同政治理论课（占上课总学时的 11％左右）

1．中共党史（64 学时）

2．马克思列宁主义概论（154 学时，在教科书编出前，可暂开政治经济学和哲学）。

3．思想政治教育报告（160 学时）

（二）专业课（占上课总时数的 71％左右）

甲、基础课

1．数学分析（480 学时，其中讲授 256 学时，习题课 224 学时）

2．解析几何（196 学时，其中讲授 98 学时，习题课 98 学时）

3．高等代数（194 学时，其中讲授 106 学时，习题课 88 学时）

4．普通物理学（293 学时其中讲授 176 学时，习题课 30 学时，实验 87 学时）

5．微分方程（96 学时其中讲授 64 学时，习题课 32 学时）

6．微分几何（64 学时，其中讲授 48 学时，习题课 16 学时）

7．理论力学（228 学时，其中讲授 138 学时，习题课 90 学时）

8．复变函数论（96 学时，其中讲授 64 学时，习题课 32 学时）

9．实变函数论（112 学时，其中讲授 96 学时，习题课 16 学时）

10．数学物理方程（128 学时，其中讲授 96 学时，习题课 32 学时）

11．概率论（讲授 64 学时）

12．计算数学及实习（48 学时，其中讲授 24 学时，习题课 24 学时）

乙、专门组课及选修课

1．专门组课及选修课（279－312 学时）

2．专题讨论（51－99 学时）

（三）其他课（占上课总学时数的 18％左右）

1．外国语（第一外国语 288 学时，第二外国语 183 学时）

（外国语较好的学生，经考核证明，其第一外国语达到能够比较顺利地阅读专业书刊的程度时，可以提前结束第一外国语的学习，利用这些时间学习第二外国语）

2．体育（129 学时）

四、生产劳动

学生参加生产劳动的主要目的，是养成劳动习惯，向工农群众学习，同工农群众密切结合，克服轻视体力劳动和体力劳动者的观点。同时，通过生产劳动，更好地贯彻理论联系实际的原则。

五年半内学生参加生产劳动的时间共 24 周，主要是参加校内外工农业生产劳动。劳动安排采取集中与分散相结合的办法。

在生产劳动过程中,必须加强对学生的思想教育;在厂矿企业或人民公社参加劳动期间,要求学生和工农群众打成一片。

五、科学研究

学生参加科学研究的目的,在于获得从事科学研究的训练,培养其独立工作能力。

一、二、三、四年级学生的主要任务是学好基础课程,可以结合学习在教师指导和学生自愿参加的原则下,适当进行课余的科学活动,但不单独安排科学研究时间。学生的科学研究主要是做毕业论文,毕业论文集中在第十一学期进行,时间为 19.5 周(包括答辩时间)。

在五年级,可结合专题讨论课培养学生阅读文献的能力,并为毕业论文作准备。此外,成绩优秀的学生,还可以适当参加教研室其他项目的科学研究工作。

学生的毕业论文应该在教师的指导下独立进行,并以一人一题为宜。必要时,也可以几个人合做一题,但应以个人负责部分的研究结果作为考核成绩的依据。

为了活跃学术空气,扩大学生的眼界,锻炼学生的分析能力,可以举办专门的学术讲座,鼓励学生参加学术问题的自由讨论。

数学力学系数学专业教学进度表

1963 年

修业年限：五年半

序号	课程名称	学时数 学时总数	其中 讲授	其中 实验	其中 习题课	其中 课堂讨论	考试	考查	第一学年 共33周 16周	第一学年 共33周 17周	第二学年 共31周 18周	第二学年 共31周 13周	第三学年 共32周 16周	第三学年 共32周 16周	第四学年 共32周 16周	第四学年 共32周 16周	第五学年 共33周 16周	第五学年 共33周 17周	第六学年 共20.5周 20.5周
1	思想政治教育报告	160	160						1	1	1	1	1	1	1	1	1	1	1
2	中共党史	64	64				1,2		2	2									
3	马克思列宁主义概论	154	154				5-8						3	3	3	2			
4	体育	129	129					1-6	2	2	1	1	1	1					
5	第一外国语	288	288				1-6		3	3	3	3	3	3					
6	第二外国语	183	183				7-10								3	3	3	3	
7	数学分析	480	256		224		1-4		8	8	7	7							
8	解析几何	196	98		98		1,2		8	4									
9	高等代数	194	106		88		2,3			4	7								
10	普通物理学	293	176	87	30		3-5	4,5			5	7	7						
11	理论力学	228	138		90		4-6					4	6	5					
12	微分方程	96	64		32		5,6						3	3					
13	复变函数	96	64		32		6							6					
14	微分几何	64	48		16		7								4				
15	实变函数	112	96		16		7,8								5	2			
16	数理方程	128	96		32		7,8								4	4			

续表

序号	课程名称	学时数					考试	考查	第一学年 共33周		第二学年 共31周		第三学年 共32周		第四学年 共32周		第五学年 共33周		第六学年 共20.5周
		总学时数	讲授	实验（其中）	习题课	课堂讨论			17周	16周	18周	13周	16周	16周	16周	16周	16周	17周	20.5周
17	概率论	64	64				9										4		
18	计算数学及计算实习	48	24		24			8							3		3		
19	专门组课	279—312	279—312				8—10									3	6—9	7—8	
20	专题讨论	51—99				51—99	9,10	9,10									0—3	2—4	
	概率论与数理统计因专门组组织安排不同,学时亦不同,见下表。第17—20各门课与其他专门组因课程衔接问题,学时亦不同,见下表。																		
17	概率论	32	32				8								2		3		
18	计算数学与计算实习	48	24		24			10									5		
19	专门组课	309	309				8—10								3		11	5	
20	专题讨论	68				68		10									4		
	总学时	3322—3357							24	24	24	23	23	22	20		17—18 14—16	15—18	1
	考试门数	44—46							4	4	4	4	5	5	5	5	4—5	3—4	0
	考查门数	10—111							1	1	1	2	2	2	0	0	0—1	1	0
	考试周数	25							2.5	2.5	2.5	2.5	2.5	2.5	2.5	2.5	2.5	2.5	
	生产劳动周数	24							2	2	0	6	2	3	2	3	2	2	
	社会调查周数																		

第四章 | 本专科教育

序号	课程名称	学时数					考试	考查	第一学年 共33周		第二学年 共31周		第三学年 共32周		第四学年 共32周		第五学年 共33周		第六学年 共20.5周
		学时总数	其中						16周	17周	18周	13周	16周	16周	16周	16周	16周	17周	20.5周
			讲授	实验	习题课	课堂讨论													
	教学实习周数																		
	生产实习周数																		
	学年论文周数*																		
	毕业论文周数*	19.5																	19.5
	放假周数	47							9		9		9		9		9		2
	机动周数	5.5							1		1		1		1		1		0.5
	总周数	283							52		52		52		52		52		23

* "学时总数"栏内数字系内数字系学年论文、毕业论文的总周数，学期栏内数字系指全时进行论文工作的周数。

数学专业各专门组课及选修课（一）

序号 课程名称	学时总数	讲授	实验	习题课	课堂讨论	考试	考查	第一学年 共/周	第二学年 共/周	第三学年 共/周	第四学年 16周	第五学年 16周	第五学年 17周	第六学年 20.5周
代数专门组														
近世代数	112	112				8,9					3	4		
有限群论	48	48				9						3		
李群季代数	68	68				10							4	
同调代数	51	51				10	选学一门						3	
拓扑学引论	51	51				10							3	
泛函分析	51	51				10							3	
专题讨论	83				83		9、10					2	3	
数论专门组														
初等数论	48	48				8					3			
解析数论	132	132				9—10						4	4	
近世代数	99	99				9—10						3	3	
专题讨论	83				83		9、10					2	3	
拓扑学专门组														
拓扑学引论	48	48				8					3			
同调论	64	64				9						4		

序号	课程名称	学时数					考试	考查	第四学年 16周	第五学年 16周	第五学年 17周
		学时总数	讲授	实验	习题课	课堂讨论					
	代数专门组										
	代数专门组	48	48				9				
	同调论	68	68				10			3	4
	黎曼几何	51	51				10				3
	专题讨论	83				83		9、10		2	3
	微分几何专门组										
	黎曼几何	96	96				8,9		3	3	
	拓扑学引论	48	48				9		3	3	
	联络论	68	68				10				4
	李群李代数	68	68				10				4
	专题讨论	83				83		9、10		2	3

第一学年 共 周　周　周　第二学年 共 周　周　周　第三学年 共 周　周　周　第四学年 共 周　16周　第五学年 共 16周　17周　20.5周　第六学年 共 周

加修课

课程名称	学时	学期	课程名称	学时	学期
连续介质力学（Ⅰ）	64	9	无线电基础	48	9
连续介质力学（Ⅱ）	34	10	无线电基础	85（实验51）	10
理论物理（Ⅰ）	48~64	9			
理论物理（Ⅱ）	50~68	10	自然辩证法	32	10

说明：上述各课程为数学专业一般加修课，各专门组对各届学生视定上述课程一部分或另选其他专业、专门组已开设的课程作为加修课。

数学专业各专门组课及选修课（二）

序号	课程名称	学时数					考试	考查	第一学年		第二学年		第三学年		第四学年		第五学年		第六学年	
		学时总数	讲授	实验	其中 习题课	课堂讨论			共	周	共	周	共	周	共 周	周	共 周	周	共 周	周
									周		周		周			16周		16周 17周		20.5周
	复变函数数论专门组																			
	复变函数数论补充	96	96				8,9									3				
	复变函数逼近论	48	48				9									3		3		
	整函数数论	48	48				9									3		3		
	复变逼近论	68	68				10	}	选学一组									4		
	插值理论	51	51				10											3		
	整函数数论	68	68				10	}										4		
	拓扑学引论	51	51				10											3		
	专题讨论	51				51		10										3		
	实变函数论专门组																			
	泛函分析	112	112				8,9									3		4		
	实变函数论补充	64	64				9											4		
	特征展开	68	68				10											4		
	内插理论	68	68				10											4		
	专题讨论	68				68		10										4		
	泛函分析专门组																			

| 序号 | 课程名称 | 学时数 | | | | | 考试 | 考查 | 第一学年 | | 第二学年 | | 第三学年 | | 第四学年 | | 第五学年 | | 第六学年 |
		学时总数	讲授	实验	习题课	课堂讨论			共	周	共	周	共	周	共16周	周16周	共16周	周17周	共20.5周
	泛函分析	112	112				8、9								3				
	实变函数论补充	64	64				9									4	4		
	非线性算子	68	68				10			两组轮开								4	
	拓扑方法	68	68				10											4	
	专题讨论	68						10										4	
	积分变换	48	48				9			两组轮开							3		
	半群与广义函数	68	68				10											4	
	微分算子	51	51				10										3	3	
	专题讨论	99	99					9、10									3	3	

加修课

课程名称	学时	学期	课程名称	学时	学期
连续介质力学（Ⅰ）	64	9	无线电基础	48	9
连续介质力学（Ⅱ）	34	10	无线电基础	85（实验51）	10
理论物理（Ⅰ）	48—64	9	自然辩证法	32	10
理论物理（Ⅱ）	50—68	10			

说明：上述各课程为数学专业一般加修课，各专门组对各届学生规定上述课程一部分或全部另选其他专业、专门组已开设的课程作为加修课。

数学专业各专门组课及选修课（三）

序号	课程名称	学时数 总数	其中 讲授	实验	习题课	课堂讨论	考试	考查	第一学年 共	周	第二学年 共	周	第三学年 共	周	第四学年 共	周 16周	第五学年 共 16周	周 17周	第六学年 共	周 20.5周
I	微分方程专门组																			
	泛函分析	48	48				8													
	拓扑学引论	48	48				8													
	偏微分方程论	48	48				9									3				
	定性理论及解析理论	64	64				9									3				
	高阶线性微分方程	68	68				10											4		
	微分方程中的泛函方法	68	68				10										3	4		
	线性微分方程	68	68				10										4	4		
	非线性微分方程	68	68				10											4		
	专题讨论	51				51		10,11										3		
II	常微分方程																			
	泛函分析	48	48				10													
	拓扑学引论	48	48				10													
	偏微分方程引论	48	48				9										3			

选学一门（I组：泛函分析、拓扑学引论、偏微分方程论、定性理论及解析理论）
选开二门（高阶线性微分方程、微分方程中的泛函方法、线性微分方程、非线性微分方程、专题讨论）
选学一门（II组：泛函分析、拓扑学引论、偏微分方程引论）

第五学年 泛函分析 3(16周)、拓扑学引论 3(16周)

序号	课程名称	学时数 学时总数	其中 讲授	其中 实验	其中 习题课	其中 课堂讨论	考试	考查	第一学年 共周	第一学年 周	第二学年 共周	第二学年 周	第三学年 共周	第三学年 周	第四学年 共周	第四学年 周 16周	第五学年 共周 16周	第五学年 周 17周	第六学年 共周 20.5周	第六学年 周
选学一门	定性理论及解析理论	48	48				8													
	定性理论	64	64				9									3	4			
	稳定性理论	51	51				10											3		
	动力系统	34	34				10											2		
	最优控制	34	34				10											2		
	专题讨论	83				83		9、10									2	3		
III 选学一门	特征值理论：泛函分析	48	48				8									3				
	拓扑学引论	48	48				8									3				
	偏微分方程论	48	48				9										3			
	定性理论及解析理论	68	68				10													
	特征值理论	132	132					9、10									4	4		
	专题讨论	51						10、11									4	3		

说明：Ⅰ系每年都开设，Ⅱ与Ⅲ隔年轮开。
Ⅰ与Ⅱ同时开设时，课程安排同此计划；Ⅰ与Ⅲ同时开设时，将Ⅰ中之4与Ⅰ中之5—8中某门课程的时间安排对调。

加修课

课程名称	学期	学时	课程名称	学期	学时
连续介质力学（Ⅰ）	9	64	无线电基础	9	48
连续介质力学（Ⅱ）	10	34	无线电基础	10	85（实验51）
理论物理（Ⅰ）	9	48—64	自然辩证法	10	32
理论物理（Ⅱ）	10	50—68			

说明：上述各课程为数学专业一般加修课，各专门组对各届学生规定上述课程一部分或另选其他专业、专门组已开设的课程作为加修课。

数学专业各专门组课及选修课（四）

序号	课程名称	学时数 总时数	其中 讲授	其中 实验	其中 习题课	课堂讨论	考试	考查	第一学年 共	周	第二学年 共	周	第三学年 共	周	第四学年 共 16周	周	第五学年 共 16周	周 17周	第六学年 共 20.5周	周
	概率论和数理统计学专门组																			
	测度论与分析概率论	96	96				8、9								3					
	数理统计	64	64				9									3				
	过程论	115	115				9、10									4	3			
	专题课*	34	34				10										2			
	专题讨论*	68	68			68		10								4	4			

加修课

课程名称	学时	学期
连续介质力学（Ⅰ）	64	9
连续介质力学（Ⅱ）	34	10
理论物理（Ⅰ）	48—64	9
理论物理（Ⅱ）	50—68	10

课程名称	学时	学期
无线电基础	48	9
无线电基础	85（实验51）	10
自然辩证法	32	10

说明：上述各课程为数学专业一般加修课，各专门组对各届学生规定上述课程一部分或另选其他专业、专门组已开设的课程作为加修课。

中国语言文学系汉语专业教学计划（修业年限五年，草案）
1963 年 5 月

一、培养目标

汉语专业的基本任务，是培养汉语及语言学的教学、研究人材和其他语言文字工作者。要求毕业生达到以下标准：

（一）具有爱国主义和国际主义精神，具有共产主义道德品质，拥护共产党的领导，拥护社会主义，愿为社会主义事业服务、为人民服务；通过马克思列宁主义、毛泽东著作学习，和一定的生产劳动、实际工作的锻炼，逐步树立工人阶级的阶级观点、劳动观点、群众观点和辩证唯物主义观点。

（二）理解马克思主义关于语言的理论和中国共产党有关语言的方针政策。

（三）掌握本专业所必需的基础理论、基本知识和技能。初步掌握本专业的某一方面的专门知识，并获得从事科学研究的初步训练。

（四）具有阅读一般古籍的能力，具有运用一种外语阅读本专业书刊的能力。

（五）有较高的写作能力和一定的词章修养。

（六）有健全的体魄。

二、时间安排

五年内除寒暑假 44 周外，共有 216 周，其中教学 172 周（包括考试 24 周，教学实习 3 周），约占 79％；科学研究 16 周，约占 8％；生产劳动 22 周，约占 11％；机动 5 周，约占 2％。

五年内上课总时数为 3000 学时左右。一、二年级每周上课时数最高不超过 23 学时，三、四、五年级依次递减。按照学生每周课内外学习 48 小时（课内一学时以一小时计）安排教学工作。

三、课程设置

（一）共同政治理论课（共 525 学时，约占上课总学时的 17％—18％）

1. 思想政治教育报告（162 学时）

2. 中共党史（99 学时）

3. 政治经济学（132 学时）

4. 哲学（132 学时）

（二）专业课（共 1808—2012 学时，占上课总时数的 63％—65％左右）

1. 基础课（共 1454 学时，约占上课总学时的 47％—50％）

（1）文学概论（48 学时）

讲授马克思主义的文艺理论和文艺学基本知识。

（2）中国文学史（213 学时）

扼要介绍中国文学自先秦到当代的发展概况和重要作品。

（3）写作（132 学时）

进行写作基本功的训练，以作文为中心环节，通过范文分析、写作知识讲授和写作实习，培养学生具有较高的写作水平和一定的词章修养，并具备批改习作的能力。

（4）语言学概论（64 学时）

讲授马克思主义关于语言的基本观点和语言学的基本知识。

（5）现代汉语（140 学时）

讲授现代汉语语音、词汇、语法的基本知识。

（6）古代汉语（231 学时）

以文选、常用词和通论三者相结合的方式进行讲授，并进行实习，以培养学生具有阅读一般古籍的能力。

（7）汉语音韵学（45 学时）

讲授汉语音韵的基本概念等韵学知识和"广韵"系统。

（8）文字学（48 学时）

讲授汉字的结构和演变。

（9）方言调查（64 学时）

以语音训练（辨音记音）为主，要求掌握国际音标、语言调查必需的知识和方法，在课程结束后，利用该课的考试时间进行一次为期 3—4 天的调查练习。

（10）汉语方言学（51 学时）

讲授现代汉语方言概况和方言学的有关知识。在课程结束后，进行一次为期三周的调查实习。

（11）汉语史（132 学时）

讲授汉语语音、词汇、语法的历史发展（应编写一套"汉语历代口语文选"作为参考资料）。

（12）中国古典名著选读（112 学时）

指导学生运用已有的语言文字知识，根据古注系统阅读几部古典名著，以求比较深入地掌握有关的文化遗产，丰富语言文字的知识，并进一步提高阅读古籍能力。

（13）外国语言学史（55 学时）

讲授国外古代语文学和近代语言学的发展历史和成就（应编写一套"中

国历代语言学论文选"和一套"中国语言学论著提要"作为参考资料）。

（14）中国语言学史（51学时）

讲授我国二千多年来语言文字研究的发展历史和成就（应编写一套"中国历代语言学论文选"和一套"中国语言学论著提要"作为参考资料）。

（15）普通语言学（68学时）

讲授语言科学中的重要理论问题。

2. 专门组课及选修课（共354学时，约占总学时的13％－18％）

（1）现代汉语语音研究（2学时/周）

（2）现代汉语语法研究（2学时/周）

（3）现代汉语语法专书选读（3学时/周，2学时/周）

（4）汉字改革概论（2学时/周）

（5）古文字学（2学时/周）

（6）说文解字（4学时/周）

（7）清代古音学（3学时/周）

（8）马氏文通（3学时/周）

（9）汉藏语导论（2学时/周）

（10）历史比较语言学（3学时/周）

（11）普通语言学专书选读（甲）（3学时/周）

（12）普通语言学专书选读（乙）（3学时/周）

（13）实验语言学（2学时/周）

（14）语法理论（2学时/周）

（15）其他专业课（2－6学时/周）

（16）第二外语（4学时/周，三学期）

（三）选修课

1. 选修课在四、五年级开设。

2. 每学期开设的选修课要尽可能照顾到现代汉语、汉语史、普通语言学三个方面。

3. 各学期开设的选修课初步确定为：

四上——汉字改革概论、实验语音学、现代汉语语法专书选读，共3门，7学时/周。

四下——第二外语、现代汉语语法专书选读，此外，＊现代汉语语音研究、＊历史比较语言学、＊普通语言学专书选读（乙）、＊语法理论这4门课中的前两门或后两门，共4门，11—12学时/周。

五上——第二外语、现代汉语语法研究、清代古音学、说文解字、汉藏语导论、普通语言学专书选读（甲），共6门，18学时/周。

五下——第二外语、古文字学、马氏文通、其他专题课,此外,＊现代汉语语音研究、＊历史比较语言学、＊普通语言学专书选读(乙)、＊语法理论这 4 门中的前两门或后两门,共 6—8 门,16—21 学时/周。

前加＊号的各门课程隔年开设,四、五年级合班上课。

4. 学生选课总时数只能在每学期规定的最低时数和最高时数的幅度以内。各学期选课的最高门数规定为:四上－2 门,四下－3 门,五上－4 门,五下－4 门。

(四)其他课(共 551 学时,约占上课总学时数的 18％—19％)

1. 外国语(363 学时)

2. 专业外语(56 学时)

3. 体育(132 学时)

四、生产劳动

学生参加生产劳动的主要目的,是养成劳动习惯,向工农群众学习,同工农群众密切结合,克服轻视体力劳动和体力劳动者的观点。同时,通过生产劳动,更好地贯彻理论联系实际的原则。

本专业学生在五年内参加生产劳动的时间共 22 周,主要是参加校内外工、农业生产劳动。劳动安排采取集中与分散相结合的办法,即在一般情况下,每学期安排两周劳动,二年级第二学期集中 4 周参加工业劳动,四年级第一学期集中 8 周参加农业劳动。要求学生在人民公社或工厂矿山参加生产劳动期间和工农群众打成一片,并适当参加基层工作,进行社会调查。。

五、科学研究

学生参加科学研究的目的,在于获得从事科学研究的训练,培养其独立工作的能力。学生参加科学研究的主要形式是学年论文和毕业论文,本专业规定高年级学生在四年级写学年论文(273 学时,其中近 1/3 集中在该学年第二学期的 2 周内使用),在五年级写毕业论文(547 学时,其中近 1/4 集中在该学年第二学期的 3 周内使用)。学年论文和毕业论文应该在教师的指导下独立进行。

为了活跃学术空气,扩大学生的知识领域,锻炼学生的分析批判能力,可以举办专门问题的学术讲座;邀请不同学派不同见解的学者讲学;组织学生参加学术问题的讨论,撰写评论语言学著作或作家作品的文章。每年举办不定期的"语言学动态"讲座 9—12 次,组织四年级学生听讲,五年级学生自由选听。

在科学研究、学术讲座和学术讨论中,提倡自由辩论,培养革命性和科学性相结合的学风。

汉语专业教学计划进度表

修业年限：五年

序号	课程名称	学时数 学时总数	其中 讲授	实验	习题课	课堂讨论	考试	考查	第一学年 共33周		第二学年 共33周		第三学年 共33周		第四学年 共28周		第五学年 共29周		第六学年 共 周
									16周	17周	18周	15周	16周	17周	11周	17周	16周	13周	
1	思想政治教育报告	162							1	1	1	1	1	1	1	1	1	1	1
2	中共党史	99					1,2		3	3									
3	政治经济学	132					3,4				4	4							
4	哲学	132					5,6						4	4					
5	体育	132						1-4	2	2	2	2							
6	第一外语	363					1-4,6	5	4	4	4	4	3	3					
7	专业外语	56					7,8								2	2			
8	写作	132						1-4	2	2	2	2							
9	文学概论	48					1		3										
10	中国文学史	213					2-5			3	3	4	3						
11	语言学概论	64					1		4										
12	现代汉语	140					2,3			4	4								
13	古代汉语	231					1-4		4	4	3	3							
14	汉语音韵学	45					4					3							
15	文字学	48					5						3						

序号	课程名称	学时数 学时总数	其中 讲授	实验	习题课	课堂讨论	考试	考查	第一学年 共33周 16周	17周	第二学年 共33周 18周	15周	第三学年 共33周 16周	17周	第四学年 共28周 11周	17周	第五学年 共29周 16周	13周	第六学年 共 周
16	方言调查	64					5							4					
17	汉语方言学	51					6								3					
18	汉语史	132					5、6					4		4	4					
19	中国古典名著选读	112					6、7								4	4		5		
20	外国语言学史	55					7									5				
21	中国语言学史	51					8										3			
22	普通语言学	68					8										4			
23	选修课	354—558					8—10	7,8,10								2—5	4—8	10—14	11—15 9—12	
	总 学 时	2884—3088							23		23	23	22	19	14—17	14—18	11—15 9—12	10—148—11	
	考试门数	45							5		5	5	5	5	3	5	4	3	
	考查门数	13							2		2	2	1	1	2	2	4	1	
	考试周数	24							2.5		2.5	2.5	2.5	2.5	1.5	2.5	2.5	2.5	
	生产劳动周数	22							2		4		2	2	8		2	2	
	社会调查周数													3					
	教学实习周数	3																	

319

北京大学志（第一卷）

序号	课程名称	学时数					考试	考查	第一学年 共33周		第二学年 共33周		第三学年 共33周		第四学年 共28周		第五学年 共29周		第六学年 共 周	
		学时总数	讲授	其中 实验	习题课	课堂讨论			16周	17周	18周	15周	16周	17周	11周	17周	16周	13周		
	生产实习周数																			
	学年论文周数*	5														2				
	毕业论文周数*	11																4		
	放假周数	44							9		9		8		9		9			
	机动周数	5							1		1		1		1		1			
	总周数	260							52		52		52		52		52			

* "学时总数"栏内数字系毕业论文、学年论文的总周数，学期栏内数字系指全时进行论文工作的周数。

汉语专业专门课组课及选修课

序号	课程名称	学时总数	讲授	实验	习题课	课堂讨论	考试	考查	第一学年 共	周	第二学年 共	周	第三学年 共	周	第四学年 共16周	周	第五学年 共16周	周 17周	第六学年 共 20.5周	周
1	汉语改革概论															2				
2	实验语音学															2				
3	现代汉语语法专书选读															3	2			
4	现代汉语语音研究															2		(2)		
5	历史比较语言学															3		(3)		
6	普通语言学专书选读（甲）																3			
7	普通语言学专书（乙）															(3)	3	3		
8	法学理论															(2)	2	2		
9	现代汉语语法研究																2			
10	清代古音学																			
11	说文解字																4			
12	汉藏语导论																2			
13	马氏文通																	3		
14	第二外语															4	4	4		
15	古文字学																4			
16	其他专题课																	2—6		

1977级物理学专业教学计划(草案)

一、培养目标

培养德智体全面发展又红又专的从事物理学和与物理学有关的边缘学科的科学工作者。

在政治上要求:有坚定的正确的政治方向,努力学习政治理论课,关心国家大事,为四个现代化而刻苦学习。热爱集体,团结互助,自觉遵守纪律和各项规章制度,树立共产主义的道德风尚。

在体育上要求:上好体育课。坚持经常性的体育锻炼。

在学业上要求:用培养科学人才的方法培养学生,使学生掌握物理学专业所需要的基础理论、基本知识、基本技能和实验方法,对与本专业有关的科学技术新发展有一些了解;通过各种教学环节,培养学生获得较好的自学能力、一定的分析问题和解决问题的能力以及科学研究方法的初步训练;能用一种外语阅读专业书刊。通过四年的培养,为从事物理学各分支学科(如理论物理、原子物理、固体物理、光学)和与物理学有关的边缘学科(如工程技术、化学物理、生物物理等)方面的科学研究打下初步基础。

学生毕业后的去向是到科学研究单位、企业部门、高等学校以及中等学校从事与物理学有关的科研、技术和教学工作,或考入研究院深造。

二、时间安排

学制为四年。

四年中用于生产劳动和军事训练的时间为8周。入学教育0.5周,毕业教育1周。每年寒暑假(包括春节)9周,其他节假日0.5周。每学年分为两个学期,每学期用于考试1.5-2周(第一至四学期,每学期2周;第五至七学期,每学期1.5周,第八学期0.5周)机动0.5周。用于课堂教学的时间,除最后一学期外,平均每学期约为18周。最后一学期用10-12周左右的时间进行科研训练。

考虑到学生入学后对大学学习有个逐步适应的过程,在低年级可安排较大比例的习题课或课堂讨论,引导学生掌握正确的学习方法,随着年级的升高,这类课程应逐渐减少。习题课或课堂讨论由教师安排,不列入课程计划表。课程计划表内必修课学时,最高为一学期20学时。随着年级的增高,课内学时也有所减少,以利于学生加选课程。

三、课程设置

根据本专业培养目标的要求和循序渐进的原则,注意到课程的系统性和它们之间的相互联系,对课程设置作如下安排。同一课程的上课时数(包括习题课或课堂讨论)不超过每周 6 学时。

1. 政治课:安排五个学期,其中第一学期每周课内 4 学时,其余四个学期均为每周课内 2 学时。

2. 体育课:安排四个学期,每周课内 2 学时。

3. 外语课:安排在前二年,每周课内 4 学时。若学生中学外语基础好,第一学年末经过考试,证明确已掌握第一外语,可在第二学年加修第二外语。第二外语的学习不得少于一年。

4. 业务课:业务课程分为必修和选修两类。学生修完全部必修课,即可毕业,学有余力的学生,可加选一定数量的选修课。

必修课分为两类,一类是基础课,一类是专门课。设置专门课,是为了使学生在某个专门方向(如理论物理,原子核物理,半导体物理,磁学,金属物理,低温物理,光学,无线电物理,电子物理等等)上有所深入,并巩固和消化学到的基础课内容。专门必修课规定为两门。除理论物理外,专门方向的课程必须有一门为实验课。

选修课中有基础性的,也有专门性的。要允许并鼓励学生跨系、跨专业选修一些课程。本教学计划规定,必修的业务课为 1638 学时,其中实验课为540 学时,占 33%。

四、考核

教学计划中规定了每门课的考核方式。凡是考试的课程,一律采用四级记分制或百分制记分。考查的课程,应根据平时成绩评定,一般只评合格或不合格。外语及实验课均属考查,但可采用四级记分或百分制记分。

五、生产劳动、军事训练和实习

为了使学生更好地了解农民,了解农民的生活与要求,更好地树立为人民服务和为四个现代化而刻苦学习的思想,参加农业劳动的时间四年中安排 4 周,其中最好有一段比较集中的时间下乡。

军训可与民兵训练结合,安排 2 周,若有困难,也可不安排。

工业劳动和公益劳动 2 周,若工业劳动安排上有困难,可采用生产实习或参加实验室建设等办法代替。

生产劳动和军事训练时间在四年中如何分配,可根据实际情况安排,不做硬性规定。

六、科学研究训练

在毕业前进行一定的科学训练,对培养科学研究人才是很必要的。本教学计划在最后一学期安排 10—12 周的时间进行训练,准备工作也可更早些时候开始。形式可以多种多样,如文献调研,新排或改进教学实验,在研究生或教师科研课题中做一部分实验工作或理论计算。有条件时也可安排部分学生完成一篇独立的小论文。无论以何种方式进行科研训练,学生都要写出书面总结报告,作为考核的依据。

1977 级物理学专业教学计划中的时间分配表(以周计)

项目		周数	所占百分比
教学	上课	132	77.2%
	考试	13	7.6%
	科 研 训 练	12	7.0%
	小　　　计	159	91.8%
生产劳动	农业劳动	4	2.3%
	公益劳动及工业劳动	2	1.2%
	小计	6	3.5%
军事训练		2	1.2%
入学教育及毕业教育		2	1.2%
机动		4	2.3%
总计		171	100%
假期	寒暑假	30	每年假期 9.5 周,占全年时间的 18.3%
	节日假期	2	
	合计	32	

注:1. 第八学期按上课 8 周、考试 0.5 周、科研训练 12 周、毕业教育 1.5 周、机动 0.5 周计入,共 22 周。

2. 毕业时的暑假未统计在内。

1977 级物理学专业教学进程计划表

顺序	课程	考试或考查	课内教学时数		按学年及学期分配							
					第一学年		第二学年		第三学年		第四学年	
			讲授	实验	第一学期 18 周	第二学期 18 周	第三学期 18 周	第四学期 18 周	第五学期 18 周	第六学期 18 周	第七学期 18 周	第一学期
1	2		3	4	5	6	7	8	9	10	11	12	13
1	政治	考试	216		4			2	2	2	2	
2	体 育	考查	144		2	2	2	2				
3	外 语	考查	288		4	4	4	4				
4	一元微积分	考试	72		4							

顺序	课程	考试或考查	课内教学时数		按学年及学期分配							
					第一学年		第二学年		第三学年		第四学年	
			讲授	实验	第一学期 18周	第二学期 18周	第三学期 18周	第四学期 18周	第五学期 18周	第六学期 18周	第七学期 18周	第一学期
5	力　学	考试	72		4							
6	多元微积分	考试	72			4						
7	电磁学	考试	90			5						
8	级数与常微分方程	考试	54				3					
9	分子物理与热学	考查	54				3					
10	光　学	考试	72					4				
11	数学物理方法	考试	90						4			
12	理论力学	考试	54						3			
13	线数代数	考查	36						2			
14	原子物理	考查	72						4			
15	电动力学	考试	72						4			
16	电子学基础	考查	72						4			
17	热力学与统计物理	考试	72							4		
18	量子力学	考试	72							4		
19	普通物理实验	考查		252	2	4	4	4				
20	电子学实验	考查		72					2	2		
21	高等物理实验	考查		144						4	4	
22	专门课	考试	72								4	
23	专门实验	考查		72								4
24	必修课总计		1746	540	20	19	20	19	18	16	10	4

注：（一）科研训练未列入本表。

（二）考查学时包括在表内规定学时之中，考试在外。

（三）每学期周数多少不一定相等，一律按18周计算每门课程总学时。

1977级物理学专业专门课程表

表中列出的专门方向和课程名称只是例举，仅供参考。每个专门方向所列课程不是都要开设的。专门课程中哪些列为专门方向的必修课，可根据具体情况确定，不属于某一专门方向的其他课程，列在表后。

专门方向	课程名称
理论物理	高等量子力学,量子场论,群论,量子统计,粒子物理,广义相对论,原子核理论等。
原子核物理	原子核物理,核电子学,核实验技术,高能物理,加速器,中子物理等。
固体物理	固体物理,半导体物理,半导体器件,金属物理,铁磁学,晶体学,X射线结构分析,电磁测量,以及有关专门实验等。
光学	近代光学,高等光学,光谱学,激光物理,光学专门实验等
无线电物理	无线电理论基础,微波电路,微波技术,脉冲技术,电子计算机原理,自动控制原理,以及有关实验等。
电子物理	阴极电子学,光电子学,真空物理与技术,微波电子学,气体电子学,电子、离子器件,以及有关实验等。
低温物理	超导物理,低温工程技术,低温物理实验等。

其他:化学及实验,机械制图,算法语言,脉冲数字电路,实验选题,实验数据处理等。

1977级中国史专业教学方案(草案)

一、培养目标

本专业培养德、智、体全面发展的中国历史科学的研究、教学和其他有关的专门人才。

具体要求是:能完整地、准确地理解马列主义、毛泽东思想的基本原理,热爱中国共产党、热爱社会主义;具有爱国主义、国际主义精神和共产主义道德品质,遵守革命纪律;树立无产阶级的阶级观点、群众观点、劳动观点和辩证唯物主义观点。坚持实事求是的作风。不断提高无产阶级专政下继续革命的觉悟[①],全心全意为人民服务。

正确理解马克思主义关于历史科学的基本理论;具有本专业的基础知识和某些方面的专门知识,了解本专业的新成就、新发展;具有较强的写作能力,能够阅读一般的中国古籍;学会一种外国语,达到能阅读历史书刊的程度;具有科学研究的能力。有健全的体魄。

二、学制

四年

三、课程设置

(一)必修课

时事政治学习

---

① 这句话不久后删掉了。

辩证唯物主义与历史唯物主义	136 学时
政治经济学	136 学时
中国古代史	204 学时
中国近代史	102 学时
中国现代史	136 学时
世界古代史	136 学时
世界近代史	204 学时
世界现代史	102 学时
中国历史文选	136 学时
中国史史料学	136 学时
外语	272 学时
体育	136 学时

（二）专题课

根据本专业的需要和条件、特点开设专题课。专题课分必修和选修两种。专题课可环绕几个主要方面配套开设。学生在系（室）指导下侧重某一主要方面学若干专题课（允许跨专业修有关课程）。

专题课举例：

断代史　宋史、明清史、隋唐史

专史　　中国土地制度史（封建社会）

中国民族资产阶级的形成及发展

（三）讲座

为了活跃学术空气，扩大学生的知识领域，本专业根据自己的情况而设讲座，每学期若干次。由学生自由选听，不计学时。

四、生产劳动和社会调查

组织学生参加一定的生产劳动，到三大革命运动中进行社会调查，是促进学生与工农相结合、加强理论联系实际的重要途径之一。

四年内，学生参加生产劳动的时间约十周（包括学工、学农劳动和公益劳动），军事训练三周，结合专业进行社会调查约十二周。以上时间，可以分散使用，也可以集中使用。

五、科学研究

为了培养学生独立分析问题、解决问题的能力和进行科学研究的能力，除组织学生参加与专业有关的学术活动外，还应有计划地组织学生在老师指导下开展多种形式的科研活动。

一、二年级主要结合课程学习，写学习心得、读书报告或短篇文章。三、四年级可以写论文。三年级写学年论文，四年级写毕业论文。学业特别优秀的学生,在课余进行科学研究工作,应得到鼓励和帮助。

六、考核

为了巩固学生所学的知识,增强学生分析问题、解决问题的能力,检查教学效果,提高教学质量,必修建立考核制度。

课程的考核分考试、考查两种。考试采用口试或笔试、开卷或闭卷,以及其他方式进行。学年论文、毕业论文由指导教师评定成绩。

生产劳动、军事训练和社会调查,采用个人小结、班组评议或教师评定的方式考核。

学习优秀者,经过考核,领导批准,可以免修某些课程,可以跳级,可以提前毕业和报考研究生。考核成绩不及格者,按教育部有关学生学籍管理的规定办理。

七、时间分配

四年的总学时为 408。大体分配如下：

寒暑假每年 7 周,共 28 周；

教学和科研,共 146 周；

生产劳动每学期一周,共 8 周；

学军 3 周；社会调查及劳动 13 周

入学教育和毕业教育各一周,机动时间 8 周,共 10 周。

1977 级中国史专业教学时间计划表

课程类别	课程名称	上课总学时	每周上课时数							
			第一学期	第二学期	第三学期	第四学期	第五学期	第六学期	第七学期	第八学期
	时事政治学习		√	√	√	√	√	√	√	√
	辩证唯物主义与历史唯物主义	136	4	4						
	政治经济学	136				4	4			
	中国古代史	204	4	4	4					
	中国近代史	102					6			
	中国现代史	136					4	4		
	世界古代史	136				4	4			
	世界近代史	204						6	6	
	世界现代史	102							6	
	中国历史文选	136	4	4						
	史料学	136							4	4

课程类别	课程名称	上课总学时	每周上课时数							
			第一学期	第二学期	第三学期	第四学期	第五学期	第六学期	第七学期	第八学期
	外语	272	4	4	4	4				
	体育	136	2	2	2	2				
	选修课	204					2	2	4	4
	专题课	272					6	4	6	
	毕业论文									√
	学军	三周	三周		三周					
	劳动	八周	一周	一周	一周	一周	一周	一周	一周	一周
	社会调查	十二周					六周		六周	
合计		2346	18	18	18	24	18	18	20	4

注:每学期平均上课周数,均按 17 周计算

数学系数学专业教学计划
(1986 年修订)

一、培养目标

本专业培养掌握数学基础理论和方法,从事数学或与数学有关的科研、教学和实际工作的专门人才。

具体要求是:

坚持社会主义道路,坚持人民民主专政,坚持中国共产党的领导,坚持马列主义、毛泽东思想;具有爱国主义、国际主义精神和社会主义道德品质;努力做到公正廉洁,遵纪守法,实事求是,勤奋严谨,勇于探索,立志改革,艰苦工作,全心全意为人民服务,为把我国建设成高度文明的社会主义强国而奋斗。

本专业主要学习数学方面的基础理论和专门知识,学生应获得以下几方面的知识和能力:1. 较坚实的数学基础;2. 掌握一定的专门知识;3. 初步具备解决实际问题的能力,并对专业科学技术的新发展有所了解;4. 获得从事科学研究工作的初步训练。

能用一种外国语阅读专业书刊。

具有健全的体魄。

二、学制

四年

三、毕业要求

（一）必须取得的最低总学分数 145 学分，其中必修课学分数 116 学分，限制性选修课学分数 24 学分，非限制性选修课学分数 5 学分。

（二）时事政治学习每周半天，不计学分。

（三）生产劳动每学期一周（有军训的学期不安排）。

四、课程

（一）学校要求的公共必修课 31 学分

科学社会主义的产生和发展	2	哲学（重点讲历史唯物主义）	2
中国社会主义建设问题	2	《帝国主义论》与当代西方资本主义	2
体育	4		
外语（第一外语）	16		

军事训练（假期集中上课与正常教学安排相结合）

（二）专业要求的必修课 85 学分

数学分析（I）	10	数学分析（II）	5
解析几何	5	线性代数	10
物理（包括实验 3 学分）	14	常微分方程	5
复变函数论	5	实变函数论	5
概率统计	5	偏微分方程	5
泛函分析	4	抽象代数	4
拓扑学引论	4	微分几何	4

（三）限制性选修课 24 学分

1. 学校要求的限制性选修课 4 学分

学生应在下列两组课程中选修，并取得规定的最低学分数。

甲、马列主义理论课 2 学分

中国革命史	2	中国共产党史	2
毛泽东思想概论	2	中国革命的基本问题	2

乙、哲学、人文科学和社会科学课 2 学分

自然科学中的哲学问题	2	自然辩证法	2
伦理学	2	美学	2

当代西方哲学、政治、经济、文艺等思想评论 2

当代世界政治和国际关系 2

2. 专业要求的限制性选修课 20 学分

（1）第一组限制性选修课，学生可以在下列课程中选修二门，不低于 6 学

分（这些课程每年有所变动）。

计算方法	3	线性规划与非线性规划	3
正交设计	3	工程控制论	3
理论力学	3	连续介质力学	3
FORTRAN 语言程序设计	4		

（2）第二组限制性选修课，学生可以在下列课程中选修二门，共 6 学分。

复变函数选讲	3	调和分析导论	3
实变函数论(II)	3	微分流形	3
加罗华理论	3	有限群	3
黎曼几何	3	解析数论引论	3
常微分方程定性和稳定性理论	6	测度论	3
偏微分方程选讲	3	数理统计	3
随机过程	3	数理逻辑基础	3

（3）学生应参加一个讨论班 8 学分

（四）非限制性选修课 5 学分

学生在教师指导下，选学全校文、理科各系所开设的各门课程共 5 学分。

1986级数学系数学专业课程安排参考表

课程类别	课程名称	学时总数	学时分配			学分数	各学期学时（学分）分配							
			讲授	习题课与讨论	实验		第一学年		第二学年		第三学年		第四学年	
							上学期	下学期	上学期	下学期	上学期	下学期	上学期	下学期
必修课	政治理论课	136	136			8	2(2)	2(2)	2(2)	2(2)				
	体育	136	136			4	2(1)	2(1)	2(1)	2(1)				
	外语	272	272			16	4(4)	4(4)	4(4)	4(4)				
	数学分析(I)	204	136	68		10	6(5)	6(5)						
	数学分析(II)	102	68	34		5			6(5)					
	解析几何	102	68	34		5	6(5)							
	高等代数	204	136	68		10		6(5)	6(5)					
	物理	187	187			11	4(4)	4(4)	3(3)					
	物理实验	102			102	3			2(1)	4(2)				
	常微分方程	85	68	17		5				5(5)				
	复变函数论	85	68	17		5					5(5)			
	实变函数论	85	68	17		5					5(5)			
	偏微分方程	85	68	17		5					5(5)			

课程类别	课程名称	学时分配				学分数	各学期学时（学分）分配							
		学时总数	讲授	习题课与讨论	实验		第一学年		第二学年		第三学年		第四学年	
							上学期	下学期	上学期	下学期	上学期	下学期	上学期	下学期
必修课	泛函分析	68	68			4						4(4)		
	抽象代数	68	68			4						4(4)		
	拓扑学引论	68	68			4						4(4)		
	概率统计	85	68	17		5				5(5)				
	微分几何	68	68			4				4(4)				
限制性选修	学校要求限选　甲组	34				2					2(2)			
	专业要求限选　乙组	34				2						2(2)		
	专业课与讨论班	340				20							10(10)	10(10)
非限制性选修课		85				5							5(5)	
学时（学分）合计		2635				142	24(21)	24(21)	25(21)	26(23)	17(17)	14(14)	15(15)	10(10)
军事训练						3								
毕业要求的总学分数						145								

中国语言文学系中国文学专业教学计划
（1986 年 6 月修订）

一、培养目标

本专业培养德、智、体全面发展的从事文学教学、科学研究和其他有关实际工作的人材。

具体要求是：坚持社会主义道路，坚持人民民主专政，坚持中国共产党的领导，坚持马列主义、毛泽东思想；具有爱国主义、国际主义精神和社会主义道德品质；努力做到公正廉洁，遵纪守法，实事求是，勤奋严谨，勇于探索，立志改革，艰苦工作，全心全意为人民服务，为把我国建设成高度文明的社会主义强国而奋斗。具有本专业所必需的基础知识和某些方面的专门知识，初步了解本专业的新成就、新发展；能阅读一般的中国古籍；有较高的写作能力和一定的实际工作能力；掌握一种外国语，达到借助字典能阅读本专业一般外文书刊的程度；具有初步的科学研究能力。有健全的体魄。

二、学制

四年

三、毕业要求

（一）必须取得的最低总学分数 155 学分，其中必修课 112 学分，限制性选修课 35 学分，非限制性选修课 8 学分。

（二）时事政治学习每周半天，不计学分。

（三）生产劳动每学期一周（有军训的学期不安排）。

四、课程

（一）学校要求的公共必修课 32 学分

科学社会主义的产生和发展	3	哲学	2
中国社会主义建设问题	2		
		《帝国主义论》与当代西方资本主义经济	2
体育	4		
英语（第一外语）	16		
军事训练（假期集中上课与正常教学安排相结合）	3		

（二）专业要求的必修课 80 学分

中国通史	8	中国现代文学史	6
语法修辞	4	中国当代文学	4
古代汉语	8	民间文学	3

中国古代文学史	16	中国古代文艺	
马恩列斯文艺论著选读	3	理论批评	6
文学概论	4	外国文学	8
毕业论文	10		

（三）限制性选修课 35 学分

1. 学校要求的限制性选修课 9 学分

学生应在下列两组课程中选修，并取得规定的最低学分数。

甲、马列主义理论课 3 学分

| 中国革命史 | 3 | 中国共产党史 | 3 |
| 毛泽东思想概论 | 3 | 中国革命的基本问题 | 3 |

乙哲学、人文科学和社会科学课 6 学分

| 自然科学中的哲学问题 | 2 | 自然辩证法 | 2 |
| 伦理学 | 2 | 美学 | 2 |

当代西方哲学、政治、经济、文艺等思想评论　2

当代世界政治和国际关系　2

2. 专业要求的限制性选修课 26 学分

文艺理论组课不低于	6 学分
文学创作和民间文学组课不低于	4 学分
现代与当代组课不低于	6 学分
古典文学组课不低于	6 学分
美学和比较文学组课不低于	4 学分

（四）非限制性选修课 8 学分

学生可选本专业开设的非限制性选修课或选学本校所开设的其他课程。

1986级中国语言文学系中国文学专业课程安排参考表

课程类别	课程名称	学时总数	学时分配			学分数	各学期学时（学分）分配							
			讲授	习题课与讨论	实验		第一学年		第二学年		第三学年		第四学年	
							上学期	下学期	上学期	下学期	上学期	下学期	上学期	下学期
必修课	政治理论	153	153			9	3(3)	4(4)	2(2)					
	外语	272	272			16	4(4)	4(4)	4(4)	4(4)	4(4)	4(4)		
	体育	136	136			4	2(1)	2(1)	2(1)	2(1)				
	中国通史	136	136			8	4(4)	4(4)						
	语法修辞	68	68			4	4(4)							
	古代汉语	136	136			8	4(4)	4(4)						
	中国古代文学史	272	271			16			4(4)	4(4)	4(4)	4(4)		
	中国现代文学史	102	102			6			3(3)	3(3)	3(3)			
	中国当代文学	68	68			4			4(4)					
	民间文学	51	51			3	3(3)							
	外国文学	136	136			8					4(4)	4(4)		
	马恩列斯文艺论著选读	51	51			3				3(3)				
	中国古代文艺理论批评史	102	102			6					3(3)	3(3)		
	文学概论	68	68			4		4(4)						

课程类别	课程名称	学时总数	讲授	习题课与讨论	实验	学分数	第一学年上学期	第一学年下学期	第二学年上学期	第二学年下学期	第三学年上学期	第三学年下学期	第四学年上学期	第四学年下学期
学校要求限选	甲组	51	51			3					3(3)			
学校要求限选	乙组	102	102			6				2(2)		2(2)	2(2)	
限制性选修　专业要求限选	文艺理论组	102	102			6							2(2)	4(4)
限制性选修　专业要求限选	文学创作和民间文学组	68	68			4							4(4)	
限制性选修　专业要求限选	现代和当代文学组	102	102			6					3(3)	3(3)		
限制性选修　专业要求限选	古典文学组	102	102			6							3(3)	3(3)
限制性选修　专业要求限选	美学和比较文学组	68	68			4						2(2)	2(2)	
	非限制性选修课	136	136			8							4(4)	4(4)
	学时（学分）合计	2482	2346			142	24(23)	22(21)	19(18)	18(17)	17(17)	18(18)	17(17)	11(11)
	毕业论文					10								(10)
	军事训练					3								
	毕业要求的总学分数					155								

中国语言文学系中国文学专业教学计划
（1996 年 6 月修订）

一、专业培养要求：

中文系本科生应比较系统地掌握中国语言文学方面的基础知识、基础理论，即有较坚实的文史基础、较高的汉语写作能力和一定的外语水平，又有适应现代社会发展所需的较宽广的文化视野和不断获取新知识的能力，应具备较高的整体文化素质，成为德、智、体全面发展的跨世纪人才。

二、学制：4 年

三、课程类别及学分分配：

准予毕业总学分：151 学分（含毕业论文 4 学分），其中：

1. 必修课 101 学分，占毕业总学分的 66.89%

包括：全校公共必修课 41 学分

专业必修课 60 学分

2. 限制性选修课：30 学分，占毕业总学分的 19.87%

3. 任意选修课：15 学分，占毕业总学分的 9.93%

4. 生产劳动（必修）一周，不计学分。

四、课程设置：

1. 全校公共必修课总计 41 学分：

（1）政治课：

学科 / 科目	学时（学分）
中国革命史	3(3)
哲学	4(4)
资本主义概论	2(2)
中国社会主义建设	2(2)
世界政治经济与国际关系	2(2)
当代人生理论与实践	2(2)
总计	15(15)

（2）国防教育课：军事理论 2 学分，军事训练另外安排，必修，不计学分。

（3）大学外语：14 学分（周学时为 5 学时，其中讲授 4 学时，听力 1 学时）。各院系还应安排专业英语。

（4）计算机课：文科 6 学分（3x2）

（5）体育课：4 学分。

（6）公益劳动：学生在校期间必须至少参加一周公益劳动，不计学分。

2. 院系及专业必修课总计 60 学分

课程名称	学分	课程名称	学分
现代汉语	4	中国现代文学史	4
古代汉语（上）	4	中国当代文学	3
古代汉语（下）	4	作品欣赏与写作	2
中国古代文学史（一）	3	比较文学原理	2
中国古代文学史（二）	3	文学原理	3
中国古代文学史（三）	3	中国文学理论批评史	3
中国古代文学史（四）	3	民间文学概论	2
学年论文	2	欧洲文学史	4
中国古代史	4	俄苏文学	4
逻辑导论	3		

3. 限制性选修课（学生可在下列各课中选修 30 学分的课程）

课程名称	学分	课程名称	学分
中国当代诗歌研究	2	中国神话研究	1
中国当代小说研究	2	二十世纪中国小说史	2
中国当代作家论	2	台湾文学专题	3
当代文学评论	2	中国现代喜剧思潮史	2
台港及海外华文文学	2	中国小说类型	2
民俗学	2	曹禺研究	2
叙事民俗学理论	2	中国曲艺	2
叶圣陶研究	2	唐诗研究概论	2
闻一多研究述评	3	唐宋散文研究	2
古典小说鉴赏	3	宋诗研究	2
中国古代短篇白话小说研究	2	近古文学通论	2
散曲研究	2	明清小品文研究	2

课程名称	学分	课程名称	学分
散曲史略	2	明清戏曲	2
中国宗教文学史	2	《三国志演义》研究	2
中国古代文体学	2	《聊斋志异》研究	2
中国神话与小说	2	陶渊明研究	2
《诗经》研究	2	秦汉士阶层研究	2
汉赋研究	2	小说艺术论	3
《史记》《汉书》研究	2	马克思主义文艺论著	3
山水田园诗派研究	2	文艺心理学	2
唐诗分类研究	2	文艺美学	2
接受美学与现代西方文论	2	20 世纪中国文学现象研究	2
走向后新时期的中国小说	2	中国曲艺	3
文艺理论专题	3	中唐诗歌研究	2
苏轼、黄庭坚诗歌专题	2	列维·施特劳斯神话论	2
元代戏曲史	3	中国现当代小说分析	2
文言小说艺术大观	2	前唐诗歌理论	2
中国诗歌美学史	3	明清白话小说研究	2
先秦诸子百家学派及其文艺思想研究	2	20 世纪外国小说经典	2
思维论	2	鲁迅周作人思想研究	2
现代性与中国新诗	2	七月派研究	2
近代文学改良思潮	2	诗歌写作	2
东亚文化研究	2	港台文学研究	2
《聊斋》赏读与研究	2	中国俗文学	3

4. 任意选修课

学生可以在下列课程或其他系所开课程中选修 15 学分的课程,其中必须至少有理科课程 4 学分,艺术类课程 2 学分。

五、各学期必修课学时(学分)分配：

中国文学专业课程安排参考表

课程名称	学分	总学时	学时分配			各学期学时(学分)分配							
			讲授	实验	习题讨论	第一学年		第二学年		第三学年		第四学年	
						上学期	下学期	上学期	下学期	上学期	下学期	上学期	下学期
全校必修课													
大学英语(一)(3.5)	3.5	85				5(3.5)							
大学英语(二)(3.5)	3.5	85					5(3.5)						
大学英语(三)(3.5)	3.5	85						5(3.5)					
大学英语(四)(3.5)	3.5	85							5(3.5)				
马克思主义哲学(文科)	4	68						4(4)					
现代社会的人生理论与实践	2	34					2(2)						
资本主义经济概论	2	34								2(2)			
世界政治经济与国际关系	2	34									2(2)		
中国社会主义建设	2	34									2(2)		
中国革命史(文3.0)	3	51				3(3)							
体育一	1	36				2(1)							
体育二	1	36					2(1)						
体育三	1	36						2(1)					
体育四	1	36							2(1)				
计算机基础与应用(上)	3	68						4(3)					
计算机基础与应用(下)	3	68							4(3)				
军事理论与军事训练	2	244					4(2)						
现代汉语	4	72				4(4)							
古代汉语(上)	4	68				4(4)							
古代汉语(下)	4	68					4(4)						
中国古代文学史(一)	3	51						3(3)					
中国古代文学史(二)	3	51							3(3)				

课程名称	学分	总学时	学时分配			各学期学时(学分)分配							
						第一学年		第二学年		第三学年		第四学年	
			讲授	实验	习题讨论	上学期	下学期	上学期	下学期	上学期	下学期	上学期	下学期
中国古代文学史(三)	3	51								3(3)			
中国古代文学史(四)	3	51									3(3)		
中国现代文学史	4	68					4(4)						
中国当代文学	3	53						3(3)					
作品欣赏与写作	2	36					2(2)						
比较文学原理	2	34							2(2)				
文学原理	3	51					3(3)						
中国文学理论批评史	3	51										3(3)	
民间文学概论	2	34										2(2)	
学年论文	2	0										0(2)	
中国古代史	4	68				4(4)							
逻辑导论	3	51						3(3)					
欧洲文学史	4	68								4(4)			
俄苏文学	4	68									4(4)		
其他													
限选		30											
毕业论文		4											
总计	151	2111				22.0 (19.5)	26.0 (21.5)	24.0 (20.5)	16.0 (12.5)	9.0 (9.0)	13.0 (15)	3.0 (3.0)	

数学科学学院数学专业教学计划
（1996 年 6 月修订）

一、专业培养要求：

掌握数学科学的基础理论和基本知识，在基础数学和应用数学某一方面受到严格的科学训练，对数学科学某一分支学科的新发展或对数学科学应用的一方面有所了解，具有初步的从事数学科学研究的能力或用数学方法解决实际问题的能力，具有熟练使用计算机的能力，掌握一门外语，并能顺利地阅读本专业的外文书刊，既为进一步深造做好准备，也有向应用领域发展的基础。

二、学制：四年

三、课程类别及学分分配：

准予毕业总学分：150 学分，其中：

1. 必修课 107 学分（包括：全校公共必修课 30 学分，专业必修课 77 学分），占毕业总学分的 71.33%；

2. 限制性选修课：16 学分，占毕业总学分的 10.67%；

3. 任意选修课：27 学分，占毕业总学分的 18.00%；

4. 生产劳动（必修）一周，不计学分。

四、课程设置：

1. 全校公共必修课总计 30 学分：

（1）政治课：

学科＼科目	学时（学分）
中国革命史	2(2)
哲学	2(2)
资本主义概论	2(2)
中国社会主义建设	2(2)
世界政治经济与国际关系	2(2)
总计	10(10)

（2）**国防教育课**：军事理论 2 学分，军事训练另外安排，必修，不计学分。

（3）**大学外语**：14 学分（周学时为 5 学时，其中讲授 4 学时，听力 1 学时）。各院系还应安排专业英语。

（4）**体育课**：4 学分。

（5）**公益劳动**：学生在校期间必须至少参加一周公益劳动，不计学分。

2. 院系及专业必修课总计 77 学分

课程名称	学分	课程名称	学分
拓扑学（上）	3	高等代数（Ⅱ）	5
基础物理（上）	4	偏微分方程	3
基础物理（下）	4	常微分方程	3
抽象代数	4	几何学	5
数学分析（Ⅰ）	5	泛函分析	3
数学分析（Ⅱ）	5	概率论	4
数学分析（Ⅲ）	5	实变函数	3
微分几何	3	计算机（1）…计算概论	4
复变函数	3	计算机（2）…数据结构	4
高等代数（Ⅰ）	5	计算机（3）	2

3. 限制性选修课（学生可在下列课程中选修 16 学分的课程）

课程名称	学分	课程名称	学分
微分流形	3	李群及其表示	3
数学模型	3	模形式	3
运筹学	3	数理统计	4
理论力学	3	毕业讨论班	4

4. 任意选修课

学生可以在下列课程或其他系所开课程中选修 27 学分的课程，其中必须至少有文科课程 4 学分，艺术类课程 2 学分。

任选课程名称	学分	任选课程名称	学分
初等数论	3	整体微分几何	3
复变函数选讲	3	原子物理与量子力学	3
代数拓扑初步	3	代数编码	3
有限群	3	密码学	3
图论	3	数学软件	3
偏微分方程选讲	3	解析数论	3
规划论	3	黎曼几何	3
控制论	3	数值数学方法	3
组合数学	3	分析力学	3
数学史	3	调和分析导论	3
数理逻辑	3	常微分方程选讲	3
代数数论	3	电动力学与狭义相对论	3
群表示论	3	测度论与概率论基础	3
微分动力系统	3	应用随机过程	3

五、各学期必修课学时(学分)分配：

数学专业课程安排参考表

课程名称	学分	总学时	学时分配			各学期学时(学分)分配							
						第一学年		第二学年		第三学年		第四学年	
			讲授	实验	习题讨论	上学期	下学期	上学期	下学期	上学期	下学期	上学期	下学期
全校必修课													
大学英语(一)(3.5)	3.5	85				5(3.5)							
大学英语(二)(3.5)	3.5	85					5(3.5)						
大学英语(三)(3.5)	3.5	85						5(3.5)					
大学英语(四)(3.5)	3.5	85							5(3.5)				
马克思主义哲学(理科)	3	51						3(3)					
现代社会的人生理论与实践	2	34					2(2)						
资本主义经济概论	2	34								2(2)			
中国社会主义建设	2	34									2(2)		
中国革命史(理2.0)		34					2(2)						
体育一	1	36				2(1)							
体育二	1	36					2(1)						
体育三	1	36						2(1)					
体育四	1	36							2(1)				
军事理论与军事训练	2	244					4(2)						
专业必修													
拓扑学(上)	3	51								3(3)			
基础物理(上)	4	68					4(4)						
基础物理(下)	4	68						4(4)					
抽象代数	4	68									4(4)		
数学分析(Ⅰ)	5	102				6(5)							
数学分析(Ⅱ)	5	102					6(5)						
数学分析(Ⅲ)	5	102						6(5)					
微分几何	3	51							3(3)				
复变函数	3	51							3(3)				

课程名称	学分	总学时	学时分配			各学期学时（学分）分配							
			讲授	实验	习题讨论	第一学年		第二学年		第三学年		第四学年	
						上学期	下学期	上学期	下学期	上学期	下学期	上学期	下学期
高等代数（Ⅰ）	5	102				6(5)							
高等代数（Ⅱ）	5	102					6(5)						
偏微分方程	3	51										3(3)	
常微分方程	3	51							3(3)				
几何学	5	102				6(5)							
泛函分析	3	51									3(3)		
概率论	4	68							4(4)				
突变函数	3	51								3(3)			
计算机（1）…计算概论	4	102						6(4)					
计算机（2）	4	136						8(4)					
计算机（3）	2	68							2(2)				
其他													
限选	16												
任选	27												
总计	150	2252				29.0(23.5)	31.0(24.5)	28.0(20.5)	22.0(19.5)	12.0(12.0)	5.0(5.0)	3.0(3.0)	

第四节　课程设置

一、清末京师大学堂时期

　　1898 年创办的京师大学堂，按照《奏拟京师大学堂章程》的规定，应遵循"中学体也，西学用也""中西并重，观其会通，无得偏废""以西文为学堂之一门，不以西文为学堂之全体，以西文为西学发凡，不以西文为西学究竟"的方针，设置普通学和专门学两类课程。以经学、理学、中外掌故学、诸子学、初级算学、初级格致学、初级政治学、初级地理学、文学、体操等十门为普通学；以高等算学、高等格致学、高等政治学、高等地理学、农学、矿学、工程学、商学、兵学、卫生学等十门为专门学。普通学是全体学生必须学习的课程，专门学由学生在学完普通学后任选一门或两门。另设英、法、俄、德、日五种外语。学生 20 岁以下者必须学习一种外语,20 岁以上者可以免修。但是在大学筹办的过程中,以慈禧为首的顽固派突然发动政变,使大学堂的规模、教学的方针和内容都受到很大影响。是年,大学堂开学时,除附设的中小学堂外,只有一个仕学馆。仕学馆开始时设诗、书、易、礼四堂,春秋二堂。次年,将原来各堂改为经史讲堂,曰求志、曰敦行、曰立本、曰守约四处;另立专门讲堂史学、政治、舆地三处;同时设算学、格致、化学和外文(英、法、德、俄、日)讲堂,使学生既学习经史方面的中学课程,也学习西学方面的格致、化学、算学、政治、舆地等课程。此外,体操兵操是否兼习,由学生自愿。

1902 年,因义和团起事入京、学生四散、经费无处支取而停办的京师大学堂恢复。按照《钦定京师大学堂章程》和《奏定大学堂章程》的规定,大学堂分预备科、大学专门分科(后称分科大学,即本科)、大学院(后称通儒院)三级。同时附设仕学馆和师范馆。大学院主研究,不立课程。预备科学制三年,分政科和艺科,分别设置课程。分科大学设八科四十六门。学制除政法科和医科中的医学门为四年外,其余为三年,各门亦分别设置课程。1910年,大学堂开始开办分科大学时,学部奏准先设七科十三门。其中文科只设中国文门和外国文门,没有史学门;农科只设农学门,没有农艺化学门。但1913 年 5 月和 7 月,北大分别将文理两科和法商农工各科毕业生名册呈教育部察核并乞送登《政府公报》文中,文科有史学门的毕业生,而没有外国文的毕业生;农科除农学门的毕业生以外,还有农艺化学门的毕业生。这应该是表明,实际上后来也设了史学门和农艺化学门。预备科、仕学馆和当年已经设置的分科大学各门(包括国文学门)的课程设置情况如下表。

预备科课程名称表

科别	课程名称
政科	伦理、经学、诸子、词章、算学、中外史学、中外舆地、外国文、物理、名学、法学、理财学、体操
艺科	伦理、中外史学、外国文、算学、物理、化学、动植物学、地产及矿产学、图画、体操

政科中将来入商务科者,史学和名学只第一年学,第二第三年不学,增习商业史。凡政科学生除英文外,他国文任择一门习之。凡艺科学生,除英文外,法、德文任择一门习之,将来入医科者增习拉丁文。

仕学馆课程名称表

算学、博物、物理、外国文、舆地、史学、掌故、理财学、交涉学、法律学、政治学、外国文(在英、德、法、俄、日本文中任择一门习之,不能习者,听)。

师范馆课程名称表

　　伦理、经学、教育学、习字、作文、算学、中外史学、中外舆地、博物、物理、化学、外国文、图画、体操。

　　上述课程设置是《钦定京师大学堂章程》规定的。1904 年 1 月,清廷颁布《优级师范章程》。师范馆学生即遵照该章程分类肄业。该章程将学生分为四类。第一类以学习中国文学、外国语为主,第二类以学习地理、历史为主,第三类以学习算学、物理学、化学为主,第四类以学习植物、动物、矿物、生理学为主。四类学生的共同课程有八科:人伦道德、群经源流、中国文学、东文、英语、辨学(外国名为论理学,亦称辨学,系发明立言著论之理,措词驳辨之法)、算学、体育。公共课程限一年学完。从第二年起,四类学生除了都有人伦道德、经学大义、中国文学、教育学、心理学、体操这六科以外,第一类需学习历史、周秦诸子、英语、德语(或法语)、辨学、生物学、生理学等七科,另有二门随意科:法制、理财;第二类需学习地理、历史、法制、理财、英语、生物学等六科,另有一门随意科:德语;第三类需学习算学、物理学、化学、英语、图画、手工等六科,另有二门随意科:德语、生物学;第四类需学习植物学、动物学、生理学、矿物学、地学、农学、英语、图画等八科,另有二门随意科:化学、德语。

分科大学各科、门课程名称表

科别	门别	课程名称
经学科	毛诗学门	主课:毛诗学研究法 补助课:《尔雅》学、《说文》学、《钦定四库全书提要》经部、御批历代通览缉览、中国古今历代法制考、中外教育史、外国科学史、中外地理学、世界史、外国语文(英法俄德日选习其一)。
	春秋左传学门	主课:《春秋左传》研究法 补助课:与上同。
	周礼学门	主课:《周礼》研究法 补助课:与上同
政法科	政治学门	主课:政治总义、大清会典要义、中国古今历代法制考、东西各国法制比较、全国人民财用学、国家财政学、各国理财史、各国理财学术史、全国土地民物统计学、各国行政机关学、警察监狱学、教育学、交涉法、各国近世外交史、各国海陆军政学。 补助课:各国政治史、法律原理学、各国宪法民法商法刑法、各国刑法总论。 第四年毕业时,呈出毕业课艺及自著论说。以上各科目外,如有欲听他学科或听他分科大学之讲义者,均作为随意科目。

科别	门别	课程名称
政法科	法律学门	主课:法律原理学、《大清律例》要义、中国历代刑律考、中国古今历代法制考、东西各国法制比较、各国宪法、各国民法及民事诉讼法、各国刑法及刑事诉讼法、各国商法、交涉法、泰西各国法。 补助课:各国行政机关学、全国人民财用学、国家财政学。 第四年毕业时呈出毕业课艺及自著论说。 以上各科目外,如有欲听他学科或听他分科大学之讲义者,均作为随意科目。
文学科	中国文学门	主课:文学研究法、《说文》学、音韵学、历代文章流别、古人论文要言、周秦至今文章名家、周秦传记杂史、周秦诸子。 补助课:四库集部提要、《汉书·艺文志》补注、《隋书·经籍志》考证、御批历代通鉴辑览、各种纪事本末、世界史、西国文学史、中国古今历代法律考、外国科学史、外国语文(英法俄德日选习其一)。 第三年末毕业时,呈出课艺及自著论说。 以上各科目外,尚有随意科目如下:第一年应以心理学、辨学、交涉学为随意科目;第二年应以西国法制史、公益学、教育学等为随意科目;第三年应以拉丁语、希腊语为随意科目。
	中国史学门	主课:史学研究法、御批历代通鉴辑览、各种纪事本末、中国历代地理沿革略、国朝事实、中国古今外交史、中国古今历代法制考。 补助课:四库史部提要、世界史、中外古今地理、西国科学史、外国语文(英法俄德日选习其一)。 第三年末毕业时,呈出毕业课艺及自著论说。 以上各科目外,尚有随意科目如下:第一年应以辨学、各国法制史、中国文学为随意科目;第二年应以人类学、公益学、教育学、中国文学为随意科目;第三年应以金石文字学、古生物学(即考究发掘地中所得之物品,如人骨兽骨刀剑砖瓷以及化石之类,可以为史学家考证之资者)、全国人民财用学、国家财政学、法律原理学、交涉学为随意科目。
	英国文学门①	主课:英语英文。 补助课:英国近代文学史、英国史、拉丁语、声音学、教育学、中国文学。 第三年末毕业时,呈出毕业课艺及自著论说。 以上各科目外,应以中国史、外国古代文学史、辨学、心理学、公益学、人种及人类学、希腊语、意大利语、荷兰语、法语、德语、俄语、日本语等为随意科目。

① 法国文学门、俄国文学门、德国文学门、日本国文学门,除主课分别改为法语法文、俄语俄文、德语德文、日语日文,补助课中的文学史课和历史课改为该国的文学史、该国史之外,其余课程与英国文学门相同。

科别	门别	课程名称
格致科	化学门	主课：无机化学、有机化学、分析化学、化学实验、应用化学、理论及物理化学、化学平衡论。 补助课：微分积分、算学演习、物理学、物理学实验。 第三年末毕业时，呈出毕业课艺及自著论说。
	地质学门	主课：地质学、矿物学、岩石学、岩石学实验、化学实验、矿物学实验、古生物学、古生物学实验、晶象学、晶象学实验、地质学实验、矿床学、地质学及矿物学研究。 补助课：普通动物学、骨骼学、动物学实验、植物学、植物学实验。 第三年末毕业时，呈出毕业课艺及自著论说。 以上各科目外，尚有地质巡验，外国往往于行路修学时课之。第二年应以物理学为随意科目；第三年应以地震学及人类学为随意科目。
农科	农学门	主课：地质学、土壤学、气象学、植物生理学、植物病理学、动物生理学、昆虫学、肥料学、农艺物理学、植物学实验、动物学实验、农艺化学实验、农学实验及农场实习、作物、土地改良论、园艺学、畜产学、家畜饲养论、酪农论、养蚕论、农产制造学。 补助课：理财学、法学通论、农业理财学、兽医学大意、农政学、国家财政学。 第三年末毕业时，呈出毕业课艺及自著论说。 以上各科目外，应以林学大意及养鱼论为随意科目。
	农艺化学门	主课：有机化学、分析化学、地质学、土壤学、肥料学、农艺化学实验、作物、土地改良论、生理化学、发酵化学、化学原论。 补助课：气象学、植物生理学、动物生理学、农艺物理学、家畜饲养论、酪农论、农业理财学、农产制造学、食物及嗜好品。 第三年末毕业时，呈出毕业课艺及自著论说。 以上各科目外，应以理财学、养蚕论、农政学为随意科目。
工科	土木工学门	主课：算学、应用力学、热机关、机器制造法、建筑材料、冶金制器学、地质学、石工学、桥梁、道路、测量、计画制图及实习、河海工学、铁路、卫生工学、水力学、水力机、实事演习、市街铁路、地震学、房屋构造、测地学。 补助课：工艺理财学、土木行政法、电气工学大意。 第三年末毕业时，呈出毕业课艺及自著论说、图稿。
	采矿冶金学门	主课：矿物学、地质学、采矿学、冶金学、测量及矿山测量、矿物及岩石识别、化学分析实验、矿山测量实习、计画及制图、铸铁学、选矿学、试金术、试金实习、吹管分析、实事演习、矿床学、冶金实验、工学实验、采矿计划、冶金计划、铸铁计划。 补助课：房屋构造、热机关、机器学、应用力学、水力学、机器制造法、电气工学大意、冶金制器学、外国矿山法律。 第三年末毕业时，呈出毕业课艺及自著论说、图稿。

科别	门别	课程名称
商科	银行及保险学门	主课:商业地理、商业历史、各国商法及比较、各国度量衡制度考、商业学、商业理财学、商业政策、银行业要义、保险业要义、银行论、货币论、欧洲货币考、外国语(英语必习,兼习俄德法日之一)、商业实事演习。 补助课:国家财政学、全国土地民物统计学、各国产业史。 第三年末毕业时,呈出毕业课艺及自著论说。 以上各科目外,应以各国宪法、各国民法、各国刑法大意、行政机关、交涉学等为随意科目。

二、中华民国时期

1912 年中华民国成立后,教育部于是年 3 月 2 日通电各省,规定:前清用书,如《大清会典》《大清律例》《皇朝掌故》《国朝事实》及其他有碍民国精神的科目,须一律废止;前清御批等书一律禁止采用。京师大学堂除遵行这些规定以外,还于 3 月 29 日由严复总监督召开教员会议,研究各科改良办法,决定将经、文两科合并,改名为国学科。各科的科目亦均有更改。

1913 年 1 月 12 日,教育部公布《大学规程》。《大学规程》依《大学令》,将大学分为文、理、法、商、医、农、工七科三十九门。又规定大学设预科。预科分为三部:第一部为志愿入文科、法科、商科者;第二部为志愿入理科、工科、农科并医科之药学门者;第三部为志愿入医科之医学门者。《大学规程》还规定了预科三个部及本科七科各个学门的课程。此后几年中,北大所设预科和本科各科门的课程即根据《大学规程》的规定设置。具体情况如下列各表。

预科各科科目表

部别	科目名称
第一部	外国语、国文、历史、伦理、论理及心理、法学通论。在志愿入文科者,于前项科目之外加经济通论。在志愿入文科哲学门者,于前二项科目中缺伦理及心理,加数学物理。外国语除继续中学校所习外,并须选习英、德、法之一种为第二外国语。在志愿入法科者,于第一项科目之外,得加拉丁语为随意科。

部别	科目名称
第二部	外国语、国文、数学、物理、化学、地质学及矿物学、图画。 在志愿入农科及医科之药学门、理科之动物学门、植物学门、地质学门者,于前项科目之外加动物学及植物学。在志愿入工科之土木学门、机械学门、电气工学门、采矿学门、冶金学门、造船学门、建筑学门,理科之数学门、物理学门、星学门,农科之农学门、农艺化学门、林学门者,并加测量学。外国语的选习,与第一部同,但志愿入农科之林学门及工科之电气工学门,应用化学门,造兵学门、采矿学门、冶金学门及医科之药学门者,应习德语。在志愿入医科之药学门,理科之动物学门、植物学门、地质学门、矿物学门,并农科之兽医学门者,得加拉丁语为随意科。
第三部	外国语、国文、拉丁语、数学、物理、化学、动物学及植物学。外国语文选习与第一部同,但应以德语为主。

本科各科门科目表

科别	门别	课程名称
文科	中国文学门	文学研究法、《说文解字》及音韵学、《尔雅》学、词章学、中国文学史、中国史、希腊罗马文学史、近世欧洲文学史、言语学概论、哲学概论、美学概论、论理学概论、世界史
	英国文学门	英国文学、英国文学史、英国史、文学概论、中国文学史、希腊文学史、罗马文学史、近世欧洲文学史、言语学概论、哲学概论、美学概论
	中国哲学门	中国哲学(《周易》《毛诗》《仪礼》《礼记》《春秋公羊传》《谷梁传》《论语》《孟子》《周秦诸子》《宋理学》)、中国哲学史、宗教学、心理学、伦理学、认识论、社会学、西洋哲学概论、印度哲学概论、论理学、教育学、美学及美术史、生物学、人类及人种学、精神病学、言语学概论
	史学门	史学研究法、中国史(《尚书》《春秋左氏传》、秦汉以后各史)、塞外民族史、东方各国史、南洋各岛史、西洋史概论、历史地理学、考古学、年代学、经济史、法制史(《周礼》、各史志、《通典》、《通考》、《通志》等)、外交史、宗教史、美术史、人类及人种学

科别	门别	课程名称
理科	数学门	微分积分学、微分方程式、函数论、近世代数学、近世几何学、平面及立体解析几何学、四原(或诸原)、概率学及最小二乘法、代数解析及方程式论、变分学、整数论、积分方程式论、理论物理学、星学、物理学实验、数学演习
	理论物理学门	理论物理学、力学、气体动力学、热力学、光学、电学、应用电学、物理化学、微分积分学、高等微分方程式、几何学、星学及最小二乘法、物理实验、理论物理演习
	化学门	无机化学、有机化学、物理化学、分析化学、应用化学、卫生化学、数学、物理学、矿物学、结晶学、化学史、物理学实验、化学实验(定性分析、定量分析、重量分析、物理化学、气体分析、有机分析、显微镜分析)
	地质学门	地质学、应用地质学、地质学实验、岩石学、岩石学实习、矿物学、矿床学、矿物学实验、结晶光学、化学实验、古生物学、古生物学实验、动物学及实验、植物学及实验、地理学、测量学及实习、测地学、人类学、制图术、地质巡验、实地研究
法科	法律学门	宪法、行政法、刑法、民法、商法、破产法、刑事诉讼法、民事诉讼法、国际公法、国际私法、罗马法、法制史、法理学、经济学、英吉利法德意志法法兰西法(选择一种)、*比较法制史、*刑事政策、*国法学、*财政学(*为选择科目之符号,后均此)
	政治学门	宪法、行政法、国家法、国法学、政治学、政治学史、政治史、政治地理、国际公法、外交史、刑法总论、民法、商法、经济学、财政学、统计学、社会学、法理学、*农业政策、*工业政策、*商业政策、*社会政策、*交通政策、*殖民政策、*国际公法(各论)、*政党史、*国际私法
	经济学门	经济学、经济学史、经济史、经济地理、财政学、财政史、货币论、银行论、农政学、林政学、工业经济、商业经济、社会政策、交通政策、殖民政策、保险学、统计学、宪法、民法、商法、经济行政法、*政治学、*行政法、*刑法总论、*国际公法、*国际私法
商科	银行学门	经济原论、经济史、商业数学、商业史、商业地理、商品学、商业簿记学、商业通论、商业各论、商业经济学、财政原论、应用财政学、银行论、银行史、银行政策、金融论、外国汇兑及金融论、货币论、交易所论、银行实务、银行簿记学、商业政策、统计学、民法概论、商法、破产法、国际公法、国际私法、会计学、英语、第二外国语(德、法、俄、日之一)、实地研究
	保险学门	经济原理、商业数学、商业史、商业地理、商品学、商业簿记学、商业通论、商业各论、商业经济学、财政原论、保险通论、生命保险、损害保险、决疑数学、商业政策、统计学、民法概论、商法、破产法、国际公法、国际私法、会计学、应用统计学、英语、第二外国语(德、法、俄、日之一)、实地研究

科别	门别	课程名称
工科	土木学门	数学、力学、应用力学、水力学、图法力学及演习、地质学、热机关学、水力机学、机械制造学、冶金制器学、测量学、测地学、建筑材料学、铁筋混合土构造法、石工学、桥梁学、铁道学、道路学、河道工学、市街铁道学、房屋构造学、土木行政法、电气工学大意、卫生工学、工业经济学、计画及制图、测量实习、实地练习
	采矿学门	数学、应用力学、水力学、热机关学、机械制造学、冶金制器学、机械学、地质学、矿物学、岩石学、测量及矿山测量、采矿学、矿床学、选矿学、矿物及岩石识别、冶金学大意、试金术、矿山机械学、材料搬运法、土木工学大意、电气工学大意、房屋构造学、工业经济学、矿山法规、采矿计画、机械计画及制图、测量实习、选矿实习、试金实验、化学分析及实验、吹管分析及实验、实地练习
	冶金学门	数学、应用力学、水力学、热机关学、机械制造法、冶金制器法、机械学、矿物学、矿物识别、采矿学、选矿学、冶金学、冶铁学、试金术、冶金机械学、燃料及耐火材料论、电气冶金学、热度测定法、化学分析及实验、气体分析、电气工学大意、房屋构造学、工业经济学、矿山法规、冶金计画、冶铁计画、机械计画及制图、冶金及电气冶金实习、冶铁实验、试金实验、吹管分析及实验、实地练习

　　1917年5月，北大呈文教育部谓："本校自本学年始设商科，因经费不敷，不能按部定规程分设银行学、保险学等门，而讲授普通商业学，颇有名实不敷之失。现值各科改组之期……即以现有商科改为商业学而隶于法科。俟钧部筹有的款创立商科大学时，再将法科之商业学门定期截止。"教育部批准了这个意见。

　　1917年9月，教育部颁布《修正大学令》，将大学本科的修业年限改为四年，预科二年。为适应学制的变更，学校于1918年对预科和本科各科门的课程设置进行了必要的调整。

　　1919年，北大取消文、理、法科的名称，改学门为学系，改年级制为选科制（学分制）。规定本科生学满80个单位（每周一学时，学完全年为一单位）即可毕业。在80个单位中，一半为必修课，一半为选修课（1921年改为三分之二为必修课，三分之一为选修课）。预科需学完40个单位，其中四分之三为必修课，四分之一为选修课。当时规定预科课程分共同必修、分部必修和选习三种。预科全体共同必修课为国文、伦理学大意、哲学概论和第一、第二外国语。预科分部必修课，甲部（凡将来欲入数学、物理、天文、化学、地质等系者入此部，哲学系甲、乙两部俱可入）偏重数学、物理、化学；乙部（凡将来欲入哲学、文学、史学、政治、经济、法律等系者入此部）偏重历史、地理等科,数、理、化分量较轻。甲部具体的必修课为数学、物理、化学、博物;乙部具体的必修课为数学、物理、化学、博物、本国通史、西洋通史、本国人文地理。选修课为物理实验(甲部拟专习物理者习之)、化学实验(甲部拟专习化学者习之)、图画(甲部拟习地质者习之)、英法德文(乙部拟专习法律者习之)、英文(乙部拟专习政治、经济者习之)、法学通论、经济通论、文字学(乙部拟专习文学、哲学、史学者习之)。

当时本科二年级以上学生仍用旧制,政治、经济、法律三系的一年级学生亦用旧制,只有其余各系的一年级学生采用新制,一直到旧生都毕业以后才全都采用新制。

1924—1925 学年、1925—1926 学年各系课程设置情况

系别(年度)	课程名称
数学系 (1925—1926 学年)	必修科目:微积分、方程论、解析几何、普通物理、高等微积分、近世几何、立体解析几何、微分方程、理论力学、函数通论、近世代数。 选修科目:初等天文学、数学史、初等力学、流体力学、球面及应用天文学、天体力学、无穷级数论、群论、数论、一次形化法、函数各论、微积分方程式论、变分法、集合论、高等平面曲线、微分几何学、形化及直线几何学。
物理学系 (1925—1926 学年)	必修科目:普通物理(分为普通物理[1],包括物性、热学、音学,以及实验;普通物理[2],包括光学、磁学、电学,以及实验)、专门物理(包括数理物理、热力学及气质微体运动论、物理光学、应用电学、电振动、电子论 X 光线及放射论、质量论、相对论)、专门物理实验(包括高等光学、应用电学、电振动、气体中之电流和 X 光线及放射体)。 选修科目:初等力学、微积分学、无机化学、理论力学、微分方程,立体解析几何、普通化学实验、高等微积分学、物理化学、物理化学实验。
化学系 (1924—1925 学年)	必修科目:普通化学、定性分析、定量分析、有机化学、物理化学、高等无机化学、应用化学、高等物理化学、高等有机化学、化学史、物理化学实验、有机化学实验、高等分析化学、试金术。 选修科目:电化学、胶体化学、金组学理论及实验、冶金化学理论及实验、燃料及抗火物、燃烧化学、化学工程大意、法化学理论及实验、药化学理论及实验、生物化学、煤膏化学、有机工艺制造。

北京大学志（第一卷）

系别（年度）	课程名称
地质学系 （1924—1925 学年）	必修科目：地质学概论、矿物学及实习、平面测量及实习、动植物学及实验、投影几何及图画、无机化学、物理学、野外实习（每学年都有）、地史学及实习、岩石学及实习、地文学及实习、经济地质学（非金属）、地质测量及地质构造学、动物学（无脊骨动物）、定性分析化学、物理化学。 学门课程（第三、第四学年分为三个学门，学生可自由选习其中一门）： 矿物岩石学门科目：古生物学和标准化石及实验、高等岩石学及实习、经济地质学（金属）、构造地质学、采矿学大意、高等地层学、矿石分析（定量分析）、高等地层学、高等岩石实验、高等矿物实验、岩石及矿物学论文。 经济地质学门科目：古生物学和标准化石及实验、经济地质学（金属）、构造地质学、采矿学大意、冶金学大意、高等岩石学及实习、矿山测量及实习、选石学、矿石分析、应用力学及机械学、中国破产专论、采矿工程学、钢铁专论、试金术及实习、矿石分析、经济地质学论文。 古生物学门科目：进化论、古生物学和标准化石及实验、高等岩石学及实习、经济地质学（金属）、构造地质学、高等地层学、采矿学大意、矿石分析、高等古生物学（中国）、古生物学论文。 除以上科目外，还可自由选习与本系相关的他系科目，如数学系、物理系、化学系的一些科目。
生物学系① （1925—1926 学年）	必修科目：生物学通论、植物学、植物学实习、动物学、动物学实习、生物化学（附有机化学）、分析化学。
国文学系 （1925年9月 改订）	一年级共同必修科目：中国文字声韵概要、中国诗文名著选、中国文学史概要、文学概论。 二年级以上分类必修及选修科目： A类（关于语言文字者属之）必修科目：语音学、言语学、中国声韵沿革、中国文字及训诂。 A类选修科目：中国声韵文字训诂书研究、中国方言研究、中国古方言研究、中国文法学。 B类（关于文学者属之）必修科目：中国文学（包括诗（词、赋）及戏剧、小说、散文（批评、论说、传记、小品及其他）、中国文学史。 B类选修科目：中国文学专书研究、中国文学史研究、中国修辞学研究、乐律理论及实习、外国文学、外国文学史。 C类（关于整理国故之方法者属之）必修科目：中国目录学、中国校勘学、中国古礼学、中国古乐学、中国古历数学、中国古器物学。 C类选修科目：古籍校读之演习及指导。 二年级以上共同选修科目：生物学、心理学、哲学概论、科学概论、美学概论、中外哲学史、中外美术史、古外国语。

---

① 生物学系 1925 年刚成立，故只有一年级课程。

系别（年度）	课程名称
史学系 （1925－1926 学年）	必修科目：本国史学概论、欧美史学史、本国上古史、本国中古史、本国近世史、欧洲上古史、欧洲中古史、欧美近世史、日本史、政治学、经济学、社会学。 选修科目：地史学、人文地理、生物学、人类学及人种学、金石学、本国文字学、言语学、统计学、本国史学名著讲演、社会心理学、宪法、欧美经济学说、欧洲文化史、宗教史、政治史、外交史、欧美政治思想史、经济史、美术史、本国法制史、本国经济史、本国美术史、本国哲学史、本国文学史。
哲学系 （1925－1926 学年）	共同必修科目：科学概论、逻辑、中国哲学史、西洋哲学史、行为论、普通心理学、社会学原理、教育学。 哲学门必修科目：认识论、印度哲学、宗教哲学。 心理学门必修科目：实验心理学、教育心理学、儿童心理学、社会心理学、变态心理学。 选修科目：中国中古思想史、明清思想史、永嘉哲学、老子庄子哲学、二程及王阳明哲学、中国认识论史、康德哲学、孔德学说与近世各种社会主义、英文哲学选读、法文哲学选读、德文哲学选读、西洋近世认识论史、古印度宗教史、唯识哲学、因明学、论理学史、宗教史大纲、基督教史、美学、西洋美术史、美学名著选读、社会问题（贫穷与犯罪）、精神病学、心理书报研究、心理学史、陈述心理学、中观哲学（佛学特别讲演）、生物学、进化论。
教育学系 （1925－1926 学年）	主科必修科目：教育哲学、中国哲学史、西洋哲学史、科学概论、论理学、伦理学、社会学、教育学、教育史、心理学、教育与儿童心理学、普通教学法、教育行政、学校管理、教育测验及统计、实习。 选修科目：教育社会学、各科教学法、图书馆学、教育思潮、比较教育、组织课程、各种教育问题、外国文教育或哲学选读专家或专集之研究（随时由教授会议决设置）。 辅科：本系学生应选下列功课之一种为辅科：数学、物理、化学、地质、生物学、国文、外国文学（以英法德日文之一种为限）、哲学、史学、法政经济。
英文学系 （1925－1926 学年）	必修科目：基本英文（一）、作文（一）、小说（一）、基本英文（二）、作文（二）、英国文学史略、戏剧（二）、作文（三）、英汉对译（一）、作文（四）、类汉对译（二）、英文教授法、维多利亚时代文学、语言学大纲。 选修科目：戏剧（一）、散文（二）、小说（二）、演剧、演说、辩论、伊利沙白时代文学、十七世纪英国文学、十八世纪英国文学、浪漫派文学、英国现代文学、乔叟及其时代之研究、莎士比亚之研究（一）（二）、文学评衡、文评商榷、诗（一）（二）、小说（三）、欧洲古代文学、西方文化史料选读、英国语言史、英国史。 本系学生应选的本国文字及文学、第二外国语和他系课程未列入。

系别（年度）	课程名称
德文学系 （1925—1926 学年）	必修科目：诗、戏剧、散文、德文修辞学及文体学、德国文学概论、德意志神话学、德意志民族学概要、德文作文、文学概论、欧洲文学史、德国古代文学史、葛腾语及上古高原德意志语、德文小说、德意志神秘学、中国文学史概论、德国中古文学史、中古高原德意志语、日耳曼国粹学练习、德国诗学与诗律学、德意志文字学、大思想家之人生观及宇宙观、德国文体及各大名作之研究、德国近代文学史、历史的德国语言学之沿革、历史的德国方法、比较文学史。 本系学生应选习国文系和哲学系课程，如国文、中国哲学史、老庄哲学，还可自由选择其他选修科目。
法律学系 （1925学年）	必修科目：民法总则、刑法总则、公司法、刑法分则、法院组织法、民事诉讼法、宪法、政治学原理、经济学原理、社会学序论、债权总论、物权法、行政法总论、行政法各论、外国法、债编各论、亲属法、票据法、刑事诉讼法、破产法、国际公法、继承法、保险法、海商法、民事执行法、民事诉讼实务、刑事诉讼实务、国际私法、土地法、劳工法。 选修科目：社会学本论、中国法制史、犯罪学、法理学、监狱学、罗马法、财政学总论、法律哲学、刑事政策、法医学、社会立法论等。
政治学系 （1924年6月 修正）	必修科目：政治学、政治学英文选读、宪法、经济学原理、政治思想史、社会学、政治及外交史、国际公法、行政法（总论、各论）、民法总则、财政学总论、演习。 选修科目：统计学、社会立法论、刑法总则、西洋经济史、经济政策、市政论、现代政治、经济学史、社会主义史、国际联盟、第二外语、日文。
经济学系 （1925学年）	必修科目：经济学原理、会计学、工商业概论、政治学原理、民法总则、高等经济学、货币银行、财政学总论、高等会计学、初级统计、经济学史、财政学各论、银行制度、货币问题、劳工运动及社会主义史、西洋经济史、国际汇兑、中国财政史、民国财政史及财政问题。 选修科目：经济地理、宪法、债权总论、物权法、公司法、社会学序论、中国政治思想史、成本会计、审计学、高等统计学、现代经济理论、中国经济史研究、中国现代经济问题、国际公法、比较地方政府、市政原理及市行政、债编各论、票据法、破产法、经济理论、商业循环之理论、货币金融专题研究、马克思学说研究、中国经济史、国际私法、海商法、土地法。

上表中各系没有把国文、外国语、体育等全校共同课，和文科学生必须选习一定的理科课程、理科学生必须选习一定的文科课程的规定列上。

1920年，李大钊任史学系教授后，曾在史学系、经济系、法律系、政治系先后开设"唯物史观""社会主义史""社会主义和社会运动"等课程。这是我国大学最早开设的马克思主义理论课程。

1929年，大学区制停止执行、北大复校后，学校工作开始逐步恢复正常。当时，按照1929年8月教育部公布的《大学规程》，将党义、国文、体育、军事训练、第一第二外国文列为全校共同必修课。其中文学院,除全校共同必修课外,还规定一年级学生必须在普通心理学和逻辑两门课中任选一门;在科学概论和哲学概论两门课中任选一门。下面是1931—1932年度各系课程设置的情况。

中国文学系。共同必修课目:中国文学史概要、中国文字声韵概要、中国文名著选及实习、中国诗名著选。分类必修和选修科目(分A、B、C三类,二年级以上选修其中一类的全部或大部)。A类:语音学、语音学实验、中国文字及训诂、石文研究、甲骨及钟鼎文字研究、《说文》研究、中国音韵沿革、清儒韵学书研究、古音系研究、中日韩字音沿革比较研究、中国古代文法研究、满洲语言文字、蒙古语言文字、西藏语言文字、言语学大意。B类:中国文学(包括毛诗、楚辞及赋、汉魏六朝诗、唐宋诗、词、戏曲及作曲法、先秦文、魏汉六朝文、唐宋文、近代散文、小说、修辞学)、中国文学史(包括中国文籍文辞史、词史、戏曲史、小说史)、文学批评(包括文学概论、中国古代文学批评)、文学讲演、新文艺试作(包括散文、诗歌、小说、戏曲)。C类:目录学、校勘学、古籍校读法、经学史、国学要籍解及实习、考证方法论、三礼名物、古声律法、古历学、古地理学、古器物学、欧文所著中国学书选读、日文所著中国学书选读。

外国文学系。英文组必修科目:基本英文、戏剧、作文与论文选读、小说、诗、莎士比亚初步、作文与名家论文选读、英国文学史略、著名作品研究、作文、翻译、十八世纪文学、十九世纪文学、文学批评。英文组选修科目:小说史、戏剧史、莎士比亚、希腊悲剧、今代诗、但丁、雪莱、勃朗宁、逻瑟谛、哈代、拉穆、易卜生、培根、箕茨。法文组:基本法文、戏剧、小说、文学史、古典派名著选读、诗学、神话及耶教史略、散文选读、诗选、作文及翻译、近代名著选读、近代诗、近代小说。德文组:文法实习及翻译、散文、戏剧、德国文学史、文学原理、德文书翰、诗、作文、德国诗律学、德国大思想家及大诗人之人生观及宇宙观、德意志民众文学、世界文学史大纲、名著研究。日文组:语体文讲读、文体文讲读、会话及作文、小说、诗歌、散文。

哲学系。必修科目:哲学概论、科学概论、逻辑、伦理学、普通心理学、中国哲学史、西洋哲学史、印度哲学、认识论、形而上学。选修科目:哲学问题、宗教哲学、美学、价值论、社会学、教育学、明清思想史、老庄哲学、周程陆王哲学、中国哲学问题、中国佛教史、希腊哲学、现代哲学、笛伽尔及英国经验主义、亚里士多德哲学、康德哲学、赫格尔哲学、数理逻辑、美学史、因明学、唯识哲学、宗教史大纲。

教育学系。主科:儿童心理学、课程编制、教育社会学、教育哲学、上中古教育史、比较教育德国之部、中学教育、比较教育美国之部、教育行政、视学指导、教育统计初步、幼稚教育、英文教育书选读。除上述主科外，还须习辅科必修科目，分为政治经济组（包括必修科目政治学概论、经济学概论、民法总则、西洋近代史；选修科目：中国政治思想史、中国社会政治史、社会进化史、宪法、劳工法、经济地理）、哲学心理组（包括必修科目普通心理学、初级心理实验、行为的生理基础、哲学概论、中国哲学史、西洋哲学史、形而上学、认识论、逻辑、伦理学；选修科目：印度哲学、哲学问题、美学、社会心理学、动物行为学、心理学名著选读）、英文组（包括必修科目基本英文、小说、戏剧、诗、英国文学史略；选修科目翻译、莎士比亚初步、小说史、培根论文、戏剧选读）、数学组（包括必修科目初步数学补习、初等微积分、解析几何、初等天文学、微积方程；选修科目高等微积分、近世几何、近世代数）、史地组（历史研究法、西洋近代史、中国哲学史、中国上古史、中国社会政治史）。

史学系。甲类：中国上古史、汉魏史、宋史、满洲开国史、明清史料择题研究、欧洲中古史、欧洲近代史、西洋近代史实习、中国社会政治史、中国近三百年学术史、中国史料目录学、金石学及实习、考古学。乙类：地理学引论、中国历史地理、中国政治思想史、中国近代国际关系史、中国古代文籍文辞史、清代史学书录、西藏史、近代中欧文化接触研究、战后国际现势、日本史、东洋史、南洋史地、史学研究法、科学发达史、中国雕板史、法国革命史、东洋建筑史、西洋建筑史、尚书研究。

法律学系。必修科目：民法总则、政治学概论、经济学概论、心理学、罗马法、民法债编总论、民法物编、特种民事法（公事法、保险法、票据法、海船法）、民事诉讼法、刑事分则、英文法律选读、民法债编各论、民法亲属编、刑事诉讼法、强制执行法、行政法各编、国际公法、民法继承编、国际私法。选修科目：中国法制史、德国法、破产法、社会学、法理学、中国法制史专题研究、劳工法、法医学。

政治学系。必修科目：政治学概论、宪法、经济学概论、心理学、比较政府、西洋政治思想史、中国社会政治史、社会学、民法概论、英文政治学选读、议会制度、西洋近代外交史、中国外交史、行政学原理、市政经济学、行政法总论、国际公法、现代国际关系、行政法各论、国际私法。选修科目：刑法总则、社会进化史、统计学及统计实习、近代政治思潮、中国政治思想史、财政学总论、社会心理学、近代政治制度专题研究、比较立法及立法问题研究、市政论、中国现代政治、远东政治、国际条约研究、各家社会学说比较研究。

经济学系。必修科目：会计学、政治学概论、民法总论、心理学、货币及银行、财政学总论、统计学及统计实习、民法概论、英文经济学选读、高等会计学、国际贸易及国际金融、经济思想史、财政学各论、特种民事法概论、经济理论、西洋经济史、马克思经济学说及其评判、中国经济史。选修科目：社会学、社会进化史、货币论与货币问题、商业理财与管理、经济统计、人口统计、证券交易、国际公法、行政学原理、行政法总论、成本会计学、高级统计学、铁道及水道运输、农业经济、劳动问题、市政论、行政法各论。

数学系。初等微积分、普通物理学、普通化学、立体解析几何学、高等微积分、近世几何学、微分方程式、初等天文学、近世代数学、群论、微分方程式论、理论力学、球面天文、无穷级数及函数通论、变分法、函数各论、数论、天体力学、微分几何学。

物理学系。必修科目:普通物理及实验、普通化学、定性分析、初等微积分、解析几何、电磁学及实验、理论力学、高等微积分、微分方程式、热力学、气质微体运动学、应用电学及实验、理论电磁学、电波及电振动及其实验、近代物理及实验、量子力学、电子论及相对论。选修科目:函数及无穷级、球面天文、高等微积分、微分方程式论、天体力学、高等物理化学、地质学、植物学。

化学系。必修科目:普通化学、定性分析、物理、微积分、定量分析、稀罕元素、电磁学、高等有机化学及实验、工业化学、有机分析。选修科目:地质学(或动物、植物学)、生物化学、药物分析、油脂工业、热力学、化学工程大意、染料、胶性化学。

地质学系。地质学、地质测量、矿物学、普通化学、动物植物、岩石学、地史学、古生物学大意、构造地质、初等微积分、普通物理、中国地层学、地文学、古生物学、矿床学、高等岩石学、近代物理、定量分析、脊椎动物无脊椎动物(以上三门任选一门)、测量及实习、中国地质构造、中国矿土、中国标准化石、高等古生物学、脊椎化学大意、古植物学大意、地壳构造、岩石及矿床的成因。

生物学系。普通动物、普通植物、普通化学、有机化学、初等微积分、比较解剖、植物形态、物理、植物分类、脊椎动物、无脊椎动物、组织学、植物解剖、植物切片、遗传学、地质学、动物生理、植物生态、细胞学、植物生理。

心理学系。科学概论、普通物理、普通化学、普通生物学、生理学、社会学、教育学、行为的生理基础、普通心理学、心理学实验、动物行为学、儿童心理学、社会心理学、变态心理学、应用心理学、教育心理学、心理学史、初级心理研究、高级心理实验、心理学专题研究、完形主义之研究、心理学名著选读。

1931 年,学校改行教授专任制,规定聘请教授以专任为原则,并陆续聘请了一批学有专长的学者来校任教。从这时起到抗日战争爆发前,各系都根据学科发展的需要和所聘教授情况,开设一些专门课和专题课,以加强学生的专业学习,使他们在专业范围内的某一方面有更多更深的了解。

西南联大时期，注重基础课教学。全校共同必修基础课和各院系必修基础课比重比较大，当时，除根据教育部的规定，将"党义"（后改为"三民主义"）、军训、体育、伦理学（这是 1942 年规定增设的，内容相当于过去的"公民"）作为"当然必修课"外，各院系学生都必须学习国文、第一第二外国语、中国通史，理工科学生还得必修一门社会科学课程（政治学、经济学、哲学、社会学和法学概论等任选一门），文、法科学生必修一门自然科学课程（普通物理、普通化学、普通生物学、高等数学和科学概论等任选一门）。除此之外，文、法学院规定对上述社会科学基础课必修两门，并必修逻辑学（当时称论理学）；理、工学院规定对上述自然科学基础课必修两门至三门。当时，除全校和各学院的公共课程以外，各学系的课程设置情况如下。

中国文学系。必修课程：中国文学史概要、各体文习作（一）、音韵学概要、文字学概要。分组必修课：文学组：历代文选（包括先秦文、汉魏六朝文、唐宋文、近代文）、历代诗选（包括汉魏六朝诗、唐诗、宋诗、近代诗、历代诗选）、中国文学专书选读（包括《诗经》《尚书》《周易》《左传》《国语》《战国策》《论语》《孟子》《庄子》《楚辞》《史记》《汉书》、《后汉书》、《三国志》、《吕氏春秋》、《水经注》、乐府诗、《文选》、韩愈文、史通、杜诗、谢诗、陶谢诗、温李诗、黄山谷诗等 25 种，每学期开设 5—8 种，学生任选 4—6 种）、各体文习作（二）。语言组：语言学概论、语音学概要、比较语音学、声韵学史专题研究、古音研究、中国文法研究、文字学史、古文字学研究、训诂学、中国语言文字学专书选读（共开《广韵》、《说文》、《说文古籀补》、《尔雅》等四种，学生任选 2—3 种）。选修课程分为 8 个方面：甲、文学史方面：文学史分期研究（分先秦、汉魏六朝、唐宋、元明清 4 段）、中国文学史专题研究、中国小说、俗文学史研究、现代中国文学、现代中国文学讨论及习作。乙、文学理论方面：文学概论、中国文学批评研究、文辞研究、散文研究。丙、作家研究：白居易、陶渊明、元遗山、吴梅村。丁、文学作品选读：词选、曲选、词曲、杂剧与传奇、中国文学名著选读、世界文学名著选读及试译、佛典翻译文学。戊、写作方面：各体文写作（三）、创作实习、音乐歌词、应用文。己、语言学方面：声韵学史、音韵史专题研究、西人中国音韵学研究、现代方言、汉藏系语言调查、《经典释文》音切考、语言学名著选读、汉越语研究、诗法、中国语文通论、西方学者中国音韵学研究、国语及国音、国语运动史、文学与音乐、韵书研究、印支语研究、边疆语言、外国学者中国音韵研究。庚、文字学方面：甲骨文字研究、六国文字研究、卜辞研究、铜器铭文研究、汉字形体变迁史。辛、其他：中学国文教学法、校勘实习。

外国语言文学系。必修课：英国散文及作文（一）（二）（三）、欧洲文学史、欧洲文学名著选读（一）（二）、英国诗、西洋小说、西洋戏剧、英语语音学、莎士比亚、翻译、印欧语系语言学概要。选修课：国别文学史（英国文学史、法国文学史、法国近代文艺思潮史、德国文学史）、断代文学史（欧洲古代文学、欧洲中古文学史、文艺复兴时代文学、伊丽莎白时期文学、18世纪英国文学、19世纪英国文学、现代英国文学）、类型（或体裁）文学史和作品选读（英国诗史、法国诗史、法国诗、19世纪法国诗、德国抒情诗、现代英诗、维多利亚诗、短篇小说、现代小说、法国戏剧史、现代戏剧、维多利亚散文）、作家和作品研究（乔叟、班·琼生和屈来登、米尔敦、浪漫主义诗、19世纪英国诗人、亨利·詹姆士、拉辛、雨果、歌德、浮士德研究、浮士德与苏黎支、尼采）、文学理论（文学理论、文学批评、人文主义研究、中西诗之比较、文学与人生、小说艺术）、语言理论（古英语、英语史、维特根斯坦的语言批评、语言的逻辑研究、语言与哲学、英文文法修辞、法语语音学、法文文法修辞）、其他（俄语会话班、英语教学法、梵文、拉丁文、希腊文、图书馆与目录学）。

历史学系。必修课：中国通史、西洋通史、中国近代史、中国史学史、史学方法。选修课：甲、国别史（必选一门）（希腊罗马史、英国史、美国史、印度史、日本通史、现代日本）；乙、断代史（必选中国史2门、西洋史1—2门）（秦汉史、魏晋南北朝史、晋南北朝史、隋唐史、隋唐五代史、辽金元史、宋史、元史、明史、西洋上古史、西洋（欧洲）中古史、西洋近古史、欧洲19世纪史、西洋（欧洲）现代史、俄国近代史、英国近世史）；丙、专门史（必选一门）（两汉社会、汉魏六朝风俗史、中国近300年学术史、中国社会史、中国经济史、中国社会经济史、近代中国外交史、中西交通史、科学史、战争史、罗马帝国制度史、欧洲殖民史、欧洲海外发展史、欧洲（西洋）经济史、近代欧洲经济发展史、高级经济史、欧洲外交史、近代欧洲外交史、近代日本外交史、西洋文化史、西洋史学史；丁、史籍名著选读（《左传》、《史记》、《汉书》、《晋书》、《资治通鉴》、宋元明史、《史通》、西方学者中国史地论文选读、波斯文西域史料选读、俄国史）；戊、专史研究（晋南北朝隋唐史研究、清史研究、蒙古史研究、美国史研究）；己、其他（年代学、历史哲学、金石学、铜器铭文研究、中国史部目录学、匈奴与匈人、战争资料收集试习）。

哲学心理系。A.哲学组必修课：中国哲学史、西洋哲学史、伦理学（与大一共同必修课伦理学不同）、知识论、形而上学、印度哲学史、美学、普通心理学。B.心理学组必修课：普通心理学、实验心理学、发展心理学、心理测验、社会心理学、教育心理学、工业心理学、比较心理学、应用心理学、变态心理学、生理心理学、理论心理学（此外还有曾开过一次或两次，未列入上述必修课的课程儿童心理学、人类心理学专题研究、初级心理实验、心理生物学、高级实验心理学、心理问题、比较心理实验、心理卫生、青年心理学、人格心理学、普通心理学实验、诊断心理学等12门）。哲学组选修课程：印度佛学概论、汉唐佛学概论、魏晋玄学、斯宾诺莎哲学、佛典选读、中国哲学与佛学研究、欧洲大陆理性主义、西洋现代哲学研究、黑格尔哲学、康德哲学、康德伦理学、康德美学、康德哲学研究、王阳明哲学、汉晋自然主义、先秦儒家、先秦法家、朱子哲学、中国哲学史研究、人生哲学、哲学方法研究、哲学问题、数理逻辑(沈有鼎开设)、维特根斯坦哲学、逻辑原理、周易哲学、德国哲学名著选、胡塞尔原著习读、哲学德文习读、逻辑问题、晚周哲学(以上9门各讲授过一次)、符号逻辑、真与意义、柏拉图哲学、艺术论、亚里士多德哲学导论、希腊哲学名著研究、希腊哲学史、柏拉图《巴曼尼得斯篇》、柏拉图教育哲学(以上5门各讲授过一次)、儒家哲学、老庄哲学、孔孟荀哲学、数理逻辑(洪谦开设)、维也纳学派哲学、程朱陆王哲学、隋唐佛学。心理学组选修课:动物心理学、比较心理学研究、高级比较心理学、心理学史、高级心理实验、学习心理学、比较心理学实验。

算学系。必修课:除微积分作为理科共同课外,还有微分方程、高等代数、高等几何、高等微积分、理论力学、复变函数论、微分几何、近世代数。选修课:甲、属于分析学方面的有:实变函数论、位函数论、傅立叶级数与积分、无穷级数、积分论、多元复变函数论、偏微分方程式论、偏微分方程论及变分法、运算微积分、矢量分析、拉普拉斯变换;乙、属于代数学(包括数论)方面的有:数论、初等数论、代数数论、解析数论、素数分布及黎曼函数、连续群论、行列式及矩阵、群论、理想集论;丙、属于几何学、拓扑学方面的有:黎曼几何、射影微分几何、高等微分几何、投影几何、罗网几何、形势几何(拓扑学)、点集、集合论;丁、属于概率论方面的有:数理统计、几率。

物理学系。必修课:微积分、微分方程、高等微积分、普通物理、普通物理实验、力学、电磁学、电磁学实验、热学、光学、光学实验、微子论、无线电学、无线电实验、近代物理、近代物理实验、普通化学、普通化学实验。选修课:物性论、应用电学、声学、普通天文学、天文物理学、实用无线电学、实用无线电学实验、大气物理。此外,物理学生常选的数学课程有:高等代数、近世代数、微分几何、复变函数论。

化学系。必修课:普通化学、定性分析、定量分析、有机化学、普通物理学、理论化学、无机工业化学、有机工业化学、高等有机化学、高等无机化学、高等理论化学(分为统计热力学、应用热力学、原子价)。必修或选修课:工业化学计算(三年级学生必修、纯理论组学生选修)、化学工程(1937—1940年三年级学生必修或选修)、生物化学(原为三、四年级选修,1943—1944年改为必修)、综合药物化学(1943年为四年级学生选修,1944—1945年改为必修)、化学史(1938—1939年为四年级学生必修)、化学德文(三、四年级学生必修)。选修课:国防化学、染料化学、食物及营养化学、胶体化学、应用胶体化学、化学文献、高等分析化学。

生物学系。必修课：普通生物学、普通化学、有机化学、普通植物学、普通动物学、遗传学、化学生物学。动物学组必修课：动物生理学、比较解剖学（1945—1946 年改称脊椎动物比较解剖学）、无脊椎动物学、体素学、胚胎学、动物显微方法。植物学组必修课：植物分类学、植物生理学、植物生态学、植物形态及解剖、植物显微方法。选修课：除植物学组学生可以选修动物学组必修课，动物学组学生可以选修植物学组必修课外，有：本地植物、真菌学、昆虫学、普通昆虫学、演化论、化学生物学（1942—1943 年以前为选修）。

地质地理气象学系。地质组必修课：普通地质学、普通矿物学、光性矿物学、古生物学、地史学、测量学（1940 年以后改称地形测量）、岩石学、构造地质学、矿床学、地文学、地质测量（讲课与野外实习结合）、地层学、岩石发生史、中国地质。地质组选修：新生代地质、脊椎动物化石、区域变质作用、欧亚山脉构造、欧洲地质构造、小构造、标准化石、野外实习。地理组必修课：普通地质学、地理通论、自然地理、人文地理、制图学（或地图投影）、气候学、气候学和世界气候、中国地理、欧洲地志、亚洲地志、北美洲地志、中国边疆区域地理、经济地理、南半球各洲志、气象学与气象观测。地理组选修课：种族地理、西南边疆研究、政治地理、中国地理区域研究、中国经济地理、太平洋地志、地图读法、地理实习。气象组必修课：普通地质学、气象学、气象观测、天气预报、理论气象。气象组选修课：高空气象、地球物理、气候学及世界气候＊、大气物理、海洋气象、航空气象、农业气象、中国天气＊、天气图实习＊、台站实习（有＊号的几门课，在不同时期曾作为必修课）。

政治学系。必修课程：政治学概论、近代政治制度、中国外交史、国际公法、西洋政治思想史、中国政府、行政法。选修课：近代西洋政治思想史、国际关系、英国宪法史、现代西洋政治思想、主权论、宪法、各国地方政府、条约论、中国政治思想史、国际公法判例。此外还有开过一两次的课程如地方政府、中国地方政府、市政府及市行政、国际关系组织、极权政府、战后问题、各国行政问题、现代政治学、政治制度研究、行政问题及行政管理、行政学、比较行政法、行政程序、外交惯例、中国外交史研究、外交学、国际及殖民行政、边疆问题等。

经济学系·商学系。必修课：经济学概论、会计学、初级统计、货币银行学、财政学、欧洲经济史、国际贸易与金融。选修课：高级会计、成本会计、政府会计、银行会计、会计制度、审计学、高级统计、人口统计、经济统计、经济数学、高级财政学、中国财政问题、高级货币银行学、近代货币问题、中国货币问题、经济思想史、近代欧洲经济发展史、经济理论、高级经济理论、现代经济、现代经济学派、现代经济思潮、近代经济作家、经济政策、国际经济政策、工业经济、农业经济、土地经济、中国土地问题、中国经济地理、国际贸易与汇兑、国外贸易、国际汇兑、国际汇兑问题、国际贸易与金融、社会主义、商业循环、工商组织与管理、工商管理。

法律学系。必修课：法学绪论、民法概要、宪法、民法总则、刑法总则、法院组织法、国际公法、民法债篇、民法物权、民法亲属继承、商法、行政法、刑法分则、刑事诉讼法、中国法制史、民事诉讼法、强制执行法、国际私法、矿产法、劳工法、法理学、诉讼实习。选修课：海商法、保险法、民事执行法、监狱学、犯罪学、犯罪心理、公司法、近代大陆法、罗马法、土地法、国际关系及组织、刑事政策、法医学。法律系司法组必修课：民法总则、刑法总则、中国司法组织、国际公法、民法物权、商事法概论、行政法、刑法分则、刑事诉讼法、中国法制史、民事诉讼法、强制执行法、破产法、劳工法、监狱法、公司法、犯罪学、罗马法、刑事政策。

社会学系。必修课：普通生物学、统计学、社会学原理、初级社会调查、社会机关参观、人口问题、人类学、高级社会学、劳工问题、社会研究法入门、西洋社会思想史、中国社会思想史、社会制度、社会心理学。选修课：优生学、儒家社会思想、文化学、华侨问题、乡村社会学、社会变迁、犯罪学、体质人类学、西南边疆社会、社会运动、社会立法、民族学、社区研究。

土木工程学系。必修课：微积分、普通物理、经济学简要、工程画、投影几何、工厂实习、普通化学、静动力学、材料力学、热机学、机件学、工程地质学、测量学、工程制图、铁路曲线及土方、金工实习、大地及地形测量、水文测量、铁路及道路曲线实习、工程材料学、微分方程、实用天文学、结构学、结构设计、钢筋混凝土结构、铁路工程、道路工程、电机学、电机实验、水力学、水力实验。四年级各专业组必修课：结构工程组：给水工程、工程估计及契约、高等结构学、结构设计、高等结构设计、铁路设计；水力工程组：给水工程、工程估计及契约、水文学、河港工程、灌溉工程、水力发电工程、水工设计、河工学；铁路道路工程组：给水工程、工程估计及契约、圬工地基及房屋、钢筋混凝土设计、道路工程、道路设计、铁路工程、铁路设计、道路材料试验；市政及卫生工程组：给水工程、工程估计及契约、水文学、下水工程、市政及卫生工程、卫生工程设计、卫生工程实验、道路设计、铁路设计。选修课（有些课程起先曾作为必修课）：高等水力学、材料实验、高等材料力学、高等卫生工程、土壤力学。为适应战时环境开出的供三、四年级学生选习的课程：堡垒工程、要塞建筑、要塞工程、野战堡垒、军事运输、军事桥梁、军事卫生工程、军用结构、飞机场设计、地形图投影法、铁路号志、悬桥、航空测量、公路管理、建筑设计初步、造船学概要、船舶设计、专题研究。

机械工程学系。必修课：微积分、普通物理、经济学简要、工程画、投影几何、工厂实习（制模及锻铸实习）、静动力学、材料力学、普通化学、微分方程、机械原理、水力学、测量学、机械工程画、热工学、工程材料学、金工实习、热工试验、电工学、电工实验、机械设计原理、机械设计制图、内燃机、原动力厂、金工实习、工厂实习、原动力厂设计、原动力厂实验、工厂管理、热工试验、水力实验、交流电机、交流电机实验、金工初步、飞机修理实习、机车工程、高等机械设计。选修课：汽车工程、航空工程、纺织工程、制冷工程、制冷及暖气工程、铁道机械工程、飞行机、汽轮机、柴油机、水力机械、水力机械设计、内燃机设计、机车设计、制造方法、兵器学、兵器制造、工程冶金学、金相及热炼、金属冶炼学、高等铸工学、焊接学、工具设计、工具机械、农业机械、汽阀机关。

电机工程学系。必修课：微积分、普通物理、经济学简要、工程画、投影几何、工厂实习、普通化学、微分方程、应用力学、材料力学、热机学、水力学、热工学、机械工程画、电工原理、交流电路、电磁测验、工程材料学、高等微积分、测量学、直流电机、直流电机实验、交流电机、实用电子学、电子学实验、电工实验、水力实验、交流电路实验。电力组必修课：电机设计、热力学实验、发电所、发电所设计、电力传输、配电工程。电讯组必修课：电报电话学、电报电话实验、自动电话、无线电原理、无线电实验、实用无线电、电波学、电讯网络。选修课：高等电工学、电磁学、电讯传输、电讯工程、无线电大意、传音学（或电波学）、电话设计、电讯选读、电波概论、电力网络、电力选读、运算微积。

航空工程学系。必修课：微积分、普通物理、经济学简要、工程画、投影几何、工厂实习、静动力学、材料力学、微分方程、普通化学、机械原理、热机学、水力学、测量学、工程材料学、金工实习、飞机概论、飞机结构学、空气动力学、内燃机、飞机构造及修理、飞机修造实习、高等微积分、机械设计原理、材料试验、热力工程、电机工程、电机实验、应用空气动力学、飞机设计、航空发动机、发动机实验、空气动力学试验。选修课：高等飞机结构、理论空气动力学、飞机发动机动力学、飞机发动机制造方法、飞机发动机设计、柴油机、光弹性学、高空气象学、兵工学、飞机螺旋桨、金相及热炼、领航学。

化学工程学系。必修课：微积分、普通化学、经济学概要、工程画、投影几何、化工概要、工厂实习、静动力学、微分方程、定性分析、定量分析、有机化学、金工实习、理论化学、工业化学、工业化学计算、工业分析、化工机械、材料力学、机件学、化工原理、化工设计、冶金学、工程材料学。选修课：国防化学、高等国防化学、蒸馏与吸收、应用热力学、化工热力学、燃料与燃烧、化学工程制图、化学工厂设计、化学机械设计、酿造化学、酿造化学试验、造纸与人造丝、造纸化学、汽油燃料与润滑油、有机单元操作、水泥及陶瓷。

师范学院各系所开设的课程，除教育学科基本科目，如教育学概论、中等教育、教育心理学、普通教学法、分科教材教法研究、教学实习等，由教育学院教授担任外，一般共同必修课和绝大部分专业课，与文、理学院各系所开课程相同。后来，由于同一名称的课程，师范学生所需的知识结构，与文、理学院各系学生不尽相同，因此在其发展过程中曾针对师范教育的特殊性，独立开出一些专业必修课，但这也是少数。

1946 年 10 月，北大复员北平开学，当时各院系的课程，基本上是在原来的基础上，根据所聘教授情况进行一些增删，只是决定取消部定"三民主义"（即原来的"党义"）等必修课，改为三民主义教学委员会，以讲演方式代替课程，但实际上并未组织这种讲演，等于将该课取消了；同时，学校还将军训与体育课合并，称军事体育，实际上只有体育并无军事训练，也等于将军训取消了。

三、中华人民共和国时期

（一）中华人民共和国成立初期的课程设置

北平解放后，1949 年 2 月 28 日，钱俊瑞代表市军管会接管北大时宣布：党义之类反动课程取消。3 月 8 日，北大教授会开会商谈课程改革事宜。4 月初，法律系率先进行改革，经经务委员会讨论决定，暂行停开比较宪法、民事债务、民法亲属继承、民事诉讼程序、刑事政策、刑事诉讼程序等 13 门旧的专业课程，开设新哲学、社会发展史、马克思经济学说、国际关系、现行法令政策研究等新课程。其他各系也进行了一些初步改革。5 月初，学校还决定全校共同必修课大一国文改为选修，文法两院的大一英文也改为选修，但学生毕业前必须学习一种外国语。

1949 年 9 月，学校按照华北高等教育委员会的规定，决定 1949 学年度一、二、三、四各年级均必修"辩证唯物论与历史唯物论（包括社会发展史）"，第一学期学完，每周三小时，共三学分；"新民主主义论（包括近代中国革命运动史）"，第二学期学完，每周三小时，共三学分；本学年度文、法、教育学院毕业班学生必修"政治经济学"，每周三小时，一年学完，共六学分。10 月，校务委员会常委会又作出"为贯彻新民主主义教育方针，本校各院系课程中若干不合理现象应如何纠正"的决议，要求理、工、医各系精减课程，减轻学生负担。各院系都据此进行了课程改革工作，下面是该学年各院课程改革的情况表。

各院课程改革情况表(1949 学年)

院别	停开与新开课程	减少份量课程	调整内容课程	时间上有变动课程	调整学分课程
文、法学院	45 门(停)占原有 253 门课程 19.1%(因隔年开一次或请不到教员,或名目改变内容未变的未列入)				
	73 门(新开)占现有 215 门课程 33.9%				
	190 门(保留),努力用新观点讲课				
理学院	10 门(停),大多数是重复或不太需要的。19 门(新开)	63 门	43 门	24 门	13 门
工学院	16 门(停),7 门(新开)	29 门	11 门	6 门	3 门
医学院	6 门(停),1 门(新开)	6 门	11 门	7 门	
总计	停开 77 门 新开 100 门	98 门	65 门	37 门	16 门

1950 年 7 月 28 日教育部发出《关于实施高等学校课程改革的决定》,强调"现有高等学校课程中相当大的部分还不是新民主主义的,即还不是民族的、科学的、大众的,还不符合新中国建设的需要。因此全国高等学校的课程,必须根据共同纲领第四十六条的规定,实行有计划有步骤的改革,达到理论与实际的一致。一方面克服'为学术而学术'的空洞的教条主义的偏向,力求与国家建设的实际相结合。这是我们现有高等学校主要的努力方向。另一方面要防止忽视理论学习的狭隘实用主义或经验主义的偏向"。7 月 31 日,校务委员会举行扩大会议,学习教育部发布的《关于实施高等学校课程改革的决定》第八条,研讨组织"教学研究指导组"的问题,认为成立教学研究指导组要有重点地逐步进行,先从基础课做起。成立教学研究指导组的主要目的在于改进教学内容和方法,提高教学质量,也负责推动科学研究。要学习苏联的做法,但不要机械地照搬。要根据我们的实际情况来做。

8 月,教育部确定了高等学校课程设置与改革的原则,即高等学校应废除政治上反动的课程,开设新民主主义的革命的政治课程;各系的课程应密切配合国家经济、政治、国防和文化建设当前与长远的需要,在系统的理论知识的基础上实行适当的专门化,根据精简的原则,有重点地设置和加强必需的和重要的课程,删除那些重复的不必需的课程和内容,并力求各学科相互联系和衔接。8 月 9 日,校务委员会发出通知,要求全校教员在院长、系主任领导下深入学习研究教育部发布的关于实施高等学校课程改革的决定，以及 8 月 3 日《人民日报》社论，并根据学习研究的结果，拟定或修订下学期本院系的课程和教学计划。学习研究的重点是：根据文件规定的学生修业年限和每周学习时间，如何调整和精简课程；如何按理论与实际一致的原则，进一步改进教学内容，编定适用教材等。

1951 年 3 月 19 日，校务委员会开会，根据教育部 3 月 12 日关于设立时事课、成立时事学习委员会的指示，决定成立北大时事学习委员会，由副教务长杨晦，政治课教员金克木、李由义，学生会代表岳麟章、庄文虔，工会代表汪篯等人组成，由杨晦主持。时事课上课时间暂定每星期六下午，由教务处改排课表，春节后实行。10 月校务委员会讨论通过《北京大学各系科 1951 年度教学计划审查报告》，报告中说：各系科教学计划必须体现在课程中贯彻爱国主义思想，要根据国家建设的需要来决定开课内容；要坚持课程精简原则，不使学生学习负担过重以致影响健康，要加强教师对学生的辅导。1951 年度上半年全校开必修课 540 门，选修课 150 门。

1952 年 8 月中旬，教务处公布教育部发布的《高等学校文法学院各系课程暂行规定修正草案（初稿）》。该修正草案在课程设置方面要求：以马列主义课程为基本课程，以马列主义的立场、观点、方法切实改造其他一切课程；各系课程根据由简求精的原则，适当减少各院系组的必修课程，加强各课程之间的联系，避免不必要的重复与繁琐。草案规定暂用学分制，1 学分规定 3 个学习小时，包括听讲与自修；学生每周学习时数最高以 60 小时为限，最低不得少于 49 小时；每学期授课时数以满 16 周为原则；毕业年限一般为 4 年，学分总数不得少于 120 学分；假期实习、实验、调查等以不计学分为原则。文法学院公共必修课规定为：辩证唯物论与历史唯物论（30 学分），新民主主义论（3 学分），政治经济学（6 学分），马列主义基本理论（暂定为 4 学分），中国文学名著选读与写作（6 学分，但达到一定程度者可免修），外国语（6－20 学分，必修一种），中国近代史（6 学分），毕业论文或专题报告（2－4 学分），体育（至少必修 2 年，不计学分）。

根据以上规定，1952 年 9 月，院系调整后（1952－1956 年）北大各系各专业本科生的课程见下表。

院系调整后(1952—1956 年)北大本科生课程设置表

系	专业	公共必修课	必修课	选修 (加选课)
数学力学系	数学力学	新民主主义论、中国革命史、马列主义基础、辩证唯物论与历史唯物论、政治经济学、体育、俄语、毕业论文或专题报告	数学分析、解析几何、普通天文、高等代数、普通物理、物理实验、理论力学、微分方程、微分方程理论、实变函数、复变函数论、复变函数论专门化、数论、数理物理方程及变分法、积分方程概率论、数论、教育学、数学史、数学教学方法、材料力学、流体空气力学、弹性论、力学史	第二外语、专门化课程及专题讨论、制图、理论物理
物理学系	物理	新民主主义论、中国革命史、马列主义基础、辩证唯物论与历史唯物论、政治经济学、俄语、体育、毕业论文或专题报告	普通物理、高等数学、普通化学、普通物理实验、理论力学、制图学基础、数理物理方法、光学、原子核物理、热学、电子学及无线电学、电动力学、量子力学、热力学及统计物理、特殊实验、固体概论、结晶金相、原子光谱、电子物理、无线电工学基础、教育学、物理教学法及物理实验技术	第二外语、物理学史、专门化课程及专题讨论
	气象	新民主主义论、中国革命史、马列主义基础、辩证唯物论与历史唯物论、政治经济学、俄语、体育、毕业论文或专题报告	高等数学、物理、理论力学、化学、自然地理、测量与制图、天文学、高等数学、理论力学、数理统计学、普通气象学、理论气象学、天气学、气候学、动力气象学、流体力学、物理与无线电基础、气象观测法、观测统计、水文学与海洋学基础、农业气象学、高空气象学、长期预告	第二外语、体育、计算技术、近似计算与几何图解、胶体化学、科学制片与照相
化学系	有机、无机、分析、物化	新民主主义论、中国革命史、马列主义基础、辩证唯物论与历史唯物论、政治经济学、俄语、体育、毕业论文或专题报告	高等数学、普通物理、无机化学、普通化学、定性分析、有机化学、物理化学、化学工艺、分子结构、有机合成、无机合成、热力学、有机结构理论、毒气检验、人体及动物生理学、定量分析、吹玻璃、物质结构、高等药化、结晶化学、胶体化学、教育学、化学教学法、化学文献	第二外语、化学史
生物学系	植物学	新民主主义论、中国革命史、马列主义基础、政治经济学、辩证唯物主义与历史唯物主义、俄语、体育、毕业论文或专题报告	物理(甲、乙)、无机及分析化学、有机化学、地质学及古生物学基础、生物学引论、人体解剖学(甲、乙)、人体解剖实验、植物学(I、II、III)、动物学(I、II、III)、植物生理学、地质学、人体及动物生理学、达尔文主义、土壤学及耕作学基础、细胞学及胚胎学基础、生物化学、有胚植物形态学、植物栽培学、植物生理学、植物生态学、遗传学和选种学基础、微生物学、高级神经活动生理学、植物解剖学、有花植物分类学、教育学、生物学教学法	专题讨论、生物学史、拉丁文、第二外语

系	专业	公共必修课	必修课	选修（加选课）
生物学系	植物生理学	新民主主义论、中国革命史、马列主义基础、政治经济学、辩证唯物主义与历史唯物主义、俄语、体育、毕业论文或专题报告	物理(甲、乙)、无机及分析化学、有机化学、物理及胶体化学、生物学引论、人体解剖学(甲、乙)、植物学(Ⅰ、Ⅱ、Ⅲ)、动物学(Ⅰ、Ⅱ、Ⅲ)、微生物学、植物生理学、人体及动物生理学、达尔文主义、土壤学及耕作学基础、、生物化学、有胚植物形态学、组织学、植物栽培学、植物生态学、生物学史、植物生物化学、植物生理学、遗传学及选种学基础、高级神经活动生理学、教育学、生物学教学法	第二外语、拉丁文、生物学史、专门化课程
	动物专业人体及动物生理专业	新民主主义论、中国革命史、马列主义基础、辩证唯物论与历史唯物论、政治经济学、俄语、体育、毕业论文或专题报告	物理(甲、乙)、无机及分析化学、有机化学、生物学引论、人体解剖学(甲、乙)植物学(Ⅰ、Ⅱ、Ⅲ)、动物学(Ⅰ、Ⅱ、Ⅲ)、组织学、微生物学、地质学、植物生理学、人体及动物生理学、达尔文主义、定量分析、显微技术、动物生理实验、生理实验、胚胎学、遗传学及选种学基础、普通昆虫学、昆虫分类学、内分泌生理学、动物的代谢、高级生物化学、高等无脊椎动物学、普通昆虫学、脊椎动物分类学、地质学及古生物学基础、高级神经活动生理学动物生态学、教育学、生物学教学法	第二外语、体育、拉丁文、畜牧学、生物学史、专门化课程
地质地理系	自然地理	新民主主义论、中国革命史、马列主义基础、辩证唯物论与历史唯物论、政治经济学、俄语、体育、毕业论文或专题报告	自然地理概论、高级数学、教育学、自然地理与经济地理教学法、普通自然地理、地质与地史、气象学与气候学、天文学、物理、物理实验、化学、地图学、地貌学、中国地形、制图学、测量学、植物学基础及植物地理学、定量分析、中国经济地理、达尔文主义、植物生态学、植物生理学、植物分类学、测量学、物理、水文学、水文地质、地形学、地理学史、动物地理、动物学基础、第四纪地质、中国气候、世界区域自然地理、资本主义国家经济与政治地理、苏联及人民民主国家经济政治地理、中国自然地理、中国地质及有用矿产、自然地理绘图、普通地质学、植物地理、土壤地理、土壤地理实习、农业生产原理、工业生产原理	心理学、外国语、摄影术、体育、素描

系	专业	公共必修课	必修课	选修 （加选课）
地质地理系	经济地理		教育学、自然地理与经济地理教学法、自然地理与经济地理概论、测量法、地质与地史、气象学与气候学、水文学、植物地理、土壤地理、地图学、地貌学、世界区域自然地理、中国自然地理、资本主义国家经济与政治地理、苏联及人民民主国家经济政治地理、统计学、地理学史、中国国民经济史、经济制图学、中国区域经济地理、中国工业地理、中国农业地理、中国运输地理、工业生产原理农业生产原理	心理学、外国语、摄影术、体育、素描
	地质学		高等数学、物理、普通与分析化学、物理与胶体化学、动物及植物学、测量及地形制图、普通地质学、结晶学、矿物学、岩石学、沉积岩石学、古生物学、地史学、地质制图与地质构造、地质普查与勘探、水文地质、矿床学、第四纪沉积学、中国地质	外国语、大地构造学、地球物理、探矿法、古地理基础
历史学系	历史	新民主主义论、中国革命史、马列主义基础、政治经济学、辩证唯物论与历史唯物论、俄语、体育、毕业论文或专题报告	哲学史、教育学、逻辑、历史教学法、中国历史文选、原始社会史及民族志、考古学通论、中国文学、亚洲各国史、中国上古中古史、中国近代史、中国现代史、中国近代经济史、世界上古中古史、世界近代史、世界现代史、中国文学史、近代国际关系史	中国现代文学、中国历史地理、苏联文学、心理学、苏联考古、第二外语、马列史学名著选读
	考古	新民主主义论、中国革命史、马列主义基础、政治经济学、辩证唯物论与历史唯物论、俄语、体育、毕业论文或专题报告	中国历史文选、人类学、原始社会史及人类学通论、考古学通论、中国上古中古史、世界上古中古史、古文字学、中国考古学史、中国历史考古学史、考古学方法、考古技术、中国美术史、石器时代考古学、博物馆学通论	

系	专业	公共必修课	必修课	选修 （加选课）
中国语言文学系	汉语言文学	新民主主义论、中国革命史、马列主义基础、政治经济学、辩证唯物论与历史唯物论、俄文、体育、毕业论文或专题报告	逻辑、中国史、世界史、哲学史、教育学、汉语及文学教学法、语言学引论、中国语言学、语音学、现代汉语、古代汉语、汉语方言学、汉语史、语法修辞、写作实习（一、二、三）、文艺学引论、中国文学史（一、二、三、四、五四以后）、中国古典文学、元明清小说戏曲选、中国现代文学（一、二）、外国文学史、俄罗斯文学史、中国人民口头创作、近代西洋文学名著选、中国语文学教学法、中国文学名著选读	中国文学史料辞典编纂法、语言学史、汉藏系语言一种、汉语音韵、第二外语、心理学、鲁迅杂文、文艺理论、语言学史、外国文学
	新闻与编辑		逻辑、中国通史、世界史、修辞学、语言学导论、哲学史、世界近代现代史、国家与法权基础、工业与农业的经济与组织基础、中国新闻事业史、外国新闻事业、现代汉语、古代汉语、新闻学导论、中国古典文学、中国新闻学史、写作实习（一、二、三）、文艺学引论、中国文学史、外国文学、中国现代文学、西洋文学新闻工作的理论与实践、编辑工作的经验与实际、宣传工作专题、通讯社工作广播工作、新闻出版工作总论、俄罗斯文学史、苏共报刊史、新闻采访写作、报刊评论文写作、现代国际关系史	政治经济地理、国际问题研究、史料整理法与图书分类法、俄文、新闻摄影、第二外语
俄罗斯语言文学系	俄罗斯语言	新民主主义论、中国革命史、马列主义基础、辩证唯物论与历史唯物论、政治经济学、体育、毕业论文或专题报告	中文写作实习、语言学引论、文艺学引论、现代汉语、苏联历史、中国文学史、现代文选与习作、文法、读本、苏联地理、讲读、文艺文、会话、翻译理论实践课、俄罗斯文学选读、苏联地理、外国文学、现代俄语实践课程（听、说、写、读训练）、现代俄语理论课、语言学、语法学、词汇学、俄语历史语法基础、俄语修辞学、俄罗斯文学史、语音、语法、词汇、教育学、俄罗斯语言文学教学法	第二外语、逻辑学、心理学、苏联地理

系	专业	公共必修课	必修课	选修 （加选课）
东方语学系	蒙语	新民主主义论、中国革命史、马列主义基础、辩证唯物论与历史唯物论、政治经济学、俄语、体育、毕业论文或专题报告	国文习作、中国通史、亚洲史、蒙古语、语言学引论、文法、翻译、近代国际关系史、中文写作实习	
	朝鲜语		现代文选与习作、文学引论、中国通史、世界近代现代史、朝鲜语、语言学引论、分析性阅读、中文写作实习、近代国际关系史、口语、笔语、语法、翻译	
	印地语		现代文选与习作、文学引论、中国史、印度概况、中印关系史、印地语、乌尔都语、世界近代现代史、会话、翻译、近代国际关系史	
	阿拉伯语		现代文选与习作、中国通史、亚洲史、阿拉伯语、语言学引论、文学引论、分析课、翻译课、语法课、会话课、补充读物、中文写作实习	
	印尼语		国文习作、中国通史、亚洲史、印尼语、口译、翻译（中译印、印译中）、印尼概况、补充读物、中文写作实习、近代国际关系史	
	缅甸语		国文习作、中国通史、缅甸概况、缅甸语、翻译、语法、分析课、会话、中文写作实习、近代国际关系史	
	越南语		国文习作、越南概况、中国通史、越南语、分析课、口语、语法、口译、笔译、语言学引论、中文写作实习、近代国际关系史	
	暹罗语		国文习作、中国通史、世界近代现代史、亚洲史、暹罗语、翻译（中译泰、泰译中）、分析课、文法、语言学引论、中文写作实习、课外读物、近代国际关系史	
	日本语		现代文选与习作、中国通史、世界近代现代史、亚洲史、基础日语、文艺学引论、语言学引论、中文写作实习、日语分析、日语语法、日语阅读、日语笔译、近代国际关系史	

北京大学志（第一卷）

系	专业	公共必修课	必修课	选修（加选课）
西方语学系	德语	新民主主义论、中国革命史、马列主义基础、辩证唯物论与历史唯物论、政治经济学、俄语、体育、毕业论文或专题报告	现代文选与习作、中国通史、文艺学引论、语言学引论、现代文选与习作、基本德语、中国文学史（五四以后）、德国史、现代汉语、苏联文学（包括俄罗斯文学）、古代文字、德国文学选读、教育学、德语教学法	第二外语、拉丁语、逻辑、外国文学
	法语		中国通史、世界近代史、独立阅读、翻译、法语语法、口语、文学引论、语言学引论、中文写作实习、基本法语、中国文学史（五四以后）、现代汉语、古代文字、苏联文学（俄罗斯文学）、法国文学选读、近代国际关系史	
	英语		中国通史、世界近代史、文学研究引论、语言学引论、语音学、中文写作实习、基本英语（词汇作文、翻译、独立阅读、语法、翻译、口语）、中国文学史（五四以后）、苏联文学（包括俄罗斯文学）、现代汉语、古代文字、分析性阅读、英国文学选读	
哲学系	哲学	新民主主义论、中国革命史、马列主义基础、辩证唯物主义与历史唯物主义、政治经济学、俄语、体育、毕业论文或专题报告、新民主主义论、中国革命史、马列主义基础、辩证唯物论与历史唯物论、政治经济学、俄语、体育、毕业论文或专题报告	毛泽东著作选读、马恩列斯著作选读、国文习作、逻辑学、高等数学、中国史、世界史、中国近代思想史、哲学史、中国哲学史、马克思列宁主义哲学史、现代资产阶级哲学及其批判、马克思列宁主义美学基础、论理学基础、国家与法权理论、心理学、教育学哲学课教学法、自然科学基础	化学、生物学、物理学、苏联史、亚洲史、第二外语、文艺学引论、语言学引论、宗教与无神论史
	心理		逻辑学、语言学引论、现代汉语、逻辑、教育学与教育学史、哲学史、教育学、儿童与教育心理学、生物学、人体解剖、人体及动物生理学、神经系统的解剖与进化、普通心理学讲座（甲、乙、丙）、普通心理学实验、病理心理学、心理学史、神经学、高级神经活动生理学、心理学教学法	精神病学引论、动物心理的进化过程、人类学

系	专业	公共必修课	必修课	选修（加选课）
经济学系	政治经济学	新民主主义论、中国革命史、政治经济学、马列主义基础、辩证唯物主义与历史唯物主义、俄语、体育、毕业论文或专题报告	高等数学、国家与法权基础、中国与外国经济地理、政治经济学（社会主义）、近代中国经济史、中国史、中国国民经济史、外国国民经济史、国民经济计划（包括国民经济平衡表）经济学说史、《资本论》专题作业、工业经济、农业经济、工业企业组织计划、财政与信贷、统计学原理、会计核算原理及企业经济活动分析、工农业重要部门技术学、贸易经济、世界经济、教育学、关于资本论及帝国主义论的专题讲授与讨论	第二外语、通史、逻辑、政治经济学教学法、国民经济史专题研究、经济学说史专题研究
法律系		新民主主义论、中国革命史、政治经济学、马列主义基础、辩证唯物主义与历史唯物主义、俄语、体育、毕业论文或专题报告	逻辑学、国家与法权理论、国家与法权的通史、现代文选与习作、苏联国家法、苏联国家与法的历史、苏联与人民民主国家法、中国国家与法的历史、政治学说史、中华人民共和国国家法、中华人民共和国人民法院与人民检察院组织法、资产阶级国家法、行政法、民法、刑法、民事诉讼、刑事诉讼、劳动法、土地法与集体农庄法、犯罪对策、会计核算与司法会计鉴定原理、国际法、法医学、司法精神病学、检察监督、国家与法的理论专题讲授与讨论、专门化课程	第二外语、司法统计、国际司法、国际关系史、资产阶级国家的民商法、资产阶级国家的刑法
图书馆学	图书馆学	新民主主义论、中国革命史、政治经济学、马列主义基础、辩证唯物主义与历史唯物主义、俄语、体育、毕业论文或专题报告	中国通史、中国文学史、世界史、外国文学、科学技术概论、图书馆学、藏书目录、普通目录学、专科目录学、图书史、图书馆事业史、教育学、专题讲授	
	图书馆专修科	新民主主义论、政治经济学、马列主义基础、科学概论、俄语、体育、毕业论文或专题报告	中国史、世界史、中国文学史、图书与图书馆、图书与图书馆实习、图书编目法、图书编目法实习、参考书与参考工作、参考书与参考工作实习、图书馆事业、图书分类法、图书分类法实习、科学概论、对待读者工作方法、对待读者工作方法实习、目录与书刊评价参考工作、目录与书刊评价参考工作实习、选购登录与典藏、文教政策法令	专题讨论

遵照中央和高等教育部的指示，为了加强对学生进行社会主义思想教育，1955－1956学年开始，各专业的四门政治理论课暂时停开一年，用原政

治理论课的时间开设"社会主义思想教育"课程，其学时暂定为每周 4 学时，连同自学、讨论等共有 8 学时。

（二）1957 年教学计划的修改和课程设置的部分调整

1957 年暑假，根据高等教育部《关于 1957－1958 学年修订教学计划的办法》，我校对培养目标、教学计划、课程设置进行了修改。如经济系政治经济学专业原订培养目标是"政治经济学家"，具体培养规格是"培养马克思列宁主义政治经济学家、高等学校师资及科学研究人才"。修改后的培养目标是"培养马克思列宁主义的政治经济学人才——担任理论宣传工作、科学研究工作、教学工作或经济工作"。这就增加了理论宣传工作和经济工作方面的课程，取消了"中国经济地理""工农业重要部门技术学""企业活动分析"，将"企业作战计划"分别并入"工业经济"和"农业经济"中。

这次教学计划修订部分基础课程也有较大改变。具体情况大致如下。

汉语言文学专业因设置了"中国文学名著选读"，取消了"古代汉语"；为了加强对学生独立工作能力的培养增设了"工具书使用法""文献学"。

历史专业将"中国近代现代史"由两年压缩为一年，"世界现代史"由一年压缩为一个学期；为了减轻学生负担，加强学生独立工作能力的培养，将"考古通论"及"民族志"取消，增设了"中国史科学""史籍选读"。

俄罗斯语言文学专业方面，由于国家经济建设计划的改变，因而产生了俄文人材过剩问题，培养目标仍然是培养俄罗斯语言文学人材，但稍微偏重文学人才。这样，语言方面的课程减少了，文学方面的课程增加了，俄罗斯语言理论课除语法理论外，其余改为选修，文学选读课加重。

数学专业考虑到过去基础课偏重在一二年级，加重了学生负担，将教学计划的若干课程减少了学时。"解析几何"由第一二学期的"6、5"学时，改为第一学期"7"学时和第六学期的"3"学时。后面的"3"主要是讲授一些近代几何学中的新的问题。"高等代数"由第一二三学期的"4、4、3"学时改为第二三学期的"4、3"和第五学期的"3"，中间空出一个学期，主要是为了避免课程过于集中；"普通物理"由第四五六学期的"6、3、7"学时提前到第一二三四学期，学时改为"3、5、4、3"学时。

物理专业：适当减少了一些讲课和习题课的内容，同时精减了一些课程内容，目的在于增加学生的课外自学时间。如"普通化学"原为"2、4"学时现改为"5"学时；"普通物理"原为"5、6、6、6"学时，现改为"5、5、5、6"学时；"中级实验室"原为"6、8"现改为"6、6"学时；"数理物理方法"原为"6、6"学时，现改为"4、4"学时。

化学专业的变动与物理专业相同，如"物理"原为"5、6、4、8"学时，现改为"7、7、8"学时；"无机化学"原为"14、10"学时，现改为"12、12"学时。

生物各专业的生产实习减少了一次,个别专业课程的学时作了一些调整,生物化学专业的教学计划中数理方面课程增加了一些学时。

地质地理系的各专业教学计划在共同课如数理化等课程学时上作了一些调整。地质专业的教学计划中,开始分设古生物地层专门化、地质测量及构造专门化、岩矿专门化。

哲学专业的教学计划中,中国和外国的哲学史课减少了6—8学时,原来的"自然科学基础"课分设为高等数学、物理学及生物学三门课。

(三)1958年"大跃进"和教育革命时期的课程设置

1958年9月党中央提出了新的教育方针:"教育为无产阶级政治服务,教育与生产劳动相结合。"学校为贯彻这一方针,教学计划中加大了生产劳动和到工厂、农村生产实习、社会调查的时间。1958年11月我校向教育部打报告,新增设无线电电子学系、地球物理系和原子能系。专业设置由38个变为48个,其中新增设了15个(地球物理学、天气学、物理气象学、半导体物理学、固体物理学、光学、理论物理学、超高频电子学、无线电、电子学、计算机与自动控制、动物遗传学、陆地水文地理、考古、西班牙语),有5个专业(计算数学、物理学、气象学、动物学、心理学)被取消或者并入其他专业。随着专业的调整变化,课程也随之增加或者减少。

无线电电子学系课程有公共必修课:政治理论课(科学社会主义、中共党史、哲学、政治经济学、共产主义思想教育)、体育、俄语、英语、劳动。专业必修课:高等数学、普通物理、热力学及统计物理、数理物理方法、无线电基础、电动力学、量子力学、统计物理、核磁共振、电声学、电子光学、气体电子学、晶体管电路、超高频电子学、信息论、阴极电子学、顺磁共振、微波技术原理、脉冲技术、传播天线、电子物理、波谱仪、原子光谱等。

地球物理系课程有公共必修课:政治理论课(科学社会主义、中共党史、辩证唯物主义论、政治经济学、共产主义思想教育)、体育、俄语、英语、劳动。专业课:普通物理、数学、复变函数、数理方程、大气物理引论、天文学基础、热力学与统计物理、电学、理论力学、光学、无线电、热力学、数理方程、数理统计、无线电基础、无线电学、高空测量、原子物理、动力气象、天气学、气象引论、电动力学、统计物理、地球物理基础、固体物理、脉冲、大气光电声学、量子力学、流体力学、大气辐射、近地面层物理、大气环流、农业气象、大气光电声学、原子物理、计算数学、中长期预报、气候学、地磁学、重力勘探、地震勘探、电法勘探、高层大气物理、云雾物理、数值预报、地球物理基础、测震实验等。

原子能系设有原子能化学、原子核物理专业,课程有公共必修课:政治理论课(科学社会主义、中共党史、辩证唯物主义论、政治经济学)、体育、俄语、劳动。专业课：原子能化学专业有数学、物理、有机化学、无机化学、物理化学、物质结构、核物理导论；原子核物理专业有数学、物理、原子物理、电动力学、量子力学、电子学、理论物理等。

1958年新增设了概率论数理统计及运筹学专业和考古专业。概率论数理统计及运筹学专业开设了数学分析、高等代数、线数代数、概率论与数理统计、非线性规划、多目标优化、经济学、博弈论等课程。考古专业开设了中国上古中古史、世界上古中古史、石器时代考古、秦汉考古、考古技术、古文字学等课程。

1959年无线电电子学系增设了无线电及电子学专业和放射化学专业。无线电及电子学专业开设了普通物理、无线电基础、原子物理、热力学、电子光学、微波技术原理、脉冲技术、声学基础、阴极电子学、气体电子学、传播天线、电子物理、波谱仪、原子光谱等课程。

放射化学专业开设了矿物学、稀有元素、光度分析与光谱分析、放射化学、放射化学实验、仪器分析、核分析、核反应、辐射化学、核燃料、原子核物理导论等课程。

数学力学系在高年级增开了能行论、控制论、薄壳理论、代数拓扑、信息论泛函分析、数理方程、塑性力学、气体力学、粘性流体力学调节原理、非线性振动、疲劳与破裂、运动稳定性等课程。

物理系开设了铁磁学基础、原子核物理、半导体理论、半导体最新成就、铁磁学量子理论、晶体中位错等课程。

化学系高年级增开了高分子化学、有机催化理论、天然产物、高等有机、高分子物化、电化学、半导体化学、稳定同位素、稳定同位素分离等。

生物系高年级不同专业增开了一些课程。如植物生理专业，增开物理及胶体化学实验、细胞学及细胞生理、优育生理专题、生物学讲座；微生物专业增开了物理及胶体化学实验、细胞学及细胞生理、生物学讲座；动物专业增开了物理及胶体化学实验、生物学讲座、遗传专题、酶—核酸；动物生理专业增开了生物学讲座、消化生理、血液循环；生物化学专业开设了细胞学及细胞生理、生物学讲座。

地质地理系的自然地理专业开设了航空照片判读、景观地化、土壤分析、迳流计算、黄土；构造地质专业开设了高等数学、测量、普通地质、结晶学、古生物、普通物理、构造地质与地质制图分析化学、岩石学、水文地质、大地构造及研究法、沉积岩石学、地质普查与勘探、中国地质、小构造及地质力学、矿田构造等；地球化学专业开设了高等数学、测量、普通地质、结晶学、古生物、普通物理、构造地质与地质制图、分析化学与矽酸盐分析、岩石学、物化、胶化晶体化学及晶体X光结构分析、沉积岩石学、地质普查与勘探、中国地质、矿物补充、岩石学补充、稀有元素矿物－地化、稀有元素地质课。

中文系的汉语言文学专业,新开了汉语方言学及方言调查,四年级增设了俄苏文学、戏剧选讲课。

历史系的中国史和世界史专业,五年级分别开设了甲骨学与商代史、近代国际工运史。中国史世界史和考古专业五年级都增设了毛泽东论历史科学;考古专业四年级开设了石窟寺课程。

哲学系的哲学专业在高年级开设了黑格尔逻辑学、康德哲学;心理专业新开了劳动心理学、心理学史等课程。

经济系政治经济学专业新开了农业经济、社会主义经济问题、凯恩斯经济思想等课程。

法律系 1959 年开设了人民公社规章制度,1959－1960 学年第二学期开设了公检法组织原则与任务、刑事政策等课程。

图书馆学系新开了图书馆事业史、自然科技概论和俄文图书整理与参考等课程。

(四)20 世纪 60 年代初调整时期的课程设置

1961 年 1 月,中共中央通过了对国民经济实行“调整、巩固、充实、提高”的方针,纠正“大跃进”中出现的“左”的错误。高等学校也进行了调整,《高校六十条》强调学校要以教学为主,对教学、劳动、社会活动要有适当的安排,师生参加生产劳动和社会活动,每年规定为一个月至一个半月。1962 年教育部召开高等学校理科教学工作会议,强调要切实做到提高教学质量,保证基本要求,又能实现因材施教和劳逸结合,就必须改变课程门类和教学内容上存在的“多而杂”的缺点,认真贯彻“少而精”的精神。

根据上述精神,1963 年 5 月,北大各系对教学计划进行了修订,因而课程也作了相应的调整。

比如,数学力学系数学专业的课程设置如下。

1. 共同政治理论课(占上课总学时的 11％左右)。其中:中共党史(64 学时)、马克思列宁主义概论(154 学时)、思想政治教育报告(160 学时)。

2. 专业课(占上课总学时的 71％左右)。其中:甲、基础课:数学分析(480 学时),解析几何(196 学时),高等代数(194 学时),普通物理学(293 学时),微分方程(96 学时),微分几何(64 学时),理论力学(228 学时),复变函数论(96 学时),实变函数论(112 学时),数学物理方程(128 学时),概率论(64 学时),计算数学及实习(48 学时);乙、专门组课及选修课:专门组课及选修课(279－312 学时),专门讨论(51－99 学时)。

3. 其他课(占上课总学时数的 18％左右):外国语(第一外国语 288 学时,第二外国语 183 学时),体育(129 学时)。

4. 生产劳动：五年半内学生参加生产劳动的时间共 24 周，主要参加校内外工农业生产劳动。劳动安排采取集中与分散相结合的办法。

物理系物理学专业的课程设置如下。

中共党史（80 学时）；政治经济学（82 学时）；哲学（79 学时）；形势与任务（146 学时）；外国语（261 学时），大多数学生应以英语为第一外国语；高等数学（包括空间解析几何、数学分析、微分方程与线性代数，260 学时）；数学物理方法（包括复变函数及数理方程，57 学时）；普通物理（包括力学、分子物理和热力学、电学、光学、原子物理、原子核物理，261 学时）；普通物理实验；无线电基础（包括实验 190 学时）；理论力学（56 学时）；热力学及统计物理学（60 学时）；电动力学（54 学时）；量子力学（58 学时）；固体物理（52 学时）；专门组课（279 学时）；生产实习，四年级下学期到工厂进行结合专业的生产实习 6 周，最好与生产劳动（8 周）安排在同一工厂进行；体育与民兵训练：从 1—4 年级，每年都安排体育及民兵课，每周各 1 学时；一年级集中 8 周去部队当兵，进行集中的军事训练。

化学系化学专业的课程设置如下。

1. 政治理论课：中共党史（60 学时），政治经济学（74 学时），哲学（80 学时），形势与任务（61 学时）。

2. 专业课：甲、基础课：高等数学（微积分、微分方程）（150 学时）；普通物理学（力学、光学、声学、分子物理学）（210 学时）；无机化学（224 学时）；分析化学（280 学时）；有机化学（260 学时）；物理化学（I）（250 学时）；物理化学（II，包括结晶化学、原子结构、分子结构、原子核反应）（55 学时）；化学工艺（67 学时）。乙、专门组课程：260 学时。

3. 其他课：外国语（225 学时），体育课（112 学时）。

4. 生产劳动：学生入学后，前三年在化学工厂中半工半读，其中最初半年参加全日劳动，每日平均劳动时间为 6 小时，其余二年半，参加半日劳动，每日平均劳动时间为 4 小时。

生物学系植物生理学专业的课程设置如下。

1. 共同政治理论课（占上课总学时的 9.5% 左右）。其中：中共党史（64 学时）、马克思列宁主义概论（154 学时）、思想政治教育报告（160 学时）。

2. 专业课（占上课总学时数的 76.5% 左右）。甲、基础课：高等数学（包括解析几何、微积分、简单的微分方程、概率论和数理统计等）（304 学时）；普通物理学（包括力学、分子物理及热学、振动、波及声学、光学、原子物理和原子核物理等）（281 学时）；无机化学（包括化学的基本原理，一般元素的性质、反应及其鉴定）（96 学时）；分析化学（包括定性分析和定量分析两部分）（208 学时）；有机化学（包括脂肪族、芳香族化合物的制备、性质及反应等，以及脂环族与杂环族化合物的介绍)(176学时);物理化学及胶体化学(包括热力学基础、溶液、化学动力学、化学平衡电化学及胶体化学等)(174学时);植物学(包括植物形态解剖学、系统植物学、被子植物分类学)(288学时);植物解剖学70学时;植物生理学(包括细胞生理、水分生理矿质营养、光合作用、发育生理与抗性生理等)(192学时);无脊椎动物学(以形态解剖为主的系统无脊椎动物学)(144学时);脊椎动物学(以形态解剖及生态为主的系统脊椎动物学,适当介绍动物地理学)(128学时);动物生理学(119学时);生物化学(包括蛋白质、糖、脂肪、核酸的化学、维生素、激素酶、生物氧化和新陈代谢等)(168学时);土壤学(45学时);植物生态学(45学时);微生物学(包括微生物形态、生理、分类、遗传和变异,以及在国民经济中的意义)(80学时);细胞学(包括细胞的基本形态及机能、超显微结构、细胞分裂、减数分裂、细胞分化和核质关系等)(42学时);遗传学(87学时);进化论(36学时);植物栽培学(39学时)。乙、专门组课及大实验:487学时。

3. 其他课(占上课总学时数的14%左右):外国语(第一外国语285学时,第二外国语183学时);体育(127学时)。

4. 生产劳动:六年内学生参加生产劳动的时间共24周,主要参加校内外工农业生产劳动。劳动安排采取集中与分散相结合的办法。

地质地理系地质学专业的课程设置如下。

1. 共同政治理论课(占上课总学时的11.5%左右)。其中:中共党史(64学时);马克思列宁主义概论(154学时);思想政治教育报告(160学时);

2. 专业课(占上课总学时数的72.5%左右)。甲、基础课:高等数学(218学时);普通物理学(172学时);普通化学(96学时);测量学(48学时);力学(78学时);普通地质学(103学时);构造地质与地质制图(112学时);地貌学与第四纪地质学(75学时);水文地质概要(30学时),中国地质学(97学时);大地构造学(84学时);古生物学(110学时);地史学(140学时);结晶学(52学时);矿物学(153学时);普通岩石学(211学时);沉积岩及相与建造(99学时);普通矿床学(168学时);地球化学(45学时)。乙、专门组课及选修课:255学时。

3. 其他课(占上课总学时数的16%)。其中:外国语(第一外国语255学时,第二外国语153学时);体育(114学时)。

4. 生产劳动:五年内学生参加生产劳动的时间共16周,主要参加校内外工农业生产劳动。劳动安排采取集中与分散相结合的办法。

中文系汉语专业的课程设置如下。

1. 共同政治理论课(共525学时,约占上课总学时的17%-18%)。其中:思想政治教育报告(162学时);中共党史(99学时);政治经济学(132学时）；哲学（132学时）。

2. 专业课（共1808—2012学时，约占上课总学时的63%—65%）。甲、基础课（共1454学时，约占上课总学时的47%—50%）：文学概论（48学时）；中国文学史（213学时）；写作（132学时）；语言学概论（64学时）；现代汉语（140学时）；古代汉语（231学时）；汉语音韵学（45学时）；文字学（48学时）；方言调查（64学时）；汉语方言学（51学时）；汉语史（132学时）；中国古典名著选读（112学时）；外国语言学史（55学时）；普通语言学（68学时）。乙、专门课和选修课（共354—558学时，约占上课总学时的13%—18%）现代汉语语音研究（2学时/周）；现代汉语语法研究（2学时/周）；现代汉语语法专书选读（3学时/周，2学时/周）；汉字改革概论（2学时/周）；古文字学（2学时/周）；说文解字（4学时/周）；清代古音学（2学时/周）；马氏文通（3学时/周）；汉藏语导论（2学时/周）；历史比较语言学（3学时/周）；普通语言学专书选读（甲）（3学时/周）；普通语言学专书选读（乙）（3学时/周）；实验语言学（2学时/周）；语法理论（2学时/周）；其他专题课（2—6学时/周）；第二外语（4学时/周，三学期）。

3. 生产劳动：五年内学生参加生产劳动的时间共22周，主要参加校内外工农业生产劳动。劳动安排采取集中与分散相结合的办法。

历史系中国史专业的课程设置如下。

1. 共同政治理论课（共524学时，约占上课总学时的18%）。其中：思想政治教育报告（161学时）；中共党史（99学时）；政治经济学（132学时）；哲学（132学时）。

2. 专业课（1539学时，约占上课总学时的54%）。甲、基础课（共867学时，占上课学时的30%）：中国通史（共396学时），其中（1）中国上古中古史（264学时），（2）中国近代史（64学时），（3）中国现代史（68学时）；世界通史（共264学时，其中）（1）世界古代史（132学时），（2）世界近代现代史（132学时）；（3）马克思主义经典著作选读（66学时），（4）中国史学名著选读（48学时），（5）中国史史料学（45学时），（6）中国史学史（48学时）。乙、专门组课（共672学时，占上课总学时的24%）：其中（1）断代史或分期史（261学时），（2）专题讲授（108学时），（3）断代史讨论班（120学时），（4）选修课（183学时）。

3. 其他课（共83学时，占上课总学时的28%）：古代汉语（186学时）；汉语写作（102学时）；第一外语（363学时）；体育（132学时）。

4. 加修课：第二外语（172学时）（第一外语学习成绩优良，经系主任批准，方可加修）。

5. 生产劳动：五年内学生参加生产劳动的时间共24周，主要参加校内外工农业生产劳动。劳动安排采取集中与分散相结合的办法。

哲学系心理专业的课程设置如下。

1. 共同政治理论课(共394学时,约占上课总学时的12.7%)。其中:思想政治教育报告(163学时);中共党史(99学时);政治经济学(132学时)。

2. 专业课(共2199学时,约占上课总学时的71.3%)。其中,甲、基础课(共1989学时,占上课总学时的64.3%),其中:辩证唯物主义与历史唯物主义(165学时);马列主义经典著作选读(68学时);自然辩证法(56学时);西方哲学史(66学时);逻辑学(68学时);数学(115学时);物理学(165学时);动物学(176学时);生物学(119学时);神经解剖学(66学时);高级神经活动生理学(30学时);普通心理学(165学时);实验心理学(198学时);儿童心理学(132学时);病理心理学(78学时);劳动心理学(64学时);动物心理学(78学时);心理统计(64学时);心理学史(116学时)。乙、专门课及选修课(共210学时,占上课总学时的7%):感觉心理学问题;记忆心理学问题;思维心理学问题;情感心理学问题;心理学理论问题;心理学的电生理研究方法;教育心理学;心理专题实验;第二外语;其他。

3. 其他课(共495学时,占上课总学时的16%):第一外语(363学时);体育(132学时)。

4. 生产劳动:五年内学生参加生产劳动的时间共24周,主要参加校内外工农业生产劳动。劳动安排采取集中与分散相结合的办法。

法律系法律专业的课程设置是如下。

1. 共同政治理论课(共516学时,约占上课总学时的17%)。其中:思想政治教育报告(153学时);中共党史(99学时);政治经济学(132学时);哲学(132学时)。

2. 专业课(共1767学时,约占上课总学时的58.1%)。其中,甲、基础课(共1578学时,占上课总学时的51.9%):法学基础理论(132学时);中华人民共和国宪法(72学时);中国法制史(132学时);中国政治法律思想史(76学时);中华人民共和国刑法(132学时);中华人民共和国民法(124学时);中华人民共和国法院与检察院组织法(54学时);中华人民共和国刑事诉讼法(64学时);中华人民共和国民事诉讼法(36学时);人民公社法(30学时);刑事侦察学(95学时);现代国际关系史(87学时);国际法(95学时);马克思列宁主义毛泽东著作选读(99学时);外国国家与法的历史(132学时);苏联及其他社会主义国家法律专题介绍(60学时);资产阶级政治制度(68学时);现代资产阶级法学流派(60学时)。乙、专门组与选修课(共189学时,占上课总学时的6.2%),自第四学年开始每学期可选一门,其中:外国政治思想史(60学时);资产阶级刑法(36学时);资产阶级民商法(48学时);国际私法（45 学时）；专题讲授（109 学时）。

3. 其他课（共 756 学时，占上课总学时的 24.9％）。其中：汉语写作（102学时）；古代汉语（93 学时）；第一外语（363 学时）；逻辑学（66 学时）；体育（132 学时）。

4. 加修课：成绩优良的学生，经系主任批准，可以加选第二外语或其他与法律专业有关的课程。

5. 生产劳动：五年内学生参加生产劳动的时间共 22 周，主要参加校内外工农业生产劳动。劳动安排采取集中与分散相结合的办法。

经济系政治经济学专业的课程设置如下。

1. 共同政治理论课（共 388 学时，约占上课总学时的 14％）。其中：思想政治教育报告（157 学时）；中共党史（99 学时）；哲学（132 学时）。

2. 专业课（共 1667 学时，约占上课总学时的 62％）。甲、基础课（共1493 学时，占上课总学时的 56％）：政治经济学（281 学时）；资本论（99 学时）；马恩列斯政治经济学著作介绍（90 学时）；毛泽东经济著作选读（75 学时）；经济学说史（115 学时）；当代资产阶级经济学说（72 学时）；中国近代经济思想史（80 学时）；外国近代经济史（90 学时）；中国近代经济史（90 学时）；世界经济（72 学时）；贸易经济（36 学时）；农业经济（48 学时）；工业经济（48学时）；财政与信用（42 学时）；资本主义国家经济基本知识（54 学时）；国民经济计划（54 学时）；统计学（80 学时）；会计（51 学时）。乙、专门课与选修课（共 174 学时，约占上课总学时的 6％）：政治经济学基本理论专题（18 学时）；政治经济学帝国主义部分专题（48 学时）；政治经济学社会主义部分专题（90学时）；英法早期社会主义（39 学时）；当代资产阶级价值理论（18 学时）；当代资产阶级经济周期理论（18 学时）；当代资产阶级经济发展理论（48 学时）；批判凯恩斯主义的成长论（16 学时）；凯恩斯乘数论的批判（6 学时）；西欧封建制度（18 学时）；资本主义国家农业专题（39 学时）；中国近代现代经济思想史专题 48(学时)；美国经济专题（18 学时）；日本经济专题（18 学时）；印度经济专题（24 学时）；世界经济专题（60 学时）；逻辑学（48 学时）。

3. 其他课（共 661 学时，约占上课总学时的 24％）。有汉语写作（102 学时）；第一外语（363 学时）；高等代数（64 学时）；体育（132 学时）。

4. 加修课成绩优良的学生经系主任批准可加修：古代汉语 102 学时；第二外语 221 学时。

5. 生产劳动：五年内学生参加生产劳动的时间共 22 周，主要参加校内外工农业生产劳动。劳动安排采取集中与分散相结合的办法。

政治系政治专业的课程设置如下。

1. 共同政治理论课（共 422 学时，约占上课总学时的 14.8％）。其中：思想政治教育报告(158 学时);政治经济学(132 学时);哲学(132 学时)。

2. 专业课(共 1538 学时,约占上课总学时的 53.9%)。甲、基础课(共 1307 学时,占上课总学时的 45.8%):中国共产党历史(165 学时);国际共产主义运动史(132 学时);马列主义基础(132 学时);马恩列斯著作选读(156 学时);毛泽东著作选读(132 学时);中国政治思想史(99 学时);世界政治思想史(99 学时);苏联共产党历史(66 学时);当代资产阶级政治理论批判(52 学时);法学概论(48 学时);国际关系(51 学时);资产阶级政治制度(48 学时);殖民地民族解放运动(76 学时);社会主义国家概况(51 学时)。乙、专门课和选修课(共 231 学时,占上课总学时的 8.1%):专题研究(132 学时);选修外系课(一门或二门,约 99 学时)。

3. 其他课(共 890 学时,占上课总学时的 31.2%)。中国近代史(64 学时);世界近代史(68 学时);古代汉语(99 学时);汉语写作(98 学时);逻辑(88 学时);第一外语(363 学时);体育(132 学时)。

4. 生产劳动:五年内学生参加生产劳动的时间共 22 周,主要参加校内外工农业生产劳动。劳动安排采取集中与分散相结合的办法。

图书馆学系图书馆学专业的课程设置如下。

1. 共同政治理论课(共 486 学时,约占上课总学时的 18.31%)。其中:思想政治教育报告(123 学时);中共党史(99 学时);政治经济学(132 学时);哲学(132 学时)。

2. 专业课(共 1104 学时,约占上课总学时的 41.77%)。甲、基础课(共 972 学时,占上课总学时的 36.78%):图书馆学引论(64 学时);图书馆目录(132 学时);图书馆藏书(51 学时);读者工作(48 学时);图书馆组织(36 学时);目录学(68 学时);马克思列宁主义经典著作目录学(51 学时);历史书籍目录学(64 学时);文艺书籍目录学(64 学时);科技书籍目录学(68 学时);中文工具书使用法(51 学时);中国书史(48 学时);中国图书馆事业史(51 学时);中国目录学史(48 学时);外文图书编目法(88 学时);外文工具书(40 学时)。乙、专门课与选修课(共 132 学时,占上课总学时的 4.99%)。其中,图书馆建筑与设备(20 学时);地方文献工作(20 学时);儿童图书馆(16 学时);高等学校图书馆(24 学时);科技文献学(20 学时);分类编目问题(24 学时);资产阶级图书馆学批判(12 学时);版本学问题(20 学时);其他专题(44 学时)。

3. 其他课(共 1055 学时,占上课总学时的 39.92%)。其中,科技概论(166 学时);中国通史(98 学时);中国文学史(99 学时);第一外语(363 学时);汉语写作(98 学时);古代汉语(99 学时);体育(132 学时)。

4. 生产劳动:四年内学生参加生产劳动的时间共 18 周,主要参加校内外工农业生产劳动。劳动安排采取集中与分散相结合的办法。

西方语言文学系德国语言文学专业的课程设置如下。

1. 共同政治理论课(共 526 学时,约占上课总学时的 17.2%)其中:思想政治教育报告(163 学时);中共党史(99 学时);政治经济学(132 学时);哲学(132 学时)。

2. 专业课(共 2146 学时,约占上课总学时的 69.7%)。甲、基础课(共 2088 学时,占上课总学时的 67.8%):语言学概论(48 学时);文学概论(66 学时);中国文学史(99 学时);欧洲文学史(66 学时);德语(1378 学时);德语作文(29 学时);翻译(29 学时);德语语法(66 学时);德国历史(51 学时);德国文学史(164 学时);德国文学作品选读(92 学时)。乙、选修课(共 58 学时,约占上课总学时的 1.9%),在五年级每学期至少选修一门专业选修课。成绩优良的学生,经系主任批准可加修一门至两门。有德语语音学、德语词汇学、德语修辞学、德语教学法、德国古典文学、德国十九世纪现实主义文学、德国二十世纪文学、欧洲文学批评史(加修)、其他(加修)。

3. 其他课程(共 404 学时,约占上课总学时的 13.1%),其中:汉语写作(98 学时);第二外语(174 学时);体育(132 学时)。

4. 生产劳动:五年内学生参加生产劳动的时间共 22 周,主要参加校内外工农业生产劳动。劳动安排采取集中与分散相结合的办法。

俄罗斯语言文学系俄罗斯语言文学专业的课程设置如下。

1. 共同政治理论课(共 526 学时,约占上课总学时的 15.5%),其中:思想政治教育报告(163 学时);中共党史(99 学时);政治经济学(132 学时);哲学(132 学时)。

2. 专业课(共 2399 学时,约占上课总学时的 72%)。甲、基础课(共 2341 学时,占上课总学时的 70.3%):语言学概论(51 学时);文学概论(66 学时);俄语(1543 学时);俄语通论(151 学时);俄罗斯苏联文学史(187 学时);俄罗斯苏联文选(138 学时);中国文学史(99 学时);欧洲文学史(58 学时);苏联历史(48 学时)。乙、专门课和选修课(共 58—116 学时,约占上课总学时的 1.7%)。要求每个学生选修二门至四门,语言选修课有俄语专题、俄汉翻译问题,文学选修课有俄罗斯苏联文学作家专论、名著选读。

3. 其他课(共 414 学时,约占上课总学时的 12.5%)。其中:汉语写作(98 学时);第二外语(184 学时);体育(132 学时)。

4. 生产劳动:五年内学生参加生产劳动的时间共 22 周,主要参加校内外工农业生产劳动。劳动安排采取集中与分散相结合的办法。

1964 年 2 月 13 日毛泽东在人民大会堂召开教育工作座谈会,在会上他说,"学制要缩短","课程多。压得太重,是很摧残人的。学制、课程、教学方法都要改","我看课程可以砍掉一半"。党委书记、校长陆平及时传达了毛主席的"春节谈话指示"。学校分别召开理科教学科研会议和文科教学经验交流会,积极贯彻毛主席的指示。各系按照"思想积极,步骤稳妥"的精神,精简了个别课程。

1965 年上半年,学校下发了《关于下学年教学计划的几点意见》,规定:理科各专业的学制,从 1965 年入学的新生起,一律改为五年,现有各年级的学制则按原来的规定不变。该意见对下学年各专业新生的教学计划中教学时间和参加城乡四清运动与生产劳动的时间,作了如下安排。理科各专业五年中,教学时间约占四年,参加一期农村四清运动约半年,生产劳动半年。这半年的生产劳动时间分散安排在各年级。外国语言文学各专业,基本上与理科相同,但生产劳动时间可以略少一些。社会科学各专业五年中,教学时间约占三年半,参加一期农村四清运动和一期城市四清运动(或主要过程)共约一年,生产劳动半年。这半年的生产劳动也分散安排在各年级。四年制的图书馆学专业,除参加城乡四清运动的时间与社会科学其他各专业相同外,教学和生产劳动的时间相应减少。该意见还规定,下学年在校各年级学生课内外的学习时间仍为 48 小时。理科的课堂教学时数低年级最高每周不超过 22 小时,文科不超过 20 小时;文科各专业除中文系外的汉语写作课,下学年继续停开;文科各专业的外语学习时间由三年,改为两年,每周 4 小时,从下学年起,三年级以上(包括三年级)不再规定必修外语。

(五)"文化大革命"期间的课程设置

1966 年 6 月 1 日,中央人民广播电台播出了聂元梓等人攻击北大党委和北京市委的大字报后,北大即"停课闹革命",接着又同全国高校一起停止招生。

1970 年 6 月 27 日,中共中央批转《北京大学、清华大学关于招生(试点)的请示报告》,北大于是年开始招收工农兵学员。由于种种原因,这一时期各专业的课程设置比较乱,有些课程虽然其名称和"文革"前的课程名称相同,但实际内容差别很大;同一门课程,各年的教学内容,也常常有相当大的差别。下表是这一时期部分系、专业的课程设置情况。

"文革"期间部分系、专业课程设置表

系、专业	制定课程设置方案的年份	课程名称	备注
数学力学系计算机专业	1970年	数学基础、无线电基础、工艺、结构制图的知识、计算机原理和程序设计、计算机的控制、运算交换器、计算机的内存和线路、计算机的外部设备、计算机的结构、工艺、调试经验、计算机的软设备	不包括政治课、军体课、英语等全校共同课
物理系光学专业	1970年	物理学基础、光学、电学、光谱学、物理实验、数学、机械制图、光学专题选修课	同上
物理系磁学专业	1970年	数学、物理学基础、实验、无线电及微波技术、铁磁学理论基础、专题讲座、科研、制图	同上
物理系半导体专业	1970年	物理学基础、数学、半导体物理和实验、半导体材料、电子学技术、半导体器件原理、简易制图、半导体器件工艺、专题研究	同上
化学系有机化学专业	1970年	有机化学及实验、化学工艺、基础化学及实验、数学、物理化学及实验、理论有机及物理化学方法、实践课	同上
化学系无机化学专业		无机化学、稀有元素化学、化学工艺、有机化学、数学、物理	同上
化学系石油化学专业	1970年	石油化学、石油化工基础、石油化学实验、石油化学过程中的物理化学、数学、物理	同上
生物系工业生物学(生化和微生物)专业		普通生物学(包括动物、植物、生理、解剖等有关知识)、普通化学(包括无机化学、分析化学等有关知识)、有机生化、生物化学、微生物学、物理学、仪器分析(包括生物学的近代技术及有关无线电、电工知识)	同上

系、专业	制定课程设置方案的年份	课程名称	备注
生物系新医药专业	1970 年	基础医学概论(包括组织、解剖、生理学入门知识)、临床医学概论(包括内、外、妇、儿及诊断学的基础知识)、祖国医学(包括中医、中药、新针疗法)、人体解剖生理学(包括组织、解剖、生理)、病理生理学、医学生物化学、现代生物学及病学技术应用、农村卫生学	同上
地球物理系地球物理专业	1970 年	数学、无线电基础、地震、地磁、重力、地电、地质结构、实习实验	同上
地球物理系大气物理专业	1970 年	数学、无线电基础、大气物理、大气探测(无线电气象、卫星气象)、天气动力、数值预报	同上
地球物理系空间物理专业	1970 年	数学、无线电基础、电离层物理、等离子体物理、日地关系	同上
电子仪器厂计算机专业	1970 年	毛泽东思想、军事体育、学工学农、数学、器件物理、计算机原理、计算机线路、计算机外部设备、计算机软设备(管理程序和语言符号程序简单介绍)、电工艺制图结构、英语	
数学系信息传输专业	1971 年	政治课、军体课、英语、无线电基础、程序设计基础、脉冲技术、微积分、信号分析与通讯原理	
物理系激光专业	1971 年	政治课、军体课、英语、数学(初等数学、微积分)、物理与化学基础(力学、原子、分子和周期表)、电学(直流电路、电磁感应、交流电、晶体器电路)、光学(光学基础知识、几何光学、振动和波、物理光学)、原子物理、激光(激光基础知识、半导体激光器的制备、激光原理、激光应用)、制图学	

系、专业	制定课程设置方案的年份	课程名称	备注
物理系磁学专业	1971年	政治课、军体课、英语、数学(初等数学、微积分、微分方程、矢量代数、重积分)、物理基础(电磁学、物理化学基础、力学、电磁场等)、无线电(以半导体电路为主,包括基础部分和大讯号脉冲电路部分)、铁磁学(包括铁磁物质的共性部分及软磁、硬磁旋磁、矩磁等不同材料的特殊部分)、铁磁学实验、微波及微波技术、理论物理基础(热力学、统计物理、量子力学等初步知识)、专题讲座、铁氧体工艺及原理、制图学	
物理系低温物理专业	1972年	政治课、军体课、英语、高等数学(函数、极限、微积分、多元函数、级数、矢量分析、微分方程等)、基础物理(力学、热学、分子物理、电磁学、光学)、理论物理初步(热力学、电动力学、量子力学初步、固体物理部分章节)、无线电基础、制图学、低温工程,低温物理实验、超导电性物理、科学研究训练	
化学系高分子化学专业	1972年	政治课、军体课、英语、数学(初等数学、微积分)、物理(电工基础、光学、力学基础、化工仪表)、基础化学、高分子化学、化工、制图、高分子化学专题	
化学系石油化学专业	1972年	政治课、军体课、英语、数学(初等数学、微积分)、物理(电工基础、力学、化工仪表)、基础化学、石油有机化学、石油物化和化工、制图、石油催化	
化学系稀有元素化学专业	1972年	政治课、军体课、英语、数学(初等数学、微积分)、物理(电工基础、光学、力学、化工仪表)、基础化学、有机化学基础、稀有元素化学及工艺、稀有元素分析、化工(化工原理、设备、化工制图)、稀有元素研究法	

系、专业	制定课程设置方案的年份	课程名称	备注
化学系分析化学专业	1972年	政治课、军体课、英语、数学（多元函数、微积分、微分方程）、物理（力学、电工学、光学、热学、磁学）、普通化学（化学基本概念和化学反应原理、常见无机化合物的重要性质和常见离子的定性检出，并掌握一些化学实验的基本操作）、有机化学、分析化学和定性分析、物理化学、仪器技术、有机分析、仪器分析、科学研究训练	
生物系新医药生物学专业	1972年	政治课、军体课、英语、解剖学、组织学、生理学、生物化学（基础化学、有机化学、中草药有效成分的初步分析与提取、生物化学）、微生物（医用微生物、免疫学原理、过敏反应、临床检验方法）、临床课（中西医内科常见病、多发病、普通病的诊断治疗）	
生物系农业生物学专业	1972年	政治课、军体课、英语、化学（包括无机化学、有机化学、生物化学、结合农业微生物典型产品进行数学）、植物保护、育种（以小麦、玉米为典型学习植物育种的理论和技术）、作物栽培生理学（以四大作物为典型，学习作物丰产的栽培技术和生长发育规律）、农业生物学（以几种农村常见微生物产品为典型带动教学，学习微生物学的基础理论、实验技术、生产技能及应用知识）	
生物系作物丰产专业	1972年	政治课、军体课、英语、初等代数、化学（学习无机化学、有机化学和生物化学的有关理论知识和实验技能）、土壤学及农业化学基础（以南方水稻田土壤为主）、微生物学（学习微生物学一般知识，重点掌握微生物农药、细菌肥料的土法生产和使用）、作物栽培及植物学基础（结合水稻生产学习植物形态、解剖、生理学基础和作物栽培）、植物保护学（学习农作物病虫发生规律，预测预报和防治，重点为水稻病虫害）、遗传育种学（植物遗传育种知识和育种技术）	

系、专业	制定课程设置方案的年份	课程名称	备注
生物系中草药专业	1972年	政治课、军体课、英语、药用植物学（识别 250－300 种中草药、学习有关的植物形态学和分类学知识）、化学（无机化学、分析化学、有机化学、生物化学的基础知识及实验方法）、药物化学（植物醣类、生物硷类、甙类、有机酸等的成份分析、提取方法及原理）、药理学、药剂学（丸、散膏、丹、冲服剂……等十多种常用剂型的生产工艺及质量检查标准）、医学（病理及解剖学基本知识、中医理论、20－30 种普通病的诊断治疗、中草药的运用、新针疗法）、初等代数、物理（电学光学方面的理论知识及有关仪器的使用）	
生物系微生物专业	1972年	政治课、军体课、英语、化学（无机化学、有机化学）、普通微生物学、生物学（醣、蛋白质、脂肪、酶等的化学性质、生理意义、生产实践中应用、测定方法和分析技术）、微生物菌种选育（微生物菌种选育的理论和技术，包括遗传学基础）、病毒学（病毒的一般知识与噬菌体作斗争的方法）、抗菌素（抗菌素的微生物学及化学、发酵设备工艺）、农业基础（水稻栽培及病虫害防治）、初等数学、物理（力学、电工光学的基本知识）、科学研究	

系、专业	制定课程设置方案的年份	课程名称	备注
生物系畜牧兽医专业	1972年	政治课、军体课、英语、家畜解剖生理学、化学(无机化学、有机化学、生物化学)、畜牧学(家畜的科学饲养管理、繁殖、防疫的理论知识和实际操作,发酵饲料的制作)、初等数学、物理、(主要学电学和电工知识)、中草药(100－150种常用兽医中草药的识别和采集,中草药手册的应用,几种剂型的制作方法)、药理学(一百多种西药的性能、各类主要药物的药理,药物鉴定的基本生理实验方法)、病理解剖(猪的主要传染病常见病,器官组织的病理变化、病理标本的取样、保存方法)、微生物学(微生物学基本知识,兽医微生物学检验方法,为制作发酵饲料与临床检验服务)、兽医(以猪牛马为主要对象掌握常见病、传染病诊断、治疗的理论知识和操作技术,学习中兽医理论、兽医针灸,开展中西医结合的治疗方法)	
地球物理系地球物理专业	1972年	政治课、军体课、英语、数学(初等数学、解析几何、数学分析、数理方程)、物理基础(力学、电磁学、热学等)、无线电技术及工厂实习(晶体低频放大、微电流放大等,一部分结合工厂实习进行现场教学)、地震地质(大地构造、地震地质调查、地应力理论及测量方法,结合野外考察进行)、地震学(弹性力学、地震基本理论及地震仪设计使用,地震预报的地震学途径)、重力课(场论、重力场基本理和测量方法,地震预报中重力场的途径)、专题(地球内部各种物理性质及研究方法)、台站实习(和专业课同时进行,到国家生产台站和校内地震综合观察站进行)	

系、专业	制定课程设置方案的年份	课程名称	备注
地球物理系空间物理专业	1972 年	政治课、军体课、英语、数学（初等数学、解析几何、数学分析、常微分方程、数理方程）、物理基础（力学、电磁学、分子运动论、原子物理等）无线电技术（晶体管线路、超高频放大等）、高层大气结构（高度大气温度、压力、密度的分布、辐射、大气逃逸等）、空间探测技术（质谱仪、真空技术、探针及火箭、卫星测量方法，包括工厂实习）、电离层物理（电动力学基本知识、电离层物理机制、电磁波在电离层中传播及应用等，包括在北京电离层站实习）、日地关系物理（日地空间物理，包括辐射带、宇宙线空间磁场等，包括北京天文台实习）、等离子体物理（等离子体的形成，高速、高温下等离子体性质，高速飞行再入问题，包括模拟实验）	
地球物理系大气物理专业	1972 年	政治课、军体课、英语、数学（初等数学、解析几何、微积分、数学分析、数理方程）、无线电技术（晶体管线路基础和部分电子管基础，工厂实习）、物理（力学、分子物理、热力学、电磁学、光学等）、气象学（以地面、高空气象观测方法和天气分析为主，同时学习有关的气象基础知识。部分内容到台场进行现场教学和实习）、卫星气象观测（卫星气象要素的基本原理、卫星云图的接收和分析）、云雾物理（云雾物理基础、测雨雷达观测方法、人工局部影响天气和测雨雷达的使用，到台站和观测现场进行教学）	
制药厂有机化学专业		政治课、军体课、英语、基础化学（无机化学、分析化学和有机化学的基础部分）、专业有机化学（有机合成、有机化学分析和仪器分析）、物理（电学、力学、光学）、数学（初等数学、微积分）、化工（制图、化学工艺、化工原理及部分设计）、科学研究（新产品试制方面的科学研究）	

系、专业	制定课程设置方案的年份	课程名称	备注
电子仪器厂电子计算机专业		政治课、军体课、英语、数学(初等数学、微积分、常微分方程)、器件物理(以计算机典型为线索,学习晶体管、磁芯、新型器件等的物理基础)、程序简介(中断管理程序、外部设备管理程序、多道运行管理程序)、制图简介(视图及剖视、零件图、装配图、学会看计算机结构图)、计算机原理与线路(学习计算机的基本原理,如运算法、指令执行过程、基本控制方式;熟悉计算机常用电路和基本元件、器件的动态特性,参加计算机的分调工作)	
电子仪器厂半导体专业	1972 年	政治课、军体课、英语、数学(初等数学、微积分、常微分方程)、物理(以电磁学和电工学为主,包括力学基本知识、光学、波动、量子概论等)、无线电基础(整流、放大、振荡、脉冲原理、元件和典型线路以及初步的微波知识)、半导体初步(半导体一般知识的介绍)、晶体管平面工艺、半导体物理基础(半导体和 PN 结基本知识)、晶体管原理和设计、化学、半导体材料、固体电路原理和设计	
中文系文学专业	1970 年	政治课、毛主席文艺思想课、写作课、专题课(毛主席诗词、革命样板文艺、文学专题讲座、历史专题讲座、古代汉语专题讲座)	
中文系文学专业	1971 年	通读《毛泽东选集》和新中国成立后发表的毛主席著作、毛主席哲学思想、马列著作选读、中共党史、毛主席文艺思想、文艺创作与评论、无产阶级革命文艺、古典文学、讲座、军体课、劳动课。1972 年增开中国现代文学、中国古代文学和外国文学讲座	

系、专业	制定课程设置方案的年份	课程名称	备注
中文系新闻专业	1971年	通读《毛泽东选集》和新中国成立后发表的毛主席著作、毛主席哲学思想、马列著作选读、中共党史、新闻理论、写作、文章选读、讲座、军体课、劳动课	
历史系	1970年	政治课、中共党史、国际共产主义运动和民族解放运动史、近代中国人民反帝斗争史、中国封建社会农民战争史、历史问题讲座、革命大批判	
历史系	1971年	辩证唯物论和历史唯物论、中共党史、国际共产主义运动史(结合学习马列六本书)、中国人民反帝斗争史、中国古代农民斗争史、社会调查和写作、军体课、劳动课。1972年增开"四史(厂史、社史、村史、家史)"调查和写作课	
历史系考古专业	1971年	政治课、军体课、劳动课、中国通史、中国考古学、考古学专题、考古技术、古汉语、古文字学	
哲学系哲学专业	1970年	毛主席哲学思想课、党内两条路线斗争史、毛主席文艺思想、国际共产主义运动史、马恩列斯哲学著作选读、对反动哲学批判专题课、政治经济学	
哲学系哲学专业	1971年	毛主席哲学思想、中共党史、国际共产共产主义运动史(专题)、马列著作选读、政治经济学(专题)、哲学简史(哲学史领域两条路线的斗争)、写作课、军体课、劳动课。1972年增开中国哲学史、欧洲哲学史、现代资产阶级和修正主义哲学批判、现实斗争中的哲学问题、近代史专题	
政治经济学系	1971年	马列著作选读、毛主席的哲学思想、中共党史、社会主义政治经济学(毛主席论社会主义政治经济学部分)、反帝反修专题、近代经济史专题、写作课、军体课、劳动课	

系、专业	制定课程设置方案的年份	课程名称	备注
国际政治系国际政治学专业	1970 年	毛主席哲学思想、党内两条路线斗争史、批判帝国主义、批判现代修正主义、民族解放运动	
国际政治系国际政治学专业	1971 年	政治理论课(哲学、中共党史、国际共产主义运动简史)、马克思列宁毛主席关于世界革命的理论、国际政治基本知识、当前国际政治中突出的问题、时事政治课、写作课、军体课、劳动课	
东语系 西语系 俄语系	1971 年	政治课:中共党史、毛主席哲学著作、共产党宣言、哥达纲领批判、国家与革命。专业外语课:要求在三年内能正确掌握语音、语调、语法,学会三千左右单词,具备听、说、写、读、译的基本功。汉语课:汉语知识讲座、汉语写作课。国际知识概况课。军体课。劳动课。1972 年增开了所学语言国家概况和史地课	

上表所列理科各系、专业的课程,均未包括因入学的学员文化程度过低,从 1972 年开始用半年时间为他们开设的补习中学数理化基础知识的课程。

1975 年,学校根据"国发 1975 年 60 号"文件关于高校"应根据农村需要的不同情况进行'社来社去'的试点"的规定,决定学习"朝阳农学院"的"经验",在生物系的植物生理生化专业、植物遗传育种专业、植物生理昆虫专业和经济系的政治经济学专业、哲学系的哲学专业等五个专业,进行"社来社去"试点,学制三年,面向北京地区招生,它们的课程设置情况如下表。

五个专业"社来社去"班课程设置表

系、专业	课程名称
生物系的植物生理生化专业	政治理论课,军体课,小麦、棉花、玉米、水稻的栽培及发育,植物栽培学,植物生理,有机化学经济合理施肥生理指标,几种微量元素对增产作用,腐植酸铵肥料的肥效实验,冬季温室蔬菜生产

系、专业	课程名称
生物系遗传育种专业	政治理论课,军体课,小麦、棉花、玉米、水稻的栽培及发育,植物栽培学
生物系植物生理昆虫学专业	政治理论课、军体课、棉花主要害虫的预测预报和防治、经济昆虫、昆虫分类、人工饲养瓢虫、对蚜虫的防治、昆虫预报、玉米螟性引诱剂田间实验
经济系政治经济学专业	政治理论课,军体课,农业学大寨、毛主席关于理论问题的指示、无产阶级专政的理论问题、苏修复辟资本主义的历史教训
哲学系哲学专业	政治理论课、军体课、哲学基本问题、认识论、辩证法、阶级矛盾和阶级斗争、无产阶级革命和无产阶级专政、无产阶级专政下的继续革命、政治经济学基础知识、农村现实问题研究、中共党史、毛主席著作选读

(六)"文化大革命"后改革开放时期的课程设置

十年"文革"结束后,1977 年恢复高考,恢复按"文革"前的专业目录设置专业,确定本科各专业的学制一般为四年,少数可以五年;取消专门组,但为贯彻因材施教原则,可在高年级设置若干选修课(理科有些专业将选修课分为若干组,称选修组,1981 年以后取消);按照"文革"前的模式制定各专业的教学计划,设置课程。1977 年 11 月,在 1977 级新生入学前(78 年 2 月入学),学校在《关于制定七七级教学计划的几点意见》中,对于课程设置问题提出了以下主要意见:(1)政治理论课文科开设中共党史、哲学、政治经济学,每门课分别为 148 学时与 111 学时,有些专业还可以开设国际共产主义运动史;理科开设中共党史、哲学、政治经济系(每门 72 学时)和自然辩证法(36 学时);外国语文各系开设中共党史、哲学、政治经济学,每门 72 学时。形势教育与政治活动每周半天。体育课一、二、年级,每周 2 学时。(2)要正确处理基础课与专业课的关系。基础课要单独设课,系统学习,保证必要的学时,以打好扎扎实实的基础。四年中基础课的教学时间应占两年半到三年。(3)文科学生要学好专业基础课和必要的文史知识,搞好写作训练,做到文从字顺,清楚明白,文、理科学生都必须懂得一门外语,达到能借助字典阅读专业书刊文献的水平。(4)要加强学生科学研究能力的培养,使学生具有从事科学研究的初步能力。文科学生,三年级要写好学年论文,四年级要搞好综合训练,写好毕业论文。理科学生要搞好毕业科研训练。(5)外国语文各系学生要练好三个基本功。基础阶段应不少于一年半至两年,扎实抓好学生语音、语调、基础语法等"五会"的全面训练,提高学生的听说能力。后两年为提高阶段,应侧重阅读、写作、翻译能力培养和训练。要发扬过去我校外语系培养的学生基本功扎实、知识面较宽、笔头文字能力较强等优点，克服不注意听说能力的培养等缺点。要有计划地安排外国优秀文学作品的教学和阅读，提高学生的分析和鉴别能力。为适应今后工作需要，外语系学生一般四年中要学习掌握两门外语，第二外语达到能借助字典阅读有关报刊的水平。下面是文、理科几个专业 1977 级和 1979 级课程设置的情况。

1977 级物理学专业的课程设置

1. 必修课。时事政治学习、政治课（中共党史、哲学、政治经济学、自然辩证法）、体育、外语、一元微积分、多元微积分、力学、电磁学、级数与常微分方程、分子物理与力学、光学、数学物理方法、理论力学、线性代数、原子物理、电动力学、电子学基础、热力学与统计物理、量子力学、普通物理实验、电子学实验、高等物理实验。

2. 选修课。选修课分两类，一类是学有余力的学生，在学完必修的业务课以后，可加选一定数量的选修的业务课。一类是专门课，为使学生在某个专门方向上有所深入，设置若干专门方向，每个专门方向设置若干专门课，由学生选习其中一个方向的专门课。每个方向的专门课有两门为选此方向的学生必修，其余为选修。当时共设 5 个专门方向，每个专门方向开设的课程如下（不是每年都要开设的）。

理论物理专门方向：高等量子力学，量子场论、群论、量子统计、粒子物理、广义相对论，原子核理论物理等。原子核物理专门方向：原子核物理、核电子学、核实验技术、高能物理、加速器、中子物理等。固体物理专门方向：固体物理、半导体物理、半导体器件、金属物理、铁磁学、晶体学、X 射线结构分析、电磁测量，有关专门实验等。光学专门方向：近代光学、高等光学、光谱学、激光物理、光学专门实验等。无线电物理专门方向：无线电理论基础、微波电路、微波技术、脉冲技术、电子计算机原理、自动控制原理、有关实验等。电子物理专门方向：阴极电子学、光电子学、真空物理与技术、微波电子学、气体电子学、电子、离子器件、有关实验等。低温物理专门方向：超导物理、低温工程技术、低温物理实验等。此外，还允许并鼓励学生跨专业跨系选修一些课程。

3. 科学研究训练。在最后一学期安排 10－12 周进行，形式可多种多样，如文献调研、新排或改进教学实验、在教师科研课题中做一部分实验工作或理论计算工作、完成一篇独立的小论文等。

4. 生产劳动、军事训练

1977 级中国语言文学系文学专业的课程设置

1. 必修课。时事政治学习、中共党史、哲学、政治经济学、体育、外语、中国通史、现代汉语、古代汉语、文学概论、马恩文艺论著选读、文学作品选读、中国古代文学史、中国现代文学史、中国当代文学、民间文学、外国文学（东方、俄苏、西方）。

2. 选修课。文艺理论方面：马列主义文艺理论专题、毛泽东文艺思想、鲁迅文艺思想、中国文艺理论批评史、中国古代文论专题等、外国资产阶级文艺思想专题。中国现代文学方面：毛泽诗词研究，中国无产阶级革命家诗词研究，中国现代文艺思潮、流派专题，鲁迅研究，郭沫若研究，现代作家、作品研究等。中国当代文学方面：当代作家、作品研究，文学创作论，鲁迅与民间文学等。中国古代文学方面：可以开设专史或断代史的研究，也可以开设文学流派或作家作品的研究，例如中国小说史、中国戏剧史、唐代诗歌流派、古代作家作品研究等。此外还有外国文学方面、语言学方面、其他有关哲学、历史、经济等方面的课程。

3. 科学研究。低年级学生主要结合课程的学习，写读书笔记、学习心得和短篇文章，三年级写学年论文，四年级学生写毕业论文。

4. 讲座。学生自由听讲，不计学时。

5. 生产劳动、军事训练和社会调查。

1977 级历史系中国史专业的课程设置

1. 必修课。时事政治学习、辩证唯物主义与历史唯物主义、政治经济学、中国古代史、中国近代史、中国现代史、世界古代史、中国历史文选、中国史料学、外语、体育。

2. 专题课。根据专业的需要和条件、特点开设专题课，专题分必修和选修两种。专题可环绕几个主要方面配套开设。学生在系（室）指导下侧重某一主要方面学若干专题课（允许跨专业修有关课程）。专题课举例：断代史、宋史、明清史、隋唐史；专史：中国土地制度史（封建社会），中国民族资产阶级的形成及发展。

3. 科学研究。一、二年级主要结合课程学习，写学习心得、读书报告或短篇文章。三年级写学年论文，四年级写毕业论文。

4. 讲座。学生自由听讲，不计学时。

5. 生产劳动、军事训练和社会调查。

1979 级经济系政治经济学专业的课程设置

1. 必修课。时事政治学习、中共党史、哲学、政治经济学、资本论、高等数学、高等数学习题讲解、外国语、外国经济文选（原文），会计学、统计学、中国近现代经济史、外国近现代经济史、经济学说史、资产阶级经济学概论、体育。

2. 选修课。共 34 门。这些课程可属于基础训练范围，但主要是属于专门训练。学生在系(室)的指导下侧重某一主要方面选修13门课。行有余力的学生可在此规定以外选学加选课。选修课科目为:第二外国语、中国经济地理、外国经济地理、世界经济概论、政治经济学资本主义部分专题、中国近代经济思想史、中华人民共和国经济史、工业经济与企业管理、农业经济、贸易经济、政治经济学经典著作选读、资本论专题、国外资本论研究、国外帝国主义论研究、财政与金融、中国古代经济文选、中国古代经济思想史、外国近代经济史专题、中国近代经济史专题、经济学说史专题、国民经济计划、外国国民经济管理数学模型、社会主义人口理论、当代资本主义经济学主要流派、社会主义经济数学模型研究、经济计量学、社会主义经济核算的经济效果、国外经济统计资料比较分析、数理统计、经济立法、比较计划经济、社会主义经济问题专题、社会主义政治经济学史。

3. 科学研究。低年级学生结合课程的学习,写学习心得和短篇论文。三年级学生结合社会经济调查写学年论文。四年级学生结合社会经济调查写毕业论文。

4. 讲座。学生自愿参加听讲。

5. 生产劳动、军事训练和社会调查。

1981年4月,学校总结恢复高考后三年多的教学实践,提出了《关于改进教学工作提高教学质量的几点意见》,其中有关课程设置的主要有以下内容。(1)从1981年入学的新生开始,实行学分制。课程分为4类,即:必修课:学生必须学习的指定课程;限制性选修课:学生必须在某些范围内选修若干门或若干学分的课程;非限制性选修课,或称任选课:由学生自由选修的课程(可以跨专业、跨系);学校、系、专业要求必修但不计学分的课程和教学环节。(2)为了适应国家对专业人才多种多样的需要,为了使学生能主动地、生动活泼地得到发展,为了有利于因材施教,应减少必修课,增加选修课,并适当减少学时和周学时。(3)要加强基础扩大知识面。除哲学、经济学方面的专业应加强自然科学课程的学习以外,文科其他专业也应提倡选修一两门自然科学课程。对于理科学生,除规定的公共政治理论课以外,提倡选修一两门人文学科或社会科学课程。同时,还应逐步在理科和文科学生中普及计算机应用知识。文、理科各系都必须为此创造条件,积极开设有关课程。(4)文史各专业应将过去的长通史课程(包括中国史、世界史、文学史等)改为较短的通史课,使学生能提纲挈领地了解历史发展的概貌和线索。在此基础上再开断代史、专史和国别史,以便于学生进一步深入学习,打好基础。与此同时,要注意加强学生的理论素养和治学方法的训练。外语类各专业,要努力搞好听、说、写、读、译"五会"的基本功训练,加强外国文学方面的教学,扩大学生的阅读量,还要注意提高学生的阅读、写作能力,扩大学生在外国问题方面的知识面,增开一些社会、政治、经济、外交等方面的选修课。理科各专业应本着大学本科阶段主要是打好基础、专业训练不能要求过多过高的精神,将某些专门课程调整到研究生阶段学习。同时有些专业课程的教学要求应适当降低,减少学时。理科四年制大学生可以不要求做毕业论文,但必须通过阅读文献、写读书报告、参加讨论组、参加科学实验等得到一定的科学研究训练。(5)为了贯彻理论联系实际的原则,培养学生的实际工作能力,文科各专业要根据实际情况,注意安排社会调查、专业实习和实践性教学环节;理科各专业要加强实验、实习的训练,包括增开实验技术方面的选修课程。(6)为了有利于学生的全面发展,逐步增开戏剧、音乐、美术以及体育等方面的选修课程。

根据以上意见,各专业于 1981—1982 年开始制定施行学分制以后的教学计划。下面是 1982 年和 1986 年几个专业教学计划中关于课程设置的情况。

1982 年物理系物理专业的课程设置

要求修满的总学分数为 155—159 学分。其中必修课 119 学分,限制性选修课 12 学分,非限制性选修课 18 学分,科研训练或毕业论文 5—10 学分。

1. 学校要求的必修课程共 32 学分。其中有:中共党史(4 学分),政治经济学(4 学分),哲学(4 学分),体育(4 学分),外语(16 学分)。

2. 系(专业)要求的必修课程共 87 学分。其中:高等数学(19 学分),力学(5 学分),理论力学(4 学分),热学(3 学分),热力学与统计物理(4 学分),电磁学(5 学分),电动力学(4 学分),光学(4 学分),量子力学(4 学分),原子物理学(4 学分),电子学基础(4 学分),普通物理实验(6 学分),电子学实验(6 学分),近代物理实验(6 学分),复变函数(2 学分),固体物理(4 学分),数学物理方程(3 学分)。

3. 限制性选修课 12 学分。其中,人文学科至少选 2 学分,指定的选修课程 10 学分。

4. 毕业论文和科研训练中选一种,前者 10 学分,后者 5 学分。

5. 非限制性选修课 18 学分。学生可在教师指导下,选修本校各系开设的课程,包括本科生学习的课程及一些为研究生开设的课程。如:低温固定物理(2 学分),低温物理实验(3 学分),半导体物理(4 学分),半导体物理实验(3 学分),高等量子力学(4 学分),激光原理(4 学分),铁磁学理论(3 学分),金属物理(3 学分)。

6. 必修但不计学分的课程和教学环节:时事政策学习(每周 3 小时),生产劳动(平均每学期一周,四年共八周),军事训练。

1982 年中文系中国文学专业的课程设置

要求修满的总学分数为 158 学分,其中必修课 120 学分,限制性选修课 28 学分,非限制性选修课 10 学分。

1. 学校要求的必修课程共 38 学分。其中有:中共党史(6 学分),哲学(6 学分)政治经济学(6 学分),外语(16 学分),体育(4 学分)。

2. 专业要求的必修课共 82 学分。其中有:中国通史(8 学分),马恩列斯文艺论著选读(3 学分),现代汉语(6 学分),古代汉语(8 学分),文学概论(4 学分),中国古代文艺理论批评史(6 学分),中国古代文学史(16 学分),中国现代文学史(6 学分),中国当代文学(4 学分),民间文学(3 学分),外国文学(8 学分),毕业论文(10 学分)。

3. 限制性选修课共 28 学分。学生应在下列 6 个方面的课程中选修,每一方面的课程修满规定的学分。文艺理论方面应修满 6 学分。其中课程有:马克思、恩格斯美学思想(2 学分),毛泽东文艺思想(2 学分),鲁迅文艺思想(2 学分),闻一多及其诗歌理论(2 学分),中国古代文论专题(2 学分),《文心雕龙》(2 学分),王国维文艺思想(2 学分),西方文论选(3 学分)。文学创作和民间文学方面,应修满 4 学分,其中课程有:小说创作论(3 学分),诗歌创作论(2 学分),戏剧创作论(2 学分),散文创作论(2 学分),民间诗歌(2 学分),神话研究(2 学分)。现代和当代文学方面,应修选 6 学分。其中课程有:中国现代小说流派(2 学分),中国新诗流派(2 学分),中国现代诗派研究(2 学分),中国现代话剧史(2 学分),现代中外文学影响论(2 学分),作家研究方法论(2 学分),茅盾小说创作(2 学分),丁玲研究(2 学分),曹禺研究(2 学分),柳青研究(2 学分),野草研究(2 学分),近代小说(2 学分),台湾近三十年小说(2 学分)。古典文学方面,应修满 6 学分。其中课程有:楚辞(2 学分),陶渊明(2 学分),杜甫(2 学分),唐宋散文(2 学分),宋词(2 学分),词曲欣赏(2 学分),诗歌艺术(2 学分),文言小说(2 学分),明清长篇小说(2 学分),红楼梦(2 学分),聊斋志异(2 学分),龚自珍、魏源(2 学分)。比较文学方面,应修满 2 学分。其中课程有:中日古代文学的比较研究(2 学分),中国西欧戏剧比较(2 学分),文艺理论的中西比较(2 学分)。⑥古代汉语专书选读。在指定的几部专书中选修,应修满 4 学分。

4. 非限制选修课共 10 学分。学生可在教师指导下,选学本系或外系开设的有关课程。

5. 必修但不计学分的课程和教学环节:时事政治学习(每周 3 小时),业务实习和社会调查(第三学年或第四学年安排一个月),军事训练。

1986 年物理系物理专业的课程设置

要求修满的总学分数为 145 学分。其中必修课 112 学分,限制性选修课

28 学分,非限制性选修课 5 学分。

1. 学校要求的必修课程共 31 学分。其中有:科学社会主义的产生和发展(2 学分),哲学(重点讲历史唯物主义,2 学分),中国社会主义建设问题(2 学分),《帝国主义论》与当代西方资本主义经济(2 学分),英语(第一外语,16 学分),体育(4 学分),军事训练(3 学分)。

2. 专业要求的必修课 81 学分。其中有:高等数学(16 学分),数学物理方程(3 学分),力学(4 学分),热力学与统计物理(4 学分),热学(3 学分),电磁学(4 学分),电动力学(4 学分),光学(4 学分),量子力学(4 学分),原子物理(3 学分),算法语言及实习(3 学分),普通物理实验(6 学分),固体物理学(3 学分),复变函数(2 学分),原子核物理学(3 学分),电子学基础(3 学分),电子学实验(2 学分),近代物理实验(6 学分)。

3. 限制性选修课 28 学分。其中,学校要求的限制性选修课 4 学分,学生应在下列两组课程中选修,并取得规定的最低学分数:甲组:马列主义理论课 2 学分:中国革命史(2 学分),中国共产党史(2 学分),毛泽东思想概论(2 学分),中国革命的基本问题(2 学分);乙组:哲学、人文科学和社会科学课 2 学分:自然辩证法(2 学分),美学(2 学分),自然科学中的哲学问题(2 学分),当代世界政治和国际关系(2 学分),伦理学(2 学分),当代西方哲学、政治、经济、文艺等思想评论(2 学分)。专业要求的限制性选修课 24 学分(其中应在毕业论文和科研训练中任选其一,前者 12 学分,后者 8 学分)。

4. 非限制性选修课 5 学分,学生可在教师的指导下选学本系或外系开设的有关课程。

5. 必修但不计学分的课程和教学环节:时事政治学习,生产劳动。

1986 年化学系化学专业的课程设置

要求修满的总学分数为 149 学分。其中必修课 102 学分,限制性选修课 29 学分,非限制选修课 18 学分。

1. 学校要求的必修课 31 学分。其中有:科学社会主义的产生和发展(2 学分),哲学(2 学分),中国社会主义建设问题(2 学分),《帝国主义论》与当代西方资本主义经济(2 学分),英语(第一外语)16 学分),体育(4 学分),军事训练(3 学分)。

2. 专业要求的必修课 71 学分。其中有:计算机基础(3 学分),高等数学(8 学分),普通物理(9 学分),普通物理实验(4 学分),无机化学(6 学分),无机化学实验(4 学分),分析化学(6 学分),分析化学实验(5 学分),有机化学(6 学分),有机化学实验(5 学分),物理化学(6 学分),物理化学实验(5 学分),结构化学(4 学分)。

3. 限制性选修课 29 学分。其中,学校要求的限制性选修课 4 学分。学生应在下列两组课程中选修,并取得规定的最低的学分数:甲组:马列主义理论课 2 学分:中国革命史(2 学分),中国共产党史(2 学分),毛泽东思想概论(2 学分),中国革命基本问题(2 学分);乙组:哲学、人文科学和社会科学课 2 学分:自然辩证法(2 学分),自然科学中的哲学问题(2 学分),美学(2 学分),伦理学(2 学分),当代西方哲学、政治、经济、文艺等思想评论(2 学分)。专业要求的限制性选修课 25 学分,其中毕业论文 15 学分,其他选修课不低于 10 学分。

4. 非限制性选修课 18 学分。学生可选本专业开设的下列非限制性选修课:量子化学导论,统计力学,催化导论,中级无机化学,有机光谱,同位素化学,化工原理,中级有机化学,生物化学,胶体化学,化学史,电子学基础,高分子化学,计算机在化学中应用,线性代数,概率统计,数理方程,科技文献检索。

5. 必修但不计学分的课程和教学环节:时事政治学习,生产劳动。

1986 年中文系中国文学专业的课程设置

要求修满的总学分数为 155 学分,其中必修课 112 学分,限制性选修课 35 学分,非限制性选修课 8 学分。

1. 学校要求的必修课 32 学分,其中有:科学社会主义的产生和发展(2 学分),哲学(3 学分),中国社会主义建设问题(2 学分),《帝国主义论》和当代西方资本主义经济(2 学分),英语(第一外语,16 学分),体育(4 学分),军事训练(3 学分)。

2. 专业要求的必修课 80 学分。其中有:中国通史(8 学分),语法修辞(4 学分),古汉语(8 学分),中国古代文学史(16 学分),中国现代文学史(6 学分),中国当代文学(4 学分),民间文学(3 学分),马恩列斯文艺论著选读(3 学分),中国古代文艺理论批评史(6 学分),文学概论(4 学分),外国文学(8 学分),毕业论文(10 学分)。

3. 限制性选修课 35 学分,其中,学校要求的限制性选修课 9 学分,学生应在下列两组课程中选修,并取得规定的最低学分数。甲组:马列主义理论课 3 学分:中国革命史(3 学分),中国共产党史(3 学分),毛泽东思想概论(3 学分),中国革命基本问题(3 学分);乙组:哲学、人文科学和社会科学课 6 学分:自然科学中的哲学问题(2 学分),自然辩证法(2 学分),伦理学(2 学分),美学(2 学分),当代西方哲学、政治、经济、文艺等思想评论(2 学分),当代世界政治和国际关系(2 学分)。专业要求的限制性选修课 25 学分。其中,文艺理论组课不低于 6 学分,文学创作和民间文学组课不低于 4 学分,现代和当代文学组课不低于 6 学分,古典文学组课不低于 6 学分,美学和比较文学组课不低于 4 学分。

4. 非限制性选修课 8 学分。学生可选学本专业开设的非限制性选修课或选学本校所开设的其他课程。

5. 必修但不计学分的课程和教学环节：时事政治学习、生产劳动。

1988 年，学校总结恢复高考以来的教学工作，提出了"加强基础、淡化专业、因材施教、分流培养"的深化教学改革的原则，并以此为指导思想对教学计划进行修订。与此同时，学校还提出了修订教学计划的一些具体规定和意见。其中关于课程设置方面，主要有如下内容。

（1）各专业必修课学分数一般应占总学分数的 70%，选修课一般占30%，选修课中非限制性选修课学分数一般不少于总学分数的 10%。

（2）低年级（一、二年级）可按相近专业或系进行宽口径的基础教育，以加强基础。如生物系设有生物化学、植物学、细胞生物学及遗传学、植物生理学及植物生物化学、环境生物学及生态学、微生物学、生理学及生物物理学七个专业。原来各个专业各设基础课，这次分为生物化学类、生理学及生物物理学类、环境生物学类等三个专业类，按专业类设置基础课，拓展了基础，有利于提高基础课的教学质量，加强了基础训练。高年级（三、四年级）再按个人志愿、学习状况和工作去向，分流选学不同课程，以适应不同社会需要。

（3）统一规定文科、理科和外国语言文学各专业必修的马列主义课程和学分（见下表）。

课程名称	文科（学分）	理科（学分）	外国语言文学（学分）
中国革命史	6	4	4
哲学	6	4	4
中国社会主义建设	4	3	3
世界政治经济与国际关系	3	—	3
政治经济学（资本主义部分，即现代资本主义）	3	2	2

（4）每个学生四年内应选修一门艺术类课程。

（5）军训安排在第一学年结束的暑假，在部队进行军队训练四周，不计学分。生产劳动原则上每学期一周。有野外实习、生产实习、社会调查的学期不安排。各专业安排的社会调查、生产实习等教学环节一般可定为四周 2学分。

（6）科研训练或毕业论文一般可定为 5—10 学分，最高不超过 10 学分。

此次修订教学计划的工作，因 1989 年春夏之交发生的"政治风波"而延误,一直到1990年上半年才完成。在此项工作还在进行时,国家决定从1989起北大新入学的学生全部到军事学院试行参加军政训练一年,这一年不计在学制之内。学生在军事学院的一年中,除接受军事教育外,还要学习政治课和文化课。政治课除时事政策以外,共6门:十三届四中全会文件、人民军队、思想品德、建设有中国特色社会主义(含坚持四项基本原则、坚持改革开放,反对资产阶级自由化等内容)、中国革命史、法学概论。从1990年入学的学生开始,改为坚定社会主义信念教育、人民军队、思想品德、马克思主义哲学著作选读、中国革命史、法学概论。其中,中国革命史的教学时间为20天(后改为18天),法学概论的教学时间为10天。这两门课程后来都分别以4学分和2学分作为必修课,被列入各专业这次新制定的课程设置中。文化课为英语和大学语文。从1990年入学的学生开始,又增加了"文化复习"一课。下面列举几个专业这次制定的课程设置情况。

1990年物理系物理学专业的课程设置

毕业要求总学分数164学分。其中:必修课125学分,占总学分数的76.1%;限制选修课21—30学分,占总学分数的12.9%—18.4%;非限制性选修课9—10学分,占总学分数的5.5%—11.0%.

1. 公共必修课总计42学分:中国革命史(在军事学院军训时授课,4学分),哲学(6学分),中国社会主义经济建设专题(2学分),资本主义经济概论(2学分),英语(20学分),体育(4学分),法学概论(在军事学院军训时授课,2学分),中国革命史专题(暂定,2学分)。

2. 专业必修课总计83学分:高等数学(15学分),线性代数(4学分),力学(4学分),热学(3学分),电磁学(5学分),光学(4学分),原子物理(4学分)、普通的物理实验(6学分),复变函数(3学分),数学物理方法(3学分),计算机概论与程序设计(4学分),固体物理(4学分),量子力学(4学分),电子学基础与实验(5学分),微型计算机原理与应用(5学分),近代物理实验(6学分),结构与物性(2学分),物理学前沿专题讲座(2学分)。

3. 限制性选修课总计21—30学分:学校要求的限制性选修课:从文科、艺术类课程中各选2学分,共4学分;

从下列课程或课程组中选修21—30学分,其中一、三类必须A、B两组中选择一组。

第一类:A组:经典物理(8学分)

B组:理论力学(4学分)、电动力学(4学分)

热力学与统计物理(4学分)

第二类:本学系各专业组开设的选修课7—8学分:

理论物理专门组:群论(4学分)、高等量子力学(4学分)、量子统计(4学分)。

半导体物理专门组：半导体物理（4学分）、半导体物理实验（3学分）。

激光物理专门组：激光原理（4学分）、激光实验（3学分）。

磁学专门组：固体的磁性（3学分）、磁化理论（3学分）、磁测量实验（3学分）。

低温物理专门组：低温物理（4学分）、超导物理（4学分）。

固体材料专门组：固体结构（包括实验，4学分）、衍射物理（包括实验，4学分）。

第三类：A组：科研训练（6学分），B组：毕业论文（10学分）。

4. 非限制性选修课。在教师指导下，从下列课程和其他学系开设的课程中选修9—18学分的课程：机械制图（3学分），C语言（3学分）、程序设计方法（4学分）、计算物理方法（3学分）、计算模拟方法（3学分）、符号运算（3学分）、概率统计（2学分）、原子核物理（3学分）、光谱学（3学分）、现代光学（3学分）、普通物理综合选题（3学分）、近代物理实验选修（2学分）、异质结物理（3学分）、应用微波基础（4学分）、音乐物理基础（3学分）。

5. 生产劳动（每学期一周，不计学分）、军事训练（在军事学院进行）。

1990年生物系环境生物学类（包括植物学、环境生物学、生态学三专业）的课程设置

毕业要求总学分数176学分。其中，必修课132.5学分，占总学分数的75%；限制性选修课20学分，占总学分数的11.4%；非限制性选修课13.5学分，占总学分数的7.7%；毕业论文10学分，占总学分数的5.7%。

1. 公共必修课总计42学分：中国革命史（在军事学院军训时授课，4学分）、哲学（6学分），中国社会主义经济建设专题（2学分），资本主义经济概论（2学分），英语（20学分），体育（4学分），法学概论（在军事学院军训时授课2学分），中国革命史专题（暂定，2学分）。

2. 专业必修课总计90.5学分：高等数学（10学分），无机化学及实验（5.5学分），分析化学及实验（5.5学分），有机化学及实验（6.5学分），物理化学及实验（6学分），物理学及实验（11学分），植物生物学及实验（7学分），无脊椎动物学及实验（3.5学分），脊椎动物学及实验（3.5学分），FOR-TRAN语言（3.5学分），生物化学及实验（10学分）微生物学及实验（4.5学分），细胞生物学及实验（4学分），遗传学及实验（4学分），大实验（6学分）。

3. 限制性选修课20学分：学校要求的限制性选修课：从文科、艺术类课程中各选2学分，共4学分；

从下列课程或课程组中选修16学分：

A组：生理学及实验（4.5学分）、生态生物化学（2学分）、昆虫学及实验（3学分）、生态学（4学分）、生物统计学（3学分）、同位素及实验（2学分）。

B组:植物生理学及实验(7学分)、植物胚胎学及实验(3学分)、植物分类学及实验(3学分)、同位素及实验(2学分)、生物统计学(3学分)。

4. 非限制性选修课。在教师指导下,从下列课程及其他系开设的课中选修13.5学分:人类与环境(2学分)、环境科学概论(2学分)、地学概论(3学分)、遗传学理论(2学分)、污染生态学(2学分)、CAI高等数学(2学分)、植物解剖学及实验(3学分)、植物生态学(3学分)、环境学理论(2学分)、水生物学及实验(3学分)、切片技术(1学分)、生态学概论(2学分)、动物行为学(2学分)、植物生化专题(2学分)、进化论(2学分)、植物形态学及实验(3学分)、藻类学(3学分)。

5. 生产劳动(每学期一周,不计学分)、军事训练(在军事学院进行)

1990年中文系中国文学专业的课程设置

毕业要求总学分数170学分。其中:必修课130学分,占总学分数的70.5%;限制性选修课14学分,占总学分数的5.2%;非限制选修课16学分,占总学分数的9.4%;专业实习(必修)2学分,占总学分数的1.2%;毕业论文(必修)8学分,占总学分数的4.8%。

1. 公共必修课程共计48学分:中国革命史(在军事学院军训时授课,4学分),哲学(6学分),中国社会主义经济建设专题(3学分),世界政治与国际关系(3学分),英语(20学分),体育(4学分),法学概论(在军事学院军训时授课,2学分),中国革命史专题(暂定,2学分)。

2. 专业必修课程共计82学分:现代汉语(7学分),古代汉语(10学分),语言学基础(4学分),文学作品赏析(4学分),现代文学史(6学分),当代文学(4学分),中国古代文学史(16学分),文学概论(4学分),工具书使用(3学分),逻辑学(3学分),民间文学(3学分),中国文学理论批评史(4学分),马恩列斯文艺论著选读(3学分),欧洲文学俄苏文学(8学分),计算机(3学分)。

3. 限制性选修课。从下列科目中选修14学分:古代诗歌研究(2学分),古代小说研究(2学分),现当代文学思潮(2学分),西方古代文艺思潮(2学分),中国古代文学思潮(2学分),比较文学原理,现当代小说流派(2学分),现当代诗歌流派(2学分),专书选读(2学分),专题讲座(2学分)。

4. 非限制性选修课。在教师指导下,从本系及其他系开设的课程中选修16学分。

5. 生产劳动(每学期一周,不计入总学分),军事训练(在军事学院进行)。

1990年政治学与行政管理系政治学专业、行政管理学专业的课程设置

毕业要求总学分数181学分。其中,必修课116学分,占总学分数的

63.9％；限制性选修课 25 学分，占总学分数的 13.9％；非限制性选修课 28 学分，占总学分数的 15.6％；社会实践 4 学分，占总学分数的 2.2％；毕业论文 8 学分，占学分数的 4.4％。

1. 公共必修课总计 48 学分：中国革命史（在军事学院军训时授课 4 学分），哲学（6 学分），中国社会主义经济建设专题（3 学分），资本主义经济概论（3 学分），世界政治与国际关系（3 学分），英语（20 学分），哲学（4 学分），法学概论（在军事学院军训时授课，2 学分），中国革命史专题（暂定，3 学分）。

2. 专业必修课总计 68 学分：马列政治学著作选读（2 学分），毛泽东思想政治学著作选读（2 学分），政治学原理（4 学分），行政管理学概论（4 学分），比较政治学概论（4 学分），中国政府与政治（4 学分），中国政治思想史（4 学分），中国政治制度史（4 学分），中国政党制度（3 学分），西方政治思想史（4 学分），组织理论（4 学分），中国公务员制度（3 学分），公共政策分析（3 学分），资本主义国家政治制度分析（4 学分），办公自动化（3 学分），政治学研究方法（2 学分），社会调查的理论与方法（2 学分），高等数学（8 学分），计算机语言与操作（3 学分）。

3. 限制性选修课 25 学分：其中专业分流限选课 15 学分，可分别从政治学方向（A 组）、行政管理学方向（B 组）、中国政治方向（C 组）中选修；另从课程组 D 中选修 10 学分。

A 组课程：中国特色社会主义理论（4 学分），马克思主义政治发展理论（2 学分），政治管理学概论（3 学分）、国际政治学概论（3 学分）、政党学概论（3 学分）、监察与监督学概论（4 学分）、政治哲学评析（2 学分）。

B 组课程：马克思主义行政管理思想（2 学分）、人事行政学（3 学分）、行政领导学（3 学分）、行政法学（3 学分）、市政学（3 学分）、公共关系学（4 学分）、现代管理学（3 学分）。

C 组课程：中国共产党领导与执政党建设（3 学分）、中华人民共和国对外政策（4 学分）、中国国情分析（3 学分）、社会统计学（3 学分）。

D 组课程：英语阅读（8 学分）、英语口语（4 学分）、语法修辞（4 学分）、形式逻辑（3 学分）、社会统计学（3 学分）。

4. 非限制性选修课。在教师指导下从本系及其他系开设的课程中选修 28 学分，其中需选其他文、理科类课和一门艺术课共 8 学分。

5. 生产劳动（每学期一周，不计入总学分），军事训练（在军事学院进行）。

1993 年 2 月 13 日，党中央、国务院颁布《中国教育改革和发展纲要》，同年 2 月 20 日，国家决定从 1993 年起北大本科新生的学军安排改为与其他院校相同,不再先到军事学院进行一年的军政训练。1994 年 6 月,党中央、国务院又召开了第二次全国教育工作会议,制定了《关于〈中国教育改革和发展纲要〉的实施意见》。1995 年国务院决定,从当年 5 月 1 日起,全国实行每周工作五天,40 小时工作制。为贯彻上述纲要、意见和决定,学校于 1993 年和 1994 年即对各专业教学计划,包括课程设置,进行了一些调整和修改,并在此基础上于 1995－1996 年作了较全面的调整和修改。课程设置调整与修改的主要内容如下。

(1)规定四年制本科的总学分数为 150 左右(实际上修改后的计划为150－160),五年制本科为 180 左右。必修课的学分应占总学分的 70％左右;选修课占 30％左右,其中任选课原则上不得少于 10％。

(2) 规范全校公共必修课的设置。

政治理论课:共设置 6 门,文科各专业、外国语言文学各专业和理各专业修读的学分数不同。文科修读(A 类)15 学分,外语科修读(B 类)12 学分,理科修读(C 类)10 学分,具体情况见下表。

科目	A 类	B 类	C 类
中国革命史	3	2	2
哲学	4	2	2
资本主义概论	2	2	2
中国社会主义建设	2	2	2
世界政治经济和国际关系	2	2	
当代人生理论与实践	2	2	2
学分合计	15	12	10

大学外语:14 学分(讲授课、听力课合计周学时 5)。各院系还应考虑安排专业外语。

计算机课:文科 6 学分(讲授 3×上机 2);理科 9 学分(讲授 3×上机 3),其中 6 学分为必修,3 学分为限选。

体育课 4 学分。

国防教育课:军事理论 2 学分。军事训练另外安排,必修,不计学分。

艺术类课:至少选修 2 学分。

文、理科学生必须互选课:文科学生需修读理科课程,至少选修 4 学分;理科学生需修读一定的文科课程,至少选修 4 学分。

公益劳动:每学期至少一周,不计学分。

下面例举几个院、系、专业 1996 年制定的课程设置（因为全校公共必修课的科目和学分,各院、系、专业均按照上述学校的规定设置,这里不再重复例举）。

1996 年数学科学学院数学系的课程设置

1. 准予毕业总学分:150 学分。其中,必修课 108 学分,占总学分的 72%（包括全校公共必修课 31 学分,专业必修课 77 学分）;限制性选修课 16 学分,占总学分的 11%;任选课 26 学分,占总学分的 17%。

2. 学院、学系设置的专业必修课科目及学分:数学分析 I、II、III（各 5 学分,共 15 学分）、高等代数 I、II（各 5 学分,共 10 学分）、常微分方程（3 学分）、几何学（5 学分）、偏微分方程（3 学分）、实变函数（3 学分）、复变函数（3 学分）、基础物理上、下（各 4 学分,共 8 学分）、抽象代数（4 学分）、微分几何（3 学分）、概率论（4 学分）、计算机 I—计算概论（4 学分）、计算机 II—数据结构（4 学分）、计算机 III（2 学分）、解析几何（3 学分）、拓扑学上（3 学分）、波函分析（3 学分）。

3. 院、系设置的限制性选修课程科目及学分:微分流形（3 学分）、数学模型（3 学分）、运筹学（3 学分）、理论力学（3 学分）、李群及其表示（3 学分）、模形式（3 学分）、数理统计（4 学分）、毕业讨论班（4 学分）。

4. 本院、系和其他系开设的任意选修课程科目及学分:初等数学（3 学分）、复变函数选讲（3 学分）、代数拓扑初步（3 学分）、有限群（3 学分）、图论（3 学分）、偏微分方程选讲（3 学分）、规划论（3 学分）、控制论（3 学分）组合数学（3 学分）、数学史（3 学分）、数理逻辑（3 学分）、整体微分几何（3 学分）、原子物理与量子力学（3 学分）、代数编码（3 学分）、密码学（3 学分）、数学软件（3 学分）、解析数论（3 学分）、黎曼几何（3 学分）、数值数学方法（3 学分）、分析力学（3 学分）、调和分析导论（3 学分）、常微分方程选讲（3 学分）、代数数论（3 学分）、群表示论（3 学分）、微分动力系统（3 学分）、电动力学与狭义相对论（3 学分）、测度论与概率论基础（3 学分）、应用随机过程（3 学分）。在任意选修课的学分数中,必须至少修读文科课 4 学分,艺术类课 2 学分。

1996 年物理系物理专业的课程设置

1. 准予毕业的总学分:150 学分。其中,必修课 102 学分,占总学分的 68%。包括全校公共必修课 36 学分;专业必修课（含毕业论文）68 学分。限制性选修课 25—33 学分（含计算机限选课 3 学分）,占总学分数的 17%—22%。任意选修课 23—15 学分,占总学分数的 15%—10%。

2. 系设置的专业必修课程科目及学分:高等数学（15 学分）、线性代数（3 学分）、力学（4 学分）、热学（3 学分）、电磁学（4 学分）、光学（4 学分）、量子物理（4 学分）、普通物理实验（4 学分）、电子线路基础（4 学分）、电子线路实验（2 学分），固体物理（3 学分）、近代物理实验（4 学分）、结构与物性（2 学分）、物理学前沿专题讲座（2 学分）、毕业论文（8 学分）。

3. 专业限制性选修课分为：第一组：理论物理部分；第二组专门课部分。必须从第一组的同名课中选择 A 或 B 之一，也可有些课程选 A，有些课程选 B。还必须从第二组课程中选读 6—8 学分。两组课程科目、学分如下：

第一组：理论物理部分 A：数学物理方法（6 学分）、理论力学（4 学分）、热力学与统计物理（4 学分 0、电动力学（4 学分）、量子力学（4 学分）、理论物理部分 B：数学物理方法（4 学分）、理论力学（3 学分）、热力学与统计物理（3 学分）、电动力学（3 学分）、量子力学（3 学分）。

第二组专门课程：群论（4 学分）、高等量子力学（4 学分）、量子统计（4 学分）、固体磁性（3 学分）、磁化理论（3 学分）、磁测量实验（2 学分）、半导体物理（4 学分）、半导体物理实验（2 学分）、低温物理（2 学分）、超导物理（4 学分）、固体结构（4 学分）、衍射物理（4 学分）、激光物理（4 学分）、激光物理实验（2 学分）、固体材料（4 学分）、材料物理（3 学分）。

4. 任意选修课：可从其他院、系开设的课程和本系设置的专门课程及下列课程中选修，但须修读文科课程至少 3 学分，艺术课程至少 2 学分。本系设置的任选课程科目及学分：原子核物理学（3 学分）、计算物理方法（3 学分）、计算模拟方法（3 学分）、应用微波基础（3 学分）、普物综合及设计实验（2 学分）、光谱学（3 学分）、现代光学（3 学分）、半导体异质结物理（2 学分）、机械制（3 学分）。

1996 年中文系中国文学专业的课程设置

1. 准予毕业的总学分：150 学分。其中，必修课 104 学分，约占总学分的 70%；限制性选修课 30 学分，约占总学分的 20%；任选课 15 学分，约占总学分的 10%。

2. 学系设置的基础必修课程科目及学分：现代汉语（4 学分）、古代汉（8 学分）、中国古代文学史（12 学分）、二十世纪中国文学（7 学分）、逻辑导论（2 学分）、中国通史（4 学分）。

3. 专业要求的必修课程科目及学分：作品赏析·写作（2 学分）、文学原理（3 学分）、民间文学（2 学分）、中国文学理论批评史（4 学分）、比较文学概论（2 学分）、外国文学（8 学分）、论文与实习（学年论文三年级时写作 2 学分；毕业论文四年级时撰写 4 学分。实习 1 学分）7 学分。

4. 专业设置的限制性选修课程分为五组，每组的科目及学分（每个科目均为 2 学分）为，中国古代文学科目：先秦散文专题、先秦诗歌专题、先秦两汉史传文学、魏晋南北朝诗歌专题、唐诗专题、唐宋词专题、唐宋散文专题、宋诗专题、元明清戏曲专题、明清白话小说专题、文言小说专题、近代文学专题。中国现代文学科目：二十世纪中国小说史、中国现代小说流派、中国现代小说家论、中国新诗思潮流派史、中国现代诗歌批评史、中国现代诗人论、中国现代文学批评史、中国现代话剧史论、中国现代作家研究、中国现代文学作家著作选读、四十年代文学史。中国当代文学科目：中国当代小说，中国当代诗歌，当代文学批评，当代作家论，当代文学现状评述，台湾及海外华文文学。文艺理论科目：文艺美学、西方文论选、中国古代文论选、《文心雕龙》。比较文学科目：中国新时期电影研究、现当代女性文化和女性写作、中法文学关系、东亚文化与文学、海外中国文学研究概述。

限制性选修课程不少于 30 学分，其中专书选读类课程不少于 4 学分。全系学生必须选修 3－4 学分的理解类课程，2 学分的艺术类课程。

5. 任选课系指选读外系、外专业开设的课程。

1996 年哲学系哲学专业的课程设置

1. 准予毕业总学分：150 学分（含毕业论文 5 学分，实习 3 学分），其中，必修课 97 学分，占总学分数的 64％。包括全校公共必修课 35 学分，专业必修课 62 学分。限制性选修课 25 学分，占总学分数的 16％。任意选修课 20 学分，占总学分数的 13％。

2. 系及专业设置的必修课科目及学分：高等数学（4 学分）、普通心理学（3 学分）、哲学概论（2 学分）、马克思主义哲学原理上、下（各 3 学分，共 6 学分）、逻辑导论（3 学分）、西方哲学史上、下（各 3 学分，共 6 学分），现代西方哲学（4 学分）、中国哲学史上、下（各 3 学分，共 6 学分），中国现代哲学史（4 学分）、马克思主义哲学史（4 学分）、马列哲学著作选读（4 学分）、东方哲学概论（3 学分）、科学哲学（3 学分）、伦理学原理（3 学分）、美学原理（3 学分）、宗教学导论（3 学分）、学年论文（1 学分）。

3. 限制性选修课程的科目及学分：物理学（6 学分）、普通生物学（4 学分）、当代科学发展与哲学问题（2 学分）、人际关系学（2 学分）、行政管理学（3 学分）、公共关系学（3 学分）、艺术学概论（2 学分）、中国音乐概论（2 学分）、西方音乐史及名曲欣赏（2 学分）、中国美术史及名作欣赏（2 学分）、西方美术史及名作欣赏（2 学分）。

4. 任意选修课系指学生可选本系或其他系开设的课程中修满规定的学分数。

1996 年经济学院经济学专业的课程设置

1. 准予毕业总学分：150 学分（含毕业论文 5 学分）。其中，必修课 113 学分，占总学分数的 75％，包括全校公共必修课 37 学分，专业必修课 76 学分。限制选修课 6 学分，占总学分数的 4％，任意选修课 26 学分，占总学分数的 17％。

2. 院、系设置的必修课程科目及学分:高等数学(微积分)上、下(各 5 学分,共 10 学分)、线性代数(5 学分)、统计学(3 学分)、微观经济学(3 学分)、宏观经济学(3 学分)、国际贸易(3 学分)、国际金融(3 学分)、货币银行学(3 学分)、概率论与数理统计(5 学分),经济计量学(3 学分)、发展经济学(3 学分)、《资本论》选读(2 学分)、专业英语(经济学专业)(3 学分)、中国经济思想史(2 学分)、产业经济学(2 学分)、市场营销学(3 学分)、经济学说史(3 学分)、中国近现代经济史(3 学分)、经济学基础上、下(各 3 学分,共 6 学分)、财政学(3 学分)、会计学(3 学分)、学年论文(2 学分)。

3. 系开设的选修课程科目及学分:外国经济史(2 学分)、房地产经济学(2 学分)、比较经济制度(2 学分),西方管理思想(2 学分)、日本经济管理(2 学分)、台湾经济(2 学分)、经济法(3 学分)、区域经济学(2 学分)、教授论坛(2 学分)。可选上列课程科目或其他系开设的课程,修满规定的学分数。

第五节　教学环节

教学环节是进行理论教育和实践教育的各种教学的形式、方式。它主要包括讲授、课堂讨论、习题课、实验、实习(教学实习、生产实习、参观考察)、考试考查、军事训练、学年论文、毕业论文等。其中如讲授、实验、实习、考试、毕业论文等教学形式早已有之,但当时没有教学环节这个名称。1952年学习苏联教育经验才有这个名称,并增加了多种环节,使整个教学过程更为系统、完整。

一、讲授

课堂讲授是理论教学的主要环节,也是整个教学过程中最重要的环节。新中国成立前,教师队伍中教授多于讲师、助教,讲课主要由教授担任,特别是重要的基础课都由系里著名的教授主讲。讲授的内容、前后次序和进度悉由主讲教师自行掌握。他可以侧重讲授自己的专长、见解和研究的心得、体会。有时,同一门课程可以由不同专长的教师同时开设,由学生自由选习。

1952年院系调整后,学习苏联经验进行教学改革,各系普遍设立专业和专门组(化),需要开设一些新的专业课和大量专门组(化)课。不少教授改为去准备和开设这些新课程,一些基础课的讲课任务由青年教师在有经验教师的帮助下去承担。在教学改革中,为保证与提高教学质量,要求各门课程,特别是基础课,都要制定教学大纲。教学大纲具体规定一门课程的性质、任务、讲授内容及其深度和广度，还规定各章节的学时分配。教师要以教学大纲为主要依据进行教学。为保证课堂教学的质量，当时有些课程还采取大班上课、小班辅导的办法，以使这些课程能由有经验的教师来担任课堂讲授的任务。

1956年，为在教学中贯彻"百家争鸣"的精神，发挥教师的专长，培养学生独立思考的能力，学校提出，在原则上，不管基础课、专业课或专门化课、教师都可以在课堂上讲述自己的独立见解，但根据课程和所讲问题的性质、听课学生的程度等不同情况，在具体掌握上应有所区别。例如，在专门化课程的专题讲授中，教师可以根据自己研究的成果，充分发挥自己的见解，同时补充其他学派的学说；在基础课中，教师应客观介绍各派的学说（包括自己的见解在内），并指出哪一种学说的科学根据更为充分，在学术界的影响更为广泛。

1959年，学校针对1958年的"教育革命"运动中曾经发生的一些劳动、科学研究、社会活动过多，冲击课堂教学和贬低、轻视教师在教学工作中的作用与课堂教学在整个教学过程中的作用等问题，提出学校应以教学为主，教学工作中教师应起主导作用，基础课应以系统讲授为主，保证给学生以系统、全面的科学知识。1961年9月《教育部直属高等学校暂行工作条例（草案）》发布。该条例草案规定："高等学校必须以教学为主，努力提高教学质量。""切实加强基础理论和基本知识课程的教学。基础课程的教学应该首先要求把本门课程的基础理论学好，不要过分强调结合专业和勉强联系当前实际。""为了使学生增进知识，活跃思想，提高识别能力，应该根据课程的特点和需要，在教学大纲中规定介绍各重要学派的观点。必要时，还可以分别开设介绍不同学派的课程。""教师可以讲授自己的学术见解，但是应该保证完成教学大纲的要求。""在教学中起主导作用的是教师，课堂讲授是教学的基本形式，教师必须努力提高课堂讲授的水平。""基础课程要由有经验的教师担任讲授。"学校认真贯彻了这些规定。

"文化大革命"期间，割裂理论与实践的统一，片面强调劳动实践，要求理科要开门办学，厂校挂钩，校办工厂，厂带专业，结合典型产品进行教学，急学先用，边干边学；要求文科以社会为工厂，在斗争中学，在斗争中用，结合现实斗争任务组织教学；反对系统地学习基础理论和基本知识，否定课堂讲授是教学的基本形式。

粉碎"四人帮"后，批判了上述这些违反教育规律的做法，逐步恢复"文革"前的做法。1980年，学校规定基础课主要由教授、副教授、有经验的讲师担任主讲。1986年，在《北京大学"七五"事业发展规划纲要》中规定："切实加强基础课的教学，保证必要的教学时间……坚持有经验的教授、副教授、讲师讲授基础课。"从 1988 年开始，学校还实行了一段时间选聘学术水平较高、教学经验丰富的教授、副教授主持重要基础课教学的办法。全校性重要基础课主持人由学校聘任，其他基础课主持人由各院系聘任。

二、课堂讨论

课堂讨论是帮助学生理解、消化和巩固所学知识，培养他们独立思考和运用理论解决实际问题能力的重要环节。其具体做法一般由教师规定讨论题目、指定自学参考书，让学生进行准备，然后在课堂上由教师主持讨论。教师可以指定学生发言，其余学生补充，并开展讨论，最后由教师总结。课堂讨论的时间包括在教学计划规定的该门课程的教学时间内，讨论次数的多少，由主讲教师决定。1958—1960 年的"大跃进"和"教育革命"曾发生贬低和轻视课堂教学作用的偏差，课堂讨论这一教学环节也受到影响。"文革"期间把正常的课堂教学，包括课堂讨论都打乱了，"文革"后，经过拨乱反正，这些现象得到了纠正。

三、习题课

习题课的作用和课堂讨论基本相同，是指导学生按照课程的要求作习题，进行练习，来巩固课堂讲授的内容，培养学生运用学习的理论知识解决问题的能力。习题课的教学一般由主讲教师的助手负责。习题课教师要跟班听课，及时了解学生对课堂讲授内容的吸收情况，配合讲授的基本内容并根据学生的实际情况组织教学。对学生完成的习题作业要认真批改，并对从中发现的较为普遍的问题进一步讲评。习题课的时间也包括在教学计划规定的该门课程的教学时间内。

四、实验

实验是实践性教学中的重要环节，在理、工、农、医各科教学中占有重要地位。《奏定大学堂章程》"各分科大学科目章第二"对格致科各学门规定要开设物理学、星学、化学、动物学、植物学、霉菌学、岩石学、矿物学、古生物学、晶象学、地质学等实验课。当时，对这些课概不规定每星期的上课钟点，理由是："实验课及演习钟点不能预定，以实有所得而止。"对其他各科的实验课也是如此。

中华民国成立后，在胡仁源任校长期间，为加强实验教学，除原有的实验室以外，增设了四个实验室——物理实验室、化学实验室、材料试验室、试金室，并添购了一批实验仪器。

20 世纪 20 年代和 30 年代前半期，北大的实验教学有很大的发展。如地质系 1920 年前没有一个本系的实验室。1920 年蔡元培请李四光担任地质系教授，委托他管理仪器、标本，曾请他任系仪器主任。1913 年，学校又请他任系主任。经他多年努力，建立了矿物学实验室、古生物学实验室、矿物岩石光学实验室、岩石分析室、绘图室等，改进了该系的实验教学。又如物理系原来仅有一间实验室兼仪器室，精确实验无法进行。1921 年颜任光教授主持物理系后，在学校支持下，使该系拥有普通物理和专门物理实验室五所，光学实验室三所，电振动实验室、应用电学实验室和放射物 X 光线实验室各一所，成为国内同类专业中设备较齐全的一个系。与此同时，实验课也逐渐发展充实，将物理实验分为三级：初级物理实验，在预科一、二年级进行，每周一次；普通物理实验，在本科一、二年级进行，每周一次；专门物理实验，在本科三、四年级进行，每周两次。此外，学生还可以在教授指导下自作实验，进行专题研究。颜任光还专门编写了一本学生实验用书《物理实验》。这期间，化学系的实验教学内容也比较充实。如 1924—1925 学年，该系为一至三年级学生开设的必修的实验课，有定性分析、定量分析，有机化学实验，物理化学实验等，为四年级学生开设的选修的实验课有高等分析实验、冶金化学实验、金属学实验、法化学实验、药化学实验等。

抗战爆发，北大、清华、南开三校仓促内迁，仪器设备除清华在抗战前两年运出一部分，战争开始又抢运出一部分外，都未及运出，所以长沙临大时期和西南联大初期，实验教学很难进行。1938 年，学校领导决定挤出一部分经费，又利用中华教育文化基金董事会补助的 10 万元理工设备费，通过各种渠道从国内外购置必要的仪器设备，经越南海防和滇越铁路运至昆明，加以教员自己动手制造了一批仪器设备和化学试剂，使各系的实验课基本都能开出。如物理系于 1939 年按萨本栋著《普通物理实验》开出了一学年的普物实验，每周一次。此后又陆续开出了电磁学实验（学年课，每周一次）、光学实验（学年课，每周一次），无线电实验（学年课，每周一次）、近代物理实验（6个实验），使学生在四年学习中都有物理实验课程，保证了对学生较全面的培养。如化学系在长沙临大时，只能借湘雅医学院的化学实验室进行一些实验，迁昆之初，也只能在昆华工校上实验课。1939 年 4 月，称为新校舍的几栋土坯墙、铁皮顶的平房落成，化学系分到四栋约 200 平米这样的房子，每栋隔成了二、三小间作为实验用房，能开出普通化学、定性分析、定量分析、有机化学和物理化学等实验课。又如生物系 1939 年以后，因陋就简，建立动物生理、植物分类、比较解剖学、脊椎动物学等实验室，使各门课程能开出必要的实验。

1946 年复员回北平以后，北大各院系的实验设备，包括原存北平的、从昆明运回来的以及新从国外购置的和自己设计制造的，虽然总的来说还比较陈旧,但同西南联大时相比,还是有了增加和充实,因此实验教学有所加强。

新中国成立后,1952 年开始学习苏联高校经验进行教学改革,加强了实验教学。如物理系原为学生开出的实验课有普通物理、电学、光学、无线电、近代物理等实验各一年,1952 年院系调整后制定的四年制教学计划改为普通物理实验两年,中级物理实验(亦称专门实验)一年,专门化实验一年。原开出的物理实验四年总学时约为 540 学时,院系调整后的教学计划改为 764 学时(其中专门化实验课 268 学时,由各专门化学生分别选习一部分),1954 年制订的五年制教学计划增加为 858 学时(其中由各专门化学生选习一部分的专门化实验 314 学时)。与此同时,对实验教学的要求也更为严格。如普通物理实验课,将教学过程分为准备、操作、总结和巩固三个阶段。准备阶段包括学生预习、教师面对仪器对学生讲解和提出问题讨论。操作阶段学生分组进行实验,详细记录各项数据,教师巡回检查、指导。总结和巩固阶段,学生写实验报告,三天后交教师批改,下次实验时发还学生并提出和讲解普遍存在的问题。其他各系实验课的情况大致与物理系相同。

1958—1960 年的"大跃进"和"教育革命"冲击了包括实验教学的整个教学工作。1961 年发布的《教育部直属高等学校暂行工作条例(草案)》纠正了"大跃进"和"教育革命"中的一些错误做法,规定要切实加强基本技能训练。北大据此,于 1963 年修订了各专业的教学计划,重新规定各专业实验课的设置和学时,加强了基本技能的训练。如物理系的普通物理实验 1959 年曾经将同类的实验合并进行,结果对基本仪器使用的训练都降低了。这时有条件分开的实验(如精密分析天平和比重合并的实验)已经分开单独进行。又如曾经一度包括在普通物理实验内的工艺实验,也撤出了普通物理实验,不再占用普通物理实验的学时。然而,1963 年全国农村开展"四清"运动,同年11 月、12 月和 1964 年 1 月,学校遵照上级领导的指示,组织大批文科和理科学生下乡参加"四清"运动。同时,1964 年 2 月,毛泽东在"春节座谈会"上指示:"我看教育要改变。""课程多,压得太重是很摧残人的。""我看课程可以砍掉一半。"学校认真贯彻执行了这个指示。这样,1963 年修订的教学计划,包括其中有关实验教学的规定,实际上未能得到全面实施。1966 年"文化大革命"开始,包括实验教学在内的整个教学工作都被打乱了。

1978 年,恢复高考后第一批学生入学,实验教学开始恢复正常,同时,根据正反面的实践经验和科学技术的新发展,对实验教学进行了改进,提高了教学质量。如物理系的物理实验课"文革"后到 20 世纪 90 年代就进行了以下一些主要改进:(1)新排了一批有助于学生理解物理概念和过程的新实验,如全息、照相、声波的衍射、研究电子束在磁场中的运动、描述热力学过程等实验。（2）引入新的技术、手段以提高实验的精确度。如气轨和光电技术的运用使力学量的测量更直观、更定量，激光的应用更使学生能详细观察非定域干涉条纹、定量测量衍射图的光强分析等。（3）对一批传统的实验赋予新的更深入的内容。如刚体实验增加了定量检验转动定理、平行轴定理等，光学衍射实验增添了远场近场衍射的区别和转换等。（4）开出许多选做实验，并在平时或暑期开放一些实验室，鼓励学生自己独立解决问题，提高他们独立工作的能力。

为了加强实验教学，1979 年学校在经费十分紧张的情况下，决定拨出专款 340 万元，用于加强仪器设备建设。1980 年 8 月，教育部决定从加强重点高校和 44 个教学科研中心及其他一些重点项目的世界银行贷款中给北大2000 万元，用于加强计算、固体物理、实验分析、生命科学等 4 个教学、科研中心和国家遥感中心培训部及一些重点实验室的建设。此后，随着学校经费的增加，实验室的建设继续得到了发展，从而加强了实验教学。

五、实习

实习，包括参观考察、教学实习和生产实习等，是贯彻理论联系实际原则，印证、巩固所学理论，获得生产实际知识和技能，培养独立工作能力的重要环节。

新中国成立前，教学实习、生产实习通称实习，新中国成立后，学习苏联教育经验才有此区分。一般说，教学实习多与某门课程的教学内容密切联系，所以也称课程实习，侧重印证、巩固所学理论知识；生产实习强调动手，侧重学习生产实际知识与技能，不过考古专业的田野考古、地质系的野外实习，有时也归入生产实习。此外、有一段时间，有些专业设有教育方面的课程，还有教育实习。

（一）清末与中华民国时期

1904 年 1 月颁布的《奏定大学堂章程》"各分科大学科目章第二"中，医科、农科、工科等分科大学一些学门均规定有实习课。如医学门设有捆扎学实习、外科手术实习等课，林学门有造林学实习、森林测量实习等课，采矿冶金学门有矿山测量实习、试金实习等课。京师大学堂时招收的采矿冶金门的 20 名学生，1913 年毕业前，就曾分别到萍乡、大冶、开平、汉阳、临城、滦州等矿场实习。

1914 年胡仁源任北大校长后，在其拟订的《北京大学计划书》中提出要"注重实地教授"，"法律门学生每月一二次，由教员带领赴各厅观视、以资验习"，工科学生"应注重计划、制图、室内及野外实习，每岁假期中，由教员带赴各处工厂、矿山、铁道，分门实习，以资历练"。

蔡元培任校长后至抗日战争爆发前,北大工科的土木工学和采矿冶金学、理科的地质、文科的教育、法科的法律等系(门)都规定有参观实习。1916年6月,农商部矿政司致函北大,说已呈奉批准北大采矿冶金系学生赴各矿厂练习。1920年12月,以唐山煤矿当年因办法不良爆炸数次,伤害无数工人,其中种种情形足资研究,北大派土木、采矿两科学生五十余人前往调查兼事实习(该两系于1922年和1923年最后一期学生毕业后停办)。法律系规定每届学生都要组织法院、监狱参观。由于该系学生人数较多,参观的地方也较多,有时需分组分几天进行。如1925年4月,该系四年级学生分为两组,每组参观两天,第一天参观京师地方的审判厅和检察厅,第二天参观高等审判厅和检察厅。1927年5月,该系毕业班学生分四天参观法院、监狱。第一天参观高等审检厅,第二天参观大理院,第三天参观地方审检厅,第四天参观第一监狱。由于法律系学生不可能到法院进行真实的诉讼实习,只能组织"模拟法庭"(当时称假设法院、假设法庭或形式法庭),进行诉讼实习。为此,学校制定了《北京大学法科诉讼实习章程》,报教育部批准备案。实习诉讼中之各职务,由各学生担任,由教师指导。诉讼实习引用之法律以现行法令及判例为标准。假设法庭审判之用语、讯问及辩论之程序,按法院编制法之规定办理。假设案件、命令、决定或判决书须依定式制作命令书、决定书、判词。1919年成立的地质系,于1922年在功课表内特设地质旅行一课,以便教员定时率领学生至野外实习,多得知识。该课设立后,除常去西山一带进行地质观察以外,1923年5月组织四年级学生分两组分赴山东济南泰安府一带和井陉、汉阳、大冶及唐山各处进行参观考察;组织三年级学生赴鸡鸣山及山西太原一带参观考察,并组织二年级和三年级学生在鸡鸣山煤矿作矿山测量实习。1924年5月,组织三、四年级学生赴汉阳、大冶、萍乡等处参观兵工厂、铁厂、矿厂及其一切设备。1925年5月组织该系经济地质组往奉天附近参观抚顺等矿厂。1926年11月组织三年级学生到门头沟地方做矿山测量实习。此后,每年都要组织学生出去参观实习。1935年2月,该系还制定了该学期组织各年级学生赴野外考察实习的计划,其中一、二年级各出去四次,三年级三次,四年级二次,实习地点除大多数在西山附近以外,每个年级分赴河北、河南、山东等处一次。1919年成立的教育系,其实习主要是组织学生参观考察北京市的教育机关,包括慈幼院、小学、中学、师范学校、职业学校、民众教育馆等,有时也组织学生到天津、济南、太原、开封、杭州、无锡等地的教育机关参观。

除上述各系之外,化学、经济、政治、史学等系也组织学生出去参观考察,以广见闻,增进学识。不过这不是作为各系教学过程中的重要教学环节在课程表中规定的。

抗日战争期间，经费短缺、交通不便，给参观实习带来很大困难。学校和教师千方百计克服困难，完成实习教学。地质地理气象系地质组，利用昆明周围多山、地质地貌变化较大的天然条件，努力组织野外实习。系里规定，每年都必须带领学生去野外一两次，每次少则数日，多则十余日。有地质测量课时还可以与该课配合进行。系里还规定，三年级暑假至四年级开学初共约三个月时间，将该年级学生分为二至三人一组，分赴指定地点研究矿物岩石，采集化石，确定地层时代与层序，观察分析地质构造，弄清矿产的类型与埋藏情况，进行地质测量和填图，并采集标本带回学校作室内鉴定、化学分析，四年级时再边上课边整理野外搜集的材料，进行分析研究，撰写论文。

地质地理气象系的气象组规定，四年级的台站实习到昆明五华山气象台进行。实习时要求学生必须按实际值班员的要求从事气象观测，并做月报表与逐月气象统计。高空实习则到昆明远郊区空军机场进行，先跟雷达班，后从事辅助计算工作。生物系教师利用云南丰富的动植物资源，经常于周末或假日带领学生到野外观察、了解动植物的形态和生态，采集标本。工学院各系都有工厂实习课，有的还有金工实习课。为解决实习场所问题，机械系师生曾自己建起了实习工厂。航空系的飞机修造实习课则要到昆明的第一飞机制造厂和第十飞机修理厂进行。1938年师范学院成立后，为了给学生提供教学实习和实验场所，于1939年办起了包括附小、附中的附属学校。至于法律系到法院、监狱的参观考察，社会学系的社会调查和社会机关参观等，虽然地区范围受限制，但都得以按计划在昆明当地进行。

抗战胜利，复原回北平的北大于1946年10月开学上课。当时，新增设的工学院、农学院、医学院的学生可以到各自学院的附属工厂、试验农场、附属医院实习，也可以联系到外单位实习。如1946年12月，农学院森林系的学生曾到中央林业实验所北平分所参观见习；1947年初，农学院畜牧系的学生曾至仁立毛机公司、华北制革厂、社会局皮革厂、社会局毛织厂等处参观。工学院的土木、机械、电机等系的学生，根据空军总司令部批准的"各专科以上校院学生入厂实习办法"，也可以去该部所属工厂实习。抗战前北大已设的法律、地质等系学生可联系去实习的地方也很多。不过没有多久，内战爆发，物价飞涨，实习教学又受到影响。

（二）中华人民共和国时期

1950年6月初，教育部召开的第一次全国高等教育会议通过的《关于实施高等学校课程改革的决定》中规定：为加强教学与实际结合，高等学校应该有计划地组织学生的实习和参观，并将这种实习参观，作为教学的重要内容。此前教育部已于5月19日，成立了"学生实习指导委员会"，并下发《学生实习指导委员会暂行组织规程及一九五零年暑期学生实习办法》。5月22日，北大校委会也决定成立学生实习指导委员会，以统筹办理学生实习工作。是年7月至9月，学校利用暑假组织理、工、文、法各院系三年级学生及少数一、二级学生进行参观实习。理、工学院的学生主要到东北各个厂矿实习。如土木系到四平市水利局实习，机械系到沈阳汽车总厂实习。文、法学院的学生主要到各地的银行、法院、博物馆参观学习，其中法律系的学生还参加了北京市人民法院的案件审查工作。

1951年8月21日，教育部发出《中央人民政府教育部指示》。其中，在"拟订教学计划应注意几个原则"中强调："各系、科、组学生如须进行校外实习者，应在教学计划中订出实习时期及时间长短，将实习作为学习过程的一个重要组成部分。实习的直接目的与具体内容应在教学大纲中加以规定，使每一阶段的实习服从于各该理论学科的相当部分。"

院系调整后，进行以学习苏联先进教学经验为主要内容的教学改革。苏联教学经验的一个重要特点就是重视实践性教学环节，包括实验和实习。1953年9月，政务院作出《关于加强高等学校与中等技术学校学生生产实习工作的决定》，指出：生产实习是使学生的理论知识密切联系实际并使学用一致的重要方法之一；各有关学校必须设专管机构或专管人员负责组织学生进行生产实习；各接受实习的机关或企业，也应根据工作的需要，指定一定的人员或机构，与学校派去领导实习的人员协同指导有关实习的各项工作；实习员生在实习期内应受实习所在的机关或企业的领导。学校据此作出《关于一九五三学年度生产实习的指示》，要求有关系应立即组成生产实习小组，其成员可包括系（科）主任、系（科）秘书和负责领导生产实习的教研室主任、教师及其他有关教师，而由系（科）主任领导；要求各系认真、缜密制定生产实习大纲和生产实习日历。1953年暑假前后，生物系、物理系气象专业、地质地理系、中文系编辑专业、历史系考古专业和图书馆专修科都按教学计划，组织学生进行了生产实习。这是院系调整后第一次进行的生产实习，师生都很认真，实习后都认为有很多收获。

1954年，学校根据是年5月高教部颁发的《高等学校与中等技术学校生产实习规程》，制定了《北京大学学生参加生产实习规则》。其主要内容有："生产实习是教学过程的有机组成部分，其目的在于巩固学生所学的理论知识，培养学生的实际工作能力。学生必须按照教学计划的规定进行生产实习。"学生在实习开始以前，必须认真学习实习大纲及有关实习的各项指示和文件。在实习期间，学生必须逐日填写学生生产实习日志，简要地记载当天完成工作的情况，呈交直接领导人审阅并签字。实习进行到一定阶段时，学生应按照实习大纲的规定，开始写学生生产实习报告书。报告书在实习终了时,应呈交领导实习的教师。"在实习期间,学生必须模范地遵守实习单位的劳动纪律、工作制度及其他各种规定。""学生在实习时,应服从实习单位领导人和教师的领导,虚心向实习单位的工作人员学习。""学生无故不参加实习者,不得升级或毕业。实习不及格者补行实习。"是年暑期,有800多名学生参加生产实习。其中物理系三年级学生在科学院各个研究所或各工业部门实习,生物系一、二、三年级学生到卫生部、农业部、农科院等研究部门实习,自然地理一、二、三年级学生到北京远郊区实习。

1958年和1960年的"大跃进"和"教育革命",打破了正常的教学秩序和科学的教学体系,冲击了实习教学。1961年发布的《教育部直属高等学校暂行工作条例(草案)》,纠正了1958年和1960年"大跃进"和"教育革命"中的一些错误做法,规定要切实加强基本技能训练,例如理、工科的生产实习、实验运算、绘图和某些必要的工艺训练。学校根据其精神,于1962年至1963年对各专业的教学计划进行了修订。这次修订的教学计划,有实习的专业都分别规定了实习和生产劳动的时间。实习能与生产劳动结合的可以结合进行,但结合进行时必须使实习能够达到原来规定的目的要求。文科专业大都将社会调查列入教学计划。社会调查一般都与生产劳动结合进行。这次修订的教学计划中,理科六年制的专业一般为实习4或6周;生物系各专业的实习均为5周;力学专业实习8周;地球物理系的地球物理、大气物理、气象学专业实习分别为6、9、12周;五年制的地质地理系各专业,实习为13—17周;文科五年制的考古专业,实习为41周;法律系的实习为10周;四年制的图书馆专业的实习为12周;文科其他五年制专业设有社会调查的,其时间约为6—8周。

1963年制定的教学计划,包括其中关于实习教学的规定,由于从是年冬开始各系学生都要分期分批赴农村参加"四清运动",未能完全得到实施。

"文革"期间,曲解教育与生产劳动相结合的方针和理论联系实际的原则,片面强调劳动实践,开门办学,打乱了包括实习教学的整个教学工作。

"文革"后,实习教学逐步恢复。1981年,学校决定从是年入学的新生开始,实行学分制,并布置各系、专业修订出实行学分制的教学计划。学校要求在修订教学计划时,为贯彻理论联系实际的原则,理科各专业要加强实验、实习的训练,文科各专业要根据情况,注意安排社会调查、专业实习和其他实践性教学环节。各专业实行学分制的教学计划于1982年修订完成。由于"文革"后的学制,除东语系各专业为五年以外,其他专业都从"文革"前的六年或五年改为四年,有的专业,如数学、物理等专业,没有安排实习;有的专业,如中国文学、汉语、哲学、政治经济等专业的社会调查时间,从"文革"前的6—8周,改为4周或一个月;有些专业的实习时间则基本上与"文革"前相同,如1963年地质地理系各专业的教学计划中,实习时间为13—17周,这次制定的教学计划中,地质系专业为17周,地理系各专业为15周。

1984年9—10月间,考古系旧石器时代考古实习队在吕遵谔等教师的指导下,在辽宁营口金牛山发现距今10多万年至20万年左右的人类头骨化石。为表彰我国考古学上的这一重要成果,教育部于1985年9月在北大召开表彰会,发给实习队奖状和一万元奖金。

1985年5月,学校在《关于修改教学计划若干共同问题的规定》中规定,各系可根据需要,在四年内的前三个暑假中占用一个暑假时间,安排实习、社会调查、劳动及其他实践活动。

1987年9月,国务院批转国家教委《关于改进和加强高等学校生产实习和社会实践工作的报告》。该报告指出,"高等学校要加强对实习工作的领导,认真制订实习大纲,明确规定实习的要求,完善有关教学文件。要选派合适的指导教师,加强对实习的指导和管理";"要在政治思想和业务学习方面对学生提出实习的严格要求,严格训练,严格考核;考核不及格的学生,要按照学生学籍管理的有关规定处理";接受学生实习的单位"要把配合学校搞好实习作为自己分内的重要职责,切实担负起培养人才的任务";"要选派政治思想好、实践经验丰富、有一定业务水平的人员担任实习指导工作,配合教师对学生进行思想政治教育和业务学习指导"。学校和各院系认真贯彻了这个报告的精神,加强了实习工作。

1988年下半年至1990年上半年,通过总结以往的教学经验,特别是实行学分制以后的经验,学校对教学计划进行了一次修订。这次修订的教学计划中,原来有生产实习和社会调查的各专业均注意保证和加强实习、调查的教学,文科各专业则都将社会调查、实习列入教学计划。各专业生产实习、社会调查等的学分数分别为:地球物理系的大气物理与大气环境专业2学分,空间物理专业4学分;化学系的化学专业2学分;地质系各专业10学分;城环系各专业11学分;中文系的中国文学、汉语、编辑专业2学分,古典文献专业3学分;历史系各专业4学分;考古系考古专业18学分,博物馆学专业17学分;哲学系各专业3学分;国际政治、经济、国际经济、经济管理等系各专业为2学分;法律系各专业为5学分;社会学系的社会学专业2学分,社会工作管理专业4学分;政治与行政管理系各专业为4学分;东语、西语、俄语、英语等系各专业2学分。

从20世纪80年代起,学校在加强和完善教学计划内的生产实习、社会调查等社会实践活动以外,还注意组织学生在假期和课余,参加社会考察和社会服务等社会实践活动。如1983年12月.校团委和东升公社团委互结友好团委,建设精神文明,规定东升公社为北大同学提供接触社会、锻炼才干的基地，北大团委承担东升公社青年的初等文化补习班工作。1984 年暑假，校团委组织服务队到青海进行文艺演出、开办企业厂长和经理"经济管理学习班"、进行科技普及等活动。1986 年暑期，校团委 60 多名研究生、本科生组成"赴黔智力支边团"，在贵阳、遵义、安顺等地举办 30 多场讲座、5 个培养班，听众达 6000 人；研究生会组织的"赴新疆服务团"，开展英语培训、通信卫星地面测试和生物、计算机软件知识讲座等活动；法律系共青团分团委组织的"普法宣传团"在内蒙古自治区进行 9 天的普法宣传等。

1987 年 6 月，国家教委、共青团中央下发《关于广泛组织高等学校学生参加社会活动的意见》，提出："今后高等学校除了要认真搞好已列入教学计划的生产劳动和社会实践外，还要把在假期和课外组织学生参加社会实践活动，作为高等教育的一个重要组成部分。""组织高等学校学生参加社会实践活动的目的，是让学生接触社会，了解实际，向工农学习，向实践学习，并在力所能及的范围运用自己所学的知识为社会服务。""根据近几年的经验，高等学校学生参加社会实践主要是开展各种社会考察和社会服务活动，例如，到革命老区和改革先进单位参观访问，为群众提供知识咨询服务，举办经济、管理、技术等各种培训班，为中小学短期培训师资，为中小企业和乡镇企业提供科技服务，到经济落后地区智力扶贫，积极参加公益劳动、勤工助学等等。""要把高等学校学生在假期和课外参加社会实践活动作为对学生全面考核的内容之一。""学校党政领导要把组织学生参加社会实践活动作为培养学生的一项重要工作，切实加强领导。"

为贯彻上述意见，加强对学生在假期和课外参加社会实践活动的领导，学校每年都成立由主管学生工作的党委副书记和副校长及学生工作部、校团委、学生会、研究生会负责人参加的"社会实践活动领导小组"负责此项工作，并每年都拨出专款加以支持。校团委、学生会、研究生会每年都利用寒暑假组织以技术咨询、师资培训、科技服务、社会调查、挂职锻炼等为主要形式的社会实践活动。据 1992 年统计，从 1988 年至 1992 年的五年中，仅较大型的社会实践团就有 100 多个。每年参加社会实践活动的人数都在三四千人左右，活动地点遍布全国各地，既有"老少边穷"地区，也有改革开放的前沿地区。此后，这一活动继续有领导有计划地开展。

六、生产劳动

新中国成立初期，北大就开始组织学生和年轻教职工参加一些校内外的社会公益劳动和农业生产劳动。1950 年 3 月，教育部和北京市生产指导委员会召开生产会议，决定将北京市南郊 14 区龙河村通顺庄的土地拨给北大、师大、交大京院、回民学院等四校经营使用，面积共 263.5 亩，由四校组成南郊生产委员会,下设管理委员会。为此,学校成立了由校委会代表、工会代表和学生会代表共9人组成的北大生产委员会,主持生产工作,组织学生和教职工参加生产劳动。不过,当年组织学生参加的这些公益劳动和农业生产劳动,1958年以前均未列入教学计划。

1957年毛泽东在《关于正确处理人民内部矛盾的问题》的讲话中提出:"我们的教育方针,应该使受教育者在德育、智育、体育几个方面都得到发展,成为有社会主义觉悟的有文化的劳动者。"1958年4月,教育部在其召开的第四次全国教育行政会议上提出:各级各类学校必须把劳动列入教学计划。同年9月,中共中央、国务院发布《关于教育工作的指示》,提出:"党的教育工作方针,是教育为无产阶级的政治服务,教育与生产劳动相结合。"学校认真贯彻了这些指示,把生产劳动列入教学计划,并在全国大跃进形势的推动下,结合"大跃进",掀起教育和生产劳动相结合的群众性的运动。除组织学生参加公益劳动和生产劳动外,理科各系纷纷办起了工厂。如数学系办起了电子计算机工厂;物理系办起了半导体工厂、电真空器件厂等八个分厂;化学系办起了化工厂并扩建成八个工厂;生物系办起了生化厂,并准备建立生物学仪器厂等。文科,除中文系曾办了个印刷厂以外,哲学、经济、图书馆学、俄语、西语等系,也包括中文系,则主要是组织学生到人民公社和厂矿进行半工半读(指在公社、厂矿期间)。如哲学系300余名师生到京郊大兴区黄村人民公社进行半工半读,中文系一年级学生到门头沟煤矿进行半工半读,东语系的蒙古语、朝鲜语、越南语等专业则拟组织部分学生到国内兄弟民族集居区进行半工半读。据校刊报道,1958年全校八千多学生参加生产劳动,包括校内工厂劳动、下乡下厂劳动、校内外公益劳动,达51.9万个劳动日,平均每人60天,按每周6天计,为10周多。实际上,学生参加劳动的时间恐还不止此数。

1959年,中央开始初步纠正1958年"大跃进"和人民公社化运动中一些"左"的错误。针对1958年在贯彻"教育与生产劳动相结合"方针中产生了劳动时间过多、忽视教学质量等情况,国务院于1959年3月发出了《关于全日制学校的教学、劳动和生活安排的规定》,规定高等学校每年教学时间一般定为七个半月到八个半月,学生劳动的时间一般定为两个月至三个月(8周至13周),假期一般定为一个半月。然而,1959年开始的"反右倾"运动以后到1960年,发生了反复,又掀起了新的"跃进"和"教育革命"的高潮,产生了"劳动过多、科学研究过多、社会活动过多"的"三多"情况。

1961年9月,中共中央发布《教育部直属高等学校暂行工作条例(草案)》,指出:"学生参加生产劳动的主要目的,是养成劳动习惯,向工农群众学习,同工农群众密切结合,克服轻视体力劳动和体力劳动者的观点。同时，通过生产劳动，更好地贯彻理论联系实际的原则。"其中规定："为了保证以教学为主……学生参加生产劳动的时间一般为一个月至一个半月。"学校认真贯彻其规定，减少学生参加生产劳动的时间，并于 1962—1963 年，结合学校的实际情况，制定出各专业新的教学计划。这次制定的教学计划中，理科六年制的专业生产劳动时间一般定为 26 周；数力系的力学专业定为 24 周；地球物理系的大气物理和气象学专业定为 24 周和 22 周；生物系除生化专业定为 25 周外，其他专业定为 24 周；五年半制的数学专业、计算数学专业定为 24 周；五年制的地质系和地理系各专业因生产实习时间长，定为 16 周。文科五年制的中文系的中国文学专业和古典文献专业、历史系的中国史和世界史专业定为 24 周，中文系的汉语专业定为 22 周，历史系的考古专业定为 20 周；哲学、经济、政治、法律等系和三个外国语文系各专业定为 22 周；四年制的图书馆学专业定为 18 周。

关于校办工厂，该条例（草案）规定，学校的工厂有两类，主要的一类是实习和实验性工厂。这一类工厂，主要为教学和科学研究服务，不以经济收益为目的。另一类是少数有条件的学校，结合专业所举办的生产性工厂。举办这类工厂，必须经过教育部和国家计划委员会批准。这类工厂可以生产国家鉴定合格的定型产品，生产任务应该列入国家或地方的计划，并且实行独立的经济核算，自负盈亏。1962 年 9 月，学校发出通知："我校各工厂（车间）主要任务是根据学校教学和科研需要，为各系修制仪器和印刷讲义教材，都是实习性质的；从今年八月份起，工厂人员纳入学校编制，各工厂不再独立核算，也不再自负盈亏。"这样，1958 年和 1960 年办起来的一些生产性工厂，即不再继续举办。

1964 年和 1965 年，因为要组织学生参加农村的"四清"运动，教学计划规定的学生参加生产劳动的时间常为参加农村"四清"运动所替代。1965 年2 月，鉴于当时的形势，学校在《关于安排下学年教学计划的几点意见》中提出：理科各专业学制一律改为五年，从下学期一年级学生起；下学年一年级学生的教学计划中，理科各专业五年内，参加一期农村"四清"运动约半年，生产劳动约半年，这半年的生产劳动时间安排在各年级；外语系各专业基本上与理科各专业相同，但生产劳动时间可以略少一些；社会科学各专业五年中参加一期农村"四清"运动和一期城市"四清"运动（或主要过程）共约一年，生产劳动半年，这半年的生产劳动分散安排在各年级；四年制的图书馆学专业，参加城乡"四清"运动的时间和社会科学其他各专业相同，教学和生产劳动时间相应减少；下学年文理其他各年级的教学计划中，生产劳动时间可按原计划安排。另外，理科和外国语言文学各专业划出半年时间，社会科学各专业划出一年左右时间，参加城乡"四清"运动。这个意见因 1966 年"文革"开始而停止实行。

"文革"期间,工农兵学员下乡下厂和参加生产劳动的时间,较之"文革"之前的学生增加很多。如1971年学校教育革命组规定各专业每两周安排劳动半天,但不包括到工厂进行现场教学的学时和以社会为工厂到农村、工厂进行教学时参加的劳动,而这类劳动的时间并不少。如1972年10月7日至11月7日,化学系石油化学专业新学员到北京向阳化工厂苯酚丙酮车间进行现场教学,其时安排为:(1)用10天时间分两组参加跟班劳动,每组上课5天,跟班劳动5天。(2)用5至7天时间参加车间的维修,一面劳动,一面要对精馏岗位和精馏塔的辅助设备的结构有感性认识。(3)用6天时间,请工厂师傅上仪表课边上课边做试验。(4)用8天时间参加苯酚丙酮车间维修后的开车、生产。据此安排,一个月中大概有一半时间是进行生产劳动。1975午,对新生学制和生产劳动的安排为:文科三年,一年级半工半读劳动3个月,二年级校内劳动2周,三年级校内外劳动各2周;理科三年半,一年级半工半读劳动3个月,二年级学农劳动4周,三年级校内外劳动4周。至于1975年学习朝阳农学院经验招收的学员则都安排到大兴五七干校实行半工半读。

"文革"后,对1977年入学的学生,各专业教学计划一般规定4年内学生参加生产劳动、校内劳动、公益劳动共计6周至8周,个别专业定为10周。1981年实行学分制后各专业制定的教学计划中生产劳动时间都定为平均每学期一周,四年共8周。1984年9月,教育部下发《关于高等学校学生参加生产劳动的若干规定》,其中规定高等学校学生平均每学年参加为时两周的生产劳动(含实习中的劳动)。学生参加生产劳动,主要是参加校内外的工业劳动、农业劳动和公益劳动。各种生产劳动要有适当的安排(其中公益劳动时间总计不少于两周),对学生参加生产劳动要进行考核,并将考核情况载入成绩档案。学校据此改进了组织学生参加生产劳动的工作。

1985年学校布置修订各专业教学计划,并下发《修改教学计划若干共同问题的规定》,对学生参加生产劳动定为每个学生每年应参加两周劳动;参加军训的一年级学生,在一年级时间内不参加生产劳动;其他一、二、三年级学生每学期安排一周劳动;有实习或社会调查的专业、年级,实习或社会调查有在工厂或野外劳动的,不再另外安排劳动;毕业班不安排劳动。此后,基本上均按此规定组织学生参加生产劳动。

七、军事训练

北大学生的军事教育和军事训练始于蔡元培长校时期。1912年2月,蔡元培任教育总长不久,即提出包括"军国民教育"的五育并举的教育方针,随后,教育部公布的教育宗旨又以"军国民教育"辅助道德教育作为宗旨之一。然而,由于旧教育家反对将军事训练列入课程,这项主张未能实行。蔡元培就任北京大学校长后,积极在青年学生中提倡体育锻炼和军事训练。1917年12月,学生发起成立体育会。蔡元培对之十分支持,除拨给经费、扩充体育设备等以外,还购置了五匹马,供学生进行马术训练,作为一项军事操练。1922年4、5月间,直奉两系军阀在北京近郊发生战事,北大为自卫计,成立了三百多学生参加的妇孺保卫团。直奉战争结束后,蔡元培为在学生中建立永久性的军事体育组织,于是年6月,将保卫团改编为学生军,并制定了学生军章程大纲,规定以锻炼身体、增进军事常识为学生军的宗旨。他将学生编成六个军,每个军分三队,每队分三排,进行军事训练,规定学生军毕业年限为初级二年,高级一年,分术科、学科、操行三项成绩。蔡元培还聘请蒋百里、黄郛等来校为学生开设军事常识课程。不过这时军事训练课、体育课还是只作为预科生的必修课,对本科生则听其自由选习。1922年7月,中华教育改进社在济南召开第一次年会,蔡元培被推为大会主席。他委托杨廉向大会提出了《专门大学应组织学生军受军事训练》的议案,但由于与会一些人的阻挠,蔡元培不得不将提案撤回,此议遂作罢。

1928年7月。南京国民政府公布《高级中学以上学校军事教育方案》,规定:凡高级中学以上学校,"除女生外,均应以军事教育为必修科目";"军事教育之目的在锻炼学生心身涵养、纪律、服从、负责、耐劳诸念,提高国民献身殉国之精神,以增进国防之能力";"军事教育由陆军学校毕业之军官充任"。1929年4月国民政府公布《国民体育法》,其中规定:高中或相当高中以上的学生,无体育和军事教育两项功课成绩,不得毕业。

1929年11月,刚于是年8月复校的北京大学(从北平大学北大学院复校)接教育部令:高中以上各校军事教育修习期间为二年,每年度每星期实施三小时,每年度暑假期间连续实施三星期。除暑假训练不给学分外,每学期应作一学分半每年三学分,两年共六学分。北大即按上述方案、法令、训令实行,将军事训练规定为三年级和四年级的必修课。

1931年九一八事变之后,北大东北同学抗日救国会函校长,请学校明令全体同学受军事训练。学校决定:三、四年级生照章须受军事训练,一、二年级生可自愿参加。1935年3月,教育部训令:高中以上学校女生,平时应以军事看护为必修科,医药专科以上学校之学生,平时应以陆军卫生行政法规及战时救护为必修科。

1938年9月,国民政府教育部公布《二十七(1938)年度学生集训改进办法》,规定高中及大学一年级学生实施一般军事教育,二、三年级为服务精神技术教育,女生受看护教育。据此,西南联大规定军事训练为一年级的必修课,共三学分。为实施军事训练,长沙临大时期和西南联大初期,学校设有军训队,并推定张伯苓为队长。1939 年设立训导长和训导处后,学校规定军事教育,其职责在军事教课方面属于教务处,在军事管理方面属于训导处,并在训导处里设军事管理组。1941 年以后,改为所有军训事宜,概由训导长负责。

抗战胜利、北大复员北平后,未对学生实施军事训练。

中华人民共和国成立后,很长时间没有设置必修的军事训练方面的课程。不过,1950 年代后期有民兵组织与活动。1958 年,毛主席提出"大办民兵师""全民武装"的号召。北大于是年 9 月,响应号召,成立了赤卫军民兵师,由副校长马适安任师长,大学办公室主任王裸任副师长,党委书记陆平任师政委,党委副书记史梦兰任副政委。民兵师成立后,组织学生民兵,主要是其中的骨干,进行了射击、摩托等训练,开展了国防体育活动,使青年学生学到一些军事知识和技能。1959 年 10 月 1 日国庆节,北大有 426 名带枪民兵参加了检阅。

1963 年 8 月,国务院批转《国防部、教育部关于制定高等学校和高级中学(中专)民兵试点训练大纲(草案)问题的请示报告》。该报告规定:"根据学校的实际情况和少而精的原则,高级中学(中专)的民兵,主要学习什么是人民战争、民兵的性质与任务和三八作风,并学习一些射击、投弹、站岗、放哨等动作;高等学校的民兵,在高级中学民兵训练的基础上,学习毛主席的人民战争思想、人民军队和战略战术,并学习一些射击技术和一般的战斗动作等。""通过训练,主要是使学生民兵学会一些军事知识,增强组织性、纪律性,提高学生的阶级觉悟,并树立不怕当兵、不怕战争,随时准备保卫祖国的观念。""训练时间,平均每周一小时,在课外时间进行。每月按四周,每学年按 8 个月计算,每学年训练 32 小时……五、六年制的高等学校,在一至四年级进行训练,共 128 小时,四年制的高等学校,在一至三年级进行训练,共 96 小时。""在寒暑假期间,各学校可根据学生民兵自愿,有领导有计划地组织军事野营活动,复习演练战术技术科目,巩固提高训练成果。但每次军事野营活动时间,不要超过 7 天。"

当时北大被指定为试点单位之一。根据上述规定,北大加强了民兵工作,于 1963 年 12 月召开民兵代表会议,交流前一阶段民兵工作经验,选出了新的民兵师师部干部:书记、校长陆平为师长兼政委,代理教务长王学珍、总务长马振明为副师长,武装部部长张起永为参谋长,党委副书记史梦兰、谢道渊和团委书记刘文兰为副政委。随后,各系制定了准备于 1964 学年开始实行的计划。如物理系的物理专业规定第一、第二学年和第三学年第一学期、第四学年,每周有 1 小时民兵训练,第一学年利用部分假期进行集中训练。但这些计划,由于从 1964 年下半年开始,学校要遵照中共中央和国务院的有关指示,组织师生参加农村的"四清"运动,文科学生参加运动的时间为一年到一年半,理科学生要参加一期"四清"的全部或主要过程,接着又开始了"文化大革命",因而基本上未能得到实施。

"文革"期间,根据毛主席的"五七指示",有安排学生到部队学军的活动,每期为一个月左右,除向解放军学政治、参加批判资产阶级以外,在军事训练方面主要是学习"三大纪律八项注意",进行军事条令、队列教育和行军、射击、刺杀、投弹等训练。

"文革"后,从1977年入学的新生开始,各专业的教学计划都安排有军训。具体时间是将其和生产劳动合在一起,每年平均2.5周。另外,四年内还要集中进行一次军训,时间为2或3周。如1982年9、10月间,对81级本科生1800余人,在校内分三批,每批两周,进行军事训练。学校请了部队的18位教练来帮训,理论课则请国防大学的教员来校讲大课。

1984年5月,国家公布《中华人民共和国兵役法》,其中规定"高等院校的学生在就学期间,必须接受基本军事训练"。1985年1月教育部、劳动人事部、财政部、总参谋部、总政治部、总后勤部发布《关于加强高等院校、高级中学军事训练试点工作的通知》,"决定从1985年9月开始,在全国50所左右高等院校、100所左右高级中学和相当于高级中学的学校进行学生军事训练试点。该通知规定:"学生军训一般在一、二年级进行。高等院校教学总时间为120—130学时……此外还要利用假期安排10天左右的集中训练。""学生军事训练通常以开设军事课形式进行,军事课是学生的必修课,考试成绩记入学生成绩册。"据此,学校决定是年先选中文、法律、技术物理、地理、无线电等五个系一年级新生进行军训试点。他们于8月底入校后,即集中两周进行军事训练,其中一周在假期,另一周用学习时间(实际上后来用了四周)。同时,在第一学期安排26学时分散进行军事理论教学,每周二学时。1986年,学校各专业都将军事训练列入教学计划,并规定军训课按假期集中四周左右进行军事训练和平时分散学习军事理论课相结合的方式进行。1987年,根据国家教委、国家计委、财政部和总参、总政、总后等8部委《关于加强高等学校学生军事训练试点工作的通知》精神,学校将学生的军训安排在一年级,其中集中训练的时间改定为五周(利用一部分假期)。

1989年春夏之交的政治风波以后,国家教委于7月26日下达《关于北京大学今年入学新生试行军政训练一年的通知》,规定:"北京大学今年招收的新生,入学后先集中一年时间,安排在军队院校进行军政训练,基本按军队院校本科生的教学计划进行学习,第二年再到北京大学学习四年。"由于军校条件的限制,国家教委决定,将北京大学的招生计划进行调整,从原定2150人,减少1335人,定为815人(后实际报到700多人)。1989年10月12日,北京大学首批参加一年军训的738名89级新生在石家庄陆军学院举行开学典礼。到石家庄陆军学院学习的学生具有石家庄陆军学院和北京大学双重学籍。在军校期间,和军校正式学员一样,穿制式军服、佩带肩章,按军校学员伙食标准集体就餐,但不办入伍手续,不计军龄。军政训练以政治教育和军事训练为主,辅以部分大学公共基础文化课的教学。其具体安排见下表。

课类	课程名称	教学天数	负责单位
军事	内务、纪律、条令教育	5	共同、中队
	队列	10	
	体育	4	
	投弹	2	
	兵种知识	2	共同、炮兵
	国外军事	2	侦察
	轻武器射击	20	射击
	单兵战斗动作	5	战术
	军事思想	5	共同
	小计	55	
政治	十三届四中全会文件	8	宣传处
	人民军队	5	政工
	思想品德	10	
	中国革命史	20	历史
	建设有中国特色的社会主义(含坚持四项基本原则,坚持改革开放,反对资产阶级自由化的内容)	16	
	法学概论	10	马列
	小计	69	
文化	大学语文	18	语言
	英语	30	
	小计	48	
	野营拉练和社会调查	10	战术、政工
	时事政策	5	宣传处
	总计	187	

学生接受完一年的军政训练后,被授予预备军官军训合格证书。

1990 年,由于北大不能连年减少这么多招生人数,需要适当增加,同时国家教委又决定军政训练一年的试点再增加一所学校(上海复旦大学),为此,教委与解放军三总部于是年 8 月 15 日联合下达指示:由石家庄陆军学院和信阳陆军学院承担培训北大学生的任务,由南昌陆军学院、大连陆军学院承担培训复旦大学学生的任务。是年 9 月,北大理科本科生和专科一年级新生到信阳陆军学院报到入学,文科本科一年级新生到石家庄陆军学院报到入学。军政训练的指导思想与上一年相同,军政训练的内容基本与上一年相同,略有调整。1991 年和 1992 年的新生均按 1990 年的办法施行。

1993 年 3 月 26 日,由国务委员李铁映主持,召开有国务院副秘书长徐志坚和国家教委、财政部、人事部、总参谋部、北京市的负责同志出席的关于研究调整北京大学、复旦大学新生军政训练问题的会议。会议决定:原则上同意国家教委关于调整北大、复旦新生军政训练的请示,将两校新生为期一年的军训调整为同其他高等学校相同的军训;现在正在四所军校进行军训的 1992 级学生,仍按原计划完成一年的军政训练;北大、复旦参加过一年军训的优秀毕业生可根据需要直接到省级以上的党政机关工作;参加一年军训视同参加一年社会实践或下放锻炼;两校参加一年军训的学生毕业后,在职务晋升、专业技术资格的取得、住房分配等方面,凡将参加工作时间或工龄作为一个条件时,其参加工作时间可按实际参加工作的时间向前推移一年(即参加军训的一年计算工龄)对待。

根据以上决定,北大从 1993 级新生开始,同其他高校一样,将军事训练作为学生的必修课纳入教学计划,采取分散进行军事理论教学和到部队集中进行军事训练的方式施行,到部队集中训练的时间一般为三周。不参训或考核不合格要补训和补考,不补训或补训补考不合格者不能毕业。

八、学年论文、毕业论文

京师大学堂时期,没有要求学生做毕业论文的规定。中华民国成立后,才有一些科系(门)规定学生要做毕业论文。1914 年,胡仁源担任北大校长。他在《北京大学计划书》中提出:"各科毕业考试,均注重论文。文、理、法科论文须就所学科目中,选择问题为有系统之研究;工科论文须计划一铁道、桥梁、矿山、工厂等之设备、图画及说明书均完备者,方为合格。""法科第四年级学生,应各就性质之所近,于主要科目中选择一种专门研究,每星期上堂四小时,专与担任教习互相讨论,毕业论文题目就此中选择。""毕业论文,非经试验委员会认为对于所学确有心得兼能发明引申者不得毕业。"1932 年公布、1933 年修正的《国立北京大学学则》规定:"凡四年级生在毕业前如经该系教授会认为应作毕业论文者,应于毕业考试前交到,该项论文经审查合格后方能毕业。"当时有毕业论文的系,一般于四年级上学期公布论文题目和指导教师,学生选定题目后,在指定教师指导下进行研究、撰写,于四年级下学期按规定时间交稿。

抗战时期,1938年10月,西南联大制定《国立西南联合大学本科教务通则》,规定:"学生第四年级上学期始业时,应商承本系主任及教授,选定题目,并受其指导,撰作毕业论文一篇,并按照校历规定日期,呈请审核。"但实际上由于种种原因,并未做毕业论文,而是以课程设计或读书报告代替。

抗战胜利,复员后的北大于1947年10月公布《国立北京大学教务通则》,其中关于毕业论文的规定与西南联大的本科通则完全相同,只是工科已由四年制改为五年制,因而将《本科通则》中的"学生第四年上学期始业时"改为"学生于最后年级上学期始业时"。

新中国成立后,虽然1952年学习苏联教育经验制定的教学计划中即规定学生要做学年论文和毕业论文,但具体推行则是从1954—1955学年开始的。1954年11月,学校制定了《北京大学关于学年论文和毕业论文的规定》。其中有关学年论文的内容主要有:(1)学年论文是综合大学各专业教学计划的重要组成部分,是整个教学过程的重要环节,其目的在于使学生进一步扩大其知识领域,培养学生阅读文献与独立进行工作的能力和习惯。(2)写作学年论文一般由三年级开始,也有的二年级或一年级开始(应根据专业教学计划的规定)。对于学年论文的要求应随年级的不同而有所不同。低年级的学年论文可以是一般性的,高年级的学年论文应与专业、专门化课程相结合。通常是评述性的,但理科的学年论文,也可以是实验性的。(3)学年论文的题材可以包括以下几个方面:进一步对教学大纲中的某一部分进行钻研和探讨;阐明本门科学在实际应用方面的一些问题;阐说本门科学中历史上或现代某些重要工作;阐明本门科学中某些观点或概念的历史发展以及其他。(4)各系、教研室应于每学年的前一学期制订一份学年论文题目和指导教师表,向学生公布。论文题目的数量应较多于学生人数,以便学生有选择的机会。(5)学年论文应达到以下要求:学生能系统、明确、完整地阐明题目所包括的主要问题;学生在学年论文中表现一定的钻研和自修能力,而不是零碎地东抄西抄;文字通顺、缮写整洁、合乎一定的格式。(6)导师应对论文作出评语,指出论文的优点和缺点,并评定及格或不及格。

该规定中有关毕业论文的内容主要有:(1)毕业论文是高等学校学生学习的最后总结,其目的在于使学生将其理论知识加以巩固、扩大和系统化,并对所学专业知识的某一方面进行深入的研究,发展学生独立工作的能力与习惯,并培养学生进行科学研究工作的能力。(2)毕业论文应带有一定的创造性，即其中应包含一些对于有关的科学来说，具有一些新的内容，即使这新的内容是很少的。（3）毕业论文的分量应适合于教学计划对此项工作所规定的时间和学生的程度。（4）各系、教研室应于每学年的前一学期开学后，公布毕业论文题目和指导教师。题目数量应略多于学生的人数。题目公布后，采取学生选择和教研室指定相结合的方式，确定每一个学生的题目。（5）毕业论文应在教学计划中毕业论文时间的最后两周内举行答辩。

1955 年 6 月，学校发出《关于本学年学年论文和毕业论文结束工作的通知》。其中规定，由于毕业论文本年系初次试行，毕业论文答辩工作可重点推行。各系可视具体条件全部或部分的试行答辩。毕业论文答辩由毕业论文答辩委员会主持。每一答辩委员会由三位或三位以上教师组成，其中可包括校外专家。今年毕业论文暂依"及格"和"不及格"评分，但各系应在今年的工作中注意研究四级记分的评分标准，以便为过渡到四级记分制做准备。

1957 年，因反右派运动，各系未要求写毕业论文，有些系也没有要求写学年论文。

1958 年和 1960 年，在"大跃进"和"教育革命"运动中，有些学生组织起来集体搞科研、集体编教材或参加教师的科研工作，未写学年论文和毕业论文。文科一些系的学生到农村、工厂写村史、厂史，也未写学年论文和毕业论文。

1959 年 3 月，学校在教学工作会议上提出：学校应以教学为主，学生的科学研究主要结合学年论文和毕业论文进行。1961 年，学校在布置修订教学计划工作中根据《教育部直属高等学校暂行工作条例（草案）》的精神规定，学生参加科学研究的目的在于获得从事科学研究的训练，培养独立工作能力。一、二、三、四年级学生的主要任务是学好基础课程，可以结合学习在教师指导和学生自愿参加的原则下，适当进行课余的科学活动，但不单独安排科学研究时间。五、六年级学生的科学研究主要是做学年论文和毕业论文。学制为六年的理科专业学生，做学年论文安排在第十学期和第十一学期分散进行，时间约 6 周；毕业论文时间约为 23 周，从第十一学期开始，主要集中在第十二学期进行。学生的毕业论文应该在教师指导下独立进行，并以一人一题为宜，必要时，也可几个人合作一题，但应以个人负责部分的研究结果作为考核成绩的依据。

1961 年，学校还对理科发出《关于毕业论文、学年论文、科学工作的几点意见》，强调："凡是应届毕业生必须作毕业论文，五年级学生都必须作学年论文。""理科学年论文可以是科学实验、理论计算或文献评述等工作，但通过学年论文学生必须学习查阅文献的方法，阅读一定的文献，学会有关的科学实验或计算方法。"1962年,学校又发出《关于进一步加强文科学年论文和毕业论文工作的意见》,提出:"写作学年论文的时间一般为200学时左右,写作毕业论文的时间一般为400—450学时。外语各系可适当减少。""毕业论文不及格者不予毕业。""学生分配工作后,可在规定时间内补做毕业论文,及格后补发毕业证书。"

"文革"期间,没有设学年论文、毕业论文这两个教学环节。

"文革"结束后,从77级学生开始,恢复设学年论文和毕业论文。不过,这时各专业的学制都已从"文革"前的五年、六年,改为四年。许多专业不再设学年论文,只设毕业论文,有些专业既要求写毕业论文,也要求写学年论文,有些专业要求在写毕业论文以前,给学生一定的科学研究训练,但不要求写成论文。如中文系文学专业规定:低年级学生主要结合课程的学习,写读书笔记、学习心得和短篇文章;四年级学生写毕业论文。历史系规定:一、二年级主要结合课程学习,写学习心得、读书报告或短篇文章;三年级写学年论文;四年级写毕业论文。另外,理科有的专业四年中的最后一学年安排一定的科学研究训练时间,训练的方式多种多样,可以是写毕业论文,也可以不写成毕业论文。物理系的物理专业规定:本教学计划在最后一学期安排10—12周的时间进行科学研究训练,准备工作也可更早些时候开始,形式可以多种多样,如文献调研、改进教学实验、在研究生或教师科研课题中做一部分实验工作或理论计算,有条件时也可以安排部分学生完成一篇独立的小论文。无论以何种方式进行科学训练,学生都要写出书面总结报告,作为考核的依据。

1981年3月,学校发出《关于1977级文科本科生毕业论文工作的几点意见》,强调做毕业论文的目的"是使学生受到科学研究工作各个环节的训练,培养正确的科学工作作风和独立工作的能力"。论文只要能对某一学术问题进行比较系统的分析归纳和综合评述,即使没有创见,也是可以的;如果能在前人研究的基础上,有所发现,有所创造,则更好。除科学论文外,其他文体形式,如调查报告、经验总结等,只要内容确有科学价值,能够提出问题、分析问题和解决问题,也应当允许作为毕业论文。外国语言文学各系,还可以翻译合适的作品,写一篇对此作品的评价,作为毕业论文。该意见还规定"本届毕业论文一般不进行答辩"(实际上,此后也没有要求毕业论文要进行答辩)。

1981年,学校决定从是年入学的新生开始,实行学分制后,规定毕业论文和科学训练视不同专业的实际要求,分别按5—10学分计算,超过此限者须提请教务长批准。1988年改为:毕业论文或科学训练一般可以定为5—10学分,但最高不超过10学分。1995—1996年,学校再一次修订了各专业的教学计划。这次修订的教学计划中，各院、系、专业是否设置学年论文、毕业论文和它们的学分数见下表。

社会科学院系	学年论文学分数	毕业论文学分数	理科院系	学年论文学分数	毕业论文学分数
中文系各专业	2	4	数学科学院各专业	（以毕业讨论班代 4 学分）	
历史系各专业	3	5	力学与工程科学系各专业		9
考古系各专业		5	物理学系各专业		8
哲学系各专业	1	5	地球物理学系各专业		6
经济学院各专业	2	5	技术物理系各专业		8
光华管理学院各专业		5	电子学系各专业		8
政治学与行政管理学各专业		3	计算机系微电子学专业		10
国际关系学院各专业		5	计算机系软件、软件工程、计算机及应用专业		12
法律学系各专业		5	化学与分子工程学院各专业		10
社会学系各专业		6	生命科学学院各专业		10
图书馆学系各专业		5	地质学系各专业		3
东方学系各专业		3	城市与环境学院各专业		3
西语系各专业		3	心理学系各专业		6
俄语系俄罗斯语言文学专业		2			
英语系各专业		5			
艺术系各专业		5			

第六节　出身与学位(双学位)

一、出身

京师大学堂设立时,经光绪帝批准的《奏拟大学堂章程》第四章"学生出身例"说:"前者所设各学堂,所以不能成就人才之故,虽由功课未能如法,教习未能得人,亦由国家科第仕进不出此途,学成而无所用,故高才之人不肯就学。""现京师大学堂既立,各省亦当继设,即宜变通科举,使出此途,以励人才而开风气。"具体的办法是,"由小学卒业领有文凭者,作为经济生员升入中学;由中学卒业领有文凭者作为举人升入大学;由大学卒业领有文凭者,作为进士,引见授官"。此项规定,由于1900年京师大学堂停办而未及实行。

1902年,京师大学堂恢复。是年,经光绪帝批准颁行的《钦定京师大学堂章程》规定:小学堂卒业生给予附生文凭,中学堂卒业生给予贡生文凭,高等学堂卒业生赏给举人,大学堂分科卒业生赏给进士。此后颁行的各级各类学堂的章程均据此作了规定。具体到京师大学堂各部分毕业生,除仕学馆、进士馆的毕业生原来就已经是进士,不需另给出身外,其余给出身的情况是:预备科毕业生均作为举人;师范馆毕业生,考列最优等者为师范举人,考列优等和中等者作为举人;译学馆毕业生均作为举人;医学实业馆毕业生均作为贡生,但贡生又分为拔贡、优贡和岁贡,该馆毕业生均作为岁贡;博物实习科毕业生,考列最优秀者作为拔贡,考列优等者作为优贡,考列中等者作为岁贡。分科大学毕业生按规定应赏给进士,唯终清政府统治时期尚无毕业生。

1911年8月9日(宣统三年七月十七日),学部奏准大学堂毕业者统称进士,高等及与高等同程度之学堂毕业生仍称举人,中学堂毕业者统称贡生,小学堂毕业者统称生员。师范、实业、法政、医学等专门学堂毕业者,均加某科进士或某科举人字样,俾有区别。

二、学位

1911年10月,辛亥革命爆发,清廷被推翻。1912年1月1日,中华民国临时政府成立。7月,教育部召开临时教育会议,教育总长蔡元培在开会词中指出:"前清时代承科举余习,奖励出身,为驱诱学生之计,而其目的,在使受教育者皆富于服从心、保守心,易受政府驾取。现在此种主义,已不合用。"同年10月教育部公布临时教育会议通过的《大学令》，其中规定："大学各科学生修业期满，试验及格，授以毕业证书，得称学士。""大学院生在院研究，有新发明之学理或重要之著述，经大学评议会及该生所属某科之教授会认为合格者，得遵照学位令授以学位。"

1915年1月，袁世凯发布《特定教育纲要》，改订《大学令》中有关学位制度的条款，规定"学位除国立大学毕业，应按照所习科学给与学士、硕士、技士各字样外，另行组织博士会，作为审授博士学位之机关，由部定博士会及审授学位章程暂行试办"。该纲要还规定"学位规定后，政府应颁布学位章服以表彰其学迹"。但该纲要公布后，还没有来得及制订具体的实施办法，即随着袁世凯的称帝失败和病死而被撤销。

1917年9月教育部公布《修正大学令》，其中规定"大学本科学生修业期满，试验及格，授以毕业证书，称某科学士"。从这时起不再笼统地称为"学士"，而是"某科学士"。

1933年南京国民政府立法院修正通过了《学位授予法》。同时教育部着手拟订各种学位开始授予之时期。"学士学位：凡依本法有权授予各种学士学位之学校，得自民国二十四年七月一日起，依本法开始授予各种学士学位；硕士学位之开始授予时期，应于硕士学位考试细则中定之；博士学位开始授予之时期，应于博士学位考试细则中定之。"

1935年4月22日，国民政府公布《学位授予法》。其中规定：凡曾在公、私立大学或独立学院修业期满，考试合格，并经教育部复核无异者，由大学或独立学院授予学士学位。为配合《学位授予法》的具体实施，教育部于5月制定和颁布了《学位分级细则》与《硕士学位考试细则》，将学士、硕士、博士三级学位的授予，皆分为8个学科：文科、理科、法科、教育科、农科、工科、商科和医科。

1948年1月12日，国民政府公布《大学法》。其中规定："大学生修业期满，有实习年限者，并经实习完毕，经考核成绩及格，由大学发给毕业证书，除专修科外，分别授予学士学位。"

按照以上法令，在民国期间，北大的本科毕业生均得根据有关规定称为学士。

中华人民共和国成立以后，从1949年至1979年，没有授予学位的制度。1980年2月12日，第五届全国人民代表大会常务委员会通过《中华人民共和国学位条例》，规定学位分学士、硕士、博士三级。高等学校本科毕业生，成绩优良，达到下述学术水平者，授予学士学位：(1)较好地掌握本门学科的基础理论、专门知识和基本技能；(2)具有从事科学研究工作或担负专门技术工作的初步能力。该条例1981年1月1日开始施行。1981年5月20

日,国务院又批转了国务院学位委员会制定的《中华人民共和国学位条例暂行实施办法》。其中规定了授予学位的学科门类。

学校根据上述条例和暂行实施办法,制定了《北京大学学位授予工作细则》。其中规定:本校授予学士、硕士、博士三级学位,按哲学、经济学、法学、文学、历史学、教育学、理学等学科门类授予。凡本科生完成教学计划和各项要求,经审核准予毕业,其课程学习和毕业论文(或其他毕业实践环节)的成绩,表明确已较好地掌握本门学科的基础理论、专门知识和基本技能,并具有从事科学研究工作或担负部门专门技术工作的初步能力的,授予学士学位。1984 年,学校对上述细则作了以下补充规定:本科毕业生有下列情况之一者,不能授予学士学位:(1)必修课和限制性选修课累计补考达五门次(含五门次)以上者;(2)未获毕业证书者;(3)学生在学习期满时,因受记过或记过以上处理尚不满一年,暂不授予学位,待分配工作一年后,由学生所在单位根据学生的表现,出具证明,由学生原所在系的学位评定分委员会审议是否可补发学士学位证书;(4)经校学位评定委员会审查认为不能授予学士学位者。1994 年 6 月,学校对不能授予学士学位的情况又增加了"凡考试作弊者"一项。

三、双学士学位和主辅修制度

1983 年,根据文化部、教育部的意见,为了培养对外文化宣传方面的专业人才,学校决定在国际政治系增设双学士学位专业——国际文化专业。当年从我校英语专业、国际政治专业、国际共运专业、世界史专业、世界经济专业、国际法专业修满 3 年的本科生及文科各系、外语各系其他专业修满 3 年、英语基础好的本科生中招收了第一届学生,学制 3 年。他们修满学业毕业后,既授予原来专业的学士学位,又授予国际文化专业的学士学位,享受"双学士学位"待遇。这是北大建立双学位制度的发端。

1985 年 1 月,为适应交叉、边缘学科发展的需要,培养一批跨学科的复合型人才,学校决定正式试行"双学士学位"制度,对学习能力较强、主修专业课学习优良的学生,允许从二年级开始,攻读另一学科的学士学位,相同课程可免修,一般不延长学制,成绩合格授予双学位证书。

1987 年 6 月,国家教委、国家计委、财政部发布《高等学校培养第二学士学位的试行办法》,规定:根据《中华人民共和国学位条例暂行实施办法》中所规定的十个学科门类(即哲学、经济学、法学、教育学、文学、历史学、理学、工学、农学、医学),一般地凡是已修完一个学科门类中的某个本科专业课程,已准予毕业并获得学士学位,再攻读另一个学科门类中的某个本科专业,完成教学计划规定的各项要求,成绩合格,准予毕业的可授予第二学士学位。

经过 1985 年到 1988 年的试行,全校(不包括 1983 年开始设置的国际文化专业)先后有 30 多名学生获得双学位。他们受到用人单位欢迎。但是由于第二学位学分要求较多,学生难以坚持到底,开设第二学位专业的系负担较重,因此,1988 年又决定实行主辅修制,即允许学生主修一个学科专业,辅以攻读另一个学科专业。辅修专业的学分数约占本专业必修课和限制性选修课学分总数的 35%—40%,较第二学士学位专业的学分数少。一般不延长学习时间,如有必要可延长一年。修满辅修专业规定的学分数,不给第二学士学位,只在毕业证书中注明或发给辅修专业毕业证。主辅修制度受到学生的欢迎,1992—1993 年批准攻读辅修专业的学生达到近 300 人。如 1992 年,经法国驻华文化处建议,并经教务处、国际经济系和西语系共同研究,认为:法语专业学生,辅修国际经济有关课程毕业后,能较好地从事与法国合资、法国在华独资、对法经贸等部门工作,决定法语专业本科生辅修国际经济专业。修读该辅修的法语专业学生,可延长在校学习时间一年。学生在一、二年级期间按法语专业教学计划进行学习,打好法语基础。三年级开始,除修读法语专业的部分课程外,修读国际经济专业的基础课专业课。五年内,修完全校公共必修课 46 学分,法语课 88 学分,国际经济专业课 50 学分,专业实习 2 学分,毕业论文 5 学分,共修满 191 学分,颁发法语专业毕业文凭,授予学士学位,并发给国际经济专业辅修毕业证。

1993 年 5 月,北大还和北京电影学院签订了北大学生修读北京电影学院电影学科第二学士学位的协议。协议规定,北大二年级文理科学生可于是年 6 月下旬自愿报名,由电影学院考核录取。被录取的学生进入三年级以后,在本校学习的同时,修读电影学院规定的课程,待本校本科毕业后再在电影学院集中学习一年,以完成第二学士学位学业。完成学业后,由电影学院颁发毕业证书,授予第二个学士学位。当年,有中文、地质、信息管理等系 12 名学生被录取为攻读剧作专业第二学士学位学生。

从 1996 年开始,北大中国经济研究中心为北大在校非经济学专业本科生设立经济学双学位和经济学辅修项目。招生对象是:非经济学专业的在读本科生及具有大学本科毕业学历和学士学位的本科毕业生(暂不接收专升本、自考及成人教育在读本科生和毕业生),2—3 年内修完规定的学分即可毕业。

1983 年至 1997 年,各院系开设的双学士学位专业和辅修专业的情况见下表。

专业	开设院（系）
国际文化专业（双学位）	国际政治系
国际关系与对外事务专业（双学位/辅修）	国际关系学院
经济学专业（双学位/辅修）	中国经济研究中心
德语专业（辅修）	外国语学院
法语专业（辅修）	外国语学院
日语专业（辅修）	外国语学院
行政管理专业（辅修）	政府管理学院
电子商务专业（双学位）	信息科学技术学院、经济学院和知识产权学院共同开设
社会学专业（双学位）	社会学系
哲学专业（双学位/辅修）	哲学系
历史专业（双学位/辅修）	历史学系
知识产权法（双学位）	法学院
艺术学专业（双学位）	艺术学系
心理学专业（双学位/辅修）	心理学系
数学与应用数学专业（双学位/辅修）	数学科学学院
统计学专业（双学位/辅修）	数学科学学院
计算机软件专业（双学位/辅修）	信息科学技术学院
微电子学专业（双学位/辅修）	信息科学技术学院
电子学专业（双学位/辅修）	信息科学技术学院
化学专业（双学位/辅修）	化学与分子工程学院
物理学专业（双学位/辅修）	物理学院
天文学专业（双学位/辅修）	物理学院
大气科学专业（双学位/辅修）	物理学院
生物化学专业（双学位/辅修）	生命科学学院
生物学专业（双学位/辅修）	生命科学学院

第七节 教材建设、教学基地建设

一、教材建设

（一）清末京师大学堂时期

1898 年 7 月（光绪二十四年五月），总理衙门在《奏拟京师大学堂章程》中提出，"今宜在上海等处开一编译局……局中集中西通才，专司纂译"。其所以选择设在上海是因为上海为"华洋要衢，一切购买书籍延聘译人等事皆较便易"。光绪在批准大学堂章程的同时，批准设立译书局，并谕令"原设官书局及新设之译书局均著并入大学堂，由管理大臣督率办理"，又著赏梁启超六品衔办理译书局事务。

上述大学堂章程第二章"学堂功课例"规定，大学堂课程设普通学 10 门，专门学 10 门。另设英、法、俄、德、日五国语言文字学 5 门。在普通学和专门学各门功课中，只有经学、理学、掌故学、诸子学四门，需要将经史等书撮其精华，编纂成书，但其中经学一门，以六经如日中天，字字皆实，凡在学生皆当全学，经奏准，不在编译之列，所以需要编纂的实际上只有三门，其余皆需翻译西人学堂用书，所以，译书局的主要任务就是翻译西方学堂的教科书、教材。

译书局开办不久，即因义和团运动和八国联军侵入北京，随大学堂停办。1902 年，大学堂恢复后，在京师设译书局，并在上海设译书局分局（分局于 1904 年停办）。1902 年，张百熙还在大学堂设编书处和译书处，统一编印全国各级学校的教科书。

光绪对译书局很重视，梁启超原请译书局开办费一万两，光绪认为尚恐不足以资恢扩，著再加给银一万两，原定常年用项每月一千两外，再行增给二千两。

译书局成立后，即大量购买和翻译西方的教科书、教材。据统计，从 1898 年到 1911 年，大学堂购买西方教科书、教材共约 2000 余部、6000 余册，翻译、出版的西方教科书、教材共约 60 余部、100 余册。其中，仅译书局上海分局呈报给大学堂的译书稿就有《学校改良论》《欧美教育观》《垤氏实践教育学》《新体欧洲教育史料》《实验学校行政法内之立法司法外政篇》《泛论设备篇》《格氏特殊教育学》《西洋伦理学史》《教育古典》《德意志教授法》《美国通史》《矿物学教科书》《博物学教科书植物部》《博物学教科书生理部》《财政学》《地文学》《经济统计学》《天文浅说》《今世欧洲外交史》等 20 多种，70 余册。当时购进和翻译的教材多数选自"东文"(日本),少数直接选自英、法、德、俄文。

大学堂成立之初即鼓励教习自行编译教科书、教材。大学堂成立第二年曾刊印西学总教习丁韪良的《重增格物入门》。它是在《增订格物入门》基础上修改的。该书分为《力学》《水学》《气学》《火学》《电学》《化学》《测算举偶》等七卷,对当时学习西方自然科学知识起了很大作用。至于大学堂教习自行编译的书,现今在北大图书馆还能查阅的有《京师大学堂讲义》八部和《心理学讲义》(日本教习服部宇之吉编)、《万国史讲义》(服部宇之吉编)、《史学讲义(太古史、上古史)》(教习屠寄撰写)、《中国史》(教习陈黻宸编撰)、《中国通史》(教习王舟瑶讲述)、《伦理学》《经学》(副总教习张鹤龄编撰)、《经学》(王丹瑶讲述)、《经济学讲义》《经济学各论讲义》(日本教习杉荣三郎编)、《中国地理》《中国地理志》(教习邹代钧编撰)、《掌故学》(教习杨道霖撰)、《学校制度》(隈本繁吉著,程家柽翻译)、《纸币论》(教习杉荣三郎讲授,唐宗愈译)、《满洲财力论》(松本敬之著,施尔常译)等。

(二)中华民国时期

中华民国成立后,第一任北大校长严复积极推行外语会话,课堂上除国学课程外,都推行外语(主要是英语)讲授,购进教材也多为西文。1914年胡仁源担任校长后,拟订了整顿大学计划书,其中主要的措施之一是编写教材。他成立教科书编委会,其下分设修身(即伦理学)和国文、物理、化学、数学、英语、图画六个组,每组设主编负责。除此之外,许多教员都给学生印发讲义。学校在图书馆设讲义收发室(1918年改为出版部,仍属图书馆,1920年改为属于总务处)负责讲义的印刷、发行、保存。因讲义常常每年都要作一些修改、增补,因而需连年重印。这样,所需经费甚多,又常常不能及时印出,影响教学。为此,1917年12月,评议会通过了理科学长夏元瑮等提出的《减发讲义案》,规定:各预科功课及本科外国语应用教授会审定之教科书,一律不发讲义;本科各科目凡有适宜之教科书者一概用教科书,不另发讲义;各科目如无适宜之教科书而有别种相当书籍,可资参考者,可由教员将该项功课编一节略,以供学生考查之助,不另发详细讲义;专门科学及其他高等学术,无适宜之教科书或参考书时,可由教员随时酌定印发讲义;如遇不得已须翻印刻本而原书篇幅过多者应由教员摘要发印,不可任意翻印全书,致学校财政大受影响;参考书不得翻印。《减发讲义案》通过后,文科学长陈独秀还发表《致文科全体教员诸君公函》提出:"鄙意大学印发讲义实非正当办法,文本科业已有数种学科,由教员口授,学生笔述,未发讲义,亦无十分困苦难行之处。自下学期起,预科倘能一律采用教科书,本科倘能一律改用口授笔述不发讲义,固属至善,如有窒碍难得之处,仍须续编讲义者,希示以所编讲义准于何时完结，以便由校中付印，作为教科书，或学生笔述时参考之用。何种讲义完全出版后，即不续发何种讲义，以后倘有增改，当可由学生笔录，不至难行也。"对于陈独秀这个看法文科教员也多表示赞同。

1918 年，教育部在其召开的全国专门以上学校校长会议上通过《大学如何注重学理之研究使学生确能潜心研究案》，并于 1919 年年初下达各校。该案提出"废除讲义"，而以下列三种办法代替解决：甲，教员口授学生笔记；乙，教员编参考书备学生购阅；丙，多购参考书由教员指定卷数页数令学生自阅。该案指出："现今学校因印发讲义之故，学生恃有讲义得于试验时并日诵习，遂致平日不甚注意且不读他种参考书，流弊甚大，宜废除而以口授笔述法代之，但国语尚未统一，速记法尚未普及，笔述或有困难，以乙法济之，丙法则尤为英美各国高等教育界所盛行，最足以引起学生研究之兴会者也。"

此后，随着中外教育交流的发展和大批留学欧美的学生回国，理科和法科的经济、政治等系多使用欧美著名大学使用的外文原版教科书、参考书，文科则继续由出版部印刷、出版大批学校教员编写的讲义、教材。其中主要有鲁迅的《中国小说史略》，杨昌济的《西洋伦理学史》，周作人的《欧洲文学史》，胡适的《近世欧洲名剧选刊》（英译本），李大钊的《史学要论》，钱玄同的《汉语音韵学导论》《文字学音篇》，陈大齐的《哲学概论》，梁漱溟的《印度哲学概论》，刘半农的《中国文法通论》《比较语音学概要》（译著），黄节的《诗学诗律讲义》，黄侃的《文心雕龙札记》，朱希祖的《中国史学通论》，孟森的《清史讲义》《明史讲义》，刘师培的《中国中古文学史讲义》，傅斯年的《民族与古代中国史》《史学方法导论》《诗经讲义稿》等。

抗战时期，西南联大理科和法科的经济、政治等学科的专业课，同战前一样，多直接采用外文原版教材，也有少量自编教材。如周培源教授就自编了一本《理论力学》的中文讲义。理、文、法等科一些新的课程和选修课则多有自编教材。如算学系陈省身的《罗网几何》《射影微分几何》，江泽涵的《拓扑学》，许宝騄的《数理统计》，华罗庚的《解析数论》《行列式及方阵》《连续群论》；中文系罗常培的《汉藏语言调查》，王力的《语音学概要》，沈从文的《现代中国文学》；历史系向达的《中西交通史》，邵循正的《蒙古史》；社会学系潘光旦的《中国社会思想史》等。朱自清还编写了《宋诗抄略讲义》和《文学批评》讲稿，闻一多写了《中国文学史稿》，王力出版了《中国现代语法》《中国语法理论》《现代语法摘要》等书。当时工学院不易购得外文原版教科书，许多教授讲什么课，就自编什么教材。如刘仙洲编写了《热工学》《燃气轮及其发展》，陶葆揩编写了《给水工程》《下水工程》，庄前鼎编写了《空气动力学》等。

（三）中华人民共和国成立后

1952 年院系调整以后，开展学习苏联经验，进行教学改革。当时各专业的教学计划和许多课程的教学大纲都是以苏联高等学校的教学计划和教学大纲为"蓝本"制定的，因此，引进和翻译苏联的教材，成为教学改革的重点之一。1952 年 11 月，教育部在《关于高等学校组织翻译苏联教材制定计划时应注意的事项的指示》中强调，为学习苏联先进科学技术经验，改革教学内容，提高教学质量，有计划、有步骤地翻译苏联高等学校教材，已是刻不容缓的艰巨工作。学校组织教师突击学习俄文后，很多人边翻译、学习苏联教材，边进行教学。1953 年学校在《1953 年教学工作计划初步草案》中提出：要按照教学计划的需要与主客观条件，结合当前教学，首先以一二年级的重要课程为重点，有计划、有步骤、有组织地进行教材建设工作。一般可以现有教材讲稿为基础，加以整编改写。1953 年 7 月，高教部在《关于教材交流问题》函中，要求各高等学校推荐交流自编讲义，学校向高教部推荐自编讲义 11 种。其中物理类 3 种，化学类 1 种，地质地理类 2 种，生物类 3 种，历史类 2 种。1954—1955 学年，全校共自编教材 36 种。

1956 年，高教部部长杨秀峰根据毛泽东《论十大关系》一文精神，在高等学校校院长和教务长座谈会上提出："关于编写教材工作，除继续翻译苏联的教本以外，必须加强教师们自己编写教科书和教学参考书的工作。""应该把这些工作当成重要的科学研究工作之一。"是年，为了组织教师在学习苏联高等学校教材的基础上，结合中国实际情况编写切合我国高等学校用的教材，高教部下发了《高等学校教材编写暂行办法》，其中规定：一般高等学校教材，由高教部组织编写。同年，高教部先后指定北大参加综合大学文史教材编写人员名单和参加数学、物理、化学、生物各专业教材编写人员名单。他们是：游国恩主编《中国文学史（上古至汉末部分）》，何其芳参加编辑；余冠英、林庚参加《中国文学史（三国至五代部分）》编辑；夏鼐负责主编《考古学通论》；俞大絪主编《二年级英语读本》；陈定民主编《理论语音学》；郭麟阁主编《英语理论语法》，黄继忠参加编辑；吴达元主编《一年级法语读本》，同时参加《二年级法语读本》编辑；北京大学负责主编《四年级法语读本》；田德望参加《一年级德语读本》和《二年级德语读本》编辑；北大派人参加《四年级德语读本》编辑；李椿参加《物理》编写；张青莲参加《无机化学》编写；严仁荫主编《分析化学》，高小霞参加编写；邢其毅主编《有机化学》；蒋家俊参加《化学工艺》编写；徐光宪参加《物质结构》编写；唐有祺主编《结晶化学》；傅鹰主编《胶体化学》；吴光磊、裘光明参加《解析几何》编写；段学复编写《高等代数》；北京大学负责编写《物理实验》；胡宁负责编写《电动力学》；申又枨、郭敦仁参加《数学物理方法》编写；崔芝兰主编《人体解剖》；张景钺参加《植物学编写》，陈阅增参加《动物学》编写；沈同、张龙翔参加《生物化学》编写；赵以炳主编《人体及动物生理》，陈德明参编；李继侗参加《植物生态学》编写；崔芝兰参加《组织学》编写。

1956年8月，教育部发布《1956—1957年高等学校自编教材组稿计划》，其中北大计划自编教材60余种。

1958年和1960年，在"大跃进"和"教育革命"运动中，大破原有教材的科学体系，否定和批判教授、专家编写的一些教材、讲义，片面强调理论联系实际，片面理解史论关系和厚今薄古、古为今用、洋为中用等原则，组织学生和青年教师，采取群众运动和短期突击的办法，编写出一批新教材。但这批新教材极大多数都因质量不高，未被采用。只有少数如中文系1955级学生和部分青年教师参加编写的《中国文学史》，得到专家、教授的基本肯定。这部78万字的《中国文学史》，后请一些教授帮助修改后正式出版。

1961年1月，中共八届九中全会确定对国民经济实行"调整、巩固、充实、提高"的方针。对国民经济进行调整的同时，在思想、文化、教育方面也进行了政策调整。

1961年2月，中共中央书记处讨论了学校教材问题。书记处会议的决定指出：解决教材问题要分两步走，先解决有无问题，再逐步提高质量。要做到"从无到有，课前到手，人手一册，印刷清楚"。要采取"选""编""借"的办法解决教材问题。一是"选"，即集中几个人，从现有教材中选出一本来；二是"编"，编教材应以教师为主，要有领导地编，别处已有可用的书，还非自编不可的风气，一定要改；三是"借"，选、编都来不及的，就借用外国教材。书记处会议认为编选教科书、讲义，是教育部门的重要工作，决定理、工、农、医各科和师范院校理科的教材由教育部党组负责抓，文科教材由中宣部周扬负责抓。

1961年4月，中共中央宣传部会同教育部、文化部在北京召开全国高等学校文科和艺术院校教材编选计划会议。周扬在会上作了《关于高等学校文科教材编选的意见》的报告。该报告就如何正确处理文科教学和教材编写中一些重大关系问题，如红与专、论与史、古与今、外与中等关系问题，作了系统地阐述，澄清了思想，统一了认识。报告还指出：学生主要还是读书、学习、劳动，教科书和讲义应当是由教师来编写。会后，成立了由周扬兼任主任的高等学校文科教材工作办公室。办公室下设8个专业组，由有关专家任组长。8个专家组中有3个组的组长是北大的教授。他们是冯至（中文组）、翦伯赞（历史组）、季羡林（东语组）。当时制订出了224门课程、297种（其中文科126种，艺术171种）教材的编选计划。在126种文科教材的编写计划中，北大担负着重要的任务。据统计，仅中文、历史、哲学、经济四个系就担负了28项教材的编写任务。后来,被列为全国高校统一教材出版的由北大教授主编和编著的教材,如王力主编的《古代汉语》,游国恩主编的《中国文学史》,翦伯赞主编的《中国史纲要》,周一良等主编的《世界通史》,冯友兰编著的《当代哲学史新编》,樊弘、罗志如、严仁赓编著的《当代资产阶级经济学说史》,朱光潜编著的《西方美学史》,杨周翰、吴达元、赵萝蕤主编的《欧洲文学史》等,都得到各方面的高度评价。

关于理科的教材问题,教育部于1961年发出《关于解决高等学校理科各专业全部课程及工科各类专业基础课程和共同的基础技术课程的教材问题的计划》。该计划确定理科的数学、物理、化学、生物和地理等几类基础专业本科用的26门基础课程教材,由教育部委托有关省市和高校主持召开有关学校教师选编解决,理科各专业的专门化课程的教材,一般由各校分别编写印刷。该计划提出,首先解决教材有无问题,本着"未立不破"的精神,采取"选、编、借"的办法,尽快改变教材缺乏的情况,稳定下来,再逐步提高质量。选编教材的基本要求是:政治上没有错误;具有一定科学水平;内容和分量适当,文字通顺易懂,符合教学上的要求;不泄露国家机密。这项教材编选计划到1961年秋季开学时已基本告一段落。据当时教学行政处汇报,本学期全校(包括文科)共开课390门,有342门需要教材,现已有教材的为340门(其中275门课的教材已发到学生手中)。

1962年7月,教育部高等学校及中等专业学校理工农医各科教材工作领导小组召开会议。会议决定编制今后三年教材工作规划,提出:规划中对去年出版的通用教材一般应该相对地稳定下来,在三五年内分期分批地进行修改,或者去旧更新,进一步提高教材质量。同时,还需要安排出版一批教学参考书、习题集、实验指导书和工具书等供师生选用,并增出一些新教材,以便扩大教师选择的余地。规划中还要求多出一些较好的外国教材和参考书。规划预计,理科方面,三年(1962—1964)内出版教材267种,其中教科书151种,习题集、实验指导用书等教材24种,教学参考书92种。

同年,学校同意下发教学行政处拟定的《关于1962年教材工作的几项规定(试行草案)》,其中规定:凡基础课、带基础性质的主要专门组课应有基本教材,专题课、讨论班、讲座性质的课除所讲授的著作或资料外,可不另发讲义;某些专业课程,由于内容较新,很难物色到适用的书,教员一时写不出基本可用的讲义,也可以暂不发教材而由教员指定一些主要参考书或印发讲授提纲。教材应有相对的稳定性,这对于节约人力、物力、财力,更好地提高讲授质量,积累教学经验都是有益的。凡是有条件的课程应力求确定用何种书或讲义作为基本教材,定下之后,几年之内不作改动。经过几年的经验积累之后,再修改、编写出质量更高一些的教材。选用教材要实事求是。凡内容基本上符合教学计划、教学大纲要求的教材都可以采用。凡是有基本可用的统编教材的课程，应尽量采用，不必自编讲义。少数课程虽有相应的统编教材，但其内容确实不符合我校要求，可以自行编印讲义。各课的教学参考资料，属于必读的而且学生自己不易找到的，可以印发给学生，非必读的或虽为必读但学生自己容易找到的，则一般不印发。按照以上规定进行安排，据教务部门统计，1963—1964学年下学期，全校共开设课程622门，其中选用统编教材的116门，印发讲义的362门，使用基本参考书的60门，印发参考资料的44门，印发详细大纲的16门，不需要教材的4门，暂无合适教材的20门。1964年秋冬，学校进行社会主义教育运动，严重影响校系两级抓教材建设工作。1966年"文化大革命"开始，正常的教材建设工作中断。

"文化大革命"期间，招收工农兵学员后，有关学系和专业的教师又开始自编教材工作。由于极"左"思潮泛滥，形而上学广为流行，强调大批判开路，"破"字当头，要求理科要结合典型产品组织教学，要求文科要结合战斗任务组织教学，加上工农兵学员入学文化程度低，因此，所编教材普遍起点低，理论水平低，内容简单，系统性差。

"文化大革命"后，我校教师解放思想，拨乱反正，按照教育部关于教材编写"要重视基础理论，注意系统性，努力体现理论联系实际的原则；要努力反映国内外科学技术的新成就、新理论，删除繁琐陈旧的内容，做到少而精；要注意由浅入深，循序渐进，便于自学"的指示，积极自编教材，同时，参与教育部各科教材编写组的工作。

教育部1977年制定的《1977—1979年重点综合大学理科基础课教材编写计划》中，北大负责主编《高等数学》《拓扑学》《电磁学》《物理实验》《无机化学实验》《分析化学》《有机化学》《结构化学》《制图与化工基础》《动物生理学》《植物生理学》《生物化学》等12种，参编的有17种。

1978年教育部制定的《高等学校理科基础课教材编写出版计划（修改稿）》中，要修订的教材共135种，北大主编修订和参编修订的共80种，具体到各个学科为：数学40种，其中由北大主编修订的有《高等数学》《拓扑学》《一元微积分》《无穷级数与微分方程》《多元微积分》5种，参编修订的有12种；物理24种，其中由北大主编修订的有《电磁学》《原子物理学》《分子物理学》《普通物理实验》等4种，参编修订的6种；化学18种，其中由北大主编修订的有《结构化学》《化学工程基础》2种，参编修订的有13种；生物24种，其中由北大主编修订的有《植物学》《生物化学》《生物化学实验》《生物学》《生理学》《生理学实验》《植物生理学》等7种，参编修订的有15种；地理24种，其中由北大主编修订的有《自然地理学》《地貌学》《测量学与地图学》《测量学与地图学实习》《地貌图片集》《植物学基础与植物地理》《遥感概论》《土壤学基础与土壤学地理》《中国自然地理》等 9 种，参编修订的有 3 种；基础英语 3 种，其中由北大主编修订 1 种，参编修订 1 种。

1985 年 10 月，国家教委文科教材办制定《高等学校五年（1985－1990 年）专业教材编造计划》，其中由北大教授编写或主编的 73 种。它们是王力的《汉语音韵学》《汉语史稿》、裴锡圭的《文字学概要》、陆俭明的《现代汉语语法》、马真的《简明实用汉语语法》、褚斌杰的《中国古代文体概论》、吴组缃的《中国小说史》、张钟的《当代文学概观》、胡经之的《西方现代文论史》和《西方文论名著教程》、侯忠义的《中国文言小说概论》、严家炎的《中国现代小说流派史》；邓广铭主编的《中国历史研究知识手册》、张芝联主编的《西方史学史》、田余庆主编的《两汉史》、杨人楩的《非洲史》、陆庭恩主编的《非洲史》、朱龙华主编的《文艺复兴史》；黄楠森的《马克思主义哲学史》和《〈哲学笔记〉注释》、楼宇烈的《中国哲学名著概论》、朱伯崑的《中国哲学史史学史》、朱德生等的《西方古典哲学》《西方认识论史纲》和《小逻辑讲解》、李真的《〈形而上学〉讲解》、张岱年的《中国伦理学史》、齐良骥的《新康德主义》、张世英的《新黑格尔主义》、王太庆的《欧洲中世纪哲学原著选编》、周辅成的《西方伦理学史》、杨辛等的《美学原理》和《中国当代美学流派》、叶朗的《中国美学史大纲》、熊伟的《存在主义》、洪谦的《逻辑经验主义》；张友仁等的《社会主义经济理论发展史》、胡代光等的《从凯恩斯到现代凯恩斯主义评论》、巫宁耕的《发展中国家经济》、张康琴的《外国经济统计分析》、张德修的《东欧经济概论》、王永治的《社会主义经济管理学》；沈宗灵的《法学基础理论》和《法学理论基础教学参考资料选编》、罗豪才等的《比较宪法》、李由义的《民法学》、李志敏的《比较家庭法》、王国枢的《刑事诉讼法学》、由嵘的《外国法制史》、魏敏等的《海洋法教程》、杨紫烜的《工业企业法教程》、贾俊玲的《劳动法教程》、王甦的《普通心理学》和《认知心理学》、许政援的《儿童发展心理学》、邵郊的《生理心理学》、陈舒永的《实验心理学》和《心理统计实用手册》、杨传民的《心理实验与演示》、陈仲庚的《临床心理学》、袁方的《社会统计学》、陈松岑的《社会语言学导论》、蔡文媚的《人口社会学》、刘国钧的《俄文编目》、朱天俊的《社会科学文献检索》、李纪有主编的《图书馆目录》、徐克敏等的《普通图书馆学》和《科技文献》、张树华主编的《图书馆读者服务工作》、李严主编的《图书分类》、周文骏主编的《文献交流引论》、邵献图的《西文工具》、王津生的《图书馆自动化》。

据统计，1976—1985 年共编著出版教材 528 种（包括教育部、国家教委规定要北大参加编写的，下同）；1986—1989 年共出版教材编著 591 种；1990—1992 年共出版教材 293 种，讲义 153 种。合计 1976—1992 年共出版教材（讲义）1565 种。

1988年，北大设置优秀教材奖。是年，第一届优秀教材奖评选揭晓，江泽涵的《拓扑学引论》、程民德等的《图像识别导论》、张钟等的《当代文学概观》等64种教材获奖。1993年，获第二届北大优秀教材奖的有《原子核结构理论》《法学基础理论》等60种教材。1996年获第三届北大优秀教材奖的有薛增泉的《电子发射与电子能谱》、胡壮麟的《语篇的衔接与连贯》等55种教材。

1988年，国家教委开始评选全国高等学校优秀教材。是年3月，首届评选结果揭晓，共评出全国高等学校优秀教材特等奖22个，北大获8个。它们是：朱光潜的《西方美学史（上、下）》、王力的《古代汉语（1—4）》、游国恩等的《中国文学史（1—4）》、翦伯赞的《中国史纲要（上、下）》、法学教材编辑部《国际法》编写组的《国际法》；陈维桓、陈省身的《微分几何讲义》、王竹溪的《热力学》、徐光宪的《物质结构（上、下）》。评出全国优秀教材优秀奖239个，北大获24个。它们是：数学系"几何与代数教研室代数学组"的《高等代数》、许宝騄的《抽样论》、赵凯华等的《电磁学》、郭敦仁的《数学物理方法》、曾谨言的《量子力学》、赵凯华等的《光学（上、下）》、卢希庭的《原子核物理》、邢其毅等的《基础有机化学（上、下）》、唐有祺的《统计力学及其在物理化学中的应用》、傅鹰的《大学普通化学（上、下）》、黄子卿的《电解溶液理论导论》、沈同等的《生物化学（上、下）》、曹宗巽等的《植物生理学（上、下）》、胡适宜的《被子植物胚胎学》、王瑶的《中国新文学史稿》、朱德熙的《语法讲义》、考古教研室商周组的《商周考古》、黄楠森等的《〈哲学笔记〉注释》、外国哲学史研究室的《西方哲学原著选读（上、下）》、赵靖等的《中国近代经济思想史（修订本，上、下）》、陈岱孙等的《政治经济学史（上、下）》、法学理论教研室的《法学基础理论（新编本）》、张国华等的《中国法律思想史纲（上册）》、杨周翰等的《欧洲文学史》。评出国家教委直属高等院校优秀教材一等奖118个，北大获16个。它们是：褚圣麟的《原子物理学》、杨大升等的《动力气象学》、彭崇慧等的《定量化学分析教程》、陈守良的《动物生理学》、曹家欣的《第四纪地质学》、林庚等的《中国历代诗歌选（1—4册）》、郭锡良等的《古代汉语（上、中、下）》、翦伯赞等的《中国通史参考资料（古代部分）》、杨人楩的《非洲通史简编：从远古至一九一八年》、周一良等的《世界通史》、周一良等的《世界通史资料选辑》、王宪钧的《数理逻辑引论》、中国哲学史教研室的《中国哲学史教学资料选辑（上、下）》、图书馆学系的《图书馆学基础》、费孝通等的《社会学概论》、日语教研室的《基础日语（1—4册）》。评出国家教委直属高等院校优秀教材二等奖141个，北大获16个。它们是：陈熙谋等的《物理演示实验》、林抒等的《普通物理实验》、吴望一的《流体力学（上、下）》、王仁等的《塑性力学引论》、物理化学教研室的《物理化学实验》、张龙翔等的《生化实验方法和技术》、赫葆源等的《实验心理学》、叶蜚声等的《语音学纲要》、叶朗的《中国小说美学》、杨辛等的《美学原理》、梁小民的《西方经济学导论》、张纯元等的《人口经济学》、萧蔚云等的《宪法学概论(修订本)》、赖茂生等的《科技文献检索》、赵登荣等的《德语基础教程(1、2 册)》、齐香等的《大学法语课本》。

1992 年,国家教委进行第二届优秀教材评奖,评选结果于是年 4 月公布。北大荣获全国高等学校优秀教材特等奖的有 5 项:黄昆、韩汝琦的《固体物理学》、聂灵沼、丁石孙的《代数学引论》、高明的《中国古文字学通论》、裘锡圭的《文字学概要》、曹靖华等的《俄国文学史》。获国家教委优秀教材奖15 项:严家炎的《中国现代小说流派史》、张注洪的《中国现代革命史史料学》、黄楠森等的《马克思主义哲学史(上下)》、吴树青等的《中国社会主义建设》、陈滨的《分析动力学》、张恭庆等的《泛函分析讲义(上下)》、俞允强的《广义相对论引论》、韩其智等的《群论》、吴思诚等的《近代物理实验(一)、(二)》、王楚等的《数字逻辑电路》、胡济民等的《原子核理论(一、二卷)》、韩德刚等的《化学动力学基础》、周公度的《结构化学基础》、陈静生的《水环境化学》、许卓群等的《数据结构》。获高等学校优秀教材奖一等奖 6 项:钟云霄的《热力学与统计物理》、张启仁的《量子力学》、严宣申等的《普通无机化学》、胡兆量的《经济地理学导论》、杨吾扬的《区位论原理——产业、城市和区域的区位经济分析》、胡壮麟等的《语音学教程》。获优秀教材奖二等奖的有 15 项:应隆安的《有限元方法讲义》、方企勤等的《数学分析(一)(二)及数学分析习题集》、秦旦华等的《粒子物理学概要》、褚圣麟的《原子核物理学导论(第二版)》、项斯芬的《无机化学新兴领域导论》、张龙翔等的《高级生物化学实验选编》、唐作藩的《音韵学教程》、胡经之和王岳川的《西方文艺理论名著教程》(下册)、张传玺等的《中国古代史纲》、卢淑华的《社会统计学》、邵献图等的《西文工具书概论》、姜明安的《行政法概论》、杨紫烜的《经济法原理》、傅成劼等的《越南语教程》、许政援等的《儿童发展心理学》。

1996 年,国家教委进行第三届优秀教材奖评选,北大获优秀教材一等奖23 项:赵靖的《中国经济管理思想史教程》、李赋宁的《英语史》、季羡林的《印度古代文学史》、沈宗灵等的《法理学》、张岱年的《中国文化概论》、汉语教研室的《现代汉语》、吴树青等的《政治经济学》、周光炯等的《流体力学(上下)》、王甦等的《认知心理学》、杨安峰的《脊椎动物学(修订本)》、陈维桓的《微分几何学初步》、程民德的《实分析》、丁同仁的的《常微分方程教程》、陈家鼎等的《数理统计学讲义》、周公度的《结构和物性》、华彤文的《普通化学原理》、刘式适的《大气动力学》、王恩涌的《文化地理学导论》、唐孝炎的《大气环境化学》、赵匡华的《化学通史》、陈熙谋等的《大学物理教学系列软件(普通物理部分)》、赵凯华的《定性与半定性物理》、高崇寿的《群论及其在粒子物理学中的应用》。获优秀教材二等奖的有 18 项：阴法鲁等的《中国古代文化史》、朱龙华的《世界历史（上古部分）》、徐天新等的《当代世界史》、孙小礼等的《自然辩证法通论（自然论）》、梁守德等的《国际政治概论》、杨春洗等的《中国刑法论》、张甲民等的《阿拉伯语基础教程》、陈仲庚的《实验临床心理学》、潘承洞等的《初等数论》、陈亚浙等的《二阶椭圆形方程与椭圆形方程组》、颜大椿的《实验流体力学》、高崇寿等的《粒子物理与核物理讲座》、蔡伯濂的《狭义相对论》、曾谨言的《量子力学导论》、张洁天等的《电磁学实验》、李良助等的《有机合成原理和技术》、陈传康等的《综合自然地理》、王阳元等的《集成电路工艺基础》。王小能的《票据法教程》和谢新洲的《商业经济信息处理和检索》获得教委中青奖。

除国家教委的优秀教材奖以外，我校有些教材还获得其他部委的优秀教材奖和国家教委的科技教材奖。如 1996 年度，北大韩汝琦、黄昆的《固体物理学》获国家科技进步教材二等奖；陈佳洱的《加速器物理基础》获国家部委核总一等优秀教材奖；吴季兰的《辐射化学》获核总二等优秀教材奖；任磊夫的《粘土矿物与粘土岩》、朱亮璞的《遥感地质学》获地矿部优秀教材奖二等奖。

1997 年度国家教委评选科技教材奖，北大获一等奖的有 3 项：唐孝炎等的《大气环境化学》、翟中和等的《细胞生物学》、赵凯华等的《新概念物理》。获二等奖的有 7 项：邢其毅等的《基础有机化学》、胡济民等的《原子核物理论》、高崇寿的《群论及其在粒子物理学中的应用》、周光炯等的《流体力学（上下册）》、吴思诚等的《近代物理学实验》、刘式适等的《大气力学（上下册）》、沈同等的《生物化学》。获三等奖的有 5 项：杨安峰的《脊椎动物学（修订本）》、周公度的《结构和物性：化学原理的应用》、周公度等的《结构化学基础》、郑辙的《结构矿物学导论》、虞福春等的《电动力学》。

二、理科、文科基础科学研究和教学人才培养基地

1990 年 7 月，国家教委在兰州召开全国高等理科教育工作座谈会，讨论深化改革高等理科教育问题，提出"面向科学、教育事业，加强基础性科学研究和教学人才的培养，仍是高等理科教育的基本任务，但发展趋势是少而精、高层次"。同年 10 月，国家教委发布《关于深化改革高等理科教育的意见》，决定"从全国重点综合大学和少数全国重点理工科大学中，选择一批数学、物理学、化学、生物学、地质学、地理学等基础学科专业点，从本科入手，重点加强研究生教育，逐步将这些专业建设成为国家基础学科研究人才的培养基地"。

1992 年 3 月，国家教委颁发《关于建设国家理科基础科学研究和教学人

才培养的意见》，提出建设目标为：到本世纪末，建成包括数学与自然科学的、以培养少而精的高层次理科基础科学研究和教学人才为主的基地。"基地"专业点应把坚定正确的政治方向放在首位，具有强有力的加强思想政治工作的措施和办法；拥有一支学术和教学水平高、结构合理的师资队伍；拥有适应培养基础性人才需要的、完备的、先进的教学实验室和其他办学条件；经过改革形成的科学的、先进的人才培养方案及其配套的教学管理办法；能够持续稳定地为国家培养德、智、体全面发展的、优秀的理科基础科学研究和教学人才，并为相关学科输送高质量研究生生源；为相关专业提供可供借鉴的、具有较高理论水平和推广价值的教学研究成果，在深化高等理科教学改革中发挥骨干带头作用，并成为本学科师资进修提高、交流教学经验的基地。

1991 年 8 月，国家教委批准我校物理学专业为第一批理科基础科学研究和教学人才培养基地（简称"理科基地"）。1993 年 8 月，国家教委发出《关于批准理科基地第二批专业点的通知》。我校的数学、力学、化学、生物学、大气科学、地质学、地理学等 7 个专业被批准为第二批"理科基地"，我校的原子核物理学及核技术专业并入我校第一批批准的"理科基地"物理学专业内，即我校物理学专业作为"理科基地"含原子物理学及核技术（因国家经费投入，将原子物理学及核技术作为 0.5 个基地计算，所以亦称为"半个"基地）。这样，我校理科共有 8 个"基地"，因物理学基地含原子物理学及核技术，所以有时候又称我校理科有 8 个半"基地"。

1994 年 6 月，国家教委颁发《关于建设国家文科基础学科人才培养和科学研究基地的意见》，提出为适应 21 世纪我国政治、经济、文化和社会发展的需要，决定建设文科基础学科人才培养和科学研究基地（简称"文科基地"）。1994 年 11 月，国家教委召开"文科基地"专家评审会议，对各高校申报的"基地"学科点进行评审。我校申报的中国语言文学、历史学、哲学三个学科点，经专家评审会评审获得批准，并于 1995 年 1 月接获国家批准上述三个学科点的正式通知。

国家教委于 1994 年开始，每年对有关直属高校拨给建设"理科基地"和"文科基地"的专项基金。我校历年获得国家教委下拨的专项基金情况（"理科基地"的专项基金只查到 1994 年和 1995 年底数字）如下：1994 年 12 月，获"理科基地"专项基金 166 万元，"文科基地"专项基金 30 万元；1995 年 10 月，获"理科基地"专项基金 162 万元，"文科基地"专项基金 45 万元；1996 年 11 月，获"文科基地"专项基金 50 万元；1997 年 10 月，"文科基地"专项基金 45 万元。

1994 年 9 月，国家教委物理专家评估组对我校"理科基地"物理学专业点进行调研、评估。专家组的评估报告认为：我校物理学基地的三年建设已取得了显著的效益；取得的成果促进了教学质量的进一步提高，表现在学生的学习积极性提高，学风端正；学生的知识和能力结构发生了良性变化；学生德、智、体全面发展，整体素质提高，1994 年考取硕士生的比例高达 76％，这正是基地建设的主要目标。"

1997 年 4 月，我校理科各院系，根据国家教委的要求，制定了本单位《基础科学研究与人才培养基地五年建设的思路框架》。该思想框架的中心思想是继续加强基础教学，调整和完善教学计划，优化教学内容和课程体系，加强主干课的教材建设，精心规划和实施教学实验室建设，为培养面向 21 世纪社会发展和建设所需的基础科学研究和教学人才而努力。

第八节　学籍管理

一、入学注册

京师大学堂成立之初，被录取的学生持有关证件即可按规定的时间到校入学。1904 年 1 月，清廷发布《奏定大学堂章程》，其中规定："凡已准入学之学生，须觅同乡京官为保人，出具确实具保印结；京堂翰林御史部属皆可，不必拘定部属。"这样，学生入学时，还得有同乡京官作为保人，并有其具保印结。1912 年，中华民国成立。是年 9 月教育部发布《学校征收学费规程》，规定：高等专门学校征收学费每月银元二元至二元五角；大学征收学费每月银元三元，师范学校、高等师范学校均免征收学费，但于入学时征收保证金一次，以银元十元为限，除中途自请退学外，毕业时仍照原数发还。该规程还规定："各学校为鼓励学生起见，得于成绩最优者分别减免学费。""高等专门学校、大学征收学费每学期一次，于入学前缴清。"从此，学生入学时还得按规定缴纳学费或保证金，后又规定增加缴纳住宿费（住宿者）和各项杂费，并规定新生入校，应填写愿书及保证书。如 1919 年 9 月，学校贴出布告：凡新生入学应填写愿书并邀同切实保证人（保证人以在京父兄为适当，如无父兄在京，即请各机关委任以上人员或三等以上捐商号为保证人亦可）来校填保证书。抗日战争期间，西南联大于 1938 年 11 月修正通过的《国立西南联合大学本科教务通则》规定："已经录取之学生，须依限定日期前来大学注册组报到，逾期无故不到者，即取消其学籍，如因病或其他事故不能入学肄业预经呈准者得保留学籍一年。""新生入学时须填写志愿书、保证书、履历表，并请现有职业而能负责者二人为正副保证人，照式填写保证书，粘贴像片署名盖章,交本大学存查。""本大学学生须于注册前缴纳下列各费:(1)学费(暂不征收),(2)宿费(暂不征收),(3)体育费(暂不征收),(4)科学试验费(暂不征收),(5)预存赔偿费国币十元,(6)制服费国币若干元(第一学期缴纳)。"抗战胜利,北大复员回北平后于 1946 年 12 月制定的《国立北京大学教务通则》中关于入学注册的规定,基本上与西南联大时期相同,唯取消了暂不征收学费、宿费、体育费、实验费的规定,取消了制服费,增加征收讲义费和医药费。

新中国成立后,不向学生征收学费、住宿费和体育费、实验费等各种杂费。1950 年 12 月,教育部正式通知,废除新中国成立前学生入学时须填写保证书并须有保证人的制度。1953 年 7 月,学校根据高教部的有关规定,制定《北京大学学生学籍暂行条例》,规定:凡参加高等教育部规定之高等学校入学考试,并经录取于本校者;由政府统一抽调指定到本校学习之干部;经本校核准可以转入本校之转学生,必须在规定日期来校报到并办理入学手续,逾期即取消其入学资格。新生报到时,须缴验高中毕业证书或高中毕业同等学力之证明文件及有关证件,审查合格方能入学;新生报到时,须进行体格复查,不合格不能入学,但得申请保留其入学资格一年。转学生报到前,须在公立医院进行体格检查,提出证明,审查合格方得来校入学。如事后发现其为其他学校之肄业生(包括休学生)或为已在高等学校毕业之学生,或为未办离职手续之在职干部,或为采取伪造证据、涂改证件,或冒名顶替、蒙混报考入学者,取消入学资格、限期离校。这个规定沿用到"文革"之前,基本未变。

"文革"后,教育部于 1978 年 12 月发布《高等学校学生学籍管理的暂行规定》,其中规定:"录取的新生,必须持录取通知书和有关证件,按规定日期到校,办理入学手续。""新生如有特殊原因不能按期到校报到者,须原单位证明,向学校请假。无故逾期半个月不报到者,取消入学资格。""新生入学后三个月内,经政治、文化、健康复查不符合招生条件的,或群众揭发是徇私舞弊、'走后门'上大学的,经调查属实,学校批准,取消其学籍。""在新生健康复查中,如有的新生患有疾病,不能坚持学习,经医疗单位诊断,在短期内可治愈的,由学校批准,可回家或原单位疗养,保留入学资格一年。……下学年开学前经县以上医院和学校健康复查确已痊愈的,重新办理入学手续,如仍不合格,即取消入学资格。"北大执行了这个暂行规定。1983 年 1 月,教育部发布《全日制普通高等学校学生学籍管理办法》,其中关于入学、注册的内容基本上与 1978 年发布的暂行规定的内容相同,唯增加了下面一段:"每学期开学时,学生必须到校办理入学注册手续。因故不能如期注册者,必须履行请假手续,否则以旷课论,未经请假逾期两周不注册的,按自动退学办理"。1988年，北大根据教育部的指示，招收了少量自费生（共135名），自费生在入学注册时，须按规定缴纳学杂费。1994年，国家进行招生、收费制度改革试点，实行"公费"和"自费"招生"并轨"。北大为当年国家教委批准试点的37所高校之一。从这一年开始，北大招收的学生在入学注册时，均须按国家教委批准的标准缴纳学杂费。

二、选课

北大在1919年实行选科制（学分制）以前，每一学年要学习的课程，全为必修，所以入学注册以后，不需要选课。1919年实行选科制，规定本科生学满80个单位（每周一学时，学完全年为一单位）即可毕业。在80个单位中，一半为必修课，一半为选修课（1921年改为三分之二必修课，三分之一为选修课）。预科学生规定为学满40个单位，其中四分之三为必修课，四分之一为选修课，学生入学注册后需进行选课。选课在教员指导下进行，并经教员认定。对于一年级新生，当时还指定教授组成新生指导委员会，作为新生入学选课事宜的顾问。1932年，学校制定《北京大学学则》，其中规定，每学期由注册组鉴发选课单。学生选定科目后须由系主任签字盖章。学生如欲更改所选定之科目，须经系主任签字，并须于选课截止后一星期内行之，过期不准改选。凡两学期连续之课程有下列情形之一者，至第二学期不得继续选习该种课程：第一学期成绩不及30分者；第一学期补考成绩不及30分者；第一学期成绩在60分以下30分以上而未参加补考者；第一学期因缺席三分之一而补考者。1938年西南联大制定的《本科教务通则》规定：学生选修课程，须遵照校历规定日期，办理完竣。改选课程，于每学期始业后二星期内行之，逾期不得增选或改选。选修及增改课程，须得系主任之允许。除党义、体育及军事训练之学分外，每学期所选学分以17学分为准，不得少于14学分，亦不得超过20学分（法商学院法律系及工学院各系另有规定）。退选课程，限于该课程始业之学期开学后四星期以内行之，逾期退选者，以已选修不及格论。规定凡一年级应修课程不准中途退选，如自行退选者该课以零分计。凡选修全年课程，已修毕一学期成绩及格而自愿于第二学期退选者，得于第二学期增改课程期内，请求退选之。但该课程上学期成绩不得学分。逾期取消者，上学期成绩不得学分，下学期成绩以已经选修不及格论。凡选修全年课程，已修毕一学期而成绩未及格或因故请假未受第一学期期考者，若于第二学期改课期内请求取消该课，其成绩以上学期不及格论。逾期取消者，以全年不及格论。学生开学时，请假满二星期者，其所选课程不得超过17学分；满三星期者，不得超过14学分；满五星期者，不得注册，即令休学一年。抗战胜利，北大复员北平后，对于选课问题，除各院系每学期所选学分数的规定有些变动以外，未作新的规定。

新中国成立后，自1952年院系调整至1981年，取消了学分制，改行学年制，学生入学不需选课。1981年北大开始实行学分制，并于1983年制定的《北京大学关于学生学籍管理试行办法》中，对选课问题作了具体明确的规定，主要包括："学校教学计划规定：为本校大学生开设的课程分为必修课、限制性选修课和非限制性选修课。""系、专业应指派教师负责指导学生选课。各系应在每学期倒数第三周内办理下学期的选课手续，由学生根据教学计划及学校公布的下学期课程表，进行选课。全校公共选修课的选课时间定为每学期报到注册的同一天进行。""每学期学生应按学期教学计划进行选课，一般不得超过23分，最低学分限由各系规定，但选课的学分数，一般应在规定的学制时间内，修满专业教学计划规定的学分总数。如有特殊原因选课学分数低于相应的学期教学计划规定的学分数时，由系主任批准。""学生因重修或其他原因选读专业教学计划外的课程时，应填写选课单，交系教务办公室。对限制性选修课和非限制性选修课课可试读两周。学生如决定换选或退选所选课程，必须在第三周的星期三以前办理手续，到时未办退选或换选手续者，所选课程皆应列入该学期选读课程单，并计算其应得学分数。"上述规定一直沿用到1997年未作大的修改。

三、考勤

京师大学堂时期，为加强对学生和对各项工作的管理，学校陆续制定了一系列"条规""规条"和"禁约"。其中，有关学生考勤的内容主要有：（1）除年假、暑假外，每月给例假三日。学生例假外，因事乞假，须由家长声明何事乞假，如家长不在京，则本生自行声明，由同斋诸生作保，方准给假。（2）学生俱宜按课上堂听讲，不得旷课，如有未先期告假私自迁延不到者，查出后由教习记大过一次。学生因事须告假数天或数时，仍注入旷课册内。按照奏定章程每年积算不得过二十日（每日功课六时而以六时为一日），如有逾此期限者，由堂提调知会总教习记大过一次"；"课毕出外次早不归，即有碍于功课，其预先报明者（须在未开讲之先），仍由教习记入旷课簿，其未报明者，半日以内由堂提调知会总教习记过一次，半日以外记大过一次。又凡告假出外，无论矿课与否，每星期不得过两次，违者由堂提调记过一次"。学生在舍内，因疾或事不能上讲堂，应一律在堂提调及斋长处告假。仍注入请假旷课簿内，教习方得查核。倘不告假者，由堂提调记过一次。（3）"学生请告长假……均须于堂提调处订定限期。逾限不到者，由堂提调记过一次，曾经托人续假者，免其记过。若逾限在一个月以外者，虽经续假仍须记大过一次。在三月以外，声明事故即予开除。""学生遇有疾病须出堂者，由堂提调验明，请假若干天须定限期。逾限不到并未续假者，由堂提调记过一次，在原假期一倍以外者，记大过一次。其有病情属实托人续假者，免其记过。"（4）"各教习上堂均需亲自点名一次。""规定打钟后五分钟时，作为教习点名时限，如在五分钟外到堂者，由教习问明迟到之故，无故迟延者记过一次，在十分钟外到堂者，实属玩视课程，即不准再上讲堂，由教习记过一次。"（5）三小过并为一大过，每年满三大过者开除。

民国成立后，北大规定：（1）"本校除例假休业及特别放假休业外，学生缺席在三日以上者，均须请假。""请假在三日以上，须亲自至教务课填具假条，病假须有医生及保证人证明，此种证明书，至迟于假满后三日内呈学监主任核阅。""缺席三日而未曾请假或请假时间在三日以上者，每一时作二时计算，如违本校各项规则因而停止上课者同。"（2）"缺席在一学期内每十小时应减总平均分数半分，不满十小时不计。""缺席时间逾本学期授课时间三分之一者，不得与学期或学年试验（不得与学期或学年试验之学生，应即休学一学年）。""婚丧或重病得有保证人及校医之证明，准特别给假不扣分数，惟仍不得缺席逾本学期授课时间三分之一，方得与学期或学年试验。"（3）凡学生对于所习各种功课，有敷衍塞责，屡戒不改者，或在讲堂内违背教员命令及言动无理者，如担任教员认为必要时，可以命其对于所授功课暂时停学。"在暂时停学处分终止或取消以前，所有钟点应作为旷课。""凡犯以下所列各款之一者，应令其休学一年以上：（1）一学期内请假及旷课时间逾授课时间三分之一者；（2）受暂时停学处分后仍自行上课者；（3）一学年连受三次暂时停学处分者。"

1928年3月，京师大学（时北大被并入京师大学）制定《本科学生请假规则》，对上述规定作了一些小的修改。该请假规则规定，本科除例假休业外，非有不得已事故不得请假。学生于每日授课时内缺席者，无论若干小时，均须于课前请假，未经请假或续假者，一概作为旷课。请假者除疾病外，均须亲至训育课填具请假书，或备函详细陈明理由，由训育主任酌量给假。病假须有医生之证明书及方案，于假满后三日内送训育课核查，否则以旷课论。请假缺席，在一学期内每十小时应减学科平均分数半分。凡未请假或请假期满不续假而旷课者，除加倍扣分外，并予记过。病假、婚丧假（本身结婚、至亲新丧），得特别给假不扣分。查课时未到及查课后逃课者，均作为旷课。

北大复校后仍基本上实行以上规定。

抗战时期，西南联大于1938年10月制定了《国立西南联合大学本科教务通则》，11月，又对该通则进行了少量修改和补充。该通则规定："学生缺课，无论曾经请假与否，均由教师填写缺课报告单送交注册组。""学生如因事不能上课者，须先期亲到注册组填写请假单，注明所缺课程及时数。如未经准假而缺课者,以无故缺课论,事后不得补假。""学生因病请假者,须得校医之证明。""学生一学期内,无故缺课(体育及军事训练在内)满十小时者,由注册组予以警告;满二十小时者,由注册组报告教务长,酌予训诫。训诫后仍无故缺课者,由教务长酌令休学一年或一学期。""学生一学期中因任何事故于某课程缺课逾三分之一者,不得参与该课程之学期考试,该课程成绩以零分计。""学生因不得已事故(如疾病、亲丧)不能应学期或学年考试者,须先呈缴家长或医生之证明函件,经教务长核准后,得参加补考。学生无故不参与学期或学年考试者,不得请求补考,其所缺考各课程成绩以零分计。"

北大复员回北平后于 1947 年 10 月制定了《国立北京大学教务通则》。这个教务通则除了与西南联大的教务通则相同者外,增加了两项内容:(1)学生因事不能上课未能准假者,缺课一小时以请假二小时论。(2)学生平时上课请假至五分之一以上者扣其该科成绩百分之五;至四分之一以上者扣百分之十;至三分之一以上,不得参与学期考试。

新中国成立后,北大于 1950 年 6 月制定了《暂行教务通则》,其中,除"请假至全学期三分之一以上"和"某种课程缺课逾全学期三分之一以上"等,其处理办法与新中国成立前相同以外,规定"学生如因病或因事不能上课者,须向小组长请假,并由小组调查组内缺席情况,每周向注册组汇报。不请假者以旷课论,旷课每小时按请假二小时计算"。1951 年 5 月,学校将上述规定中"向小组长请假"改为"至注册组填写请假单"请假。

1952 年院系调整以后,学校于 1953 年 12 月专门制定了《北京大学学生考勤暂行办法》,主要内容为:(1)由各班班长及课代表,在系及各课教师指导下负责学生考勤工作。(2)每次上课,由课代表负责检查学生到课情况,将迟到早退或缺课学生填入缺课报告表内,分别送交授课教师及班长(合班课可按系级分为若干小组,由小组长负责此项任务)。(3)学生因病或不得已事故不能上课时,必须办理请假手续,未经准假缺课者,以旷课论。(4)学生因病请假时,须提出本校卫生室或公立医院之证明,填写请假单。请假日期在三日以内者,须经班长同意,请假日期在三日以上二星期以内者,须经班长签注意见,由系(科)主任批准;请假日期超过二星期者,并须送请教务长批准。(5)学生因不得已事故必须请假时,须事前提出必要之证明。请假日期在一周以内者,经班长签注意见,由系(科)主任批准,请假日期在一星期以上者并须送请教务长批准。(6)凡因病或因紧急事故确有实际困难不能在事前请假者,至迟须于次日向班长申述理由,提出证明,补办请假手续。(7)学生确系因病不能参加考试或测验时,须事先提出证明,办理请假手续。此项请假须转请教务长批准。(8)学生无故迟到或早退,应予以批评,屡经批评不改者,视其情节轻重,予以纪律处分。学生旷课在三大节以内者应予以批评,超过三大节者分别予以以下处分:旷课累积满四大节者,予以劝诫处分;满八大节者,予以记过处分;满十二大节者,予以严重警告处分;满十六大节者,予以开除学籍处分。(9)自受处分之日起一年内,该生再无旷课情况时,可取消其处分,如在遵守学习纪律上有良好表现者,可提前取消其处分。1959年11月,学校在这个暂行办法的基础上制定了《北京大学学生考勤办法》,其内容与上述暂行办法基本相同,只是考勤的项目除了原来的上课和考试、测验以外,增加了1958年以后教学计划规定的科学研究、生产劳动和各种政治时事学习等。

"文化大革命"期间,原来的各种学籍管理规定,包括考勤方面的规定,均被废除。

粉碎"四人帮"以后,学校教育革命部于1977年3月制定《关于教学管理的暂行规定》,其中关于考勤方面的主要内容是:(1)严格学习纪律。不准旷课、迟到或早退。下厂下乡进行教育革命实践应遵守所在单位的有关规定制度。(2)遵守请销假制度。假期回家须按时返校,不得无故迟到,因故不能按时回校者,须经系领导批准。家不在北京的学生,不得在校外住宿,星期日外出应在晚七点半以前返校。(3)一般不准请事假,如有特殊情况,必须事先办理请假手续。请假在十五天以内的须经革委会批准,十五日以上须经校教育革命部批准。解放军学员请假离京者,须经校教育革命部批准。(4)病假要有医生证明。(5)由班长负责记载学员情况,定期报系教改组,系教改组定期报告校教育革命部。

1978年12月教育部发出《高等学校学生学籍管理的暂行规定》。1979年6月,学校根据该暂行规定中有关考勤方面的规定,制定《北京大学关于学生考勤的暂行规定》,主要内容为:(1)每班设班长一人。班长每学年由学生推选,系主任批准。班长在系行政的领导下,负责本班学生的考勤工作。(2)学生上课、教学实习、生产实习、社会调查、生产劳动和军事训练都要进行考勤。如有学生迟到、早退、请假或旷课等情况时,班长应认真在考勤表上进行登记,并于每星期一将上周考勤周报表交系办公室。公共外语和体育课的考勤,由任课教师填写考勤登记表,交本教研室转交学生所在系办公室。(3)学生因病请假在半天以内的,须经班长同意;在一周以内的由系办公室主任批准;请假一周以上的由系主任批准。请病假一天以上的应有医生证明。(4)学生上课时间,一般不准请事假。有特殊原因必须请事假时,事前要办理请假手续。三天以内由系办公室主任批准;三天以上、十五天以内由系主任批准;十五天以上由教务部部长批准。(5)每学期病、事假连续满九周,或累计满九周者,应休学。(6)对旷课或无故不参加教学计划规定的各项活动的学生,应及时进行批评教育。一学期旷课累计满16学时者,给以警告处分;满 32 学时者,给以记过处分;超过 50 学时者,根据情节轻重分别给以留学察看直至开除学籍的处分。

1986 年 9 月,学校根据教育部颁发的《全日制普通高等学校学生学籍管理办法》,制定了新的《北京大学关于大学生学籍管理试行办法》,其中有关考勤方面的主要内容为:(1)学生上课、考试、实验、实习、社会调查、生产劳动、军事训练、时事政治学习,都要进行考勤。学生因故不能参加者,必须事先请假。未准假而擅自不出勤或超假者,均以旷课论。学生旷课时间,一般课程按课表规定的上课学时计算;无故不参加教学计划规定的生产劳动、军事训练、社会调查或无故不按学校规定时间到校办理注册手续者,每天按旷课四学时计算。(2)学生班长及班(级)主任应对本班(年级)学生迟到、早退、旷课等情况经常进行检查,提出处理意见。任课教师应采取各种措施对学生进行考勤。教师可以根据本试行办法的原则制定本门课程考勤的办法。(3)学生因病请假应有医生证明,请假在一天以内的,经班长同意,由班长报告班主任;一周以内的经班主任批准,一周以上的须由系主任批准。学生一般不准请事假。有特殊原因必须请事假时,应事先办理请假手续。三天以内由班主任批准,三天以上由系主任批准。(4)学生无故缺课累计超过该门课程学期学时数的三分之一,不得参加该课程考试,该课程成绩以零分计,学生未经批准而擅自缺考者,以旷课论,该课成绩以零分计。(5)对旷课的学生,应及时进行批评教育,情节严重的,给予纪律处分。一学期旷课累计达 10 小时者,给以警告处分;累计达 20 学时者,给以严重警告处分;累计达 30 学时者,给以记过处分;累计达 40 学时者,给以留校察看处分;累计达 50 学时以上者,给以勒令退学处分。

以上这些规定,后来只有一些文字上的小的改动,基本内容没有改变。

四、选科生、旁听生①

北大开始招收选科生、旁听生是在中华民国成立之后。1913 年,教育部陆续公布了《大学规程》《高等师范学校规程》和各种专门学校规程。在《高等师范学校规程》中规定:"高等师范学校得设选科。""选科为愿充师范学校及中学校教员者设之,其科目得选习本科及专修科中之一科目或数科目。"1914 年,北大曾招收本科和预科的旁听生,1918 年曾招收文本科英文门和法本科的选科生。1919 年 8 月,学校评议会通过《修正选科生及旁听生章程》,其中规定:因选科生之名称与本校现行之选科制(单位制)易于混乱,故

---

① 这里所说的旁听生,是学校按有关规定正式招收、准其入学听课的学生,不包括未经招收录取、未办正式入学手续、自己进课堂听教师讲课的人员。

一律称旁听生。该章程还规定：(1)本科各系有缺额时，均得收旁听生。(2)旁听生得依其志愿，于各系中选听愿习之功课。(3)旁听生入学时，须将所经历之学校，及平时所研究之学业，填具愿书，附加相当之保证书，并最近四寸半身相片一张；经本校教授主任会审查合格后，应缴纳全年学费，领取旁听证，方准其听讲。(4)旁听生按正科生所需要，听满应习之单位，并随同考试能及格者，得呈请将预科所有功课补行考试，及格后改称正科生，一律给与毕业文凭。(5)旁听生按所听之学科，每单位每年应缴学费二元。(6)旁听生平时对内对外，均应称"北京大学旁听生"，不得通称"北京大学学生"。(7)所有本校应守之规则，旁听生在校时均应遵守。1920年5月，学校对旁听生章程进行了修正。修正的内容主要有二：(1)原来规定"经本校教授主任会审查合格后……领取旁听证，方准其听讲"，改为"经本校教务会议审查认为有最小限度之能力，并经关系学科教员面试，认为确有听讲学力者，方准入学"。(2)规定"旁听生不得改为正科生"。

上述关于旁听生的规定，在1933、1934等学年，又有一些小的修改，除各年应缴纳的学费有所不同以外，主要是规定旁听生于各系中选听愿习之功课，每周至多不得过二十小时。

抗战期间，西南联大于1938年12月制定《国立西南联合大学旁听生规则》，其主要内容为：(1)本大学按照各系课堂情形，酌收旁听生。(2)旁听生以已取得国内公私立大学学籍，经本校审查合格者为限。(3)旁听生不得改为正式生，其所选课程亦不给学分。(4)旁听生得依其志愿于各系中选习功课，但每周至多不得过十五小时，所选功课，并需预先取得各课教师同意。(5)旁听生每学期注册时须纳旁听费五元，始得领取旁听证。(6)旁听生不许住校。(7)旁听生对内外均应称"西南联合大学旁听生"，不得通称"西南联合大学学生"。(8)所有本校正式生应守之规则，旁听生均应遵守。

抗战胜利后复员北平的北京大学不再招收这类旁听生。新中国成立以后也没有招收过这类旁听生。

五、附学生、寄读生、借读生

（一）附学生

1902年恢复的京师大学堂设有译学馆。清廷批准的《大学堂译学馆章程》规定，该馆设附学一科，招收附学生。其主要内容为：(1)本馆为广育人才起见，特设附学一科，以待速成进士两科之外，有志向学之士。(2)附学生以年在十二以上二十以下，口音清利，中文通顺，无锢疾无恶习者为及格。(3)附学生入馆，各人自行认习外国文一科，亦须兼学普通学及法律交涉专门学。(4)附学生一名，每年缴学费龙银一百元（内计修金三十元,伙食五十元,体操衣靴费二十元,分两期缴纳,均于开学时缴齐),其在本馆住宿者,每年另纳房舍金十元。(5)附学生宜确守本馆学生规则及一切章程。如有违犯,轻者记过重者除籍,照本馆学生一例办理。本馆待附学生,凡教育授课及办事人员照料学生之处,均与本馆学生一律。(6)愿来本馆附学者,应先具附学愿结,缴足一学期附学费,由该学生父兄带领来馆,经本馆监督暨总教习察验合格始行收入。(7)附学生五年卒业。考试及格者,亦由本馆申请管学大臣给予卒业文凭,得充各处译员及外国文教习之选。准入馆不由考取,自不能与考取学生一例,赏给出身,准遇乡会试年分,许其应试。

译学馆于1903年开始招收附学生,这年招收的附学生称为甲级学生,翌年招收的称为乙级学生,共招收了甲、乙、丙、丁、戊五级学生。

(二)寄读生

1931年九一八事变后,为救济东北大学等校来平失学学生,北大于是年10月制定了《东北大学失学学生来校寄读办法》,其主要内容包括:(1)该项学生应由东北大学在平负责者正式来函请准寄读,并列表说明该生系别年级及以前所习科目(如所习科目无可查考,由学生自填)。(2)各系能容纳人数,由各系主任酌定后,提交教务会议公决。请求寄读学生之人数超过该系已规定之数额时,得用考试办法决定去取。(3)寄读生应按照原校系别寄读,不得更改。(4)至本年第一学期末,寄读生应与各班受同样考试,如所选科目中无学期试验者,应受特别试验。如试验成绩太劣,本校得停止其试读权利。(5)寄读暂予免缴学费,但本校不提供寄宿。(6)冯庸大学学生如有来请求寄读者,与东北大学同样办理。据当年11月统计,北大共收容寄读生82人。

(三)借读生

抗战期间,西南联大根据教育部颁发有关的借读办法,于1938年10月制定的《本科教务通则》中规定:本大学于每学年始业前,酌收来自其他国立或曾经立案之私立大学之借读生,借读期间以一学期或一学年为限,期满得应本大学转学考试,及格者改为正式生,不及格者取消学籍或降退年级为试读生。

六、转学、转系(门)、转专业

转学、转系是民国成立以后才有的,转专业是经过1952年的院系调整,在学系之下分设若干专业之后才有的。

1913年12月,北京政府教育部公布《收受转学学生规则》,规定:"各校收受转学学生,须于每学期开始前行之。""各校收受转学学生,须令其呈验原校证明书，或在学证书及成绩表等。""各校收受转学学生，须先审查其原校证明书或在学证书等，果系性质相符，班次衔接，再行编级试验。""各校收受转学学生，非经编级试验及格者，不得收录。""各校转学学生，须查明其在原校退学之故。如系因事革退及进级试验落第因而退校者，不得收录。"

1916 年 5 月，北大刊印《国立北京大学分科规程：北京大学分科通则》，其中规定，下列各分科未毕业之学生，得请转学而毋庸试验：各分科大学学生，请在原分科改习他学门者；法科大学学生请转入商科或文科、文科大学生请转入法科或商科、商科大学学生请转入法科或文科者；理科大学学生请转入工科、工科大学生请转入理科者。分科大学学生不依上述各款之制，限请转入他分科者，须经检定试验始许其转学。请求转学之学生须在转入科门有缺额时行之。转学学生所请转入之学门，其数若超过预定收录额，须受选拔试验。转学生应于八月一日以前填志愿书呈递于各分科大学学长。

1920 年 6 月，学校制定《国立北京大学本科转学规则》，其中规定："国立大学之学生欲转学时，须由其原校正式具转学书，附加该生在校所习各学科之详细成绩咨送本校。由教务长交转学审查员审查合核后，准其转学。其有各学科成绩不佳者，得拒绝之。"国内外公立私立之大学（即非国立大学）之学生欲转学时，除按上述规定办理外，还要求他们参加转学试验，试验合格，方准其入学。转学审查员由教务长临时指定。

1924 年 10 月，北大制定了新的《本科转系规则》和《本科转学规则》。对于本校本科修业生暨毕业生，欲由其原来修业之学系转入他学系的，北大原已规定：只要经转入系系主任同意、教务长批准即可。这次制定的转系规则对于转系生已转到欲转学系后的问题作出必要规定，主要是：(1)凡转系生对于所转学系之必修科目，须一律修习并考试及格，始准毕业。(2)凡转系生须依照所转学系之指导书习满其额定单位总数（指适用单位制之各学系而言），或额定科目总数（指不适用单位制之各系而言），始准毕业。(3)凡转系生如对于所转学系之必修或选修科目，有已在原系习过并考试及格者，得免习免考，即作为该生在所转学系之成绩。(4)凡转系生在其原系中所习之科目，如有与所转学系之科目性质略同，而程度或范围稍异者，经所转学系教授会之特别核可，得以抵当所转学系之相关科目。(5)凡转系生通例只能转入所转学系之第一年级肄业，但此项学生如对于所转学系之科目已习满相当之单位或数额，得由所转学系教授会提经教务会议议决核减其在所转学系例应修业之年限，但所核减之年限，至多不得过两年。(6)凡数学、物理、化学、地质四系以外之学生，除经由本校预科甲部升学，或其具有同等资格者外，非经转系试验不得转入此四系。此四系之学生，如欲转入此四系以外之学系，除哲学、教育两系外，亦须受转学试验。转学试验由教务会议决定行之。该转学规则的主要内容为：(1)凡国内外公立私立大学本科肄业生或毕业生，欲转入本校本科肄业，须于报名转学时缴验：中学毕业证书；大学本科修业或毕业证书。(2)凡请求转学各生，应于报名转学时，由其原校将该生在校所习各学科之详细成绩咨送本校；经本校审查合格后，须加入本校本科入学考试。(3)凡请求转学各生，于本校本科入学考试及格后，即准其转学。其有本校各学系科目为此项学生所已习者，本校得酌量准其免习。遇必要时，并得举行免习考试。但转学生在本校本科肄业期间至少须满两年。

1932年6月，学校公布修正本校转学规则，主要是增加了下列三项内容：(1)规定转学试验科目为：国文、外国语、转入各该系之基本科目。(2)转学试验及格者，由本校各系教授会按照程度拟定编入相当之年级，提交教务会议通过后，准其入学。(3)本校各系须有缺额时方能收纳转学生。

抗战期间，西南联大于1938年8月制定《西南联合大学一九三八年度招收转学生暂行办法》。该暂行办法首先公布了该年度招收转学生的院系和年级(文学、法商学、理学、工学等4个学院的二、三年级，四年级不招收转学生)，同时规定了具体办法：(1)凡志愿转学本校之二三年级学生须于十月十五日以前具函申请，并将下列证件寄到本校招生办事处：转学证书或肄业证明书；历年成绩单；二寸半身照片二张。(2)(民国)二十六年度曾经其他大学录取而未及入学之一年级生，如志愿改入本校，须于十月十五日以前具函申请，并将下列证件寄本校招生办事处：中学毕业证书；录取之大学证明文件；二寸半身相片二张。(3)申请转学及志愿改入本校一年级之学生寄来之证明文件与成绩单文交本校招生委员会及有关系主席审查，其经审查合格者，取录为试读生。录取通知分寄各该生，以额满为止。(4)准许试读之转学生，于到校以后，仍须甄别试验，合格后，方得为本校正式生。

1938年11月，西南联大制定了《本科教务通则》。其中对转学问题，规定如下：凡在其他公立或曾经立案之私立大学本科修业满一年或二年(转入本大学师范学院之学生不受此项年限之限制)之男女学生携有原校之证明书，经本大学审查合格准予参加转学考试，并经录取者，得转入本大学肄业。

此后，西南联大基本上都按照以上规定来招收转学生。除招收的院系、年级和申请的具体时间等各年有所不同以外，只在有的年份有一些小的补充、修改。如1940年的《招收转学生简章》规定：凡欲转入本校某院系二年级者，其在原校一年级所修之学程如与部定各学系必修学程不相符合须补修者，其补修学程如超过二学门则不得报名；凡欲转入某院系三年级者，其至原校一、二年级时所修之学程如与本校该系一、二年级所定学程不相符合须补修者，其补修学程如超过三学门则不得报名。又如1941年规定：转学生经录取后于报到时须先受体格检查,不合格者不得入学等。

至于要求在本校内转系,西南联大规定:要求转系的学生须在学年始业前提出申请,陈明理由,经所欲转入系系主任同意,教务长批准方为有效。批准转系后,转入系主任应按照该系规定修习之课程,审核转系生的原有学分,并决定其年级。如原在系选读之课程与转入学系课程相同,所得学分可以照算,不影响学习年限。

抗战胜利后,教育部于 1947 年 3 月公布修正后的《专科以上学校学生学籍规则》。其中对转学、转院、转系作了以下规定:(1)专科以上学校学生转学,应于报名时呈验原校发给之转学证明书,原校所发修业证明书或成绩证明书,仅为证明学生修业成绩之用,不得作为转学证件。(2)专科以上学校学生转学须受编级试验,其科目由校参照部颁必修科目订定之。(3)专科以上学校学生转学以转入与原肄业院系科组性质相同者为原则,其因故须改入其他院系科组者,如编级试验及格而该院系科组所规定之科目在原校已修习及格,得编入与原肄业年级相衔接之年级肄业。否则其应修未修各科应令补修及格或酌量降低其年级。(4)师范学院或师范专科学校学生以转学其他师范学院或师范专科学校为限。(5)转学生经编级试验及格后其在原校修习之科目与部颁科程相符且成绩及格者,转学学校应予承认。(6)专科学校或专修科之肄业生不得转学于大学或独立学院。(7)大学或独立学院学生转院限于第二年级开始以前,转系限于第三年级开始以前,均以一次为限,并须修满转入院系所规定之课程方得毕业。北大关于转学转系问题执行了该学籍规则的规定。

新中国成立后,北大于 1950 年 6 月制定的《暂行教务通则》中规定:(1)本校各院系除毕业班外,遇有缺额时得酌收转学生。转学生须受转学考试,经录取后方得入学。(2)在本校内转院或转系以第二、三年级为限,每生转院系以二次为限。(3)转院系以经过考试为原则,考试科目由各系规定,但其性质相近之系别,得免试转入。(4)学生转院系须于每学年注册前申请,并经相关系主任及教务长核准。1951 年 5 月,学校公布的《教务通则》将上述规定的第二项改为"转院系以第二年级为限,其性质相近之系别,第三年级亦可申请互转;转院系以一次为限"。

院系调整以后,北大于 1953 年 7 月制定的《学生学籍暂行条例》规定:(1)新生入学后,根据国家需要并参照学生具体情况分配到一定的专业或专修科学习。学生均应服从调配。调配以后,一般不得申请转专业。其分配入专修科者,不得申请转本科;分配入本科者,亦不得申请转专修科。遇身体有某种缺陷不适于在原专业(专修科)学习时,经本校校医或公立医院诊断证明并经系(科)主任提出具体意见,经教务长审查转请校长批准后,可转入适当之专业(专修科)学习。如本校无适当之专业(专修科)时,得由学校介绍转入他校学习。(2)学生入学后,一般不得申请转学。但个别学生在本校学习具有特殊困难确非转学不可者,得由学生本人在学年终了前两周内(情况特殊者,可在学期终了前两周内)向学校申述理由,经系(科)主任提出具体意见,并经教务长审核送往校长批准后,由其提出转学申请书、自传连同肄业成绩及体格检查表等有关文件,由学校函商拟转入之学校,经该校审查合格同意转入,准予办理转学手续。

1960年2月,教育部发布《关于处理高等学校学生转专业、转学、休学、复学、退学等问题的规定》,其中关于转专业、转学问题的主要内容如下:(1)高等学校的个别学生具有下列情况之一,可以转入本校其他专业继续学习:不宜转入本校其他专业但尚能在其他高等学校适当的专业继续学习的,可以转学到其他学校;有某种疾病或生理缺陷,经学校指定的医疗单位检查证明不能在原专业或原校各专业学习,但尚能去其他专业或其他高等学校适当的专业继续学习的;学校认为不适合在现在的专业学习,而转入原校别的专业或其他学校别的专业学习,更能发挥学生所长的;本人或家庭确有特殊困难,必须调换学习地区,否则无法继续学习的。学生转专业、转学由学校审查批准。(2)学生转学的问题,由原校与转入学校洽商办理。转入学校应该审查转学生的政治、健康和学业成绩(或举行转学考试),经审查合于在本校学习的,即应尽可能接受,办理转入手续;转入学校不同意接受的学生,仍应留原校继续学习。学生转学工作,由高等学校于学年结束时办理。(3)第一学年未学完和临毕业学年的学生,不得申请转学。以上规定一直沿用到"文革"前。

"文革"后,教育部于1978年12月发布《高等学校学籍管理的暂行规定》。学校根据这个暂行规定,结合我校实际情况,制定了《北京大学关于学生学籍管理的暂行规定》。其中关于转学、转系、转专业规定的主要内容如下。

学生入学后,原则上不得转学。个别确属特殊情况的学生,必须调换学习地区,否则无法继续学习者,可以申请转学。申请转学的学生应提出书面报告并附必要证明,向所在系申请,经系主任、教务部部长同意后,由教务部将其政治、健康、学业成绩的材料上报北京市高教局审批后,征得转入省、市、自治区高教局和有关院校同意后,方可办理转学手续。

学生无正当理由不得转系、转换专业。个别学生因某种疾病或生理缺陷,经校医院检查诊断证明,不能去原系原专业学习,但尚能在本校其他系其他专业学习的,可以转系转专业。申请转系转专业的学生,应提出书面报告,并附必要的证明材料,向所在系申请,经系主任审查同意,报教务部部长批准。学校对转系转专业的学生，按转入专业教学计划的要求，进行专业基础审查，必要时，得由转入系进行测验，不合格者不予批准。须转到外院校有关专业的，经学校与转入院校同意后，报北京市高教局批准。

一般院校学生不得转重点院校。三、四年级学生不得申请转学转专业。

1983年1月，教育部发布《全日制普通高等学校学生学籍管理办法》。学校根据这个办法，结合本校情况，对转专业、转学作了以下规定。

转系、转专业：

1.本校学生具备以下条件者，可准许提出校内转系、转专业：(1)专业必修课成绩一般应在及格以上，或确有拟转入某专业的专长；或因有某种疾病或生理缺陷(不含隐瞒病史入学者)，经校医院检查证明确属不宜在原专业学习，但尚能在其他专业学习者；(2)学生高考成绩必须与转入系专业相近；(3)学校或系根据需要而调整专业者。

2.有下列情形之一者，一般不予考虑转系转专业：第一学年结束的七周之前；本科三年级以上(含三年级)的学生；属于委托培养、定向培养的学生；专科学生；学生有既往病史，由于本人隐瞒录取在限考专业者。

3.考虑到国家人才培养的计划性，各系准许参加转系转专业考试的人数累计一般应控制在本年级人数的10%左右(含10%)。具体比例由各系自行规定。转入某些系、专业的二年级学生，经批准可以延长学习期限一年。

转学：

1.学生有下列情况之一者，应准予转学：(1)学生本人申请，由学校推荐，经转入学校考核更能发挥其专长者；(2)个别学生入学后发现某种疾病或生理缺陷，指定医院检查证明不能去原专业学习，尚能在其他高校别的专业学习者；(3)学校认为有某种特殊困难不转学则无法继续学习者。

2.有下列情况之一者不予考虑转学：(1)新生入学未满一学期；(2)专科转入本科者；(3)本科三年级以上(含三年级)者，专科二年级以上(含二年级)者；(4)无正当理由者。

3.本校学生要求转学时，须学生本人申请，须经系主任同意、教务长批准。如在本省(自治区、直辖市)范围内转学，由转出学校推荐，由转入学校审核同意，报省(自治区、直辖市)主管高教部门备案。如跨省转学，由转出学校推荐，经学校所在省(自治区、直辖市)主管高教部门批准，发函向拟转入学校联系。转入学校同意后报转入学校所在省(自治区、直辖市)主管高教部门批准。

以上规定一直沿用到1997年未作大的修改，只是在允许学校招收部分自费生和委培生、定向培养生以后,在不予考虑其转学和转系、转专业的情况中增加了"自费生要求转公费生"和"委托、定向培养的学生要求转入非委托、定向培养的学生"两项。

七、成绩考核

京师大学堂时对学生功课成绩的考核有平日考核和月考、学期考试、学年考试。学堂创办之初,《京师大学堂规条》等规定:"功课无所考核无以分勤惰,宜分经义、史事、政治、时务四条,按日札记,但取自抒己见,不论文幅短长,翌日呈分教习评阅。分教习另立一簿,记其优者双圈,次者单圈,再次尖圈,又次一义,按月交提调呈总教习察核。"每月考课"分制艺试贴为一课,策论为一课,一月两课,由管学大臣、总教习出题,提调、分教习轮班监视,交卷后评定甲乙,仍由管学大臣、总教习复看";"各教习当学期考试、学年考试后七日以内,须将考试题目及学生分数表并考卷,一同呈之总正教习"。

1902年8月颁布《钦定京师大学堂章程》,其中规定,评定分数以百分为满格,通各科平均计算,每科得六十分者为及格,不及六十分者为不及格。凡考学生之成绩,由教习将学生平日功课分数,数日一呈总教习,总教习通一月之分数而榜于堂。考试分数应与平日分数平均计算,如平日各科合计得八十分,而考试得及九十分者,则此学生之功课应算为八十五分,余以类推。

1904年颁布《京师大学堂详细规则》,其中对考试问题,作了一些更具体的规定:每月初旬举行月考,由本教习以一月所讲授者发问(即出考题),评定分数,送交教务提调;每年分二学期,学期尽日举行期考,由本教习以一学期所讲授者发问,评定分数,送交教务提调;考试以二点钟为限,不得逾限五分钟不交卷;每次考试,除学科分数外,另加立品、勤学二项分数;凡品行之纯疵,学问之勤惰,由教务提调、监学考察之,按其请假、旷课、记功、记过等事以定分数多寡,与考试分数合并计算,由教务提调总计各项分数,核定名次,榜示堂中等。

民国成立后,1912年10月教育部公布《学生学业成绩考查规程》,规定学生学业之成绩分为平时成绩、试验成绩。平时成绩,由教员查察学生勤惰与其学业之优劣,随时判定。试验分学期试验、学年试验、毕业试验三种。学期试验于学期终行之,但自一至三月之一学期得免试验。专门以上学校得免学期试验。学年试验于每学年终行之,但届毕业时得免除学年试验。毕业试验于修业最后之学年终行之,但在未届毕业以前,遇有一科目教授完竣时,得先行试验,届毕业时即以所试验之分数为该科目之毕业试验分数。评定成绩分甲乙丙丁四等:甲、八十分以上;乙、七十分以上;丙、六十分以上；丁、不满六十分。丙等以上为及格，丁等为不及格。及格者毕业或升级，不及格者留级，留级两次仍不及格者，令其退学。学期成绩之评定法为：(1)本学期每学科之试验成绩，参合平时成绩，判定分数，为每学科之学期成绩；(2)本学期各学科判定之总分数，以学科数除之，得平均数，为总学科之学期成绩。学年成绩之评定法为：(1)本学年每学科之试验成绩，参合平时成绩，判定分数，为每学科之学年成绩，在施行学期试验之学校，以学期成绩分数相加，以二除之，为每学科之学年成绩；(2)本学年各学科之学年成绩总分数，以学科数除之，得平均数为总学科之学年成绩。毕业成绩评定法为：(1)最后学年，每学科试验成绩，参合平时成绩，判定分数，为本学年每学科成绩分数，又与前各学年每学科成绩相加，以学年数除之，为各学科毕业成绩分数，在施行学期试验之学校，先以学期成绩分数相加，以二除之，得每学科学年成绩，再依前法，得毕业成绩分数；(2)各学科毕业成绩之总分数，以学科数除之，得平均数，为毕业总平均分数。专门以上学校之学期试验或毕业试验，其主要科目，有一学科分数不及丙等者，不得升级或毕业。学生因不得已事故不能与学期或学年试验者得请求补试。学生缺席时间逾授课时间三分之一者，不得与学期或学年试验。学生缺席一学年内至四十小时者，应减学业成绩总平均一分，多于四十小时者，每逾二十小时递减半分，不满二十小时者免减。

1912年10月，教育部还公布《学生操行成绩考查规程》，规定各学级主任教员及学监，于每学期内以平时审察所得，注于操行一览表，其他教员并以所审察者告于学校主任教员，汇注于表，送校长核定。学生操行之成绩，以甲乙丙丁四等评定之。每学年之操行成绩，列丙等以上者为及格，列甲等者，校长得给以褒奖状。学生升级及毕业时，应以操行成绩与学业成绩参酌定之，凡学业成绩未及格，其分数相差不及十分之一，而操行成绩列乙等以上者，得升级或毕业，学业成绩仅能及格，而操行成绩列丁等者，得停止其升级或毕业。考查操行主要点为：关于心性者，为气质、智力、感情、意志等项；关于行为者，为容仪、动作、言语等项。1916年4月刊印的《国立北京大学分科规程·各种细则》对上述学生操行成绩考查规程作了两点补充规定：(1)操行分数不及四十分者，无论学业成绩如何，不得升级或毕业。(2)犯有过错"面加谴责，命其悛改"者扣操行分数十分；犯有过错受记过处分者扣操行分数三十分。

1922年6月，学校制定《北京大学考试制度》，对于上述学生学业成绩考查规程作了以下修改补充：(1)考试不及格，或因故不能与考者，于次学年开始时，得受补考一次，此外概无补考时期。补考之分数，以九折计算。(2)预科甲部之第一外语、数学、物理、化学，乙部之第一外国语、国文，学年成绩，皆以六十分为及格。其他各科目以五十分为及格。不及格者不得升级或升学。(3)本科只有学科试验,于每学科教授完毕或须告一段落时行之。学科试验皆以六十分为及格。学科试验,除笔试外,得兼用口试或长篇论文之方法。1928年3月,学校又补充规定:考试不及格其分数在三十分以上者,准予补考,不及三十分者,俟下学年重习;补考成绩应按教员评定分数以九折计算。

学校于1932年12月制定、1933年12月修订的《国立北京大学学则》对成绩考查作了以下主要规定:(1)成绩考查。成绩考查分为平时成绩及学期成绩二种。平时成绩考查之方法,得由各系教授会酌量施行临时试验或审查论文、听讲录、读书札记及练习实验等成绩。凡四年级生在毕业前如经系教授会认为应作毕业论文者,应于毕业考试前交到。该项论文经审查合格后方能毕业。各项成绩均以六十分为及格。学生平时上课缺席至五分之一以上者扣其该科成绩百分之五;至四分之一以上者扣百分之十;至三分之一以上者不得参与学期考试。两学期成绩有一学期及格一学期不及格或扣考者,其平均成绩不及格时,以全年成绩不及格论。(2)补考及升级。凡每学期成绩(平时与期考之合计)不及格者,均得补考一次,但在三十分以下者不得参加该学期之补考。必修科目补考不及格者须重修,本系必修科目有两门以上不及格者应留级。学生因不得已事故(如亲丧疾病等)不获参与学期试验者,须向注册组主任请假,经核准后方能补考。凡每一学年之学分有二分之一以上不及格或缺席过三分之一而扣考者,应予留级,不得补考,其继续留级两次或留级一次而本系必修科目仍有两种以上不及格者应予退学,凡两学期连续之课程其全年成绩平均不及格而在五十分以上者,得再准其补考全年课程一次。凡第二学期成绩及格而第一学期补考成绩不及格者,不得参加第二学期之补考。凡每一学年之学分有二分之一以上未考而休学者,复学后仍入原年级,不得请求补考。补考分数按照教员所定分数九折计算。

抗日战争时期,1938年制定的《西南联合大学本科教务通则》对学生成绩的考核,主要作了以下规定:学生成绩分操行成绩与学业成绩两种。学生操行成绩以丙等为及格,其不及格者应令退学或不予毕业。学生学业成绩之计算采用百分法,以满六十分为及格。不及格者不给学分并不得补考,凡不及格之课程概作零分计算。学业成绩计算方法为:(1)以课程之学分数乘该课成绩之百分数为学分积;(2)学生所选各课程学分之总合为学分总数。(3)各课程学分积之总合为总学分积;(4)以学分总数除总学分积为成绩总平均;(5)总平均之计算包括不及格课程在内。学生成绩之考核分平时、学期、学年三种。平时成绩考查之方法,由各教师酌给临时考试或审查听讲笔记、读书报告及练习实习等；学期及学年考试须于规定考试期间用笔试方式举行之。学生所修某项课程平时成绩太劣，而使未参与学期或学年考试，教师亦得给予不及格之成绩。学生于考试时作弊（如夹带、枪替、抄袭、传语等）一经查出，除该课程以零分计外，并记大过两次。

复员北平后的北大，于1947年10月制定的《国立北京大学教务通则》中关于学生成绩考核的规定，基本上与西南联大的规定相同，其不同处主要是增加了一项内容，即：凡有下列情形之一者应予留级：(1)学年成绩有三分之一不及格者；(2)转学转系时经转入系将学分另行核算，设某一年内所承认之学分总数不满二十二分者；(3)因迟到致一年所修课程不足二十二学分者。

新中国成立后，从1949年至1952年院系调整以前，关于学生的成绩考核，基本上仍沿用以前的办法，只是恢复了以往曾经实行过的一项规定，即学期或学年课程，其成绩不及格而满五十分者，得补考一次。

院系调整以后，学校学习苏联高校的有关规定，于1953年12月制定《北京大学学期考试与考查暂行办法》。其主要内容为：(1)每学期终了时，各系(科)课程均应举行考试或考查。但有实验或学习作业的课程，在考试以前，其实验与实习作业部分应先进行考查，考查不及格不能参加该课之考试。(2)课程之应进行考试或应进行考查，须完全按照教学计划中的规定。教学计划中未予规定，或虽有规定而届时必须更改者，须由系(科)主任提出意见，送请教务长批准。每学期举行考试的课程不应超过五门。(3)考试的目的在于系统巩固学生所学的知识，检查学生学习成绩，并藉以检查教学效果，总结教学经验，以改进教学。考查的目的在于检查学生对所学知识的掌握程度与各科实习作业的完成情况，视其是否基本上达到了教学上的要求。但有实验与实习作业的课程，在考试以前所进行之考查，其目的则在于检查学生在学期中是否独立完成了各种实验与实习作业、具有运用科学理论知识解决一定实际问题的能力。(4)学生必须参加各门课程之考试或考查，如确因病不能参加考试或考查时，必须依据《北京大学学生考勤暂行办法》的规定办理请假手续，其未经准假而不参加考试或考查者，该课程以不及格论，并给予处分。(5)为确切检查学生之理解程度，考试一般均应采用口试方法，但宜于采用笔试的课程（如数学、翻译）与一班学生人数过多或数位教师分担之课程，口试确有困难者，得用口笔兼试或笔试。(6)口试考签数目不应少于学生人数的一半，每个考卷以包括三个试题为原则。(7)考试成绩之评定采取四级记分制，以"优""良""中""劣"(不及格)记载之。(8)学生抽得考签后，在未回答问题以前，估计不能圆满地回答考签上之试题时，可向主考人请求抽换一次考签，但不得再换第二次。凡换考签者，其考试成绩应降一级记分(得"优"者则以"良"记载之,得"良"者则以"中"记载之),但得"中"者则不再降级。学生抽得考签后,得有二十分到三十分钟的时间考虑回答考签上的问题。每个学生回答问题的时间一般在二十五分钟左右。(9)教师根据学生平日的实验、实习、课外作业、课堂讨论与平时测验的成绩,认为该生已达到该课程(或实验、实习作业部分)的基本要求时,即可评定其考查成绩。对尚不够了解或平时学习较差的学生,可以指定时间令其完成一定的作业或拟定少数题目用笔答或口头回答的方式评定其考查成绩。考查成绩之评定以"及格"与"不及格"的记分法记载之,但教学计划规定不举行考试的课程(如制图学、生产实习、课程设计),其考查成绩以四级分制评分。(10)学期考试或考查成绩不及格与因病经准假补考者,一律在下学期开学前后学校统一规定的补考日期内补考。学生因考试成绩得"劣"而补考者,补考后之成绩应降一级记分,但得"中"者不再降级。学生考查成绩不及格而补考者,其补考后之成绩以"补考及格"或"补考不及格"记载之。但教学计划规定中不举行考试的课程,其补考后之成绩仍按前项办法记分。(11)补考后,仍有不及格课程而依照《北京大学学生学籍暂行条例》(1953年7月制定)规定准其升级者,其不及格之课程,应于第二学期考试以前举行补考,补考仍不及格,则于该学期各门课程考试与考查之成绩,合并考虑其应升级、留级或退学。而按上述暂行条例的规定,在第二学期终结时,有下列情形之一者,应令其留级:补学后仍有两门课程不及格者;补考后仍有主要课程一门不及格,系(科)主任认为应予以留级者。

1959年11月,学校分别制定《学生成绩考核暂行办法》和《关于学生补考、留级、退学的规定》。该暂行办法和规定基本上与上述1953年的规定相同,其不同处主要有:(1)每学期举行考试的课程,由原来的"不应超过五门"改为"一般不超过三至四门"。(2)规定"生产实习的成绩,由指导教师根据学生的生产实习报告书及实习单位意见按四级分评定";"教学实习,教育实习,学年论文及社会调查等由指导教师根据学生的报告或论文、参考有关单位意见,评定'及格'或'不及格'"。(3)规定"学生应根据教学计划规定参加生产劳动,每学年末并应进行考核"。(4)增加规定:"三门课程不及格或不及格课程的周学时已经达到或超过该年级总的周学时的1/2时,依课程性质和学生的具体情况决定其退学或留级,不得补考。""留级以一次为限,如以后又有课程不及格而不能升学时即不得再留级,应令其退学"。(5)每学年末应在学生中进行思想总结鉴定。

1962年5月,学校规定:考试课程均统一按"优""良""及格""不及格"四级记分,考查课程一般按"合格""不合格"记分。

以上办法和规定,此后一直到"文革"前未作正式修改,只是每学期在执行时适应当时的具体情况作一些临时的变动。同时,由于学生人数增加而口试所花的人力和时间很多,所以很多课程逐渐由口试改为笔试。

"文革"后,1979年6月,学校根据教育部1978年12月颁发的《高等学校学生学籍管理的暂行规定》中有关成绩考核的规定,制定、公布《北京大学学生成绩考核的暂行规定》。该暂行规定的很多方面基本上是恢复"文革"前的办法,也有一些规定如考试的方式、有不及格课程的处理等,有所不同。其主要内容如下:(1)考试的方式,可根据课程的特点、学生人数多少和教师的条件,分别采用笔试、口试或口、笔兼用。考试的课采用四级(优秀、良好、及格、不及格)记分制或百分制。考查的课程一般按"合格""不合格"评定成绩,各专业主要实验课、实习课的考查也可采用四级分制。生产实习、教学实习和社会调查的成绩,按考查的办法评定。生产劳动和军事训练的时间,按周计算,填入学生学籍表,以上各项均属必修科目,如果无正当理由缺修其中一种科目者,不准毕业,按肄业处理。学年论文按"合格""不合格"评定成绩,毕业文论文按四级记分制评定成绩。(2)对考试、考查不及格的学生,按以下原则处理:考试、考查成绩不及格者,给予一次补考机会;但每学期有四门或四门以上课程不及格的学生,不得补考,经校长批准,令其退学;除进行毕业论文的最后一学期外,一学期只学三门或三门以下课程而全部不及格者,也不得补考,经校长批准,令其退学;一门主要课程经补考仍不及格者,由系主任根据课程的重要性以及该生学习其他课程的成绩等情况,决定其留级或升学;两门主要课程经补考仍不及格者,留级重读;如无特殊原因,本科学生在整个学习期间,留级最多只能有两次,同一个年级不能连续留级两次;应届毕业生,在学习结束时,仍有某些课程成绩不及格者,可给予一次补考机会,必要时可以适当推迟毕业时间。(3)学生自学完某门课程,经过考试成绩达到"良好"(或百分制75分以上)者,经系主任批准,可以免修该门课程,考试成绩记入学生学籍表。学习成绩特别优秀的学生,经过考试表明已达到跳级水平的,允许跳级;确已全面达到大学毕业水平的,可以提前毕业。

1983年1月,教育部发布《全日制普通高等学校学生学籍管理办法》,学校根据该管理办法的基本原则,制定《北京大学关于学生学籍管理试行办法》。其中,关于成绩考核,主要有以下规定:(1)对学生的政治觉悟、思想意识、道德品质的考察,主要采取作鉴定的办法。学生的品德评定一般每年进行一次。进行个人小结和鉴定,应以发扬优点、克服缺点为目的。(2)学生必须参加教学计划规定的考核。考核分为考试和考查两种。除时事政治学习、生产劳动进行考查和实习实验、社会调查等教学实践环节采用考查或考试由系决定外,其余课程均须进行考试。(3)考试的方式可根据课程的特点采用笔试、口试或二者兼用。考试的课程(包括单独设课的实验课)皆采用百分制计分,60分以上为及格,取得该课学分。考查课程的成绩评定,一般采用合格不合格。课程考核成绩评分,一般以学期末考试成绩为主,适当参考平时考查的成绩。平时考查成绩是按学生平时听课和完成实验、实习、课外作业、习题课、课堂讨论等情况及平时测验成绩等综合评定。毕业论文(包括科研训练)由指导教师写出评语,并按百分制或优、良、中、及格、不及格五级分制评定成绩。集体进行的科研项目,以个人承担的部分作为评定成绩的依据。(4)每学期课程考试不及格需要补考者,必须在规定的时间进行补考。补考不及格的课程,凡属必修课、限制性选修课由系安排重修,重修考核不及格者,不准再补考,该课程实得学分为零。如因课程冲突,不能安排重修,须毕业前或在结业参加工作后一年内给一次补考机会。非限制性选修课考核不及格时,是否补考,由学生本人申请,如若不申请补考,则须另行选读其他非限制性选修课,以获得该类课程的学分数。

1990年5月,学校对《北京大学学生学籍管理办法》进行修订,制定《北京大学学生学籍管理细则》。该细则与以前不同的主要是增加了下述规定:教学计划规定的考查课程若期末考查不合格,必须重修,重修考查不合格则不得再重修;实验课如不及格,必须补作(或重修),补作(或重修)仍不及格,则不得再补作(或再重修);非限制性选修课若期末考试不及格,其考试成绩应如实登入成绩表;不及格者,本人申请补考时可予补考,补考不及格,不得重修。

1994年6月,学校对《学生学籍管理细则》又进行了修订。在成绩考核方面,主要是对学生不及格课程的补考进行了修改。新规定为:"学生修读的必修、限选课程若期末成绩评定不及格,可通过重修或自习方式准备,申请参加下一次举行的该课程的考试。一门课程(以学期计)只可参加三次考试,第三次考试仍不及格者,则不能获得该课程学分。"

八、休学、停学、复学

北大到1916年才有关于学生休学、复学的正式规定。1916年4月在学校刊印的《国立北京大学分科规程:北京大学分科通则》中规定:(1)各分科大学学生,因疾病或其他事故预料三个月以上不能修学者,经各该分科大学学长之许可,得休学。受休学许可之学生,于次学年开始时,得编入原级。前项学生于休学学年内,个人原因消灭时,经各该分科大学学长许可,仍得归原班肄业,但不得与学年试验。(2)学生凡犯以下各款之一者,应令其休学一年以上:一学期内请假及旷课时间逾授课时间三分之一者;受暂时停学处分后仍自行上课者;一学年连受三次暂时停学处分者;学长认为成绩甚劣难期上进者。

1932 年 12 月制定公布、1933 年 12 月修正公布的《国立北京大学学则》规定，休学：(1)学生自请休学，须向注册组陈明理由，经核准后方为有效。(2)未曾自请休学之学生在注册期间未来注册者，即由教务处于注册截止以后令其休学。(3)学生患病于短期内不能痊愈，经校医认为有碍公共卫生或不能继续求学者，由教务处令其休学。(4)如第一学期不及格或扣考之学分，达二分之一以上或有本系必修课科目四门以上不及格或扣考者，至第二学期应令其休学。(5)学生休学不得继续逾二学年。复学：(1)凡呈请或令休学未逾二学年者，得呈请复学。(2)复学前须由本人正式具函向注册组申请，经批准后办理。(3)呈请复学须于每学期开始前举行。(4)休学逾期之学生欲再入学者，得按照转学规程办理。

抗战时期，西南联大于 1938 年 10 月制定的《本科教务通则》中关于休学问题，作了以下规定：在校学生因不得已事故必须休学者，得陈述理由向教务长请求休学，其因病请求休学者须缴验医生证明书。学生受纪律处分，积满大过二次者休学一年，新生在校未满一年者，除因重病外不得请求休学。学生休学以一年为限，逾期不到校者，作为退学；但因特别理由，经教务长批准者，得延长休学期间，至多一年，并只得延长一次。学生休学期内，如在他校上课得有学分，除因特殊情形预经系主任及教务长核准者外，不予承认。

抗战胜利，北大复员回北平后，关于学生休学问题的规定，基本上与西南联大时的规定相同。

新中国成立以后，院系调整以前，北大于 1950 年和 1951 年制定的《暂行教务通则》和《教务通则》中，关于休学问题规定："凡因故不能在规定日期内亲自来校注册者，须先行请假。但请假期不得超过上课后四星期；请假超过此项限度即令休学一学年。"除这一项外，其他各项规定基本上与新中国成立以前相同。

1953 年 7 月，学校根据高教部《关于高等学校学籍问题的若干规定》制定的《北京大学学生学籍暂行条例》中，对休学、复学问题作了较详细的规定，主要是：休学：学生因病需要较长期的休养或治疗，或因不得已事故在较长时间内不能参加学习者，得申请休学。因病申请休学者，须提出本校校医或公立医院之诊断证明；因事申请休学者，须提出必要之证明文件。学生有下列情形之一者应令其休学：(1)在一学期内请假超过授课时间三分之一者（女生因生育请假的延长至 45 天）；(2)患病经本校校医诊断认为必须有较长时期休养或医治者；(3)由于其他原因学校认为必须休学者。学生自行申请休学或学校令其休学，均须经系（科）主任提出意见，经教务长批准，休学批准后学生应按规定期限办理手续离校。休学以一年为期，期满后仍不能复学,可提出证明申请继续休学,但连续休学以两年为限。在休学期间,不得另外报考其他学校或训练班。在休学期间,除经特别批准者外,一般均不能享受人民助学金。复学:学生在休学期间,不得中途复学。学生休学期满,应于学年或学期开始一个月以前办理申请复学手续。学生申请复学时须提出下列文件:(1)复学申请书;(2)休学期间之个人情况书面报告;休学期间在政府机关或公营企业部门担任工作者,并应附工作部门同意离职之证明;(3)公立医院出具之健康证明。学生申请复学必须经教务长审查批准,方得来校报到,回到其原专业(专修科)之相当年级学习。新中国成立前因参加革命工作离校或新中国成立后因工作需要由组织上抽调并经学校同意离校者,在取得原服务单位所具关于该生离校后工作情况及同意其离职证明后,得申请复学,由学校在学年开始前给予编级试验,编入原专业(专修科)之适当年级学习。复学时如原专业(专修科)已调整并入他校,应向并入之学校申请复学,如原专业(专修科)已经停办,可由学校设法使其转入本校相近似之专业(专修科)或他校性质相同或相近之专业(专修科)学习。

1960 年 2 月,教育部《关于处理高等学校学生转专业、转学、复学、退学等问题的规定》中关于休学、复学问题的规定与北大 1953 年的规定略有不同,主要是:(1)原规定"在一学期内请假超过授课时间三分之一者"应令其休学,改为"缺课过多在原班继续学习有困难的""可准予休学"。(2)原规定"连续休学以两年为限",改为"休学总年限累计一般不得超过两个学年"。(3)增加规定:新生入学后未学完一个学期,因病或因其他原因不能继续学习的,不适用休学的规定,但可准予保留入学资格一年。(4)增加规定:解放以后从高等学校参军,在复员转业后要求复学的,经原籍县(大中城市为区)以上政府民政部门或部队的团或相当于团的单位负责介绍,可向有关的学校申请复学。

粉碎"四人帮"以后,根据教育部的有关规定,学校于 1979 年 6 月制定《北京大学关于学生学籍管理的几项规定》,其中关于休学、复学问题的主要内容为:(1)学生因病,经校医院(或北医三院)诊断证明,必须休养治疗在 9 周以上者,或在一学期内病假累积满 9 周者,或因其他特殊原因,必须休学者,可准予休学。(2)学生在学习期间,可以休学一次,时间以一年为限,期满仍不能复学坚持正常学习的,应作退学处理。(3)申请休学的学生,应提出书面申请,并附医院诊断证明,经系主任审查同意,教务部部长批准,办理休学系续(本人虽未申请休学,但系主任认为应当休学的,也可报请批准办理休学手续)。(4)学生休学,应回家休养治疗,在休学期间,原来享受的人民助学金伙食部分照发,原来享受职工助学金的照发。带工资的由原单位按国家劳保规定执行。病休期间,仍享受公费医疗,在当地固定的公立医院就诊。(5)休学学生申请复学,必须在休学期满一个月前提出书面申请,并将县以上医院诊断恢复健康的证明和所在单位政治思想鉴定,寄系办公室。经系及校医院审查同意后,由系通知学生来校进行复查,证明确已恢复健康,能坚持正常学习的,经系主任同意,教务部部长批准,办理复学手续。(6)复学的学生,原则上随原专业的下一年级学习。

1983年,学校根据是年教育部颁布的《全日制普通高等学校学生学籍管理办法》,制定了《北京大学关于大学生学籍管理试行办法》。其中,关于休学、复学问题,与1979年的规定不同的主要有:(1)将因病"必须休养治疗在9周以上者,或在一学期内病假累积满9周者,或因其他原因必须休学者",可准予休学,改为"因病经医院诊断,须停课治疗、休养占一学期总学时三分之一以上者"和"一学期请病事假缺课累计超过本学期总学时三分之一以上者",应当休学。(2)将"学生在学习期间,可以休学一次,时间以一年"为限,改为"学生休学一般以一年为期(因病经学校批准,可连续休学两年),累计不得超过两年"。(3)将病休期间仍享受公费医疗,改为"学生休学期间可享受公费医疗一年,连续休学第二年内或第二次休学期间停止公费医疗,医疗费自理"。

1990年,学校又在1983年的试行办法的基础上,增加一项规定:"学生因特殊困难须中途停学但又不符合休学条件或一学期内请事假累计超过学期总学时数三分之一者,经本人申请,系主任同意,教学行政处批准,可停学保留学籍一年,学生停学期间不享受在校生和休学生待遇。"

1994年,学校在是年6月制定的《学生学籍管理细则》中,关于休学、停学、复学问题,又在1990年规定的基础上增加了一项:"修满三年的本科生为增加专业社会实践经验,经本人联系接受单位并为其出具证明,由本人申请,系主任审核同意,教务处处长批准,可以办理停学离校保留学籍一年至二年参加社会实践。"对因参加社会实践停学的学生,停学期满,可以申请复学、也可经本人申请,院长、系主任审核同意,教务处批准,在实践单位边工作边学习,修满学分,完成毕业论文并答辩,准予毕业,符合授予学士学位条件者,授予学士学位。

九、退学

京师大学堂时期,对学生太差不率教者和屡考不及格者,即予以开除,而不称令其退学。如1899年1月制定的《京师大学堂规条》规定:学生到学三月以后,由提调、教习各具册一本,考察其勤惰优劣,有不率教者开除,务须详为登记,互相考核,不得瞻徇情面,意为进退。1903年京师大学堂重订的规条规定:考试不成一字和文理荒谬者及屡考不及格者,分别情形由教习记大过一次或呈明管学大臣开除。

民国成立后,教育部于1912年10月公布的《学生学业成绩考查规程》规定:学生学业成绩评定为及格者,毕业或升级;不及格者留级;留级两次仍不及格者令其退学。1922年12月制定的《国立北京大学学则》规定,凡有下列各项之一者即令其退学:(1)入学后查出冒名顶替或所缴毕业证书不实者;(2)休学期满尚未到校者;(3)继续留级两次或留级一次而本系必修科目仍有两种以上不及格者。西南联大于1938年10月制定的《本科教务通则》规定:(1)学生休学以一年为限,逾期不到校者,作为退学;但因特别理由,经教务长准许者,得延长休学期间,至多一年,并只得延长一次。(2)学生一学期成绩,于所修学分有二分之一不及格者,即令退学;学生全年成绩,于所修学分有三分之一不及格者,下年作为留校察看;如下年仍有同样情形者,即令退学。(3)在校生因不得已事故必须休学或退学者,得陈述理由向教务长请求休学或退学。复员后,北大于1947年制定的《教务通则》中关于退学的规定基本上与西南联大时的规定相同,只取消了"学生全年成绩,于所修学分有三分之一不及格者,下年作为留校察看"的规定,增加了"留级二次者,即令退学"的规定。

新中国成立后,北大于1950年6月制定的《暂行教务通则》规定:(1)休学以二次为限,每次限一学年,休学期满逾期未复学者,取消其学籍。(2)学生因故得申请退学。(3)每学年不及格学分超过二分之一者退学。1951年5月,学校制定的《教务通则》增加了两项规定:(1)留级超一次或必修课程重修二次仍不及格者,应令退学。(2)旷课至全学期六分之一以上者应令退学。1953年7月,学校制定《北京大学学生学籍暂行条例》。其中规定:(1)学生一般不准退学,但有实际困难,在两年以内不能参加学习者,得申请退学。(2)凡有下列情形之一者,应令其退学:学期或学年测验与考试之后,经过补考仍有三门或两门以上之课程不及格者;已经留级一次现又不能升级者;休学期满,未申请复学亦未申请继续休学者(连续休学以两年为限),学期开始时,在规定日期内未办理注册手续,注册截止后三星期仍未补假或申请休学者。1959年11月,学校制定《北京大学关于学生补考、留级、退学的规定》,关于退学问题,比1953年的规定增加了两项:(1)学期或学年未考试或考查不及格的课程门数在四门或四门以上的即应退学,不得补考;(2)三门课程不及格或不及格课程的周学时已经达到或超过该年级总的周学时的1/2时,依课程性质和学生的具体情况决定其退学或留级,不得补考。1960年2月,教育部发布《关于处理高等学校学生转专业、转学、休学、复学、退学等问题的规定》,关于退学问题又增加了一项内容,即:学生因病经医疗单位诊断认为难以坚持长期学习的,因家庭经济困难或其他原因不能继续学习的，经本人申请，学校审查属实，可以准予退学；本人虽未申请，但是学校认为不宜继续留校学习应当退学的，也可以说明理由让其退学。

"文革"后，1979 年 1 月，学校根据 1978 年教育部颁布的有关规定制定的《北京大学关于学生学籍管理的几项规定》中规定：学生在学习期间，可以休学一次，时间以一年为限，期满仍不能复学坚持正常学习的，应作退学处理。学生休学期满超过一个月未申请复学的，按自动退学处理。患有精神病、癫痫、麻疯等疾病，经医疗单位诊断，不能坚持学习的，应予退学。学生因故自愿申请退学，要有申请退学的书面报告，并附有必要的证明，由校长批准，可以退学。1979 年 6 月，学校制定的《关于学生成绩考核的暂行规定》，对退学问题作了以下补充规定：留级超过两次或连续留级两次的学生，令其退学。每学期有四门或四门以上课程不及格的学生，不得补考，令其退学。一学期只学三门或三门以下课程而全部不及格者，也不得补考，令其退学。1983 年 1 月，教育部发布《全日制普通高等学校学生学籍管理办法》，学校据此制定《北京大学关于大学生学籍管理试行办法》，对退学问题作了较详细的规定，主要为：本校大学生有下列情形之一者，应予退学：（1）本科学生在一学期内（除第一学年第一学期外），考试不及格的必修课、限制性选修课学分总数达到或超过本学期必修课、限制性选修课总学分的 70％者；（2）本科学生（除每学年第一学期外），经补考后不及格的必修课、限制性选修课学分数达到或超过该学期所修必修课、限制性选修课总学分的 50％者；（3）本科学生在校期间经补考和重修后，必修课、限制性选修课累计有 15 学分不及格者；（4）专科学生考试不及格课程经补考后，仍有三门必修课程，或连同以前各学期累计四门（含四门）以上必修课程不及格者；（5）不论何种原因（含休学、保留学籍、转系转专业），本科学生在校学习时间累计超过其学制两年（如四年制的不得多于六年）、专科学生超过其学制一年者；（6）休学期满无故逾期一个月不办复学（延长）手续者；（7）第二次（年）休学期满，经复查不符合复学要求者；（8）经过指定医院确诊，患有精神病、癫痫病、麻风病者，和其他某种严重疾病者；（9）意外伤残不能坚持学习者；（10）本人申请退学者；（11）学生不满三十岁而擅自结婚者（入学前为在职职工且已结婚者除外）；（12）学生出国探亲无故逾期一个月不返校者（此条于 1990 年 5 月修订时取消）。该办法还规定：凡因上述原因退学的学生，不作为一种处分。

以上规定，除 1994 年修订时将"不论何种原因，本科学生在校学习时间累计超过其学制两年、专科学生超过其学制一年者，应予退学"的规定改为"本科学生累计超过其学制三年、专科学生累计超过其学制两年"外，一直到 1997 年，没有再作改动。

第九节　教学组织(教学研究组、教学研究室)

教学研究组(室),简称教研组(室),是学校进行教学和科学研究的基层组织。它是新中国成立后学习苏联高等学校的经验设置的。教研组根据专业、学科或课程设置,由同一课程或数种性质相近课程的教师组成。作为教研组还有不足或不够成熟的,称为教学小组或教研小组。有些教师较多或课程门数较多的教研组也在组下设若干小组。教研组的主要任务是领导所属课程教学、所属教师的科学研究,培养研究生、进修生以及提高教研组成员的政治思想水平和业务水平,但后来也管了许多教学行政方面的工作,几乎成为样样都要管的基层组织。这已同苏联高等学校的教研组不完全相同了。

北大于 1950 年根据教育部于是年 7 月颁布的《高等学校暂行规程》和《关于实施高等学校课程改革的决定》开始设立教研组,不过当时按照上述两个文件的规定,将之称为教学研究指导组。校务委员会在研究讨论这个问题时认为,成立教学研究指导组要有重点地逐步地进行,先从基础课做起。1950 年 11 月,教务处统计,是年全校共成立了 34 个教学研究指导组和4 个教学小组。具体情况见下表。

各系教学研究指导组、教学小组一览表(1950 年 11 月)

学系	教学研究指导组 (或教学小组)	学系	教学研究指导组 (或教学小组)	学系	教学研究指导组 (或教学小组)
数学	微积分		结构工程	哲学	近代思想史
物理	普通物理	土木工程	铁路及道路工程	东方语文	东南亚文
	基本物理		水利工程		翻译
化学	普通化学		市政及卫生工程		写作
	有机化学 与生物化学	机械工程	动力组教学小组	西方语文	口语
	物理化学		制造组教学小组		文学
动物	医预生物学		力学组教学小组	图书馆学 专修科	图书目录
植物	普通植物学		设计制图教学小组	博物馆学 专修科	博物馆学

学系	教学研究指导组（或教学小组）	学系	教学研究指导组（或教学小组）	学系	教学研究指导组（或教学小组）
地质	古生物学及地史学	中国语文	大学国文	政治	马列主义国家论
电机工程	电讯工程		现代文学	经济	政治经济学
	电力工程	史学	中国史		中国近代经济史
建筑工程	建筑设计		西洋史	法律	刑法学
	建筑结构		中国近代史		

1951年，工学院将机械工程系的4个教学小组改为教学研究指导组，将有些教学研究组的名称和范围作了调整，并增加了3个教学研究指导组，使该院从1950年的12个教学研究指导组和教学小组，增为14个教学研究指导组。它们是：机械工程系的工程力学、机械制造、动力机械、设计制图等4个教研指导组；电机工程系的电力工程、电信工程2个教研指导组；土木工程系的测量工程、结构工程、道路工程、沿河及防洪工程等4个教研指导组；报部拟设的卫生工程系的给水及下水工程教研指导组，建筑工程系的建筑设计、建筑结构2个教研指导组，化工系的化工原理教研指导组。

1952年院系调整时，学校于是年9月开始组织教师学习苏联关于设立教学研究组的文件，讨论调整和设立院系调整后的教研组和教学小组问题。据是年11月2日学校公布的材料，当时全校各系共设21个教研组，24个教学小组。具体情况见下表。

教研组、教学小组统计表（1952年11月）

学系（专修科）名称	教研组名称	系教研组数	系教学小组数
数学力学系	数学分析	1	3
物理学系	普通物理	1	4
化学系	无机化学	1	4
生物学系	医预生物学 动物学 植物学	3	2
地质地理系		0	1

学系(专修科)名称	教研组名称	系教研组数	系教学小组数
中国语言文学系	现代文学 古典文学 语文	3	0
西方语言文学系	基本英语 基本法语 基本德语	3	0
俄罗斯语言文学系	俄文	1	0
东方语言文学系	朝鲜语 越南语	2	7
哲学系	逻辑	2	2
经济学系	马列主义政治经济学	1	1
历史学系	中国史 世界史	2	0
图书馆学专修科		0	0
校直属	新民主主义论	1	0
共计		21	26

1953年11月,学校决定将教研组改称教研室,教学小组改称教研小组。同月,学校颁布《教研室和教研室主任暂行工作条例》,规范教研室的工作。该条例在明确教研室的性质和主要任务后指出了教研室要做好的工作,主要是:(1)教师教学任务的分配。(2)制订或修订教学大纲、教学日历,审查教科书和参考书以及编写与翻译讲义、教材等工作计划和实施步骤。(3)改进教学方法方面的计划和实施步骤。可包括组织听课、试讲、考试和考查、教学检查、辅导和课堂作业、生产实习、实验室工作;编写习题;选辑、编制实物教材;总结及交流教学经验等。(4)培养研究生和进修生的计划和实施步骤,包括为研究生、进修生制订教学计划、指定导师、组织考试与毕业论文答辩等。(5)制订科学研究及提高教师政治水平与业务水平的计划和实施步骤等。

1952年以后,随着教学和科学研究工作的开展,教研室的数目不断增加,同时各系逐步将教研小组改为教研室。据统计,1953 年 11 月,全校共有教研室 55 个,教研小组 8 个,全校教师已有 97.5％组织在教研室和教研小组中。1954 年,全校教研室增为 58 个,教学小组 9 个;1955 年教研室增为 79 个,并不再有教研小组;1956 年教研室又增至 88 个。下面是 1956 年 11 月教务处关于各系教研室的统计表。

各系教研室统计表(1956 年 11 月)

系别	教研室	教研室数
数学力学系	数学分析、函数论、微分方程、几何、概率论、代数、力学、计算数学	8
物理系	普通物理、辐射物理、光学、理论物理、半导体物理、磁学及金属物理、电子物理、无线电物理、地球物理、天气学、气象学	11
化学系	普通化学、无机化学、有机化学、高分子化学及有机合成、物理化学、分析化学、胶体化学	7
生物学	基础生物学、高等植物学、脊椎动物学、无脊椎-昆虫学、植物生理学、人体及动物生理学、动物生化	7
地质地理系	地形、测量制图、自然地理、经济地理、地质、地球化学	1
历史系	中国近代史、中国古代史、世界史、考古史、亚洲各国史、国际关系史	6
中国语言文学系	中国文学史、文艺理论、语言学、汉语、编辑与写作、政策与宣传、新闻史	7
俄罗斯语言文学系	俄罗斯语言、俄罗斯文学、大学俄文	3
东方语言学系	朝鲜语、越南语、日本语、印地语、暹罗语、蒙古语、印尼语、缅甸语、阿拉伯语	9
西方语言文学系	德语言文学、法语言文学、英语言文学	3
哲学系	中国哲学史、外国哲学史、辩证唯物主义与历史唯物主义、逻辑学、心理学	5
经济系	政治经济学、国民经济计划、经济史及经济学说史	3
法律系	国家与法律理论、国家法、民法、刑法、国际法、审判法、国家与法的历史	7
图书馆学系	图书馆学、目录学	2
直属教研室	中国现代革命史、马列主义、教育学、体育	4
全校共计		88

1957 年,数学力学系把力学教研室分为固体力学和流体力学两个教研

室,化学系增加物质结构教研室,历史系把世界史教研室分为世界近代史、世界古代史两个教研室,留学生班成立了汉语教研室,全校共有 92 个教研室。

1958 年"教育革命"中和 1959 年贯彻"巩固、调整和提高"的教育工作方针中,系和教研室的设置均有调整。据教务处 1959 年 4 月统计,全校共有教研室 89 个,其中理科 44 个,文科 45 个。具体情况见下表。

各系教研室统计表(1959 年 4 月)

系别	教研室	教研室数
数学力学系	代数与几何、微分方程、数学分析、概率论、计算数学、流体力学、固体力学	7
物理系	普通物理、理论物理、半导体物理、金属物理及磁学、光学	5
化学系	同位素、普通无机化学、分析化学、有机化学、高分子化学、电化学、催化、半导体	8
生物系	植物生理、生物化学、动物遗传学、人体及动物生理、昆虫学、生物物理学	6
地质地理系	自然地理、地貌、测量制图、经济地理、地质、地球化学	6
地球物理系	天气动力气象、大气物理、地球物理	3
无线电电子学系	无线电、电子学、波谱	3
原子能系	核电子、理论核物理、分析、能谱、核燃料、放化	6
历史系	中国古代史、中国近代史、世界近代史、世界古代史、亚非史、考古	6
中文系	文艺理论、中国文学史、语言学、汉语史	4
哲学系	外国哲学史、中国哲学史、逻辑、辩证唯物主义与历史唯物主义、心理学	5
法律系	国家法、国家与法的理论、国家与法的历史、民法、刑法、审判法、国际法	7
经济系	政治经济学、国民经济计划、经济史及经济学说史	3
图书馆学系	图书馆学、目录学	2
俄语系	俄罗斯语言、俄罗斯文学、大学俄语	3
东语系	朝鲜语、日本语、印地语、暹罗语、蒙古语、缅甸语、越南语、印尼语、阿拉伯语	9
西语系	英语、德语、法语	3

系别	教研室	教研室数
直属教研室	政治理论课、体育	2
留学生班	汉语	1
共计		89

1959年4月以后到1966年上半年,教研室的设置又有一些变动,如:1959年年底,物理系把金属物理及磁学教研室分为磁学和金属物理两个教研室;1960年,地质地理系地质方面的两个教研室发展为构造地质、古生物地层、岩矿、地球化学等4个;同年,地球物理系从原来3个教研室调整发展为地球物理、大气物理、天气动力、高层大气与空间物理、天体物理等5个;1960年成立政治系,系下设政治学、中共党史、国际共产主义运动史3个教研室;经济增设世界经济专业,同时设世界经济教研室等。

1966年6月,"文化大革命"开始,教研室停止活动。1969年,为准备翌年招收工农兵学员入学,学校对教研室进行了调整。是年12月,据教育革命组统计,全校共有106个教研室。其中,文科10个系有47个教研室:汉语、语言、文艺理论、文学史、古典文献、中国古代史、中国近代史、亚非史、世界古代史、世界近代史、考古、辩证唯物主义与历史唯物主义、自然辩证法、中国哲学史、外国哲学史、逻辑学、美学、政治经济学、计划经济学、经济史、马列主义国家与法的理论、国际法、国家与法的历史、民法、刑审、目录学、图书馆学、中共党史、国际共产主义运动史、俄罗斯语言、俄罗斯文学、俄语公共外语、日语、朝语、阿拉伯语、印尼语、印地语、缅甸语、泰语、蒙古语、越南语、波斯语、英语公共外语、英国文学、德语、法语、西班牙语。理科8个系有49个教研室:流体力学、固体力学、一般力学、计算数学、微分方程、概率论、几何代数、分析数学、半导体物理、磁学、理论物理、金属、光学、计算技术、无线电物理、波谱学、电子物理、水声学、无机化学、分析化学、有机化学、有机催化、高分子化学、胶体化学、物理化学、动力学、生物化学、生物物理、放射生物学植物生理、植物学、动物遗传学昆虫学、动物生理学、地球化学、岩石矿物构造地质学、古生物地层学地貌、自然地理、经济地理、地球物理第一教研室、第二教研室、第三教研室、第四教研室、第五教研室、核电子学、核理论、核能谱、电物理放射化学、放化分析、辐射化学、核燃料化学。

1970年,北大开始招收工农兵学员。在所招学员尚未入学时,宣传队领导小组、校革委会即于是年3月颁布了《北京大学连队日常生活制度规定》。该规定指出,各单位的组织形式一律按连队建制,编成班、排、连。对于学系,一般是一个系组成一个连,但也有的系分成了几个连。如化学系分成了三个连——化学一连、化学二连、化学三连。连设指导员和连长。连以下组成排和班,设排长和班长。这样,实际上教研室就不存在了。1972 年,校党委决定改变全校按连队建制的体制,恢复系的建制。系以下按专业或学科设立教研室(办有专业的工厂,不设教研室,只设车间)。但恢复设置教研室不到两年,校党委又于 1974 年 3 月决定取消各系的教研室,每系成立若干专业,并使专业成为一级组织,设专业主任和副主任,只允许公共课,如公共英语、高等数学等,可保留教研室,讨论研究教学问题,交流教学经验。

"文革"以后,逐渐恢复教研室的设置。1980 年,学校根据《全国重点高等学校暂行工作条例(试行草案)》,结合我校情况,制订了《北京大学关于教学研究室工作的暂行规定》,规范教研室的设置,重新规定教研室的性质、任务。该暂行规定指出,"教学研究室(简称教研室)是按照专业或学科或课程设置由教师、实验技术人员和职工组成的教学和科学研究组织",其主要任务是"承担分配给本教研室的全部教学任务,并努力提高教学质量;拟定所开课程的教学大纲和教学日历,拟定实习大纲,选定或编写所开设课程的教材及参考资料;检查各门课程的讲课、课堂讨论、习题、实验、辅导、自学、考查及考试等教学环节,组织和检查学年论文、毕业论文、教学实习及生产实习工作,总结和交流教学经验;在完成教学任务的前提下,积极开展科学研究工作,确定科学研究方向,制订科学研究计划,检查教师的科学研究成果,举行科学报告会、讨论会;有计划地培养教师、实验技术人员及资料人员,检查他们的进修情况,定期进行考核;培养研究生;制订研究生专业培养方案及个人培养计划,指派导师,协助系行政组织研究生专业考试,研究和检查研究生培养工作;建设和管理本教研室的实验室及资料室";"教师较多或所属课程较多的教研室,可视教学的需要,按不同课程或不同教学对象,设置教学小组。教学小组的任务是研究和讨论有关课程范围内的教学工作,包括讨论教学大纲、教学内容、教学进度和教学方法,了解教学效果及学生学习情况,总结教学经验"。

从 1980 年起,按照上述暂行规定设置教研室。下面是 1987 年和 1992 年全校设置教研室的具体情况一览表。

教研室一览表(1987 年 12 月)

系别	教研室	教研室数
数学系	几何代数、数学分析与函数论、微分方程、高等数学、计算数学、信息数学、应用数学	7
概率统计学系	概率统计、应用概率统计、统计	3

系别	教研室	教研室数
力学系	流体力学、固体力学、一般力学、应用数学与计算力学、工程科学	5
物理学系	普通物理、普通物理实验、理论物理、光学、低温物理、磁学、半导体、固体结构、电子学与计算机	9
地球物理学系	地球物理、大气物理、气象，空间物理、天体物理	5
技术物理学系	理论核物理、实验核物理、核电子学、加速器物理、放射化学、辐射化学、核燃料萃取化学、环境化学	8
无线电电子学系	无线电电子学、电子及离子物理、波谱学及量子电子学、声学	4
计算机科学技术系	软件、语言、系统结构、理论、微电子	5
化学系	无机、分析、有机、物化、高分子、胶体、催化、普通化学、稳定同位素	9
生物学系	生物化学、生理学及生物物理学、细胞生物及遗传学、植物生理学及植物生物化学、植物学、环境生物学及生态学、微生物学、应用生物化学	8
地质学系	古生物及地层学、构造地质学及地质力学、矿物学、岩石学、矿床学、地球化学、地震地质	7
地理学系	自然地理学、环境地理学、地貌学与第四纪学、经济地理	4
心理学系	实验心理、生理心理、病理生理、社会和发展心理	4
中国语言文学系	古代文学、现代文学、当代文学、文艺理论、古代汉语、现代汉语、语言学理论、编辑	8
历史学系	中国古代史、中国近代史、中国现代史、世界古代史、欧美史、亚非拉史	6
考古学系	旧石器考古、新石器商周考古、汉唐宋元考古	3
哲学系	哲学原理一、哲学原理二、马克思主义哲学史、中国现代哲学、中国哲学、西方哲学、东方哲学、逻辑学、美学、伦理学、自然辩证法、宗教学	12

系别	教研室	教研室数
国际政治学系	国际关系、亚非拉政治、国际共运史、中国对外关系、国际文化交流	5
政治学与行政管理系	政治学、行政管理、中国革命史	3
经济系	经济学	1
国际经济系	国际经济	1
经济管理系	国民经济管理、企业管理	2
法律学系	法律学、国际法、经济法	3
图书馆学情报学系	图书馆学、目录学、情报学、文献整序、情报技术	5
社会学系	社会学理论、社会学方法、社会调查与研究	3
东方语言文学系	蒙古语言文学、朝鲜语言文学、日本语言文学、越南语言文学、泰国语言文学、缅甸语言文学、印度尼西亚语言文学、维加禄（菲律宾）语言文学、印地语言文学、梵文巴利语言文学、乌尔邦语言文学、波斯语言文学、阿拉伯语言文学、希伯等语言文学	14
西方语言文学系	法语语言文学、德语语言文学、西班牙语言文学	3
俄罗斯语言文学系	俄语、俄罗斯苏联文学、公共俄语	3
英语语言文学系	英语语言文学、公共英语	2
直属教研室	体育、艺术	2
共计		154

教研室一览表(1992 年 12 月)

系别	教研室	教研室数
数学系	几何代数、数学分析与函数论、微分方程、高等数学、计算数学、信息论、应用数学	7
概率统计学系	概率论、数理统计	2
力学系	流体力学、固体力学、一般力学、应用数学与计算力学、计算机应用软件	5
物理学系	普通物理、普通物理实验、理论物理、光学、低温物理、磁学、半导体、固体结构	8
地球物理学系	地球物理、大气物理与大气环境、天气学与动力气象、空间物理、天体物理、基础课	6

系别	教研室	教研室数
技术物理学系	理论核物理、实验核物理、核电子学、加速器物理、放射化学、辐射化学、核燃料萃取化学、环境化学	8
无线电电子学系		缺
计算机科学技术系	软件、系统结构、理论、微电子	4
化学系	无机、分析、有机、物化、高分子、胶体、催化、普通化学、稳定同位素	9
生物学系		缺
地质学系	古生物及地层学、构造地质学及地质力学、矿物学、岩石学、矿床学、地球化学、地震地质	7
城市与环境学系	自然地理学、环境地理学、景观生态学、地貌与第四纪环境学、经济地理与城市区域规划	5
心理学系	实验心理、生理心理、病理心理、社会和发展心理	4
中国语言文学系	古代文学、现代文学、当代文学、文艺理论、古代汉语、现代汉语、语言学理论、编辑、古典文献	9
历史学系	中国古代史、中国近代史、中国现代史、世界上古中古史、欧美近现代史、亚非拉史	6
考古学系	旧石器考古、新石器商周考古、汉唐宋元考古、博物馆学	4
哲学系	哲学原理、马克思主义哲学史、中国现代哲学、中国哲学、西方哲学、东方哲学、逻辑学、美学、伦理学、自然辩证法、宗教学	11
国际政治学系	世界政治理论、国际关系、国际共运史、中国政治、中国对外关系、国际文化交流	6
政治学与行政管理系	政治学、行政管理、中国政治、中国政党与政治	4
经济学院		缺
法律学系	法学理论、法律史、宪法、行政法、刑法、民法、经济法、国际经济法、国际法、诉讼法、刑事侦察、犯罪学	12

系别	教研室	教研室数
信息管理系	图书馆学、目录学、情报学、文献整序、情报技术	5
社会学系	社会学理论、应用社会学、社会工作与管理、社会调查方法	4
东方学系		缺
西方语言文学系		缺
俄罗斯语言文学系	俄语、俄罗斯苏联文学、公共俄语	3
英语语言文学系	英语语言文学、公共英语	2

第十节　教学研讨会和教学经验交流会

(一)1954—1955 学年的教学经验讨论会

1955 年 1 月 27 日至 2 月 2 日,学校在办公楼召开 1954—1955 学年教学经验讨论会,马寅初校长致开幕词。他指出,这次教学经验讨论会的主要内容是总结如何运用各种教学形式的经验。讨论会的目的在于推动教学改革,贯彻教学计划,提高教学质量。高教部副部长曾昭抡在开幕式大会上讲话指出,通过这次会议,可以总结北大两年半以来的教学经验,筹划进一步改进本校工作,并有助于摸清综合大学进一步深入教学改革所采取的步骤。他指出,综合大学进一步深入教学改革,必须加强教学工作与科研工作的思想性,正确结合中国实际,更加积极地学习苏联先进经验,防止机械搬用与不积极学习两种偏向。

会议期间各系、科、室的报告题目共有 51 个,其中有关教学形式运用方面的经验和体会的题目有 39 个,有关学习苏联教材和自编教材方面的题目有 4 个,有关系和教研室工作的题目有 3 个,其他方面的有 5 个。会议采取大会与小会结合、报告与讨论结合的方式进行。在六天的会议期间,举行了四个半天的全体会议,分别举行了若干次理科、文科、外语和政治理论课教研室分会会议,以及以分会、系科或教研室为单位的小组讨论会。2 月 2 日,江隆基副校长致闭幕词。他说,这次会议是我们两年来在教学方法改革方面一次大规模的经验交流,是在这方面学习苏联先进经验的一次总检查。它标志着我校教学改革开始向着提高教学质量为主的新阶段前进。

这次会议比较系统地总结了课堂讲授、课堂讨论(政治理论课的)、习题课、实验、考试考查等教学方式的经验，包括这些教学方式的目的、作用和主要的做法。当时已有少数系开始了教育实习；有六个系开展了学年论文的工作，作学年论文的学生共 251 人；有五个系开展了毕业论文的工作，作毕业论文的学生共 243 人；在学年论文和毕业论文的运用方法上，也已取得了一些初步经验。讨论会上和会后，批评并纠正了教师中存在的不重视教学和教学法工作、不注意培养学生独立工作能力、不从专业培养目标出发进行教学等思想。通过这次讨论会，多数教师对于必须培养学生独立工作能力这一点，有了比较深刻的印象。

（二）1959 年的教学工作会议

在 1958 年的"大跃进"和"教育革命"中，出现了"三多一少"（即生产劳动多，政治活动多，科学研究多，教学少）打破了正常的教学秩序、教学体系和师生关系等情况。1959 年 1 月至 3 月 1 日，中共中央召开教育工作会议，提出教育工作的方针主要是巩固、调整和提高，并在这个基础上有重点地发展。为了贯彻这个方针，总结 1958 年的教学工作，确定 1959 年的任务，学校于 1959 年 3 月 26 日至 4 月 12 日，召开了教学工作会议。教务长崔雄崑在会上宣读了教务部门提供的题为《1958 年教学工作初步总结和 1959 年任务》的会议报告。

报告认为，1958 年工作的成就"最集中最主要的是确立了党对学校工作全面的领导"，学校的教学工作和科学研究工作发生了重大变化。在教学工作方面：加强了政治思想教育；生产劳动列入教学计划成为教学计划的重要组成部分；为适应社会主义建设的需要和科学的发展，进一步明确了各个专业和专门化的发展方向和培养目标，增设了原子能、无线电电子学、地球物理等三个系和计算技术与自动控制等新的专业与专门化；进行了教学内容和教学方法的改革；在教学工作中贯彻了群众路线，充分发挥广大学生的积极性和创造性。在科学研究方面：贯彻了党的科学为政治服务为生产服务的方针，把学校的科研工作与国家的社会主义建设事业紧密结合起来；根据国家社会主义建设的需要和我校情况，确定了各个学科的科研方向，制订了计划，使科研工作得以有领导有计划地进行；贯彻了群众路线，改变了过去只有少数专家冷冷清清搞科研的局面；根据"百花齐放，百家争鸣"的方针，掀起了一个群众性的学术讨论和学术批判的高潮；把教学和科研工作紧密结合起来。但是，由于 1958 年处在紧张的政治运动中，同时，由于许多改革措施都处于摸索阶段，缺乏经验，也产生了一些缺点：个别课程未能完成预定计划，使少数系的个别年级在系统的基础理论知识的培养上受到一定的影响；在贯彻理论联系实际的问题上曾出现过轻视理论的现象；在学术讨论和学术思想批判上存在着不深入、不细致、简单化的现象；在学校的各项工作中,一马当先和万马奔腾的全面安排上,有安排不当的情况。

报告着重就以下七个问题对1958年贯彻党的教育方针、进行教育革命的经验进行了总结。1.加强政治思想教育,应该做到:(1)系统的政治理论教育与形势任务教育相结合,加强形势任务教育不意味着可以代替系统的政治理论的教育;(2)政治理论教育与党的日常政治思想工作相结合;(3)加强马克思列宁主义在专业教育中的思想指导。2.适当安排生产劳动,把教育与生产劳动结合起来。理科各专业和外国语言文学各专业一般以每年两个月或略多于两个月为宜;文科其他各专业以每年三个月为宜。3.贯彻理论联系实际的方针.既要重视直接经验,也要重视间接经验;既要重视生产实践,也需重视书本知识;不能以实践代替必要的理论学习。必须十分注意学生的基础训练,使学生巩固地掌握所学的基础知识,同时又需要在高年级给学生以一定的专门训练,二者不能偏废。基础课仍应以系统讲授为主。要贯彻"厚今薄古"的方针,但"厚今薄古"并无废古之意。课程设置和教学内容中的古今比例,要从学生应该学多少古代的知识和近代的知识才能合乎专业培养规格来决定,不能认为只有近现代多于古代才算贯彻了"厚今薄古"的方针。4.正确处理教学与科学研究的关系。教学、科学研究和生产劳动三结合,应以教学为主。教学与科学研究是相辅相成的关系。学生的科学研究主要结合学年论文、毕业论文进行。5.在教学中贯彻群众路线、建立民主的平等的师生关系。建立民主的平等的师生关系,就是说在政治原则和科学真理面前,教师和学生应该一视同仁,居于平等地位。在教学上既要充分发挥教师的主导作用,又要发挥学生的积极性、创造性,实现教学相长。6.贯彻"百花齐放、百家争鸣"的方针,开展学术讨论。学术问题与政治问题是有联系的,但又是有区别的。把文艺和科学同政治完全等同起来,就会犯"左"的简单化的错误。7.改进教学方法.应注意把讲授与自学很好地结合起来,把集体学习和个人钻研很好地结合起来。一般说基础课程应该采用系统的又有重点的讲授方法。集体学习(集体讨论或交流学习心得等)必须建立在个人刻苦钻研的基础上。

报告提出1959年应进行的主要工作是:(1)继续贯彻"政治是统帅,是灵魂"的精神,加强马列主义理论教育和思想政治教育。(2)贯彻执行三结合教学计划,进一步建设教学、科学研究和生产的联合基地,提高教学质量。(3)积极开展科学研究与学术讨论,提高科学水平。(4)大力培养又红又专的师资队伍。(5)调整和健全行政机构,改革体制。

4月4—5日,会议分文、理、语言三组举行了经验交流,有12个系分别在会上介绍了经验。4月12日,校党委书记陆平在闭幕会上做了总结发言。他说,经过18天的会议,大家进一步学习了党的教育方针,大多数人肯定了去年的成绩，明确了今年的任务，提高了认识，鼓舞了干劲，为1959年取得更大更好更全面的跃进奠定了思想基础。

（三）1964年分别举行的理科、文科教学经验交流会

1964年2月，毛主席在"春节座谈会"上提出"课程多压得太重是很摧残人的。学制、课程、教学方法、考试方法都要改"，"我看课程可以砍掉一半"。学校为贯彻毛主席的讲话精神，在教学工作中进一步推行"少而精"的原则，减轻学生的负担，于是年3月和5月，分别召开理科和文科的教学经验交流会。

理科教学经验交流会于3月28日开幕，4月12日结束。参加会议的为理科全体教职员和文科各系教研室主任以上干部。会上有10人介绍了贯彻"少而精"原则和加强实验课方面的经验。陆平校长在会上作报告。他着重指出学生负担过重，不能发挥学生的主动性和创造性，严重影响了学生在德智体诸方面生动活泼地、主动地得到发展。4月12日，他又在会上做总结报告。他说，要贯彻好这次大会的精神，要大张旗鼓地学习、宣传毛主席的教育思想及有关教育工作的指示。要在实际工作上着手，能改的马上改，要精选课程内容，减轻学生负担，提高教学质量，教师要保证满足教学大纲的基本要求，又要保证不超过学时；牵扯到学制、教学计划、考试办法的全面改革等全局性问题，则可以研究，提出意见，未经学校认真研究、正式批准以前，不能动手。对待改革要态度积极，步骤稳妥，方法对头。

文科的教学经验交流会于5月11日开幕，6月7日结束。副校长戈华致开幕词。他说，这次会议的目的是：（1）进一步贯彻毛主席的教育思想和党的教育方针，使学生在德智体诸方面生动活泼地、主动地得到发展；（2）进一步加强课程中马列主义、毛泽东思想的指导，加强革命的批判精神，贯彻"少而精"的原则，提高教学质量；（3）总结交流经验，为下一步教学改革创造更好的条件。会上8位教师介绍了自己在教学中贯彻"少而精"原则的经验。6月7日，陆平校长在会上作总结报告。他说，这次教学经验交流会有4个方面的收获：（1）明确了社会主义大学要培养德智体全面发展、又红又专、能挑两副担子的接班人；（2）教学中必须以毛主席教育思想为指导，贯彻"兴无灭资"、反对修正主义的方针；（3）交流了对教育革命长期性、必要性和当前教学改革主要内容的看法，对今后的工作方向取得基本一致的认识；（4）认识到要克服教学上的主观主义、烦琐哲学和形而上学的方法，贯彻"少而精"的原则。

（四）1984年文科教学改革经验交流会

1984年11月19日，沙健孙副校长主持召开文科教学改革经验交流会。文科各系（包括外语科）正副主任和一些教研室主任参加了会议。中文系主任严家炎、国际政治系副主任梁守德、法律系副主任金瑞林、东语系主任陈嘉厚在会上发了言,历史系潘润涵向会议交了书面发言。他们分别介绍了本系在学科发展方向和教学改革方面的设想、措施和取得的初步效果。中文系着重讲了在学科建设和培养学生能力方面的设想。国际政治系介绍了四年来坚持组织学生作社会调查的经验和体会。法律系谈适应形势发展的需要,在专业方向、课程设置、教学内容等方面进行改革的一些想法和存在的问题。东语系讲了进行改革总的指导思想和方向,是在本世纪末把东语系建成世界水平的东方学研究中心。历史系的书面发言谈加强基础课教学和提高教学质量的问题。

在听取了大家的经验交流后,沙健孙副校长讲了话。他指出,北大文科要能更好地适应社会主义建设的需要,有一些问题要及时加以解决,有许多问题还需要在调查研究的基础上进一步探讨。关于提高教学质量的问题,他指出:(1)要造成强大舆论,使全校教师重视教学工作。大力表彰教学工作优秀的教师,学校决定设立优秀教师奖。(2)在本学期教学计划暂时不作大动的情况下,进一步充实教学内容,改进教学方法,同时做好下学期深入进行改革的准备工作。对学生要敢于严格要求。要加强学生的平时作业和考查,克服考试打分偏宽的现象。(3)当前需要做的几项工作:①认真抓一抓科研工作。各系、所要坚持理论联系实际的方向,搞一些重点有分量的项目。②动员全校广大教师做好教书育人的工作。学校决定从84级开始实行导师制,帮助学生德智体健康成长。③从整顿宿舍入手,注意抓好学生的管理教育。④注意总结招生工作的经验,提出改进招生工作的办法。

(五)1990 年的教学工作研讨会

1990 年 3 月 10—13 日,学校召开 1990 年教学工作研讨会。会议由王义道教务长主持,学校教务部门负责人,各系负责教学工作的党政干部近200 人出席了会议。吴树青校长在会上讲了话,七个系的同志做了典型发言。英语系安美华总结了自 1985 年以来建立规章制度、严格公共英语课教学管理的经验;化学系周其凤介绍了彭崇慧老师全心全意教书、精心培育中青年教师的动人事迹;东语系刘曙雄谈了本系认真执行学校有关管理制度、从严治学的体会;物理系陈怀琳介绍了他们坚持年级业务指导教师制的做法和效果;生物系陈守良教授在缅怀北大优良传统的同时对今日如何改进学风提出了建议。此外,哲学系陈占安、社会学系王思斌也就本系的有关做法作了报告。大家听了这些发言很受启发,认为这些典型事迹正是北大优良传统的继续,应该发扬光大。

会议期间,与会者就我校的教学管理工作进行了探讨。大家认为,目前在教学管理上存在着"软"和"松"的问题。考试、命题、判分、上课考勤、布置习题、批改作业等环节都或多或少存在着这些问题；在对教师教学的管理有的情况要求不严，有的教员不严格执行教学计划，或随意调课、私自外出，或提前结束课程等；在处理违纪问题上有时也过于心慈手软，等等。与会者认为应狠抓一下教学管理问题，否则教学质量有滑坡的危险。

经过讨论，会议就严格教学管理提出了具体措施。第一，重申和修订三项规章制度：关于考试的规定，教员教学工作的规定，校、系、教研室三级组织的划分及其有关规定。第二，强调要发挥各级教学组织的作用，包括教研室、教学小组或课程主持人的作用。要求各系根据本系具体问题制定相应措施。学校要对系、系要对教研室加强检查，并且根据硬指标进行工作评价。第三，应重视榜样的作用。各系要组织召开教学管理经验交流会或表彰会，要发挥中老年教师在发扬优良学风、培养青年教师方面的作用。对青年教师要关心、爱护、帮助，对其先进事迹要多加表彰宣传。第四，要改善教学环境，发挥后勤在维护正常教学秩序方面的作用。

（六）1993 年的教学改革研讨会

1993 年 5 月 22—26 日，学校在昌平校址召开了 1993 年教学改革研讨会。会议目的是贯彻落实是年 2 月中共中央、国务院颁发的《中国教育改革和发展纲要》，以及是年国务院转发的高教部《关于加快改革和积极发展高等教育的意见》，进一步加快北大本科教育教学改革和发展的步伐。会议分两个阶段进行，第一阶段三天主要由各系、所（中心）党政领导和主管本科教学的副主任及有关职能部门负责同志参加，着重讨论当前高等教育改革、发展的形势和我校教育教学改革和发展的目标、模式、思路与方案；第二阶段两天主要由各系、所主管教学的副主任及教学管理人员参加，除进一步探讨改革思路与方案外，着重讨论了落实改革方案的各项具体措施和方法。

会议由吴树青校长主持，王义遒副校长就学校改革与发展的目标、模式和本科教育教学改革中转变观念、改革设想与方案等做了主旨发言。化学、信息管理两系介绍了各自的改革设想，学生工作部通报了当前学生学习状况及对教学改革的要求；周起钊副教务长介绍了兄弟院校教学改革状况和国外一些大学的本科培养模式。会议认为，我国当前改革开放的形势为北京大学的发展提供了机遇，我们应该解放思想，抓住机遇，努力发展，力争在下世纪初把北京大学建设成为世界第一流的社会主义新型综合大学。会议认为我国长期在集中统一的计划经济体制下形成的教育体制的弊病是：包得过多，统得过死，与社会相对脱节。这在具体教学过程中也有所反映。针对上述弊端，当前着重需要转变和树立以下观念：（1）进一步改变长期形成的大学本科培养专家的观念，本科阶段主要是打好基础素质，尤其要培养自主获取知识和自我发展的能力，要树立终生教育观念。（2）改变在组织教学与教学过程中某些迁就教师现状而不考虑学生客观需要的状况,树立学生是学习主体的观念,发挥学生学习的主动性。(3)继续改变封闭式办学,树立开放教学观念,广泛吸引社会上有实践经验的专家参与办学,鼓励学生在学习过程中参与社会实践。(4)当前要特别强调从严治教观念,克服要求和管理不严现象,在教学过程中树立竞争观念,提高办学效益。会议同意当前本科教学改革总体上仍要进一步贯彻"加强基础,淡化专业,因材施教,分流培养"的方针,低年级在宽口径范围内加强厚实的基础教育,高年级根据学生个人志趣、学习状况、特长和工作去向分研究型和应用型两类分流选学课程,每类还可以按专业或专业方向(视专业窄宽而定)选修不同专业课程。

会议对以下各点取得了基本共识。(1)加强基础,要开出口径较宽的全校公共基础课、专业基础课。教学计划中基础课学分应占总学分的 40%—50%(视专业性质的不同),专业课和限制性选修课(分流方向课)约占 40%—50%,扩展知识性的任意选修课约占 10%。(2)改进选课办法,完善学分制。专业教学要使学生有较宽的选课自由度。选修课学分一般应占总学分的 30%左右(任意选修课学分占 10%,限选课 20%,必修课 70%左右)。允许全校学生跨系选修课程,鼓励文理科之间相互选修。四年内学生至少应选读艺术类和管理类课程各一门,文理互选课一门。鼓励学生修习辅修专业。修满主辅修两个专业(或专业方向)课程学分的,可获得双专业毕业证书。允许学生通过自学考试取得学分。允许少数学生中途停学保留学籍去参加一段时间的工作,其学习总年限不得超过七年。允许学生停学一段时间后通过课程考试取得学分,修满规定的学分,可以毕业。(3)引进竞争机制,坚持严格要求。通过加强竞争机制,增加学生学习的动力和压力。拟适当降低因课程不及格必须退学的专业必修课最低学分数,从而适当增加淘汰率(目前我校学生淘汰率较低,约 1%强)。为了减少因学业不合格淘汰学生的阻力,要创造条件推荐这些学生到其他高等学校插班学习,或转为专科学习,或按专科毕业处理。对应予退学的学生拟试行自费试读一年办法,试读期间无正式学籍,试读合格后可恢复学籍。学校将继续执行专科升本科和本科转专科的办法,以体现竞争精神。(4)进一步改革课程内容和教学方法,加强与社会实际的联系。要改变刻板的从头到尾讲述的教学方法,鼓励学生自学,多看参考书,要给学生独立工作的训练。文科提倡从一年级起写读书报告、做小论文等独立写作练习,应用社会科学学科还要推广案例分析、实例教学等方法。要积极采用现代化教学手段,如电视录像教学、计算机辅助教学、多媒体教学等。要加强校际合作与联系,允许学生到兄弟院校选课,承认其学分;要多聘请有实践经验的专家学者来校兼课,加强学生的社会实践活动。

（七）1994 年的教学工作研讨会

1994 年 3 月 31 日—4 月 2 日,北京大学 1994 年教学工作研讨会在怀柔召开。会议主要议题:一是贯彻 1993 年教学研讨会精神,落实深化教学改革措施和管理办法,进一步提高我校的教学管理水平;二是适应 21 世纪人才培养的需要,建立合理的课程体系,加强课程建设。各系（学院）主任（院长）、主管教学的副系主任（副院长）、有关部处负责人以及民主党派代表等有关人员参加了会议。

教务处处长眭行严汇报了 1993 年教学研讨会提出的教学改革措施、教学管理办法的落实和修订情况。数学系姜伯驹教授（院士）、生命科学院副院长张庭芳、法律系副系主任武树臣、化学系系主任徐晓杰、哲学系副系主任赵敦华等,就 21 世纪科学技术发展的趋势及本单位教学改革的具体设想和作法作了介绍。周起钊副教务长作了题为"为适应 21 世纪人才培养的需要、进一步推进课程体系设计与课程建设"的报告。

会议分文科、理科和综合三个组,分别就 21 世纪人才的知识、能力结构、课程结构体系和课程建设进行了认真的讨论。王义遒副校长作了会议总结报告,吴树青校长、梁柱副校长、马云章副总务长也在总结大会上就有关问题分别讲了话。

王义遒在回顾了教学改革方面所取得的成绩后指出,我们提出的"加强基础、淡化专业、因材施教、分流培养"的方针,基本符合我校情况,是正确的,对推动我校的教学改革和课程建设起了积极作用。他从 21 世纪科技发展的趋势及其对所需人才的知识结构和能力结构的要求出发,提出了课程建设的设想,希望大家进一步研究。他针对目前不少课程内容老化的问题,希望各系能经过 2—3 年的努力,首先突破 1—2 门最基本课程的内容建设问题。

最后,王义遒就当前工作提出了几点意见,主要是:(1)文理科人才基地的建设问题要抓紧抓好;(2)抓好文科和理科试验班;(3)抓好当前教学秩序问题,这不仅要抓学生考试作弊、纪律松弛问题,更要抓好教师管理不严、随便停课、备课不认真等问题。他提出各系各单位负责人要掌握基本的统计数据,如每学期各年级考试成绩分数段、不及格人数、未参加考试人数等都应该做到心中有数。

（八）1995 年的教学研讨会

1995 年 8 月 27—29 日,我校 1995 年教学研讨会在昌平举行,主题是:从严要求,确保教学工作高质量地运行。周起钊副教务长主持会议。各单位主管教学的副系主任参加会议,王义遒副校长首先就教学改革和发展的总体思路和具体措施作报告。他说对教学工作必须两手抓:一手抓好改革和发展，一手抓好当前工作，从严要求，使教学工作高质量地运转。

会议分文科、理科两组分别进行了讨论，与会同志分析了影响当前教学质量的因素，提出了不少稳定和提高教学质量的建议。

闵维方副校长作了大会总结，讲了五点意见：(1)全体教师要达成共识，端正办学思想；(2)加强教学管理、从严治校、从严治教；(3)更新教学内容，确保教学质量；(4)加强评估力度，建立教学质量监控的保障体系；(5)建设一流教师队伍(包括教师队伍和管理队伍)是创造一流大学的保证。

1995年9月27—28日，我校又在电教召开"面向21世纪教学内容与课程体系改革研讨会"。会议的目的是交流情况，相互促进，进一步明确落实教学内容和课程体系改革的任务。参加会议的有各系主管教学的副系主任，各有关部、处领导，历史、法律、化学、物理四个系课程体系和教学内容改革研究小组成员，国家教委面向21世纪教学内容和课程体系改革计划立项项目组成员。会议采取大会报告和分组讨论的形式交叉进行。

会议认为，新世纪社会的变革和科技的发展对人才提出了更新、更高的要求。目前我们许多课程的教学内容还比较陈旧，学生的知识结构偏旧、偏窄，课程设置还不尽合理。我们培养的人才要适应跨世纪的要求，并实现在下世纪初将北京大学建设成为世界一流的社会主义新型综合大学的目标，必须进行教学内容和课程体系的改革。

会议认为在新的课程体系中应贯彻如下精神。(1)加强学生素质的培养是我们当前高等教育中的一项十分重要的工作。所谓素质，不仅包括业务素质，还应该包括文化素质、思想品德素质和身心素质。(2)面对当今世界科学技术的飞速发展，知识更新的速度显著加快，我们要使学生建立终生学习的观念并特别重视对学生获取知识的能力的培养。(3)目前，多学科交叉特别是自然科学和社会科学的融合日益明显，过去那种专业划分过细、专业面过窄的状况已经不能适应时代的需要。因此我们需要继续强调"加强基础，淡化专业，因材施教，分流培养"的方针，拓宽专业面，以优化学生的知识结构，培养学生的全面素质。同时要面向社会，适应社会主义建设和社会发展的需要。(4)应加强实践性课程和实践性教学环节，如实验课、写作课、实习和社会实践、社会调查等。

会议认为，教学内容和课程体系的改革要有组织、有领导、有步骤、有计划地进行。各院系的院长、系主任要亲自来抓此项工作。会议要求各院系在明年6月以前制定出初步反映课程体系改革总体思路的近期教学计划。

(九)1996年的教学研讨会

1996年4月19—20日，我校1996年教学研讨会在西山召开，会议主题是：交流情况与经验，互相促进，进一步推动课程体系和教学内容改革。会议由副教务长周起钊主持。参加会议的有：各院正副院长、各系正副主任和主管教学的副主任，研究生院、海外教育学院、成人教育学院、人事处、教务处、学工部等有关部处及各中心、所的负责同志。常务副校长王义遒、副校长梁柱、马树孚出席了会议。

会议回顾和肯定了自1993年教学研讨会以来我校在面向21世纪课程体系设计和课程建设中取得的成绩。马克思主义学院、化学与分子工程学院、历史系、数学学院的同志分别介绍了各自的做法和经验。物理系赵凯华等几位教授在大会上提出了进一步淡化专业的大理科培养模式，引起了热烈的讨论。

王义遒副校长作了大会总结。他指出，各院系的课程体系要落实到新的培养方案，即教学计划上，要从总体上考虑各门课程之间的关系，确定每门课程在培养体系中的作用，使整个课程综合起来，达到使学生德、智、体全面发展的效果。在整个课程体系中普通文化素质、专业基础素质和专业训练三方面的课程，因学科不同，其比例会有差别，但大体上各占1/3左右（后两方面因专业不同，差别会大些）。在制订教学方案时要恰当处理几个关系：通识与专业，宽与窄，理想与现实，大面积的培养方式和发挥个性特长，教育需要与教师状况等。这次会上提出的大理科方案，可以试验。他希望各院系下一步逐渐把重点转向主要课程的建设上来，每个院系都要重点抓好2—3门重要的课程。学校建立课程建设基金，对批准立项的课程给予资助。

（十）1997年的教学工作研讨会

1997年8月25至28日，学校召开本学年教学工作研讨会，会议的主题是：加强教学管理，提高教学质量。各部门负责同志130余人参加了会议。常务副校长王义遒作了主题报告和总结发言。数学科学学院、中文系、地球物理系及国际关系学院分别介绍了各自在加强教学管理、学科建设、师资队伍建设尤其是青年教师培养等方面的经验。陈佳洱、任彦申、闵维方、赵存生、马树孚等学校主要领导出席会议并讲话。

会议认为，自1989年以来，我校教学秩序稳定，学生学习热情很高。师资队伍青黄不接的状况已有所缓解。但是，学生中仍存在重应用性工具性课程而轻基础课等现象；教师中存在精力外流问题，个别院系师资队伍后继乏人的局面仍未解决；教学管理中也存在较为松弛的情况。

会议认为，应大力宣传尽职尽责、忠于职守、献身教育的典型，发扬优良的校风和学风。同时，要加强管理，对于教学工作中的不良现象要批评教育，防止其蔓延。

会议指出，领导工作作风的转变、后勤服务质量的提高及教学条件和育人环境的改善、人事制度的改革及聘任制度的推行、师资队伍尤其是青年教师队伍的建设、学生思想政治工作与教学工作的结合等,都与落实教学工作中心密切相关,因此,各级领导应统一认识,同心同德,身体力行,关心教学。学校各部门应通力合作,共同奋斗,不断改善教学条件和教学环境,提高服务质量,积极稳妥推进并及早实行真正的教师聘任制度,切实调动广大教师的积极性,加强对青年教师的培养和关心,把学生思想政治工作与教学管理工作紧密结合起来,全面关心学生的成长和整体素质的提高。

会议还重点讨论了《北京大学教师教学工作管理办法》《北京大学教师职业道德规范》等文件。